走/遍/全/球
GIO GLOBE TROTTER

www.zbqq.com

'11～'12

荷兰 比利时 卢森堡
Benelux

中国旅游出版社

GLOBE-TROTTER TRAVEL GUIDEBOOK

Benelux 2009 ~ 2010 EDITION by Diamond-Big Co., Ltd.

Copyright © 2009 ~ 2010 by Diamond-Big Co., Ltd.

Original Japanese edition published by with Diamond-Big Co., Ltd.

Chinese translation rights arranged with Diamond-Big Co., Ltd.

Through BEIJING TROTTER CULTURE AND MEDIA CO., LTD.

北京市版权局著作权合同登记号
　　图字：01 - 2009 - 7266

荷兰 · 比利时 · 卢森堡

荷兰
Netherlands

BENELUX

Contents-Column

BENELUX

本书使用方法

关于本书的特点、主要订正要点及采编时期

本书是为到荷兰、比利时、卢森堡三国旅游的个人旅行者而编写。本次的改稿是在当地采访基础上，并对发表的资讯进行追踪调查，以及前往荷、比、卢三国旅行过的旅行者所提供的最新资讯，对网页地址有所增加，对旅行安全等最新信息进行了大量的增订。本书遵循"具体、即时、实用"的编辑方针，但是记载得越是详细，经过一定的时间，其内容多多少少会与实际情况有出入。特别是在酒店与餐馆、各交通工具的诸多价格上，虽然编辑部进行过追踪调查，但是，实际上各位读者在实际旅行的时候，很可能已有所变动。还有，美术馆或城堡等景点的开放时间、门票、展览内容、巴士线路等，经常没有提前告知就有所变动，交通指南里记述的列车、巴士等的运行时间以平日为基准。

关于本书出版后，最新资讯的更新

本书中所记载的信息如果在发行之后变化，读者可以到《走遍全球》的网站上去查询（酒店、餐馆的费用变更除外）。在旅行出发之前，一定要确认最新信息。

URL support.arukikata.co.jp（目前只有日文网站）

使用本书所提供资讯的责任区分

编辑部尽最大努力向读者提供最新、最正确的资讯，但是前往目的地国家的规定和手续等时常会变更。还有，对于各人的理解有所不同，会产生一定的差异。因此，如本出版社没有重大过错的情况，使用本书而带来的损失与尴尬的情况，本出版社将不承担任何责任，请予以谅解。使用本书时，请首先对书中所提供的资讯及建议是否符合自己的状况进行判断后，再作出决定。

关于读者投稿的处理

读者朋友们寄来的有关酒店、餐馆、商店等的信息，书中都标有符号。参照第6页中的[关于本书使用的省略符号]。另外，关于随投稿一起提供的数据，编辑部已通过电话或现场采访进行调查核实。

关于酒店的读者打折

有关酒店的资讯中凡注明读者打折的，表明该酒店为本书读者提供打折优

惠。在办理酒店入住手续、询问收费价格时请出示本书，或者在电话与传真预约时进行申请。但是不适用于在中国的团体旅行。另外，打折将根据房型、旅游季节、住宿天数等各有规定，也有可能没有做任何通知就取消。询问价格时，请将下面的英文和本书的相应页面一起出示，本书在国外的书名是 Globe-Trotter Travel Guidebook。

Dear Manager
Please be advised that（读者打折）described beside the name of hotel means that those tourists carrying this guidebook would be given discount on room rate, which has been agreed or contracted between the hotel and the Globe-Trotter Travel Guidebook.

关于本书使用的省略符号

正文与地图中常用的符号，如下面图表所示。

☒=旅游咨询中心（荷兰）	通）、D=Diners（大莱卡）、J=JCB卡、M=Master（万事达卡）、V=Visa（维萨卡）
❶=旅游咨询中心（比利时、卢森堡、荷兰的一部分）	URL=网址
住=地址	E-mail=电子邮箱
☎=电话号码	#=礼服
FAX=传真号码	预=关于预约
开馆=开放时间	✉=读者的来信与投稿
休=休息日	H=酒店
费=价格	Y=青年旅舍
M=地铁的站名	R=餐馆
T=有轨电车的站名	C=咖啡馆、啤酒馆
B=巴士的站名	S=商店
S=单人间	E=娱乐场所
T=双人间或双床间	M=超市
（ST除集体宿舍外都是一个房间的价格）	T=邮电局
€=欧元	M=地铁站
CC=信用卡	PO=警察局
CC的种类：A=American Express（美国运	T=剧院

荷　兰

Koninkrijk der Nederlanden

荷兰概况

国旗

旗面自上而下由红、白、蓝三个平行相等的横长方形组成。蓝色表示国家面临海洋，象征人民的幸福；白色象征自由、平等、民主，还代表人民淳朴的性格特征；红色象征革命胜利。

正式名称

荷兰王国（Koninkrijk der Nederlanden）。

国歌

《威廉拿骚颂》（Het Wilhelmus）。这首专门为奥兰治—拿骚亲王威廉（Willem van Orane-Nassau）写的歌曲是世界上最古老的国歌。

面积

41528平方千米，其中内陆水域约占20%。

人口

1652.34万人（2009年7月）。

首都

阿姆斯特丹（Amsterdam）。
人口约755300人（2008年）。
政治中心海牙（Den Haag）。

元首

女王贝娅特丽克丝·威廉敏娜·阿姆加德（Beatrix Wilhelmina Armgard）。

政体

君主立宪制。加入EU（欧盟）。

民族构成

日耳曼系的荷兰人占80%，土耳其人占2.3%，苏里南人占2%，摩洛哥人占2%，安的列斯·阿鲁巴人占0.8%，其他占12.9%（2008年。不只是具有荷兰国籍的人，而是荷兰全国总人口的不同国籍人口比例）。

宗教

天主教28%，荷兰改革派9%，无派别43%，其他20%。

语言

官方语言是荷兰语。北部部分地区讲弗里斯兰语。多数城市也通用英语。
●旅行会话集➡ p.478

货币与兑换率

货币单位为欧元（简写为€、Euro、Eur），辅助货币单位欧分。1欧元=100欧分≈9.31元人民币（2010年4月15日）。荷兰自己设计的硬币后面是女王贝娅特丽克丝的侧面像。

货币的种类：500 欧元、200 欧元、100 欧元、50 欧元、20 欧元、10 欧元、5 欧元。

硬币的种类：2 欧元、1 欧元、50 欧分、20 欧分、10 欧分、5 欧分、2 欧分、1 欧分。

※ 1 欧分和 2 欧分硬币基本上所有商店停止使用。用现金购物时，合计金额的欧分部用 2 舍 3 入，7 舍 8 入的方式。比如：9.98 欧元的时候，付 10 欧元。9.97 欧元的时候，付 9.95 欧元。但是，也不拒绝用 1 欧分或 2 欧分硬币来支付。

●外币兑换➡ p.433
●信用卡与旅行支票➡ p.427
●旅行预算➡ p.430

欧元样本

硬币的背面由各国自己进行不同的设计

主要的节日

与基督教相关的节日很多。要注意有的节日的日期每年都有变动（带※标记）。以下是 2010 年的节日。

新年　1 月 1 日

圣周五　4 月 2 日※

复活节　4 月 4 日※

复活节的次日　4 月 5 日※

女王日　4 月 30 日（遇上周日再增补一天）

解放纪念日　5 月 5 日

基督升天节　5 月 13 日※

圣灵降临节　5 月 23 日※

圣灵降临节的次日　5 月 24 日※

圣诞节　12 月 25~26 日

●旅行规划日程表➡ p.18

营业时间

以下是一般的营业时间：

商店与餐馆等不同的店也不尽相同。

银行：周一～周五 9:00~16:00/17:00

百货店与商店：周一～周五 9:00~17:30/18:00，周六 9:00~16:00/17:00

每周有一天营业（周四或周五比较多，但不同的城市也不尽相同）到 20:00/21:00。

露天咖啡座是人们小憩的地方

阿姆斯特丹与鹿特丹等大城市的中心地区以及面向游客的商店周日也有照常营业的店铺。

超市： 周一~周六到21:00的较多。

餐馆： 午餐12:00~14:00，晚餐17:30~22:00。

咖啡馆和酒吧： 9:00~次日1:00。

电压与插座

标准电压230V，50Hz。插座为两相的B型和C型，或3相的SE型。中国国内用的电器制品不能直接使用，需要配备变压器。

两相的C型插座和插头

录像方式

与中国相同，都是PAL方式。

小费

在酒店与餐馆的费用中服务费虽然已包含在里面了，但直接受到服务生服务的话，付给小费是普遍情况。以下是最基本的小费额度。根据酒店、餐馆的不同，也有所变化。

出租车： 费用金额的10%~15%。

餐馆： 根据店的档次有所不同。一般没有要求付服务费时10%~15%。用信用卡支付时要自己掏出现金作为小费。

酒店： 向门童和客房服务人员付小费，一次0.25~0.50欧元。

厕所： 有的厕所是标明要付费的。没有写明收费标准时向工作人员付0.25~0.50欧元。

旅游团： 参加当地的旅游团，结束时很多人会给导游小费表达谢意。

水

自来水是可以直接饮用的，对硬水的气味在意的话，请饮用矿泉水。

气候

在荷兰鲜花盛开的旅游季节（4~5月）天气很容易变化，最好准备一件薄毛衣。夏季，6~8月气候干燥、凉爽，非常舒适。从9月开始阴雨天变得多起来，也有刮大风的天气。还有，虽然年降雨量较少，但还是带上雨衣或雨具为好。

开花季节也举办游行

● 荷兰的四季 ➡ p.17
● 旅行季节 ➡ p.429

阿姆斯特丹的气温

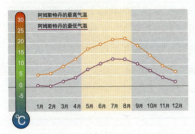

阿姆斯特丹的最高气温
阿姆斯特丹的最低气温

阿姆斯特丹的降雨量

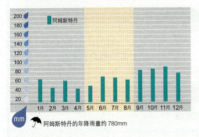

阿姆斯特丹

阿姆斯特丹的年降雨量约 780mm

从中国飞往荷兰的飞行时间

从中国各大城市的机场到阿姆斯特丹的飞行时间直航航班为 12~13 小时。KLM 荷兰航空和中国南方航空都有直航航班。

● 通往荷比卢的道路➡ p.422

时差与夏令时

与中国的时差是 7 小时。也就是说中国的 8:00 是荷兰的当日深夜的 1:00。夏令时（从 3 月最后的周日开始到 10 月最后的周日结束）的时差是 6 个小时。

邮政

荷兰的邮局是 TNT POST。一般的营业时间是平日 9:00 ~ 17:30 和周六上午。

邮件的费用：寄往中国的航空信件及明信片、挂号信（20 克以内）0.95 欧元（4 ~ 5 天到达），粘贴 Priority 的专用标签。

● 邮件和包裹➡ p.433

邮政信箱，航空邮件请投入左边

入境与出境

中华人民共和国的居民，不论护照或户口的签发地，按照居住地的划分，可以到荷兰驻北京大使馆，或驻上海大使馆、广州总领事馆申请签证。

护照的有效期原则上是入境时必须有 6 个月（并且有往返的机票），不需要入境卡。

● 护照申请➡ p.426
● 到达阿姆斯特丹➡ p.25
● 禁止带入中国的物品➡ p.472

荷兰概况

税费

几乎所有的商品都有被称为 BTW 的附加税，按商品价值的 19% 支付。但是，未在欧洲住满 3 个月的旅行者，如果办一个手续，这个税费和手续费可以退回（持一张 50 欧元以上的购物收据，只有在未使用的状态下带出国时的情况下，退回税费）。在酒店与餐馆等地消费时，接受服务的税费不会退还。

● 关于附加税 ➡ p.460

打电话的方法

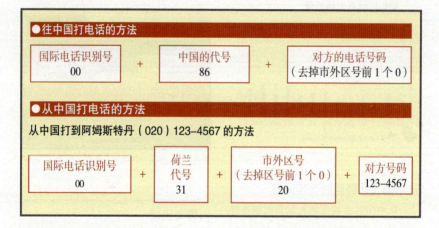

● 往中国打电话的方法

国际电话识别号 00	+	中国的代号 86	+	对方的电话号码（去掉市外区号前 1 个 0）

● 从中国打电话的方法

从中国打到阿姆斯特丹（020）123-4567 的方法

国际电话识别号 00	+	荷兰代号 31	+	市外区号（去掉区号前 1 个 0） 20	+	对方号码 123-4567

在当地打电话的方法

荷兰街头的公共电话

市内通话：直接拨对方电话号码。市外通话：拨市外长途区号后拨对方电话号码。荷兰公共电话是 KPN。能在公共电话上使用的硬币有：10 欧分、20 欧分、50 欧分、1 欧元、2 欧元。市内电话的最低费用为每 10 秒 0.10 欧元。电话卡有 5 欧元与 10 欧元两种。在邮局、车站内的商店、书店都有出售。用公共电话可直接拨打国际电话。可以使用电话卡、充值卡、电子钱包卡（➡ p.439）。从酒店的房间拨打电话时会花费平常的约 3 倍的费用。

● 打电话的方法 ➡ p.433

荷兰

荷兰概况

安全与纠纷

由于从阿姆斯特丹中央车站到陈列窗区这个区域是犯罪多发地带，因此必须要注意。而且，小偷经常会在有轨电车和地铁里出没。逛商店与休息时最好不要让包离开自己。

[报警、消防、急救] ☎ 112

● 旅行的安全➡ p.469

● 荷比卢的有用地址➡ p.432

年龄的限制

16 岁以上的人可以吸烟、饮酒（但是，酒精浓度 15% 以上的酒类需要 18 岁以上）。另外，不同的汽车租赁公司设定有不同的年龄限制，请务必确认。

● 荷比卢的自驾车旅行➡ p.443

度量衡

与中国采用相同的米制单位，但是重量一般使用盎司（1 盎司=28.3495 克）、磅（1 磅 = 435.59 克）等。购买衣服时一定要试穿。

走遍全球

GIO GLOBE TROTTER

《走遍全球》最新推出或新改版的分册有：

出国（境）旅游，首选《走遍全球》！

荷兰欢迎你

从飞机上俯视荷兰，映入眼帘的是纵横交错的江河湖泊。啊！荷兰真是一个水资源丰富的国家。而且荷兰 1/4 的土地位于海拔 0 米以下。荷兰的国名"Netherlands"就是低洼土地的意思。去荷兰旅行，你能看到许多高过公路的河流。经常能看到船只在高过汽车的地方划过恐怕是在荷兰能看到的独有景观吧。多水的风光容易使人联想到悠然的田园，但是荷兰这个国家却常年苦于水灾。一部荷兰史可以说是一部与水作斗争的历史。现在荷兰的象征——风车本来是用于把涌出来的水抽出去排干的。抽上来的水用堤防围住就形成湖泊。也许有人小时候就曾读过这样一个故事：一个少年用自己的手臂堵住了大堤的缺口，挽救了整个村庄。荷兰有句谚语——"世界是上帝创造的，而荷兰是荷兰人创造的"。这句话，体现了荷兰人在与水抗争的历史中造就了洼地之国——荷兰。

来到荷兰的城市就能实际感受到荷兰是一个水资源丰富的国家。
照片中是马斯河流经的荷兰南部城市马斯特里赫特

另一方面，我们也不能忘记智慧的荷兰人不仅充分利用水资源，更为国家的繁荣昌盛作出了贡献。世界最大的港口鹿特丹及与欧洲各国纵横交错的河运网络就是一个最好的例子。在这个自古就通过贸易向全世界开放的荷兰，培育了自由与宽容的精神。现在我们到这个国家旅游时，到处都能感受到虽然人们互不相识，但对彼此的感觉亲切温暖，这与自由宽容的精神也不无关系。荷兰人的热情好客，对待旅游者的欢迎态度，是在历史长河中培育出来的。曾经与水这一自然灾害相抗争并征服了水的荷兰人，如今与自然和谐地生活在一起。到哪里都能看到在平缓延伸的道路上骑自行车，依河垂钓，湖上驾驭着帆船而愉快地进行水上体育活动，悠闲而快乐地生活的人们。这一定是我们自己重新审视并修正生活态度的一个极好机会。与这些朴实、人情味十足、稍有点顽固但绝对善良的人们相会是荷兰之旅的最大魅力。

herlands

荷兰是国际名称，尼德兰王国（Koninkrijk der Nederlanden）才是其正式国名。全国分为 12 个省。本书按以下 5 个区域划分。

荷兰北部

荷兰中部

北荷兰省

南荷兰省

荷兰南部

格罗宁根省
GRONINGEN

• 吕伐登
Leeuwarden

• 格罗宁根
Groningen

弗里斯兰省
FRIESLAND

• 阿森
Assen

德伦特省
DRENTHE

北荷兰省
NOORD-HOLLAND

弗莱福兰省
FLEVOLAND

• 兹沃勒
Zwolle

上艾瑟尔省
OVERIJSSEL

• 哈勒姆
Haarlem

• 阿姆斯特丹
Amsterdam

• 乌得勒支
Utrecht

乌得勒支省
UTRECHT

海尔德兰省
GELDERLAND

• 阿纳姆
Arnhem

• 海牙
Den Haag

南荷兰省
ZUID-HOLLAND

• 蒂尔堡
Tilburg

• 米德尔堡
Middelburg

泽兰省
ZEELAND

北布拉班特省
NOORD-BRABANT

林堡省
LIMBURG

• 马斯特里赫特
Maastricht

北荷兰省 `p.93~p.112`

　是荷兰首都阿姆斯特丹所在的中心地区。

南荷兰省 `p.113~p.154`

　与北荷兰省一起作为荷兰的中心地区。海牙、鹿特丹等大城市就位于这个省。

荷兰南部 `p.155~p.174`

　由地形复杂的泽兰省，北布拉班特省及荷兰最高峰所在地的林堡省 3 个省组成。

荷兰中部 `p.175~p.192`

　由交通要塞的乌得勒支省、面积最大的海尔德兰省、上艾瑟尔省、弗莱福兰省 4 个省组成。

荷兰北部 `p.193~p.206`

　由拥有独自语言与文化的弗里斯人居住的弗里斯兰省、格罗宁根省、德伦特省 3 个省组成。

阿姆斯特丹 `p.24~p.92`

春 Lente

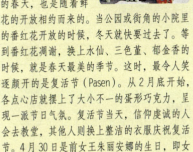

花之国——荷兰的春天，也是随着鲜花的开放相约而来的。当公园或街角的小院里的番红花开放的时候，冬天就快要过去了。等到番红花凋谢，换上水仙、三色堇、郁金香的时候，就是春天最美的季节。这时，最令人笑逐颜开的是复活节（Pasen）。从2月底开始，各点心店就摆上了大小不一的蛋形巧克力，呈现一派节日气氛。复活节当天，信仰虔诚的人会去教堂，其他人则换上整洁的衣服庆祝复活节。4月30日是前女王朱丽安娜的生日，即女王日。在阿姆斯特丹，这天谁都可以买卖任何东西，整个城市就变成了大杂货市场。在大街小巷上，那些拂去积年的尘埃、从家中拖出的家具，还有为了这一天而保留下来舍不得扔掉的日常用品塞满了整个街道。这一天真是清仓大甩卖的日子，说不准会遇上些珍稀宝物。

夏 Zomer

绿树浓荫，白昼变长之时，荷兰就迎来了夏季。荷兰首都阿姆斯特丹的夏季就是艺术节的夏季。6月的荷兰艺术节汇集世界一流的乐队。演出日程表一公布，好的座位就被一抢而空，不过没订到座位的也不必失望，夏季的阿姆斯特丹到处都是艺术表演。

去冯德尔公园散步时会看到公园内的室外剧场举办音乐会或舞蹈表演。达姆广场和莱顿广场上，众多的街头音乐者和行为艺术表演者济济一堂，各显才艺。莱顿广场等地直到深夜2:00仍然被表演者和观众挤得水泄不通，当然夏天的人们善于熬夜，而阿姆斯特丹的夏夜更令人心旷神怡，真是盛况空前。

秋 Herfst

9月初，外出度假的人们开始陆续归来，阿姆斯特丹的街头开始举行盛大的花车游行。从阿姆斯特丹的南边城市、拥有世界第一的花卉市场的阿尔斯梅尔派出几十辆花车，由领队少女和军乐队带领着，前呼后拥地来到阿姆斯特丹。每年确定花车游行主题，这些各具创意的花车，很有参观的价值。花车游行结束后，阿姆斯特丹又恢复了以往的平静，新学期也开始了，游客也走了，夜晚也渐渐长了，人们在学习、读书、音乐会中度过长夜。然而一进入11月，孩子们又开始兴奋起来。因为11月中旬圣尼古拉斯会降临。据说这个圣者就是圣诞老人的原型，在他生日这天会给好孩子分发礼物。

冬 Winter

圣尼古拉斯节过后当然是圣诞节。各家各户的院子里都装饰上圣诞树，在达姆广场上每年都竖立起自挪威的特隆赫姆市赠送的大圣诞树。圣诞节这天全家团聚，在安静祥和的气氛中庆祝圣诞。此时开始，寒冷的街上出现了飘着腾腾热气的叫做"Olibollen"的油炸面团的摊子。Olibollen是平安夜不可缺少的油炸点心，没有它荷兰人就过不了年了。到了平安夜的深夜24:00，港口里的船只一起鸣放汽笛，教堂的钟声也响彻夜空。全家团聚狂欢的人们，也迫不及待地涌上街头燃放烟火。荷兰人平常是很节俭的，甚至被称为很小气，但在这个时候，人们却花费很多钱买来烟火，一夜之间付之一炬。

旅行规划日程表

※ 2009 年的预定日。带＊号的是 2010 年的。※飞机票价是基本价。

平均气温 （阿姆斯特丹）		主要活动（●）与节日（●）	飞机票价 （ ◎ ＝约 3700 元人民币）

1 月 Jan.

最高 5.1　最低 0.4 ℃ ℃

- ● 新年 [1 日]
- ● 鹿特丹国际电影节 [27 日~2 月 7 日*]
- 得到影迷好评的国际电影节，也许能看到中国电影。

飞机票价：上旬　约 1.1 万元人民币／中旬／下旬

2 月 Feb.

最高 5.6　最低 0.2 ℃ ℃

- ● 狂欢节 [14~16 日*] 马斯特里赫特
- 居住着众多天主教徒的以荷兰南部为中心进行的宣告春天来临的节日。化装的人们载歌载舞上街游行。

飞机票价：上旬／中旬／下旬

3 月 Mar.

最高 8.9　最低 2.3 ℃ ℃

- ● 克肯霍夫公园开园式 [19 日~5 月 21 日] 克肯霍夫
- 世界上最大的郁金香公园，在克肯霍夫的这个时期，可以观赏各种各样的球根花。2010 年预定为 3/18~5/16。
- ◎ 夏令时开始 [28 日*AM 2：00]

飞机票价：上旬／中旬／下旬

4 月 Apr.

最高 12.1　最低 4.1 ℃ ℃

- ● 圣周五 [2 日*]
- ● 复活节 [4 日*] ● 复活节的次日 [5 日*]
- ● 春之花游行 [25 日] 诺德韦克一哈勒姆
- 用几万盆鲜花装扮 20 辆花车，早晨从诺德韦克出发晚上到达哈勒姆。
- ● 女王日 [30 日*] 荷兰各地
- 荷兰全国覆盖皇家的颜色——橘黄色。阿姆斯特丹全市变成了跳蚤市场。

飞机票价：上旬／中旬／下旬

5 月 May

最高 16.6　最低 7.9 ℃ ℃

- ● 解放纪念日 [5 日]
- ● 风车节 [9~10 日] 荷兰各地
- 荷兰全国的风车一起旋转的风车纪念日。
- ● 布雷达爵士乐节 [21~24 日] 布雷达
- ● 基督升天节 [13 日*]
- ● 圣灵降临节 [23 日*] ● 圣灵降临节的次日 [24 日*]

飞机票价：上旬　约 2.2 万元人民币／中旬／下旬

6 月 Jun.

最高 19.1　最低 10.6 ℃ ℃

- ● 荷兰艺术节 [6 月 4~28 日] 阿姆斯特丹
- 举办各种歌剧、芭蕾、舞蹈、戏剧等表演。
- ● 开放花园日 [19~21 日] 阿姆斯特丹
- 平日不开放的运河之家的中庭对公众开放。

飞机票价：上旬／中旬／下旬

Planning Calendar

Netherlands
BENELUX
Belgium
Luxembourg

荷兰

旅行规划日程表

平均气温 (阿姆斯特丹)		主要活动(●)与节日(●)	飞机票价 (= 约3700元人民币)

7月 Jul.

平均气温(阿姆斯特丹)
最高 21.3
最低 12.9
℃ ℃

●北海爵士音乐节 [10~12日] 鹿特丹
会聚了世界各地的一流爵士乐表演家。
● 4 天跑步运动会 [21~24日] 奈梅亨
不是竞技性比赛，而是快乐跑步的比赛。

上旬
中旬
下旬

8月 Aug.

最高 21.7
最低 12.9
℃ ℃

●夜晚奶酪市场 [8日] 埃丹
●莱茵斯堡花车游行 [15日] 莱茵斯堡—诺德韦克
●普林森运河节与水上音乐会 [15~23日] 阿姆斯特丹
●乌得勒支古典音乐节 [28日~9月6日] 乌得勒支

上旬 约2.2万元人民币
中旬
下旬

9月 Sep.

最高 18.3
最低 10.5
℃ ℃

●女王国会开幕大游行 [15日] 海牙
女王从诺尔登德王宫到国家宫乘黄金马车的大游行。
在国家宫的骑士楼，女王宣布国会开始。
●赞西斯康斯风车节 [26日] 赞西斯康斯
风车被荷兰国旗所包围，平常不对公众开放的风车也一并开放。

上旬
中旬
下旬

10月 Oct.

最高 14.0
最低 7.2
℃ ℃

◎夏令时结束 [25日 AM3:00]
●阿姆斯特丹马拉松 [18日] 阿姆斯特丹
在荷兰特有的平坦道路上跑步，是有名的很容易创纪录的马拉松。

上旬
中旬
下旬

11月 Nov.

最高 9.0
最低 3.8
℃ ℃

●圣尼古拉斯到达 [14日] 阿姆斯特丹
荷兰的圣诞老人圣尼古拉斯从西班牙乘蒸汽船到达。
从中央车站后面的海湾进港后，与随行人员一起，一边在市内游行，
一边给孩子们分发点心。

上旬
中旬
下旬 约1.1万元人民币

12月 Dec.

最高 6.3
最低 1.7
℃ ℃

●烛光夜晚 [15日] 豪达
在从 15 世纪开始生产蜡烛的豪达举行。
在市政厅前的巨大圣诞树上挂上蜡烛灯，唱圣诞歌曲。
●圣诞节 [25~26日]

上旬
中旬
下旬 约1.5万元人民币

探访荷兰设计 **Dutch Design**

荷兰的设计

从 1990 年左右开始，荷兰优秀的建筑和产品设计不断涌现，引起人们的广泛关注。

建筑方面，在艾河两侧的区域里进行了多处的水面再开发计划。在 KNSM 岛、加里曼丹岛、爪哇岛➡Map p.33–D1、D2、C1 建造了现代化的集中居住区。因住宅地不足而烦恼的阿姆斯特丹不再向郊外扩张，而是把目光投向了东印度公司时期的仓库地区。这里的住宅都非常醒目，成了人们关注的焦点。

另外，在产品设计方面，很大程度上有"Droog Design"的风格。"Droog"在荷兰语中有"干燥"的意思。正如其名，简单、清晰的建筑物既具有艺术品位，又兼备实用功能。

欣赏建筑之余，如果到各式各样的商店里看看新奇的工艺品与杂货等，也会收获不少的乐趣。

连接加里曼丹岛与斯波伦堡岛的步行桥。从这个形状来看，也被称为"蟒蛇桥"

在水边建的各种房屋。不仅具有个性，而且满足各种标准。一楼的层高在 3.5 米以上

MVRDV 建筑设计研究所设计的老年人的集中居住区——俄克拉荷马。因有从建筑物中凸出来的大型阳台而引人注目

巡游引人注目的建筑

-------------- 探访荷兰设计 vol.1

符合荷兰特点的水上建筑，以再开发地区为中心还在不断地增加。让我们到阿姆斯特丹去看看吧。

货仓式公寓 Silodam

在艾河建成的像舞台一样的全长 300 米的商住两用大厦。荷兰人从古代就很擅长修建水上建筑，从这座很有荷兰特色的建筑的阳台上就能眺望港湾。以集装箱船为模板设计的外墙使用了木材和砖等各式各样的材料。是由荷兰的 MVRDV 建筑设计研究所设计的。➡ Map p.32-B1

鲸鱼 The Whale

就是因其银光闪闪的外观而得名。有居住区和办公区。是斯波伦堡岛的代表性建筑。为了尽可能地多采集阳光，使得顶部缓缓倾斜。内部房间的布局也是设计成新奇的样式。➡ Map p.33-D2

阿卡姆 Arcam

作为阿姆斯特丹建筑中心的办公室兼展览馆、会议中心而建造的。用铝合金建成，外观做成水滴形状，很新奇。由于在科学技术中心 NEMO 的附近，前往新开发的东港湾地区之前来这里看看也不错。是由年轻的建筑设计师 René van Zuuk 设计的。➡ Map p.33-C2

ING 房屋 ING House

是 ING 银行的大楼。由于形状像靴子，因此拥有一个"金靴"的爱称。在 9~12 米高的支柱上，建有 10 层大楼，透过玻璃窗可以遥望阿姆斯特丹森林。内部有大厅和院落，是一个舒适的办公空间。➡ Map p.32-A3

船形博物馆集中住宅区 Museum Het Schip

由居住区、邮电局和学校 3 栋建筑组成的综合居住大楼。它不是现代派的建筑，而是 20 世纪初活跃的阿姆斯特丹派的代表作。红砖的波浪形外观与房顶的瓷砖就是它的特征。由于整体的形状像船一样，因此大家都称之为船形博物馆。建筑物的一部分作为博物馆对外开放。➡ Map p.32-A1

去找寻中意的商品吧 ------------ 探访荷兰设计 vol.2

去试着搜索像小东西、杂货、室内装饰品等简单又好玩的荷兰商品吧。

Droog@屋 Droog@home

如今，Droog设计已经成为荷兰现代设计的代名词。于1993年由海斯·巴克、勒里·拉马卡两人共同创办的这个设计集团，提供了设计家之间的交流场所，并使得年轻的设计家们在这里充分发挥才干，获得成长。这种既简单、实用又新奇的设计理念非常具有荷兰特色。和Droog设计有关的著名的艺术家有：Richard Hutten、Hella Jongerius、Tejo Remy、Marcel Wanders、Jurgen Bey等。这个Droog设计的旗舰店在阿姆斯特丹。这里有Droog珍品展示厅兼商店，也经常举办青年设计师的作品展览。

住 Staalstraat 7b　➡ Map p.34-B3　☎ 020-6235050　URL www.droog.com
开 12:00~18:00（周日~17:00）　休 周一、节日

第九街 De negen straatjes

也被称为第九小街，是个性商店遍布的区域。不仅有Viktor & Rolf时装设计公司和安特卫普的设计师的服饰精品店——Van Ravenstein（照片中）等时尚的店铺，还有婚纱店、美容店、奶酪店、花店等，是休闲散步的好地方。

➡ Map 折页地图2正面A2　URL www.theninestreets.com

坡鲁兹·坡腾 Pol's Potten

在KNSM岛有一个室内装饰品店，有家具、照明灯、厨房用品等，可以集中选择适合自己房间风格、颜色的商品。店内陈列有著名的设计师设计的东西，还有原创的、价格便宜的杂货。

住 KNSM-laan 39　➡ Map p.33-D1
☎ 020-4193541　URL www.polspotten.nl
开 10:00~18:00（周日12:00~17:00）
休 周一、节日

皇家特赫拉 Koninklijke Tichelaar

冠名皇家的老铺，把传统技术和新奇设计相融合。由Studio Job、Hella Jongerius等设计师共同制作，其目的是让现代人都能接受传统的陶瓷艺术。全部的陶瓷都是在荷兰北部的小城马克姆（p.199）进行制作的。

URL www.tichelaar.nl

听听青年设计师们的声音-------

现在我们采访三组荷兰的设计师。

上图：性情温和的两个人，后面挂起的是最有人气的 Silhouette Bag
下图：《守护天使》系列

弗利格和范达姆 Vlieger en Vandam

代表作品有《守护天使》系列。由于在纽约的 MOMA 美术馆里被永久收藏，在恐怖活动频发的当今世界中，他们的作品备受瞩目。

加罗里恩·弗利格和海因·范达姆两人是公私兼顾的合作伙伴。从了解作品的制作过程中我们知道他们的工作理念是这样的：不具体区分由谁来承担制作，对提出来的理念是否很好进行判断，互相尊重对方的意见，双方的意见合二为一而进行制作。据说将来还要设计鞋子。说起他们将来的梦想，他们显得有些害羞，告诉我："现在主要在鹿特丹，这里适合居住，因为比阿姆斯特丹更具有弹性，所以对年轻人来讲是非常好的城市。但还是很想去纽约住住。"
URL www.vliegervandam.com

上图：肩上挎的是自己设计的使用纺织品制作的有魅力的包
下图："风吕敷"产品

萨米娜 · 布恩 Samira boon

代表作是用一张塑料布来包住一枚卡片一样东西的"风吕敷"系列产品。设计师曾在日本生活过，受日本文化和艺术的启发创造出很多作品。代表作"风吕敷"也是澡堂包袱皮的意思。在荷兰阿姆斯特丹的市立博物馆与手提包博物馆的商店以及 de Bijenkorf 百货公司都能买到。

她的理念是：想寻找出素材感与素材自身的有趣之处来作为标志，没有过多地考虑对制造过程等技术方面的研究。正在进行的以"基本的制造"为方针的系列中，从裁剪制造阶段开始，研究编织线与编织方法、裁剪方法等，一边同工厂一起考虑，一边完成新的作品。制造方与设计师很好地进行沟通，让我们感慨这不就是荷兰设计最厉害的地方吗？
URL www.samiraboon.com

迈克 · 范新德尔 Meike van shijndel

她的代表作就是《亲吻》马桶。这个作品是她的毕业作品《疯狂的浴室》系列之一。她的设计理念是：想让大家笑口常开。她表示今后的设计会朝着与《疯狂的浴室》系列不同的方向去发展。现在她好像已经找到了将来的奋斗目标。URL www.bathroom-mania.com

Netherlands

阿姆斯特丹

◀▪▪▪ ACCESS ▪▪▪▶

从布鲁塞尔南站到阿姆斯特丹中央车站乘超特快 Thalys 大约 2 小时 40 分钟。乘 IC 大约 2 小时 50 分钟。从卢森堡没有到阿姆斯特丹的直达列车。

从法国巴黎北站乘 Thalys 到阿姆斯特丹大约 4 小时 10 分钟。根据季节和星期几的不同，每天有 5~7 趟往返列车。需要预约车票。

从德国的柏林乘 IC 大约 6 小时 20 分钟。从科隆乘 ICE 大约 2 小时 35 分钟。

长途电话区号：☎ 020

年末年初、圣尼古拉斯节、女王日等，有各种活动时要注意交通情况

这些节日及市内活动的日子里，交通机构的运营很不规则。特别是在女王日，去市内的列车和有轨电车停止运营。还有 12 月 31 日到新年的 1 月 1 日之间，阿姆斯特丹有盛大的烟火晚会。市内的有轨电车与公共汽车，12 月 31 日晚间 19:00 以后不运行，因此要特别注意。

市中心的咖啡馆

阿姆斯特丹

Amsterdam

北荷兰省
Noord-Holland

过去，阿姆斯特尔河流入须德海湾。13 世纪，在河口附近的平地上开始有人居住，并筑起了堤坝。这就是现在阿姆斯特丹的发展起点。

阿姆斯特丹作为一个港口城市经过艰苦奋斗，渐渐发展壮大。作为一个自由的城市，包容接纳了各地受迫害和被排斥的人们。由于注入了新鲜血液，城市呈现出一片活力。在反抗西班牙的独立战争后的 17 世纪，在阿姆斯特丹成立了世界上第一个股份公司——东印度公司，并达到繁荣的顶峰。

当时阿姆斯特丹已成为全世界第一大港口城市，汇集了世界各地的物资。人们在全世界环游中获得的知识，也把阿姆斯特丹培育成了一个具有宽容、自由、理性精神的城市。人们厌恶不合理的权力，因此即便是在第二次世界大战时德国的占领下的阿姆斯特丹，也有人冒着危险，掩护像安妮·弗兰克一家这样的犹太同胞。

阿姆斯特丹拥有波澜壮阔的历史，是向大海挑战的勇敢者们的庇护港，是备受迫害的人们安身的地方。心胸开阔的阿姆斯特丹，总是洋溢着异国情调，那些初次来到这里的人们，常常如此感叹："啊，回家了！"这是一个不可思议的城市。

作为旅行者的你也会相当自然地爱上这座城市。现在就让我们开始城市漫步吧。

阿姆斯特丹是一个运河城

到达阿姆斯特丹

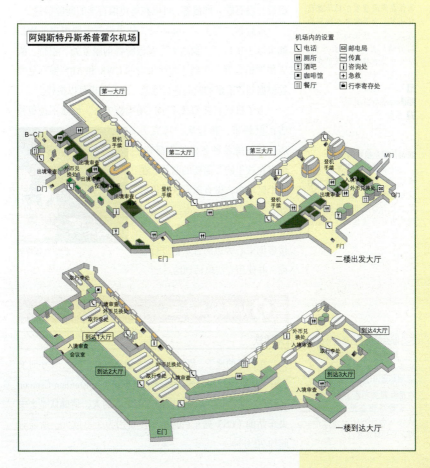

◑ 乘飞机到达时

阿姆斯特丹斯希普霍尔机场 Schiphol Airport

　　荷兰的门户斯希普霍尔机场，位于市区西南15公里处。旅客很多，数次被评为全球最佳现代化机场。一楼是到达大厅，二楼是出发大厅。机场内的指示牌全部附有英文，因此非常的方便。

　　下了飞机以后，首先顺着"Arrival"的指示，去"Passport control"接受入境审查。只出示护照，不需要填

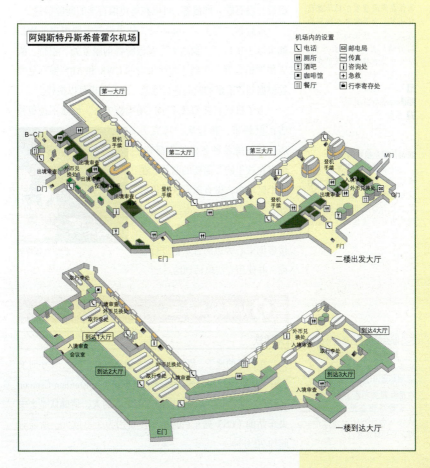

荷兰入境时的免税范围（欧洲各国以外的国家入境时）

●香烟200支、雪茄烟（大）50支、雪茄烟（小）100支、烟叶250克，以上四者选一。仅限个人使用。也可以在规定的数量里，自由组合。

●酒类（威士忌和白兰地等酒精浓度高的酒类）1升，葡萄酒2升。像白葡萄酒等一样的营养性葡萄酒2升。当然在规定数量内也可以自由组合。

阿姆斯特丹斯希普霍尔机场

机场内的设置

电话　　邮电局
厕所　　传真
酒吧　　咨询处
咖啡馆　急救
餐厅　　行李寄存处

第一大厅

B-C门

第二大厅　　第三大厅

登机手续

出境审查
外币兑换处
投币寄存柜
出境审查

D门

出境审查

登机手续

登机手续

M门

入境审查
出境审查　外币兑换处

C门

E门

F门

二楼出发大厅

取行李处
入境审查
外币兑换处
取行李处

到达1大厅

入境审查
会议室

到达2大厅

取行李处

外币兑换处
入境审查

外币兑换处
入境审查
取行李处

到达4大厅

到达3大厅

入境审查

E门

一楼到达大厅

- 没有发泡的葡萄酒 4 升。
- 啤酒 16 升。
- 土特产品等以 430 欧元价值为限。
- 17 岁以下不可携带烟酒。
- 动物制品（肉、蛋、牛奶、奶酪、汁等，包含鱼类食品）严禁从欧洲以外的国家带入。

海关的指南：☎ 0800-0143
URL www.douane.nl

机场里的荷兰国家博物馆斯希普霍尔分馆

在机场建有国家博物馆，的确是很罕见。荷兰国家博物馆在斯希普霍尔机场就设有分馆。由于常举办特别的展览会等，在机场有空闲时间的话，去看看也挺不错。这个分馆在接受护照审查后的出境区域。

开 7:00～20:00
URL www.schiphol.nl
费 免费

斯希普霍尔机场的设施

有酒店、淋浴室、租赁会议厅、礼拜堂、小孩用的设施、赌场等。行李很多时，虽然是有偿服务，但使用机场的自动存放柜或行李寄存处也很方便。

✉ **中央车站柜台是取号排队**

购票顺序是首先取得排队号单，在电光指示板上显示了所取号码后，请去指定的柜台购买车票。显示号码以后请尽快去柜台，不然，很快就会呼叫下一个号码。因此要特别注意。

非常方便实用的斯希普霍尔机场

写入境卡。也没有人进行询问，手续很简单，接着去行李领取处（Baggageclaim）领取行李。行李转台的出口处有银行。没有欧元的旅客，可以在等待领取行李的间隙换钱。

最后是过海关（Customs），如果没有需要申报的物品就可以去出口了，到达大厅有旅游咨询服务处、银行、酒店预约柜台等。在到达大厅出口的 GWK 和 ABN 银行兑换处根据到达航班的时间进行营业，在这里也可以换钱。

出了机场有斯希普霍尔广场购物中心。虽然不是免税店，但超市、箱包店、巧克力店、餐馆等各种各样的店都有。可以在这里购买需要的商品。在这个区域内，设有国家铁路售票处、汽车租赁公司、专线公交车等。还有，酒店的预约可在一楼咨询中心旁边的告示栏进行查询，并使用专线电话预约。

机场内的赌场

从机场到市区

乘国铁

在机场的地下，每 1 小时发 6 趟（0:00～早晨，1 小时发 1 趟）从机场开往阿姆斯特丹中央车站（Amsterdam Centraal Station）的列车。去阿姆斯特丹市中心的人，请确认是去中央车站的（CS）列车后再乘车。费用为 3.90 欧元。所需时间约 20 分钟。

机场的铁路车票自动售票机

也有去阿姆斯特丹拉依站（Amsterdam Rai）的列车。它是开往市中心偏南的地方，途经世界贸易中心［阿姆斯特丹南站（Amsterdam Zuid）］，每小时有 4~6 趟（首班车：6:40，末班车：0:26。需要确认）。去希尔顿酒店、大仓酒店等阿姆斯特丹南面的酒店的游客，利用这条线路最方便。

从几号站台发车，要通过指示牌确认。费用为 2.90 欧元。所需时间去 Rai 站约 10 分钟，南站（Zuid）约 7 分钟。因为 Rai 站没有出租车站，如果行李多，需要乘出租车的游客最好在南站下车。

还有，由于斯希普霍尔是海牙与阿姆斯特丹线路上的主要中途站，去往布鲁塞尔、巴黎、柏林等方向的国际列车（包括前往巴黎的特别列车 Thalys）也要在这里停车。

机场内的国家铁路售票处

乘公共汽车

去市中心的公共汽车有 197、370 路途经博物馆广场、拉采广场，最后到达终点马尔尼希大街（Marnixstr.）的汽车总站 ➋ Map p.32–B2（不经过中央车站）。每小时发 1~2 班车。费用为 4 欧元。所需时间约 25 分钟。也有前往市内主要酒店的专线公交车（Connexxion），出机场大楼后就有乘车站。另外，去机场附近的酒店，在候机大楼正面有免费专线巴士，看到贴有酒店名字的巴士来了乘车就可以了。

机场前的专线巴士站

购买国家铁路车票时的注意事项

可从窗口或自动售票机等处购票。在其他地方购票时，每购一张车票需另付 0.50 欧元的手续费。详情 ➋ p.439

✉ **使用淋浴室时，需要自带毛巾**

在航空公司休息室所在二楼的洗手间里，有免费的淋浴设施。由于不是正规的淋浴设施，像毛巾等东西要自己准备。

摆渡车

在万克利夫港、普利策、克拉斯纳波尔斯基、朱利卡尔顿、阿波罗、大仓、假日、诺富特、希尔顿、孟菲斯、百乐、瑞峰等超过 100 个酒店都要停车。运行时间：6:00~21:00。可以在斯希普霍尔购物中心内的中央柜台与旅游咨询处购买车票。即使摆渡车不停车的酒店有的也出售车票。停车酒店的详细信息请到机场的柜台和网站上等进行确认。
☎ 038-3394741
URL www.schipholhotelshuttle.nl
费 14.50 欧元

出租车中心

从机场到市区，如果发生超出 45~50 欧元范围被收取了过多费用的情况，可以向出租车管理中心投诉。请记住出租车的车牌号。

☎ 020-6777777（与呼叫 24 小时服务的出租车服务号码一样）

关于 TCA 公司的规定费用

TCA 公司规定了从机场到达姆广场与莱顿广场等中心地区出租车收费 40 欧元。大型酒店大仓周围的南部地区 35~40 欧元。但有时也会打表收取费用。

铁路咨询中心、预约中心

开 8:00~20:00

全部公共交通的咨询。

国内线：☎ 0900-9292（0.70 欧元/分钟）

国际线与预约：

☎ 0900-9296（0.35 欧元/分钟）

投币储存柜与行李寄存处

行李寄存最长可以 3 天，很方便。投币储存柜每多存一天多加一天的钱。

费 第一天大柜 7.30 欧元，小柜 4.70 欧元。第二天大柜 11 欧元，小柜 6.70 欧元。行李寄存 24 小时 11 欧元。

营 7:00~23:00

☎ 020-5578531

✉ 带信用卡非常必要

由于使用储存柜时，必须使用信用卡，没带信用卡就很麻烦。而且寄存处的服务生服务态度也不好，询问操作方法也不能得到指导。

✉ 有超市

中央车站的最里面有一个超市，非常方便。可以买到酒和咖啡。

乘出租车

乘出租车到市中心约 20 分钟。收费采取打表制。到市中心为 45~50 欧元。出租车的基本起价不同的公司有所不同。基本上是 2 公里 7.50 欧元，以后每 1 公里加 2 欧元。没有夜间费用。有大的行李时每件付 1 欧元的小费，这是当地的常识。出租车站在机场出口正面的左侧。车的顶部有 Schiphol Taxi 的标志，会排成一排。

机场前的出租车乘车处

🚇 乘火车到达

阿姆斯特丹中央车站 Amsterdam Centraal Station

在阿姆斯特丹有 Rai 站、南站、阿姆斯特丹站等好几个车站。几乎所有列车都到达中央车站。大圆形屋顶的、车来人往的中央车站气势宏伟，不愧为阿姆斯特丹的门户。下了站台的阶梯，沿着标有"Centrum"的方向指示前进，就到中央大厅了。这里有从早到晚都营业的 GWK 银行兑换处。出了中央大厅背向车站的右侧，有只在白天营业的 GWK。向左一直走，尽头有硬币储存柜和行李寄存处。国际线的售票处和预约中心、厕所（收费）、餐厅、咖啡长廊、旅游咨询柜台全部在二楼。

一出中央大厅，就是站前广场（Stationsplein）。从广场出发的有公共汽车和有轨电车，且沿着车站往右走，有出租车站。一般来说，整个荷兰的治安状况良好，但中央车站周围是最容易发生偷盗的场所，所以要看管好自己的财物。

🚇 捕捉最新情报

阿姆斯特丹的旅游咨询中心 VVV

荷兰的旅游咨询中心一般被称为 VVV，倒三角形 3 个

"V" 重叠即  是它的标志。信息服务点在欧洲特别的充实，是旅游者很好的朋友。在阿姆斯特丹中央车站的 2 号站台、站前广场、莱顿广场附近 3 个地方都有旅游咨询中心。虽然服务内容哪个咨询中心都基本相同，但是多是设在站内，因此就多利用站前广场的咨询处吧。但是，在夏季的旅行旺季会排上很长的队，特别是酒店的预约要花 30 分钟左右，要有心理准备。莱顿广场附近的咨询处比较空闲，接受酒店预约（手续费 3.50 欧元 + 住宿费在办理窗口全额支付）、剧场的预约（手续费 2 欧元左右，因不同的剧场而有所不同）。另外，也接受团体旅游的预约。

莱顿广场附近的咨询中心

站前的咨询处

收集各种情报杂志，创造快乐之旅吧

阿姆斯特丹的
☎ 0900-4004040（0.40 欧元 / 分钟）

站内的
开 周一～周五 9:00～19:00（只有周五 ~21:00），周六、周日 9:00～17:00　休 12/25

站前广场的
住 Stationsplein 10
开 周一～周五 9:00～18:00
　 周六、周日 10:00～18:00
休 12/25
　 出中央车站左斜前方的白色建筑物。

莱顿广场附近的
住 Stadhouderskade
开 每天 9:30～18:00
休 节日、4/30
T 1、2、5 路 Stadhouderskade 下车

阿姆斯特丹的信息杂志
登载有阿姆斯特丹的指南信息的小册子（2.95 欧元）
酒店手册（3.50 欧元）
月刊形式发行的活动情报杂志《Day by Day》（1.95 欧元）
有 7 个不同主题的漫步阿姆斯特丹指南手册（1~4 欧元）
自行车游指南手册（3.60 欧元）

Column
Netherlands

根据旅游目的选择方便卡

遍游美术馆时必备的优惠卡

持有博物馆通卡（Museum jaarkaart）的人可以免费进入荷兰国内 400 多家美术馆和博物馆。

该卡从使用开始日起一年内有效。建议长期滞留荷兰的人和以参观美术馆为目的的游客使用此卡。该卡在主要的美术馆和博物馆都能买到。

费 24 岁以下 17.50 欧元，25 岁以上 35 欧元（含登记费，特别展览时也可能会另付费用）
URL www.museumjaarkaart.nl（荷兰语）

我的阿姆斯特丹卡（I Amsterdam Card）

是由  发行的阿姆斯特丹市内旅游通票。包含可以免费乘坐市内的公共交通工具的通票及优惠券。全部优惠券充分使用的话，最高可获得高达 90 欧元的优惠。想使用很多优惠券的话，可以考虑购买此卡。在  与斯希普霍尔购物中心的咨询处能买到此卡。

费 1 日券 38 欧元，2 日券 48 欧元，3 日券 58 欧元
URL www.iamsterdamcard.com

假如你有一把5条横向扇骨的扇子，将扇柄向上打开扇子，此时的扇柄就是阿姆斯特丹中央车站。离扇柄最近的第一条扇骨就相当于辛格尔（Singel）。再向下依次是海伦运河（Herengracht）、凯泽尔运河（Keizersgracht）、普林森运河（Prinsengracht）。最外围还有辛格尔运河（Singelgracht）。"辛格尔"的意思是"包围"。内侧的辛格尔是16世纪的护城河，外侧的辛格尔运河是17世纪城市的护城河。为了区分二者，外侧的叫做辛格尔运河，内侧

的只叫做辛格尔。与伦敦、巴黎等欧洲其他国家的首都相比，阿姆斯特丹显得很小巧，主要的景点集中在半径1.5公里的扇形之中。

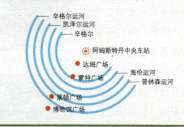

辛格尔运河
凯泽尔运河
辛格尔
阿姆斯特丹中央车站
达姆广场　　　　　海伦运河
蒙特广场　　　　　普林森运河
莱顿广场
博物馆广场

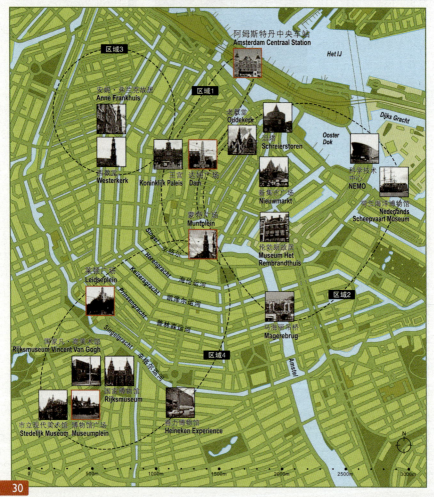

关于各个区域 阿姆斯特丹的中心在达姆广场。如果把主要广场和运河的位置印在大脑里的话，在城里漫步一定会非常快乐。从容不迫地前往被运河包围的城市观光吧。

区域1 p.44~p.49

从中央车站到蒙特广场

达姆广场位于截断阿姆斯特尔河的堤防的所在地，无论从历史还是地理上都是中心地带。丹拉克大街（Damrak）、卡尔弗大街（Kalverstr）是众多商店云集的热闹地区，蒙特广场周围的花市也是值得一去的好地方。

阿姆斯特丹城的门户——阿姆斯特丹中央车站 ➡

区域2 p.50~p.55

达姆广场东侧

达姆广场东侧也就是被称为陈列窗的地区，是阿姆斯特丹历史最悠久的地区，保留下了众多代表阿姆斯特丹光辉历史的建筑物。这个地方的南面有伦勃朗故居、马海丽吊桥。

新集市广场的古董市场 ➡

区域3 p.56~p.58

达姆广场西侧

达姆广场往西去，沿着普林森运河有西教堂和安妮·弗兰克故居。普林森运河与辛格尔运河之间有被称为约旦地区的平民区。据说伦勃朗晚年也在此居住。这里是散步的好去处。

很多人都来拜访安妮·弗兰克故居 ➡

区域4 p.58~p.65

从蒙特广场到莱顿广场

博物馆广场周围的景点是国家博物馆和国家凡·高美术馆等。这里是阿姆斯特丹观光的另外一个起点广场。从博物馆广场往北走，有热闹的餐饮街和莱顿广场。

从博物馆广场往里面看就是国家博物馆 ➡

● 阿姆斯特丹的地图

要漫步阿姆斯特丹，去 ▼ 和车站的售票亭以及书店就能买到"Falkplan"系列地图中的阿姆斯特丹篇。先通过索引找到道路的名字，只要找到了地址就一定能找到要去的地方。有轨电车和公共汽车的系统编号在地图上也能找到。其他与"Falkplan"相同类型的"This is Amsterdam"城市地图也不错。

阿姆斯特丹　了解阿姆斯特丹的概貌

31

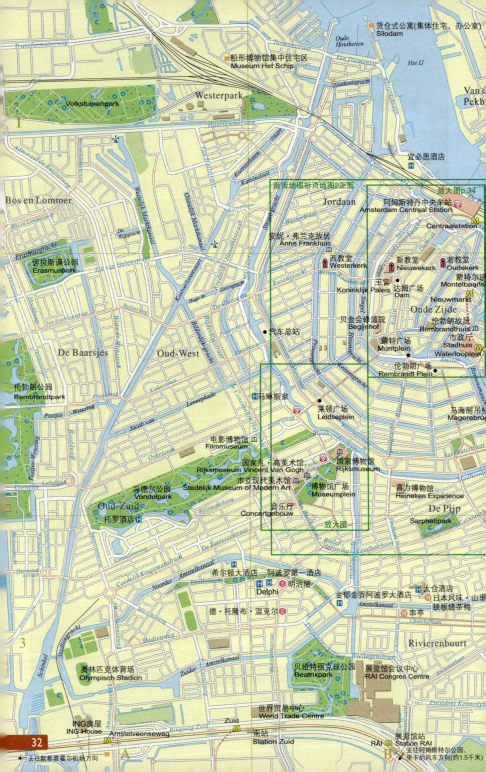

货仓式公寓(集体住宅、办公室)
Silodam

船形博物馆集中住宅区
Museum Het Schip

Westerpark

Volkstujnenpark

宜必思酒店

阿姆斯特丹中央车站
Amsterdam Centraal Station
Centraalstation

放大图 p.34

Jordaan

Bos en Lommer

伊拉斯谟公园
Erasmuspark

安妮·弗兰克故居
Anne Frankhuis

西教堂
Westerkerk

新教堂
Nieuwekerk

老教堂
Oudekerk

蒙特尔堡
Montelbaans

王宫
Koninklijk Paleis

达姆广场
Dam

Nieuwmarkt

Oude Zijde

伦勃朗故居
Rembrandthuis

贝金会修道院
Beginhof

市政厅
Stadhuis
Waterlooplein

汽车总站

De Baarsjes

Oud-West

蒙特广场
Muntplein

伦勃朗公园
Rembrandtpark

伦勃朗广场
Rembrandt Plein

马琳斯家

莱顿广场
Leidseplein

马海丽吊
Magerebru

电影博物馆
Filmmuseum

国家凡·高美术馆
Rijksmuseum Vincent Van Gogh

国家博物馆
Rijksmuseum

冯德尔公园
Vondelpark

市立现代美术馆
Stedelijk Museum of Modern Art

博物馆广场
Museumplein

喜力博物馆
Heineken Experience

Oud-Zuid

托罗酒店

音乐厅
Concertgebouw

放大图

De Pijp

Sarphatipark

希尔顿大酒店
Delphi

阿波罗第一酒店
明治屋

金都金香阿波罗大酒店
日本风味·山里
铁板烧苓梅

大仓酒店
串亭

德·托隆布·温克尔

Rivierenbuurt

奥林匹克体育场
Olympisch Stadion

贝娅特丽克丝公园
Beatrixpark

展览馆会议中心
RAI Congres Centre

世界贸易中心
World Trade Centre

ING展屋
ING House

Amstelveenseweg

Zuid

南站
Station Zuid

展览馆站
Station RAI

去往阿姆斯特尔公园、
里卡的风车方向(约1.5千米)

去往斯希普霍尔机场方向

A

B

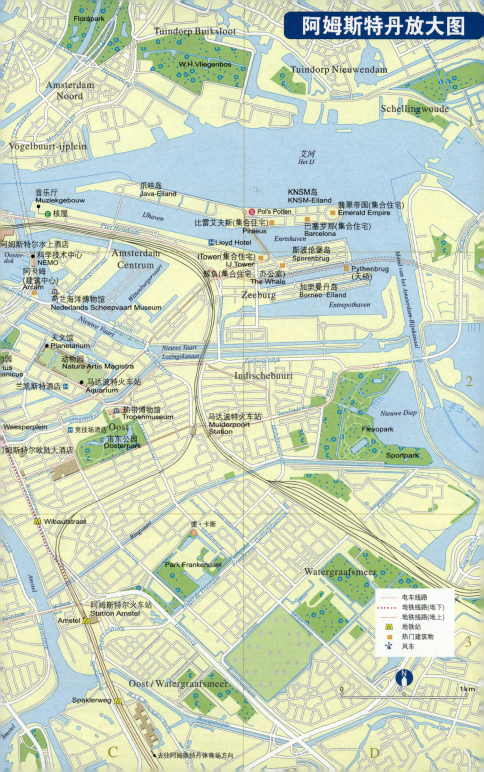

阿姆斯特丹放大图

Florapark

Tuindorp Buiksloot

W.H.Vliegenbos

Tuindorp Nieuwendam

Amsterdam
Noord

Schellingwoude

1

Vogelbuurt-ijplein

艾河
Het IJ

爪哇岛
Java-Eiland

KNSM岛
KNSM-Eiland

翡翠帝国(集合住宅)
Emerald Empire

音乐厅
Muziekgebouw

核屋

IJhaven

Pol's Potten

比雷艾夫斯(集合住宅)
Piraeus

巴塞罗那(集合住宅)
Barcelona

Pier Heimkade

Enrtshaven

Amsterdam
Centrum

Lloyd Hotel

iTower(集合住宅)
IJ Tower

斯波伦堡岛
Sporenbrug

Pythenbrug
(大桥)

阿姆斯特尔水上酒店
Ooster-
dok

科学技术中心
NEMO

阿姆
(建筑中心)
Arcam

鲸鱼(集合住宅、办公室)
The Whale

加里曼丹岛
Borneo-Eiland

荷兰海洋博物馆
Nederlands Scheepvaart Museum

Zeeburg

Entrepothaven

Mond van het Amsterdam-Rijnkanaal

Nieuwe Vaart

天文馆
Planetarium

动物园
Natura Artis Magistra

Nieuwe Vaart
Lozingskanaal

2

Nieuwe Diep

园
tus
anicus

马达波特火车站
Aquarium

Indischebuurt

兰凯斯特酒店

Flevopark

热带博物馆
Tropenmuseum

马达波特火车站
Muiderpoort
Station

Weesperplein

Oost

Sportpark

竞技场酒店

市东公园
Oosterpark

阿姆斯特尔欧陆大酒店

Wibautstraat

德·卡斯

Watergraafsmeer

Park Frankendael

Ringvaart

阿姆斯特尔火车站
Station Amstel

Amstel

电车线路
地铁线路(地下)
地铁线路(地上)
地铁站
热门建筑物
风车

Oost / Watergraafsmeer

N

0   1km

Spaklerweg

去往阿姆斯特丹体育场方向

C

D

3

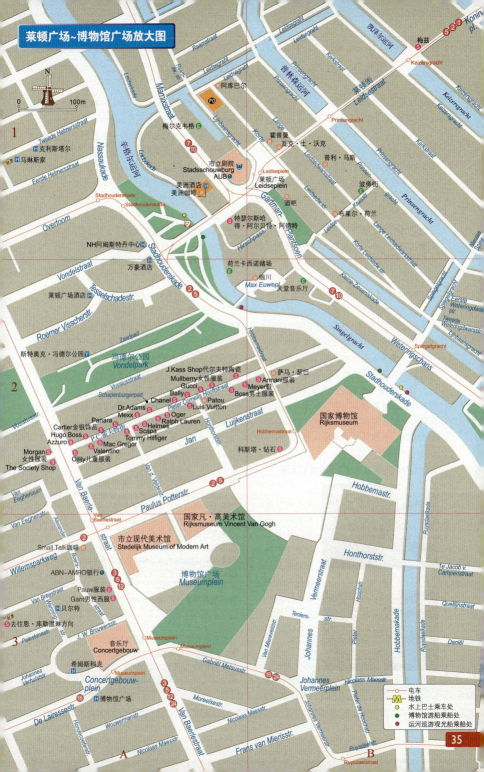

发源于荷兰的酒——杜松子酒（GENEVER）的魅力

●可以说是"金酒"始祖
荷兰的杜松子酒（GENEVER）

很多人认为英国是有名的"金酒"的发源地。实际上荷兰的"杜松子酒"（荷兰语：叶呢巴）是其始祖。17世纪初莱顿大学医学部的西尔维厄斯教授为去往世界各地做生意的荷兰人预防发热病研制了一种药酒。这种酒里加入了杜松的果实，有杜松子的香气。这就是杜松子酒的起源。在荷兰全国流行起来后，由流亡荷兰的威廉三世带入英国，之后在英国经过改良而成为现在的"金酒"。

现在人们一般在晚饭前喝啤酒或葡萄酒，饭后喝杜松子酒。但是在过去，下班回家后首先倒上一小杯杜松子酒，并放入少量的白糖，一口气喝完，然后再吃饭，这是一般老百姓的喝法。

喝杜松子酒的正确方法应该是这样的：将杜松子酒倒入宽口细长的小的酒杯一口气喝完。不要用手拿住酒杯，而要将酒注入酒杯，似乎要溢出酒杯，但又不要让酒溢出，然后把酒杯直接往口里倒。看起来好像不太有品位，但一滴不漏地喝完很像勤俭的荷兰人的作风。虽然杜松子酒被认为是"老爷爷的酒"，不太受年轻人的欢迎，但是现在传统的杜松子酒也在渐渐地受到大家的重视。

蒸馏车间内部

荷兰的弗金克葡萄酒厂中也出售利口酒。其中苦味较重的利口酒可根据加入材料的成分让风味发生变化。弗金克利口酒根据不同的味道，冠以"眼泪的婚礼"、

在屋里各种各样的同类甜味烈性酒放在橱柜里，可以免费试喝一口

"完美的幸福"、"敞开肚皮"、"勿忘我"等奇怪的名字。要向你推荐的是苦橙（bitter orange）。这种酒有甜甜的橙子香味，适合女性饮用。因为酒精浓度为40度，比较烈，所以注意不要喝得过多。

●一丝不苟的传统方法

从面向阿姆斯特丹达姆广场的酒店克拉斯纳波尔斯基旁边的一条小道进去，就有一个小的蒸馏厂——弗金克蒸馏厂。从1679年到1954年存在了大约300年的时间。但是，出让给大型酿酒公司波尔斯公司后，就一直被关闭了。克斯·福里威斯先生通过研究文献资料，以及到德国、比利时、卢森堡进行多次的调查，于1993年重新让蒸馏厂得以新生。"在工业化批量生产的今天，再一次重新制造出令人心满意足的杜松子酒"；"为了保持原汁原味，尽可能重现原来的制作方法"。福里威斯先生这样说。因为使用的是有100年历史的传统蒸馏设备，所以一周只能生产800~1000瓶酒。

这种酒有清新爽口的香味并具有独特的浓厚味道，荷兰人熟悉的杜松子酒的味道终于又回来了！既新鲜又老成，经过时间的考验，酒味变得更加的香醇。

●老铺阿姆斯特丹（Oud Amsterdam）

烈性杜松子酒专卖店。有17种杜松子酒和50种利口酒。有自己的杜松子酒品牌——老阿姆斯特丹，在店铺地下的酒桶中慢慢发酵而成。离中央车站很近，很方便。

🏠 Nieuwendijk 75 Map p.34-B1 ☎ 020-6244581
URL www.oudamsterdam.nl（荷兰语）
🕐 周一～周六 10:00~18:00 CC A.D.J.M.V.

●弗金克蒸馏厂（Wynand Fockink）

在弗金克蒸馏厂能看到杜松子酒生产流程。工作人员工作不忙的时候还能给游客进行英文的讲解。杜松子酒和果汁酒都有贩卖。

🏠 pijsteeg 31-43 Map p.34-A2 ☎ 020-6392695
URL www.wynand-fockink.nl
🕐 周二、周四 14:00~16:00（以外时间要预约）
商店：9:00~17:00（周六12:00~） CC A.D.J.M.V.

阿姆斯特丹市内交通

⬤ 有轨电车、巴士、地铁

有关有轨电车、公共汽车、地铁的信息可以去 GVB（市营交通咨询中心）询问，位于中央车站前的 🔵 的旁边，是背对车站位于站前广场上的建筑物。登载有线路图的交通指南《Public Transport》（免费）带着乘车很方便，可以在咨询中心领取。去郊外巴士的乘车站和时刻等也可以在这里询问。还可买到阿姆斯特丹的有轨电车、公共汽车、地铁的联营通票（Amsterdam Dagkaart）和荷兰全国的公共汽车、有轨电车共通的回数券（Strippenkaart）。

白底蓝色线条的新型有轨电车

范围与车票

市内分为：中央（Centrum）、北（Noord）、东（Oost）、南（Zuid）、西（West）等区域。费用（车票的枚数）是按区域数加1的组合方式。也就是1个区域的话要2枚，2个区域的话要3枚。而且包含中央车站在内的观光地基本上都在中央区域内，只要不走超过这个范围的地方，使用1区域的车票就没有问题。但是，去 RAI 国际会议中心要3枚。这个区域的费用系统是有轨电车、公共汽车、地铁共通的，区域1~3内，1小时以内的话，同一张票可以多次换乘。

如何乘坐有轨电车 Tram

城市里纵横交错的白底蓝色线条的有轨电车是阿姆斯特丹一道亮丽的风景。此外还有绘有图画的有轨电车和轮椅车，也有可乘坐的残障人有轨电车。线路非常的清晰易懂，对于观光游客来讲非常的方便。从中央车站出发基本上是放射性出去的线路，也有横跨城市巡回的线路。运行时间是6:00~24:00。以5~10分钟的间隔运行。

❶ 在有轨电车停车站 Tramhalte，标明了线路号码和去

GVB 办公室

🏠 Stationsplein10
➡ Map p.34-B1
URL www.gvb.nl
🕐 周一~~周五 6:30~23:00
　　周六、周日 8:00~23:00
☎ 0900-8011（0.10 欧元/分钟，荷兰国内）

车票价格

2枚（1区间）1.60 欧元
3枚（2区间）2.40 欧元
8枚一日券（dagkaart）7 欧元
在车内购票时，使用英语没有问题。只要告诉要去的站名就行了。

Strippenkaat

15枚 7.30 欧元
45枚 21.60 欧元
在 GVB、车站售票处、邮局、小卖店等都能买到。还有，可以多人同时使用。由于是荷兰全国通用，在阿姆斯特丹以外的地方都能使用。
※关于从 2009 年 8 月 27 日开始使用的新的车票 OV 卡→p.114、p.440。

Amsterdam Dagkaart

1 日券 7 欧元
2 日券 11.50 欧元
3 日券 15 欧元
以后每加一天增加 3 欧元。在开始使用时盖上日期。在 🔵 购票。

迷你公共汽车（Stop/Go）

从 Oosterdock 出发经中央车站绕普林森运河去往市政厅、音乐剧院、滑铁卢广场（Waterlooplein）然后返回，1 小时有 4 趟间隔发车，中途不停车。路上想下车的地方到了，说一下就可以下车。想乘车的时候，举手打个招呼，车就停下来了。1

个小时有效的车票 1 欧元。车票向司机购买。其他如 24 小时、48 小时、72 小时、96 小时有效的也有。详细情况请在 GVB 办公室确认。

从有轨电车后门乘车的时候由乘务员盖章

乘公共汽车时由司机盖章

夜行汽车

深夜 0:00 开始到 6:00，除了 2:00~4:00（周六、周日 2:30~3:30），大约每 30 分钟发一趟夜行汽车。除了持旧券的人以外车票要比白天的费用高点。3.50 欧元（12 回的回数券 25 欧元）。详细情况请咨询 GVB 办公室。因为运行时间稍微混乱，如果你没有耐心等上 30 分钟，建议你不要乘坐。

全阿姆斯特丹游览通票

市内的有轨电车、公共汽车、地铁、水上公共汽车随便乘坐的通票。而且还附有美术馆和博物馆等的优惠券。费用 1 日券 24 欧元。GVB 办公室或

的方向，一定要确认以后再乘车。自己想乘坐的有轨电车来了，招手即停。

❷ 没有车票的情况下，从最前面的门上车，向司机购买。新型的车辆从中门上车。新型车会自动开门，但也有旧型车要按下门旁边的 Open 按钮才能开门。

❸ 持有回数券的时候，将回数券折一下放入在车内数个地方设有的黄色检票器里盖上日期印。还有，在 4、13 路有轨电车以及从后面上下的有轨电车里有乘务员，没有买票的话，从后（或中）门上车向乘务员购买车票并请乘务员盖上章。也有乘务员对全部乘客进行检票的车辆。

虽然换乘自由，但经过 1 小时后，不要忘记再次盖章。如果区间数搞错了，或者没有持有有效的车票，临时上车进行检票的检查员会毫不客气地收取罚款和补足到终点站的运费。另外，好像车内偷盗事件较多，一定要十分小心，留意你的提包和钱包。

❹ 快到你要下车的车站时，请按下黑色的或者红色的 Stop 按钮。很多车里有显示站名的屏幕，亮起红灯的车站代表即将到达的车站。这些车还有广播提示。也许游客还不习惯听荷兰语的站名。如果感到不放心，上车的时候告诉司机下车的站名，坐在司机身旁，到了目的地，司机会通知你。从后门下车时像上车时一样按下门旁的 Open 按钮。

如何乘坐公共汽车 Bus

公共汽车停车站叫 Bushalte。中央车站的公共汽车站是在出站后往左走的地方。跨过运河往右的地方也有。另外，Marnixstr. 也有大的汽车总站。这里的公共汽车经过莱顿广场的公共汽车站。在市中心游览还是乘有轨电车方便。但是，去埃丹、阿尔斯梅尔、福伦丹等郊外地区的话，还是乘公共汽车好。运行时间：6:00~24:00。

❶ 上下车方法基本和有轨电车一样，与有轨电车不同之处就是只能从前门上车。换乘的时候让司机看看车票。车票基本上是要预先购买。

❷ 去郊外的时候如果不知道要多少枚票，可让司机确

认后再盖上章。

❸ 门是全自动的，下车前按下 Stop 按钮的话，司机就会给你停车了。

如何乘坐地铁 Metro

因要连接阿姆斯特丹的中心地区和新建的郊外住宅区而修建的地铁，观光时的使用率很低。各式各样的车站里会聚了非常有趣的艺术作品。线路从中央车站经滑铁卢广场到阿姆斯特尔站。剩余部分就从地下上升到地面变成高架线。分为三条线：分别开往海因（Gein）、哈斯帕普拉斯

车票只把必要的部分折起来放进检票机盖章

（Gassperplas）和阿姆斯特尔芬（Amstelveen）。

❶ 在车里无法买车票，要在站内自动售票机购买或使用事先买好的回数券。另外，自动售票机不能找零钱，请准备好零钱。

❷ 在站台的台阶旁将票放进黄色的检票器，和有轨电车不一样，要特别注意。

❸ 按下 Open 按钮，门就开了。

❹ 按下按钮，开门下车。

⬤ 如何乘出租车

出租车的乘车站（Taxi Standplaats）在车站、广场、大的酒店前都有。基本上都是在这些地方上车或下车。在路上招手一般是不会停车的。也可用电话叫车。虽然出租车司机懂英语，但是荷兰语地名的发音还是很难的。最好是将目的地写在纸上让司机看。费用使用打表制。在市内跑 5 公里约 12 欧元。基本费用是起始 2 公里 7.50 欧元（TCA 公司），然后每 1 公里加 2 欧元（在阿姆斯特丹，费用体制根据运营公司不同或市区不同而有所差异），没有夜间费用。

水上公共汽车售票处有售。
URL www.gvb.nl

地铁内部

出租车
电话 24 小时都能呼叫使用。
☎ 020-6777777

水上公共汽车
🏠 Weterringschans 26-1e
☎ 020-6239886
🕙 每天 10:00~18:00
红线号：国家博物馆—莱顿广场—西教堂—中央车站—市政厅和伦勃朗故居—国家博物馆。
绿线号：国家博物馆—莱顿广场—市政厅和伦勃朗故居—中央车站—安妮·弗兰克故居—国家博物馆。

蓝线号：中央车站—NEMO—
海洋博物馆—动物园—热带
博物馆—市政厅 / 伦勃朗故
居—NEMO—中央车站。

費 1 日券 18 欧元，到次日
12:00 有效。在 V 可购买
URL www.canal.nl

博物馆游览船

住 Prins Hendrikkade 26
☎ 020-5301090
營 9:00~21:00（11/2~次年 3/
24 10:00~17:00）
費 博物馆的入场券有 20%~
50% 的折扣的 1 日券 18.50 欧
元。13:00 以后费用有变化。
在 V 也能购票
URL www.lovers.nl

水上脚踏车

☎ 020-6245574
營 10:00~18:00（夏季 ~21:00）
費 两人用 1 小时，每人 8 欧
元。3 人以上用每人 7 欧元。
需付 50 欧元押金。在 V 可
购买
URL www.canal.nl
    附运河地图的指南手册
可以免费领取。

租自行车

●马克自行车 Macbike
住 Stationsplein 12
➡ Map p.34-B1
☎ 020-6200985
營 每天 9:00~17:45
費 1 日 9.50 欧元（脚刹车，
手刹车 12.75 欧元）＋押金
50 欧元＋护照或信用卡
URL www.macbike.nl
●达姆斯托拉特租车
Damstraat Rent-a-bike
住 Damstraat 20-22
➡ Map p.34-A2
☎ 020-6255029
營 每天 9:00~18:00
費 1 日 9.50 欧元（脚刹车，
手刹车 14 欧元）＋押金 25
欧元＋护照或信用卡
URL www.bikes.nl

其他交通方式

如何乘坐水上公共汽车 Canal Bus

　　提到阿姆斯特丹独特的交通工具就要说到水上公共汽
车了。从中央车站经莱顿广场到国家博物馆的线路对观光
游客来讲非常方便。分为 "Red"、"Green"、"Blue" 3 条线
路，可以在喜欢的地方下船。每间隔 30 ~ 45 分钟发一班。

博物馆游览船 Museum Boat

　　在市内主要博物馆之间能自由往来的游览船。乘船处
在中央车站前—普林森运河（安妮·弗兰克故居附近）—国
家博物馆前—海伦运河（莱顿大道）—冯德尔公园前—滑
铁卢广场、海洋博物馆前 7 个地方。可以在喜欢的地方随
便乘车下车，博物馆巡游和运河巡游可以一次完成。中央
车站前的乘船处就在 V 的后面。绕 1 圈需要约一个半小时。

水上脚踏车 Canal Bike

　　可以乘坐用脚蹬的船自由地在
运河上散步。从国家博物馆出发，
一般荷兰人用 1 个小时就能到达安
妮·弗兰克故居附近。游客的话
可能要再多花些时间。乘坐处根据

自己的脚在运河上散步

时期有所不同，有国家博物馆前、莱顿广场、普林森运河
（西教堂前）、凯泽尔运河（莱顿街沿线）这 4 个地方。从
哪里乘坐、在哪里上岸都可自由选择。

自行车 Fiets

　　像阿姆斯特丹这样拥有大量自行车的城市在欧洲实属
罕见，无论大人小孩，甚至白领丽人都每天骑自行车，刮
风也不例外。你也去租上一辆自行车感受一下阿姆斯特丹
人的生活吧。和中国一样右侧通行。基本要领是走自行车
专用车道。没有专用车道的话，走大车道。不要在人行道
上骑车。还有，自行车专用通道里也会有小型摩托行驶，
一定要小心。

阿姆斯特丹被称为北方威尼斯，有大小165条运河和1300余座桥。沿着运河并排着古砖建起的家园、连绵不断的美丽桥梁、水上房屋……一定要从水上好好看看阿姆斯特丹这座城市。中央车站前、丹拉克大街、罗肯等市内很多地方都有乘船处。如果没有太多时间，又想利用公共交通去不太方便的郊区逛逛，那么参加步行或骑自行车或乘坐巴士游览阿姆斯特丹市内与郊外的观光旅游团也很不错。在这里就介绍几个在 🔾 发行的《远足》(Excursions) 观光小册子上登载的旅游团。在 🔾 能够免费预约参加旅游团。事前请确认时间和费用是否有所变动。另外，除运河巡回观光以外，其他都要到 🔾 等处预约。

乘船巡游

●**运河巡游 Canal boat trip**
市内主要运河与阿姆斯特丹港一周巡回游览，有两条基本线路。需要1小时~1小时30分钟。不需要预约。
🚌 每天 10:00~18:00　💰 11 欧元

●**烛光环游团 Candlelight cruise**
在点燃烛光的游船上，一边喝着葡萄酒一边品尝着奶酪，观赏霓虹灯闪烁的浪漫的阿姆斯特丹城。所需时间：2小时。
🚌 夏季每天 20:30，冬季周三、周六、周日 20:30
💰 29.50 欧元

●**晚餐环游团 Dine on the water**
在游船上一边品尝着鸡尾酒、葡萄酒，一边吃晚餐的环游团。所需时间：2小时30分钟。
🚌 夏季每天 19:30，冬季周三、周四、周六 19:30
💰 69.50 欧元

●**建筑观光团 Architecture Cruise**
在阿姆斯特丹东部的 KNSM 岛和 Java 岛上有一些备受瞩目的现代建筑，巡游这些建筑的观光团。所需时间：2小时30分钟。详细情况需要确认。
🚌 夏季第一个和第三个周日 14:30，冬季第一和第二个周日 13:30（要预约，需确认）
💰 22.50 欧元

陆路观光团

●**阿姆斯特丹市内骑车观光 Amsterdam by bicycle**
骑自行车环游市内的著名和不为人知

阿姆斯特丹北部的自行车观光团

的观光景点。组团的最少人数为8人。申请人数多的时候，午后分数次出发。所需时间：3小时。
🚌 4~10月每天 9:00 和 13:00　💰 20 欧元

●**周游阿姆斯特丹 Tour around Amsterdam**
　A.乘巴士环游著名景点，所需时间：2小时30分。
　B.与A基本相同，还可乘船，所需时间：3小时30分。
　C.在A里加上国家博物馆，所需时间：3小时30分钟。
🚌 A、B、C 每天 14:30（周六、周日 10:00、12:30、14:30）　💰 A. 20 欧元，B. 25 欧元，C. 30 欧元
其他还有参观郊区的奶酪工厂和木鞋工厂，还有就是和乘船环游合在一起的旅游项目。

●**自行车环游乡村 Countryside Biketour**
骑自行车去游览荷兰漂亮的城市和风车吧。白天品尝荷兰的著名的面包、糕点，组团最少5人。所需时间：6小时。详细情况需要确认。
🚌 4~10月每天 11:00　💰 27.50 欧元

●**风车与埃丹 Windmill tour and Edam**
到风车村赞西斯康斯（Zaanse Schans），奶酪之城埃丹观光。所需时间：4小时。
🚌 夏季每天 9:30，冬季周二、周四、周六、周日 9:30　💰 30 欧元

●**球根花田与克肯霍夫公园 Bulb fields and Keukenhof**
只在郁金香开花期间组织观光团，郁金香花以外还能看到风信子和鸢尾花等荷兰名花花田。所需时间：4小时。
🚌 3/19~5/20（2009年）的每天 9:30、10:00、14:30　💰 32~43 欧元

●**阿尔克马克奶酪市场 Cheese market Alkmaar**
参观阿尔克马克古老的奶酪市场后，观赏风车和埃丹。所需时间：5小时。
🚌 4/3~9/4（2009年）的周五 9:45　💰 31 欧元

●**福伦丹和马尔肯 Volendam and Marken**
去因具有民族风格服装而著名的福伦丹和马尔肯参观。从福伦丹到马尔肯乘船前往。所需时间：4小时。
🚌 只在夏季才有。每天 9:30 和 14:30　💰 30 欧元

●**大坝与恩克赫伊曾 Enclosing Dike and Enkhuizen**
参观荷兰人与洪水作斗争的历史不可缺少的大坝以及艾瑟尔湖畔的恩克赫伊曾。所需时间：6小时30分钟。详细情况需要确认。
🚌 只有8月的周二 9:30（要确认）　💰 未定

Canal Cruise

运河环游的主要景点

在运河团队环游中会播放解说录音，但是个人环游时就没有了。不过参照右边所列的主要景点，也一样能满足你观光旅游的需要。

① 北海运河

1883 年挖掘的长约 20 公里、宽约 200 米的连接阿姆斯特丹和北海的运河。现在阿姆斯特丹的港口活动基本上都移到了这条运河的沿线上。

中央车站前的游船码头

② 中央车站（后面）

有圆顶的中央车站后面就是港口，为了连接北部地区，市营的免费船只往来频繁。从马尔肯骑自行车去中部地区时可以利用免费船。

运河环游主要景点示意图

主要运河游的线路需要的时间
1小时~1小时30分钟
注:不同船通过不同的运河

水城阿姆斯特丹。从水上眺望被运河包围起来的城市。

❸ 荷兰海洋博物馆与阿姆斯特丹号帆船

海洋博物馆是由原海军的舰艇库改建的。在这附近，有18世纪的东印度公司所有的阿姆斯特丹号帆船。这些船是在1990年举办帆船节时复原的。现在作为博物馆的帆船向公众开放。

❹ 东港（旧港）

在17世纪的黄金时代活跃的港口。有荷兰海军船坞和东印度公司的船坞等。现在变成了阿姆斯特丹独特的古代帆船航行的区域。

❺ 蒙特尔班塔

原来是16世纪初建造的城墙观望台，并在平坦的房顶上安装过大炮。大钟台是到了17世纪，由建筑家亨德里克·凯泽设计建造的。

❻ 马海丽吊桥

据说最初是建于17世纪的木质吊桥。马海丽吊桥（Magere brug）这个名字虽然有细长的桥的意思，但也有人说这个名字来源于马海丽姐妹。这对姐妹住在这附近，她们为了给人们带来方便而建造了这座桥。现在这座桥已经变成电动的了，但在几年前还是像17世纪一样，手动升降。在夜晚灯光的照射下，运河中映出桥的影子，没有比这更漂亮的景色了。

❼ 七座桥

从海伦（Heren）运河向与之相交的Reguliers运河望去，会看到有7座用砖建造的桥以直线排列。桥的倒影一个接一个重叠地倒映在河面上，这是只有从船上才能看到的美不胜收的景色。

如果参加运河环游观光，就有充裕的时间慢慢欣赏

❽ 黄金拐角

海伦（绅士）运河的南部，运河转弯部分的两岸，并排着浩大的并装饰漂亮的17世纪富豪们的宅第。在气派的门厅，有平缓的台阶，下面是厨房，阶梯下安装有小门，便成了佣人们进出的方便门。现在由于该地区一层楼的一周租金就是上万元人民币，基本上不是居住区了，通常都变成了领事馆、银行、保险公司的办公楼了。

❾ 水闸

阿姆斯特丹的北面，运河起始的地方必定有水闸。原来北面是海水的入海口，由于潮涨潮落潮水形成了落差。涨潮时关闭闸门调整水位。现在入海口关闭变成了湖泊，而没有潮的涨落了。现在的水闸只承担了清扫运河的任务。每周5天，到晚间关闭闸门，从外侧用水泵将水抽进水闸，形成流水，漂浮在水面的垃圾向闸门流去，一到早上，一起打开闸门，市内运河的垃圾就向外排出了。

Amsterdam
阿姆斯特丹
中央火步步车站

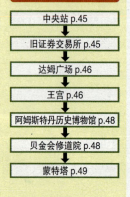

中央车站的背面

稍稍从车站的站台后面出去看看吧，300米宽的水路对岸，可以看到一栋就像牛头上戴了一顶皇冠的大楼，那就是王立壳牌石油中央科学研究所。窗户是一片金黄色，是为了调节大楼里室内的温度，在玻璃上涂上了黄金粉。这栋大楼在傍晚被晚霞照得金光灿烂，非常壮观。

去对岸的方法

如果要去对岸，可坐摆渡船过去。市营运的摆渡船可以运载人、狗、自行车、摩托，还有公共汽车也可乘这个船过去，而且往返都是免费的。阿姆斯特丹每5年要举办一次帆船比赛，汇集了全球各地的帆船。这时全部船只都要经过车站的后面，所以能够就近观看帆船的轮渡与此时会观客如织。

从中央车站到蒙特广场

如果看过阿姆斯特丹地图就似乎明白，在中央车站的后面立刻就可以看到阿姆斯特丹港。在1932年大坝就建成了，在那时，须德海就变成了艾瑟尔淡水湖。当时这个车站建成时，这个地方还是个海湾。在湖中建造了3个人工岛，打进了8000个以上的桩，在这些桩上建起了中央车站。

到站前广场去吧。如果是夏季，音乐爱好者们在广场上演奏音乐。也有决不输给他们的风琴演奏大叔们，悠闲地奏着乐曲。可以看到在以车站为背景，大桥对面东侧的圣尼古拉教堂（St. Nicolaaskerk）的黑色圆形屋顶。

过了桥，走上站前主街道——丹拉克（Damrak）大街，大街右侧的旅行社、兑换处和礼品店一家接一家，众多的游人使大街更加热闹。大道中部的左侧有一个红砖瓦的大建筑物，那就是原来的证券交易所。路的左边还有荷兰一流的高级商场——蜂箱（De Bijenkorf）商场。再往前走就到了达姆广场。达姆广场是阿姆斯特丹观光的起点。

达姆广场往南就是市营电车通过的罗金（Rokin）路。在大街的右侧，并排着许许多多销售廉价飞机票的旅行社。位于罗金路西边的就是常说的步行者天堂卡尔弗街（Kalverstr.）。从达姆广场到蒙特广场（Muntplein）继续行走600米左右，沿着一条窄小的街道，并排着百货公司、

夏天会有观光马车拉客

土特产店、面向年轻人的精品店等，是阿姆斯特丹最热闹的一条街道。另外，卡尔弗购物中心（Kalvertoren）也在这条街上，想购物的人绝对不要错过这条街。

从王宫的南侧进入卡尔弗大街200米左右，右侧有通往阿姆斯特丹历史博物馆入口的大门。再往前走一点，快到斯珀伊（Spui）街与卡尔弗街的交叉口的地方，有贝金会修道院，该修道院与历史博物馆之间也有小道连接。

从斯珀伊街再向南走，在运河的旁边，可看到蒙特塔。蒙特塔的对岸，沿着辛格尔河运，可以看见五彩缤纷的花卉市场。

主要景点

阿姆斯特丹中央车站 Amsterdam Centraal Station
→ 折页地图2 正面C1　→ Map p.34–B1

中央车站落成于1889年。中央入口的两侧各有一座塔楼，其中面向火车站的右侧为钟楼。左侧塔楼上的针总是呈上下方向，仔细一看原来是风向针。荷兰教堂的尖塔上都竖着风信鸡，对于经常驾帆船、用风车、与风打交道的荷兰人来说，了解风向和知道时间一样重要。

旧证券交易所 Beurs van Berlage
→ 折页地图2 正面C1　→ Map p.34–B2

老证券交易所是由著名的建筑师贝尔拉赫（Berlage）设计，他在当时是引领世界建筑潮流的荷兰前卫建筑风格——阿姆斯特丹学派的带头人。在当时，超前卫的风格

站前的信息咨询中心的下面的平台变成了咖啡座

要注意假警察！

　　在阿姆斯特丹中央车站附近，经常有装扮成警察的男人，说要搜查，让你把钱包拿出来看看，乘机将现金从钱包里拿走。从中央车站的附近到陈列窗这个范围内，是阿姆斯特丹最危险的地区，要特别注意。

✉ **中央站前的网吧**

　　站前的 ▽ 所在的建筑物的一楼有一个网吧是非常安全的，女性也可以放心利用。费用是20分钟1.50欧元。

左图：宏大的中央车站的建筑物
上图：中央车站前的旅行者和街头艺术家等热闹非凡

✉ **方便、安心、免费的自行车停车场**

　　租借自行车两天以上时，如果担心夜里自行车会被盗，给大家推荐阿姆斯特丹中央车站地下的免费停车场。一般自己寻找停车位，并且有

管理员看守。一到24:00入口的大门就锁上了。由于早上6:00~7:00就开门，很早就要出去转悠的话，也没问题。

✉ 阿姆斯特丹人的生活智慧

在阿姆斯特丹，每一个建筑的屋顶都有一个突出的挂钩，那是因为一楼的门很窄小，家具都不能够搬入，要往二楼、三楼搬家具，就要将家具挂在这个挂钩上，从窗户搬进房间里。如此的生活智慧让人感动，一定要好好看看房顶附近哦。

要注意兑换处的手续费

在达姆广场附近的兑换处换钱，手续费高，并把你不想买的指南地图也一起卖给你。因此，去这个兑换处换钱时一定要确认手续费（Service Charge）和汇率以后再换钱。

✉ **要注意有轨电车的门**

要注意车辆有下车专用门。还有，在达姆广场有数个停车处，同样的线路，上、下车的场所相隔很远，中途换乘时稍有些混乱。

王宫
住 Dam Sq.
☎ 020-6204060（24 小时录音播放）
URL www.koninklijkhuis.nl
开 12:30~17:00（只有周五有导游团）
休 周一、节日
费 4.50 欧元

特别展览时开馆时间与费用有变更。还有，开馆日有时不确定。

引起了人们的议论和注目，甚至被取了"香烟盒"、"恐龙"等绰号。但是在 10 年后，又在它的南面建起了新的证券交易所。现在是荷兰爱乐乐团的排练馆兼音乐会演奏厅。面向丹拉克大街，交易所广场（Beursplein）入口旁边，还镶嵌着贝尔拉赫的浮雕。

旧证券交易所

达姆广场 Dam
➜ 折页地图 2 正面 B2 　➜ Map p.34-A2

达姆广场被称为阿姆斯特丹的中腹，阿姆斯特丹的心脏。它既是阿姆斯特丹历史开始的地方，也是因大坝将阿姆斯特尔河截断发展成为阿姆斯特丹这座城市名副其实的中心。

白色的尖塔是 1956 年建成的民族纪念碑，是为了安抚第二次世界大战中的牺牲者的灵魂而建立的。它的周围建成了缓缓倾斜的阶梯状小丘，同时也成为年青旅游者很好的休憩场所兼交换信息的地方。20世纪六七十年代曾经是全球嬉皮士聚集的场所，嬉皮士们在小丘上闲坐，就像是"海驴"在丘上悠然自得地午休，因此也被称为"海驴丘"。

民族纪念碑

王宫 Koninklijk Paleis
➜ 折页地图 2 正面 B2 　➜ Map p.34-A2

达姆广场的西侧有一座威风凛凛的建筑物，它就是现在作为迎宾馆的王宫。王宫是 1655 年由雅各布·范坎彭（Jacob Van Campen）设计而成的，最初用作市政厅，但在法国占领时期的 1808 年，拿破仑的弟弟路易·波拿巴接收了它，并改为王宫。以后虽然归还给了阿姆斯特丹市政府，市政府又将它献给了新王室，直到现在。它的7个入口象征着决定荷兰独立的7个省。正面的屏风上雕刻着象、蛇等外国动物的图案。在与世界贸易过程中繁荣昌盛的时代，可以感到阿姆斯特丹的意气风发。王宫里有宣判死刑的"审判间"，也有在大理石地板上绘有世界地图的"市民间"。

王宫前的达姆广场经常热闹非凡

新教堂 Nieuwekerk
❯ 折页地图 2 正面 B2 　❯ Map p.34–A2

面向王宫右侧，后哥特式样的建筑就是新教堂。虽说是新，也是15世纪建造的了。曾几次遭受火灾，其中雅各布·范坎彭设计的塔至今也没完工。因历代女王的加冕仪式都是在这里举行而著名。1980年，现任女王贝娅特丽克丝就在此即位。2002年王储与来自阿根廷的新娘也在这里举行婚礼，成为众人谈论的话题。新教堂现在成了大型的活动会场。

面向达姆广场的新教堂

杜骚夫人蜡像馆 Madame Tussaud Scenerama
❯ 折页地图 2 正面 B2 　❯ Map p.34–A2

该馆是伦敦的杜骚夫人蜡像馆的荷兰版。设在达姆广场的 Peek & Cloppenburg 百货店里。出了电梯，进入蜡像馆，17世纪

阿姆斯特丹
从中央车站到蒙特广场

✉ 印度尼西亚餐馆（Srikandi）
　很幽静舒适，能悠闲进餐的餐馆。在街上比别的餐馆便宜，小盘的菜有组合起来饭菜品数设定为5种。我以23.95欧元选购了15种的饭菜，量多，味道也不错，非常满意。场所在辛格尔运河的前面，巴库酒店的隔壁。
住 Stadhouderskade 31
☎ 020–6640408
营 每天 17:00~22:00

✉ Bagels Beans
　从王宫到新教堂的途中的咖啡馆。火腿肠很好吃，特别推荐店里做的三明治。店里的气氛也很好，很适合个人旅行者，服务生会英语。
住 Raadhuisstraat 18
URL www.bagelsbeans.nl

新教堂
☎ 020–6386909
开 10:00~18:00
周四 ~22:00
休 没有展出计划的时候
费 根据展览内容而定，要确认
URL www.nieuwekerk.nl
管弦乐音乐会
　夏季的周四的白天和周日的晚上（详细情况请确认）。

✉ 达姆广场周围的厕所
　玛格纳大厦内厕所 0.40 欧元，蜂箱商场内只要 0.25 欧元，要便宜点。

杜骚夫人蜡像馆
住 Dam 20
☎ 020–5230623
URL www.madametussauds.nl
开 10:30~17:30，闭馆前1小时停止入场
休 无
费 21 欧元

新教堂内部

观看内部展示可以了解阿姆斯特丹的历史

阿姆斯特丹历史博物馆

住 Kalverstr.92
☎ 020-5231822
URL www.ahm.nl
开 10:00~17:00
　 12/5、12/24、12/31~16:00
　 周六、周日、节日
　 11:00~17:00
休 1/1、女王日、12/25
费 10 欧元
T 1、2、4、5、9、14、16、
　 24、25号在 Spui 下车

✉ **有轨电车也会延迟**
　 频繁来往的有轨电车虽然方便，如果发生交通事故就会延误。我在那里待过两天，就因为两次事故而延误。去机场的话，不仅要留有充裕的时间，还应该掌握其他线路以及道路的信息，这样才会万无一失。

✉ **交通机构的票不要在酒店买**
　 为了图方便，买了回数券（15枚），谁知道比正常价格贵了 1.50 欧元。

的阿姆斯特丹的风貌即扑面而来。一路走过去，可以看到再现的当时的房屋，向人们展示阿姆斯特丹的历史和人们的生活。展厅的后半部分则完全不同，陈列着欧洲各国首脑、摇滚歌星和运动员等世界名人的蜡像。

杜骚夫人蜡像馆

阿姆斯特丹历史博物馆 Amsterdam Historisch Museum
➡ 折页地图2正面B2　➡ Map p.34-A3

　 展示了13世纪到现在有关阿姆斯特丹历史的各种各样的收藏品。看过以后也就明白了阿姆斯特丹的发展是怎样的一个过程。另外，在卡尔弗街以及贝金会修道院附近有带玻璃天顶的细长的走廊，走廊内部的墙上装饰有过去公民服务队的肖像画。博物馆的馆舍在17世纪曾是孤儿院，建筑物本身就能让人感受到阿姆斯特丹古老的历史。在广阔的中庭，夏天会举办小型音乐会。

装饰有公民服务队的肖像画的走廊

阿姆斯特丹的历史博物馆的若干入口

贝金会修道院 Begijnhof
➡ 折页地图2正面B2　➡ Map p.34-A3

　 该修道院建于14世纪，原是作为修道院成员的单身女性的宿舍。现在在此居住的也都是单身女性。修道院的庭园十分幽静，令人难以相信它与喧嚣的卡尔弗街仅一墙之隔。坐在长椅上，听一听小鸟的啼鸣，旅游的疲劳顿时烟消云散。

修道院中几乎所有的房子都是在 17~18 世纪重建的，唯有进门后左边的木结构房屋是建于 15 世纪的，它是阿姆斯特丹至今保存的两座木结构房屋中的一座。

贝金会修道院寂静的中庭

蒙特塔 Munttoren

❷ 折页地图2正面B3　❷ Map p.34–A3

蒙特塔的一楼是卖代尔夫特陶瓷的商店

在 17 世纪阿姆斯特丹取得了巨大的发展，环绕辛格尔大街的围墙相继被拆除。保留下来的塔上，修建了钟楼，这就是蒙特塔。蒙特就是钱币的意思。1672 年法国侵略了荷兰，在这个塔内制造钱币，因此得名。注意，如果没有特别的许可是不能登上蒙特塔的。

※贝金会修道院是私人土地，在这里要考虑现在住在此的居民的意愿，这里禁止拍照，请不要引起不必要的纠纷和骚乱。

在安静的贝金会修道院的庭园也不可大意！

在修道院的庭园里休息时，有男的跟你打招呼，在回答间隙里，将你的行李拿走，这种事情时有发生，收到过这样的来信，千万不可放松警惕。

✉ Bakkerij Annee

从斯珀伊广场徒步 3~4 分钟，有一家家族经营的小的有机面包房。出售德国硬面包和点心、蛋糕等。相当多的种类，价格也适中，虽然没有咖啡馆，肚子饿了时，在这里吃东西非常的方便。建议买苹果派。
🏠 Runstr. 25
☎ 020-6235322

🐄 Column
Netherlands

阿姆斯特丹的治安情况

中央车站和达姆广场一带犯罪案件较多，如抢劫、偷窃、顺手牵羊等，游客一定要小心，最好不要成为各种偷窃者的目标。贵重物品不要随身携带，旅行包要斜挎在肩上，最好用上衣遮挡住挎包。

无论如何不要将包放在脚边和桌上，包一定不要离手。最近游客在鞋店、服装店试穿时，放在旁边的包被盗的情况有所增加。还有的盗贼利用书或旧报纸引诱人看，在一旁的另一个盗贼进行偷盗，游客千万不可上当。所谓的陈列窗区已成为观

有轨电车里小偷较多

光著名景点，许多美国女性在此哈哈大笑一路看过去，实在让人瞠目。但这绝不意味着安全，这一带也是买卖毒品的区域，时常有持枪拿刀的犯罪分子进行犯罪活动，实际上是一个危险的地区。当地人都知道，特别是游客有带现金在身上的习惯，也就容易成为希望获取现金的吸毒者的攻击对象。因此最好远离这个地方，要是语言不通的话，就要离得更远一点了。荷兰这个社会是自己的事情自己负责，绝不能想得太天真。

有轨电车里的注意小偷的警告牌

阿姆斯特丹
中央车站

Willet–Holthuysen 美术馆

　　个人住宅作为美术馆对公众开放。与范隆博物馆一个类型。可以看到豪华的收藏品。位于伦勃朗广场附近的运河附近。

🏠 Herengracht 605

☎ 020–5231822

URL www.willetholthuysen.nl

开 10:00~17:00

周六、周日、节日 11:00~17:00
(12/5、12/24、12/31~16:00)

休 1/1、女王日、12/25

费 5 欧元

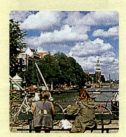

从运河遥望蒙特尔班斯塔

达姆广场东侧

　　从达姆广场，穿过民族纪念碑的南边，进入达姆街（Damstr.）。从这里往北，直到中央车站一带就是被称为"陈列窗"的地区。美女们从窗户里向行人招手。但是，这里据说也是阿姆斯特丹商人的发迹地，是阿姆斯特丹最古老的地区。14世纪开始，商人们就在运河沿岸建造仓库和商店，从驶进运河的船上卸下大量的货物。

　　沿着最初的运河 Oudezijds Voorburgwal 往中央车站方向步行过去，就会看到左侧的老教堂，再往前就是阿姆斯特丹博物馆。这一带就是陈列窗地带的中心地区，由于从白天就有许多形迹可疑的人在逛荡，走路的时候一定要加倍小心。

　　再沿着运河前进，就来到了圣尼古拉教堂的背面。在右侧就能看到一座顶端尖尖形状的可爱的塔，这就是曾为城墙一部分的泪塔。从该塔往东，海中有一座黄色的建筑物，这就是海洋博物馆。绿色的巨大的建筑物就是科学技术中心（NEMO）。

　　沿着泪塔下的海尔德斯（Geldersekade）运河按来时的方向再回去，就走到了新市场广场（Nieuwmarkt）。广场上那座就像中世纪的城堡一样的建筑物就是计量所。这个广场夏季每逢周日举办古董交易市场。

　　从广场沿着圣安东尼街（St. Antoniesbreestr.）前进，看着右侧的南教堂就来到运河的桥上。桥的左侧，可以看到16世纪的港口瞭望台——蒙特尔班斯塔（Montelbaanstoren）。

灯光璀璨的马海丽吊桥

过了桥，右侧就是伦勃朗故居。故居位于犹太人大街（Jodenbreestr.），的确这一带曾经是犹太人街，走完这条街，在环岛的对面有犹太人历史博物馆。

伦勃朗故居的南面，就是举办跳蚤市场的滑铁卢广场（Waterlooplein）。广场的北侧，耸立着两座塔，即1840年建造的摩西和阿龙（Mozes en Aäronkerk）教堂。现在已不再举行弥撒，成为年轻人集聚的场地。

从教堂稍往前走，有一座新的建筑物即音乐剧院（Muziektheater），这是一座建于1986年的歌剧院，它与市政大楼（Stadhuis）相连，在荷兰语中表示市政厅意思的"Stadhuis"和表示歌剧院的"Operahuis"混在一起，形成一个新词：Stapera，用于指称此处。

在这周围流淌的就是阿姆斯特尔河（Amstel）。在到处是运河的阿姆斯特丹，该河是唯一的自然河。河上有一座桥叫蓝桥（Blauwbrug），过去是名副其实的漆成蓝色的木桥，但后来仿照巴黎的亚历山大三世桥进行了改建。该桥对面即是风姿绰约的马海丽吊桥（Magerebrug）。

跨过蓝桥，沿着阿姆斯特尔街（Amstelstr.）前进，就来到伦勃朗广场（Rembrandtplein）。广场中央竖立着一座戴着贝雷帽，身披斗篷的伦勃朗的雕像。

🏛 主要景点

老教堂 Oudekerk
- ➡ 折页地图2正面C1 ➡ Map p.34-B2

就像这个名字一样是阿姆斯特丹最古老的教堂，14世纪初建造的。虽然在陈列窗区的正中心地区，但是一步跨进了教堂中，就仿佛到了另外一个世界，四周异常的寂静。内部的装饰虽然在宗教变革时期基本上被破坏殆

历史悠久的老教堂

✉ 运河乘船环游的学生票
与运河巡游的费用相似，Lovers canal cruise有学生优惠价，如果持有国际学生证等学生证明ID，可以更便宜地乘船。

音乐剧院外夏天举办的露天音乐会

✉ Avrum Grill
在有轨电车的滑铁卢停车站（Waterlooplein）旁边，如果不习惯吃肉食，可以去吃鱼，那儿有一个美味的古利尔餐厅。坐在面向大街的餐桌旁，可以一边吃着饭，一边观赏街景。午餐不管是哪种套餐都是炸薯条和放在一起的蔬菜，牛排11欧元，炸鱼9.50欧元。
🏠 Waterlooplein 369

老教堂
🏠 Oudekerksplein 23
☎ 020-6258284
URL www.oudekerk.nl
🕐 11:00～17:00
　周日 13:00～17:30
　日期与时间有时会有变更，详细的情况需确认。参观塔需要预约。
休 1/1、女王日、12/25
费 教堂6欧元（特别展览时另定）

✉ 也许能听到管风琴的音色
学生们时常在练习管风琴，如果去之前，得到练习的日期与时间，去听听也是一大幸事。

尽，但是各种组合的彩色玻璃与18世纪的管风琴非常著名，夏夜举办管风琴音乐会。而且这个教堂里安葬着发现了荷兰到亚洲海上通道的航海家和为今天荷兰音乐界带来巨大影响的作曲家等无数名人。伦勃朗的妻子萨斯基亚也安葬在这里。

阿姆斯特丹博物馆
🏠 Oudezijds Voorburgwal 40
☎ 020-6246604
URL www.museumamstelkring.nl
🕐 10:00~17:00
　　周日、节日 13:00~17:00
　　12/31~16:00
🚫 1/1、女王日
💰 7 欧元

中央车站前的圣尼古拉教堂

圣尼古拉教堂
☎ 020-6248749
🕐 周二~周五 11:00~16:00
　　周一、周日 12:00~15:00
🚫 9月中旬~复活节前
💰 免费

✉ **阿姆斯特丹步行环游**
　　虽然陈列窗区很危险，但是在全球都很有名，而且大家都还是津津乐道。因此有面向旅游者的步行观光。导游保护、带领着大家走安全道路，白人女性与恋人们也常有参加。用英语解说。
URL www.amsterdamsightseeing.
net/tours

阿姆斯特丹博物馆 Museum Ons' Lieve Heer op Solder
➡ 折页地图2 正面 C1　　➡ Map p.34-B2

与西班牙进行独立战争的荷兰，与西班牙的基督教对抗，借助新教徒的力量，在1579年禁止了基督教的弥撒。因此出现了"房顶隐蔽房间的教堂"。隐藏的不是教徒，而是教堂。在市内有许多处，这里是保留下来的对外公开的唯一一处。

阿姆斯特丹博物馆

以礼拜堂为首，18世纪的房间也像原来一样保存下来了，向人们展示了当时市民的生活状况。

圣尼古拉教堂 St. Nicolaaskerk
➡ 折页地图2 正面 C1　　➡ Map p.34-B1

1887年建造的罗马基督教的教堂。圣尼古拉斯是守护乘船人的圣人，因对小孩子们很温柔而闻名。他也是圣诞老人的原型。圣尼古拉斯原来住在相当于土耳其境内的地区，但现在人们一般认为他来自西班牙。

计量所 Waag
➡ 折页地图2 正面 C2　　➡ Map p.34-B2

原来叫圣安东尼门（St. Antoniespoort），是建于1488年的城墙的一部分。到17世纪，一楼成为广场集市的计量所，二楼则成为各种行会的活动场所。里面的有阶梯的教室是外科学会组织举行解剖学讲座的地方，并请画家画下讲课情况。伦勃朗的《杜尔普医生的解剖学课》就描绘了杜尔普医生和达曼医生上课的情况，此画是向阿姆斯特丹人展示其实力的成名作。不能参观内部。

泪塔　Schreierstoren
➡ 折页地图2 正面 C1　➡ Map p.34-B1

　　1480 年建成的塔，原来它是在阿姆斯特丹港的最突出的顶部，在这里女性们流着眼泪来送别将要去危险的海上出海的男人们，因此而得名。发现纽约的亨利·哈得孙也是在 1609 年从这个塔起航的。他的丰功伟绩也写进了碑文里。顺便讲一下，纽约的哈得孙河就是以他的名字来命名的。

目睹过无数生离死别的泪塔

去看看计量所前面的市场也很有趣

荷兰海洋博物馆
住 Kattenburgerplein 1
☎ 020-5232222
URL www.scheepvaartmuseum.nl
开 10:00～17:00
休 周一（只是9月中旬～次年6月中旬）、周六、周日、1/1、女王日、12/25
费 9 欧元

荷兰海洋博物馆　Nederlands Scheepvaart Museum
➡ Map p.33-C2

　　荷兰海洋博物馆是 1655 年建造的海军补给厅的建筑物。墙壁上雕刻有"航海"的文字。展示有 500 只以上的

陈列窗区的正经话题

　　阿姆斯特丹是作为港口而繁荣起来的。从中央车站到老教堂、新市场的计量所一带，集中了以水手们为老主顾的便宜酒馆和妓院，俗称"陈列窗区"或"红灯区"（Red Light District）。现在也是性商店、色情音乐馆、色情电影院、脱衣舞场以及妓女陈列窗云集的地方。

　　陈列窗区位于运河沿岸，很清静，并排着许多艳俗的招牌。仅穿内衣的妓女们在窗边搔首弄姿，充满怪怪的气氛。色情书店里摆放的杂志一律未经剪切"原汁原味"，看起来实在是触目惊心。

　　这一带到了周末就更热闹了，因为有许多德国男人来此嫖娼。站在窗边仅穿着内衣的妓女招徕着男性，先在门口谈好价格，然后引到屋里。凡是窗帘被拉上的地方说明"里面正忙"。收费除了基本费，各种"技巧"还要加收费用。据说亚洲观光客由于英语不好，常被漫天要价。现在，大概有450余个

陈列窗。多数的女性是个人经营，各自在窗户边上租一间小屋。由于金钱的诱惑等也有来自亚洲与中南美地区的女性。从事这个职业已经变成了现实。

　　荷兰是在 2000 年 10 月才让陈列窗区的卖春合法化的。关于陈列窗的信息与历史可从老教堂后面的一个卖春信息中心（PIC）获得。注意：这里不是卖春的斡旋处。

　　阿姆斯特丹也以男性同性恋的城市而闻名。男同性恋出没的点很多，周末穿着皮夹克的一对对的男性同性恋者手牵着手招摇过市。

　　这个地区是最危险的场所，贩卖毒品的人就在大街上进行交易。虽然警察时常在此巡逻，但是一到深夜犯罪率就一下蹿上去了。要特别注意。

　　还有，在这个地区绝对不要摄影照相，特别是在陈列窗上贴有"No Pictures"的警告牌的，摄影照相更是被禁止的。

B 乘 22、42、43 路 Kattenbur-gerplein 站下车。

从中央车站步行 10 分钟左右。有复制的古代地图出售。

大人小孩共乐

科学技术中心

住 Oosterdok 2

☎ 0900-9191100（0.35 欧元/分钟）

URL www.e-nemo.nl

开 10:00~17:00

休 周一（荷兰的学校放假时开放）、1/1、女王日、12/25

费 12.50 欧元

阿姆斯特丹中央车站往东步行约 10 分钟。

B 乘 22、42、43 路 Kadijksplein 下车

✉ **有趣的科学表演**

在 11:00~ 和 15:00~，有由工作人员进行的表演。用英语进行说明，很有趣。看得专心致志，举起手回答提问的孩子们给人留下很深的印象。

荷兰旅行的服务

由在荷兰居住的日本人提供的服务。可以提供阿姆斯特丹及其他地区、全国的导游、代买票票、翻译、送迎的服务。也可以从网页上提出要求。

URL www.amsterdam-tours.nl

南教堂

※教堂内部是阿姆斯特丹再开发计划的展览馆。

住 Zuiderkerkhof 72

☎ 020-5527987

URL www. zuiderkerk.amsterdam. nl（荷兰语）

船舶模型和地图，讲述了曾经统治过世界海洋的荷兰的辉煌海运历史。其中，还有荷兰商人贝塔·米耐特在 1631 年从美洲印第安人手中购买纽约州的奥尔巴尼一带土地的证书。

科学技术中心　NEMO
➡ Map p.33-C2

科学技术中心（NEMO）是一座船形的绿色的宏大建筑。是由意大利人伦佐·皮亚诺设计的。这个中心设置的目的是用来通过体验科学的神奇性而学习科学。参观者可以在港口模型中一边操作轮船一边了解港口的构造，或者通过计算机了解货币的

流通体系。每一个展览都有英文说明。其中互联网等区域可供父母与子女共乐。还有，玩游戏机时要用入场券，故不要折叠，也不要丢失。

崭新的科学技术中心外貌

南教堂　Zuiderkerk
➡ 折页地图 2 正面 C2　➡ Map p.34-B3

虽然庄严的塔上刻有"1614 年"的字样，而教堂本身是在 1611 年建成的。是阿姆斯特丹的第一座新教教堂。是当时最有名的既是建筑家又是雕塑家的亨德里克·凯泽设计的。伦勃朗曾在附近居住，并留下了从吊桥上远眺此教堂的塔的美不胜收的画卷。还有，现在国家博物馆内展览的《夜巡》也是在这个教堂里画的。

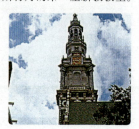

南教堂的塔

伦勃朗故居　Museum Het Rembrandthuis
➡ 折页地图 2 正面 C3　➡ Map p.34-B3

伦勃朗从 1639 年他 33 岁时开始到破产将它卖给了别

的人，在这里居住了20年。建筑物本身是在1606年建成的。内部是按伦勃朗当时居住的样子再现的。还有，紧挨这个房子修建的新馆展出超过250幅伦勃朗的蚀刻画和素描。他使用过的蚀刻画机械也一同展出。从展品中还能了解到伦勃朗还是一个蚀刻画家，这一点鲜为人知。

犹太人历史博物馆 Joods Historisch Museum

→ 折页地图2正面C3

该馆原是17~18世纪建造的4座犹太教堂，现在这里展出着关于犹太人的宗教和历史的文献。博物馆前的港口工人的雕像是为纪念1941年2月阿姆斯特丹的港口工人们抗议纳粹屠杀犹太人而举行的24小时大罢工的事迹建立的。到现在，每逢罢工纪念日或从德国占领下获得解放的日子，这里都堆放着敬献的大量花圈。

了解犹太人与荷兰关系的博物馆

马海丽吊桥 Magerebrug

→ 折页地图2正面C3

该桥是阿姆斯特丹现存的木结构吊桥之一。它让人们想起了凡·高的《阿尔勒的吊桥》这幅名画。4~9月，一入夜，桥上华灯齐放，与白天景色完全不同的梦幻景象呈现在我们的面前。

木结构的马海丽吊桥

开 9:00~16:00
　周六 12:00~16:00
　开放时间要确认。
休 周日、节日　费 免费

伦勃朗故居
住 Jodenbreestr.4-6
☎ 020-5200400
URL www.rembrandthuis.nl
开 10:00~17:00
　周五 10:00~21:00
　周日、节日 11:00~17:00
休 1/1
费 8欧元（特别展览时另定）
M 滑铁卢站（Waterlooplein）下车，往 Nieuwe Hoogstr. 方向走
T 乘9、14路 Mr.Visserplein 下车

犹太人历史博物馆
住 Nieuwe Amstelstraat
☎ 020-5310310
URL www.jhm.nl
开 11:00~17:00（周四 ~21:00、1/1 12:00~ 、12/5~16:00）
休 9/19、20、28
费 7.50欧元
M 滑铁卢站（Waterlooplein）下车
T 9、14 路 Mr.Visserplein 下车

✉ **要小心行李！**
　在达姆广场附近的餐厅吃晚饭的时候，购物袋和别的袋一起放在餐桌下，然后吃饭。虽然特别小心而选了靠柜台最近的桌子，吃完饭购物袋已经不见了。后来想起来，还是要把包放在桌上或把东西放在提包里。

✉ **很美的夜景**
　22:30以后，周围变得很黑，马海丽桥的灯一起点亮。虽然阿姆斯特丹的运河白天看起来很脏，但是夜晚灯光点亮后，非常的漂亮。

阿姆斯特丹

达姆广场东侧

Amsterdam

阿姆斯特丹
中央车站

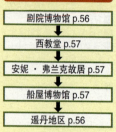

达姆广场西侧的游览方法

剧院博物馆 p.56

↓

西教堂 p.57

↓

安妮·弗兰克故居 p.57

↓

船屋博物馆 p.57

↓

遥丹地区 p.56

遥丹地区

　"遥丹"来源于法语里庭院一词。这里街道都用花名、树名来命名。像百合街、玫瑰街、菩提树街等。每到9月就是"遥丹节"，这里一下就变得热闹起来。

✉ **The House of Hajenius**

　在Rokin街有一家具有180年历史的卷烟铺，窗框、帐篷的屋顶、石头纪念碑风格的路沿以及店内的地毯全部是统一的胭脂色。能调节室内温度的房内还设置了舒适的吸烟室。
住 Rokin 92-96

西教堂的免费音乐会

　管风琴演奏的小型音乐会。有时间的话去听听，很不错的。所需时间：40分钟。
开 4~9月，只在每周五，13:00以后预约

达姆广场西侧

　沿着王宫后面的拉德豪斯街（Raadhuisstr.）往前走，就会穿过好几条运河。这一带的景点都集中在运河旁，很好找。

　首先，沿海伦运河就是剧院博物馆。在荷兰，这样小的博物馆比比皆是，仅在阿姆斯特丹就有40多个。如果找到了就进去看看一定非常有趣。海伦运河和凯泽尔运河之间靠南侧，有一座在荷兰很少见的新艺术派风格的有拱顶的商店街，这是在1899年由保险公司建造的。

　从这里还可以看到号称阿姆斯特丹最高的西教堂的尖塔。过了教堂往普林森运河走。右面是因写《安妮日记》而著名的安妮·弗兰克的故居。另外，再现了以船为家生活的普林森运河的船屋博物馆也十分有趣。

　在普林森运河与其外侧的辛格尔运河之间，是遥丹地区。这里都是一些非常小的房子。17世纪，有钱人都沿着运河居住，贫穷的人就住在遥丹区，也就是阿姆斯特丹的平民区。伦勃朗晚年也在其中的玫瑰运河街居住。这里的居民重人情、勤劳、热情开朗、喜欢热闹的节日，是真正的"阿姆斯人"。深深喜爱着这片土地的艺术家们都来此开设工作室。在街头，总能看到置商业于度外、只追求个人情趣的独具一格的商店。在这里漫步是很有趣的。

新艺术派风格的商店街

遥丹地区的早市

🏛 主要景点

剧院博物馆 Theater Instituut Nederland(Theatermuseum)
➡ 折页地图2正面B2

　该馆建于17世纪，面向海伦运河，是一座关于荷兰剧

院的博物馆。一楼再现了18世纪剧院的设置。参观者可以操纵发出风声与雨声的音响器械等各种各样的舞台装置。还展出了在舞台上使用的服装、首饰、海报、剧本等。有一个出售有关戏剧、舞台艺术的各类书籍的书店。

西教堂 Westerkerk
➡ 折页地图2 正面 A2

西教堂的塔高达85米，是阿姆斯特丹最高的建筑物。这是在阿姆斯特丹如此松软的地基上，以17世纪的技术条件能达到的最高高度。塔尖上的王冠是为了纪念15世纪末统治这里的奥地利皇帝马克西米连一世。大钟下面挂有大小47个组钟。该教堂属于新教派，装饰简单而朴素。伦勃朗就在1669年安葬在这个教堂的公共墓地。教堂里还有一块"伦勃朗长眠于此"的碑。另外，贝娅特丽克丝女王的婚礼也是在这里举行的。

安妮·弗兰克故居 Anne Frankhuis
➡ 折页地图2 正面 A1

1940年，德国侵占了已宣布中立的荷兰。安妮·弗兰克一家从法兰克福逃出来后在这个秘密住宅居住了2年，直到1944年他们被盖世太保发现，并被送到奥斯威辛集中营。现在还保存着当时的旋转式书架，这个书架后面就是安妮一家居住的密室，还有安妮坚持写日记的"亭子间"以及反映当时生活的物品。它让我们感受到战争的悲惨和疯狂。故居现在属于安妮·弗兰克家族，他们不断举行各种运动声讨包括歧视犹太人在内的一切种族歧视行为。

旋转书架后面有暗道和阶梯

船屋博物馆 Woonboot Museum
➡ 折页地图2 正面 A2

阿姆斯特丹运河边保留着一艘挨着一艘的船，这些船

剧院博物馆
🏠 herengracht 168
☎ 020-5513305
URL www.tin.nl
🕐 11:00~17:00
周六、周日 13:00~17:00
休 周一、1/1、女王日、12/25
费 4.50 欧元
T 乘13、14、17路Westermarkt下车

西教堂
🏠 prinsengracht 281
URL www.westerkerk.nl
🕐 教堂 ☎ 020-6247766
11:00~15:00（7、8月的周六有时也开放）
塔 ☎ 020-6126856
10:00~18:00（每过1小时有导游带领上塔）
休 10月~次年3月、周六、周日（教堂）、周日（塔）、节日
费 教堂免费、塔 3 欧元左右
T 乘13、14、17路Westermarkt下车，因塔的阶梯难攀，要上塔的话，请穿带轻便鞋

安妮·弗兰克故居
🏠 Prinsengracht 267
☎ 020-5567100
URL www.annefrank.org
🕐 9/15~次年3/14 9:00~19:00
3/15~9/14 9:00~21:00
（周六与7~8月的周一 ~22:00）
1/1 12:00~19:00
5/4 9:00~19:00
12/25 12:00~17:00
12/31 9:00~17:00
最后入馆时间在闭馆前45分钟前。
休 9/28
费 8.50 欧元（不可使用博物馆通票），不愿意排队买票也行，从网上订票仅要8欧元
T 乘 13、14、17 路 在 Westermarkt下车
闭馆前30分钟停止入场，旺季时常会排队，要做好排队的准备。

蒙特广场到莱顿广场的漫步方法

| 蒙特塔 p.49 |
| 猫博物馆 p.59 |
| 范隆博物馆 p.60 |
| 喜力博物馆 p.60 |
| 国家博物馆 p.61 |
| 国家凡·高美术馆 p.63 |
| 莱顿广场 p.65 |

安妮日记

　　建筑物内墙上的安妮日记是用荷兰语、英语写的。

船屋博物馆

住 Prinsengracht
☎ 020-4270750
URL www.houseboatmuseum.nl
开 11:00~17:00
休 周一（3~10月）、周一～周四（11月～次年2月）、1/1、女王日、12/25~31
费 3.50欧元（不可使用博物馆通票）
T 乘 13、14、17 路在 Westermarkt 站下车

Amsterdam

里大多住有人家，鉴于住房难的问题，市政府承认这种以船为家的水上住宅，但是要征收相当于房租的停船费。从外观看可能想象不到，船内有家具、厨房，与一般住宅毫无区别，水上生活看起来很优雅，但是夏天的蚊子困扰着居民。在这里游客可以一边看着船屋，一边观看幻灯片、录像来了解荷兰的船屋的历史。

上图：运河上漂浮着的船屋博物馆
左图：船屋博物馆的内部

从蒙特广场到莱顿广场

　　从蒙特广场沿着法泽尔街（Vijzelstr.）向南走顺次穿过海伦运河、凯泽尔运河、普林森运河，这一带并不是观光区，游客们到处都能遇到阿姆斯特丹的普通市民。海伦运河有汇集了各种各样猫的雕像和绘画的猫博物馆。凯泽尔运河旁有一家范隆博物馆，它是原来有钱人居住的河畔别墅（阿姆斯特丹特有的面向运河、门面较小的住宅）。这两处景点都设在普通人家家中，让参观者觉得不像是在参观博物馆，而像是因为有事才到此一访似的。

　　再往前过了辛格尔运河，迎面就是喜力博物馆。沿着运河再走5分钟，就看到左侧有一座新哥特式的美丽的建筑物——国家博物馆。穿过国家博物馆下面的路走到尽头就是博物馆广场（Museumplein）。宽阔的广场，从春天到夏天都盛开着鲜花，常能看到年轻人在篮球场上玩耍。沿着广场有国家凡·高美术馆和市立近代美术馆。要注意的是，入口不在广场上，而是面向保罗波特街（Paulus Potterstr.）。

开馆前就已经挤满观众的国家凡·高美术馆

位于市立现代美术馆的南边，隔着博物馆广场与国家博物馆相对而立的就是世界闻名的音乐厅（Concertgebouw）。这一带是阿姆斯特丹最肃穆的建筑区域。与博物馆广场平行，从保罗波特街数第二条街就是 P. C. 霍夫特街（P. C. Hooftstr.）。与平民风格的阿姆斯特丹中心街稍有不同，街两旁排列着一些有格调的时装店，是一条高级商业街。

现在退回辛格尔运河边的街道，接着往前走，左侧有一个公园入口，那是以 17 世纪诗人约斯特·范·冯德尔的名字命名的公园——冯德尔公园（Vondelpark）。入口虽很小，但非常的深，面积有 48 公顷，有池塘和露天剧场。在夏天有可以免费欣赏的舞蹈表演与音乐会，很不错的。如果沿着运河边的街道往前走，再次穿过辛格尔运河，就到了餐馆和剧场集中的莱顿广场。

阿姆斯特丹值得骄傲的音乐厅（Concertgebouw）

🏛 主要景点

猫博物馆 Kattenkabinet

➲ 折页地图 2 正面 B3　➲ Map p.34–A3

面向海伦运河的别墅式房里的小型博物馆，有猫的雕塑、绘画、海报、明信片和猫腿形的家具等是猫迷们可以

✉ **去冯德尔公园看电影吧**
市民休闲的场所冯德尔公园里也有电影院，散步的途中去看看电影最合适。电影院内有许多有趣的电影。去之前在网上调查好放映的时间与作品就方便了。
Filmmuseum Vondelpark
🏠 Vondelpark 3
URL www.filmmuseum.nl
开 9:00~22:15（周六、周日从开始放映的 1 小时前开馆）
休 周一、4/30（女王日）

✉ **音乐厅（Concertgebouw）的免费午间音乐会**
开始时间是 12:30，但是 12:00 就可以进场，最好 11:50 就去排队。

猫博物馆
🏠 Herengracht 497
☎ 020-6265378
URL www.kattenkabinet.nl
开 10:00~16:00 周六、周日
12:00~17:00
休 周一、12/25~1/1
费 5 欧元
🚃 乘 1、2、5 路在 Keizersgracht 下车

✉ **门前有真猫**
门前有 5 只真猫，可以随便摸和抱，叫它们它们还会摆 pose。给它照相打闪光灯也不跑。

猫的标志引人注目

范隆博物馆
住 Keizersgracht 672
☎ 020-6245255
URL www.musvloon.box.nl
开 11:00~17:00
休 周二（7、8月除外）、
1/1、女王日、12/26
费 6欧元
T 乘 16、24、25路在 Keizer-
sgracht 下车

喜力博物馆
住 Stadhouderskade 78
☎ 020-5239666
URL www.heinekenexperience.
com
开 11:00~19:00（入场~17:00）
休 1/1、女王日、12/25~26
费 10欧元
T 16、24路在 Stadhouderskade
下车

大饱眼福的乐园。用中国的毛笔描绘的猫的画和日本设计师设计的猫的图案也一并展示。

范隆博物馆 Museum van Loon
➡ 折页地图2正面B4

　　范隆博物馆是沿凯泽尔运河上的河畔别墅式建筑中的典型，建于1672年。1884年与17世纪的东印度公司有密切关系的范隆家族购买了这处房屋。从17世纪开掘运河以来，就在运河边建起了许多的高级住宅，故名河畔别墅。

　　入口门面小得很容易忽略掉，但是，按下门铃进到里面却是别有风景。上通三楼的楼道口挂着从三楼吊下来的豪华枝形吊灯。各个房间都装饰有范隆家族的肖像画与从中国和日本运来的陶器制品。连餐桌也再现了当时的景象。似乎马上就要摆上热汤的餐桌给人们留下很深的印象。后院是玫瑰园，再往里面走就是马车房。

外形像住宅的范隆博物馆

喜力博物馆 Heineken Experience
➡ 折页地图2正面B5

　　荷兰是一个啤酒王国，有超过200个的啤酒工厂，占领了绝对的市场，在全球负有盛名的就是喜力啤酒了。直到1988年都还在生产啤酒的建筑物现在作为啤酒博物馆对公众开放。主要展示关于啤酒的历史及生产啤酒的最新机器。另外还有问答游戏、体验型的动作游戏都相当有趣。馆内设计具有比较浓厚的广告宣传色彩，但对于参观者来

上图：在旅游季节可能很拥挤
右图：崭新的展示方式很有趣

讲最大的期待就是免费品尝啤酒了。虽不是随便喝，但是一人可以喝两杯喜力啤酒。而且还附赠喜力啤酒的纪念品，同时为未成年人准备有软饮料。

国家博物馆 Rijksmuseum
➡ 折页地图2正面A4 ➡ Map p.35–B2

国家博物馆是在1885年开馆的荷兰最大的博物馆。设计者正是设计中央车站的派特尔斯·卡帕斯。它是欧洲第一座纯粹用于博物馆展览而建的建筑，其精美绝伦是有口皆碑的，甚至有用荷兰语写的专门的导游书来介绍天花板每个角落的装饰画与建筑物的其他部分。

国家博物馆
住 Jan luijkenstr.1
☎ 020-6747000
URL www.rijksmuseum.nl
开 9:00~18:00 周五~20:30
休 1/1
费 11欧元（未满18岁免票）
T 乘2、5路在Hobbemastr.下车
乘7、10路在Spiegelgracht下车
乘3、12、16路在Museumplein下车
乘24路在Stadhouderskade下车
※展示内容等可能有变更，请在当地确认。

上图：伦勃朗的《守夜人》
右上图：维米尔的《信》
右下图：维米尔的《帮厨女工》

咖啡馆与毒品

在荷兰喝咖啡的地方叫做咖啡馆（Cafe）。那么咖啡店（Coffee Shop）是什么呢？其实是出售吗啡或印度大麻的商店。在达姆广场与莱顿广场一带，可以看到Coffee Shop的招牌。灯光稍微有些昏暗的就是这种店。

在荷兰使用吗啡等软毒品是合法的，不持有2克以上的毒品，是不会被警察逮捕的。

但是，海洛因、可卡因等硬性毒品的买卖、持有是违法的，并要进行严惩。如果离开荷兰前，去了Coffee Shop或大麻烟弥漫的俱乐部，虽然没有携带毒品，但次日到达下一个国家或回到中国时，可能会让缉毒犬盯上，一闻到气味，狗就可能有所反应，从而引起很大的麻烦，一定要注意。

当然，因馆内收藏有大量丰富的荷兰绘画而闻名。游客绝不可错过的就是伦勃朗的《守夜人》(Nachtwacht)(Room 12)，还有维米尔的《帮厨女工》(De Keukenmeid)(Room 10)以及弗兰斯·哈尔斯和扬·斯滕等的许多珍贵作品。要了

国家博物馆

※2009年1月展览的状况。改装中展出空间缩小了。
展出内容和位置有可能变动。

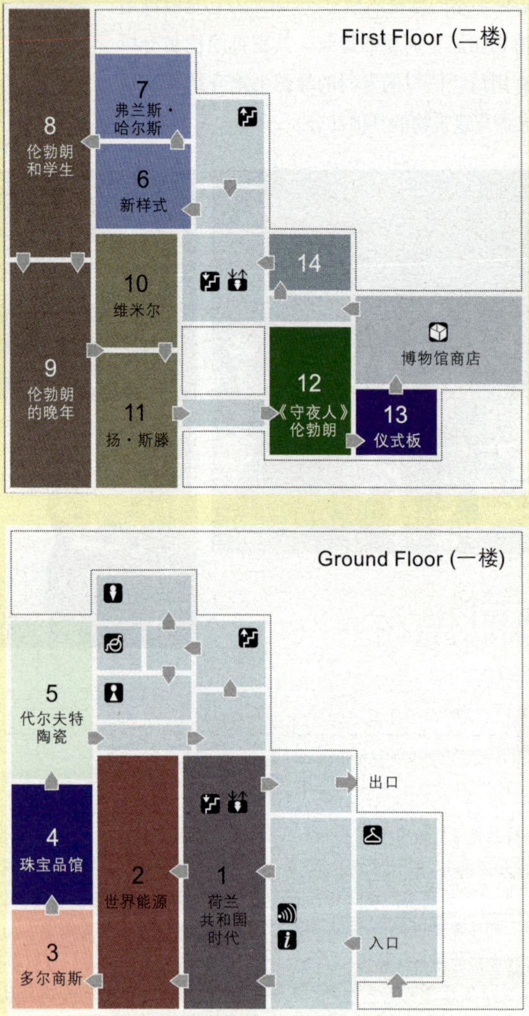

First Floor (二楼)

8 伦勃朗和学生

7 弗兰斯·哈尔斯

6 新样式

10 维米尔

14

9 伦勃朗的晚年

11 扬·斯滕

12 《守夜人》伦勃朗

13 仪式板

博物馆商店

Ground Floor (一楼)

5 代尔夫特陶瓷

4 珠宝品馆

2 世界能源

1 荷兰共和国时代

3 多尔商斯

出口

入口

解这 4 位画家，可以在小卖店买到一本用 6 国语言写成的导游书（5 欧元）。如果没有时间，可以去二楼集中参观有名的荷兰绘画。

从正面看到的国家博物馆

在荷兰绘画的黄金时期非常活跃的弗兰斯·哈尔斯、扬·斯滕、伦勃朗、维米尔等人的绘画也在这里展出。另外，美丽的圆顶房屋、奢华的银质品、代尔夫特陶瓷、古董以及有关荷兰历史的解说、雕塑、家具、花毯等工艺品，18~19 世纪的荷兰绘画等也一并展示。

国家凡·高美术馆 Rijksmuseum Vincent Van Gogh
➡ 折页地图 2 正面 A4　➡ Map p.35-A3

到阿姆斯特丹来除了国家博物馆，不能不去的就是国家凡·高美术馆。以凡·高为代表，高更、洛特雷克等给凡·高以很大影响的同时代画家的绘画与素描都有展示。这些作品，都是由凡·高的弟弟西奥的家属管理。根据他们对凡·高的作品不要分散、都放在一个美术展览馆里对一般公众展示的愿望，国家凡·高美术馆于 1973 年开放。馆藏品中仅凡·高的作品就有油画 200 幅、素描 550 多幅。

左图：《向日葵》
下图：《凡·高在阿尔勒的卧室》

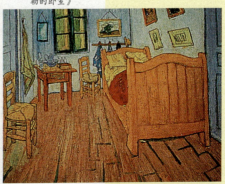

✉ 巨幅绘画《守夜人》
请注意看复制品的边缘，真品中没有的人物画在了复制品里！其实真品原本有画这些人物，只是因为这幅画太大了，后来放到油画布上时边缘被剪掉了一部分。把真品和未剪切前的复制品进行比较也很有意思。虽说如此，但还是觉得剪掉的部分有些可惜。

国家凡·高美术馆
🏠 Paulus Potterstr.7
☎ 020-5705200
URL www.vangoghmuseum.nl
开 10:00~18:00 周五 ~22:00
　　闭馆前 30 分钟停止入场
休 1/1
费 12.50 欧元（网上也可以买票）
🚊 乘 2、3、5、12 路在 Van Baerlestr. 下车
乘 16、24 路在 Museumplein 下车

新馆变成了特别展出的展厅。
※ 展出内容、绘画的配置可能会变化。请在当地确认。

入口附近团体客人较多而且拥挤，因为我事先购有门票，优先在入馆的队列里排着。

在美术馆外购票

在美术馆斜对面的一楼的最里面的 Key Tours 的柜台可以购买参观票，好像也有卖完的情况。根本不需要排队。

买特产就买海报吧

在商店，用凡·高的画做成的海报5欧元。带回去就变成珍宝。结实的三角形的包装盒子上印有博物馆文字，是非常有艺术感的土特产品，值！

希腊餐馆
De Griekse Taverna

在博物馆附近运河边的当地人也很喜欢的希腊风味的餐馆。有时会有餐厅演奏。不能使用信用卡。

✉ Hobbemakade 64-65
➡ 折页地图2 正面 A5
☎ 020-6717923
🕐 17:00～次日 1:00（周六～次日 2:00）
🔗 www.degrieksetaverna.nl
（荷兰语）

作为个人的美术馆其收藏量如此之大令人感叹。设计该馆的是 20 世纪初的美术运动风格派代表者里特韦尔。除油画外，还有素描、版画以及凡·高自己收集

由黑川记章设计的新馆

并深受影响的日本浮世绘。凡·高曾是个书信狂，他亲笔写的信和附上画的明信片也有展出，很值得一看。

在中央挑空的馆内，按年代顺次展示从凡·高的荷兰时代到阿尔·圣—雷米等法国时代的作品。参观者能感受到随时代转变，其画风也在转变。

一楼 19 世纪的绘画

以印象派为代表，集中了凡·高以前19世纪的欧洲绘画。

二楼长期展出凡·高的绘画

上了楼梯从正面沿右侧环绕着去看，就看到按年代的顺序排列的画，最初是荷兰时代的色调黯淡的画，《吃土豆的人们》也在这里展出。往下是巴黎时代。受印象派的影响，绘画的色调迅速变得明亮起来。有目光敏锐的自画像，还有黄色的静物画等。还有用点构成柔和气氛的绘画，也很有意思。再往下，是阿尔时代，格调更加鲜艳，像《凡·高在阿尔勒的卧室》、《向日葵》、《麦田》等，都是凡·高本人十分欣赏的作品。展品还有《阿尔的吊桥》的简洁版。其后就是住在阿尔·圣—雷米的精神病医院时的作品，如《丝柏》的小品画，其特点是线条起伏有动感。出院后，他就移居到奥维尔·舒尔·奥瓦兹，这以后的作品就变成了他最后一个时期的作品。像《有乌鸦的麦田》等，表现出他不安的感觉。

三楼素描与版画

照明稍暗，主要展出凡·高与他弟弟西奥收集的浮世绘。在二楼已放不下的凡·高的练习作品也在三楼堆积在一起展出。

四楼凡·高以后 19 世纪的绘画

随着历史顺序观赏下去，就会看到凡·高是在不断地摸索中从事绘画的，由于馆内藏品很多，与其特意去寻找教科书上出现过的绘画，还不如去寻找在中国不太熟悉的，

而自己又非常喜欢的画作，这样也许会更有趣。

市立现代美术馆 Stedelijk Museum of Modern Art
➜ 折页地图 2 正面 A4　➜ Map p.35–A3

　　该馆展出从 19 世纪后半期到现代的艺术品。包含以印象派的塞尚、莫奈、凡·高为代表，毕加索、夏加尔、马蒂斯、康定斯基、荷兰的蒙德里安等至今也是大名鼎鼎的画家的作品。其他还有沃霍尔与弗兰克·斯特拉等 20 世纪画家的作品以及一些初露头

角，可能在 21 世纪成名的画家的作品。作品丰富多元化，特别是 1950 年以后的作品更齐全。此外，常设展览以外的企划展也非常有趣。对早已厌烦了导游书和教科书中对古典艺术的解释的人来说，这是一个令人一睹为快的美术馆。

红砖外形的市立现代美术馆

莱顿广场 Leidseplein
➜ 折页地图 2 正面 A3　➜ Map p.35–B1

　　广场位于 17 世纪通往有名的大学城——莱顿的城门附近，也就是"去莱顿的广场"的意思。现在是阿姆斯特丹市内热闹的娱乐街。集中了市立剧院（Stadsschouwburg）、赌场、

美洲酒店

在露天咖啡馆小憩

适合年轻人的天堂音乐厅（Paradiso）、电影院、餐馆、旅馆酒店、酒吧、迪斯科厅等场所。即使深更半夜，人流也络绎不绝。天气好的时候，街头艺人大显身手，一到冬天，可在广场中央免费滑冰，成为小孩们展示溜冰技艺的舞台。

市立现代美术馆
🏠 Paulus Potterstr.13
☎ 020-5732737
URL www.stedelijk.nl
🚋 乘 2、3、5、12 路在 Van Baerlestr. 下车
乘 16、24 路在 Museumplein 下车

✉ 音乐厅（Concertgebouw）的音乐会票价已包含有轨电车车费

　　持有音乐会的门票，在开演前后一定时间内去音乐厅（Concertgebouw）的有轨电车来回都免费。只要把音乐会的门票拿出来让售票员看看就行了。

详细情况请向 GVB 办公室咨询。➜ p.37
URL www.gvb.nl/english/travellers/tickets-and-fares

美洲酒店

　　沿着广场有一座像城堡一样的黄色建筑物。它是在 1880 年创业的美洲酒店（American Hotel）。这个新奇的建筑是国家指定的文化财产。酒店内有一个东方幽雅风格的美洲咖啡馆，很早以前就因为有很多的学者、艺术家、新闻媒体的工作者等云集这里而著名。1894 年美女间谍玛塔·哈丽的婚礼酒宴也是在此举行的。

阿尔斯梅尔 Aalsmeer

位于斯希普霍尔机场以南的阿尔斯梅尔，有世界上最大的花卉交易市场——阿尔斯梅尔鲜花中央市场（简称 V.B.A）。园艺是荷兰的主要产业之一，花卉的交易市场也可以说成是出口港的就是阿尔斯梅尔。这个花卉市场对一般大众也开放，只要到这里参观过一次的人，就会感到市场规模如此之大，花卉的品种如此之多，一定会目瞪口呆。阿尔斯梅尔交易的花有 80% 是出口的。凡外国订购的花卉只要交易成功就被送到斯希普霍尔机场空运。当天下午就可以摆在巴黎与伦敦的花店内。近年，输出到日本的花卉也急速增加。

鲜花中央市场外观

花卉竞拍市场

Mail Box
Netherlands

阿姆斯特丹市内的风车

在风车酒吧（Brouwerij 't）品尝啤酒

从中央车站坐 22 路到 Indische Buurt 的巴士约 10 分钟，在 Zeeburgerstraat 下车。风车的一楼就是酒吧，能品尝各种啤酒。值得推荐的是叫做 "brouwerijhetij" 的原汁原味的自制啤酒和荷兰奶酪。风车也在不时地旋转。
住 Funenkade 7
☎ 020-6228325/3201786
E-mail info@brouwerijhetij.nl
营 周三～周日 15:00~20:00

斯隆藤风车博物馆（Molen Van Sloten）

现在也仍然使用阳台型的风车。全年都对外开放。如果有时间，推荐你去像画一般的乡村漫游。从中央车站乘 2 路有轨电车约 30 分钟，终点站下车后，沿着博物馆标志徒步 10 分钟。走过村庄，就能看到大的风车了。
住 Akersluis 10, 1066 EZ Amsterdam-Sloten
☎ 020-6690412
营 10:00~16:00
费 5.50 欧元

里卡的风车 Rieker Molen

说起荷兰，人们马上就想起了风车。但是游客可能因没有足够的时间而与之失之交臂。如果一定去看看的话，那就去里卡看风车。它在阿姆斯特丹的郊外、能看到阿姆斯特尔河的阿姆斯特尔公园附近。从阿姆斯特丹中央车站乘车1小时就可以到达。原野中兀自矗立着一座风车，其气势雄伟，是最好的拍摄对象。此外，在这处原野里，还立有经常在这一带画速写的伦勃朗的铜像。

里卡的风车

◀▥▥▥ ACCESS ▥▥▥▶

从中央车站乘4路有轨电车或乘地铁在展览馆站（Station Rai）下车（有轨电车要30~40分钟，地铁要10~12分钟）。沿着终点旁边的Europa Bd.走，保持阿姆斯特尔公园在你的左侧走去，走过公园往左拐弯，一会儿就能看到风车的雄姿了。另外，从阿姆斯特尔站（Amstelstation）乘62路巴士，在阿姆斯特尔公园西南的Nieuw Herlaer下车。到阿姆斯特尔公园东南的风车徒步只要5分钟左右。
※从中央车站来的地铁治安状况让人担心，一定要注意。租一辆自行车骑也不错。

🌙 娱乐活动　　　　　　　　　　Entertainment

荷兰拥有一支雄厚的音乐人队伍和广泛的音乐爱好者的基础。舞蹈和戏剧也很流行。一到周末，去音乐厅和剧院已成为荷兰人生活的一部分。在具有100年传统的音乐厅（Concertgebouw）的古典音乐会上，既有穿着燕尾服、晚礼服的绅士、淑女，也有穿着一身牛仔服的年轻人。毫不在意衣着打扮，自己喜欢的东西就尽情快乐地享受，这就是阿姆斯特丹人。费用也只有15~50欧元，与其他国家相比已是相当便宜了。

如何买票

想知道现在到底在上演什么？就去拿一本 ▨ 发行的叫《Day by Day》的月刊杂志吧。在 ▨ 和莱顿广场的游玩指南AUB支付一定的手续费，预约一下是最简单的。自己也可以去剧场购买。若想买的票已经卖完了，也可以等待有人退票。开演1小时前去的话（等待退票也可能会排队）总会弄到一张或两张。

AUB Amsterdam Uit Buro	游玩指南

预约入场券需支付手续费2~3欧元。如果有信用卡从中国打电话也可进行预约和支付（只接受几周以前的预约。手续费约3欧元）。可将票由邮件送到中国。也可在AUB的窗口领取。
🏠 Leidseplein 26

⊙ Map p.35-A1　莱顿广场周围

☎ 020-6211288
🌐 www.aub.nl（荷兰语）
🕙 10:00~19:30
（周日·节日 12:00~）
🚫 1/1、复活节、女王日、12/25

音乐厅 Concertgebouw　　　　　　　　　　　音乐大厅　　❸ Map p.35-A3　莱顿广场周围

不仅是音乐厅管弦乐团，还有世界著名的音乐家在此举办音乐会。由于非常受人欢迎，希望尽早购买入场券。9月～次年5月的周三，有免费的午间音乐会（需确认）。

住 Concertgebouwplein 2-6
☎ 020-6718345
URL www.concertgebouw.nl（可以预约订票）
营 10:00～19:00（预约）　休 无
T 乘2路Van Baerlestr.下车/乘3、5、12、16、24路Museumplein下车

音乐剧院 Muziektheater　　　　　　　　　　歌剧剧场　　❸ Map p.34-B3　达姆广场东侧

具有宽大的舞台及最新舞台设备，仅拥有1600个观众席的奢侈豪华的歌剧剧场。是荷兰歌剧团（De Nederlandse Opera）和国家芭蕾舞团（Het National Ballet）的根据地。

住 Amstel 3　☎ 020-6255455
URL www.muziektheater.nl
营 10:00～18:00
周日 11:30～14:30（预约）
休 无
M Waterlooplein
T 乘9、14路Waterlooplein下车

Column
Netherlands

音乐的圣殿——音乐厅（Concertgebouw）

凡是古典音乐迷可能不会不知道阿姆斯特丹的音乐厅（Concertgebouw）吧。荷兰语Concertgebouw在中文里就是音乐厅的意思。全球著名的阿姆斯特丹皇家音乐厅管弦乐团自1888年就以该厅作为根据地。这个名门管弦乐团没有必要在这里说明了吧，它与柏林爱乐和维也纳爱乐在

音乐厅管弦乐团

欧洲是并驾齐驱的管弦乐团。作曲家理查德·施特劳斯由于深深感动于该团的演奏技巧、总体效果、表现力、美妙的音色再加上音乐厅的非凡的音响效果，特地把交响诗《英雄的生涯》献给他们而成为乐坛佳话。奥地利作曲家马勒也很喜欢这个乐团，定期来当客座指挥。因此，这里演出的曲目有很多马勒的作品。

这个音乐厅既不是歌剧院也不是多功能大厅，就是一个纯粹的音乐厅。内部全是木质的，音色效果卓越绝伦，被赞誉为银一样的音响，很多音乐迷们为此竟折腰。但也有令音乐迷们担心的事。大家知道，荷兰是一个低湿地区。1983年，这个音乐厅发表了因地基下沉，恐怕会有倒塌的可能的声明。于是立即进行改建和加固工程，这笔费用全部来自于全球的捐助，花了9年的时间进行修复。令人吃惊的是，据说在这些工程中，音乐会一次也没停止过。

来到阿姆斯特丹，为何不去最高级的音乐厅好好享受一番美妙绝伦的音乐呢？

卡雷剧院 Theater Carré

剧院

1887年开放，具有100多年的历史，天花板很高。即使不通语言，也不影响欣赏音乐剧和现代芭蕾舞等高品位的剧目。

住 Amstel 115 ☎ 0900-2525255

➡ 折页地图2正面C4　阿姆斯特尔

（0.40欧元／分钟）
URL www.theatercarre.nl
营 16:00～20:00（包厢）
休 周日、节日、无表演日
M Weesperplein
T 乘7、10路 Oosteinde 下车

市立剧院 Stadsschouwburg

剧院

面向莱顿广场而建，有一定历史的剧院。芭蕾舞、音乐剧、现代舞蹈等有实力的剧团在此公演。

住 Leidseplein 26
☎ 020-6242311

➡ Map p.35-A1　莱顿广场周围

URL www.stadsschouwburgamsterdam.nl（荷兰语）
营 12:00～18:00（预约）
休 周日、节日
T 乘1、2、5、7、10路 Leidseplein 下车

逃避迪厅 Escape

迪厅

在伦勃朗广场附近，是阿姆斯特丹最大的迪厅。有最前卫的音乐和炫目的灯光，对顾客的服装有要求。

住 Rembrandtplein 11-15
☎ 020-6221111

➡ Map p.34-B3　蒙特广场周围

URL www.escape.nl（荷兰语）
营 周四 19:00～次日1:00，周五、周六 19:00～次日3:00、周日 19:00～次日1:00
休 周一～周三
T 乘4、9、14路 Rembrandtplein 下车

核屋 Bimhuis

现场演奏

这是圈内众所周知的真正的爵士音乐根据地。新的音乐厅就在音乐厅 Muziekgebouw 的隔壁。从中央车站往东，跨过大桥，就能看到贴有玻璃幕墙的大建筑物。　住 Pietheinkade 3 ☎ 020-7882150

➡ Map p.33-C1　中央车站周围

URL www.bimhuis.nl
营 音乐会周四～周六21:00～、互动节目周二20:00～、即兴合奏周二 22:00～。酒吧 20:00～
休 7、8月　从中央车站步行约10分钟。

天堂音乐厅 Paradiso

现场演奏

该音乐厅在莱顿广场附近，是由一座古教堂改建的。演奏内容有雷盖、非洲音乐、摇滚、流行音乐等，入场券及会员卡（1个月内有效）2.50欧元，在入口购买。

➡ Map p.35-B2　莱顿广场周围

住 Weteringshans 6-8
☎ 020-6264521
URL www.paradiso.nl
营 日程表请在 AUB 等处确认
T 乘1、2、5、7、10路在 Leidseplein 下车

梅尔克韦格 Melkweg　　　　　　　　　　现场演奏　➜ Map p.35-A1　莱顿广场周围

以流行、摇滚乐为中心，世界音乐、舞蹈俱乐部等要到不同的楼层去欣赏。购买入场券及会员卡（1个月内有效）3欧元。交谊舞比赛门票（周六：深夜0:00~5:00）7欧元。

住 Lijnbaansgracht 234a
☎ 020-5318181
URL www.melkweg.nl
营 日程表请在 AUB 等处确认
T 乘1、2、5、7、10路在 Leidseplein 下车

波旁街 Bourbon Street　　　　　　　　现场演奏　➜ Map p.35-B1　莱顿广场周围

位于莱顿广场附近的餐饮街。不仅能看到当地的乐队，还有美国的乐队也来参加表演。主要是布鲁斯音乐的演奏。

住 Leidsekruisstr. 6-8

☎ 020-6233440
URL www.bourbonstreet.nl
营 周日~周四 22:00~次日4:00，周五、周六 22:00~次日5:00
休 无　T 乘1、2、5、7、10路在 Leidseplein 下车

荷兰卡西诺赌场 Holland Casino　　　　　赌场　➜ Map p.35-A2　莱顿广场周围

在莱顿广场附近。需要护照等身份证明，18岁以上，穿正装才能入场。入场券需 3.50 欧元。在荷兰的斯希普霍尔机场、鹿特丹等地都有赌场。

住 Max Euweplein 64
☎ 020-5211111
URL www.hollandcasino.com
营 周日 12:00~次日 3:00（入场到 2:00 停止。1/1 16:00~）
休 5/4、12/31　T 乘1、2、5、7、10路在 Leidseplein 下车

Mail Box
Netherlands

船形博物馆集中住宅区 Museum Het Schip

在20世纪初，阿姆斯特丹派的这个崭新设计，在阿姆斯特丹的建筑界掀起了一股旋风。面对斯帕尔丹玛公园的公共集合住宅区就是这个派别之一的米海尔·德克勒克设计的建筑作品。三栋建筑物中，第三栋就是他的代表作。因为其具有像波浪般起伏的红砖瓦墙壁与具有个性的三角形平面设计被称为"船形"。其中一部分按当时建造的状态修复，并对外开放。它以这个公共住宅区的中心地而闻名，从中能看到关于阿姆斯特丹的社会与文化的贵重资料。也可看到布置有20世纪20~40年代的古董家具、杂货的模型房间以及阿姆斯特丹派著名的象征性建筑——"德克勒克的塔"的内部。常设展览注释的语言有荷兰语、英语、法语、德语、西班牙语、意大利语。博物馆的对面也设有咖啡馆。此外，还举办阿姆斯特丹派建筑的精华旅游团。

咨询：De Golf 集团
住 Spaarndammerplantsoen 140
➜ MAP p.32-A1
☎ 020-4182885　URL www.hetschip.nl
开 周三~周日 13:00~17:00（如果预约，在这个时间外也能参观）

餐馆

在国际化的大都市阿姆斯特丹可以品尝到各国佳肴。特别是旧殖民地的印度尼西亚菜就可以说是荷兰的名菜。荷兰是10人中就有1~2人是移民的移民国家，是个民族餐饮荟萃的地方。除了以土豆、火腿肠、汤煮菜为主的荷兰菜肴之外，趁此机会尝尝在中国不太知名的世界各国佳肴吧。餐馆就集中在达姆广场和莱顿广场周围。成人氛围的店在伦勃朗广场周围。

德·洛德·勒乌 De Roode Leeuw　　　荷兰菜

➡ Map p.34-A2 达姆广场周围

位于拜恩高尔夫百货公司对面。阿姆斯特丹酒店一楼的餐厅，可以品尝到这个店原创的荷兰菜肴。套餐：30~40欧元。

住 Damrak 93-94
☎ 020-5550666
URL www.restaurantderoodeleeuw.nl
营 12:00~22:00　休 无
服 整洁潇洒的服装
预 最好预约　CC A.D.J.M.V.

多利乌斯 Dorrius　　　荷兰菜

➡ Map p.34-A1 中央车站周围

位于Hotel Crowne Plaza Amsterdam City里，氛围优雅而价高的店。与厨师可以进行交流。炸虾饼很好吃。7.35欧元。
住 Nieuwezijds Voorburgwal 5

☎ 020-4202224
URL www.dorrius.nl
营 18:00~23:00　休 周日
服 整洁潇洒的服装
预 最好预约　CC A.D.M.V.

龙城 Dragon City　　　中国菜

➡ Map p.34-A2 达姆广场周围

从达姆广场向东南方向的Damstr.稍往里走的右侧。印度尼西亚菜的套餐（15欧元/人）女性一人吃不完，分量足够多。炒粉9欧元左右。

住 Damstr.18
☎ 020-6231529
营 11:00~24:00（冬季~23:00）
休 无　服 无
预 不要
CC M.V.

沃利恩特尔城 Oriental City　　　中国菜

➡ Map p.34-B2 达姆广场周围

位于达姆广场附近的运河沿岸可以快乐喝茶的店。周日的午餐时间可能会排队。12:00~16:00是喝茶时间。费用15~20欧元/人。

住 O.Z.Voorburgwal 177-179
☎ 020-6268352/020-6268877
营 11:30~22:30
休 无　服 无
预 不要　CC A.D.M.V.

拉·普勒斯 La Place　　　自助餐

➡ Map p.34-A3 蒙特广场周围

与百货店V&D并设的自助餐馆，内部是欧洲市场风格的气氛。从可爱的水果糕点到蛋糕价格合理。从隔壁的V&D可以进去。
住 Rokin 164/Kalverstr.203

☎ 020-6202364
URL www.laplace.nl（荷兰语）
营 10:00~20:00（周一11:00~、周日12:00~、周四~21:00）
休 无　服 无　预 不要
CC A.D.M.V.

艾克瑟尔希沃尔 Excelsior

法国菜

可以一边望着阿姆斯特尔河，一边在浪漫的气氛中进餐的高级法国餐馆。在 Hotel do leuropen 内。能看到运河的靠窗的坐席需要预约。

住 Niewe Doelenstr. 2-8 **☎** 020-5311777

➡ Map p.34-A3 蒙特广场周围

URL www.leurope.nl/restaurant.php

营 12:30～14:30、18:00～23:00
休 周六、周日的白天，12月下旬～次年1月中旬
服装 需穿着正装
预 要预约 **CC** A.D.J.M.V.

邦克基・贝卡利 Pancake Bakery

煎饼

位于安妮・弗兰克故居附近。沿着普林森运河而建。是面包、蛋糕、煎鸡蛋荷包饭的专卖店。种类很多，轻松就餐是它的魅力所在。

➡ 折页地图2正面A1 达姆广场西侧

住 Prinsengracht 191
☎ 020-6251333
URL www.pancake.nl
营 12:00～21:30
休 无 **服装** 无
预 要 **CC** A.J.M.V.

鲁西乌斯 Lucius

海鲜菜

正宗的海鲜菜馆。在幽雅的店内装饰中，手端法国葡萄酒，吃着荷兰当地的鱼虾海贝，怎能不愉快？牡蛎6个13.50欧元。鱼的套餐37.50欧元。从达姆广场出发仅3分钟。

➡ Map p.34-A2 达姆广场周围

住 Spuistraat 247
☎ 020-6241831
URL www.lucius.nl
营 17:00～24:00 **休** 12/31
服装 整洁潇洒的服装
预 最好预约
CC A.D.J.M.V.

瓦克・土・沃克 Wok to Walk

鸡蛋饭和炒面

能品尝到亚洲风格的炒面与炒饭。在年轻人里很有人气。有基本的蔬菜与鸡蛋炒面、炒饭，4.90欧元。饮料0.50～2欧元。分量相当足。

住 Leidsestraat 96 **☎** 020-6250721

➡ Map p.35-B1 莱顿广场周围

URL www.woktowalk.com
营 11:30～次日0:30 （周五、周六～次日2:30）
休 12/24
服装 无
预 不要
CC A.D.J.M.V.

普利・马斯 Puri Mas

印度尼西亚菜

品质和分量都值得推荐的餐馆。特别的香辛料、辣味、甜味的菜以各种各样的小盘献上的组合菜肴最有人气。18.50欧元/人。

住 Lange Leidsedwarsstraat 37-41（二楼）

➡ Map p.35-B1 莱顿广场周围

☎ 020-6277627
URL www.purimas.nl
营 17:00～23:00
休 女王日
服装 无
预 最好预约
CC A.D.J.M.V.

萨马·瑟巴 Sama Sebo

印度尼西亚菜

P.C. Hooftstraat 和 Hobbema-straat 的拐角处的印度尼西亚餐馆。也准备有套餐，最上等菜肴特别要求的话可以调整分量，从而费用可以便宜点。

住 P.C. Hooftstraat 27　☎ 020-6628146

➡ Map p.35-B2 莱顿广场周围
URL www.samasebo.nl
营 12:00~15:00、17:00~22:00
休 周日、1/1、12/25~26
服装 无
预 要预约
CC A.D.J.M.V.

阿库巴尔 Akbar

印度菜

莱顿广场附近的印度餐馆。海鲜与烧烤为主要菜品。咖喱鸡11.95 欧元，稍微有点贵，但能让你旅途的疲惫一扫而空也很不错。

住 Korte Leidsedwarsstr.15

➡ Map p.35-A1 莱顿广场周围
☎ 020-6242211
URL www.akbar.nl
营 16:30~ 次日 0:30
休 无　服装 无
预 周末最好预约
CC A.D.J.M.V.

菲弗·弗利亨 D'Vijff Vlieghen

荷兰菜

荷兰语意是"5只苍蝇"的店名的确很怪，是建筑物初代所有者取的名。1939年创业。收藏有 150 种的杜松子酒，颇为壮观。

住 Spuistr.294　☎ 020-5304060

➡ Map p.34-A3 蒙特广场周围
URL www.d-vijffvlieghen.nl
营 17:30~22:00
休 12/24~ 次年 1/1
服装 整洁潇洒的服装
预 最好预约
CC A.D.J.M.V.

哈希·克拉斯 Haesje Cales

荷兰菜

古色古香气氛的餐馆。既有价格合理的小吃，又有高价的菜肴。可以适中的价格品尝典型的荷兰菜肴。午餐价格 19.50 欧元。晚餐价格 25 欧元 / 人。

住 Spuistr.275　☎ 020-6249998

➡ Map p.34-A3 蒙特广场周围
URL www.haesjeclaes.nl
营 12:00~22:00
休 女王日、12/25~26
服装 无
预 最好预约
CC A.D.J.M.V.

布莱尔·荷兰 De Blauwe Hollander

荷兰菜

可以品尝荷兰家常菜肴的现代装饰的餐馆。也有印度尼西亚菜，价格也合适。在市立剧院附近。

住 Leidsekruisstraat 28

➡ Map p.35-B1 莱顿广场周围
☎ 020-6270521
URL www.deblauwehollander.nl
营 12:00~23:00
休 无　服装 整洁潇洒的服装
预 不要
CC A.M.V.

回转寿司 | ❯ Map p.34-A3 蒙特广场周围

阿姆斯特丹唯一的正宗回转寿司店。喜欢的东西自己选择是它最大的魅力，在荷兰也是很有人气的店。各种寿司2.60~5.90欧元。值得推荐的除外，还有日本烤薄牛肉等各种高级菜肴。

住 Amstel 20
☎ 020-3306882
URL www.zushi.nl
营 12:00~23:00（最后点餐22:30）
休 无 服装 无
预 不要 CC A.D.M.V.

大利恩特·古利尔 Oriental Grill | 快餐 | ❯ Map p.34-A2 达姆广场周围

面包里夹上片小羊肉热腾腾的阿拉伯风味汉堡包（Shoarma）4.50欧元，在柜台的色拉等调料可按自己需要随便加。去试着尝尝阿拉伯风味吧。

住 Damrak 53 ☎ 020-6388214
营 10:00~次日1:00（周五、周六~次日3:00）
休 无 服装 无
预 不要 CC 不可

斯拉克兰 Snackland | 快餐 | ❯ Map p.34-A2 达姆广场周围

出售荷兰名小吃炸土豆条（巴塔托）与炸肉饼（1个1.40欧元）的店。巴塔托可以抹上蛋黄酱等喜欢的酱来吃。市内像这样的店还有好几家。

住 Damrak 58
☎ 020-6268730
营 10:00~次日3:00（周末~次日6:00）
休 无 服装 无
预 不要 CC 不可

咖啡馆和酒吧 | *Cafe&Bar*

白天是轻松自由的咖啡馆，晚上就是下班回来的人与附近常客都来喝上一杯的吵吵闹闹的酒吧。它被称为"褐色咖啡馆"。这种店具有悠久的历史，长时间经过香烟烟雾的熏染，墙壁变成了褐色，因而得名。旅游者也许稍稍有点不好意思进去。但里面的人绝对具有阿姆斯特丹人的热心肠，一定会笑脸相迎的（但是，因为天黑后光线太暗，还是不建议单身女性独自前往）。此外，"褐色咖啡馆"尽管也有咖啡，但都与酒吧和英式酒馆相近。如果想去放松一下的话，去普通咖啡馆就行了。

霍普 Hoppe | 褐色咖啡馆 | ❯ Map p.34-A3 蒙特广场周围

1670年就开业的阿姆斯特丹最有名的咖啡馆。位于辛格尔运河旁，常常作为约会见面的地点。一到傍晚就挤满了下班回家的人。

住 Spui 18-20

☎ 020-4204420
URL www.cafehoppe.com（只有荷兰语）
营 8:00~次日1:00（周五、周六~次日2:00）
休 无 CC A.D.J.M.V.

杜·多利·弗勒希斯 De Drie Fleschjes
褐色咖啡馆

➡ Map p.34~

位于新教堂的背面。英语的意思就是"三瓶"。1650年创业的咖啡馆。店内并排摆着同种的具有一定年代的酒桶。

住 Gravenstr.18

住 Gravenstr.18
☎ 020-6248443
营 14:00~20:30（
19:00）
休 无
CC 不可

卡尔克霍芬 Cafe Kalkhoven
褐色咖啡馆

➡ 折页地图2正面 A2 达姆广场西

在西教堂的对面。1690年以小酒馆的形式开业，以后变成咖啡馆。住在遥丹地区的人经常光顾。店里的人率直豪爽，很有家庭气氛。

住 Prinsengracht 283 ☎ 020-6248649

 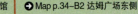
URL www.cafekalkhoven.nl（只有荷兰语）
营 9:00~ 次日 1:00（周五、周六~ 次日2:00，周日10:00~22:00）
休 1/1、12/25~26
CC 不可

贝伦 Bern
褐色咖啡馆

➡ Map p.34-B2 达姆广场东侧

位于新集市广场上。虽小但它是褐色咖啡馆。该店的菜肴也很好吃，特别要推荐酒味奶酪。吃饭最好预约。

住 Nieuwmarkt 9 ☎ 020-6220034

营 16:00~23:00（吃饭18:00~23:00）
休 1/1，女王日，7、8月的5周时间（详情未定），12/24~26，12/31
CC 不可

美洲咖啡 Cafe American
咖啡馆

➡ Map p.35-A1 莱顿广场周围

位于莱顿广场的美洲大酒店里的咖啡馆。已被指定为文化遗产。新艺术派的装饰非常值得一看。有午餐和晚餐。咖啡3.50欧元。

住 Leideskade 97
☎ 020-5563232
营 7:00~24:00
休 无
CC A.D.J.M.V.

霍普曼 Hoopman
咖啡馆

➡ Map p.35-B1 莱顿广场周围

一到夏季的莱顿广场，咖啡馆的桌子就摆满了广场，它就是其中之一。安心舒适的藤椅充满着幽雅的气氛。

住 Leideplein 4
☎ 020-6381408
URL www.hoopman.nl
营 9:00~ 次日 1:00
休 无 CC 不可

洛佩拉 l'Opera

咖啡馆

➡ Map p.34-B3 伦勃朗广场周围

伦勃朗广场也有很多咖啡馆，这个咖啡馆里现代派气质的装饰呈现出幽雅的气氛。

住 Rembrandtplein 27-29

☎ 020-6204754

URL www.l-opera.nl

营 10:00～次日 1:00（周五、周六～次日 2:00）

休 无

CC A.M.V.

咖啡·德·雅伦 Café De Jaren

咖啡馆

➡ Map p.34-A3 蒙特广场周围

位于蒙特广场和运河之间对面的 Hotel de l'Europe 的背面。与褐色咖啡馆相对照的超现代的咖啡馆。能看到阿姆斯特尔河的一楼和二楼的平台，最有人气。

值得推荐的是它的三明治。

住 Nieuwe Doelenstr.20

☎ 020-6255771

URL www.cafedejaren.nl

营 咖啡馆 10:00～次日 1:00（周五、周六～次日 2:00），餐厅 17:30～22:30

休 无 CC M.V.

普其尼 Puccini

咖啡馆

➡ Map p.34-B3 伦勃朗广场周围

暖洋洋的，日照相当好的镶嵌着玻璃的店。有美味的蛋糕、茶、快餐（三明治、空心粉、汤）等。从跳蚤市场回来，在此小坐如何？　住 Staalsstraat 21

☎ 020-6208458

URL www.puccini.nl（荷兰语）

营 8:30～18:00（周六、周日10:00～）

休 1/1、女王日、12/25~26

CC 不可

咖啡·艾斯布利 Caffe Esprit

咖啡馆

➡ Map p.34-A3 蒙特广场周围

位于购物中心卡尔弗街旁，与精品店 Esprit 相邻。可以一边轻松休息，一边吃点快餐。

住 Spui 10 ☎ 020-6221967

URL www.caffeesprit.nl（只有荷兰语）

营 9:00～19:00（周四～22:00）

休 无

CC A.D.J.M.V.

Column
Netherlands

阿姆斯特丹的唐人街

　　在全球哪里都有唐人街，阿姆斯特丹也不例外。位于地铁新市场站，计量所一带的拐角被称为唐人街。有数十家中国餐馆，其他还有中国食品店、中国人的理发店、生活杂货店、录像带出租店。特别是小食堂里的中国面条都是一绝。塞满虾肉的水饺值得推荐。但是这个地方与陈列窗区相邻，一定要注意自己的提包。最好穿着俭朴一点再去，要自己保护好自己。

饰品保留了旧时期工匠的老手艺的传统工艺品中有很多不错的东西，如陶瓷、花边、银质品、钻石饰品等，可以找到性价比很高的东西。土特产品中的木靴、民族服装的木偶很可爱。商店的营业时间一般是周二～周五9:00~18:00（周四~21:00），周六9:00~17:00，周一从白天就开店的店铺也不少。土特产品店等到21:00的也有。从周日午后开始营业的店也在不断增多。此外，在阿姆斯特丹城里到处是露天市场，节俭的荷兰人紧捏钱包，寻找便宜货。所以这些地方经常热闹非凡，在高大的荷兰人中挤来挤去，东看看，西瞧瞧，没准会找到你意想不到的土特产品。仅是处于这种生龙活虎的气氛里，不买任何东西也很愉快。注意，要小心小偷。另外，在荷兰的超市，买东西的购物袋都是要付费的。

卡尔弗街 Kalverstr.

位于从达姆广场到蒙特塔范围内、约600米的步行者天堂。面向年轻人的时尚店很多，还有花边、代尔夫特陶器等荷兰特产店。

经常很拥挤

莱顿街 Leidsestr.

辛格尔与莱顿广场相连的街道。这里也有卖时尚名品的百货店。比起卡尔弗街就要雅致一点了。

街道两旁全是小商店

P.C. 霍夫特街 P.C.Hooftstr.

位于博物馆广场的北面，从辛格尔运河到冯德尔公园的街道。品牌的服装店很多，是阿姆斯特丹最时髦的街。

店的门面也装饰得很有品位的商店

拜恩科尔夫 De Bijenkorf　　百货公司

荷兰唯一的高级百货公司，被誉为蜜蜂的蜂箱的百货公司。有很多设计精巧的厨房用品与小商品等。
住 Dam 1　☎ 020-5521700
URL www.debijenkorf.nl（只有荷兰语）

○ Map p.34-A2 达姆广场周围
營 9:30~19:00（周一11:00~，周四、周五~21:00，周六19:00，周日12:00~18:00）
休 1/1、4/8、女王日、12/25~26
CC A.D.M.V.

弗洛姆·恩·多勒斯曼 Vroom & Dreesmann　　百货公司

一般被称为V&D。文具用品的柜台琳琅满目。在卡尔弗街和蒙特广场的交会处。
住 Kalverstr.201
☎ 0900-2358363（0.15欧元/分钟）

○ Map p.34-A3 蒙特广场周围
URL www.vd.nl（只有荷兰语）
營 10:00~19:00（周一11:00~18:30，周四~21:00，周六~18:30，周日12:00~18:00）
休 1/1、女王日、12/25~26
CC A.D.J.M.V.

马古拉·普拉扎 Magna Plaza　　购物中心

位于达姆广场的王宫背面，由原来的邮电局改建而成。有着比王宫更漂亮的外观，这个建筑的一楼到三楼的通道的走廊里设有40个左右的店铺。只是看看也很满足！

➡ Map p.34-A2 达姆广场周围

住 Nieuwezijds Voorburgwal 182 ☎ 020-6269199
URL www.magnaplaza.nl
营 10:00~19:00（周一 11:00~、周四 ~21:00、周日 12:00~）
休 1/1、女王日、12/25~26
CC 各店有所不同

卡尔法多伦 Kalvertoren　　购物中心

面向卡尔弗街，有各种各样的小型的高级用品店与咖啡馆，内部是以牛的模样为原型的崭新设计，非常有趣。乘电梯可以看到阿姆斯特丹的街景。住 Kalverstr.228

➡ Map p.34-A3 蒙特广场周围

URL www.kalvertoren.nl
营 10:00~18:30（周一 11:00~、周四 ~21:00、周六 ~18:00、周日 12:00~18:00）
休 各店有所不同
CC 各店有所不同

梅兹 Metz & Co.　　购物中心

高级服装及时尚流行的物品非常丰富。漂亮的欧洲小品是礼品的最好选择。从七楼的咖啡餐厅可以远望阿姆斯特丹的街景。位于莱顿大街。

住 Keizersgracht 455 ☎ 020-5207020

➡ Map p.35-B1 莱顿广场周围

URL www.metz-co.nl
营 周一 11:00~18:00、周二~周六 9:30~18:00、周日 12:00~17:00
休 1/1、女王日、12/25~26
CC A.D.J.M.V.

Column Netherlands

阿姆斯特丹的古董街

从国家博物馆到市中心的全长500米的新斯皮格尔街（Nieuwe Spiegelstraat）（位于莱顿街与法泽尔街之间）的两侧全是古董商店，通称古董街。这里有具有时代特色的家具、珠宝饰品、银质品、绘画、壶、花形灯具、陶瓷、玻璃制品、观看歌剧的小望远镜、古书、版画、熨斗等物品，各种各样任你挑选。为了培养你的眼力，或者说锻炼出你对将要升值的物品的判断力最好去那里观

去找找有没有满意的古董

赏观赏。

从国家博物馆往市中心走两分钟，左侧有一个叫做 Eduard Krauer 的店，可以买到古董和代尔夫特陶器的挂盘和首饰。再往前行5~6分钟，左侧有一个叫 Van Der Peet 的古书店，这里有与日本有关的艺术书、古版的历史书与日本的版画。其斜对面有一个叫 H.K.May 的古董店，陈列有玩具、餐具、杂货等。

赫玛 HEMA

全国连锁的漂亮的商店，就像日本的无印良品一样的店。在荷兰有240多家店铺，比利时、德国也有。从食品到家具应有尽有，提供具有特别功能的设计商品。 住 Nieuwen Dijk 176 ☎ 020-6234176

➲ 折页地图2正面B1 达姆广场周围

URL www.hema.nl
營 周一 10:30~18:30，周二、周三、周五 9:30~18:30，周四 9:30~18:00，周日 12:00~18:00
休 1/1、复活节、女王日、12/24~25 CC A.D.M.V.

马克西米利昂 Maximillian　　名牌店

面对达姆广场的酒店——克拉斯纳波尔斯基里的名牌店。有 LOEWE、FENDI、Burberry、LONGCHAMP、Versace 等名牌精品。有从高级提包到价格合理的小商品。 住 Dam 9 ☎ 020-6246963

➲ Map p.34-A2 达姆广场周围

URL www.maximillian.nl
營 10:00~19:00（周六、周日 11:00~19:00）
休 周日（10/1~次年3/31）、1/1、复活节、女王日、12/25~26
CC A.D.J.M.V.

克尔恰特 Coolcat　　服装店

出售流行设计的小孩子的服装与日常服装、有价值的小商品，在阿姆斯特丹相当有人气。小个子的亚洲人在这里比在其他商店更容易找到合适的服装。 住 Nieuwendijk 188-190 ☎ 020-6268546

➲ 折页地图2正面B1 达姆广场周围

URL www.coolcat.nl
營 10:00~18:00（周一 11:00~，周四~21:00，周五、周六~18:30，周日 11:00~）
休 1/1、复活节、女王日、12/24~25 CC A.D.M.V.

淑女 Ladyday　　旧衣服

位于从达姆广场步行10分钟的地方。小型可爱的店铺沿着街道建成。主要出售 1950~1970 年的旧式服装与小商品，也有残缺品出售。也许能淘到想要的物品。

➲ 折页地图2正面A2 达姆广场西侧

住 Hartenstraat 9
☎ 020-6235820
營 11:00~18:00，周日 13:00~18:00 休 1/1、复活节、女王日、12/24~25
CC A.J.M.V.

阿尔巴特海恩 Albertheijn　　超市

在荷兰全国都有店铺的超市。从烘烤面包到寿司外卖，基本的物品都能买到。有美食小馆，地下还有酒类商铺。 住 Nieuwezijds Voorburgwal 226

☎ 020-4218344
URL www.albertheijn.com
營 8:00~22:00（周日 11:00~19:00）
休 1/1、复活节、5/5、12/25
CC 不可

卡斯夯德·沃特·阿尔克斯夫克 Kaashandele Wout Arx Hoek　奶酪

出售荷兰的奶酪及欧洲各国的奶酪制品。旁边有比利时巧克力店，可以在此集中购买土特产。要带回中国的话可以帮你做成真空包装。**佳** Damstraat 19

➡ Map p.34–A2 达姆广场周围
☎ 020-6229118
URL www.farmhousecheese.nl
营 9:00～18:00、周六 9:00～17:00、周日 12:00～16:00
休 1/1、复活节、女王日、12/25～26　**CC** A.D.J.M.V.

德·托隆布·温克尔 De Tromp Winkel　奶酪

出售豪达、埃丹等荷兰各地的奶酪和法国产的新鲜奶酪。小块的豪达、埃丹奶酪作为礼品最合适。面包与饮料等快餐食品也都能买到。

佳 Beethovenstraat 69　☎ 020-6799037

➡ Map p.32–B3 南部地区
URL www.trompkaasbs.nl（正在制作中）
营 8:00～18:00（周六～17:00）
休 周日、节日
CC 不可
T 乘5、24路在 Beethovenstraat-Stationweg 下车

特瑟尔斯哈得·阿尔贝特·阿德特 Tesselschade Arbeid Adelt　小饰品

出售荷兰女性手工制作的小饰品。如欣德洛彭传统的带画的小饰品、传统的木偶、服装等。该店为给具有创作意愿的女性提供施展才华的空间而开设，因此价格适中。

➡ Map p.35–A1 莱顿广场周围
佳 Leidseplein 33
☎ 020-6236665
营 11:00～18:00
（周六 10:00～17:00）
休 周日、周一、1/1、女王日、12/24～26
CC A.D.J.M.V.

恩·库勒温琳 & Klevering　杂货和小饰品

这里出售来自世界各国的进口商品，店内放满了现代风格的餐具、厨房用品与室内装饰品、杂货、毛绒玩具等。也有包和饰品、该店自己的原汁原味的品牌商品。　**佳** Jacob Obrechtstraat 19a　☎ 020-6703623

➡ Map p.35–A3 外莱顿广场周围
URL www.kzuid.nl
营 10:30～18:30（周一 12:00～18:30、周六～18:00、周日 11:30～17:30）
休 节日　**CC** M.V.
T 乘2、16路在 Jacob Obrechtstraat 下车

Mail Box Netherlands

男性同性恋的艺术表演

每年的7月末～8月初，阿姆斯特丹举行男性同性恋游行。除化装的同性恋者们的盛大游行外，还在伦勃朗广场设置主要的舞台，举办唱歌跳舞等活动。此外，电影艺术展览与派对也同时举行。
URL www.amsterdampride.nl/welkom-e.html

荷兰·画廊·德·蒙特 Holland Gallery de Munt
陶器

在蒙特塔下面，出售代尔夫特陶器等物品。去辛格尔的花卉市场时顺便到这里找土特产品也许是不错的选择。

➡ Map p.34-A3 蒙特广场周围

🏠 Muntplein 12
☎ 020-6232271
URL www.jorritheinen.com
🕐 9:30~18:00（周日 11:00~）
休 节日　CC A.D.J.M.V.

斯希普霍尔广场 Schiphol Plaza
购物中心

斯希普霍尔机场内的购物中心。里面约有 40 个商店，到达荷兰后，发现忘带了点什么东西在这个地方就可以补足。有银行和超市。

➡ Map 范围外　机场内

🏠 Schiphol 机场内
URL www.schiphol.nl
🕐 7:00~22:00
休 无
CC 各店有所不同

科斯塔·钻石 Coster Diamonds
钻石店

因为研磨了英国王室王冠上的钻石——光辉之山而著名。位于国家博物馆旁边。
🏠 Paulus Potterstr.2-8
☎ 020-3055555

➡ Map p.35-B2 莱顿广场周围

URL www.costerdiamonds.com
🕐 9:00~17:00
（1/1 12:00~19:00）
休 12/25
CC A.D.J.M.V.

阿姆斯特丹钻石中心 Amsterdam Diamond Center
钻石店

可以看到钻石研磨过程的表演。在达姆广场旁边，在观光途中就可以进去看看。
🏠 Rokin 1-5
☎ 020-6245787

➡ Map p.34-A2 达姆广场周围

URL www.amsterdamdiamondcenter.nl
🕐 10:00~18:00（周四~20:30、周日 11:00~）
休 1/1、12/25
CC A.D.J.M.V.

嘎桑 Gassan
钻石店

位于伦勃朗的故居附近。KLM 荷兰航空飞机内就有这里的产品。
🏠 Nieuwe Uilenburgerstr.173-175
☎ 020-6225333
URL www.gassandiamonds.com

➡ 折页地图2正面C2 达姆广场东侧

🕐 11:00~17:00
休 1/1、12/25
CC A.D.J.M.V.

日用品集市
日用品

在平民区的贝普地区，被称为阿姆斯特丹的厨房。从丰富的新鲜鱼类、蔬菜、水果到服装应有尽有。要特别注意小偷。
🏠 Albert Cuypstr.

➡ 折页地图2正面B5 贝普地区

🕐 9:00~18:00
休 周日、1/1、女王日
🚃 乘4、25路在 Stadhouderskade 下车／乘16、24路在 Albert Cuypstr. 下车

跳蚤市场　古董等

➡折页地图2正面C3 达姆广场东侧

在滑铁卢广场举办的跳蚤市场，从真正的古董到自家的破烂应有尽有。沿着 Zwanenburgwal 尽是旧衣服。

住 Waterlooplein

- 營11:00～18:00
- 休 周日、1/1、女王日
- M 在 Waterlooplein 下车
- T 乘9、14路在 Waterlooplein 下车

花市　花卉

➡Map p.34-A3 蒙特广场周围

位于蒙特广场与科林格广场（Koningsplein）之间运河沿线，尽是摆满花的花店。好像尽是从没看到过的珍奇花卉。很漂亮的花却卖很便宜的价格，不知不觉就买了很多花。

- 住 Singel
- 營8:30～18:00
- 休 1/1、女王日
- T 乘1、2、5路在 Koninginplein 下车／乘4、9、14、16、24、25路在 Muntplein 下车

室内古董市场 De Looier　古董

➡折页地图2正面A3 达姆广场西侧

在室内举办的古董市场。有价值的东西不少，如古色古香的投币留声机与家具等。

住 Elandsgracht 109
☎ 020-6249038

- URL www.looier.nl
- 營11:00～17:00
- 休 周五、节日
- T 乘7、10、17路在 Elandsgracht 下车

Mail Box
Netherlands

读者投稿　阿姆斯特丹的餐馆和咖啡馆

出岛 Deshima Lunch Service & Take Away

国家博物馆的附近有一个推行长寿饮食法的餐馆，主要菜谱以蔬菜为中心，还有羊栖菜和豆制菜品、沙拉、汤等。油少的饮食可以很好地恢复疲惫的身体。不使用蛋、砂糖、奶油、牛奶做的甜品、点心也很丰富。采用自己想吃多少就拿多少的自选方式。大盘9欧元、小盘6欧元，价格合理，味道也好。店内有吃饭的地方，也可以带出在附近的公园就餐。

住 Weteringschans 65　☎ 020-6269933
營 站着进食12:00～14:00、沙拉吧 14:00～18:00

巧克力店 Chocolaterie Patisserie tearoom Pompadour

有两个店铺，我们去的是叫 Huidenstraat 的店，这里没有太多游客，一般人不知道。只有6张桌子的小店，法国风味的蛋糕1个4.50欧元。很可爱且颜色多样，巧克力的种类也很多，每天都能卖很多，咖啡2.50欧元。

住 Huidenstraat 12、Kerkstraat 31

发现一个很好吃的胡萝卜小露天店

地方在 Utrechtsestraat 与 Prinsengracht 运河的交叉处，当地人都去排队品尝。不仅有腌泡的胡萝卜，还有使用小虾、鱼等海鲜食品做的各种凉拌菜。好像买回家吃的人很多。在柜台的下面放有几张小椅子，下雨天或吃三明治（4欧元）时也有地方待。此外，因备有水龙头和毛巾，吃饭前后洗手也没问题。

推荐一下音乐厅内的咖啡馆

咖啡2欧元的价格合理的咖啡馆，因周围美术馆很多也很清静，是很悠闲的地方。走累了的话去坐坐也许不错。设计独特的砂糖很可爱。

古董市场

古董

计量所前的广场里露天店有很多，价格很高的东西很多。书与唱片及无数的古董并排放在一起。只有周日举办。

➤ Map p.34-B2 达姆广场东侧

住 Nieuwmarkt
营 9:00～17:00
休 11月～次年4月，周一～周六
M Nieuwmarkt

美术品市场

绘画等

周日在伦勃朗广场上举办。艺术家们将自己的作品全摆在摊上贩卖。也有剪纸画和肖像画画家，相当的热闹，周日去散步挺不错。

➤ Map p.34-B3 蒙特广场周围

住 Thorbeckeplein
营 10:30～18:00
休 11月～次年2月、周一～周六
T 乘4、9、14路在Rembrandtplein下车

邮票市场

邮票

周三、周六在达姆广场的西侧举行。小而安静的店不少，只是看看各种各样的邮票就已经非常满足了。感觉就是集邮迷的市场。

➤ Map p.34-A2 达姆广场周围

住 N.Z.Voorburgwal
营 13:00～16:00
休 周三、周六以外

Hotel

酒店

　　阿姆斯特丹的酒店一般很清洁，可安心居住。酒店丰盛的早餐在欧洲都是很有名的。如果将配有火腿和奶酪的一大份早餐都吃进肚里，一天到处游玩也不在话下。从地点上来讲，阿姆斯特丹的酒店到处都是，不过中央车站到达姆广场一带、博物馆周围经济实惠的酒店较多。要是想再节俭点，可以找青年旅舍和学生旅馆。阿姆斯特丹是仅次于巴黎的拥有这种旅店最多的地方。

　　阿姆斯特丹有200座以上的酒店，7~8月是暑假期间，尽可能地在午前找好房间。此外在 ▼ 支付手续费和住宿费的话，就能找到预算内的酒店。但是，在复活节前后，大量的欧洲游客来到阿姆斯特丹，以至于每年报纸上都登载没能住上酒店而在酒吧等到天亮的游客照片。要是碰巧赶上这个时候，▼ 也会跟你说客满了，会给你介绍郊外的私人旅馆。

中央车站，达姆广场周围

　　位于丹拉克大街的西侧，一楼是餐厅、上面是酒店的地方很多。方便的地方价格稍稍要贵点，在丹拉克大街东侧有一条叫做Warmoesstr.的街，街上廉价的酒店比较多。但是靠近陈列窗口，稍微有点异样的气氛，不赞成女性去住。

经常拥挤不堪的丹拉克大街

博物馆广场周围

　　这里是市内最让人安心放松的地区。森林很多，虽是在闹市区，但具有令人不敢相信的安静，治安良好，漂亮清洁。去参观美术馆也很方便，离晚上很热闹的莱顿广场也很近。

宽广的莱顿广场

克拉斯纳波尔斯基大酒店 NH Grand Hotel Krasnapolsky ★★★★

面对达姆广场而建，吃早餐的 Winter Garden 被指定为国家文化遗产。可使用无线互联网（WiFi）。有完备的客室设施。有 468 间客房。

住 Dam 9 ☎ 020-5549111

➡ Map p.34-A2 达姆广场周围

FAX 020-6228607
URL www.nh-hotels.com
费 ⑤①149~650 欧元
早餐 28.50 欧元　税额 5%
CC A.D.M.V.
　　从中央车站步行 10 分钟。

皇冠大厦 Crowne Plaza Amsterdam City Centre ★★★★★

古街道上的现代风格酒店。客室有一半以上是禁烟房间。有自助洗衣设施。与商业中心有高速电梯相连。与多利乌斯（Dorrius）餐馆相邻。有 270 间客房。

住 Nieuwezijds Voorburgwal 5 ☎ 020-6200500

➡ Map p.34-A1 中央车站周围

FAX 020-6201173
URL www.amsterdam-citycentre.
crowneplaza.com
费 ⑤①159~（税另付）
早餐 25 欧元
CC A.D.J.M.V.
　　从中央车站步行数分钟。

欧洲大酒店 Hotel de l'Europe ★★★★★

该酒店隔着运河位于蒙特广场对岸，是一座红砖的维多利亚风格的高雅的建筑物。不仅有餐厅、酒吧，还有桑拿、游泳池。能使用无线互联网。有 100 间客房。

住 Nieuwe Doelenstr.2-8 ☎ 020-5311777

➡ Map p.34-A3 蒙特广场周围

FAX 020-5311778
URL www.leurope.nl
费 ⑤① 284~1150 欧元　早餐 27 欧元　税另付 5%
CC A.D.J.M.V.
T 乘 4、9、16、24、25 路在 Muntplein 下车

普利策大酒店 Pulitzer ★★★★★

西教堂的旁边。面向普林森运河。由 17 世纪的建筑改建的具有古典风格的酒店。设施与服务和现代接轨。公共区域可以连接互联网。有 230 间客房。

住 Prinsegracht 315-331 ☎ 020-5235235 FAX 020-6276753

➡ 折页地图 2 正面 A2 达姆广场西侧

URL www.hotelpulitzeramsterdam.
nl
费 ⑤①274~874 欧元（税另付）早餐 22~29 欧元
CC A.D.M.V.
T 乘 13、14、17 路在 Westermarkt 下车

HN 阿姆斯特丹中心 HN Amsterdam Centre ★★★★★

莱顿广场附近的现代风格的酒店，有从机场到酒店的专线巴士。周围有剧院和美术馆、咖啡馆、餐馆，各种商店与夜总会，应有尽有。有230间客房。

→ Map p.35–A1 莱顿广场周围

住 Stadhouderskade 7
☎ 020–6851351 FAX 020–6851611
URL www.nh-hotels.nl
费 ⑤①139~650 欧元 早餐 25 欧元 CC A.D.J.M.V.
T 1 路在 Stadhouderskade 下车

阿姆斯特尔欧陆大酒店 Inter Continental Amstel Amsterdam ★★★★★

面向阿姆斯特尔河，英国维多利亚风格的富丽堂皇的酒店。在 1867 年开业。现在全部客房都有宽松的空间，全备有空调。有 79 间客房。

住 Prof.Tulpplein 1   ☎ 020–6226060   FAX 020–6225808

→ Map p.33–C2 阿姆斯特尔

URL www.amsterdam.intercontinental.com
费 ⑤①425~1350 欧元 早餐 29.50 欧元 CC A.D.J.M.V.
M 在 Weesperplien 下车
T 乘7、10 路在 Weesperplein 下车

大仓酒店 Okura Amsterdam ★★★★★

该酒店位于市区南部，去展览馆会议中心只需步行 15 分钟。有桑拿和日式餐厅。设施完备。有 335 间客房。

住 Ferdinand Bolstr. 333
☎ 020–6787111   FAX 020–6712344

→ Map p.32–B3 南部地区

URL www.okura.nl
费 ⑤205 欧元 ~ ①240 欧元 ~ 早餐 29.50 欧元（日餐32.50 欧元）另加 5% 税金
CC A.D.J.M.V.
T 12、25 路在 Comelis Troostplein/Maasssstr. 下车

金郁金香阿波罗大酒店 Golden Tulip Apollo ★★★★★

位于市区南部的现代化酒店，在展览馆会议中心附近。商务客人入住也很方便。有商务中心、健身中心。客房可以选择可吸烟室和不可吸烟室两种。

住 Apollolaan 2   ☎ 020–6735922

→ Map p.32–B3 南部地区

FAX 020–5705744
URL www.goldentulip.com
费 ⑤①110~390 欧元 早餐 22.50 欧元
CC A.D.J.M.V.
T 乘 5、24 路在 Apollolaan 下车

希尔顿大酒店 Hilton Amsterdam ★★★★★

位于市区南部，面向运河的现代化酒店。酒店内有 3 个不同类型的餐馆。此外设有租车柜台。根据情况，周末会有特别价格。

住 Apollolaan 138–140   ☎ 020–7106000

→ Map p.32–A3 南部地区

FAX 020–7106080
URL www.hilton.com
费 ⑤①119~460 欧元 早餐 27 欧元
CC A.D.J.M.V.
T 乘 5、24 路在 Apollolaan 下车

克里夫港酒店 Die Port van Cleve ★★★★

与王宫后面的购物中心——玛格纳大厦（Magna Plaza）相邻。1870年作为喜力啤酒的店开业。餐饮业完备。酒吧完全是荷兰风格。有110间客房。

住 Nieuwezijds Voorburgwal 178 ☎ 020-6244860

➡ Map p.34-A2 达姆广场周围

FAX 020-6220240
URL www.dieportvancleve.nl
费 S T 90~315 欧元　早餐 19 欧元
CC A.D.J.M.V.
从中央车站步行约10分钟。

艾斯泰拉酒店 Estheréa ★★★★

位于贝金会修道院的后面，面向辛格尔运河。家庭经营的酒店。可以使用无线连接互联网。有71间客房。　住 Singel 303-309
☎ 020-6245146　FAX 020-6239001

➡ 折页地图2正面 B2 达姆广场周围

URL www.estherea.nl
费 S T 99~294 欧元　早餐 16 欧元　另加 5% 税金
CC A.D.M.V.
T 乘 1、2、5 路在 Dam Square 下车

美洲酒店 Amsterdam-American ★★★★

位于莱顿广场，其建筑是新艺术派建筑，已被指定为文化遗产。酒店内的美洲咖啡馆很有名。大厅分为吸烟区和不吸烟区。有174间客房。

住 Leidsekade 97　☎ 020-5563000

➡ Map p.35-A1 莱顿广场周围

FAX 020-5563001
URL www.amsterdamamerican.com
费 S T 120~400 欧元　早餐 20 欧元
CC A.D.M.V.
T 乘 1、2、5 路在 Leidseplein 下车

托罗酒店 AMS Toro ★★★★

位于冯德尔公园的南侧，安静舒适的地区。由古建筑物改建而成的，有美观漂亮的院落的酒店。住在宽敞的房间能够得到彻底放松。有22间客房。

住 Koningslaan 64　☎ 020-6737223

➡ Map p.32-A3 莱顿广场周围

FAX 020-6750031
URL www.hoteltoro.nl
费 S T 105~295 欧元　早餐 17.50 欧元
CC A.D.M.V.
T 乘 2 路在 Valeriusplein 下车

阿波罗第一酒店 Apollofirst ★★★★

位于市区南部。具有家庭氛围的小型酒店。休息室有电脑，可以上网。在酒店内，可以无线上网。早餐是美式自助早餐。有40间客房。

住 Apollolaan 123　☎ 020-6730333

➡ Map p.32-B3 南部地区

FAX 020-6750348
URL www.apollofirst.nl
费 S T 99~165 欧元　早餐 16.50 欧元　另加 5% 的税金
CC A.D.J.M.V.
T 乘 5、24 路在 Apollolaan 下车

宜必思酒店 Ibis Amsterdam Centre ★★★

与中央车站的西侧紧临，是宜必思的连锁店。虽是大规模的酒店，但因为设立在交通方便的地方常会客满。房费含早餐。也开设有能够品尝到当地菜肴的餐厅。有 187 间客房。 住 Stationsplein 49 ☎ 020-6389999

➜ Map p.32-B1 中央车站周围

FAX 020-6200156
URL www.ibishotel.com
费 有淋浴和厕所 ⓈⓉ89~165 欧元 早餐 15 欧元 另加 5% 的税金
CC A.D.M.V.
从中央车站步行即到。

阿姆斯特尔水上酒店 Amstel Botel ★★★

浮在东码头（Oosterdok）的浮船酒店。3~11 月可从周五住 3 晚以上，周六两晚以上，复活节住 4 晚以上。有望岛房和望运河房。有 175 间客房。

住 Oosterdokskade 2-4 ☎ 020-6264247

➜ Map p.33-C1 中央车站周围

FAX 020-6391952
URL www.amstelbotel.com
费 有淋浴和厕所 ⓈⓉ69~94 欧元 早餐 10 欧元
CC A.D.J.M.V.
从中央车站步行约 5 分钟。

林荫道酒店 Avenue ★★★

位于中央车站附近地区，机场专线也要停车的酒店。去安妮·弗兰克故居也在步行范围内。但是，所在的街道也许稍有些嘈杂。早餐为美式冷餐会。也有咖啡馆。有 78 间客房。 住 Nieuwezijds Voorbugwal 33

➜ Map p.34-A1 中央车站周围

☎ 020-5309530
FAX 020-5309599
URL www.avenue-hotel.nl
费 有淋浴和厕所 Ⓢ69~115 欧元 Ⓣ99~165 欧元含早餐 另加 5% 的税金 CC A.D.J.M.V.
从中央车站步行约 5 分钟。

读者投稿　阿姆斯特丹的酒店

Lloyd Hotel

古建筑的内部完全是按现代风格装修的。清洁、装饰有个性的客房有 116 间。从 1 颗星到 5 颗星的房间都有。各房间装饰都不尽相同。此外，餐厅到次日的 1:00 都营业。一个人也方便入住。

住 Oostelijke Handelskade 34
➜ Map p.33-C1 ☎ 020-5613636
FAX 020-5613600 URL www.lloyhotel.com
费 80~ 295 欧元
Ⓣ 乘 26 路在 Rietlandpark 下车。或者从中央车站步行 15~20 分钟

Zandbergen

冯德尔公园附近的小的家庭经营的酒店。虽没有电梯，重的行李由酒店的服务生帮你搬运。长期居住还有有厨房的房间。周围有餐馆、咖啡馆、超市等，很方便。国家凡·高美术馆、国家博物馆就在附近。从机场有专线巴士到达。往返车票：22.50 欧元。

住 Willemparkweg 205 ☎ 020-6769321
FAX 020-6761860
URL www.hotel-zandbergen.com
费 有淋浴和厕所 Ⓢ75~125 欧元 Ⓣ95~159.50 欧元 另加 5% 的税金 含早餐

伦勃朗古典酒店 Rembrandt Classic ★★★

面对海伦运河，17世纪的建筑改装的酒店。清静的环境能让人感觉到阿姆斯特丹的生活气息。一部分客房面向运河，视野很好。有111间客房。

住 Herengracht 255 ☎ 020-6221727

➡️ 折页地图2正面A2 达姆广场西侧
FAX 020-6250630
URL www.rembrandtclassic.nl
费 有淋浴和厕所 ⑤79~279欧元 早餐 8.50欧元 另加5%的税金 CC A.D.M.V.
T 乘1、2、5路在Dam Square下车

竞技场酒店 Arena ★★★

各个房间有电视、直通电话，也可上网。双人房间有三段台阶。2004年，增设了套房。有客房127间。

住 's Gravesandestr.51 ☎ 020-8502400

➡️ Map p.33-C2 达姆广场东侧
FAX 020-8502405
URL www.hotelarena.nl
费 T89~275欧元 早餐18.50欧元 另加5%的税金
CC A.D.M.V.
T 乘7、10路在Korte's-Gravesandestr.下车

希姆斯科克 Heemskerk ★★★

位于音乐厅的附近，博物馆很多的地区，是非常方便的好地方。有9个客房。其装修形态各异。有的双人房、四人房也有按摩浴池。

住 Jan Willm Brouwersstraat 25 ☎ 020-6794980 FAX 020-6710726

➡️ Map p.35-A3 博物馆广场周围
URL www.hotelheemskerk.nl
费 带淋浴和厕所 ⑤85~108欧元 T139~169欧元 早餐10欧元 另加5%税金
CC A.D.J.M.V.
T 乘5路在Museumplein/乘16在Consertgebouwplein下车

桥 The Bridge ★★★

从达姆广场沿阿姆斯特尔河步行约15分钟。在阿姆斯特尔河马海丽吊桥附近。环境清幽，去观光点的交通也很方便。含荷兰风味的早餐。有36间客房。

住 Amstel 107-111 ☎ 020-6237068 FAX 020-6241565

➡️ 折页地图2正面C4 阿姆斯特尔
URL www.thebridgehotel.nl
费 带淋浴和厕所 ⑤115欧元 T130欧元 含早餐
CC A.D.M.V.
M Weesperplein下车
T 乘7、10路在Oosteinde下车

兰凯斯特酒店 Lancaster ★★★

1999年经过改装比较漂亮，虽离中心地区稍远，但离动物园、水族馆地区很近。大厅有整天都能点餐的快餐和能取到饮料的咖啡角。也有能上网的区域。有92间客房。住 Plantage Middlaan 48 ☎ 020-5356888

➡️ Map p.33-C2 东部地区
FAX 020-5356889
URL www.edenhotelgroup.com
费 带淋浴和厕所 ⑤65~150欧元 T80~250欧元 早餐15欧元
CC A.D.J.M.V.
T 乘9、14路在Plantage Middenlaan下车

宜必思 Ibis Amsterdam Airport　★★★

连锁酒店之一。在斯希普霍尔机场附近，有去机场的免费专线巴士，只要5分钟。含早餐。设有4个餐厅。有644间客房。

住 Schipholweg 181

→ Map 范围外　　机场周围

☎ 020-5025111
FAX 020-6570199
URL www.ibishotel.com
费 ⑤①69~155 欧元　早餐 15 欧元　另加 6% 税金
CC A.D.M.V.

罗金酒店 Rokin　★★★

位于达姆广场与蒙特广场之间的罗金（Rokin）路，去旅游点也非常方便。房间内有直拨电话、电视、电吹风。

住 Rokin 73　☎ 020-6267456

→ Map p.34-A2 达姆广场周围

FAX 020-6256453
URL www.rokinhotel.com.
费 带淋浴和厕所⑤75~115 欧元　①95~145 欧元　含早餐
CC A.M.V.
T 4、9、16、24、25 路在 Spui 下车

克利斯塔尔 Crystal　★★

在莱顿广场的附近，位于街道里侧，比较安静。各房间有电视，含自助早餐。⑤ 是淋浴厕所公用房，① 是带淋浴和厕所的房。有 17 间客房。

住 2e Helmersstraat 6　☎ 020-6180521

→ Map p.35-A1 莱顿广场周围

FAX 020-6180561
URL www.hotelcrystal.nl
费 ⑤40~70 欧元　①50~135 欧元　含早餐
CC A.D.M.V.
T 乘 1 路在 Stadhouderskade 下车

卡布 Kap　★★

在安静的居住区里，可以步行去辛格尔运河对面的喜力博物馆、国家博物馆、国家凡·高美术馆等。各房间都有电视。早餐为冷餐会。有 15 间客房。

住 Den Texstr.5b　☎ 020-6245908

→ 折页地图2正面B4 蒙特广场周围

FAX 020-6271289
URL www.kaphotel.nl
费 带淋浴和厕所公用⑤52~65 欧元　①90~102 欧元　含早餐
CC A.D.M.V.
T 乘 16、24、25 路在 Wetering Circuit 下车

阿斯特里斯克 Asterisk　★★

位于喜力博物馆与运河之间的对面。19世纪的建筑物改建的酒店。含传统的荷式早餐。⑤ 是淋浴厕所公用房。用信用卡支付费用会贵4%。

住 Den Texstr.16　☎ 020-6262396　FAX 020-6382790

→ 折页地图2正面B4 蒙特广场周围

URL www.asteriskhotel.nl
费 淋浴和厕所公用⑤45 欧元 ~ ①55 欧元 ~；带淋浴和厕所⑤89~129 欧元　含早餐　CC M.V.
T 乘 16、24、25 路在 Wetering Circuit 下车

冯韦斯普 Het hart Van Weesp ★★

位于阿姆斯特丹郊外的小镇Weesp。早餐是冷餐会式。酒店开放时间以外，要去相邻的餐馆取钥匙。圣诞节休息。36间客房中有3间是公寓式客房。

住 Herengracht 35 1382 AH Weesp

● Map 范围外　　　　郊外

☎ 0294-419353
FAX 0294-431692
URL www.hartvanweesp.nl
费 带淋浴／浴缸、厕所 ⑤54欧元 ⑦89欧元　早餐7.50欧元
CC A.M.V.
　　Weesp站下车步行约7分钟。

贝尔特 Verdi ★★

日本夫妇经营的家庭式酒店。房间清洁，很微小的细节都考虑得很周到。离音乐厅又近，很方便。 住 Wanningstraat 9

☎ 020-6760073　FAX 020-6739070

● Map p.35-A3 博物馆广场周围

URL www.hotelverdi.nl
费 淋浴和厕所公用 ⑤45~55欧元 ⑦65~76欧元　带淋浴和厕所 ⑤65~76欧元　⑦75~120欧元　含早餐　CC A.J.M.V.
T 乘3、5、12路在Museumlein下车

马洛法 Manofa ★

位于丹拉克大街的中段，楼下有餐厅，各个房间有电视、直拨电话，早餐为冷餐会式。有浴室和厕所公用的房间。冬季有折扣。有47间客房。

住 Damrak 46-48

● Map p.34-B1 达姆广场周围

☎ 020-6220990
FAX 020-6383186
URL www.manofa-hotel.com
费 ⑤40~165欧元　⑦55~225欧元　含早餐
CC A.D.J.M.V.
　　从中央车站步行约5分钟。

冯奥拉 Van Onna ★

位于安妮·弗兰克故居与西教堂的附近。酒店由3栋房子组成。其中一栋是历史建筑，房间简洁小巧，但全部客房都有淋浴和厕所，很舒适。全部房间禁烟。有41间客房。

● 折页地图2正面A2 达姆广场西侧

住 Bloemgracht 104
☎ 020-6265801
URL www.hotelvanonna.com
费 带淋浴和厕所 ⑤45欧元 ⑦90欧元　含早餐　CC 不可
T 乘13、14、17路在Westermarkt下车

马琳斯家 Marion's House/Chris & Marion's B&B

位于莱顿广场的附近，步行就可去国家博物馆。能使用厨房。能真正体验阿姆斯特丹生活气氛。因仅有5间房，最好事先进行预约和确认。

住 2e Helmers str. 95　☎ 020-6121626

● Map p.32-B2 莱顿广场周围

FAX 020-6189448
URL www.marionshouse.com
费 淋浴和厕所公用 ⑤32.50欧元　⑦60欧元　含早餐
CC 不可
T 1号在1e Constantijn Huygensstraat-Overtoom下车

索贝克 Thorbecke

就在伦勃朗广场附近，从中央车站步行的话，约20分钟。一楼是酒吧。这一带也有餐馆和咖啡馆，很方便。也有浴室和厕所公用的房间。

住 Thorbeckeplein 3　☎ 020-6232601　FAX 020-6382559

● 折页地图2正面C3 蒙特广场周围
URL www.thorbeckehotel.nl
费 淋浴和厕所公用 Ⓢ45~65欧元　Ⓣ65~75欧元　带淋浴和厕所 Ⓢ65~75欧元　Ⓣ80~95欧元　含早餐　CC A.D.M.V.
T 乘4、9、14路在Rembrandtplein下车

斯菲克丝 Sphinx　　★

从喜力博物馆过来，渡过辛格尔运河就到。房间清洁就是它的特点。Ⓢ是浴室和厕所公用的房间，还有带浴室和厕所的房间。早餐为冷餐会式。有20间客房。

住 Weteringschans 82　☎ 020-6273680　FAX 020-4231443

● 折页地图2正面B4 蒙特广场周围
URL www.sphinxhotel.nl
费 淋浴和厕所公用 Ⓢ35欧元~　Ⓣ45欧元~；带淋浴和厕所 Ⓢ50欧元~ Ⓣ60欧元~ 含早餐
CC A.D.M.V.
T 乘16、24、25路在Wetering Circuit 下车

斯特奥克·冯德尔公园 Stayokay Amsterdam Vondelpark　　青年旅舍

位于冯德尔公园外。各个房间都有浴室和厕所，有啤酒馆，快餐6欧元~、晚餐10欧元~。可以无线上网。周末费用增加1欧元。

住 Zandpad 5　☎ 020-5898996　FAX 020-5898955

● Map p.35-A2 莱顿广场周围
URL www.stayokay.com/vondelpark
费 Ⓓ1人23.75欧元　Ⓣ62.80~89.20欧元　青年旅舍会员便宜2.50欧元　含早餐
CC A.D.J.M.V.
T 乘1、2、5路在Leidseplein下车

斯特奥克·斯塔兹多仑 Stayokay Amsterdam Stadsdoelen　　青年旅舍

位于南教堂附近，从中央车站步行15分钟。洗衣店、酒吧、互联网设施都很齐备。通铺有1室16人和20人的房间。含早餐。在Nieuwmarkt 下车。

住 Kloveniersburgwal 97　☎ 020-6246832　FAX 020-6391035

● Map p.34-B3 蒙特广场周围
URL www.stayokay.com/stadsdoelen
费 Ⓓ1人22欧元~　周末增加2欧元　青年旅舍会员便宜2.50欧元　含早餐
CC A.J.M.V.
M 在 Nieuwmarkt 下车

西尔塔乔丹 Shelter Jordan　　青年旅舍

位于安妮·弗兰克故居附近。有储物柜，需要交押金。有淋浴。快餐1欧元~。晚餐4.75欧元~。通铺房有6间。

住 Bloemstr.179

● 折页地图2正面A2 达姆广场西侧
☎020-6244717　FAX 020-6276137
URL www.shelter.nl
费 Ⓓ1人16.50~ 25.50欧元
CC A.M.V.
T 乘13、17路在Marnixstraat下车

北荷兰省

Netherlands

阿姆斯特丹

◀▎▎▎▎ **ACCESS** ▎▎▎▎▶

从阿姆斯特丹中央车站
前（背向站楼的左侧最里面）
出发，乘114路去霍伦的
巴士约30分钟，或乘112、
116、118路去埃丹的巴士40
分钟，单程需7张车票。事
先购票。

市外长途区号 ☎0299

旅游咨询中心
住 Stadhuis, Damplein 1
☎ 0299-315125
FAX 0299-374236
URL www.vvv-edam.nl
开 夏季 10:00～17:00
　周日 12:00～16:30（仅7、
　8月）
　冬季 10:00～15:00
休 周六、周日（冬季）、节日
酒店的预约手续费与税金1
人4欧元＋电话费。要保证金

埃丹
Edam

北荷兰省
Noord-Holland

　　一边看着被运河围起来的田园风光，一边往阿姆斯特
丹北面行进25公里，就到达以奶酪而闻名的城市——埃
丹。埃丹的奶酪在阿尔克马尔的奶酪市场也有出售。埃丹
是一个小城市，且因是面向须德海的港口城市而繁荣。17
世纪时，就能够出口50万
个奶酪。原有的城市被很
好地保存下来，那些砖瓦房
屋，还有白色吊桥，使得这
个小城犹如一个小巧玲珑的
庭园盆景。

好像在图画书中出现过的埃丹城景

漫步埃丹

　　下了公共汽车，沿着运河向右走。看到白色的吊桥后，
走过吊桥再往前走，就会看到斯佩尔塔（Speeltoren）。城
市的中心就是达姆
广场（Damplein）。
面向广场建成的市
政大楼（Stadhuis）
的里面设有 ▼。
达姆广场往北，在
运河上架有一座
石桥，名叫达姆
（Dam）桥。Dam
意为堤坝，顾名思
义，此处原本是建
于1569年的水闸。
埃丹是一个小时就
能转一圈的小城
市，漫步城中，逛

埃丹

N

0　　　100m

圣尼古拉教堂
Grote of
St. Nicolaaskerk

Mothijs txsgracht

J.C. Brouwersgracht

Groekerk

计量所
Waag

Prinsenstr.

Bognnenland

Graaf Willemstr.

埃丹博物馆
Edams Museum

Breestr.

斯佩尔塔
Speeltoren

Wijngaardsgracht

达姆广场 市政大楼
Damplein ⊞Stadhuis ▼

Hoogstr.

达姆
Spuistr.

佛杜那酒店

Beesfenm

Lingerzijde

茶舍
Theekoepels

Bult Gevamen

Boonstr.

Schepenmakersdijk

Doeland Bult

Singelweg

公共汽车站

Zuidervesting

一逛卖奶酪或礼物的商店，或者在运河两岸收拾得整整齐齐的房屋之间溜达溜达，都会感到非常惬意。

埃丹的主要景点

埃丹博物馆 Edams Museum　　　　⊙ Map p.94

埃丹博物馆

埃丹博物馆位于达姆广场的正面。是16世纪建造的埃丹最古老的房屋，展示了厨房和寝室等。可以了解当时人们生活的情景，最有趣的是珍贵的地下储藏室。这座博物馆就像船一样在水上漂浮着。

计量所 Waag　　　　　　　　　　⊙ Map p.94

1778年建造的计量所，现在是卖埃丹奶酪的商店。溜圆的奶酪相当可爱，叫人忍不住想买（唯一的不足之处是

埃丹的茶屋

在埃丹城中漫步，你会看到运河旁的大豪宅的院里有白色的八角形的房子。靠运河一侧有3个大的窗户，用白色的蕾丝窗帘装饰得很美，而运河中也倒映着它清秀的身影。建此馆的目的据说是为了让客人一边品味香茗，一边饱览美景，所以叫做茶屋。在整个庭院中它是欣赏景色的最佳地点，这种建筑构思与中国文人经常边品茶边赏景的亭台以及与日本茶道中的茶室都有一脉相承之处，也许可以说是17世纪茶最初传入荷兰时的东方情趣的历史见证。

优雅的茶屋

奶酪市场
　7/1~8/19的周三，10:30~12:30举行。仅在8/8 21:00~23:00（日程有可能变动，请在旅游咨询中心询问）。
URL www.edammerkaasmarkt.nl

埃丹博物馆
☎ 0299-372644
开 10:00~16:30
　周日、节日13:00~16:30
休 周一、10月的最后一个周日的次日~次年3月
费 2欧元(含市政大楼参观费)

计量所
☎ 0299-372842
开 10:00~17:00
休 11月~次年3月
费 免费

圣尼古拉教堂
☎ 0299-372026
开 14:00~16:30
休 10月~次年3月
费 免费

热闹的
奶酪市场

计量所

太沉了）。计量所前的广场仅在夏季举办奶酪市场。此时，穿着白衫白裤，脖子上系着红围巾，戴着白色帽子的荷兰大叔们会为人们展示传统的奶酪市场的情景。

圣尼古拉教堂 Grote of St. Nicolaaskerk   ➲ Map p.94

是15世纪建造的教堂，有17世纪的组合彩色玻璃和管风琴。

🏢 埃丹的酒店

Hotel

达姆 L'Auberge Damhotel Edam ★★★   ➲ Map p.94

位于城市中心部，面对达姆广场，便于旅游。虽小，但1803年就已开业，具有古老的历史。早餐是冷餐会式。附近有很多餐馆，午餐和晚餐也很不错。有13个客房。

住 Keizersgacht 1
☎ 0299-371766
FAX 0299-374031
URL www.damhotel.nl
费 带淋浴和厕所
T 125~165欧元 含早餐
CC A.M.V.

佛杜那酒店 De Fortuna ★★★   ➲ Map p.94

位于运河沿岸的酒店。由17世纪的5间古民房修复而成。沿着运河有开着各种颜色的鲜花的院落，并设有餐厅。有23间客房。住 Spuistr.3 ☎ 0299-371671

FAX 0299-371469
URL www.fortuna-edam.nl
费 带淋浴和厕所
S 67.50~85欧元 T 95~117.50欧元 税金1.50欧元 含早餐
CC A.D.J.M.V.

赞西斯康斯

Zaanse Schans 北荷兰省
Noord-Holland

在四周都是树林里漫步一定会有好心情

阿姆斯特丹以北15公里有一个以风车而闻名的村庄——赞西斯康斯。整个村庄就像一个博物馆。走在用砖头铺垫的小路上，两边全是这个地区特有的绿墙和白色窗框的房子，就像走进了童话的世界。但是这个地方的房子原本不在这里。因为即使是注重保护古迹的荷兰，17世纪时的木结构房屋也渐渐地越来越少了，所以村子里的人们将传统的民居和风车都搬到这里保存下来。所以这里也就被称为荷兰的"历史村"。

进村后，左侧第一个房子是钟表博物馆，可以参观收藏在这里的荷兰的古董钟表。紧挨着的是食品店，内部古代的构造仍然保存完好。有趣的是，进店的时候必须付费，据说所付费用，将充当该房屋的维护资金。再往前走过几家，就是"De Hoop"餐馆，据说是18世纪捕鲸商人的家，当然现在已没有鲸鱼肉做的菜了。

再往前走就看见风车了。风车前面就是一个广场。游览赞河的游船就是从该广场起程的。从这一带往前不再有民居，而是沿河建了4架风车。最前面的风车从1802年起就用来研磨芥末。这种芥末也就被冠以"赞河芥末"之名而出售。也可以参观内部。沿着河边小路前进，依次是加工木料的风车、制造涂料的风车和将种子或果实磨碎的风车。现在除加工木料的风车以外，其他都仍然在使用。

从第一个磨芥末的风车往右拐，过一条小河，就到了一家叫"De Catharina Hoeve"的传统奶酪店，并可以参观奶酪的制作，也能购买奶制品。此外还有古董店和木靴制作坊，能品尝蛋糕的小的餐厅和土特产品店。

风车耸立的壮观景色

◀▮▮▮ **ACCESS** ▮▮▮▶

从阿姆斯特丹中央车站乘坐去往阿尔克马尔的列车（各站停车的列车）约需15分钟。在科赫赞代克（Koog Zaandijk）下车。由站台的地下通道的左侧出去，就能看到"Zaanse Schans"的招牌。沿Stationsweg一直往前到头后往左拐前进100米左右，就到了一个大的十字路口。在这里往右拐，走过面前的小桥，就到赞西斯康斯了。从车站步行约15分钟。

如果要去对岸，沿着Stationsweg路一直往前走到头后往右拐前进100米，有一个乘船处，可免费乘船过河。约10分钟运航一趟。此外，在阿姆斯特丹中央车站前的公交中心站，乘91路到赞西斯康斯的入口处需要45分钟。

市外长途区号　☎ 075

赞西斯康斯
每天都能去参观赞西斯康斯的风车和博物馆，在夏季旅游季节每天开放。其他季节只有周末开放的地方较多。因地方不同开馆时间有所不同。
☎ 075-6168218
URL www.zaanseschans.nl
赞西斯康斯博物馆
开 9:00~17:00
休 12/25、1/1（预定）
费 7.50 欧元

✉ **新风车博物馆**
Het Jonge Schaap
可以参观切割木材的风车的内部。另外，制作这个风车的录像片也有放映，可以一边喝着咖啡，一边观赏。费用：3 欧元。

◀▮▮▮ **ACCESS** ▮▮▮▶

从阿姆斯特丹中央车站（背靠车站的左侧）的公共汽车站乘去往埃丹的116、118路巴士约30分钟，单程需要7张票。事先请买好车票。

市外长途区号 ☎ 0299

旅游咨询中心

住 Zeestr.37 ☎ 0299-363747

FAX 0299-368484

URL www.vvv-volendam.nl

开 4~10月 10:00~17:00
11月~次年3月
10:00~15:00 休 周日

福伦丹博物馆

☎ 0299-369258

开 10:00~17:00

休 10月中旬~次年3月中旬

费 2.50欧元

用红、白两色装饰的秀丽的房子

福伦丹
Volendam

北荷兰省
Noord-Holland

在埃丹以南 2.5 公里的地方有一个小小的渔港——福伦丹。以保留着传统民族服装而闻名。但是，穿着黑色裙子，围着格子布围裙，戴着高顶花边帽子的妇

在荷兰一到夏天乘船玩耍的人也很多

女们实际上是土特产品商店的人……虽然不太喜欢这种浓厚的商业味道，但也不失乐趣。

下了巴士，顺来的方向稍稍返回去，就看到福伦丹博物馆（Volendams Museum）了。里面也设有 ▼。博物馆展示了民族服装和与福伦丹民俗历史有关的文献。保持博物馆在你的右侧，沿着 Zeestr. 一直走 5 分钟左右，就来到湖边的 Haven 街，这里是福伦丹的主要街道。两旁全是土特产品店、餐馆等，夏季旅游季节，游客蜂拥而至，还有一些店铺游客能穿着民族服装照相留念。市内有几家餐馆兼营的旅馆。

Column
Netherlands

晴朗而寒冷的冬季

荷兰的冬季很长，10月中旬到第二年的4月约有半年是冬季。因处北纬25度的高纬度，白昼很短，9:00才天亮，16:00夜幕就降临了。要是就这么短暂的"白昼"也不出太阳，再下点冰冷的雾雨的话，荷兰人会十分不高兴的。

寒冷的冬季到底有什么好呢？其实在冬季，一般来讲天气都很好，天一晴气温就下降，气温下降就结冰，结冰就可以滑冰了！荷兰到处是河水，家的外面就是运河与湖泊，晴天越多，就越来越寒冷，冰也就越结越厚。世界上荷兰也是数一数二的滑冰大国。在家里穿上滑冰鞋，在刀刃上套上套子，然后呱嗒呱嗒地走到外面的运河上滑冰去了。这当然是冬天又冷又晴时才能做的。

要是零下10℃的天气持续上一个星期，人们的眼睛就会发亮起来。这是因为说不定可以在结冰的自然河上举行全长200公里的11城市滑冰马拉松了。滑冰马拉松自从1909年举办第一届以来，至今只举办了15届，但它却是全民性的盛会。1997年举办时，由于与上届相隔11年之久的缘故，所以全国上下都为之振奋。冬天太长当然讨厌，但只要白天阳光好，再有一点这样的娱乐，荷兰人就会笑逐颜开的。

荷兰冬季从北海吹来非常强烈的风

马尔肯
Marken

 北荷兰省
Noord-Holland

马尔肯原是浮在艾瑟尔湖上的一个小岛，现在经大堤与陆地相连接。虽然离福伦丹很近，但其服装、建筑和宗教却迥然不同。

码头上当然也有土特产店、餐馆等，但是与福伦丹比较起来，还是多了一点点乡村的味道。这里房屋主要涂成绿色，并加上白边，具有典型的荷兰渔村的风情。在港口入口处，有很小的古代民房。身穿民族服装的大妈会给我们讲解，也允许拍照，但是别忘了给小费。从码头慢悠悠地走，幽静的田园风光就展现在眼前。马尔肯人失去了渔业权，如今变成了靠旅游业维持生计，是否有点悲哀呢？……马尔肯这个地方还真让人浮想联翩。

夏天很多游客悠闲地来到马尔肯度假

村头有公交车站，旁边的小屋就是制造和贩卖木靴的小作坊，在此可以参观制造过程。

◀▮▮▮ ACCESS ▮▮▮▶

从阿姆斯特丹中央车站（背靠车站的左侧）的巴士站，乘111路巴士约30分钟，单程需要7张票。事先请买好车票。从福伦丹来，可乘坐马尔肯快速船，约需30分钟。4～11月，10:30～17:30每隔30分钟一班。单程需要4.50欧元。往返7欧元。
☎ 0299－363331
市外长途区号 ☎ 0299

慢悠悠地吃着草的绵羊

联络船码头的热闹情景

北荷兰省 · 福伦丹 · 马尔肯

Column
Netherlands

骑自行车吧

"阿姆斯特丹有5万辆自行车，一年就有6万辆被盗，因为同一辆车可能会被盗好几次。"这话的确是真的，自行车的数量很多，同样被盗车的数量也很惊人。不上锁的自行车也就成了名副其实的公共交通工具了。车主想强调此车属个人所有，那就要想办法用结实的锁将车锁在柱子上或别的什么地方了。

从实际的统计数据来看，荷兰约有比人口1640万人还多的自行车。很多人既有购物时用的坚固的二手自行车，也有假日休闲用的运动式自行车。周日去郊外观赏乡村美丽的景色时，就会遇见白发的老夫妻并排骑着自行车潇洒而过，骑自行车其实是一桩乐事。

为什么在荷兰自行车如此之多呢？第一，没有起伏的山脉，容易行走。第二，不花费汽油钱，不污染环境，对健康很有好处，非常符合荷兰人的理性精神。还有，荷兰人对淋雨毫不在乎，体力非常充沛。每天骑行20公里去上班的大有人在。我所认识的人中就有好几个。国家和市政府也很鼓励骑自行车，在古老的小巷里都设有专用停车场。在自行车专用车道上，彻底禁止汽车通行。荷兰人一向被认为是重实不重名，加上近年来倡导为减少环境污染而作出贡献是一件值得自豪的事，荷兰的自行车队伍更是壮大起来。

Netherlands

阿姆斯特丹

◀◀▮▮▮ **ACCESS** ▮▮▮▶▶

　　乘阿姆斯特丹中央车站
的列车，需 15~20 分钟。

市外长途区号　☎ 023

旅游咨询中心
住 Verwulft 11
☎ 0900–6161600（收费）
FAX 023–5340537
URL www.vvvhaarlem.nl
开 9:30~17:30
　　周六 10:00~17:00
　　周日 11:00~15:00
休 10月~次年3月的周日
酒店的预约手续费3欧元

哈勒姆
Haarlem

北荷兰省
Noord-Holland

　　位于阿姆斯特丹以西20公里的哈勒姆，是北荷兰省的
首府所在地。它是一个古都，整个城市是由许多用砖建造
的山形屋顶的古老房子组成的。现在纽约市哈勒姆的地名
最初就是由荷兰人起的，叫新哈勒姆，归根结底来源于这
座城市。该市的银器工艺过去是很有名的，现在在石板道
路的一角仍有卖银质品的古玩店，到这儿饱饱眼福也不错。

架在斯帕尔讷河上的吊桥

漫步哈勒姆

　　从车站穿过两旁是商店的 Kruisweg 街，跨过运河，就
到达城市中央，在这里可以看到巍然屹立在大市场（Grote
Markt）上的圣巴福教堂。这里每逢周一和周六就有大型的
集市。从市场往南延伸的是现代风格的购物中心。▼ 也设
在这个地区。

　　从大市场往南步行5分钟，就到了弗兰斯・哈尔斯美
术馆。美术馆所在的小巷 Groot Heiligland 是一个完全可以

在河畔的泰勒美术馆

用"如诗如画"来形容的优美的古
巷。美术馆前有一家叫 St. Elisabeth
Gasthuis 的宾馆，在富裕市民很多的
哈勒姆城里点缀着几家这样的宾馆。
城的东侧，斯帕尔讷河在泰勒美术馆

前面流过，河上有一座白色的吊桥，与周围山形屋顶的房屋形成绝美的和谐映照，最能触动游人的心绪。

哈勒姆的主要景点

圣巴福教堂 Grote of St. Bavokerk　　　❍ Map p.102

　　15世纪建造的天主教堂。有一座高达80米的形状优美的塔。建筑风格为后哥特式的雄伟建筑，教堂内有个有名的管风琴。它是由克里斯蒂安·缪勒（Christiaan Müller）制作的，据说11岁的莫扎特曾弹奏过。每隔1年的7月，都会举办哈勒姆国际风琴节。到时这个管风琴就派上大用场了。教堂内部，还安葬着曾在这个城市活跃过的有名画家——弗兰斯·哈尔斯。

城市中心——圣巴福教堂

肉铺行会馆 Vleeshal　　　❍ Map p.102

　　由生于哈勒姆的建筑家利芬·德凯（Lieven de Key）设计的，是北方文艺复兴时期的代表建筑。初期建筑是为肉铺的行会而建，现在作为弗兰斯·哈尔斯美术馆的分馆（De Hallen），举办现代美术等的企划展览。

市政厅 Stadhuis　　　❍ Map p.102

　　位于大市场（Grote Markt）的西侧，是14世纪建造的哥特式建筑。左侧的阶梯上部是按文艺复兴时期样式建造的。一楼有荷兰伯爵的房子（Gravenzaal）。房内并排挂着历代伯爵的肖像画。参观虽不需要预约，但有结婚仪式的时候是不能参观的。

科利·滕·博姆博物馆 Corrie Ten Boom Museum
❍ Map p.102

　　第二次世界大战中的1940年，德国战领了荷兰，第二年开始对居住在荷兰的犹太人实施迫害，作为犹太人的隐

圣巴福教堂
☎ 023-5325690
开 10:00~16:00
休 周日
费 1.50欧元

女王日的4/30要注意
　　这个城市作为游行的终点，每年都很拥挤。酒店都基本满员，交通也不按正常时间运行。晚上燃放烟火。大市场周围的热闹一直持续到深夜。

肉铺市场
☎ 023-5115775
URL www.dehallenhaarlem.nl
开 11:00~17:00
　　周日、节日 12:00~17:00
休 周一、1/1、12/25
费 5欧元

肉铺行会馆

市政厅
☎ 023-5113158
开 9:00~16:00 周四~20:00
休 周六、周日、节日

✉ 大市场的集市
　大市场里有奶酪店与卖许多种类郁金香花的花店等，可在这里体会正宗的荷兰风情。

科利・滕・博姆博物馆
住 Barteljorisstr.19
☎ 023-5310823
URL www.conrrietenboom.nl
开 4~10月 10:00~15:30
　11月~次年3月
　11:00~14:30
休 周一、周日、节日
费 免费
　导游讲解需要45分钟~1小时。

弗兰斯・哈尔斯美术馆
住 Groot Heiligland 62
☎ 023-5115775
URL www.franshalsmuseum.nl
开 11:00~17:00
　周日、节日 12:00~17:00
休 周一、1/1、12/25
费 7.50 欧元

藏地，阿姆斯特丹的安妮・弗兰克故居最有名，在哈勒姆保留下来的犹太人隐藏地就不太为人所知了。

　在哈勒姆经营钟表店的荷兰人滕・博姆一家是虔诚的基督徒，通过宗教活动协助地下的抵抗组织，保护犹太人免受纳粹的迫害，而且救过无数的犹太人。但是在1944年的2月28日，滕・博姆一家受到搜查，其家人和到他家拜访的朋友共30多人都被抓走。在集中营失去了父亲卡斯帕与姐姐贝茜，只身一人活下来的科利在战争结束后就开始了写作，通过著书不断控诉战争的残酷与悲惨，宣传信仰的可贵。曾作为秘密住宅的房子，在1988年变成了科利・滕・博姆博物馆，导游向你讲解当时的情景，栩栩如生，就像亲眼所见一样。

哈勒姆

科利・滕・博姆博物馆

弗兰斯・哈尔斯美术馆 Frans Hals Museum　　● Map p.102

　1608年建造的养老院。现在是弗兰斯・哈尔斯美术馆。大门处的浮雕都具有历史感，是很有价值的建筑物。现代风格的馆内，展出了弗兰斯・哈尔斯（Frans Hals）画的集体肖像画和风俗画。由于17世纪的荷兰是新教徒建立的联邦共和国，请画家作画的不是教堂与国王，而是普通市民们。市民们喜欢的画是工会会员的肖像与日常生活中对自己来讲最重要的东西，总之即描绘自己的生活本身。我们看过美术馆里的哈尔斯的8张集体肖像画，就会真切地感受到经济大国的荷兰市民的生活和自负的豪情。

展品中还有曾活跃在这个城市的哈勒姆派的画家们［风景画家拉斯戈尔（Ruisdael）等］的作品，银器的收藏品与1750年制作的木偶之家等。

有咖啡馆，可在此休憩

✉哈勒姆历史博物馆
Haarlem Historisch Museum
弗兰斯·哈尔斯美术馆前曾是幼儿园和孤儿院的建筑物。在博物馆非常容易了解到当时荷兰是印刷业的中心地，且有啤酒工厂、巧克力工厂，这些工厂因采用水上运输而繁荣昌盛。
住 Groot Heiligland 47
费 2 欧元

泰勒美术馆 Teylers Museum ➲ Map p.102

位于大市场的东侧，斯帕尔讷河畔。1778年开馆的荷兰最古老的美术馆。收藏有4000余张素描。其中有伦勃朗和米开朗琪罗的作品。此外自然科学部门的展览如矿物收藏品也是内容丰富。

喜欢自然科学的人很想参观的泰勒美术馆

泰勒美术馆
住 Spaarne 16
☎ 023-5319010
URL www.teylersmuseum.nl(荷兰语)
开 10:00~17:00
周日、节日 12:00~17:00
休 周一、1/1、12/25
费 7 欧元（有特别活动时另行定价）

哈勒姆的酒店

Hotel

哈勒姆只有一家四星级的酒店。经济实惠的住宿很多。在大市场有一家一星级的酒店。

黄金郁金香花园 Golden Tulip Lion d'Or ★★★★ ➲ Map p.102

位于站前广场，去机场的专线巴士也在此停车，旅游景点也在步行范围内。客房空调完备舒适，餐厅和酒吧也很不错。客房带淋浴和厕所。有34间客房。

住 Kruisweg 34 ☎ 023-5321750
FAX 023-5329543
URL www.goldentupliondor.nl
费 ⑤150 欧元 ~ ①170 欧元 ~ 含早餐 税金 2 欧元
CC A.J.M.V.

卡利约 Carillon ★ ➲ Map p.102

位于城市中央的大市场里。早餐为自助餐式。各房间有电视。有直拨电话，也有公用淋浴和厕所的房间。餐厅可以就餐。有20间客房。

住 Grote Markt 27
☎ 023-5310591
FAX 023-5314909
URL www.hotelcarillon.com
费 ⑤45~60 欧元 ①60~80 欧元
CC A.D.J.M.V.

Netherlands

阿尔克马尔

Alkmaar

北荷兰省
Noord-Holland

因为要准备周五早晨的奶酪市场，周四晚上，整个阿尔克马尔都弥漫着一种激动的气氛。露天货摊也陆陆续续开始准备了。住在这里的游客们也成群结队地走在夜晚的大街上。为了每周一次的大舞台，人们都兴高采烈地聚集在一起。周五的10:00开始的奶酪市场上，虽然是从近郊聚集过来的埃丹与豪达的奶酪的竞卖交易会，却完全变成了一次娱乐性演出。

漫步阿尔克马尔

沿车站前的Stationsweg往右走，走到一条大街上之后向左拐，再走200米，就到了Bergerbrug桥。过了桥一直往前走，就能看到右侧的圣劳伦斯教堂。在教堂旁边向右转，沿着Koorstr.走一段，右侧就有一个皮特风车（Molen van Piet）。从教堂沿着Langestr.直走，在右侧就能看到后哥特式的市政厅。位于这条街道的左侧并与之平行的Nieuwesloot街是主要街道，一到举办奶酪市场的日子街道两边就摆满了货摊。再往前走，在Houttil左转，马上就看到有塔的计量所。这里设有 🆅 。从 🆅 背面出去，就是举办奶酪市场的计量所广场（Waagplein）。

ACCESS

在阿姆斯特丹中央车站乘去往登海尔德（Den Helder）的IC约40分钟。

市外长途区号 ☎ 072

旅游咨询中心

🏠 Waagplein 2 ☎ 072-5114284

FAX 072-5117513

URL www.vvvalkmaar.nl

开 10:00~17:30

4~9月的周四~21:00

1/1~4/1 13:00~

周五 9:00~

周六 9:30~17:00

休 周日、节日

酒店的预约手续费3欧元/人。

奶酪市场

预定在4/3~9/4的每个周五10:00~12:30举办。

阿尔克马尔

（地图）
至车站
Geesterweg
Geestersingel
Bergerburg
Nassaulaan
Lindenlaan
Nieuwlander
Noorderkade
Kanaalkade
Nieuwesloot
市立美术馆
Stedelijk Museum
霍夫宛阿尔克马尔
Hof plein
剧场
圣劳伦斯教堂
Grote of St. Laurenskerk
Koorstr.
Langestr.
市政厅
Stadhuis
Heul Laat
Oudegracht
皮特风车
Molen van Piet
Houttil
计量所广场
Waagplein
计量所 Waag
荷兰奶酪博物馆
Wogeweg
Fnidsen
Heul Laat
Bierlaat
N
0 200m

阿尔克马尔的主要景点

圣劳伦斯教堂 Grote of St. Laurenskerk ➜ Map p.104

15世纪末到16世纪初建成的新教教堂。内部有1645年由雅各布·范坎彭设计建造的大管风琴和荷兰最古老的乐器之一的1511年制作的小管风琴。有时会举办管风琴音乐会。

市政厅 Stadhuis ➜ Map p.104

后哥特式样的建筑中展出文艺复兴式样的市长房间，还有独特的木质天花板与古董家具、日本与中国的陶器。很遗憾现在不能参观。

计量所 Waag ➜ Map p.104

原本是14世纪建造的礼拜堂，从1852年起作为计量所使用。这里有荷兰奶酪博物馆（Hollands Kaasmuseum）。按年代顺序展出荷兰制作奶酪和奶油的工具，有奶酪制作过程的幻灯片，商店里还有关于奶酪的书以及奶酪市场上出售的埃丹等地的奶酪。

沉甸甸的奶酪用新奇的搬运方法搬运

左图：装饰豪华的计量所　中图：摆摊卖奶酪的大妈　右图：计量所的风景

阿尔克马尔的酒店

阿尔克马尔的酒店很少，但味道很好的中档餐馆却很多。

斯达德·恩·兰德 Stad en Land ★★★ ➜ Map 范围外

位于车站前的酒店，车站离市中心稍微有点远，先放好行李再出去会方便点。奶酪市场的前一天会很拥挤，最好事先订房。
住 Stationsweg 92-94

运河乘船观光

每隔1小时运行一班。从计量所出发，需要45分钟。但是遇天气不好时会停航。要确认。
☎072-5117750 开11:00～16:00
休11月～次年3月
费5.30欧元

圣劳伦斯教堂
☎072-5140707
URL www.grotekerkalkmaar.nl（荷兰语）
开10:00～17:00（周日12:00～）
休周一、9月～次年6月
费5欧元
管风琴音乐会7/8～8/12的周三20:00～21:30、7/10～8/14的周五12:00～13:00（经常变化，要确认），也举办其他活动。

计量所
奶酪市场开办期间，周五10:40～11:10、11:40～12:00与周四18:30，周五、周六12:00开始有1个小时的音乐钟表演。需确认。

荷兰奶酪博物馆
URL www.kaasmuseum.nl
开10:00～16:00
周五、周六9:00～16:00
休周日、节日、11月～次年3月
费3欧元

阿尔克马尔的餐馆
Hof van Alkmaar
小平台Hof van Sonoy旁的餐馆。
住Hof van Sonoy 1 ➜ Map p.104
☎072-5121222
URL www.hofvanalkmaar.nl
营11:00～24:00 休1/1
服装 整洁潇洒的服装
预 周末最好预约 CC M.V.

Hotel

☎072-5123911 FAX072-5118440
URL www.stadenland.com
费带淋浴和厕所 S57.50欧元
T80欧元 含早餐
CC D.J.M.V.

霍伦

Hoorn

北荷兰省
Noord-Holland

◀■■■ ACCESS ■■■▶

从阿姆斯特丹中央车站乘去往恩克赫伊曾的列车约40分钟。每小时有两班车。

市外长途区号 ☎ 0229

旅游咨询中心
住 VeemarKt 4
☎ 072-5114284（与阿尔克马尔和梅登布利克共用）
FAX 0229-215023
开 9月~次年4月 9:30~17:00
周一 13:00~17:00
5~8月 9:30~18:00

西弗里西亚博物馆

17世纪，荷兰东印度公司(V.O.C.)全盛时期的繁荣港口城市。据说当时许多女性戴着来自爪哇（印度尼西亚）的宝石，走在大街上一展风姿。

有集市的周三，相当热闹的过磅房周围

罗德·斯滕广场（Rode Steen）是该城市的中心广场，从此广场有一条叫 Grote Noord 的大街通向火车站，其方向与港口平行。这条大街是全市最大的商业区。每到周六，这一带就摆满了出售日用品和饮食的货摊。另外，7~8月的每周三举办古董、收藏品等每周不一样的主题市场。街头也飘扬着悠扬的风琴声，节日气氛更加浓厚。车站附近的 Gedempte Turfhaven 一带也有花边的编织表演和传统的集市。

位于罗德·斯滕广场的西弗里西亚博物馆（Westfries Museum），是 17 世纪建造的建筑物，以其正面之华丽、装饰之丰富多彩而著称。展品中有当时闭关锁国时期的日本长崎的画以及与出生于本城、发现了爪哇的探险家库恩（J.P. Coen）有关的航海文献。特别是盛极一时的东印度公司的展品，更是古董爱好者不可不看的。它对面是 1609 年建成的计量所（Waag），现在成为餐厅。

此外，有以欧洲古代的玩具为中心的展示个人收藏品的玩具博物馆（Speelgoed Museum "De Kijkdoos"），对一般大众公开，也非常有趣。虽然是个人住宅改建的小型博物馆，但表现了荷兰人非常喜欢玩具的情感，向喜欢古董的人推荐此馆。本市的其他景点还有 20 世纪博物馆（Museum van de 20ste Eeuw），它是由初建于 1650 年的奶酪仓库改建而成的，馆内展出了有关近代霍伦的社会和风俗习惯的文

左图：港口风情
右图：童心未泯，玩具博物馆

周一 13:00～18:00
周四 19:00～21:00
开馆日和时间时有变更，请确认
休 周日、节日
酒店的预约手续费 2.50 欧元/人。

西弗里西亚博物馆
➡ Map p.106 ☎ 0229-280028
URL www.wfm.nl（荷兰语）
开 11:00～17:00
周六、周日 14:00～17:00
休 周一、1/1、女王日、12/25
费 5 欧元

玩具博物馆
住 Italiaanse Zeedijk 106
➡ Map p.106 ☎ 0229-217589
开 11:00～17:00
休 周一、1/1、女王日、12/25～26
费 3 欧元

20 世纪博物馆
住 Bierkade 4 ➡ Map p.106
☎ 0229-214001
URL www.museumhoom.nl
开 10:00～17:00
周六、周日 12:00～17:00
休 周一、1/1、女王日、12/25
费 4.50 欧元

Column
Netherlands

乘小蒸汽列车和游览船的艾瑟尔湖之旅

花一天时间来游览这里的话就买一张含小蒸汽列车、游览船、恩克赫伊曾的须德海博物馆的套票（Historic Traiangle），30.50 欧元就行了。别的组合门票也有出售，请在车站的 ⓘ 询问。在车站和 ⓘ 都能买票。

小蒸汽列车的乘车处就在车站后面的小站房。另外，小蒸汽列车和游览船内也出售方便饮食。小蒸汽列车和游览船运行时间多的月份是 4～9 月。这以外的时间就只有周末了，这时 1 天的班次会减少。

发车和到达时间的详细信息因时期的不同会有点差异，请到 ⓘ 或下面的网址去确认。
小蒸汽列车信息咨询中心
☎ 0299-214862 URL www.museumstoomtram.nl

小蒸汽列车约有 200 人轮班工作　　小蒸汽列车车站

◀▪▪▪ ACCESS ▪▪▪▶

如要乘火车的话，从霍伦出发约30分钟。从阿姆斯特丹中央车站出发约1小时。

市外长途区号 ☎ 0228

旅游咨询中心

🏠 Tussen Twee Havens 1

☎ 0228-313164

FAX 0228-315531

开 9:00~17:00 10月中旬~次年3月

9:00~13:00 13:00~17:00

周一 13:00~17:00

周六 10:00~15:00

休 周日、周一、1/1、12/25~26

酒店的预约手续费2.50欧元/人。

室内博物馆

☎ 0228-351111

URL www.zuiderzeemuseum. nl(荷兰语) 开 10:00~17:00

休 周一、冬季，需确认

费 1/5~2/1 10欧元、3/22~10/25 13欧元（含露天博物馆的门票）2/2~3/21 5欧元（只包括室内博物馆）

露天博物馆

开 10:00~17:00 休 要确认

费 与室内博物馆相同

西教堂前的民族舞蹈

◀▪▪▪ ACCESS ▪▪▪▶

从霍伦的铁路车站乘小蒸汽列车约1小时。

市外长途区号 ☎ 0227

旅游咨询中心

🏠 Kaasmarket 1

☎ 072-5114284（与阿尔克马尔、霍伦共用）开 11:00~16:00

休 周日、11月~次年3月

※开馆的日期与时间可能会变动，需要确认。

恩克赫伊曾
Enkhuizen

 北荷兰省
Noord-Holland

现在虽然是相当寂静的港口城市，但是却有悠久的历史，原来前往日本长崎的帆船也是从这里起航的。曾是富商聚集的城市恩克赫伊曾的市徽是3条鲱鱼。

火车站前有 ⓥ 和开往梅登布利克的轮船的码头。在 ⓥ 拿到地图后，沿着站前的港口往东步行过去，有16世纪的要塞罗默达利斯塔（Dromedaris），这个塔如今变成了餐厅。从这里望出去景色非常的迷人。当然，不仅能眺望城市与港口，连艾瑟尔湖的对岸的弗里斯兰也尽收眼底。塔前有一座白色的吊桥是绝好的拍摄背景，过桥再走50米，右侧是一座小建筑物，它是漂瓶船博物馆（Flessenscheepjesmuseum）。从这里沿着Breed str.一直往前走400米左右，往右拐跨过吊桥，就看见荷兰东印度公司（V.O.C.）的旧仓库。现在它是室内博物馆（Binnenmuseum）。在这里能看到须德海上的渔船和捕鲸相关的展示。然后背对室内博物馆往左侧前进，就会看到露天博物馆（Buitenmuseum），该馆实为建在海边的一个村庄，村内有点心铺、教堂、有关渔业的展览馆等，共有130多处老住宅和商店。室内博物馆和露天博物馆总称为须德海博物馆（Zuiderzeemuseum）。另外，该市的奶酪广场（Kaasmarkt）上有奶酪计量所。从此处到西教堂之间有一条Promenade街，该街上每逢周三举办集市。7月下旬~8月下旬每周四在Deweststr.举办庆典。

🚆 短途旅行

梅登布利克 Medemblik ⊙ Map p.93

梅登布利克是个小城，城中有过去弗里斯兰国王的拉德鲍德城堡（Kasteel Radboud）。可以看到从霍伦开往梅登布利克城的小蒸汽列车在绿色的田野上缓缓前行。下了火车顺着站前的林荫道一直往前走，跨过桥左转就到城堡了，步行需10分钟左右。其他景点还有站前的面包博物馆（Bakkerij Museum）。在此可了解从古到今的面包的历史。

泰瑟尔
Texel

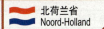

北荷兰省
Noord-Holland

泰瑟尔岛又叫泰克瑟尔岛，长24公里，宽9公里，被北海与瓦登海包围，从北荷兰省的港口城市登海尔德乘轮渡约20分钟到达该岛。该岛人口约1.3万人。主要以养羊等畜牧业、渔业和旅游业为经济支柱。20世纪中期以来，作为新的旅游地而引人注目。特别是夏季吸引了包括大多数外国人在内的度假客和洗海水浴的人们，很是热闹。主要村庄绕上一圈约70公里，租辆自行车环游，看一看教堂，逛一逛牧场，实在是愉快极了。

漫步泰瑟尔

泰瑟尔由登霍伦、登堡、德科赫、德科斯多普、奥斯特伦德、德瓦尔、奥德斯希尔德7个村庄组成。从轮渡码头乘巴士10分钟左右就可到达最大的村庄——登堡。🅥 就在村的入口处，有事可找它。

泰瑟尔是个小岛，如果乘码头发车的数班巴士，一天就可以环游该岛。但是，好不容易来到这里，最好还是在这里住上一晚，租上一辆自行车慢慢地沿着平坦道路环游小岛吧。租车行在岛内主要的村里都有。在租车行或🅥 都

去泰瑟尔岛的轮渡

能买到自行车线路图。🅥 还可以给你找酒店，并提供公共汽车时刻表。但是，在夏季岛上的酒店都可能满员，上岛之前最好订好房间。

泰瑟尔的主要景点

登堡 Den Burg	➡ Map p.110

登堡是岛内最大的村庄。在村中心到夫尔内广场（De Groeneplaats）有现代式样的村政府。每逢周一上午，村政府前面都举办集市。每年9月的第一个周一举办泰瑟尔的羊品评会。广场旁的宾嫩堡（Binnenburg）有一座新教教堂

◀◀▮▮ ACCESS ▮▮▶▶

从阿姆斯特丹中央车站出发到登海尔德站乘IC约1小时15分钟（由于去登海尔德的车在途中可能会被分开，最好乘坐前面的车厢）。列车1小时两班。从登海尔德到轮渡码头，乘站前开往Connexxion的33路巴士到终点，约7分钟，2公里的距离。轮渡从6:00到21:00每小时一班。20分钟到达泰瑟尔一侧的霍伦轮渡码头（'t Horntje）。从码头到村庄与旅游点使用巴士连接。

轮渡：Teso-bootdienst 公司
☎ 0222-369600 🔗 www.teso.nl
市外长途区号 ☎ 0222

旅游咨询中心
🏠 Emmalaan 66 ☎ 0222-314741
📠 0222-310054
🔗 www.texel.net
🕐 9:00~17:30
　　周六　9:00~17:00
🚫 周日、节日
酒店的预约手续费5欧元。

泰瑟尔的酒店
在度假地只有住3~8天的小木屋和野营地，设施完善的度假酒店与经济实惠的小酒店也有几家。在岛上从德国来的度假客很多，夏季的酒店基本满员。

✉ **3月份清静悠闲**
与旅游者多的夏季简直不一样，相当的清静。因是羊的产仔季节，到处都能看到很小的羔羊。我还抱过刚刚出生的小羊羔。

登堡
从码头乘26、28、29路（夏季230路也运行）巴士约10分钟。到登堡的埃莱默特（Elemert）下车。

教堂的塔
🕐 周一、周三 10:00~13:00
🚫 10月下旬~复活节前
💰 0.50 欧元（预订）
※经常变化，需确认。

（Hervormdekerk），原本是15世纪建成的罗马教堂，后哥特式建筑。可以登上教堂的塔参观。

德科赫 De koog

德科赫的名字起源要追溯到14世纪，它本是一个小渔村，到了20世纪后期发展成为面向北海的大型度假村。拥有海水浴场、度假小屋、野营基地、酒店，还有海鲜类餐馆、网球场、回力球场、保龄球场、迪斯科舞厅等。村子本身很小，步行就可以逛遍。多普街（Dorpsstr.）是村子的中心街道。这条街上的早点铺8:00就营业了，晚上直到深夜都很热闹，街上有白色的教堂和中国菜餐馆。从村子外面的沙丘上可以观赏到北海夕阳的美景。

此外，从这里乘巴士行8分钟，就到达叫做埃科马雷（Eco Mare）的以自然环境为主题的博物馆。这里除了饲养着25头海豹外，同时还要暂时保护在北海和瓦登海里生病的或与它们的父母走散了的海豹。海豹妈妈教生下来的小海豹游泳时那么的温柔，每天11:00和15:00吃饭时的样子又是那么可爱，不能不引起人们对它的关注。

奥德斯希尔德 Oudeschild

Map p.110

17世纪初就有了面向瓦登海的古老渔村。18、19世纪因出产牡蛎而繁荣。现在仍然渔业发达，并且进一步大力发展旅游业。可以乘坐传统的10人座的环游帆船去海上游弋。村里还有由原来港口仓库改建的海鲜餐馆，使游客能领略到古老海港的风情。在18世纪的仓库和19世纪加工海草小房的基础上建起了海洋博物馆（Maritiem en Jutters Museum）。该馆除展出航海图、船的模型、救援活动等资料外，还展示收集的各种各样的海上漂浮物，很引人注目。

上图：骑自行车在大自然中飞驰，其乐无穷　下图：田野上不时会看到羊群

德科赫

从登堡乘28路巴士约15分钟，27路巴士约10分钟，在德科赫的尼卡德尔（Nikadel）下车。

埃科马雷

住 Ruyslaan 92　Map p.110
☎ 0222-317741
URL www.ecomare.nl
开 9:00~17:00
休 1/1、12/25
费 8.50欧元

乘从德科赫到登堡的28路巴士约8分钟，或乘从登堡到德科赫的28路巴士约10分钟。在埃科马雷下车。注意：这趟班车只在夏季运行。

海洋博物馆

住 Barentszstr. 21
☎ 0222-314956
URL www.texelsmaritiem.nl
开 10:00~17:00
休 周一（7、8月除外）
费 5.50欧元

泰瑟尔

0　　　5km

灯塔
雷丁斯博特
Reddingsboot
德科多普
De Cocksdorp

德科赫
De Koog

埃科马雷
Eco Mare

奥斯特伦德
Oosterend

德瓦尔
De Waal

登堡
Den Burg

奥德斯希尔德
Oudeschild

登霍伦
Den Hoorn

轮渡码头
't Horntje

N

↓ 至登海尔德

110

默伊登
Muiden

北荷兰省
Noord-Holland

默伊登城堡

默伊登位于阿姆斯特丹以东约 13 公里处，是面向霍伊湖（Gooimeer），有游艇码头的小村庄。

村里有 13 世纪初期建造的默伊登城堡。就像中世纪的童话世界里面出现的城堡一样。有 4 座尖尖的塔楼，并且沿着河畔筑起坚固城墙。该城堡曾有一段阴暗的历史——建成后，弗洛里斯五世伯爵在城堡里被暗杀。但到了 17 世纪，诗人霍夫特（P.C. Hooft）在这里举办文学家与音乐家们的艺术沙龙，进行艺术活动。城堡现在成为了博物馆（Rijksmuseum Muiderslot），保留了霍夫特（P.C. Hooft）时代的家具和厨房，很值得一看。城堡中有半地下咖啡馆，以石板铺路，白漆涂壁，虽白昼亦幽暗，气氛极浪漫。外面是从 17 世纪就建造的药草园和环绕城堡的小径。此外还可看到河上开闭闸门让游艇进出和吊桥被拉起来时的情景。

◀ ▰▰▰ ACCESS ▰▰▰ ▶

从阿姆斯特丹中央车站乘地铁到阿姆斯特尔（Amstel）站，在阿姆斯特尔站的巴士站出发乘 Connexxion 的巴士，101、157、152（去往 Almere 方向）路巴士约 25 分钟，约一小时一班。在巴士站 Amsterdamse Poortburg 下车。步行约 10 分钟。下车处有去城堡的指路牌。详细情况需要确认。
市外长途区号 ☎ 0294

默伊登城堡
休 Herngracht 1
☎ 0294-261325
URL www.muiderslot.nl（荷兰语）
开 4～10 月 10:00～16:00
周六、周日、节日 12:00～18:00
11 月～次年 3 月 12:00～17:00
休 1/1、12/25、11 月～次年 3 月的周一～周五
费 11 月～次年 3 月 7.25 欧元，4～10 月 11 欧元

城堡中由导游带领参观。需要 50 分钟。注意：最后出发时间是闭馆前 1 小时，这以后不可以进入城堡。参观结束会有很多游客给导游支付小费。城堡内禁止拍照和摄影。

Column
Netherlands

荷兰人不外出吃饭吗

欧洲各国的人常常嘲笑对方国家的缺点并以此取乐。比如说意大利人是糊涂虫，法国人花心好色，英国人吃得太马虎，没有比德国人更不懂幽默的人了等。那么对荷兰人都说了些什么呢？这就是"吝啬，小气"了。的确，荷兰人都很省约，花钱时连几分几厘都要考虑。奢侈就是大敌，是万万不可的，是犯罪。即使非常非常有钱，生活也需要节俭。当然外出吃饭的机会自然就不多了。因有不带小孩子们去餐馆的习惯，所以像家庭餐馆那样的地方肯定是没有了（麦当劳是快餐，因此荷兰人不把它当餐馆）。

重视家庭是荷兰人的国民性，所以，每天晚餐时间（18:00～18:30）肯定是全家围在餐桌旁吃饭。在传统的家庭，加入黄油的煮土豆，蒸了 4～5 小时的牛肉（好吃哦）和煮的一种蔬菜（煮得过头了）就是他们每天的菜谱。每天改变的仅是蔬菜的品种，好像荷兰人认为对于吃过于讲究是种罪过。

但是随着女性进入社会，双职工家庭和不打算结婚而享受单身贵族生活的人的增加，这种现象正在发生变化。再加上荷兰政府非常热心接收难民，于是荷兰的餐馆越来越多样化，像越南菜、哥伦比亚菜、库尔德菜等。混在荷兰的雅皮士中，一起去探索阿姆斯特丹的各国风味的餐馆，也许是件很潇洒的乐事。

◀■■■ ACCESS ■■■▶

从阿姆斯特丹中央车站乘地铁到阿姆斯特尔松约10分钟，然后换乘136路巴士，约50分钟。此外，从阿姆斯特丹中央车站乘去往阿默斯福特（Amersfoort）的列车约20分钟，在Naarden-Bussum站下车。步行约15分钟。

市外长途区号 ☎ 035

旅游咨询中心
🏠 Adriaan Dortsmanplein 1-B
☎ 035-6942836 FAX 035-6943424
URL www.vvvnaarden.nl
🕐 5/1~9/13
周一～周五 11:00~15:00
周六 10:00~14:00
9/14~4/30仅周六 10:00~14:00
休 节日、周日(5/1~9/13)，周一～周五、周日(9/14~次年4/30)
※冬季在 Hilversum 的 ℹ️ 咨询。
☎ 035-6292810

城堡博物馆
🏠 Westwalstraat 6
☎ 035-6945459
URL www.vestingmuseum.nl
🕐 3/16~10/31 10:30~17:00
（周末开馆时间要确认）
11/1~次年 3/15仅周日 12:00~17:00
休 周一、1/1、12/25、12/31、11/1~次年3/15的周日以外
费 5.50 欧元

夸美纽斯博物馆
🏠 Kloosterstraat 33
☎ 035-6943045
URL www.comeniusmuseum.nl
🕐 周二～周日 12:00~17:00
（开馆时间有时会变更）
休 周一、1/1、4/30、12/25、12/31 费 3.50 欧元

整个城市绿树成荫

纳尔登
Naarden

北荷兰省
Noord-Holland

纳尔登位于阿姆斯特丹东南约20公里处，有全欧洲修复得最好的历史名城之美誉的阿默斯福特，并在1990年获得欧洲诺斯特拉奖。这个城市在12世纪的时候曾被洪水吞没

从城堡外侧远眺

过。17世纪时，人们在低湿地带建起了像函馆（日本北海道的一个城市）的五角形的城堡城市。这种样式的城市在荷兰虽然很多，但由6个五角形的建筑组成的大城堡，从历史规模、景点之多来看，都是无与伦比的。城堡原来的炮台与周围环绕的战壕组合在一起，可以称得上是固若金汤。这个堡垒仅有2次被攻破，那是在拿破仑战争时期。现在，有炮台的那个碉堡成了荷兰城堡博物馆（Netherlands Vestingmuseum）。展示了城市的历史和士兵们过去的生活情景。它对角的碉堡，则是曾在阿姆斯特丹居住并留下许多著作的夸美纽斯博物馆（Comeniusmuseum）。展出关于夸美纽斯的文献等。夸美纽斯既是哲学家又是教育家，他出生于捷克，这里就成了捷克知识分子的瞻仰之地。

这座古城堡城市，是只有纵横三四条街道的小城镇。以有高45米的大钟楼的教堂为中心，环绕全城也就1小时左右。城中有文艺复兴时期样式的市政厅，有些历史渊源的咖啡馆与保留了昔日风貌的小住宅等，悠闲漫步于城中，可以体会不少乐趣。该城还有许多古董店，简直就像回到了17世纪的小镇。另外，建议去看看由17世纪的武器弹药库改建的"武器库"（The Former Great Arsenal）。仓库内部是回廊式的，有设计师开设的家具店，宽敞的里院是咖啡馆，外面还有剧场和餐馆。周围室内装饰品相关店较多，据说阿姆斯特丹人专门跑来逛商店，可是什么也不买。

武器库里有设计师开的商店

Netherlands

南荷兰省

阿姆斯特丹

鹿特丹

Rotterdam

 南荷兰省
Zuid-Holland

鹿特丹是荷兰的第二大城市，是在莱茵河与两条支流——马斯河和斯海尔特河的北海入海口处的三角洲上发展起来的，是荷兰最大的工业城市。

鹿特丹引人注意的是，它与荷兰其他城市相比现代建筑明显较多。据说为了复兴在第二次世界大战中被炮火彻底破坏的鹿特丹，市政府和市民们齐心协力推进了城市的重建。于是一座新的具有古今风貌相结合特点的鹿特丹诞生了——它既有像代尔夫斯港地区这样完全按"过去的美好时代"的市容重建，保留了中世纪时期的风貌的地区，又有现代城市的风姿。鹿特丹人之所以自豪地说"一个城市，两个世界"其原因就在于此。总之，由于市民们呕心沥血的劳动，才造就了鹿特丹在荷兰首屈一指的繁荣昌盛，其他城市的人们也常拿他们的辛勤劳动来开玩笑，"在鹿特丹买衬衫，发现他们已把你衬衫的袖子卷起来了"。还有，"与鹿特丹人握手，感觉就像跟发动机在握手"。鹿特丹人也许就是工作狂。

漫步鹿特丹

鹿特丹中央车站正在施工中。站内有铁路咨询处、投币寄存柜，站前有外币兑换处等。由于站前正在进行改建工程，稍有点混乱，车站的正面，有轨电车车站的前面有市内交通 RET 的咨询处，在那里可以领取地铁和有轨电车的线

◀▮▮▮ ACCESS ▮▮▮▶

从阿姆斯特丹中央车站坐车约 1 小时 10 分钟到达鹿特丹中央车站。从海牙到鹿特丹需 25 分钟。

市外长途区号 ☎010

旅游咨询中心

● VV Rotterdam Store
（霍夫广场前）

住 Coolsingel 5 ➡Map p.117-1

☎ 0900-4034065(付费)

FAX 010-2710128

URL www.vvvrotterdam.nl

开 9:00~17:30（周五 ~21:00)
周日 10:00~17:00

休 1/1、12/25~26

M Stadhuis

T 乘 20、21、23 路在 Stadhuis 下车。酒店的预约是免费的

● VV Rotterdam INfo Cafe
（车站前）

住 Stationplein 45

➡ Map p.117-1

☎ 0900-4034065(付费)

URL www.vvvrotterdam.nl

开 9:00~17:30
周日 10:00~17:00

休 1/1、12/25~26

关于实行 OV IC 充值卡

荷兰现在的公共交通（铁路、巴士、地铁、有轨电车）正在加紧推广使用共通的乘车券"OV IC 卡"。鹿特丹地区在全国处于领先地位，已全部开始使用 OV IC 卡。有轨电车、巴士目前虽然仍同时可以使用回数券，2009 年 1 月以后，鹿特丹

鹿特丹旧港

路图。鹿特丹市内的地铁、有轨电车、巴士的车票可以在地铁站内的自动售票机上购买。此外，站前还有小型的。

　　沿站前的街道一直往前走去，杜伦音乐厅的路口往左拐，右侧有一个巨大的帕特电影院（Pathé Cinema）。继续一直往前走，途中横穿过莱班商业街，就到了市政厅（Stadhuis）前面的广场。从市政厅向左行，在希尔顿酒店的拐角处有一个。喜欢听音乐或去夜总会娱乐的人可在要一份有剧院和电影院节目安排的小册子。在也有剧场门票的预约柜台。

　　沿市政厅前的库尔辛厄尔街（Coolsingel）再往南前进就是现代的证券交易所（Beurs World Trade Center）。从证券交易所到圣劳伦斯教堂周围以及Beursplein、Beurstraverse附近是鹿特丹最大最繁华的购物街。

的地铁就只能使用OV IC卡乘车了。旅游者可以购买不输入个人信息的"匿名OV IC卡"（Anonieme OVchipkaart），或者使用期间受限定的"用完扔掉的OV IV卡"（Wegwerp OVchipkaart）。详细情况请向车站工作人员询问。
URL www.ov-chipkaart.nl
关于荷兰足球
　　去费耶诺德足球俱乐部的主场De Kuip球场的交通指南见→ p.446。
乘新马斯河游艇去金德代克
　　从鹿特丹开往金德代克的游船叫做Boompjeskade。从→Map p.115-B的乘船处出发。需要约3小时的时间。花1个多小时漫游金德代克很有

乐趣。车票在 🎫 或乘船处购买。在下面的网页也可预订。最低的组团人数 20 人。

咨询：Rebus

☎ 010-2183131/06-55826463

🔗 www.rebus-info.nl

🗓 4/4~10/4 10:45、14:15

休 周一 费 13.50 欧元

※冬季只有周六、周日的团队游。详细情况需要确认。

鹿特丹的娱乐活动

　　古典音乐厅、剧场、电影院很多，有多个放映厅上演电影的帕特电影院（Pathé Cinema）。➡ Map p.117-1。有兴趣的人可去 🎫 了解信息。

帕特电影院

杜伦音乐厅

住 Schouwburgplein 50

☎ 010-2171717

🔗 www.dedoelen.nl（荷兰语）

　　从中央车站出发步行 3 分钟。

✉ **乘水上巴士去金德代克**

　　在鹿特丹市中心偏南的 Erasmusbrug 的斯皮德始发站的旁边，有一个去金德代克的叫 Waterbus 的轮船，每 30 分钟一班。中途在 Riddwekerk 换乘更小的船，共需约 1 小时，往返 7 欧元。在金德代克下船，步行约 10 分钟就到了有风车的地方。中途如果租辆自行车，就有充足的时间观光了。

热闹的莱班商业街

鹿特丹市政厅

　　沿库尔辛厄尔街（Coolsingel）再向南走就到了丘吉尔广场（Churchillplein）。穿过广场左侧就是海洋博物馆。博物馆旁小广场上有一座《失去心脏的男人》的雕像。它象征着受纳粹轰炸遭到极大破坏的鹿特丹。从丘吉尔广场往西南方向去，就到了博伊曼斯·范伯宁恩美术馆。再往东走的话，就到了现代建筑云集的布拉克（Blaak）。

　　此外，要去"欧洲之桅"塔、代尔夫斯港地区、鹿特丹港的环游游船乘船处等地乘坐地铁和有轨电车非常方便。

🏛 鹿特丹的主要景点

杜伦音乐厅 De Doelen　　　➡ Map p.117-1

杜伦音乐厅的入口

　　这里与其说是观光点，不如说是听音乐点。1966 年建成的现代音乐厅由大、中、小 10 个厅组成。用于音乐会、独唱会及会议，是鹿特丹爱乐乐团的根据地，是鹿特丹人引以为豪的音乐会会场。这里不时举办各种公演，游客可以到了当地再去确认。

莱班商业街 Lijnbaan　　　➡ Map p.117-1

　　莱班商业街位于鹿特丹市中心。之所以会成为一处景点，是因为它是全球第一个步行者的天堂。并不是像其他国家的步行街那样将街道封闭，不准汽车等进入，而是在最初设计阶段就没有供汽车行驶的道路。

　　据说 17~18 世纪的大航海时期，制造用于帆船的缆绳的生产者们，利用这个街道来拉伸缆绳，为出航做准备。直到现在，街道上都种满绿树，摆满鲜花，到处都有摆满桌子和椅子的漂亮雅致的露天咖啡馆。这里成了市民休憩的好场所。

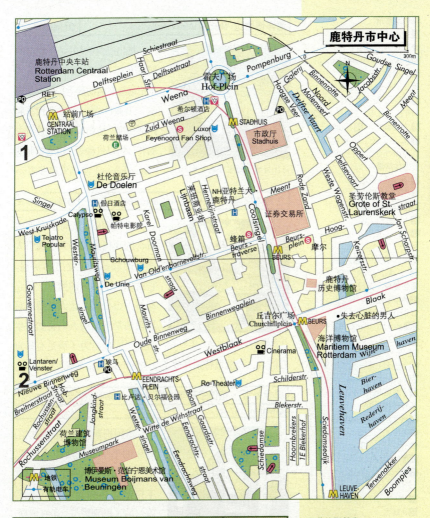

南荷兰省

鹿特丹

圣劳伦斯教堂 Grote of St. Laurenskerk

→ Map p.117-1

圣劳伦斯教堂

14 世纪开始建设，1646 年完成的哥特式教堂。虽然在第二次世界大战中被破坏，以后重新修复成为现在的模样。在里面有 1973 年制造的红色与金色相间的巨大的风琴。每逢周六（仅在 4 月下旬~10 月上旬，12:30 和 14:00 两次），可由导游带领登上钟楼。

圣劳伦斯教堂

住 Grotekerkplein 27
☎ 010-4131494
URL www.laurenskerkrotterdam.nl
（荷兰语）
开 10:00~16:00
1、2 月只有周二、周六开放
休 周日、周一、节日、举办活动时
费 免费。登钟楼 2.50 欧元
M Blaak
T 乘 21 路在 Blaak 下车

117

海洋博物馆 Maritiem Museum Rotterdam　➡ Map p.117-2

海洋博物馆的室外也有展品

展出以荷兰为中心的欧洲的航海历史。这里展示的亮点是19世纪赫赫有名的荷兰军舰"布菲尔"（Buffel）号。可以进到军舰内部参观。博物馆前还摆放着古船和灯塔以供参观。沿着勒弗港（Leuvehaven）漫步乐趣多多。

立方体房屋 De kijk-Kubus/Het Blasskse Bos　➡ Map p.115-B

符合鹿特丹风格的现代建筑

地铁 Blaak 站周围有许多新奇的现代建筑。其中最引人注目的就是这个立方体房屋。它就像一个斜放的魔方，但它却是一个公寓。让人觉得不可思议的是里面的人们将如何生活呢？因此，为了满足有好奇心的人，公寓里特别开放了一个房间供大家参观。

博伊曼斯·范伯宁恩美术馆 Museum Boijmans van Beuningen
➡ Map p. 117-2

继阿姆斯特丹国家博物馆，海牙的毛里茨豪斯美术馆后，又一个荷兰有代表性的美术馆。本馆最著名的是彼得·勃鲁盖尔的《巴别塔》，还有博斯、凡·爱克、伦勃朗、凡·高等荷兰画家的作品。

此外还有马格里特、德尔沃、达利等现代作家的作品。本馆收藏品范围广泛，除绘画外还有雕刻、玻璃器具等。这里有一家舒适的咖啡馆，可以稍微吃点点心。

这一带还有以举办企划展览为主的鹿特丹美术馆（Kunsthal Rotterdam）与自然博物馆（Natuurhistorisch Museum），从而就形成了博物馆公园。

"欧洲之桅" 塔 Euromast

➲ Map p.115-A

现代建筑众多的鹿特丹另外一个引人注目的就是高达185米的"欧洲之桅"塔。塔的中部是高100米的观景餐厅和豪华酒店。从远处看就像一个鸟巢，因此被称为"Crow's Nest"。可以在这个餐厅一边吃饭一边观赏下面一队队来来往往的船只以及鹿特丹的市貌。

游客们可乘坐被称为"欧洲探险"的玻璃电梯，绕塔旋转而上，直到塔的顶部。眼前360度的全景画面是无与伦比的壮观，不过有恐高症的人最好不要去冒险了。

鹿特丹港

来到世界上最大的港口城市，何不乘上观光游艇，围着港口转上一圈呢？从中央车站乘有轨电车行驶2公里到达Willemsplein。在这里下车就已到了河边。这里就是斯皮

"欧洲之桅"塔
🏠 Parkhaven 20
☎ 010-4364811
URL www.euromast.nl
开 4~9月 9:30~23:00
　 10月~次年 3月10:00~23:00
休 无　费 8.30 欧元
M Dijkzigt
T 8路在 Euromast 下车

关于鹿特丹的治安

　听说地铁里小偷横行，最好避免晚间到达。如果在地铁里，有人虽然看到别的座位空着却不坐，反而过来坐在你的身旁的话，请赶快转移座位。要时刻提高警惕，做到自己保护自己。

斯皮德 (Spido)
🏠 Willemsplein 85
☎ 010-2759988
URL www.spido.nl
营 时间表根据季节有所不同。在 🛈 或网页上确认
费 9.50 欧元（港口巡游）

Column
Netherlands

流行时尚的建筑设计

施罗德住宅

　要列举出对荷兰的建筑设计给予极大影响的人，首先当属赫里特·托马斯·里特韦尔(1888~1964)。他因设计建造了被列为世界遗产的乌得勒支的施罗德住宅而一举成名。其他还有不使用一点曲线的"红和蓝的椅子"，晚年的作品就是设计了阿姆斯特丹国家凡·高美术馆。

　里特韦尔属于对德国巴乌豪斯运动给予很大影响的"流行派"。描绘几何抽象画的荷兰画家皮特·蒙德里安和范·托斯布尔弗两人创办了《风格派》这本前卫艺术杂志后，这个派别开始兴起。以红、蓝、黄三色为基调，白色、灰色、黑色点缀在其中以配色，采用几何学原理来进行造型的"风格派"活动，在全球都掀起了巨大的浪潮。在这片历史的土壤上产生的流行设计的特点，就是先分解，在合理原则的基础上再组合起来。即使看起来简单的东西，但具有超出想象的功能性却很多，说明白点也就是表现了"实用，简单，直接，电气化，幽默"这些理念。有不计其数的荷兰艺术家和设计师活跃在世界的大舞台上，最近吸引了无数关注的目光。特别是从荷兰独特的自由开放的环境中产生出来的家具及家用装饰品的现代时尚气息，的确很值得一看。关于现代设计、现代的荷兰人设计师与商店的介绍，还有设计师的作品，可以参见下面的荷兰政府旅游局的网页：
URL www.holland.or.jp/nbt/holland_feature_articles_2002.10.htm

🚊 7 路在 Willemsplein 下车

历史博物馆
🏠 Voorhaven 12
➡ Map p.115-A
☎ 010-4761533
URL www.hmr.rotterdam.nl
（荷兰语）
🕐 11:00~17:00
❌ 周一、1/1、女王日、12/25
💰 3 欧元
M Delfshaven
🚊 8 路在 Spanjaardstraat 下车

去斯希丹（Schiedam）看风车吧

有世界上最高的风车，保留有 5 座风车，称为 DeNieuwe Palmboom 的风车成了博物馆。如果乘火车去，从鹿特丹出发只有一站。如从鹿特丹旅游咨询中心出发的话，就乘有轨电车 21 路，23 路在地铁站处。

◀■■■ **ACCESS** ■■■▶

从鹿特丹中央车站乘地铁在 Zuidplein 下车。然后换乘去 Utrecht 的 90 路巴士，需约 1 小时，每小时一班。此外从鹿特丹中央车站乘去鹿特丹·罗姆巴德恩（Rotterdam Lombardijen）的列车。然后乘90 路巴士（和从 Zuidplein 来的是同一路巴士）约 45 分钟。

参观风车 Bezoekmolen 的内部
🕐 9:30~17:30
11 月~次年 3 月中旬的周六、周日为 11:00~16:00
❌ 11 月~次年 3 月中旬的周一~周五
💰 3.50 欧元

在金德代克城下车，步行约 15 分钟。

✉ **倒置的风车很有趣**

在金德代克，乘运河游船观赏有传统风格的风车。一眼就看到水面上倒映着的

在斯皮德始发站体验港口巡游

德（Spido）始发站的白色双层船的乘船处。

上船之后，就要在来自世界各地的大大小小的货船之间穿行。约 1 小时 15 分钟后，返回原乘船处。另外还有去往欧洲、金德代克、三角洲（不可以下船）等的游轮旅游团。

代尔夫斯港 Delfshaven   ➡ Map p.115-A

在现代城市鹿特丹中还保留有 17 世纪风貌的，那就是代尔夫斯港了。古董店、艺术画廊、合金制品的工艺品店一家连着一家，一点也想不到是重

很好的漫游地代尔夫斯港

建的，仿佛我们又回到了荷兰美好的往昔。特别是 Voorhaven 街道两旁，有老教堂、吊桥、风车等，可以静静地漫步其中。

沿运河建起的称为双棕榈（De Dubbelde Palmboom）的仓库，变成了历史博物馆 (Historisch Museum)，它给我们讲述了这个城市的变迁。用版画和照片再现了鹿特丹的历史，如果你要了解鹿特丹人与马斯河作斗争并征服它的历程，最好去看看吧。

🔴 短途旅行

金德代克 Kinderdijk

在鹿特丹东南方 10 公里处的金德代克郊外，保留着 19 座在 1740 年左右建造的风车。虽说荷兰风车很有名，但像这样一个地方并排着如此之多的风车，恐怕只有金德代克才有了。

在 3 月中旬~10 月，可参观其中之一的风车的内部，这是一个参观设计独具匠心的风车的绝好机会。风车一般

是不转动的，但在5月的第二个周六与7、8月的每个周六的午后（13:00~17:30）19座风车会一起旋转，其气势颇为壮观。风车都是沿运河而建，4~9月环绕运河的船也要运行，风车，运河就像一面镜子，可以清清楚楚地看见风车的倒影，是非常漂亮的"倒置风车"。虽然稍有点逆光，但拍摄照片完全不成问题。

风车的故事

一提起荷兰首先想到的一定是郁金香和风车了。再有就是木靴、奶酪、运河、安妮·弗兰克、凡·高和伦勃朗，还有长崎的出岛。如果能说出这些，可以说你就是荷兰通了。除了出岛，荷兰将其中几项作为代表性的旅游资源而大力开发和利用。其中风车是讲到荷兰风情时绝对不可缺少的，它是荷兰的象征。实际上，凡是到荷兰旅游的人，站在风车前，无不睁大眼睛为其宏伟壮观而赞叹。一般风车就只有相当于民房3~4层楼高，有的大型风车竟有5~6层楼高。

如今，人们几乎不使用风车了，那么当初是因何种目的建造起风车的呢？首先，是用来磨面粉的。风将风车的叶片吹起来产生旋转能量，然后使石磨运转，用磨碾出来的面粉做成面包。

风车有各种不同的作用，参观风车的内部也很有意思

利用风力来磨面粉到底有多大的能力呢？通过调查，一台风车磨的面可供2000人食用。这样来看，不管一个小村庄如何，像阿姆斯特丹这样的城市，按当时的人口来计算，从附近的农村购买面粉的话，需要数十座这样的风车。

事实上，尽管数字不是那么准确，在阿姆斯特丹肯定是有许许多多的风车。从18~19世纪时期的城市和乡村的俯瞰图来看，就详细地描绘了这一点。图中显示，虽然现在基本上没有了，但是在古代，村庄周围都是风车，也就是说城墙上都是并排的风车。据说19世纪是利用风车最多的时期。全国大概有9000座风车。说得夸张点，可谓风车林立。在18~19世纪的风景画中，风车常常出现在画里。

当然，不是所有的风车都是用来磨面粉的。排水用的风车比起磨面粉的风车更为荷兰的建设作出了巨大的贡献。在海拔0米以下土地占全国土地面积的1/4的荷兰，人们常常在与洪水的战斗中生活。要想摆脱洪水的威胁，就必须将涌进的水排出去。因此，就将它托付给了从北海吹过来的无限风能。荷兰人不断地狠下工夫，久而久之，就造出了排水用的风车了。这种风车用水车代替石碾旋转，或者使用阿尔希梅德斯设计的螺旋状的扬水机，将水源源不断地抽到堤坝外面。根据古老的记录，1608年到1612年，26座风车昼夜不停连续排水，终于将阿姆斯特丹以北30公里的贝姆斯特（Beemster）地区的湖水排干拓为陆地。

19世纪后期，由于蒸汽机的发明，风车很快就消退了。在国民中要保护风车的呼声也高涨起来，也得到国家的支持，从而诞生了保护风车的协会。有一段时期，那些坚决要保护古老风车的人被认为是跟不上时代进步的顽固分子。现在，荷兰保存的950座风车已成为重要的文化遗产而受到保护。风车作为荷兰的象征虽然数量大大减少，但至今仍然屹立在荷兰的城镇乡村。

除莱顿和赞西斯康斯、阿姆斯特丹郊外，荷兰各地都可看见风车。

在 1997 年被联合国认定为世界文化遗产的金德代克的风车

德·摩冷霍克
De Molenhoek
住 Nederwaard 1a, Kinderdijk
☎ 078-6912755
赏 9:30~18:00
休 10 月~次年 3 月
　　出售绘画明信片与土特产品。也有咖啡馆、厕所（付费），从巴士车站往回走，有几家餐馆。

可以坐在船上慢悠悠地观赏风车，也是一件乐事。河岸上男女老幼都垂着钓丝，荷兰人都是钓鱼爱好者，而且钓鱼时都自带盒饭。要在这里从容地游览金德代克的人，最好也自带食物吧。运河入口处有一家咖啡馆——德·摩冷霍克（De Molenhoek）。

沿河能看见船只

Shop

🛍️ 鹿特丹的商店

　　逛街购物就去在阿姆斯特丹也有的荷兰的老百货公司蜂箱（De Bijenkorf）➡ Map p.117-1 吧。1996 年开业的购物中心摩尔（The Mall）➡ Map p.117-1 集中了许多店铺，慢悠悠地去逛逛非常有趣。

购物中心的街道

Restaurant

🍴 鹿特丹的餐馆

　　在鹿特丹，从荷兰顶级的法式餐馆到路边咖啡馆以及各国菜馆、各式各样的餐馆都有。此外，杜伦音乐厅的路口往西的一条街道 West Kruiskade 就像是唐人街一样，里面有很多中国餐馆（但是，该地区治安不太好，要注意）。

| 帕克赫威尔 Parkheuvel | 法国菜 | ➡ Map p.115-B |

　　得到过米其林杂志评定的星级餐馆。坐上了荷兰餐饮界头把交椅。位于有"欧洲之桅"塔的公园内，可眺望新马斯河。午餐：49.50 欧元～；晚餐 87.50 欧元～。

住 Heuvellaan 21　☎ 010-4360766　赏 12:00~14:30、18:30~22:00

周六 18:30~22:00
休 周日、圣诞节除外的节日、夏季的数周、年末年初
服装 正装（穿西装外套）
预 要预约
CC A.M.V.
T 8 路在 Euromast 下车

纽约酒店 Hotel New York

咖啡·餐馆

➡ Map p.115-B

位于马斯河畔，具有浓厚的港口风情。一边看着货轮和小船，一边喝茶与进餐。夏季还有露天座位。值得推荐的是海鲜菜肴。主菜：14欧元~，下午菜:16.50欧元。有许多种类的三明治，小吃也很丰富。

住 Koninginnenhoofd 1
☎ 010-4390525
营 7:00~24:00
休 无　服装 休闲服　预 最好预约
CC A.J.M.V.　M Wilhelminaplein
T 20、23、25路在Wilhelminaplein下车

看 Look

大蒜菜馆

➡ Map p.115-A

店名是从荷兰语的knoflook里取的。所做的菜肴基本上是使用大蒜来做的，甚至甜食和冰激凌中也有大蒜。放有15片大蒜的普罗旺斯风味的鸡肉 16.75欧元。

住 'sGravendijkwal 140-b　☎ 010-4367000

营 17:30~次日1:00（周五、周六~次日2:00，晚餐~22:00）
休 周一、周二
服装 休闲服
预 最好预约　CC A.M.V.
T 4路在Mathenesserlaan 或 'sGravendijkwal下车

登牙罗康塔 Dunya Lokanta

土耳其餐厅

➡ Map p.115-B

虽然在鹿特丹中央车站背面的一个相当僻静的住宅区里，周末预约的客人都是排满的。推荐店内烤箱烤的面包和烤箱做的菜。烤箱菜的主菜9.95欧元~。

住 Proveniersstraat 40-a　☎ 010-2430669

营 17:00~次日1:00（最后订餐~22:00，周末~次日2:00）
休 1/1、12/24、12/31
服装 休闲服
预 要预约　CC 不可
中央车站背后，从车站步行5分钟。

🏢 鹿特丹的酒店

Hotel

在荷兰第二大城市鹿特丹，高档酒店、商务酒店等很多。并没有酒店一条街，而是零散分布在城市里。自己去寻找可能比较劳累，在 🔲 预约或在 🔲 的酒店名册中找就可以了。此外在附近的像代尔夫特等近处的城镇里找住宿地也不错。

博物馆公园周围也有酒店

希尔顿酒店 Hilton

★★★★★

➡ Map p.117-1

离中央车站与旅游咨询中心很近且方便的现代风格的酒店。可以上网，记载的费用是基本费用。根据不同的时期和时间房价可能会有变动，要确认。一般周末要便宜点。

住 Weena 10　☎ 010-7108000
FAX 010-7108080
URL www.rotterdam.hilton.com
费 带淋浴/浴缸/厕所Ⓢ249欧元 Ⓣ269欧元 早餐25欧元
CC A.D.J.M.V.
T 从中央车站步行8分钟

比卢达·贝尔福公园 Bilderberg Park ★★★★   → Map p.117-2

代表鹿特丹的具有传统的酒店。环境清幽，去博伊曼斯·范伯宁恩美术馆只需步行 150 米。各客房有电视、直接电话、小型吧台。在大厅可以阅读报刊。有 189 间客房。住 Westersingel 70　☎010-4363611

FAX 010-4364212
URL www.parkhotelrotterdam.nl
费 带淋浴／浴缸、厕所 ⑤130 欧元 Ⓣ170 欧元 早餐 22.50 欧元
※费用为基本费用。
CC A.D.J.M.V.
T 7 路在 Museumpark 下车

NH 亚特兰大·鹿特丹 HN Atlanta Rotterdam ★★★★   → Map p.117-1

位于莱班商业街附近，旅游与逛商店很方便。像城市酒店那样很舒服。可以上网。店内有日式餐厅"樱"。从中央车站步行 15 分钟。

住 Aert van Nesstr.4　☎010-2067800　FAX 010-4135320

URL www.nh-hotels.com
费 带淋浴／浴缸、厕所 ⑤Ⓣ 75~295 欧元 早餐 19 欧元
※费用为基本费用。
CC A.D.V.
T 从中央车站出发乘 8、25 路在 Lijnbaan 或 Beurs 下车

埃马 Emma ★★★   → Map p.117-2

24 间客房的小型酒店，个性的装饰，必要的设施都齐备，去美术馆和市中心都很近。有 3~4 人的房间。全部房间禁烟。从中央车站步行 10 分钟。

住 Nieuwe Binnenweg 6　☎010-4365533　FAX 010-4367658

URL www.hotelemma.nl
费 带淋浴／浴缸、厕所 ⑤90~115 欧元 Ⓣ130~145 欧元 含早餐
CC A.D.J.M.V.
T 从中央车站乘 4、7、20 路在 Eendrachtsplein 下车

斯特奥克·鹿特丹 Stayokay Rotterdam 青年旅舍   → Map p.115-B

来自全世界的游客都聚集到这里的国际化青年旅舍。其中有一个 Cube House 2009 年年初才开始营业。有可供人稍作休息的快餐店，休息室禁烟。包含床单费。青年旅舍会员享受 2.50 欧元的优惠。M Blaak 下车

住 Overblaak 85-87
☎ 010-4365763
FAX 010-4365569
URL www.stayokay.com
费 Ⓓ 一人 15 欧元～含早餐
CC A.M.V.
T 从中央车站乘 21 路在 Blaak 下车

豪达

Gouda

南荷兰省
Zuid-Holland

因奶酪而闻名的这个城市里，运河环抱，河畔尽是鲜艳的天竺葵，仿佛身处童话般的世界。同阿尔克马尔能够分庭抗礼的奶酪市场每年都在 6~8 月的周四举办。市场上，人们会把直径 30 厘米的扁圆大奶酪从这个马车扔到那个马车，相当的精彩和震撼人心。头上戴着尖顶帽，穿着民族服装的女性也拿着豪达奶酪很爽快地让游客拍照留念。这个奶酪市场的奶酪都是附近农家手工制作并搬运过来卖的。此外，这个城市从 15 世纪起就是闻名的手工业城市。现在市内仍然保留着制造烟管和蜡烛的作坊。豪达是个特别有亲切感的城市，嚼着本地名产——浓香的蜜煎饼在城中漫步，一定非常愉快。

漫步豪达

从城市的北部的火车站出发，到市中心的市场广场（Markt），只需慢慢地走 10 分钟左右。沿着站前稍微向左斜延伸的道路前进，过了运河直行，通过热闹的商业街——克莱（Kleiweg），一直前行，就到了市场广场了。

广场中心，像一座城堡一样的建筑就是市政厅。广场的北侧一角有 🛈 和奶酪计量所。奶酪市场就在这里举办。以豪达奶酪为首，服装、食品等露天店铺热热闹闹并排着。市场的东南是圣扬教堂。沿

◀▌▌▌ **ACCESS** ▌▌▌▶

从阿姆斯特丹中央车站出发约 50 分钟。从鹿特丹出发约 20 分钟。从海牙中央车站出发约 20 分钟。从乌得勒支出发约 20 分钟。

市外长途区号 ☎ 0182

旅游咨询中心
🏠 Markt 27
☎ 0900-46832888(收费）
FAX 0182-583210
URL www.vvvgouda.nl
开 9:30~17:30
　周一 13:00~
　周六 10:00~16:00
　7、8 月的周日、节日
　12:00~16:00
休 7、8 月以外的周日、1/1、女王日、12/25~26
　城市地图和酒店手册 2.50 欧元。酒店预约 1.75 欧元/人＋电话费 0.50 欧元/次。

奶酪市场
　6/25~8/27（需要确认）的周四 10:00~12:30 举办。

几公斤重的奶酪的投掷姿势非常的震撼

着运河两边，有两个博物馆。特别推荐你在运河周围散散步。

豪达的主要景点

市政厅 Stadhuis ➡ Map p.125

15世纪的哥特式建筑，白色的窗框、红色的窗帘相映成趣，简直就像童话里面的城堡。带音乐钟的塔上还安装着时钟。每30分钟就跳出一些小木偶，表演1272年弗洛里斯五世将城市主权交与豪达时的场面。

奶酪计量所 Kaas Waag ➡ Map p.125

1668年建造的奶酪计量所，现在作为奶酪博物馆对外开放。奶酪市场举办时，将奶酪运到里面，身穿民族服装的大叔用很大的天平严肃认真地过秤。如果你也想去称称体重，也可以用称奶酪的天平称一称。在接待处，有市场的指南手册出租。

奶酪博物馆是原来的过磅房

圣扬教堂 Grote of St. Janskerk ➡ Map p.125

镶嵌有70块彩色玻璃，总长度达到123米，在荷兰首屈一指。彩色玻璃上，画有各种各样的《圣经》故事，特别是第25号窗不可不看。因为上面的画是17世纪初期的

市政厅

住 Markt 1

开 10:00~12:00、14:00~16:00
周六 11:00~15:00

休 周日、节日、有结婚仪式等典礼和举办活动时

费 1 欧元

奶酪计量所

住 Markt 35

开 13:00~17:00 周四 10:00~

休 周一、节日、11月~次年3月

费 4.50 欧元

✉ 也有煎饼房

煎烤中放进了各式甜水果等，黏黏糊糊的但相当好吃。尺寸比普通的都要大，很合算。

圣扬教堂

住 Achter de kerk 16

☎ 0182-512684

URL www.sintjan.com

开 9:00~17:00
11月~次年2月
10:00~16:00
节日 11:00~17:00

休 周日、1/1、12/25~26

费 2.75 欧元

作品，描绘的是荷兰之父威廉·奥兰治。此外，管风琴也很有名，仅在夏季举办管风琴音乐会。

豪达博物馆凯瑟琳娜馆 Museum Gouda Het Catharina Gasthuis
⊃ Map p. 125

这座原为医院的建筑物矗立于运河河畔，与一泓碧波构成美丽和谐的画面。馆中最有意思的是位于二楼的展示荷兰市民生活变迁的小房间，从这里可以了解到17、18、19世纪各个阶层的人们的生活。文物廊里的武器和大厅里的金银工艺品也是不可错过的。

莫尼昂药学博物馆 Nationaal Farmaceutisch Museeum De Moriaan
⊃ Map p. 125

展示药店历史和药剂的发展史的博物馆。是17世纪的商人的家，有卖香烟、调味料、咖啡的商店。莫尼昂就是摩尔人(阿拉伯人)及黑人的简称。入口处装饰有一尊小雕像。

关于药学的博物馆

南荷兰省

豪达

豪达博物馆凯瑟琳娜馆
住 Achter de kerk 14
☎ 0182-331000
URL www.museumgouda.nl
开 10:00~17:00（周六、周日12:00~）
休 周一、周二、1/1、12/25
费 5欧元（与莫尼昂药学博物馆的通票，出示圣扬教堂的入场券可以免费）

莫尼昂药学博物馆
住 Westthaven 29
☎ 0182-331000
开 12:00~17:00
休费 URL 与豪达博物馆凯瑟琳娜馆相同

骑自行车去有漂亮的湖泊的村庄——雷乌威克 Reeuweijke
在豪达站可以看见Reeuweijke的招牌，单程约4公里。湖畔沿岸就是野营区和紧靠路边的民家。自行车可以在豪达站后面的叫飞驰点豪达（Fietspoint Gouda）的租车行租借。
住 Stationsplein 10
⊃ Map p.125 ☎ 0182-516111
费 7.50欧元/天。押金：50欧元。身份证要寄放在前台。举办奶酪市场的日子，请尽快去租，也许很快就没了。

豪达的酒店

Hotel

乌德勒赫多姆 De Utrechtsche Dom ★★
⊃ Map p.125

在市中心，市场广场附近的小型酒店。各房间有电视、小吧台。早餐为自助式。也有淋浴和厕所公用的客房。可以无线上网。全室禁烟。有14个房间。

住 Geuzenstraat 6
☎ 0182-528833
FAX 0182-549534
URL www.hotelgouda.nl
费 ⑤①60~125欧元 含早餐
CC A.M.V. 从车站步行10分钟。

Netherlands

阿姆斯特丹

多德雷赫特
Dordrecht

南荷兰省
Zuid-Holland

1572 年在多德雷赫特发生了一件值得纪念的大事。12 个城市的代表们在此聚会，召开了最初的自由国会。其首席代表就是奥兰治公爵威廉一世。这个事件成为 80 年荷西战争的开端，迈出了荷兰独立道路上的第一步。

多德雷赫特是一个多河流汇合之地，从地理条件上来看，从古代开始就是重要的贸易港口，并由此而繁荣昌盛起来。13~17 世纪，进口到荷兰的葡萄酒全部是在多德雷赫特港上岸的。所以直到现在还有不少以葡萄酒命名的地名，如葡萄酒街（Wijnstr.）、葡萄酒桥（Wijnbrug）、葡萄酒港 (Wijnhaven)。从运河两岸静静地矗立着的商人宅第和仓库中，也可以瞻仰多德雷赫特光辉的历史。

漫步多德雷赫特

多德雷赫特是一个小城镇，有半天时间就大体上可以游遍全城。沿站前的街道一直往前走，过了运河在左侧就有 ▼。旅游手册等地图可在此领到。过了运河来到 Begijnhof，这里商场、百货店鳞次栉比，是多德雷赫特最繁华的街道。然后继续沿菲斯街（Visstr.）前进，就会到达环绕老城区的运河。从桥上观赏运河，两岸并排的房屋倒映在河里，四

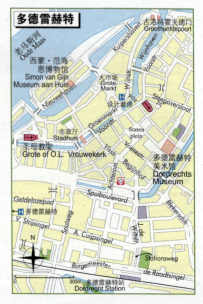

多德雷赫特

古洛蒂霍夫德门
Groothoofdspoort

老马斯河
Oude Maas

西蒙·范海恩博物馆
Simon van Gijn
Museum aan Huis

大市场
Grote
Markt

设计画廊

市政厅
Stadhuis

圣母教堂
Grote of O.L. Vrouwekerk

多德雷赫特美术馆
Dordrechts
Museum

多德雷赫特站
Dordreght Station

ACCESS

从阿姆斯特丹中央车站乘 IC 约需 1 小时 20 分钟。从海牙中央车站出发约 40 分钟。从鹿特丹出发约 15 分钟。

市外长途区号　☎078

旅游咨询中心
住 Spuiboulevard 99
☎ 0900-4636888（0.50 欧元/分钟）
FAX 078-6131783
URL www.vvdordrecht.nl
开 9:00~17:30
　周一 12:00~17:30
　周四 9:00~21:00
　周六 10:00~17:00
　第一和最后的周日
　12:00~17:00
　一部分节日 10:00~14:00
休 周日、一部分节日
　城市游览手册免费。酒店预约 1 欧元/人，住宿费用全额先支付。

作为贸易港而繁荣的多德
雷赫特港口

古洛特霍夫德门

周一片宁静，不禁令人触景生情。

过桥往左拐，经过市政厅到达圣母教堂。参观圣母教堂后，沿着 Nieuwehaven 走一走吧。运河上五彩缤纷的游艇在河面上游弋。两侧并列的，是讲述多德雷赫特历史的古老会馆和仓库，其中之一就是西蒙·范海恩博物馆。

运河与旧马斯河的交汇处保留着 17 世纪建造的古洛特霍夫德门（Groothoofdspoort）。原来这里是进出城市的入出口。古时候出入多德雷赫特的商人们必经此处，这一带热闹非凡。此外在城市东面，有多德雷赫特美术馆。

多德雷赫特的主要景点

圣母教堂 Grote of O.L. Vrouwekerk ➲ Map p.128

庄严肃穆的教堂塔楼留给我们极其深刻的印象。它是一座在 15 世纪建造的布拉班哥特式的新教教堂。据说巨大的教堂内部有 108 米长，有 3 幅表现多德雷赫特历史的彩色玻璃画。此外有 16 世纪建造的文艺复兴时期式样的唱诗席，在荷兰也是最美的文物之一。有50 个组钟的塔，因在建造过程中就开始倾斜，直到现在也还没有完成。可以登上此塔，有 279个阶梯，稍微有些累，但登高望远，感受一定不同寻常。

圣母教堂

西蒙·范海恩博物馆 Simon van Gijn Museun aan Huis
➲ Map p.128

这是利用 18 世纪的宅第建成的博物馆，原来的家具、

圣母教堂
🏠 Lange Geldersekade 2
☎ 078-6144660
URL www.grotekerk-dordrecht.nl
开 10:30~16:30
周日、节日 12:00~16:00
（11、12 月的周二、周四、周六 14:00~16:00）
钟楼：4~10 月和教堂一样。11 月~次年 3 月的周六、周日 13:00~16:00
休 周一、12 月中旬~次年3 月末
费 只有钟楼要门票：1 欧元

壁饰、绘画、陶瓷器等豪华的用品都原封不动地保存着。展品中有有关日本与多德雷赫特进行贸易的各种物品。事实上，幕府末期日本向荷兰订购的军舰"海阳"号就是在多德雷赫特制造的。

多德雷赫特美术馆 Dordrechts Museum
❸ Map p. 128

展出出生在多德雷赫特的画家们的风景画、静物画、肖像画，以及海牙派、阿姆斯特丹派等17世纪到现代的作品，特别展也很有意思。

气氛幽静的中庭

🏢 多德雷赫特的酒店

设计套房 A.S. Design Suites ★★★★ ❸ Map p.128

在市中心地区，具有历史背景的建筑物内，现代设计建造的3间客房的套房全部采用最新设备，有流行时尚的氛围。可以上网。从车站步行10分钟。

住 Wijnstraat 241b ☎ 078-6145739

FAX 078-6145744
URL www.as-designsuites.nl
费 带淋浴/浴缸、厕所 Ⓢ Ⓣ 135~165 欧元 早餐 15 欧元
CC M.V. B 从车站乘10路至 Scheffersplein 下车

多德雷赫特 Dordrecht ★★★ ❸ Map p.128 外

离车站1000米，位于面向港口的道路。小型酒店，由两栋楼组成，主栋的客房是古典型，次栋是现代型，含早餐。有21间客房。从车站步行约15分钟。

住 Achterhakkers 72 ☎ 078-6136011

FAX 078-6137470
URL www.hoteldordrecht.nl
费 带淋浴/浴缸、厕所 Ⓢ97.50~ 140 欧元 Ⓣ130~160 欧元 含早餐
CC A.D.J.M.V.

海牙

Den Haag

 南荷兰省
Zuid-Holland

海牙，面向北海，是荷兰第三大城市。集中了包括议会大厦在内的政府机关及各国大使馆，是荷兰的政治中心。此外，因为这里有贝娅特丽克丝女王的王宫，故还有一个别名叫"王城"。

海牙在英语中叫"海格"（The Hague），正式的名称是格拉芬哈赫（s'Gravenhage），其意思就是"伯爵的篱笆"，因 13 世纪时荷兰伯爵在这里建起的一个狩猎时的住处而得名。16 世纪尼德兰联邦共和国成立，并在海牙召开了联邦议会，海牙由此成为荷兰的政治中心。

城市的正中央就是被称为国家宫的议会大厦。过去是荷兰伯爵的宫殿。以这里为中心，13 世纪以来的建筑物与周围的广场、树木和谐相映，令人不禁对荷兰 700 年的漫长历史浮想联翩。纵观全城，绿树成荫，完全是公园般的景象。树木之间点缀着宫殿般的民宅，难怪这里被誉为"王城"。

漫步海牙

海牙有两个车站，一个是中央车站 (CS)，另一个是荷兰站（Holland Spoor）（HS）。不同的列车要进的站是不一样的，请事先查寻时刻表，搞清楚要去的车站是哪一个。从 HS 站到中央车站可乘 9、10、16、17 路有轨电车约 10 分钟。货币兑换处两个车站都有。虽说海牙是荷兰第三大城市，但却是人口只有 50 万人的小规模城市。除往北约 5

热闹的大市场周围

海牙中央车站

Netherlands

阿姆斯特丹

◀▌▌▌ **ACCESS** ▐▐▐▶

从阿姆斯特丹中央车站出发，约 50 分钟。从鹿特丹出发约 25 分钟。
※如果没有特别提示，都是从中央车站出发去往各旅游景点。

市外长途区号 ☎070

有用的地址
●中华人民共和国驻荷兰王国大使馆
住 Willem Lodewijklaan 10,2
517 JT Den Hag
☎ 0031-70-3065061
URL www.chinaembassy.nl

旅游咨询中心
住 Hofweg 1
☎ 0900-3403505（0.45 欧元/分钟）
FAX 070-3520246
URL www.denhaag.com
开 10:00~18:00
　周六 10:00~17:00
　周日、节日 12:00~17:00
休 1/1、12/25~26
T 2、6 路在 Spui/16 Centrum 下车

城市游览手册免费，有轨电车、公交线路图 0.50 欧元。酒店预约一次 8 欧元，可以预约团队游和音乐会的门票。

✉ 市内巴士、有轨电车一天乘车券

费用：6.10 欧元。在中央车站前的窗口可以购买。

南荷兰省

海牙

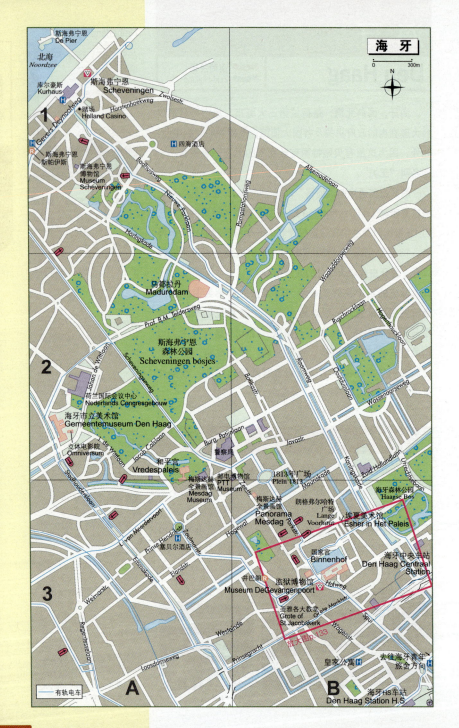

海牙

0   300m
N

斯海弗宁恩
De Pier

北海
Noordzee

库尔豪斯
Kurhaus

斯海弗宁恩
Scheveningen

赌场
Holland Casino

四海酒店

斯海弗宁恩
斯帕伊斯

斯海弗宁恩
博物馆
Museum
Scheveningen

马都拉丹
Madurodam

Prof. B.M. Teldersweg

斯海弗宁恩
森林公园
Scheveningen bosjes

荷兰国际会议中心
Nederlands Congresgebouw

海牙市立美术馆
Gemeentemuseum Den Haag

立体电影院
Omniversum

和平宫
Vredespaleis

Burg. Patijnlaan

警察局

邮电博物馆
PTT
Museum

1813年广场
Plein 1813

海牙森林公园
Haagse Bos

梅斯达赫
全景画馆
Mesdag Museum

梅斯达赫
全景画馆
Panorama
Mesdag

朗格弗尔哈特
广场
Lange
Voorhout

埃夏美术馆
Esher in Het Paleis

塞贝尔酒店

国家宫
Binnenhof

海牙中央车站
Den Haag Centraal
Station

井巴朗
监狱博物馆
Museum DeGevangenpoort

圣雅各大教堂
Grote of
St.Jacobskerk

放大图p.133

皇家公寓

去往海牙青年
旅舍方向

有轨电车

海牙HS车站
Den Haag Station H.S.

132

公里的斯海弗宁恩和途中的马都拉丹、海牙市立美术馆以外，景点基本上是集中在市中心。

 在成为旅游中心的国家宫（Binnenhof）附近。看过美术馆后，到有圣扬教堂与旧市政厅的大市场周围看看也不错。在旧市政厅边上，有 17 世纪建造的黄油计量所。

从和平宫的前面可乘 1 路有轨电车前往斯海弗宁恩。可乘 9 路有轨电车从斯海弗宁恩出发经由马都拉丹到达中央车站。

🏛 海牙的主要景点

国家宫 Binnenhof
🔲 Map p.133

国家宫集中了 13~17 世纪建造的许多拥有悠久历史的建筑物，如议会大厦、首相府等。其中最古老的当属由弗洛里斯五世建的被称为骑士楼的议会大厦。左右两侧有两座塔，是用砖瓦建成的建筑物，虽然规模比较小，但是对于 13 世纪建造的建筑来说是相当威武雄壮的了。

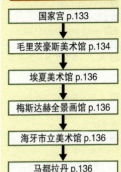
举办国会开幕式的骑士楼

海牙的游览方法

国家宫 p.133
↓
毛里茨豪斯美术馆 p.134
↓
埃夏美术馆 p.136
↓
梅斯达赫全景画馆 p.136
↓
海牙市立美术馆 p.136
↓
马都拉丹 p.136

南荷兰省

海牙

观光旅游团
咨询与预约请去 🔲 或打电话。☎ 070-3385800。
●城市巡回观光
乘观光巴士环游王宫、和平宫等景点，接触荷兰王室的历史。4~9 月的周四、周六 13:30 出发。所需时间约 1 小时 30 分钟。费用 17.50 欧元。有荷兰语、英语、德语导游。最好预约。

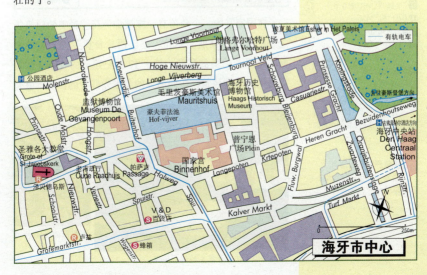
海牙市中心

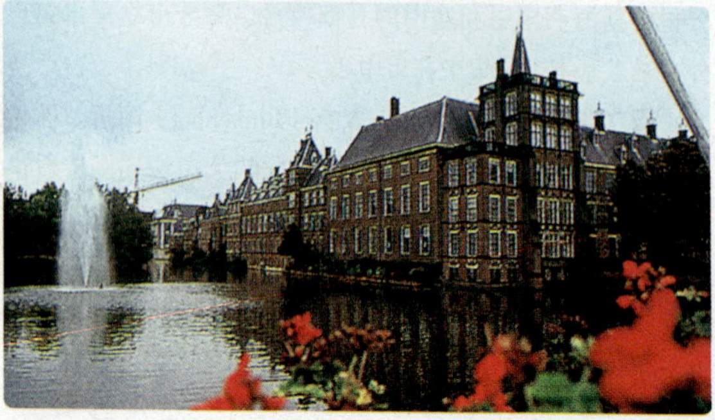

从豪夫菲法池眺望国家宫

这里举行的最大的活动就要数每年9月的第三个周二举行的古老的国会开幕式，在骑士楼前的广场上举行。穿着华丽军服的仪仗兵列队前行，就像是童话中的玩具军队一样。贝娅特丽克丝女王乘坐由8匹骏马拉的金色的四轮马车到达后，仪式就进入最高潮。那天，许多市民和旅游者都拥到广场周围与通往国家宫的街道上，一睹女王和卫兵游行的盛况。此外从北侧豪夫菲法池眺望国家宫，有一种庄重肃穆的感觉，也是最好的照片拍摄地。

毛里茨豪斯美术馆 Mauritshuis

➔ Map p.133

在国家宫的一个角落有一座被誉为荷兰最美的建筑物之一的毛里茨豪斯美术馆。是巴西总督奥兰治王室的约翰·毛里茨伯爵的私邸，是于17世纪建造的一座文艺复兴时期风格的建筑，访问海牙的美术爱好者的目的，就是

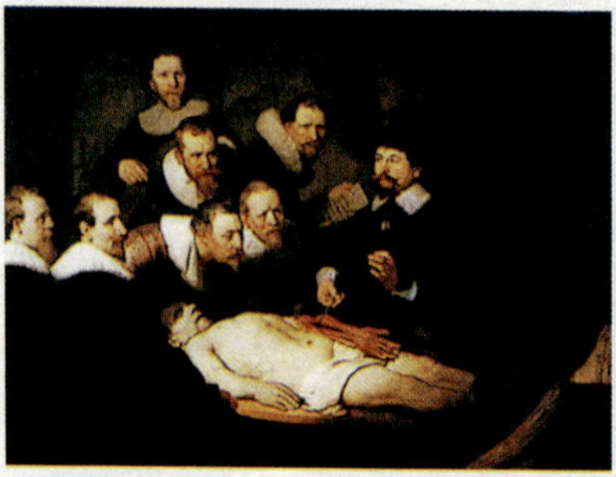

伦勃朗的《杜尔普医生的解剖学课》

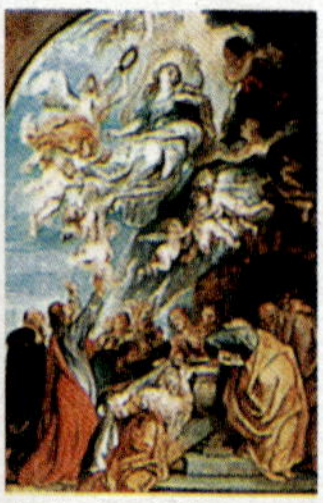

鲁本斯的《圣母升天图》

国家宫

住 Binnenhof 8a

☎ 070-3646144

URL www.binnenhofbezoek.nl

开 10:00~16:00

休 周日、节日、国会开会日(9月的第三个周二)前的数天时间

费 电影+骑士楼3欧元、电影+下院4欧元、电影+上院4欧元

T 2、6路在Spui，16路在Centrum下车

带导游的观光，就按上面记载的费用。虽有3个程序，但是当国会开会，或举办其他迎宾活动的时候，根据日期，游览程序和出团时间会有变更。事先一定要打电话确认。最好预约。导游虽是荷兰语，英语的导游录音机免费租借。夏季只有英语的导游观光团。

✉ 国家宫参观感想

参观下院没啥意思。路上参观的时间也花得较长。只参加骑士楼的团就可以了。

毛里茨豪斯美术馆

住 Korte Vijverberg 8

☎ 070-3023456

URL www.mauritshuis.nl

开 10:00~17:00

周日、节日 11:00~17:00

休 9月~次年3月的周一、1/1、12/25

费 10.50欧元(只适用于常设展。特别展出时价格将提高)

T 10、16、17路在Buitenhof下车

✉ 提包严禁带入馆内

没有寄存处。请在中央车站的投币储存柜寄放好再去。

维米尔的《戴珍珠耳环的少女》

为了去毛里茨豪斯美术馆观赏17世纪荷兰佛兰德斯绘画中的珍贵精品。主要的收藏品有伦勃朗、维米尔、鲁本斯、凡·戴克、扬·斯滕等的作品。特别是荷兰的伦勃朗、维米尔的画最有名，被誉为国宝。其中来看维米尔的画的游客尤其多。伦勃朗的展室和维米尔的展室都在三楼。伦勃朗展室有其成名作《杜尔普医生的解剖学课》及其他数幅自画像。维米尔展室有这个美术馆的镇馆之宝——《代尔夫特的眺望》和《戴珍珠耳环的少女》。

优雅的毛里茨豪斯美术馆的外观

监狱博物馆 Museum De Gevangenpoort ❯ Map p.133

在14世纪作为监狱的建筑物，一部分建筑物占用了人行道。现在里面展出各种各样的刑具和绘画，真是个恐怖的博物馆。

和平宫（国际法庭）Vredespaleis ❯ Map p.132-A2

国际法庭是由美国的钢铁大王安德鲁·卡内基捐款于1913年完成的。一楼是国际法庭，二楼是大厅。现在由联合国管理。是一个解决各种各样的国际纠纷的地方，为世界作出了很大的贡献。建设初期，由荷兰提供土地，建筑物内的装饰品以及建筑材料的大理石等都是由世界各国捐赠的。从日本运来的西阵锦缎的壁挂装饰在里面。法式风格的院落也绝美无比。

华丽的和平宫外观

监狱博物馆
住 Buitenhof 33
☎ 070-3460861
URL www.gevangenpoort.nl
开 10:00~17:00
　周六、周日、节日
　12:00~17:00
休 周一、1/1、12/25~26
费 未定
T 10路在Kneuterdijk下车
　只能跟旅游团游览。

和平宫（国际法庭）
住 Carnegieplein 2
☎ 070-3024137
FAX 070-3024234
URL www.vredespaleis.nl
开 周一～周五
休 周六、周日、节日
费 5欧元
T 从中央车站出发乘10路、HS站出发乘1路在Vredespaleis下车
　导游观光团的出发时间基本上是10:00、11:00、14:00、15:00（5~9月16:00）。但是，根据情况会有变更。有会议等已被使用的场合，不能参观。事先请确认。需要预约。

梅斯达赫全景画馆

住 Zeestr.65
☎ 070-3644544
URL www.panorama-mesdag.nl
开 10:00~17:00
　周日、节日 12:00~17:00
休 1/1、12/25
费 6 欧元
T 从中央车站出发乘 10
路，从 HS 站出发乘 1 路在
Mauritskade 下车

海牙市立美术馆

住 Stadhouderslaan 41
☎ 070-3381111
URL www.gemeentemuseum.nl
开 11:00~17:00
休 周一、1/1、12/25
费 9 欧元
T 17 路在 Gemeentemuseum/
Museon 下车
B 从中央车站旁巴士始发站
乘 24 路巴士，下车车站和有
轨电车一样

✉ 建筑物本身也很漂亮
　由亨得里克·贝特理
斯·贝尔来斯设计。内部可
以摄影拍照。很值得一看。

埃夏美术馆

住 Lange Voorhout 74
☎ 070-4277730
URL www.escherinhetpaleis.nl
开 11:00~17:00
休 周一、1/1、国会开幕日 (9
月的第三个周二)、12/25
费 7.50 欧元
T 乘 10、16、17 路在 Korte
Voorhout 下车

马都拉丹

住 George Maduroplein 1
☎ 070-4162400
URL www.madurodam.nl
开 4~8 月
　每天 9:00~20:00
　(只在 7、8 月 ~23:00)

梅斯达赫全景画馆 Panorama Mesdag　⏺ Map p.132-B3

　　该全景画是荷兰画家 H.W. 梅斯达赫所描绘的 19 世纪
80 年代的面向北海的渔村——斯海弗宁恩 (→ p.138)，此
画因为规模巨大而闻名。画布有 15 米高，周长有 113 米，
是世界上最大的全景画。为了展出这幅画，难怪要专门建
造这样一个展览馆了！绘画描绘了渔民们逼真的生活情景，
以至让人们错以为它是一幅现代绘画。

海牙市立美术馆　Gemeetemuseum Den Haag　⏺ Map p.132-A2

　　1935 年建造的现代美
术馆。这里最值得一看的
是荷兰现代绘画的领军人
物彼得·蒙德里安的收藏
品。此外还有莫奈、毕加
索、布拉克、康定斯基的近代绘画。雕刻作品也不少，像
罗丹、德加等人的作品。在这儿还有意外的发现，那就是
从世界各地收集来的乐器和乐谱的收藏品。其他像陶瓷与
工艺品等也值得一看。

埃夏美术馆 Escher in Het Paleis　⏺ Map p.133

　　2002 年 11 月开馆，是专门展出埃夏的作品的美术馆。

荷兰出生的埃夏的就像
错觉画一样的版画带领
人们进入一个不可思议
的世界。加入了 3D 游戏
的介绍埃夏的录像非常
有趣。

面向朗格弗尔哈特广场

马都拉丹 Madurodam　⏺ Map p.132-A2

　　到海牙旅游，最好玩的就是去参观很有名的微缩城
市——马都拉丹。在这里约 7000 平方米的范围内展出了荷
兰国内有代表性的建筑物，这些建筑物都是按 1：25 的比
例缩小而建造的模型。可谓建筑种类多种多样，不仅有教

堂、城堡、宫殿，还有运河、桥梁、港口、机场，甚至有高速公路、铁路、公园、城市电车、风车、足球场等，都跟实物一模一样。马都拉丹还有许多动态的东西，如汽车、船、电车、游乐场的旋转木马、风车、木偶等，都是能动的。不仅小孩子们着迷，连大人也赞不绝口。最让人惊叹的是轮船失火的情景。当大型货船进入港口，突然冒起了浓烟，正在想这下麻烦了，突然，消防艇就开过来开始放水灭火，很快火就灭了。

全家共游马都拉丹

前面提到过的女王乘坐黄金马车驾临国家宫的场面，同样也是以1:25的比例再现出来的。一到晚上，这里就点起了无数的小灯，仿佛变成了幻景般的小人国。

9月～次年3月
每天 9:00～18:00
最后进馆时间在闭馆前1小时。
休 无
费 14.50 欧元
T 9路在 Madurodam 下车
B 22 路

✉ 很漂亮的咖啡馆 2005
　　朗格弗尔哈特广场的埃夏美术馆与德斯·英特尔酒店间有一条小道，往西穿过 Denneweg 街，从广场的路口进去走30米的右侧就是。卡布奇诺1.75欧元，还是比较公道的价格。放进很多蔬菜和肉的印度尼西亚汤"Soto Ajam"(4.95欧元)可以暖胃。入口的柜台经常坐满了常客，但里面还有不少座位。
住 Denneweg 7f
☎ 070-3644094

Column
Netherlands

可敬可爱的奥兰治家族

　　荷兰最强盛的黄金时代是没有国王的共和国时代。缔造了这个繁荣盛世的是奥兰治家族，是他们把荷兰从宗主国西班牙的残酷宗教审判和重税剥削中解放出来。出生于德国的奥兰治公爵威廉一世，

女王的海牙行宫

是独立战争的领导者，被誉为荷兰的国父。由于他在德国的领地是拿骚，在法国也有领地奥兰治，所以称为奥兰治公爵。因此正式的家族的名字就是奥兰治-拿骚家族。

　　后来荷兰国力江河日下，受到法国拿破仑的侵略。重新独立时，荷兰国内要求设立国王的呼声高涨，在这种情况下，为荷兰国家的建立立下汗马功劳的奥兰治家族的首领

于1813年成为第一代国王。由于奥兰治家族是被拥立为王，而非伏尸百万才当上国王的，所以国民对国王都有很深厚的感情，如今贝娅特丽克丝女王的支持率就高达80%。

　　4月30日的女王日其实是已故前女王朱利安娜的生日。原本历代国王的生日都会定成节日。但是当今女王的生日是1月31日，那是一年中最冷的时期，女王认为这时国民不能走出家门尽情玩耍，实在于心不忍，将自己的生日作为普通的日子，而将春暖花开的4月30定为全国性节日——女王日。女王是多么体恤民情啊！

斯海弗宁恩的旅游咨询中心

住 Gevers Deynootweg 1134
(Palace Promenade Shopping
Centre 内)
☎ 0900-3403505(付费)
FAX 070-3520426
URL www.denhaag.com
开 9:30~18:00
　周六 10:00~17:00
　周日、节日 10:00~15:00
休 1/1、12/25~26
T 从中央车站出发乘9路，
从 HS 站出发乘1、9 路在
Kurhaus 下车
　酒店的预约手续费每
次 8 欧元。

✉ **去看看库尔豪斯酒店内部吧**
　从陆地一侧的正面大厅进去，建筑物内部也很豪华壮丽。一定要看看。

国际烟火表演
　在斯海弗宁恩海岸夏季的 3 天时间内，每天可以看到世界各地的烟火表演。在海边露天的餐馆一边进着餐，一边看烟火，特别觉得很。但是稍稍有点冷，要穿上外套。

斯海弗宁恩 Scheveningen　　●Map p.132-A1

　原本是海牙近郊的渔村。自开发成为海滨度假村后，现在已成为荷兰数一数二的夏季旅游景点。沿着海岸全是豪华的酒店和餐馆，此外还有并排着的大量咖啡馆、土特产品店、体育游戏场等。其中最气势宏伟的就算是库尔豪斯酒店（Kurhaus）。这附近也有赌场。库尔豪斯酒店附近的海岸，有一个尖岬伸到海面，最前端是观景台、餐厅、游戏场。北海即使是在夏季海水也很凉，基本上来这儿的人，都只是玩玩水晒晒太阳，度过快乐的假期。

库尔豪斯酒店外观壮丽，人们都忍不住想进去一睹豪华的内部

Shop　　海牙的商店

　Hoogstr. ●Map p.133 周围，不仅有许多卖高级名牌的小规模店，还有大型百货店的蜂箱（De Bijenkorf）●Map p.133，并设有安心悠闲氛围的咖啡餐厅的 V&D（Vroom&Dreesman）●Map p.133 的百货公司，什么东西都有，非常的方便。此外，从中央车站前的 Bezuidenhoutseweg 往左拐前进，跨过普林森运河（Prinsessegracht）往前走的普宁恩广场（Plein）一带 ●Map p.133 也有许多高级的品牌店和餐馆。

拜恩科尔夫百货店

Restaurant　　海牙的餐馆

　国家宫周围的广场和沿购物街一带餐馆很多。好天气的时候，面向树木多的广场在室外的坐席进餐也很不错。旧市政厅大楼的 Wagenstr.●Map p.132-B3 成了小规模唐人街（治安不能说不好但要小心），有卖中国食品的商店和中国餐馆。

泽贝德乌斯 Zebedeüs

咖啡·餐馆　　● Map p.133

位于圣雅各大教堂建筑的一角。虽然小，但清洁的店内定会感到舒畅。夏季时，在教堂广场上的露天坐席进餐和喝茶是很不错的。也有素食菜肴。

住 Rond de Grote Kerk 8　☎ 070-3468393

營 11:00～(厨房开工时间是 12:00～21:30)
休 1/1、12/25～26、12/31
服 休闲服
预 最好预约
CC A.D.M.V.
T 17 路在 Gravenstraat 下车

卢兹 Rootz

比利时菜　　● Map p.133

据说原来是马车小房，有300年的历史了。稍微暗淡的店内很有气氛，比利时啤酒种类很丰富。墙上挂的菜谱给人留下很深的印象。住 Grote Markstr.14

☎ 070-3639988　營 10:00～次日 1:00(厨房开工时间 ~23:00、周

日 11:00～周五和周六～次日 2:00)
休 1/1、12/25～26、12/31
服 休闲服
预 最好预约
CC A.D.J.M.V.
T 2、6 路在 Grote Markt 下车

井巴朗 Jimbaran

印度尼西亚菜　　● Map p.132-B3

荷兰最早的印度尼西亚烧烤菜肴的专卖店。各种各样的菜肴，每样都能要点尝尝的米饭桌19.95 欧元。烤虾 14.50 欧元。连吃带喝大约花费 25 欧元。

住 Prinsestr.110
☎ 070-3617185
營 17:00～22:00
休 12/25、12/31　服 休闲服
预 最好预约　CC A.D.M.V.
T 17 路在 Noordwal 下车

斯帕伊斯 Spijs

法国菜馆　　● Map p.132-A1

位于斯海弗宁恩的既休闲又幽雅的店。因采用亚洲风味的本店原创的菜肴与友好的服务而得到称赞。菜谱每天更换，3 号套餐 34.50 欧元。

住 Wassenaarsestr.147　☎ 070-3586975

營 18:00～22:00(厨房开工时间)
休 周日、圣诞节后一周时间
服 时装或休闲服
预 最好预约
CC A.M.V.
T 从 HS 站乘 1 路在 Badhuiskade 下车

海牙的酒店

Hotel

　　海牙不愧是国际化大城市，从家庭经营的简易旅馆到度假酒店以及外国元首和各国贵族等人士居住的超豪华型酒店，真是多种多样。经济实惠的酒店集中于 HS 站前。特别是在 Stationsweg 和 Stationsplein 一带，集中了单人房 50 欧元左右的酒店。但是，一定要确认内部情况后再决定住宿。此外，这一带治安状况不太好，特别是女性晚上最好不要到处游逛。

公园酒店 Park ★★★★

位于国家宫以西300米左右的地方。双人房有3个等级。面向院落的房间较多。全室可上网。设有咖啡和茶的用具。带淋浴/浴缸和厕所。 住 Molenstr.53

☎ 070-3624371　FAX 070-3614525　URL www.parkhoteldenhaag.nl

➡ Map p.133

费 ⑤120欧元~ⓣ150欧元~ 早餐17.50欧元 税金1晚3.81欧元
※以上房价是基本房价。
CC A.D.M.V.
Ⓣ 17路在Noordwal下车、10路在Kneuterdijk下车

四海酒店 Four Seasons ★★★

虽稍稍离车站远点，但离库尔豪斯酒店与马都拉丹很近，各室都有电视、直拨电话、茶具、小吧台，早餐是自助式。有3~4人的房间。带淋浴/浴缸和厕所。有9间客房。 住 Leuvensestr.56　☎ 070-3552118

➡ Map p.132-A1

FAX 070-3505293
URL www.hotel4seasons.com
费 ⑤85~95欧元　ⓣ95~110欧元 含早餐 税金1晚2.24欧元
CC A.M.V.　Ⓣ 从HS站、中央车站出发乘9路在Nieuwe Duinweg下车，步行约5分钟

塞贝尔酒店 Sebel ★★

中档酒店。离市中心稍远点，离和平宫很近，对要看看海牙各地的人来说很方便。离有轨电车车站也很近。各室都有电视、电话，可无线上网。 住 Prins Hendrikplein 20　☎ 070-3459200

➡ Map p.132-A3

FAX 070-3455855
URL www.hotelsebel.nl
费 带淋浴/浴缸和厕所 ⑤87~113欧元　ⓣ115~131欧元 含早餐 税金1晚2.54欧元
CC A.D.M.V.
Ⓣ 17路在Elandstraat下车

皇家公寓 Appartement Royal 公寓

位于HS站附近，清洁明亮又宽敞的房间很舒服。因为可以自己做饭，在外吃饭觉得累的话，就自己做饭好了。可以租借自行车。也有洗衣机。 住 Repelaerstraat 35　☎ 070-3882141

➡ Map p.132-B3

URL royal-denhaag.nl
费 带淋浴和厕所 ⑤ⓣ95欧元 无早餐服务
CC 不可
Ⓑ 从中央车站出发乘18路在Bierkade West下车、从HS站出发步行10分钟不到

海牙青年旅舍 Stayokay Den Haag 青年旅舍

到市中心可以步行进去。在有轨电车车站附近。观光旅游很方便。含早餐。可在馆内的餐厅进餐，午餐8.50欧元。晚餐13.20欧元。有49间客房，从HS站出发步行5分钟。 住 Scheepmakersstr.27　☎ 070-3157888　FAX 070-3157877

➡ Map p.132-B3 外

URL www.stayokay.com/denhaag
费 Ⓓ 一人15欧元~ 带淋浴和厕所 ⑤47欧元~ ⓣ65欧元~ CC A.M.V.
Ⓣ 从中央车站出发乘17路在Rijswijkseplein下车

代尔夫特

Delft

 南荷兰省
Zuid-Holland

因白色和蓝色的代尔夫特陶器而有名的代尔夫特是一个静悄悄的具有自然魅力的城镇。直到现在都像代尔夫特出生的画家维米尔的杰作《代尔夫特的眺望》中描绘的一样，运河中倒映着古老的城市。代尔夫特也因荷兰的国父奥兰治公爵威廉一世曾在这里居住而闻名。1584年7月10日的独立前夕，奥兰治公爵威廉一世遭到敌人派来的刺客的暗害。老教堂边的普林森霍夫现在成为荷兰独立战争纪念馆，完全按当时的样子向世人开放。

漫步代尔夫特

从车站步行10分钟左右，就到达市中心市场广场(Markt)，新教堂与市政厅相对而立，是一个很大的广场。中央竖立着被称为"国际法之父"的在代尔夫特出生的格劳修斯的塑像。市政厅的北面有 ❶。要有效率地漫游

Netherlands

阿姆斯特丹

◀◀◀ **ACCESS** ▶▶▶

从阿姆斯特丹中央车站乘火车约1小时，从海牙出发10分钟，从鹿特丹出发约15分钟。从海牙的HS站出发有有轨电车，乘1路约20分钟。去市中心在Prinsenhof或Binnenwatersloot下车。
市外长途区号 ☎ 015
旅游咨询中心
🏠 Hippolytusbuurt 4
☎ 0900-5151555(付费)
🖷 015-2154055
🔗 www.delft.nl
🕐 4~9月 9:00~18:00
周六 10:00~17:00

代尔夫特

去往海牙方向
德弗拉明谷
瓷砖博物馆
Museum Lambert
van Meerten
德·艾马乌丝波尔特酒店
Nieuwe Longendijk
Choorstr.
老教堂
Oude Kerk
普林森霍夫博物馆
维米尔中心
Het Vermeercentrum
新教堂
Nieuwe Kerk
Oranje Plantage
Stedelijk Museum
Het Prinsenhof
Hippolytusbuurt
市政厅
Stadhuis
市场广场
Markt
德科皮汉德尔
Oost Einde
民俗博物馆
Nusantara Museum
Burgwal
Molslaan
东门
Oostpoort
游船码头
Molstr.
Gasthuislaan
Zuiderstr.
泰塔·觉埃尔日王
Tetar van Elven Museum
勒温布尔弗
Koornmarkt
Brabantse Turfmarkt
Michiel
Oude Delft
Breestr.
Achterom
Zuidwal
De Kok
Coen
代尔夫特站
Delft
Station
Westeinde
武器博物馆
Wapenmuseum
去尤丽安娜酒店方向
有轨电车
N
0   150m

周日、周一 10:00～16:00
10 月～次年 3 月
10:00~16:00
周一 11:00～、周日 ~15:00
休 1/1、12/25~26
酒店的预约免费。

说起代尔夫特不能不提代尔夫特陶瓷

运河巡游船 Rondvaart Delft
　　每隔 1 小时就发一班（旺季时每隔 30 分钟）。需要 45 分钟。
住 Kroomarkt 113
☎ 015-2126385
URL www.rondvaartdelft.nl
营 4~10 月 11:00~17:00
休 11 月～次年 3 月下旬
费 6 欧元

乘马车市内观光 Paardentram
　　市政厅前就有乘车处，每30 分钟～ 1 小时出发。很快就会满座，请尽早去。要想拍照片的话，最好坐在最前面左侧的坐席。约 30 分钟绕

这座富有魅力的城市，推荐下面的游览线路。最初以老教堂为目标，沿着从市场广场到老教堂的运河 (Hippolytusbuurt)，在 4 月下旬 ~9 月的每个周六会有卖古董和旧书的小摊云集。因价格适中，不妨买来作为礼品。 老教堂的对面，夹代尔夫特最美的运河老代尔夫特（Oude Delft）

马尔克特广场突然出现的街头艺人们

的奥兰治公爵威廉一世居住过的普林森霍夫公馆，现在成了博物馆。附近还有瓷砖博物馆和民俗博物馆。参观

在东门一带散步心情一定很舒畅

维米尔中心 Het Vermeercentrum

　　维米尔在代尔夫特出生，在代尔夫特度过了一生。这是一座展示维米尔相关物品的博物馆。这座建筑属于维米尔，曾是代尔夫特的画家馆，于 2007 年作为维米尔中心向公众开放。

　　维米尔画的画不太多，43 年的绘画生涯仅留下 37 幅作品。真正的作品不在这里，全部作品通过银屏展出。可饱览维米尔的世界，这点非常有意思。 有解说维米尔绘画手法的展示，还有探索从没留下日记和信件的维米尔谜一般生涯的展示。参观了这里，也许会改变你对维米尔作品的看法。
住 Voldersgracht 21 ➡ Map p.141

☎ 015-2138588
URL www.vermeerdelft.nl
开 10:00~17:00
休 1/1、12/25
费 6 欧元

全部作品用银屏展出

正面是按当时模样重建的

可以乘坐马车在市内观光　　　热闹非凡的市场

完美术馆后，沿着老代尔夫特运河一直溜达到车站也很不错。

　　然后，沿着流过新教堂背面的 Oost Einde 运河向东门（Oostpoort）方向走去。运河水面的睡莲花非常漂亮。在东门附近，河面上有训练人在划船。过了东门，有一座白色的吊桥，犹如童话世界一般。垂柳吐绿，坐在椅子上，享用自带的盒饭那是最好不过的了。

代尔夫特的主要景点

新教堂 Nieuwe Kerk　　　　　　　　⊙ Map p.141

　　1381 年在市场广场建起的哥特式新教堂。教堂内安葬着历代奥兰治家族的人们。地下的遗骨安葬室的上面，安放着威廉一世的棺材，这具大理石和黑色的石材建造的棺材，是昂德里克·凯泽的作品。格劳修斯的墓地也在这里，北面的

新教堂与格劳修斯的雕像

侧廊上的彩色玻璃就描绘着他的画像。

　　响起优美动听的组钟音乐的钟楼高 108.75 米，奋力登上 379 级阶梯后，天气晴朗时从代尔夫特城可以看见海牙和鹿特丹城。

市政厅 Stadhuis　　　　　　　　　　⊙ Map p.141

　　17 世纪初，在被大火烧毁的老市政厅的旧址，仿照

主要景点一周。
☎ 015-2561828
URL www.delftsepaardentram.nl（只有荷兰语）
賞 圣周五～9月中旬的周六、周日 11:00～16:00
休 9月中旬～圣周五
费 3 欧元

代尔夫特的集市
　　周四 9:00～17:00 的时候，在市场广场举办五花八门的集市。在 Brabantse Turfmarkt 的周四，就是鲜花集市了，每周六举办日用品和花市。此外，4 月下旬～9月的周六，沿运河的地方举办跳蚤市场（古董），在游客里也很有人气。

古风车：Molen de Roos
　　乘代尔夫特到海牙的有轨电车的话，从车窗就能看到古风车。从代尔夫特站前的大街往海牙方向走，步行 15 分钟。
住 Phoenixstraat 112

新教堂
住 Markt 80　☎ 015-2123025
URL www.nieuwekerk-delft.nl
开 9:00～18:00
11 月～次年 3 月
11:00～16:00
（周六 10:00～17:00）
钟楼 9:00～17:00
11 月～次年 3 月
11:00～15:00
（周六 10:00～16:00）
休 周日、节日
费 3.30 欧元（与老教堂通用的门票）。钟楼另外买票：3 欧元

维米尔故地
　　看看维米尔住过的地方以及绘画的场所、安葬着维米尔的教堂、电影《戴蓝色头巾的少女》的摄影地也很有趣。画《代尔夫特的眺望》这幅画的地点虽安放着椅子，从这儿过去，好像与画还是有点差别。此外在咨询中心和维米尔中心拿到介绍维米尔故地的小册子《Vermeer in Delft》(1 欧元) 就更方便了。

市政厅

住 Markt 78　☎ 015-2602438
开 8:30～16:30
休 周六、周日、节日、有结婚仪式时、圣诞节～新年
费 免费

　　参观最上层的曾作为监狱的地方需要预约。
　　详细请去 Gidsenservice 询问。
☎ 06-52311744
URL www.gidsenservicedelft.nl
费 入场费 2.20 欧元 / 人、导游费 57 欧元 / 小时。此外预约费 4.50 欧元，周末特别费用 9 欧元

老教堂

住 Heilige Geestkerkhof 25
☎ 015-2123015

很醒目的红色窗框的市政厅

老教堂周围

《代尔夫特的眺望》设计建造了新的市政厅。塔是唯一被保留下来的 14 世纪的东西。内部的市议会室和婚礼大厅里挂有奥兰治家族的人们的肖像。

去参观代尔夫特陶瓷工厂吧

Koninklijke Porceleyne Fles

De Delftse Pauw

　　17 世纪东印度公司的船只从中国运来了明朝时期的陶瓷器。据说现在的代尔夫特蓝瓷的生产即得益于明朝的染蓝技术。后来又模仿日本的古伊万里与柿右卫门的彩画，从而诞生了代尔夫特独特的精美图案。市内有两座严格遵守 17 世纪以来的传统生产方法的工厂。想买正宗的代尔夫特陶瓷当礼物的人，就去工厂看看吧。

■ Koninklijke Porceleyne Fles

住 Rotterdamseweg 196　☎ 015-2512030
URL www.royaldelft.com
营 9:00～17:00
休 周日(11 月～次年 3 月下旬)、12/25、1/1
费 参观 6.50 欧元(4～10 月有免费导游参观

团)，贴画的工作间 37.50 欧元(周末需要事先询问)。从车站向南 1 公里，步行约 20 分钟。
B 129、121 路从 Technical University 方向过来，在 aula TU/Jaffalaan 下车，步行 5 分钟

■ De Delftse Pauw

住 Delftweg 133
☎ 015-2124920
URL www.delftsepauw.com
营 9:00～16:30 (只有 11 月～次年 3 月的周六、周日、节日 11:00～13:00)
休 无　费 免费
　　从车站往北 2 公里。
T 1 路从 Den Haag 方面来，在 Brasserskade 下车，步行 10 分钟左右

老教堂 Oude Kerk → Map p.141

13~15世纪建造的，就像它的名字一样的确是老教堂。从远处看，它的塔是倾斜的，沿老代尔夫特运河眺望老教堂也是代尔夫特最美的景观之一。内部有维米尔和许多人的墓地。此外彩色玻璃画也一定要看。

普林森霍夫博物馆 Stedelijk Museum Het Prinsenhof → Map p.141

该建筑物是15世纪的原女子修道院。1572~1584年，是威廉一世的住所。威廉一世在这里被暗杀，现在还残留着枪弹的痕迹（位于从一楼到二楼的楼梯附近，不要错过了）。现在正展示着讲述代尔夫特的繁荣历史的展品（绘画、陶瓷、壁毯和家具等）。

内部展品很有历史的厚重感

瓷砖博物馆 Museum Lambert van meerten → Map p.141

19世纪建造的兰贝特·范米尔登的公馆。展出了他收藏的16~19世纪的代尔夫特陶瓷、瓷砖等。收藏的瓷砖里，有花和动物等各种各样的图案，也收藏有意大利、西班牙的瓷砖。

运河边建成的瓷砖博物馆

URL www.oudekerk-delft.nl
开休 与新教堂相同
费 3.30欧元（与新教堂的通票）
✉ 风车 Fusha

新教堂附近有在代尔夫特唯一的一家日式餐厅。外观看起来朴实，里面的感觉就是日式套餐店。菜谱很丰富。值得推荐的是混合寿司套餐B（22欧元）。
住 Choorstraat 36
☎ 015-2126026
营 周二~周日 14:00~22:00
预 周日最好预约

普林森霍夫博物馆
住 St. Agathaplein 1
☎ 015-2602358
URL www.gemeentemusea-delft.nl（只有荷兰语）
开 10:00~17:00
　 周日、节日 13:00~17:00
休 周一、1/1、12/25
费 6.50欧元（与瓷砖博物馆和民俗博物馆三馆的通票）

De Prinsenkelder
普林森霍夫博物馆地下非常有氛围的餐厅。3个晚餐套餐34欧元~。也有午餐。
住 Schoolstraat 11
☎ 015-2121860
URL www.de-prinsenkelder.nl
开 12:00~14:30、18:00~21:30
　 周六 18:00~21:30
休 周日、12/27~次年1/1

瓷砖博物馆
住 Oude Delft 199
☎ 015-2602358
URL www.gemeentemusea-delft.nl（只有荷兰语）
开休 与普林森霍夫博物馆相同
费 6.50欧元（与普林森霍夫博物馆和民俗博物馆的通票）

🏨 代尔夫特的酒店　　　Hotel

代尔夫特虽小，但酒店很多。市场广场就有5家经济实惠的酒店。预定去海牙的人在有有轨电车的这个小城住宿也是不错的，既有情调又有很多的优惠服务。

有很多既有情调又清洁的酒店

尤丽安娜酒店 Juliana ★★★

位于城的东南部，附近有大学，去参观代尔夫特陶瓷工厂很方便。在 Koninklijke Porceleyne Fles 的工厂附近。有电话和电视。早餐是自助式。读者享有 10% 的优惠。有 27 间客房。 **住** Maerten Trompstraat 33 ☎ 015-2567612

➡ Map p.141 外

FAX 015-2565707
URL www.hoteljuliana.nl
费 带淋浴和厕所 **S** 84 欧元 **T** 104 欧元 税金住一晚 2 欧元 / 人 含早餐
CC A.J.M.V.

从车站步行约 20 分钟。

德弗拉明谷 De Vlaming ★★★

在新教堂北面的运河旁。既有情调又清洁的酒店。有电视、电话、收音机、小吧台、吹风机。早餐自助式。也有带浴缸的双人房。有 12 间客房。
住 Vlamingstr.52 ☎ 015-2132127

➡ Map p.141

FAX 015-2122006
URL www.hoteldevlaming.nl
费 带淋浴和厕所 **S** 70~110 欧元 **T** 105~115 欧元 税金住一晚 2 欧元 / 人 含早餐
CC A.D.M.V.

从车站步行 10~15 分钟。

德·艾马乌丝波尔特酒店 De Emauspoort ★★★

该酒店是一座有 400~500 年历史的建筑。在新教堂的市场广场附近。能安心从容地休息。旅游和进餐都很方便。有 23 间客房。有电视、电话。全室禁烟。
住 Vrouwenregt 9 ☎ 015-2190219 **FAX** 015-2148251

➡ Map p.141

URL www.emauspoort.nl
费 带淋浴和厕所 **S** 88 欧元 **T** 99 欧元 特别房 **S** 140 欧元 **T** 150 欧元 税金住一晚 2 欧元 / 人 含早餐
CC A.M.V.

从车站步行 10~15 分钟。

勒温布尔弗 Leeuwenbrug ★★★

原本是 17 世纪贵族的住宅，在 Koornmarkt 运河旁。淡季（1~2 月，6~12 月）的周末都有 15% 的优惠。有 36 间客房。全室禁烟。圣诞节～新年的 2 周时间休假。
住 Koornmarkt 16 ☎ 015-2147741

➡ Map p.141

FAX 015-2159759
URL www.leeuwenbrug.nl
费 带淋浴和厕所 **S** 83 欧元 **T** 99~136 欧元 税金住一晚 2 欧元 / 人 含早餐
CC A.M.V.

从车站步行约 5 分钟。

德科皮汉德尔 De Koophandel ★★★

位于市场广场旁的地区。最适合旅游。有电视、电话、茶具。圣诞节～新年休假。早餐自助式。有 25 间客房。
住 Beestenmarkt 30
☎ 015-2142302 **FAX** 015-2120674

➡ Map p.141

URL www.hoteldekoophandel.nl
费 带淋浴和厕所 **S** 89 欧元 **T** 109 欧元 税金住一晚 2 欧元 / 人 含早餐
CC A.D.J.M.V.

从车站步行 10~15 分钟。

莱 顿
Leiden

 南荷兰省
Zuid-Holland

日本的俳句作家蒲原宏曾作诗赞誉莱顿："莱顿大学城，月色清冷好似冰。"是的，莱顿有 1575 年就创办的古老大学。因有很多学生，书店和博物馆也很多。14~15 世纪的街道保留得很好，是一座历史和文化名城。

漫步莱顿

沿车站前的街道 Stationsweg 一直往前步行 3 分钟左右就到了运河。Stationsweg 街上就有 。首先在那里拿到必要的资料后再出发吧。沿运河的右侧，就是民族学博物馆。左侧是一个很漂亮的公园，里面有一架作为博

Netherlands

●阿姆斯特丹

ACCESS

从阿姆斯特丹中央车站出发去往海牙方向的列车约 35 分钟。从海牙中央车站或 HS 站出发约 15 分钟。两个车站都是每隔 10~15 分钟一班车。

市外长途区号 ☎ 071

南荷兰省

莱顿

莱顿站
Leiden Station

Stationsplein

Stationsweg

去自然史博物馆方向
Naturalis

民族学博物馆方向
Museum Volkenkunde

市立风车博物馆
Stedelijk Molenmuseum
De Valk

Rijnsburgersingel

Mare

Singel

市立博物馆
Stedelijk Museum
De Lakenhal

Steenstr.

Lange Gracht

Oude Singel

游船码头

Morsstr.

Oude Vest

Oude Singel

Oude Vest

Rijn

Galgewater

Lange

Mare

Voldersgracht

伦勃朗出生地

Haarlemmerstr.

Noordeinde

Apothekersdijk

Boommarkt

Haarlemmerstr.

Breestr.

Oude Rijn

西博尔德住宅
Sieboldhuis

德·多伦

Langeburg

计量所
Waag

要塞

Rapenburg

大学

国立古代博物馆
Rijksmuseum van
Oudheden

市政厅

Nieuwe Rijn

Hooigracht

Uiterste Gracht

Witte Singel

莱顿大学本部
Academiegebouw

大学历史博物馆
Academisch Historisch Museum
植物园 Hortus Botanicus

圣彼得教堂
Pieterskerk

Nieuwstr.

Breestr.

圣潘可拉斯教堂
St. Pancraskerk

0   200m

147

莱顿大学城咖啡馆很多，时常聚集很多大学生

旅游咨询中心

住 Stationsweg 2d

☎ 0900-2222333(付费)

FAX 071-5161227

URL www.vvleiden.nl

开 9:30~17:30

周一 11:00~17:30

周六 10:00~16:30

周日 11:00~15:00

休 周日(9月~次年3月)、一部分节日

　酒店的预约手续费 1.75 欧元/人和电话费 0.50 欧元。手续费以外，酒店的住宿费在 ♥ 交齐。

车站前街有三明治店 Cafe Midi

　使用有机食品做食材的餐馆。三明治有十来种。4.50~4.95 欧元不等。新鲜果汁 3.50~4.50 欧元。

住 Steenstraat 1B

☎ 071-5146060

✉ **去西博尔德住宅一定要看里院**

　地下的咖啡室与 17 世纪的地下室相邻，可以参观。地下室的墙壁上镶嵌着代尔夫特的陶瓷砖。里院有西博尔德的雕像。种植有他从日本带回来的植物。

物馆开放的风车。再往前一直走，就来到两条运河的交汇点。桥墩处就有运河观光游艇的乘船处。过了桥就进入哈勒姆街（Haarlemmerstr.）。这条大街就是莱顿最大的商业街了。

计量所前举办的市场

　沿 Haarlemmerstr. 走 400 米左右，左侧在有教堂的交会点向右拐弯就过运河了。这一带咖啡馆很多，里面有很多的学生，非常的热闹。从这里往西去，有圣彼得教堂、莱顿大学本部、国立古代博物馆和西博尔德住宅（Sieboldhuis）。由于有大学的缘故，有一种安详沉静的气氛。在莱顿城的古建筑林立的运河边散步是最好不过的了。特别是国立古代博物馆前的运河有很好的气氛。此外，沿莱茵河的路边小巷 Weddesteeg 里有伦勃朗的出生地。在它前面，有白色的吊桥和风车，看起来就是荷兰特有的风景。最主要的景点中，除出岛街和西博尔德街以外，全部在步行圈以内。离车站最远的圣彼得教堂也就是 20 分钟的路程。

莱顿的主要景点

民族学博物馆 Museum Volkenkunde	➲ Map p.147

可以了解世界上各个民族的生活情况。印度尼西亚的

收藏品很多，此外还有非洲、美国、中国、朝鲜、日本的收藏品。日本出岛的风光也在银屏上播放。也有介绍日本漆器等传统工艺的录像片。

市立博物馆 Stedelijk Museum De Lakenhal ➡ Map p.147

以在莱顿出生的伦勃朗为代表，扬·斯滕、路加斯·范·莱登等过去在这个城市居住过的艺术家们的绘画、银器、家具等装饰品在这里展出。也可看到过去作为纺织协会的豪华会馆。

运河旁的市立博物馆

西博尔德住宅 Sieboldhuis ➡ Map p.147

菲利普·弗朗兹·冯·西博尔德是在 1823 年作为荷兰政府的医生被派到日本的荷兰商馆的。这个博物馆收藏了 2 万多件收藏品。展示品中，从美术品到日常用品，还有植物学与动物学的文献，也涉及工业原料等，其收藏品的范围之广非常令人吃惊。该博物馆的建筑物在 1578 年开始就是荷兰的名

无数的贵重展品

民族学博物馆
住 Steenstr.1
☎ 071−5168800
URL www.rmv.nl
开 10:00~17:00
休 周一、1/1、女王日、10/3、12/25
费 7.50 欧元
※ 展出的展品会有变更，请确认。

市立博物馆
住 Oude Singel 32
☎ 071−5165360
URL www.lakenhal.nl
开 10:00~17:00　周六、周日、节日 12:00~17:00
休 周一、1/1、节日、10/3 的午后、12/25
费 4 欧元

西博尔德住宅
住 Rapenburg 19
☎ 071−5125539
URL www.sieboldhuis.org
开 10:00~17:00
休 周一、1/1、10/3、12/25
费 7.50 欧元
　　展出的展品时有变化。

✉ 虽小，但有观赏价值
　　有从日本带来的日本狗的标本和日本猴的标本。地下有咖啡室，咖啡和红茶免费。

南荷兰省

莱顿

大学历史博物馆

住 Rapenburg 73
☎ 071-5277242
URL www.ahm.leidenuniv.nl
开休费 正在改建工程中，闭馆。开馆时间未定

植物园

住 Rapenburg 73
☎ 071-5277249
URL www.hortusleiden.nl
开 10:00~18:00
　 11月~次年3月
　 10:00~16:00
休 周一（11月~次年3月）、10/3、圣诞节
费 6欧元
　 说明小册子4.95欧元。

运河游艇

Rederij Rembrandt

　 需要1小时。有2名以上的游客就出发。
住 Beestenmarkt
☎ 071-5134938
URL www.rederij-rembrandt.nl
出 3~10月 11:00、12:00、13:30、14:45、16:00（只在7、8月的17:00，周四~周六的18:30、19:30）
休 11月~次年2月、10/3
费 6欧元

集市

　 夏季不定时举办跳蚤市场。场所与日期、时间请在 Ⓘ 确认，每逢周三、周六沿 Nieuwe Rijn 街有日用品和食品的集市。

人居所，历史非常悠久。西博尔德在1830年买了这座房子，并将在日本收集到的收藏品展出。馆内的藏品还附有日语解说。此外，这个西博尔德住宅也担当了在荷兰的日本中心的角色。

运河旁的潇洒的西博尔德住宅

莱顿大学本部 Academiegebouw　　　❷ Map p.147

　　荷兰从西班牙统治下独立2年后，1575年，奥兰治公爵在莱顿创办了荷兰第一所大学。以后，从世界各地有很多人来到莱顿大学深造，西博尔德就是其中之一。进门大厅左侧的楼上，就是大学历史博物馆（Academisch Historisch Museum）。该馆展出了关于大学及学生生活的历史文献。

栽培着各式各样植物的温室

　　往大学本部里面走，意外的是有一个很宽阔的植物园（Hortus Botanicus），它建于1587年，这里有西博尔德从日本带回并种植的银杏树、枫叶树、紫藤等。他的雕像就设在日式庭园里。在幽静的庭园里稍微休息一下，看看来来往往的游人和周围各种各样的树木花草，也很有意思。

日式庭园里有西博尔德的雕像

🏨 莱顿的酒店

　　莱顿三星级以上的中档酒店很多，二星、一星级只有几家。但是有便宜实惠的公寓，请到 🛈 去咨询一下看看。

德·多伦 De Doelen　　　　★★★

在大学附近，面向 Rapenburg 运河的小型酒店。利用 1638 年贵族的房屋建造的。有电视、电话。有 18 间客房。

住 Rapenburg 2　☎ 071-5120527

⊙ Map p.147

FAX 071-5128453
URL www.dedoelen.com
费 带淋浴/浴缸、厕所 ⑤85 欧元 ⊤105～135 欧元　早餐 7.50 欧元　CC A.D.J.M.V.
从车站步行约 20 分钟。

孔古勒斯酒店 Congreshotel Oud-Poelgeest　　★★★

从车站往东北走 2 公里，在森林中的 17 世纪建造起来的城堡式酒店。但是住宿是在别馆。主要是作为会议场所使用的酒店，也欢迎游客。有桑拿，住宿的客人可以自由使用（3.50 欧元）。　住 Poelgeesterweg 1, Oegstgeest

⊙ Map 范围外

☎ 071-5174224 FAX 071-5156478
URL www.oudpoelgeest.nl
费 带淋浴、厕所 ⑤ 95 欧元 ⊤105 欧元　税金 1.60 欧元/人 含早餐　CC A.M.V.
B 从车站乘 50 路约 8 分钟，在 Marelaan 下车

帕斯特隆莱顿酒店 Bastion Leiden /Voorschoten　　★★★

离车站、中心街有 3 公里距离的郊外型小酒店。设有烧烤餐厅。客房全部是单人床的双人房。分有禁烟房和吸烟房。设有茶具和小吧台。

住 Voorschoterweg 8　☎ 071-5768800　FAX 071-5318003

⊙ Map 范围外

URL www.bastionhotel.nl
费 带淋浴、厕所 ⑤⊤72 欧元～（根据时期会浮动）　税金 2 欧元/人　早餐 11.50 欧元　CC A.M.V.
B 从车站乘 45 路去往海牙方向的车，在 Rooseveltstraat 下车

克肯霍夫

Keukenhof

南荷兰省
Zuid-Holland

◀◀▐▊▊ ACCESS ▊▊▐▶▶

从莱顿乘直通巴士54路，约需25分钟。从海牙中央车站乘89路，在利瑟的终点站Keukenhofdreef下车（周一～周六）。然后步行5分钟。从斯希普霍尔机场出发，乘58路巴士需要35分钟。从阿姆斯特丹不断有观光旅游车到克肯霍夫。鹿特丹和海牙也有观光巴士出发。自驾车时，首先以莱顿和哈勒姆中间的利瑟为目标行进，去克肯霍夫方向有道路标志牌指示，不会走错。

克肯霍夫公园
住 Stationsweg 166a, Lisse
☎ 0252-465555
URL www.keukenhof.com
开 3/18～5/16（预定）
8:00～19:30（入园到18:00）
休 5/22～3/17（预定）
费 13.50欧元
　　在网站上事先购票的话，就不用在门口排队购票了。

克肯霍夫方便通票
　　往返车票和入场券套票。可在莱顿站的GWK、海牙中央车站的Connexxion巴士售票处、斯希普霍尔机场内的 Ⓥ 购买。阿姆斯特丹的中央车站前和莱顿广场的 Ⓥ 也可购买。费 20～23欧元

骑车看附近的球根花田
　　公园的主要入口附近有租自行车的店。在这儿租好车后，尝试一下自行车所带来的无穷乐趣。
Van Dam Rent-A-Bike
费 1辆车8.50欧元（附周围地图）

　　春天的荷兰最令人高兴的就是看郁金香花了。面向北海海岸的沙丘地带就变成了郁金香花圃了，简直就像铺了一床郁金香绒毯。但是要在花圃栽培球根，花一开马上就被采摘了，花一样的毯子也就烟消云散了。因此球根的栽培家们为了让人们能长时间地观赏花，就建造了世界上有名的花的公园，这就是克肯霍夫公园。公园成了种花的人们将自己值得骄傲的花拿来，让它尽情开放的花的展示房。它原本是雅各布伯爵夫人的所有地（"霍夫"就是城堡的花园的意思）。除狩猎以外，也进行蔬菜和草药等的栽培供厨房（"克肯"就是厨房的意思）做膳食，据说这就是1949年开放的鲜花公园——克肯霍夫公园的名字的起源。

　　郁郁葱葱的树木间种植的是以郁金香为代表的风信子、鸢尾等多种多样的球根花700万株。在中国从未见到的有很多，如直径15厘米的郁金香、黑色的郁金香等。宽广的园内，花坛处处，间有水池，天鹅在水上徜徉。千回百转的小路上往来人迹不断。走累了就在咖啡馆休息吧。也有餐厅及卖球根、花种、绘画明信片的礼品商店。公园的一角有风车，上去看看吧。在克肯霍夫公园对面的就是很宽阔的郁金香花田了。郁金香与风车一搭配，那是荷兰最漂亮的风景了。

Column
Netherlands

花之国——荷兰

　　4～9月去荷兰旅游的话，就会被每家每户阳台上盛开着的鲜花所吸引，道路中央的分离带和公园里由市政府管理的花也都盛开着，花之国的印象一定更强烈了吧。街头的十字路口，有着数不清的花店的摊点，各种各样的花极其丰富，价格便宜得令人吃惊。花农将花运到市场，市场又将花运到商店，如此短的流通渠道，再加上国民们又频繁地买回鲜花更换，从而也支撑起这样便宜的花价。

　　在荷兰，无论男女老少在生日时都一定要庆祝生日，对生日礼物的选择犯难的时候，送上一束花是非常普通的。因此过生日的人的房间就放满了鲜花。如果被请去吃饭，带食物去是不礼貌的（不想吃我做的饭，所以带吃的来了。据说是这个意思）。因此就改为带一瓶葡萄酒代替花。庆祝搬家时为了装饰新房会带上观赏植物或鲜花，庆祝新店开张时送鲜艳华丽的花。情人节在荷兰不送巧克力，送爱的象征红色玫瑰花。周五买花回家装扮自己家的人很多。

　　冬天，屋外基本上也看不到花了，但开放的荷兰人的家门口，一定会放上观赏植物，即使是躲在屋里时间比较多的冬天，美丽的鲜花也给荷兰人的室内生活增添了很多情趣。

Netherlands

荷兰南部

阿姆斯特丹

◀▮▮▮▮ **ACCESS** ▮▮▮▮▶

从阿姆斯特丹中央车站
乘 30 分钟一班的 IC 列车约 2
小时。从比利时的列日出发乘
1 小时一班的列车约 30 分钟。

市外长途区号　☎ 043

旅游咨询中心
住 Kleine Staat 1
☎ 043-3252121
FAX 043-3213746
URL www.vvvmaastricht.nl
开 9:00~18:00
周日、节日、狂欢节 11:00~
15:00
11 月~次年 4 月的周六 9:00~
17:00
休 周日(11 月~次年 4 月)、
1/1、12/25~26
　　附有地图的《Maastricht City
Guide》4.50 欧元,《Maastricht
Accomodation》免费。酒店的
预约手续费:网页上预订一
次 2.75 欧元,用电话一次 6.50
欧元,☑ 窗口一次 3.50 欧元。
● vvv winkel(ANWB)
住 Wijcker Brugstraat 24
开 9:30~18:00(周一 12:00~、
周四 ~21:00、周六 ~17:00)

旅游观光团
☑ 主办,出发也在 ☑。
进行市内观光景点步行环游。
英语导游观光团 7/4~8/30 每
天 12:30 出发。可能因故变
更,请在 ☑ 确认。
费 4.90 欧元

马斯特里赫特
Maastricht

林堡省
Limburg

　　林堡省是荷兰东南角、马斯河畔的一个省。首府就是
东与德国接壤、西部和南部与比利时接壤,人口约 12 万人
的马斯特里赫特。1992 年,就是在这里签署了欧洲联盟条
约,故名《马斯特里赫特条约》,欧洲共同体 EC 发展成为
欧洲联盟 EU。这里的古建筑以及历史性的遗迹很多。因其
地理位置特殊,该城曾经被外国占领达 20 多次,同时由于
和邻国紧密的通商和人际交往的关系,城里的氛围多多少
少不像荷兰。比如饮食就是一个证明。说句老实话,荷兰
菜肴真算不上美食,但马斯特里赫特菜的味道与法国菜的
味道很相近,做得十分精致。啤酒也有很爽口的当地品牌,
荷兰人自己也承认这里的饮食很可口。

漫步马斯特里赫特

　　沿车站前的街道,一直往前走约 5 分钟,就到马斯河。
因途中有 ☑ winkel,就进去看看吧。河上有座圣塞尔法斯
桥 (St. Servaasbrug)。它是 13 世
纪建造的,也是荷兰最古老的
桥之一。过了桥,在三岔路口往
右拐,拐角的右侧又有一个 ☑。
有 ☑ 的建筑物是 15 世纪建造的,
曾是法官的家。

加入水果的派是有名的点心

　　这个城里景点很多,只要连

站在马斯河河畔眺望马斯特里赫特城

在一起，绕圈去看非常的方便。以 Kleine Staat 的  为起点，向面向市政厅的市场广场（Markt）和弗赖特霍夫广场（Vrijthof）建立的圣塞尔法斯教堂和圣扬教堂走去，再往南沿耶克河（Jeker）河畔的古城墙走，通过地狱之门再游圣母教堂，最后回到出发点 。这个逆时针的线路约3公里，最少也要半天时间。剩下的半天可以去看看城市南面的圣彼得山洞窟，马斯河的游艇也很好玩。另外，还有体力的人可以从地狱之门过马斯河，往南去参观博纳凡滕博物馆。

✉ 马斯特里赫特车站不能寄放行李

因投币寄放柜不可以使用现金，只能使用特定的少数的信用卡，因此没有可以寄放行李的地方。

马斯特里赫特的主要景点

市政厅 Stadhuis　　　　　　　　　　　　⊙ Map p.157

　　市场广场的中央有 1659~1664 年建造的市政厅。建筑物很奇特，并列着两个很大的进门台阶，据说这代表着修建

市政厅前的市场广场的露天市场

这个大楼时，该城市里两大对立势力。塔上有由 43 个铃铛组成的音乐钟，在约定的时间里，将响起美妙的声音。市场广场在周三、周六举办露天集市。此外广场的一角耸立着 Maaswief 的雕像 (典型的马斯特里赫特市场女神像)。

圣塞尔法斯教堂 Basiliek van St. Servaas　⮕ Map p.157

荷兰最古老的教堂之一，地下室的一部分据说是在 6 世纪就开始建造了。主要部分是 11~15 世纪建成的。西侧的南塔，有重量达 7 吨的钟，这也是荷兰最大的钟，被称为 "老奶奶"。教堂里也展出许多珍宝，一定要看看其中金光闪闪的圣塞尔法斯的半身像和圣遗物箱。圣塞尔法斯是马斯特里赫特的第一代大祭司，384 年就安葬在这个教堂，这座教堂由此而得名。地下的骨灰堂有圣塞尔法斯的墓。

圣塞尔法斯教堂入口处

圣扬教堂 St. Janskerk　⮕ Map p.157

位于圣塞尔法斯教堂的南侧。这座哥特式建筑的教堂有一座高 70 米的红塔。1218 年的时候，这个教堂就建成了，1632 年新教教会开始使用该教堂。

圣扬教堂的红色塔楼据说过去是用牛血染的

城墙 Omwalling　⮕ Map p.157

在流经城市南部的耶克河沿岸，保留着 13~16 世纪

圣塞尔法斯教堂
🏠 Keizer Karelplein 6
☎ 043-3210490
[URL] www.sintservaas.nl
🔓 10:00~17:00
周日 12:30 ~
🚫 节日、狂欢节
💰 3.70 欧元

弗里昂德斯 · 修科拉特
Friandises Chocolatier
　　往里面走 5 米左右有一个小店，里面有各种各样的巧克力，任你自由选择。吃过这个巧克力的林肯总统曾给店主写过 "你的巧克力很好吃" 的信，一时传为佳话。
🏠 Wycker Brugstraat 55
☎ 043-3214028
📅 周一 13:00~18:00、周二 ~ 周五 9:00~18:00(周四21:00)、周六 9:00~17:00
🚫 部分周日、节日

圣扬教堂
🏠 Henric van Veldekeplein
[URL] www.sintjanmaastricht.nl
🔓 11:00~16:00
🚫 周日、10月下旬~复活节、有其他活动时
💰 免费 (只有塔 1.50 欧元)

地狱之门
🏠 St. Bernardusstraat 24b
☎ 043-3257833
🔓 13:30~16:30
🚫 10月下旬 ~ 复活节
💰 希望付点捐献款

修建的城墙。这一带还有名字很奇怪的水闸和要塞，如魔女角（Hessenhoek）、5个头（De Vijf Koppen）、厌恶与嫉妒（Haet ende Hijt）等。城墙的外沿变成了绿化地，站在高坡上就可以尽览马斯特里赫特城。

地狱之门

城墙的东端有一个很可怕的名字——地狱之门（Helpoort）。该门建于1229年，据说是荷兰最古老的市场大门。再往前走，就是18世纪建的鼠疫房，据说鼠疫流行的时候，患者们就通过地狱之门被送到鼠疫房隔离，现在这个可怕的地方已被辟为市民休闲的公园。

圣母教堂 Basiliek van Onze Lieve Vrouw	➲ Map p.157

该教堂是罗马式样的长方形圣堂。最古老的西侧部分与地下室是12世纪建造的。西侧部分基本上是没有窗户的巨大墙壁，两侧是高高的尖塔，是建筑史上很奇特也很重要的地方。教堂的大门旁有一个小的礼拜堂，里面有15世纪的圣母马利亚的像，在梦幻般摇曳的烛光中显得十分美丽。

站在圣母教堂的马利亚像前会不由自主地想祈祷

博纳凡滕博物馆 Bonnefantenmuseum	➲ Map p.157 外

展出在林堡省被发现的考古发掘文物以及关于马斯特里赫特的历史的物品等，此外还有美术收藏品，如彼得·勃鲁盖尔（儿子）、鲁本斯以及14～16世纪的意大利绘画和现代艺术的收藏品。阿尔多·罗西设计的银色火箭式的大圆顶是该馆的标志。

新奇外观的博物馆

圣母教堂

住 Onze Lieve Vrouwplein
URL www.sterre-der-zee.nl（只有荷兰语）
开 7:30~19:00
宝物馆：11:00~17:00(周日13:00~)，11月～复活节只有周日
休 宝物馆11月～复活节的周一～周六
费 教堂免费、宝物馆3欧元
有礼拜与结婚仪式的时候，不能入场。教堂内禁止摄影、拍照。

博纳凡滕博物馆

住 Avenue Ceramique 250
☎ 043-3290190
URL www.bonnefanten.nl
开 11:00~17:00
休 周一、1/1、狂欢节、12/25
费 8欧元
从车站步行约15分钟。还有从车站乘1、3路巴士约3分钟，在Bonnefantenmuseum下车。

德·温克尔·范·奈切
De Winkel van Nijntje
米菲兔的纪念品店，出售T恤衫、睡衣等，还有玩具、餐具、文具、书等。
住 Maastrichter Smedenstr.2
☎ 043-3260326

营 周一 13:00~18:00，周二~
周三、周五 10:00~17:30，周
四 10:00~21:00（1、2 月~
17:30）、周六 10:00~17:00
休 周日、部分节日
URL www.dewinkelvannijntje.nl

圣彼得山洞窟

住 北洞：Luikerweg 71

住 宗内山洞窟：Slavante 1

开 只能在导游的带领下参
观。不同的时期出发时间会
不一样。请在 [V] 确认

　　北洞的英语导游团：
4/11~6/28 的周六、周日。
9/5~9/13 的每天，9/19~11/1
的周六、周日 14:00~。宗
内山洞窟的英语导游团：
7/5~9/6(2009 年) 的每天 13:50~

费 4.90 欧元，北洞和圣彼得
城堡通票 8.50 欧元

交通

去北洞从市场广场乘 4 路
巴士约 10 分钟。此外从 [V]
步行 30 分钟。去宗内山洞窟
与马斯河巡游的共通的团游
11.90 欧元，十分方便。

圣彼得城堡

住 Luikerweg 80

开 只能在导游的带领下参
观。不同的时期，出发时间
会不一样。请在 [V] 确认

费 4.90 欧元（非英语导游团）

马斯河巡游

　　出发时间根据不同的时
期和选择有细微的不同，请
确认。去马斯河巡游与宗内
山洞窟的团游不可以预约，
要直接去游船码头。这两个
以外的巡游全部要预约。

费 马斯河巡游 7 欧元（约 50
分钟）。国境线巡游 18 欧元
（约 4 小时）。宗内山洞窟的
游览 11.90 欧元（约 3 小时）。
去列日的一日游 22 欧元。烛
光巡游 45.50 欧元（约 4 小时）。
午餐游 27.50 欧元（约 2 小时）。

☎ 043-3515300

URL www.stiphout.nl

圣彼得山洞窟 Grotten St. Pietersberg

　　位于马斯特里赫特以南 2 公里处，圣彼得山下的宽敞
洞窟，从古罗马时期开始开采火山岩石，用作建筑材料，结
果就形成了这个深 12 米、长 200 公里的通道。洞内道路曲
折，犹如迷宫，要在导游的带领下参观。通道的各处，留下
了采石者们描绘的壁画和签名，比较古老的画上写着"1570
年"的字样。此外这里在第二次世界大战中曾做过防空洞。

　　圣彼得山洞窟分为北洞（Grotten Noord）和南边的

宗内山洞窟（Grotten
Zonneberg）。游览这两
处时不仅出发地点不
同，有时出发时间也稍
有不同，所以事先要确
认好。洞窟内部的温
度全年都在 10℃左右，
需要携带上衣。

第二次世界大战中，据说伦勃朗的《守
夜人》的画也被藏在这里

圣彼得城堡 Fort St. Pieter

　　圣彼得山的北端，北侧入口的附近有 18 世纪初建起的
圣彼得城堡。五角形的城堡内，约 1 小时的导游观光可以
带领你参观避难所、通道、跑台遗址、水井等。在顶端，
天气晴朗的话，可以眺望马斯特里赫特城区的市容及周围
宽广的林堡丘陵地带。

马斯河巡游

　　马斯特里赫特意为"马斯河河畔的渡口"，它是公元前
50 年罗马人在马斯河上修建的一处渡口。游客可从马斯河
眺望马斯特里赫特。夏
季里，共有 9 个不同的
巡游线路，其中最有人
缘的是"国境线巡游"。
就是将有 15 米水位差的
斯托普·范·特尔那

马斯河上的游艇

因水闸等几座水闸打开，与比利时交界的国境线之旅。此外，还有游览圣彼得山洞窟的线路，去比利时的列日与维塞的一日船游以及带自助晚餐和音乐的烛光巡游，也有午餐美食游。有各种各样的选择。请根据喜好自己去选择吧。

短途旅行

法鲁士山 Drielandenpunt

　　意为"三国交界点"，位于荷兰、德国和比利时边境上。海拔 322.5 米，是荷兰的最高峰。

　　在终点法尔斯 (Vaals) 镇下车，登上南面的山坡。有一个 "Drielandenpunt" 的标志，尽量再往更高的地方攀登吧。30 分钟左右到达顶峰。顶峰有表示三个国家的国界交界点的高 50 米左右的柱子。此外还有游乐场、法鲁士山中心，已经变成热闹的旅游点了。往比利时境内走100 米左右，有一个观光展望台 (不会要求检查护照)。从展望台可以眺望三个国家的原野，心情真的很好。比利时一边居然能看到隧道，但这是德国与比利时之间的隧道，不通往荷兰。

三国交界点

◀◀▮▮▮ **ACCESS** ▮▮▮▶▶

　　从马斯特里赫特站前的巴士始发站，乘 50 路去亚琛 (Aachen) 的巴士在法尔斯的巴士站 (Busstation) 下车，需要 40~50 分钟时间。1 小时有 2~4 班车。

　　从法尔斯到法鲁士山，要从法尔斯的 Busstation 乘149 路巴士约 10 分钟。但是，在暑假期间 (7 月中旬~9 月上旬)，49 路代替 149 路。具体时间请向马斯特里赫特的 🅥 咨询确认。

如何在三个国家的国境周围巡游

　　有荷兰、比利时、德国三个国家的国境周围地区的铁路和巴士一天随便上下的一日券 (Euregio Ticket) 发售。1 天一人 2 等 13.50 欧元 (周末与节日，大人 2 人＋小孩 3 人的票价也是同样的价格)。详细情况请向马斯特里赫特的车站咨询。

✉ **女王日的 4/30 的庆祝活动**
　　在弗赖特霍夫广场，10:40 开始举行 1 个小时的庆祝活动。演奏会队列，如军服队列、保卫队列的人会出现在会场，热闹非凡。市政厅前面挂着橘黄色的旗帜。马斯特里赫特车站内有很美的彩色玻璃画，不要错过了。

马斯特里赫特的餐馆

Restaurant

霞特勒尔堪鲁 Château Neercanne　　　　法国菜

位于马斯特里赫特的南面约 5 公里处。米其林杂志曾对这里的菜品进行推介。从餐馆向外眺望就能看见林堡的宽广丘陵地带。由城堡改建的餐馆内部气氛 100 分。4 道菜的套餐 77 欧元，5 道菜的套餐 88 欧元。

🏠 Cannerweg 800　　☎ 043-3251359　　URL www.neercanne.com

➲ Map 范围外
🕐 12:00~14:30，18:30~21:30 (周六只有晚餐)
🚫 周一
👔 尽可能穿正装
📅 要预约　　CC A.M.V.
🚌 从市场广场乘 9 路去 Kanne 方向的车，在 Cannerweg/Neercanne (周日停运) 下车

特·帕克弗斯 t' Pakhoes 　　　　　　　　法国菜 　　 ➲ Map p.157

位于马斯特里赫特假日酒店前。有情调的现代风格的店，味道比较清淡。想快乐从容地进餐请选这里。龙虾的色拉 31.50 欧元。4 道菜的套餐 55 欧元，5 道菜的套餐 60 欧元。

🏠 Waterpoort 4-6
☎ 043-3257000
URL www.pakhoes.nl
🍴 18:00~22:30
休 周日
服装 合身的衣服
预 希望预约　CC A.D.M.V.

拉班法姆 La Bonne Femme 　　　　　　咖啡餐馆 　　 ➲ Map p.157

天气晴朗的日子广场上摆满了露天桌。1696 年建造的，店内气氛从容安静。白天是便餐，从 17:00 就开始晚餐。晚餐每天改变菜谱。3 道菜 27.50 欧元。

🏠 Graanmarkt 1
☎ 043-3216861
URL www.labonnefemme.nl
🍴 10:00~22:00（最后点菜）
休 12/25、12/31 晚　服装 无
预 希望预约　CC A.M.V.

德·巴贝尔 De Bobbel 　　　　　　褐色咖啡馆 　　 ➲ Map p.157

当地人去的很早以前就有的褐色咖啡馆。有用 3 种酒混合的红色鸡尾酒（Bitter Bobbelke），2.10 欧元。喝起来还顺口，但比较烈。喝起来莫忘了适可而止。洋葱汤 4.50 欧元，贻贝 7.90 欧元。

🏠 Wolfstr.32
☎ 043-3217413
开 10:00~21:00、周四~周六 10:00~24:00
休 12/25　服装 无
预 不要
CC M.V.

马斯特里赫特的酒店

Hotel

马斯特里赫特不愧是旅游城市，酒店的数量比较多。从车站到过马斯河这一段路上，到处都有马斯特里赫特式的沉稳风格的酒店。一晚仅 50 欧元左右的宾馆很多，就在弗赖特霍夫广场以西的 Calvariestr. 和市场广场的北侧小路上。但是，由于没有挂出招牌请在 🅥 领取名册。另外，旅游季节很拥挤，尽可能地在午前就找好住宿地。

弗赖特霍夫广场一带咖啡馆很多

马斯特里赫特皇冠广场酒店 Crowne Plaza Maastricht 　★★★★★ 　➲ Map p.157

位于马斯河河畔。设施完备的高档酒店。有能眺望马斯河的餐厅和咖啡馆。有 144 间客房。下面的费用是基本情况下的。

🏠 Ruiterij 1 　☎ 043-3509191
FAX 043-3509192 　URL www.crowneplazamaastricht.nl

费 带淋浴／浴缸和厕所 Ⓢ 135~239 欧元　Ⓣ 189~279 欧元　早餐 25 欧元　税金 3.73 欧元
CC A.D.M.V.
　从马斯特里赫特站出发步行 10 分钟。

帕斯特沃 · 德拉克斯酒店 Bastion Delux Hotel Maastricht Centrum ★★★★

从市场广场步行 5 分钟左右，位于旅游很方便的地方。并设有烧烤餐厅、酒吧。前台 24 小时服务。提供旅游信息。各室有电视、电话、小吧台、茶具。

住 Boschstr.27 ☎ 043-3212222 FAX 043-3213432
URL www.bastionhotels.nl

◆Map p.157 外

费 带浴缸和厕所 Ⓢ88~129 欧元 Ⓣ109~129 欧元 早餐 13.50 欧元 税金 2.50 欧元
CC A.M.V.
B 可乘全部市内巴士(Stadsbus) 在 Markt 下车
从马斯特里赫特站步行 20 分钟。

埃登设计 Eden Design ★★★★

靠近车站的设计幽雅的酒店，有休闲咖啡吧、休育馆、健美馆、三明治餐等。能够无线上网。有 73 间客房。

住 Stationsstr.40 ☎ 043-3282525
FAX 043-3282526 URL www.edendesignhotel.com

◆Map p.157 外

费 带淋浴／浴缸和厕所 ⓈⓉ 79~212 欧元 房价为基本情况下的 早餐 19.50 欧元 税金 3.27 欧元
CC A.J.M.V.
从马斯特里赫特站出发步行 5 分钟。

多朗吉里酒店 D'Orangerie ★★★

位于市场广场的北侧。1752 年建成的具有历史的建筑。客房摆设着英国和法国式样的家具。有小吧台，并设有餐厅。有 22 间客房。

住 Kleine Gracht 4 ☎ 043-3261111 FAX 043-3261287

◆Map p.157

URL www.hotel-orangerie.nl
费 带淋浴／浴缸和厕所 Ⓢ75~124.50 欧元 Ⓣ95~143.50 欧元 早餐 14.50 欧元 税金 2.95 欧元
CC A.D.J.M.V.
从车站步行 10~15 分钟。

Column Netherlands

荷兰与比利时的比较研究——节约程度

荷兰人与比利时人哪个更吝啬？你可能会想恐怕是荷兰人吧。英语里不都把自己付账叫做 Dutch account 吗？其实，事情并不如此简单。比如比利时人会说：我们请朋友去咖啡馆和酒吧时绝对大方，荷兰人绝对是 AA 制。想想那个典型的荷兰人的名字——Vincent(文森特) 吧，意思是哪怕发现一分钱都会乐滋滋的 (荷兰语中 vinden 是发现的意思，cent 是荷兰货币／欧元的 1/100)！但是，荷兰人会反驳说：哼！比利时人不会算账，想 AA 制都还办不到呢！

确实，实在的荷兰人非常在意不应该花的钱。水、电的使用量会很细致地检查，对便宜的东西和免费试用这样的事情非常的敏感。但是该出手的时候会大方得很。对给予发展中国家的援助和各种各样的慈善事业，热心的荷兰人非常踊跃。这种时候荷兰人就变得慷慨大方，也许这时就超过了比利时人了。与其说他们是吝啬，还不如说他们务实可靠。这样一来，是否还能说他们是吝啬之王呢？

卢·罗瓦 Le Roi ★★★

位于出车站穿过右侧的巴士站的第一个街角，房间具有个性，舒适宽敞，各房间都有电视。早餐在专门的大厅，自助餐式。

住 St.Maartenslaan 1-7

☎ 0900-7468357 FAX 043-3210835

◐ Map 范围外

URL www.hotelleroi.nl

费 带淋浴/浴缸和厕所 ⑤①39~139 欧元 房价为一般情况下的基本价格 早餐 17 欧元 税金 4.50 欧元/人

CC A.D.J.M.V.

霍拉 Holla ★★

位于市场广场附近，很方便。一楼设有从容随便的休闲餐厅。客房有个性的装饰，周末的住宿预约只接受附带早餐的预约。也有淋浴和厕所公用的客房。

住 Boschstr.104-106 ☎ 043-3213523 FAX 043-3258082

◐ Map p.157

URL www.hotelholla.nl

费 ⑤45~62 欧元 ①65~85 欧元 早餐 9.50 欧元 税金 2.18 欧元 CC A.M.V.

B 可乘从车站出发的全部市内公交车（Stadsbus）在 Markt 下车。从车站步行约 20 分钟

德帕斯霍尔恩 De Poshoorn ★★

位于沿车站前的大街 Stationsstr. 前进的左侧。一楼是酒吧（Tapperij 小酒馆）。早餐在此进餐。房间清爽舒适。也有 3~4 人的客房。全部有 11 间客房。

住 Stationsstr.47 ☎ 043-3217334

◐ Map p.157 外

FAX 043-3210747

URL www.poshoorn.nl

费 带淋浴和厕所 ⑤57.50 欧元 ①70 欧元 早餐 6.75 欧元 税金 2.28 欧元

CC A.D.M.V.

从车站步行约 5 分钟。

增登 Zenden ★★

并设有体育学校的小型酒店。健身房与游泳池免费使用。2009 年年初改建后重新开业。有 9 间客房。

住 St.Bernardusstraat 5

☎ 043-3212211 FAX 043-3257565

◐ Map p.157

URL www.zenden.nl

费 带淋浴和厕所 ⑤①89 ~125 欧元 早餐 14 欧元 税金 3.75 欧元 全室禁烟

CC M.V.

从车站步行约 10 分钟。

巴特尔·马斯特里赫特 Botel Maastricht

由游艇改建的水上酒店。可以体验水手们的房间的住宿之旅。也有淋浴和厕所公用房间。有 28 间客房。

住 Maasboulevard 95

☎ 043-3219023 FAX 043-3257998

◐ Map p.157

URL www.botelmaastricht.nl

费 淋浴和厕所公用房间 ⑤29 欧元 ①44 欧元 带淋浴和厕所 ⑤33 欧元 ①48 欧元 早餐 6 欧元 CC 不可

从车站步行约 10 分钟。

托 伦

Thorn

林堡省
Limburg

这个小城镇位于马斯特里赫特以北 40 公里处，比利时国境附近。下了巴士稍走一点，你就会怀疑这里真的是荷兰吗？整个镇子全体都是白色的。从每家每户的窗户上吊挂着的天竺葵开出了小红花，与白色的墙壁形成绝妙的对比。所以托伦还有一个别名——"白色之城"。托伦的名字起源于这里曾有古老民族——古日耳曼人崇拜的托尔 (Thour) 神的寺庙。

随着时代的变迁，基督教的普及，这个寺庙变成了基督教的教堂。992 年镇里建了修道院，这以后的 800 年里，这个城镇由修道院院长统治。当时基督教的力量很强大，大兴土木，极其豪华。现在保留下来的这个城镇的古迹，基本上是那个时期的东西。

镇中央是非常漂亮的教堂。它有一个由砖砌成的白色线条的尖塔，这里就是修道院院长的宫殿。内部是统一的白色装饰，有着各式各样的花纹，可以感觉到 800 年的历史积淀。教堂前面的广场附近有 ▼，在这里领取地图。可在广场上的咖啡馆稍作休息。托伦是一个幽静的小镇，弯曲的小径最适合慢悠悠地散步。

看看面包蛋糕店和杂货店很有意思

镇中心的教堂内部

Netherlands

◀◀◀▮ **ACCESS** ▮▶▶▶

从阿姆斯特丹中央车站乘火车到韦尔特 (Weert) 约 1 小时 45 分钟。此外，从马斯特里赫特乘火车到鲁尔蒙德 (Roermond) 约 30 分钟。从韦尔特来乘 73 号线，从鲁尔蒙德来乘 72 路或 73 路的巴士，都是约 30 分钟。1 小时两班车。

市外长途区号 ☎ 0475

旅游咨询中心

住 Wijngaard 8
☎ 0900-2025588
FAX 0475-565569
URL www.vvv-middenlimburg.nl
开 10:00~17:00
　周一 12:00~17:00
　11 月~次年 3 月
　11:00~16:00
休 周一 (11 月~次年 3 月)、1/1、狂欢节、复活节的次日的周一、12/25~26

Column Netherlands

荷兰与比利时的比较研究——个子高矮

比利时人与荷兰人相比较，荷兰人的身高绝对要高。为什么呢？因为荷兰人平均身高达 1.9 米，世界第一。现在都还在继续增长。到 2020 年可能会达到 2 米，这可非同小可。与他们相比，有拉丁血统的比利时人可就显得矮了。一般来讲，北方的日耳曼民族比南方的拉丁民族要高大。那么为什么会这样呢？有人开玩笑，北方太阳出来的时间少，想多晒点太阳就向着太阳伸脖子，无形中就长高了。科学地讲，还是与饮食结构有关系。荷兰不用说，都知道是奶酪王国，乳制品的消费量很大。也就是说，喝大量牛奶和吃奶酪摄取了大量的钙，对骨骼的形成具有很大的影响，于是个儿高的人就不断增多。但是，身材高大也不完全是好事。姿态不好的话，背是弯曲的，腰疼等问题很多。据说骨骼形成时如果身高增长速度过快，可以从医生那里拿点药抑制生长。当高个子也是不容易的。当然，如果谁想要长高个儿，不妨在荷兰大吃奶酪，试试效果吧。

Netherlands

阿姆斯特丹

◀▮▮▮ **ACCESS** ▮▮▮▶

从阿姆斯特丹中央车站
出发，乘每小时发往弗利辛
恩 (Vissingen) 的列车需约 2
小时 30 分钟。从海牙 HS 站
出发，约 1 小时 40 分钟。从
鹿特丹出发约 1 小时 30 分钟。

市外长途区号 ☎ 0118

旅游咨询中心 (touristshop)
🏠 Markt 65c
☎ 0118-674300
📠 0118-674333
🌐 www.touristshop.nl
📅 4~10 月 9:30~17:30
　　周六 9:30~17:00

米德尔堡

Middelburg

 泽兰省
Zeeland

米德尔堡是荷兰西南部泽兰省 (Zeeland) 的省会，人口约 4 万。"Zeeland" 在英语里相当于 "Sea land"，是海的土地的意思。这个地方就像一根缝衣针那样，是根部较粗，尖端较细的半岛。泽兰人与水的斗争是十分艰苦的。新西兰的国名也来源于泽兰。在古代，这里是驶往爪哇的商船的基地。

这个地方的民族特色是头上戴的簪子非常独特，挂在两耳的前方，一般是金色的，就像汽车的后视镜，是纯金的，不单是起装饰作用，也是有钱的意思。在 7 月和 8 月举办的民族节日里就可以看到这种民族头饰。

 漫步米德尔堡

荷兰全国都保留着中世纪的氛围，而米德尔堡尤其美丽，城镇是袖珍型的，全部的景点都在步行范围内。从车站往北前进，在有旧城墙的地方过运河，约 5 分钟到达小镇中心，市场广场上有市政厅。旅游咨询中心就面

荷兰与比利时的比较研究——窗户的开放程度

凡是去过荷兰的人都认为荷兰人是非常开放的。比如，每家每户的窗户都擦得干干净净的，也不挂窗帘，仿佛自豪地对人讲："看看我们家。"比利时人则相反，窗户上挂着薄纱一样的窗帘，很多人晚上都放下百叶窗。那么，是荷兰人更开放些吗？不能这样简单地下结论，因为要从宗教上的不同观念来考虑。大家知道荷兰传统上是信奉清贫禁欲的新教，这个影响至今在生活的各个方面还很深刻。这个开放式的窗

有时可以在人家的阳台上看到卧着的猫

户就是其中之一。荷兰人似乎以此表明，自己严格遵循《圣经》，生活作风正派。也就是说，邻里之间也有一种相互监督作用。但原本宗教色彩不浓的年轻人，都把窗帘拉得严严实实，保护自己的隐私。比利时人信奉天主教，认为只要去教堂就行了，不必如此严格，所以从安全性上考虑，晚上放下百叶窗。其实去荷兰旅游时也不要向人家的窗户里看，那是不礼貌的，一定要注意。

向广场。

米德尔堡最大的特征就是在中心有一个全长1公里的环状道路。在这个环状路上集中了主要的景点。环状道路按时钟来比拟的话，从车站出来，3:00的位置就是大修道院与泽兰博物馆，4:00~9:00就是商店街，9:00的位置就是市政厅和旅游咨询中心。稍微再远点就是火绳枪兵协会。

米德尔堡的主要景点

市政厅 Stadhuis	➲ Map p.167

15世纪漂亮的哥特式建筑。主要部分是比利时有名的凯尔德曼斯家族设计，在1452~1458年建成的。以后，1506~1520年建起了塔和肉市场。17~18世纪增加了面朝北

每月第一个周日13:00~17:00
11月~次年3月
9:30~17:00
周一 13:00~17:00
休 周日、节日
　　附酒店名单的手册免费。10%的住宿费先以定金形式付给旅游咨询中心。

市内旅游
　　马车（Paardentram）从朗厄·扬塔楼出发。需要20分钟的时间。
☎ 0118-611375
开 11:00~16:30
休 9月中旬~次年5月
费 3欧元

市政厅
住 Markt
开 11:30和15:15

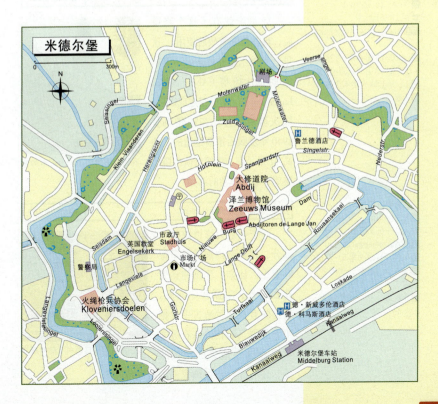

只接待导游观光团。需
要 40 分钟时间。
休 周五、11 月～次年 3 月
下旬
费 4.25 欧元

运河巡游船

朗厄·扬塔
住 Onder de Toren 1
☎ 0118-612525
URL www.langejanmiddelburg.
nl
开 10:00～16:00（周一 13:00～）
6 月下旬～8 月 10:00～17:00
休 11 月上旬～次年 3 月
费 4 欧元

泽兰博物馆
住 Abdijplein
☎ 0118-653000
URL www.zeeuwsmuseum.nl
开 10:00～17:00（周五 ～21:00）
休 周一、11 月～次年 2 月
的周二、1/1、12/25
费 8 欧元

街 (Noordstr.) 的古典式的部分。建筑物的正面装饰有统治过泽兰省的 25 位伯爵与伯爵夫人的雕像。

市政厅建筑物的正面，也是景点之一

大修道院 Abdij　　　　　　　　　→ Map p.167

　　12 世纪就有了这个修道院，现在作为省政府使用。这里有米德尔堡的标志——美丽的朗厄·扬塔（Abdijtoren de Lange Jan）。14 世纪建成以后，数次被烧毁，现在的建筑是 1940 年烧毁后重新建造的。从高 91 米，有 207 级台阶的塔上眺望，景色非常的漂亮。

米德尔堡的标志——美丽的朗厄·扬塔

泽兰博物馆 Zeeuws Museum　　　→ Map p.167

　　由于它是大修道院的一部分，建筑物内部的样子很有意思。比如，房梁伸到天花板之外，房屋犹如回廊。展出物有在泽兰考古中发掘出来的罗马时代的墓石等文物以及这个地方的民族服装，还有泽兰当地画家们的绘画等。

博物馆大门面向宁静的庭院

火绳枪兵协会 Kloveniersdoelen　　→ Map p.167

该建筑是 1607~1611 年间建成的。在 1787 年以前一

红与白相间的窗户给人印象深刻

米德尔堡的短途旅行

要想好好看看古典美的荷兰，就租一辆自行车去费勒（Veere）吧。沿着N663北上30分钟左右就到了，它是比利时的布吕赫的缩小版般的小镇。有400年以上的古建筑，城墙保存完好。再稍微走远点的话，可乘去阿姆斯特丹的电车在下一站（乘慢车时在下下站）胡斯（Goes）下车，然后换乘巴士，去济里克泽（Zierikzee）。荷兰式的吊桥与风车以及休闲用的游船停泊在岸边，有因捕鲸而繁荣的时期的建筑物和装饰等。此外，巴士还通过荷兰最长的大桥，也不要错过那里的风景。

Column Netherlands

游游泳，想想泽兰省人与洪水的斗争

1953 年 2 月 1 日，一场大洪水就像噩梦般袭击了荷兰西南部的泽兰省地区。在荷兰，该地区有特别多的地形复杂的三角地带，由于堤坝决口，洪水淹没了 15 万公顷的土地。1853 人在洪水中丧生。为了吸取这个教训，荷兰人制订了与水共存的三角洲计划。这个计划，从 1954 年开始花 30 年的时间，一边考虑如何不破坏生态环境，一边慢慢地推进计划。与大堤相提并论的这个非常完美的工程的全貌，在米德尔堡以北的内尔切·扬斯三角洲公园 (Deltapark Neeltje Jans) 的埃克斯波三角洲 (Delta Expo) 可以看见。

住 Deltapark Neeltje Jans, Faelweg 5, Vrouwenpolder
→ Map p.155
☎ 0111-655655
URL www.neeltjejans.nl
开 10:00~17:30
休 冬季(11月上旬~次年4月上旬)学校放假也设定成了休馆日，详细情况请在网页上确认
费 18.50 欧元

此外，这一带有许多小岛连在一起，是洗海水浴的胜地，米德尔堡的西北的栋堡 (Domburg) 也是其中之一。据说，年轻时候的蒙德里安，曾在这个海港城市度过夏天。沙滩无际，大海无边，在这样淳朴的风景里，花一天的时间，从容悠闲地与荷兰的水来次亲密接触如何？

前往方法：去往内尔切·扬斯三角洲公园 (Deltapark Neeltje Jans) 从米德尔堡站乘 133 路巴士约 30 分钟。每小时 2 班车。途中可以在海水浴场停车。周六和周日会减少班次，要注意。从米德尔堡到栋堡 (Domburg) 乘 53 路巴士约 40 分钟。每小时 1 班。

乘埃克斯波三角洲的游艇周游

直是士兵团体集会的场所。该建筑是清秀的带有佛兰德斯风格的文艺复兴样式，曾一度属于荷兰东印度公司。1795年到19世纪后期是米德尔堡医学院。毕业于这所学校的P.C.普拉赫（1847~1897）于1876~1878年在日本（东京司药场）工作，后来成为格罗宁根大学的教授。现在这座建筑作为演奏会和展览会的大厅来使用。

▮▮ 米德尔堡的酒店

Hotel

德·科马斯酒店 Du Commerce ★★★ ➡ Map p.167

位于车站前，是米德尔堡最大最古老的酒店。主要观光点都在步行范围内。设有餐厅、酒吧、咖啡馆。可以无线上网。

住 Loskade 1 ☎ 0118-636051

FAX 0118-626400
URL www.hotelducommerce.nl
费 带淋浴/浴缸和厕所 Ⓢ67~82 欧元 Ⓣ94~119 欧元 含早餐 税金 2 欧元
CC A.M.V. 从车站步行约3分钟。

德·新威多伦酒店 De Nieuwe Doelen ★★★ ➡ Map p.167

非常适合商务和家庭旅行。房间是朴实的现代风格。有大、中、小三个房型，设有酒吧。可以无线上网。有35间客房。

住 Loskade 3-7 ☎ 0118-612121

FAX 0118-636699
URL www.hoteldenieuwedoelen.nl
费 带淋浴/浴缸和厕所 Ⓢ70~80 欧元 Ⓣ80~125 欧元 含早餐 税金 2 欧元
CC A.M.V. 从车站步行约3分钟。

鲁兰德酒店 Roelant ★★★ ➡ Map p.167

全部12间客房，由家庭经营。住宿3晚以上时，可以品尝普罗旺斯风味的菜肴。并设有法式小酒馆。3道菜套餐25.50欧元。酒店住宿进餐时，餐厅有10%的折扣。

住 Koepoorstr.10 ☎ 0118-627659/0118-633309(小餐馆)

FAX 0118-635814
URL www.familiehotelroelant.nl
费 带淋浴和厕所 Ⓢ52.50 欧元
Ⓣ86.50 欧元 含早餐 税金 2.10 欧元
CC M.V.
从车站步行约8分钟。

布雷达

Breda

北布拉班特省
Noord-Brabant

北布拉班特省的布雷达，自古就是繁荣的贸易要地。也许因为离比利时很近，该市十分的精致。与北荷兰的城市稍有点不同。从 17 世纪，因是啤酒之城而闻名。这里是与喜力啤酒齐名的荷兰啤酒公司英博公司（母公司就是比利时的英博公司）的总部所在地。在 2 月有狂欢节，5 月举办爵士乐节。

漫步布雷达

在车站前延伸的道路的右侧有 。沿这条道一直往前走，穿过正面一个很大的公园，就到了贝金会修道院（Begijnhof）。该修道院建于 1535 年，是为把一生奉献给神的独身女性而设立的。修道院以教堂为中心，院子周围建起一座座小房子。贝金会修道院在荷兰和比利时建了很多，像这样如此完整地保留下来的，在荷兰就只有这里和阿姆斯特丹的了。

走到这里就看见圣母教堂的塔了。以它为目标走过去的话，就来到城市的中心——大市场（Grote Markt）。从车站到这里约 10 分钟。面向广场是 17 世纪建成的市政厅

（Stadhuis）。到了夏天，广场到处摆满了咖啡馆和餐馆的桌子，直到深夜都非常的热闹。此外，周二和周

上图：城市中心大市场
下图：贝金会修道院

◀▮▮▮ **ACCESS** ▮▮▮▶

从海牙中央车站出发乘 IC 列车 1 小时。从鹿特丹出发约 30 分钟。

市外长途区号 ☎076

旅游咨询中心
●站前
住 Willemstr.17-19
☎ 0900-5222444(0.45 欧元 / 分钟)
FAX 076-5218530
URL www.vvvbreda.nl
开 周一 13:00~17:30
　 周二 ~ 周五 9:30~17:30
　 周六 10:00~16:00
休 周日、节日、狂欢节

●大市场（市政厅内）
🏠 Grote Markt 38
☎FAX URL 与站前相同
🕐10:30~17:30
　周六 10:30~17:00
🚫 周一、周二、周日、节
日、狂欢节

酒店的名册、地图及其
他都免费。附带酒店名册与
地图的旅行手册 1 欧元。
酒店的预约手续费一次 6.50
欧元。

圣母教堂
🏠 Kerkplein 2
☎076-5218267
URL www.grotekerkbreda.nl
（荷兰语）
🕐10:00~17:00
　周日 13:00~
🚫 1/1、12/25~26、举办活动
时
💰 免费

布雷达城堡
➲ Map p.172
　　参加布雷达的观光旅游
团，可以参观城堡的一部分。
详细情况请向 Ⓥ 咨询。

德尔堡的现代美术馆
　　布雷达的东面，德尔堡
城里的 De Pont 是专门展出
现代美术作品的美术馆。很
多欧洲有名的艺术家的作品
都在这里展出。像工场一样
的开放空间是它的特点。从
车站步行 10 分钟左右。
🏠 Wilhelminapark 1, Tilburg
URL www.depont.nl

五的午前，会举
办集市。

　　布雷达的景
点全部都在从大
市场步行 10 分钟
以内的范围里。
虽然小城镇半天
就可参观完，但
在这个幽静美丽
的小城里享受悠
闲的时光也是很
不错的。

🏛 布雷达的主要景点

圣母教堂 Grote of O.L. Vrouwekerk　　➲ Map p.172

　　位于大市场的一个角落，于
15~16 世纪建起的布拉班哥特式
的新教教堂。97 米高的塔上有由
49 个铃铛组成的组钟，更显出其
风姿优雅。内部有大量的墓地，
其中有著名的拿骚家族的恩格尔
贝特二世和他的妻子的墓地。两

在运河游艇上看圣母教堂

人的灵柩由恺撒、雷古莱斯、汉尼拔和马其顿的腓力二
世 4 位国王的雕像支撑着，分别象征着勇气、宽大、忍
耐、英明。

西班牙门 Het Spanjaardsgat　　➲ Map p.172

　　有两座七角形的
塔楼，其屋顶是洋葱
头形的，是 16 世纪建
造的围住城市的城墙
的一部分。里面有布
雷达城堡，现在是军

具有独特的洋葱头形的屋顶

事学校，个人不能自由进入参观。

布雷达博物馆 Breda's Museum　　Ⓢ Map p.172 外

位于从大市场往南走400米的地方。展出了与布雷达历史有关的各种各样的文献。

布雷达博物馆
🏠 Parade 12-14
☎ 076-5299300
URL www.breda-museum.org（只有荷兰语）
开 10:00~17:00
休 周一、1/1、12/25
费 3.50 欧元
从车站出发步行约15分钟。

🏨 布雷达的酒店　　Hotel

在市中心经济型酒店虽不太多，但有贵宾房。请在 咨询。

阿波罗酒店 Apollo Breda City Centre　　★★★★　　Ⓢ Map p.172

在车站附近，中心街和购物中心步行范围内。客房空调完备，有有线电视，也可看DVD。并设有餐厅和酒吧。有 40 间客房。
🏠 Stationsplein 14

☎ 076-5220200　FAX 076-5214967
URL www.apollohotelsresorts.com
费 带淋浴/浴缸和厕所 ⑤Ⓣ90~140 欧元　早餐 16.50 欧元
CC A.D.M.V.

德·克洛克酒店 Stadshotel de Klok　　★★★　　Ⓢ Map p.172

位于大市场的市政厅的隔壁，从车站步行 10 分钟，在房间里就能看到广场全景。一楼是餐厅。早餐以外，午餐、晚餐时喝喝酒，度过快乐时光吧。
🏠 Grote Markt 26-28

☎ 076-5214082
FAX 076-5143463
URL www.hotel-de-klok.nl
费 带淋浴/浴缸和厕所 ⑤67.50 欧元～　Ⓣ92.50 欧元～　含早餐
CC D.M.V.

经济型旅馆 B&B Aan de Singelgracht　　Ⓢ Map p.172

位于车站附近的公园旁，步行马上就到的地方。从大市场步行 7 分钟。可以看出房间里的家具布置花了不少心思，具有非常好的气氛，各室可无线上网。有咖啡和饮茶用具。有 13 间客房。

🏠 Delpratsingel 14
☎ 076-5216271
FAX 076-5214067
费 带淋浴和厕所 ⑤39 欧元～Ⓣ89 欧元～　含早餐
CC 不可

横跨两个国家的神奇的城市

悬挂荷兰和比利时
两国国旗的地方

本文给你讲一个名叫巴勒拿骚的神奇城镇。它的正式名称是 Baarle-Nassau-Hertog。

横跨荷兰和比利时两国的城镇在国境上有不少。但是，如果一个属于荷兰的城市中竟有 21 处比利时的飞地（被外国领土包围的土地），而在这些飞地中，又有 8 个荷兰飞地，听到这种事情，你不觉得不可思议吗？

这座城市属于荷兰的部分叫巴勒拿骚（Baarle-Nassau），属于比利时的部分叫巴勒海托赫（Baarle-Hertog），人口合起来不过 9000 人。那为什么变得如此复杂呢？为了搞清这个问题，最好是亲自到这个城镇走一走，在不经意的国外旅行（一会儿去了比利时，一会儿又回到了荷兰！）的同时思考一下吧。城里家家户户门口都挂有国旗，因挂了国旗，属于哪个国家就一目了然了。

这可是很久很久以前的事了。在 12 世纪，中世纪的欧洲战争与权力斗争此起彼伏，大概这个城市也没能躲过，同时被两个领主占有。1648 年荷兰独立的时候签署的条约中，也保留了纵横交错的领土状态，硬生生地分给两个国家。这种情况一直持续到现在。

这以后，已经过无数次的尝试来解决这个异常的状态，当然该城市的人们自己本身也意识到这种特殊状态，但是约 9000 人的市民好像已习惯了这种混乱状态，而且很乐意利用两国税收及其他制度的差别占点小便宜。当然这个城市的市长也是两个人。邮局、银行、警察局、学校也都有两个。法学家也好，政治家也好，对这个一分为二的城市如何再合二为一费尽苦心，但到现在仍然束手无策。

作为旅游者的我们，首先尽可能地到处看看。这里既有一家被分为两国的情况，也有餐馆的厨房与桌子分别位于两个国家的情况。从其餐馆的厨房端出饭菜送到桌子上，不也成了一种"出口"了吗？

旅游咨询中心

住 Nieuwstr.16
☎ 013-5079921
FAX 013-5073108
URL www.groenedriehoek.nl（只有荷兰语）
开 5~9 月 10:00~16:00（周日 11:00~15:00）
  10 月～次年 4 月 11:00~15:00
休 部分节日
  虽不能预约酒店，但有免费酒店名册。

交通

从荷兰的布雷达（Breda）乘 132 路巴士，约 30 分钟，1 小时有两班车。从蒂尔堡（Tilburg）出发也是乘 132 路巴士，约 30 分钟。从比利时方向的蒂伦豪特（Turnhout）出发乘 460 路巴士，1 小时一班车（周日午前不运行）。

Netherlands

荷兰中部

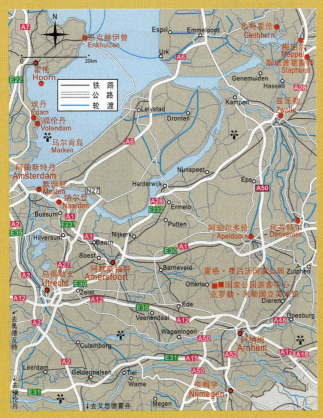

阿姆斯特丹

基本上位于荷兰的中央位置。从阿姆斯特丹乘 IC 列车，约 30 分钟。从北部的格罗宁根、吕伐登，东面的阿珀尔多伦、阿纳姆，西面的鹿特丹，南面的马斯特里赫特等地出发，荷兰全国都可以当天往返。

市外长途区号 ☎ 030

旅游咨询中心
住 Domplein 9
☎ 0900-1288732（0.50 欧元 / 分钟）
FAX 030-2360037
URL www.12utrecht.nl
开 10:00~18:00
　周一 12:00~18:00
　周六 12:00~17:00
　周日 12:00~17:00
休 1/1、12/25

旅游小册子免费。地图 1.50 欧元。酒店的预约手续费 2.50 欧元 / 人 +0.50 欧元的电话费。

✉ **芭芭勒德 Babalade**
出售可爱的儿童用品，很精致的杂货店。有大量的荷兰的女性艺术家的原创纪念品。如果要求打磨抛光，工作人员会很迅速地完成工序。
住 Oudegracht 330
☎ 030-6700333

乌得勒支
Utrecht

乌得勒支省
Utrecht

　　乌得勒支是同省名的首府，人口约 30 万人，是荷兰第四大城市。它是荷兰的交通要道，商业也很繁荣，人们充满活力。荷兰因地理位置不同，人的气质也有差异。乌得勒支人很有绅士风度，而且重视古老的传统习惯。

　　因 16 世纪后期的独立战争，这里曾是荷兰独立的中心。此外，因西班牙对新教教徒的迫害，荷兰北部的 7 个省团结一致，结成了乌得勒支同盟。这个时候，乌得勒支也是独立运动的象征。

　　我们漫步乌得勒支，可以感受到历史的厚重。这里从 1636 年开始，变成了有大学城的城市。荷兰学生质朴刚健的品格令人惊叹。

漫步乌得勒支

　　乌得勒支的中央车站与荷兰首屈一指的现代购物中心 Hoog Catharijne 合二为一。

　　虽然乌得勒支是荷兰的第四大城市，但是城市本身并不大。出了购物中心往东步行 5 分钟，就到达流过乌得勒支中心的老运河（Oudegracht）。桥下有运河游览船的码头。运河水面低于地面

周六的圣扬教堂前的花市

乌得勒支的名景——运河水面咖啡馆

5 米，这在荷兰运河中是罕见的。面向水面的咖啡馆也只有在乌得勒支才有。夏天轻风吹拂，晒晒阳光浴，在这里小憩，是多么美好的事情啊。

沿着运河再向南走，可以看到桥对面的多姆塔。乌得勒支的中心地就是这个有多姆塔与多姆教堂的多姆广场（Domplein）了。面对广场的建筑里有 ，可以到这里来收集信息。

广场周围集中了八音盒博物

乘船去老运河

乌得勒支市中心

运河巡游

从 Oudegracht t/o 85 出发，需要 1 小时。英语的解说只有周末才有。冬季运航次数将减少。要确认。
☎ 030-2720111
出 周六、周日 11:00~17:00(运河未结冰时)每小时一班。
周 一～周 五 11:00、12:30、14:00、15:30、17:00
休 1、2 月的周一，1/1，12/25
费 7.95 欧元

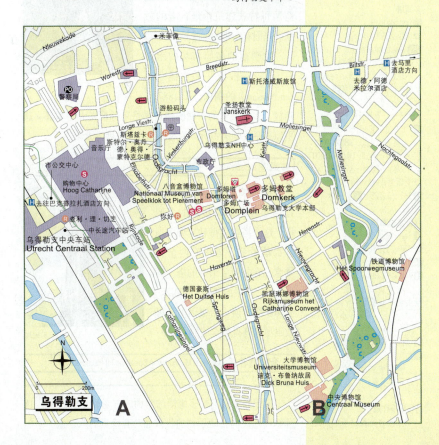

虽然离得远一点，可以乘坐市内巴士（Stad Bus）。巴士都是相同号码，去两个不同的地方，因此请向驾驶员确认后再乘车。此外，要注意还有去其他城市的中长距离巴士（Streek Bus）。

乌得勒支的主要景点

多姆教堂 Domkerk　　　　　　　🔘 Map p.177-B

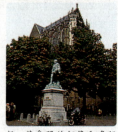

该教堂是亨德利克 · 范菲安登（Hendrik van Vianden）在 1254 年开始建造，1517 年完成的。是荷兰哥特式建筑中最古老的教堂。里面有幽雅的咖啡馆。

扬·范拿骚的铜像和多姆教堂

教堂前的多姆广场的南侧有国父之一的扬 · 范拿骚（Jan van Nassau）的铜像，于 1887 年建成。多姆教堂的南侧的建筑物是乌得勒支大学本部。这里原来是牧师集中听讲的地方，后来发展为大学。

多姆塔 Domtoren　　　　　　　　🔘 Map p.177-B

在多姆广场西侧，1321~ 1382 年建起的哥特式的多姆塔。这个塔在乌得勒支哪个地方都能看到。塔里有两个礼拜堂。它是荷兰最高的塔，高 112 米。几乎到塔顶（102 米）有 465 级台阶。拾级而上，可放眼尽览乌得勒支城的全貌。

多姆塔

八音盒博物馆 Nationaal Museum van Speelklok tot Pierement
🔘 Map p.177-A

位于隔着运河的多姆塔的对面的古老教堂里，展出 18 世纪到现代的自动乐器的收藏品。有珍贵的八音盒、手摇

多姆教堂

🏠 Achter de Dom 1

☎ 030-2310403

URL www.domkerk.nl

🔓 5~9 月 10:00~17:00

　　周六 10:00~15:30

　　周日 14:00~16:00

　　10 月~次年 4 月

　　11:00~16:00

　　周六 10:00~15:30

　　周日 14:00~16:00

　　由于周六的 15:30 举办免费音乐会，教堂里不能任意行走。

🈲 包租出去时不开放

💰 免费

多姆塔

🏠 Domplein 9

☎ 030-2360010

URL www.domtoren.nl

　　必须跟着导游参观。每隔一小时或两小时出发。详细情况请确认。接待处就在🔽旁边的 Rondom 里。1 次成行的人数因有限制，最好预约好。

🔓 周日 12:00~17:00

　　周一 12:00~18:00

　　周二~周五 10:00~18:00

　　周六 10:00~17:00

※上面为 Rondom 的开放时间。

🈲 1/1、12/25　💰 7.50 欧元

八音盒博物馆

🏠 Steenweg 6

☎ 030-2312789

URL www.museumspeelklok.nl

🔓 10:00~17:00

　　有导游团（荷兰语，希望用英语也可能用英语）。到 16:00 为止，每隔一小时一次团。

🈲 周一、1/1、女王日、12/25

💰 8 欧元

　　参观结束时会有很多人付给导游小费。

✉ **乐谱作成**

　　在接待处提出请求就能

风琴、自动唱机、街头风琴等，有现场演奏。特别是荷兰的著名街头风琴，有木偶和着悠扬的乐曲敲打着钟和鼓，让人看着就兴奋起来。该博物馆充满怀旧的气氛，是无论大人小孩都喜欢的博物馆。

左：导游一边讲解，一边演奏　右：教堂内的博物馆

乌得勒支大学本部 Het Academiegebouw van De Universiteit Utrecht
➲ Map p.177–B

　　邻接多姆教堂的南部，19 世纪末的文艺复兴时期式样的建筑物。乌得勒支大学于 1636 年创办。其中有 1409 年建造的教堂参事会室。1495 年开始作为多姆教堂的牧师的集会会所。扬·范拿骚就在这里结成乌得勒支同盟。现在是大学的大课堂。

左图：米纳尔楼的内部　右图：多姆教堂前的大学本部和扬·范拿骚的雕像

中央博物馆 Centraal Museum
➲ Map p.177–B

　　乌得勒支最大的博物馆。有 1500~1800 年，1800~1945 年的收藏品以及里特韦尔的作品等，也举办专题展出。这里除了有加入荷兰人气设计团体"多罗谷设计"的设计师理查德·胡滕开的自助餐馆外，

得到八音盒奏乐用的黄色纸片。在准备好了的纸片上用打孔机打上洞，通过八音盒时就可以演奏出音乐了。似乎是小孩子的玩意儿，但只要你请求一样可以得到。

代表荷兰的建筑群——乌得勒支大学郊外校园

　　虽然远离乌得勒支老市区，对建筑感兴趣的人不妨去看看。具有代表性的是 Meutel Tags–Riedijk 公司设计的米纳尔楼（Minnaert）和雷姆·库哈斯所设计的大学教育馆（Educatorium）。基本上周六、周日不能参观内部。参观时请注意不要打搅学生们。

🏠 Leuvenlaan 4&19, De Uithof
☎ 030–2533550
🚌 从中央车站乘 12 路巴士在 Padualaan，11 路在 Botanische Tuinen 下车。所需时间约 15 分钟
　　乌得勒支的建筑集团"阿奥特"主办的 De Uithof 建筑游 2/6、4/10、5/15、10/16 的 15:00 出发。
💰 9.50 欧元
　　需要 2 小时。需要预约。基本上是荷兰语的解说。
询问处：
Architectuurcentrum Aorta
🏠 Achter de Dom 14, Utrecht
☎ 030–2321686
URL www.aorta.nu

中央博物馆
🏠 Nicolaaskerkhof 10
☎ 030–2362362
URL www.centraalmuseum.nl
开 周二~周日 11:00~17:00（周五~21:00）
休 周一、1/1、女王日、12/25
💰 8 欧元（与迪克·布鲁纳故居的通票），专题展出另定票价
　　从多姆教堂步行 15 分钟
🚌 从车站乘 2 路巡回巴士需 10 分钟，在 Centraal Museum 下车

迪克・布鲁纳故居
住 Agnietenstraat 2
☎ 030-2362392
URL www.dickbrunahuis.com
开 周二～周日 10:00～17:00
休费 与中央博物馆相同
从多姆教堂步行15分钟。
B 从车站乘2路巡回巴士10分钟，在 Centraal Museum 下车

铁道博物馆
住 Maliebaanstation
☎ 030-2306206
URL www.spoorwegmuseum.nl
开 10:00～17:00
休 周一（学校放假除外）、1/1、女王日
费 14.50 欧元
B 从车站乘3路去 Brug F. Aadreaelaan 方向的巴士约10分钟，在 Maliebaan 下车
乌得勒支中央车站与博物馆有往返特别列车。车票在车站自动售票机或售票窗口或博物馆购买。往返票价2欧元。

大学博物馆
住 Lange Nieuwstr.106
☎ 030-2538008
URL www.museum.uu.nl
开 周二～周日 11:00～17:00

还有很多家书店。

迪克・布鲁纳故居 Dick Bruna Huis　⊙ Map p.177-B

迪克・布鲁纳故居是于2006年2月在中央博物馆对面开放的。收藏了在中国也相当有人气的"米菲兔"的创作人迪克・布鲁纳的无数收藏品。此外还有录像、游戏、玩具等，展出范围很广泛，是中央博物馆的分馆。

有很多让孩子们高兴的玩具

铁道博物馆 Het Spoorwegmuseum　⊙ Map p.177-B

该馆原是马利班（Maliebaan）铁路的火车站，展出了19世纪末到20世纪活跃的60个以上的蒸汽机车。其他还有列车的模型与发动机等。可以了解到荷兰铁路的历史及其技术发展的情况。

还能跑动的小型火车

大学博物馆 Universiteitsmuseum　⊙ Map p.177-B

展出乌得勒支大学的历史、科学器具、医疗器具、

Column Netherlands

荷兰式的现代建筑——施罗德住宅 Rietveld Schröderhuis

1924年建成了由赫里特・托马斯・里特韦尔设计的 T.施罗德妇女住宅。是风格派的代表作，使用了现代色彩，有像精密机械装置一样的分割与建筑材料，相当有趣。已被列为世界遗产。由收藏了里特韦尔的椅子和家具的中央博物馆管理。

只能跟导游团参观。周四～周六11:45、12:45、13:45、14:45，一天四次。门票在施罗德住宅前面道路上的售票处购买（住 Erasmuslaan 5）。

交通：从中央车站的巴士始发站乘4路巴士在 Prins Hendriklaan 下车。

住 Prins Hendriklaan 50
☎ 030-2362310（预约，询问）
URL www.centraalmuseum.nl
费 16欧元（与中央博物馆的通票）

建在住宅区一角的施罗德住宅

放在经过计算后的空间里的里特韦尔的椅子

照相机、古代文书等。也有很多乌得勒支大学的 F.C. Donders(生理学、眼科学)的资料。

德国豪斯 Het Duitse huis　　　❍ Map p.177–A

日本幕末维新时期，有近 20 名荷兰军医来到日本，向日本人传授近代医学。他们大多毕业于 1822~1868 年设在乌得勒支的陆军军医学校（Rijkskweekschool voor militaire geneeskundigen）。该校毕业生蓬佩在长崎大学，卢斯菲尔特在熊本大学和京都府立医科大学，罗伊特尔在冈山大学，鲍德温在大阪大学和东京大学，斯洛伊斯在金泽大学，他们在这些学校的前身任教。现在日本的医科大学课程设计得很死板，就是以军医学校为样板的结果。现在成为了五星级酒店（Grand Hotel Karel V）。因为它是文化遗产，还保留着它的原有外观。

利用原有历史建筑建成的酒店 Karel V

🚍 短途旅行

哈尔城堡和哈泽伊伦斯 Kasteel de Haar & Haarzuilens

乌得勒支郊外的城堡。有盛开着玫瑰的庭院，耸立的尖塔，红白相间的窗户，简直就像童话中的世界。14 世纪

好像出现在童话里的哈尔城堡

休 周一、1/1、4/30、12/25
费 7 欧元
B 从车站乘 2 路巴士约 10 分钟，在 Universiteitsmuseum 下车

德国豪斯
住 Geertebolwerk 1
Grand Hotel Karel V
有各种住宿安排，并设有餐厅。
☎ 030-2337555
URL www.karelv.nl
费 Ⓢ129 欧元 ～ Ⓣ149 欧元 ～ 早餐 20 欧元　税金 5%

◀◀▮▮▮　ACCESS　▮▮▮▶▶

从乌得勒支中央车站出发，乘 127 路巴士（去往 Vleuten/Kockengen），在哈泽伊伦斯（Haarzuilens）的巴士站 Kasteel 或 Brink 下车。从那里到哈尔城堡步行只要 45 分钟。班次很少，平常每小时一班。周日在 Vleuten 的 Henri Dunantlaan 要换乘相同的 127 路巴士。

此外，乘从乌得勒支中央车站到 Leiden 的慢车（Stoptrein）在第二个站 Vleuten 站下车。从这里乘出租车约 10 分钟。

哈尔城堡
住 Kasteellaan 1, Haarzuilens
☎ 030-6778515
URL www.kasteeldehaar.nl

开 1/5~2/13
　　周六、周日 12:00~16:00
　　2/14~6/30
　　周二~周五 12:00~15:00
　　周六、周日 12:00~16:00
　　7/1~8/31(7/12~19除外)
　　周一~周日 12:00~16:00
　　内部参观只能跟一小时
一趟的导游团。基本上是荷
兰语。1~6月的周日，7、8
月的每天的15:45有英语导
游团。详细情况请参见网页。
上面的导游团的举办日期也
有变动的可能，事先需确认。
休 上面的开放时间以外、4/30
费 8欧元(只参观庭园3欧元)

哈尔城堡的庭园

　　有花圃等。如果城内的
旅游团不能参加，就去庭园
散散步也不错。

开 10:00~17:00
休 1/1、12/25、举办其他活
动时

◀◀◀▮▮ **ACCESS** ▮▮▶▶▶

　　从乌得勒支中央车站乘
中距离巴士(Streek Bus)
(去往豪达的180路巴士)，
约40分钟。平日1小时2班，
周日、节日1小时1班。在
Oudewater的Molenwal下车。
去魔女法庭步行10分钟。

魔女法庭

住 Leeuweringerstr.2
☎ 0348-563400
URL www.heksenwaag.nl
开 4~10月
周二~周日、节日11:00~17:00
休 周一、女王日、11月~
次年3月
费 4.25欧元

✉ **有魔女证明书哟**

　　建筑物就像普通民居一
样，注意不要走过了。称过
体重后，我的体重轻了点。
盖了魔女的章，1岁的女儿
得到一张有黑猫章的证明书。
这时候好激动啊！

以来，该城堡一直属于范路
易伦家族所有，17世纪因受到
路易十四军队的侵害，长期荒
废。因纳埃菲尔特男爵制订了
宏大计划再加上他的夫人海
伦娜·罗斯彻尔德的资金支
持，使这座城堡重新焕发了光
辉。再建时期的指挥者就是阿

红与白的窗框很可爱。哈泽伊
伦斯的民居

姆斯特丹国家博物馆和中央车站的设计者卡帕斯。复兴从
1892~1912年花费了20年的时间。它是荷兰最大规模的城
堡建设工程，有数百名专家参与了该城堡的修复。

　　只有外墙壁和圆塔保留了原来的式样。卡帕斯将城堡
内外用新哥特式样统一起来，进行了多项装饰，如男爵夫
妇在漫游世界各地时收集的中世纪的佛兰德斯的壁毯，路
易十四的马车，东洋的陶瓷器、绘画等，甚至还有日本的
大名轿子。

　　哈泽伊伦斯是哈尔城堡下面的一个小镇。哈尔城堡的
窗框分别涂有红色和白色，这个村庄的民居的窗户也被涂
成红色和白色，另外还有一个"红村"的别名。各家各户
都具有16世纪的气氛。咖啡馆、古董店也飘浮着同样的
气氛。

奥德瓦特 Oudewater

　　奥德瓦特就是"古老的水"的意思，是个人口不到
7000人的小镇。其作为"魔女镇"而出名。流过小镇中

能给我一张证书吗

央的运河边上，有一座1595年
建起来的魔女法庭(Museum de
Heksenwaag)。要是谁长得像魔女
就要在这儿称体重，如果体重到
不了一定的标准，就要被处以火
刑等酷刑。如果你愿意，可以在
称过体重后得到一张不是魔女的
证明书。

🍴 乌得勒支的餐馆

斯塔兹卡斯特尔 · 奥丹 Stadskasteel Oudaen　　法国菜

位于Oudegracht路旁。二楼是法国风味的餐馆。4道菜的套餐39.50欧元，一楼是咖啡馆。夏季是露天咖啡座。奶酪的三明治5.25欧元。三文鱼蛋包饭7.95欧元。

住 Oudegracht 99　☎ 030-2311864

➲ Map p.177-A

营 10:00～次日1:00(周五、周六～次日2:00)
休 1/1、12/25～26(预定)
服装 整齐的衣服(只有二楼的餐厅有要求)
预 要预约(只有二楼的餐厅有要求)　CC A.D.M.V.

德 · 奥得 · 蒙特克尔德 De Oude Muntkelder　　薄烤饼

出售30厘米左右的又薄又大的荷兰风味的薄烤饼。下了台阶，就到运河旁。帕勒科克(荷兰风味的薄烤饼)5欧元。附带苹果的帕勒科克6.65欧元。最贵的是10.35欧元。

➲ Map p.177-A

住 Oudegracht a/d Werf 112
☎ 030-2316773
营 12:00～21:00
休 1/1、12/25～26、12/31
服装 无
预 希望预约　CC A.M.V.

查利 · 理 · 切芝 Charile Chiu's　　快餐

车站大楼里的亚洲风格的餐厅。自己选择蔬菜、肉、调料来做炒饭或炒面。菜谱的基本价格4.95欧元～。印度尼西亚风味的烤鸡晚餐7.50欧元。

住 Stationstraverse 2　☎ 030-2340346

➲ Map p.177-A

营 10:30～22:00（周日11:00～、周四～22:30)
服装 无
预 不要
CC 不可

🏨 乌得勒支的酒店

由于乌得勒支是荷兰的国际样品交易会的举办地，经济实惠的酒店并不太多，而且都分布在城市周围，自己一边走一边找很困难。可以给本书登载的酒店打个电话预约或去 Ⓥ 获取帮助。

有很多设施齐全的大型酒店

巴克普拉扎酒店 Park Plaza　　★★★★

中央车站背面的高档酒店。位于观光方便的地方，购物中心就在旁边，酒店内设施齐全，有餐厅等，可无线上网。有专门的禁烟客房。有120间客房。

住 Westplein 50　☎ 030-2925200

➲ Map p.177-A 外

FAX 030-2925199
URL www.parkplaza.com
费 带淋浴/浴缸和厕所 Ⓢ Ⓣ 79～230欧元　早餐19.50欧元　税金为房费的5%　费用为基本情况下的
CC A.D.J.M.V.

乌得勒支 NH 中心 NH Centre Utrecht ★★★

位于圣扬教堂（Janskerk）的侧面。传递荷兰古色古香风情的欧洲风格的酒店。位于旧市区中心地区，观光旅游非常方便。餐馆和咖啡馆等就在附近。有 47 间客房。

住 Janskerkhof 10　☎ 030-2313169　FAX 030-2310148

○ Map p.117-B

URL www.nh-hotels.com
费 带淋浴 / 浴缸和厕所 ⑤①
99~210 欧元　早餐 16.50 欧元
税金是房费的 5%
CC A.D.M.V.
　从中央车站步行 15 分钟。
B 从中央车站乘 11 路等到
Janskerkhof 下车

马里酒店 Malie ★★★★

绿树葱茏中的古典酒店。环境幽雅宁静，面对庭院的房间有的带阳台。有电视、电话，能无线上网。早餐是自助式。有 45 间客房。

住 Maliestr.2　☎ 030-2316424　FAX 030-2340661

○ Map p.117-B 外

URL www.maliehotel.nl
费 带淋浴 / 浴缸和厕所 ⑤120~
170 欧元　①140~199 欧元
早餐 12.50 欧元　税金 5%
CC A.D.J.M.V.
B 从中央车站乘 4、11 路约
10 分钟到 Oorsprongpark 下车

德·阿德米拉尔酒店 De Admiraal ★★

在宁静的住宅区，有面对庭院的房间，给住宿客人专门准备有供出租自行车。也有淋浴和厕所公用的客房。全馆禁烟。

住 Admiraal Van Gentstraat 11
☎ 030-2758500　FAX 030-2758501

○ Map p.117-B 外

URL www.hoteldeadmiraal.nl
费 ⑤66~88 欧元　①108 欧元
早餐 10 欧元
CC M.V.
B 从中央车站乘去 Overvecht 方向的 8 路车在 Jan van Galenstraat 下车

斯托洛威斯旅馆 Hostel Strowis　青年旅舍

利用具有 300 年历史的建筑物设立的适合背包客的旅馆。通铺基本上是男女混住，但是只有一个房间是女性专用。4、6、8、14 人一间。毯子另加费用。

住 Boothstraat 8　☎ 030-2380280　URL www.strowis.nl

○ Map p.117-B

费 ⑩15~18 欧元 / 人 ⑤57.50
欧元①57.50~65 欧元 / 人
早餐 6 欧元
CC A.M.V.(手续费 +5%)
　从中央车站步行 15 分钟。
B 从中央车站乘 2、4、8、
11 路在 Janskerkhof 下车

阿纳姆
Arnhem

 海尔德兰省
Gelderland

海尔德兰省的首府是阿纳姆，位于荷、德边境附近，是9世纪以来的古城，也是纺织与钢铁业发达的工业城市。但是在第二次世界大战中，这里是德军和英军的激烈战场。电影《遥远的桥》即以此地为舞台，从而闻名于世。现在阿纳姆是一个拥有众多树木茂盛的美丽公园的城市，因此也有一个别名叫"公园城市"。

阿纳姆以北与阿珀尔多伦之间有荷兰最大的自然保护区霍格·费吕沃国家公园（De Hoge Veluwe）。在这个大森林中有克罗勒·米勒国立美术馆，它是因收藏凡·高的作品齐全而著名的两处美术馆之一。阿纳姆

◀◀◀◀ ACCESS ▶▶▶▶

从阿姆斯特丹中央车站乘IC列车1小时多点，每1小时两趟车。从乌得勒支出发约40分钟，1小时4趟班车。

市外长途区号 ☎ 026

旅游咨询中心
vvv NL Shop Arnhem
[住] Stationsplein 13
☎ 0900–1122344
[FAX] 0481–366251
[URL] www.vvvarnhem.nl
[开] 9:30~17:30
（周六~17:00）
[休] 周日、节日
附带酒店名单的旅游小册子2欧元，基本上不接受预约。

 Column
Netherlands

阿纳姆是因《遥远的桥》出名的城市

莱茵河流入荷兰后就分为两条河，其中一条就是下莱茵河。位于这条河的沿岸的阿纳姆是临国家森林公园的美丽城市。你可能想不到第二次世界大战期间在莱茵河两岸曾发生了历史上规模最大的空降战役"市场花园战役"，使这里成为英国空降部队遭遇悲剧的舞台。1944年9月17日，英国空军的大部队为了保住莱茵河上的大桥，伞兵部队降落在阿纳姆的周围，其中，约翰·弗罗斯中校的部队进攻到桥下，遭到德国军队的激烈抵抗。由于孤军深入，没能等到增援部队的到来，全部战死。另外一部分士兵，约500人被荷兰居民悄悄掩护起来。结果，这场战斗以失败而告终，这时的英军司令官蒙哥马利知道失败后轻声叹息了一句："战役是打胜了，但是桥太远了。"联合军将阿纳姆城从德军手里解放出来，已是1945年4月8日了。

荷兰作家高尼利斯·瑞安据此写作了《遥远的桥》，又改编成电影。阿纳姆的名字就传遍了全世界。这个桥的名字也改成了"约翰·弗罗斯特桥"，以纪念部队指挥官约翰·弗罗斯中校。如今桥仍然跨在莱茵河上，令人缅怀往昔。此外，阿纳姆近郊还保留着英军司令部建立的建筑物，已变成了记录这场悲壮的空降战役的空军博物馆。

在荷兰露天博物馆有一天游遍荷兰的感觉

郊外还有荷兰露天博物馆，可在火车站前的巴士乘车处乘巴士前往。

车站前有❶，可以在这里收集信息。城市中心在出车站左侧往东南1公里的市场广场（Markt）。第二次世界大战中受到极大的损害，在以后重建的现代的城市阿纳姆的街道中，这里是唯一能看到原有面貌的一点点踪影的场所了。在广场的四周，有大战以后重建的教堂、省政府和原来的古城墙的一部分的14世纪的城门。此外，这周围有众多公寓、购物中心、时装店、画廊等，是阿纳姆最热闹的地区。

🏛 阿纳姆的主要景点

荷兰露天博物馆
住 Schelmseweg 89
☎ 026-3576111
URL www.openluchtmuseum.nl
开 10:00~17:00
　11月、1月中旬~3月下旬
　11:00~16:30
　12月~次年1月中旬
　12:00~20:00
休 1/1、12/25
费 夏季(4~10月)14欧元、冬季(11月与1月中旬~3月下旬) 4欧元、年末年初(12月~次年1月中旬)14欧元
　没有英语导游观光团。
※冬季不能到内部参观，只能在公园内散步。入口建筑物以外的咖啡馆都关闭。

荷兰露天博物馆
Nederlands Openluchtmuseum

占地44公顷的博物馆，再现不同地域的农家、民居、风车。内部展出保留着原有风貌的房

荷兰露天博物馆获得2005年欧洲博物馆奖

间、农具、奶酪制作工具等，我们可详细了解到荷兰人的生活模样。园内有药草园、手工艺的表演场馆和称为 De Kasteelboederij(老蜂蜜) 的利用古老民居建起来的餐馆，还有能品尝荷兰有名特产帕勒科克（煎饼）的咖啡馆。玩上一天也不会厌倦。

交通
阿纳姆站前乘 3 路有线电车, Openluchtmuseum 下车，学校放假期间，有直达博物馆门前的 13 路巴士。哪条线都是 1 小时 2~4 班车。需要 15 分钟。

阿纳姆的酒店　　　　　　　　　　　　　Hotel

哈尔海斯酒店 Haarhuis ★★★★

是 Best Western 连锁店之一。位于车站前。各室都有电视和电话，可无线上网，有小吧台。早餐是英式自助餐。并设有餐厅和酒吧。有 84 间客房。

住 Stationplein 1　☎ 026-4427441

FAX 026-4427449
URL www.hotelhaarhuis.nl
费 带淋浴/浴缸和厕所⑤119.50~144.50 欧元　①168~199 欧元　含早餐　税金 0.60 欧元
CC A.D.J.M.V.
从车站步行 1 分钟。

布朗酒店 Blanc ★★★★

位于车站前，城市酒店风格，并有电视和电话，也有 3~4 人的客房。含早餐。并设有感觉很不错的洛瓦尔咖啡店。有 22 间客房。

住 Coehoornstraat 4-8　☎ 026-4428072

FAX 026-4434749
URL www.hotel-blanc.nl
费 带淋浴/浴缸和厕所⑤90~100 欧元　①120~145 欧元　含早餐　税金 1 欧元
CC A.D.J.M.V.
从车站步行约 1 分钟。

斯特奥克阿勒姆 Stayokay Arnhem　　青年旅舍

离城区有 3 公里。有餐厅，可以在此进餐。会员有 2.50 欧元的优惠。本书读者住两晚的时候第二晚免费（团体不可以）。B 从车站乘 3 路去 Alteveer 方向的车，在 Ziekenhuis Rijnstate 下车

住 Diepenbrocklaan 27
☎ 026-4420114
FAX 026-3514892
URL www.stayokay.com/arnhem
费 ①1 人 15 欧元 ~ 带淋浴和厕所⑤47 欧元 ~ ①65 欧元 ~ 含早餐　CC A.M.V.

阿珀尔多伦

Apeldoorn

海尔德兰省
Gelderland

◀◀■■■ ACCESS ■■■▶

从阿姆斯特丹中央车站乘 IC 列车约 1 小时 10 分钟。可在阿默斯福特（Amersfoort）和希尔费瑟姆（Hilversum）换车。从乌得勒支出发约 45 分钟。

市外长途区号 ☎ 055

旅游咨询中心
🏠 Deventerstraat 18
☎ 055-5260200
FAX 055-5260209
URL www.vvvapeldoorn.nl（荷兰语、德语）
开 9:00～17:30
周六 9:00～17:00
休 周日、节日
酒店预约手续费 1 人 1.60 欧元＋0.50 欧元电话费。在 ⓥ，第一晚的住宿费提前支付。

洛宫
🏠 Koninklijk Park 1
☎ 055-5772400
URL www.paleishetloo.nl
开 周二～周日 10:00～17:00
休 周一、1/1 费 10 欧元
交通
在阿珀尔多伦车站前的巴士乘车站乘 102 路巴士，在 Paleis Het Loo 下车。需要 10 分钟。每 30 分钟一班车。

阿珀尔多伦的酒店
● 阿比卡克饭店 Abbekerk
1904 年建成的有魅力的城堡房。在奥兰治公园附近。到城市的中心地区步行 5 分钟。
🏠 Canadalaan 26
☎ 055-5222433
FAX 055-5211323
URL www.hotelabbekerk.nl
费 带淋浴／浴缸和厕所 Ⓢ80 欧元 Ⓣ85～95 欧元 含早餐 税金 1.50 欧元
CC M.V. 从车站步行 15 分钟。
B 乘 102、104、126 路在 Abbekerk 下车
● 斯特奥克·阿珀尔多伦
位于霍格·费吕沃国家公园的森林旁边。晚餐 13 欧元。总床位数 136 张。
🏠 Asselsestr.330
☎ 055-3553118
FAX 055-3553811
URL www.stayokay.com/apeldoorn
费 带淋浴和厕所 Ⓢ47 欧元～Ⓣ65 欧元～Ⓓ1 人 15 欧元～含早餐
CC A.M.V. B 从车站出发乘 6 路在 Mandala 下车

人口约 16 万人的阿珀尔多伦城，与荷兰王室有密切关系的洛宫就在这里，因此也被称为"王城"。这里到处是高级住宅区，街道上绿树

有美丽庭园的洛宫

成荫，公园众多，营造出高贵典雅的气氛，是名副其实的皇城。

此外，这个城市和阿纳姆一样是去收藏有很多凡·高作品的克罗勒·米勒国立美术馆所在地霍格·费吕沃国家公园（De Hoge Veluwe）的起点。

阿珀尔多伦的主要景点

洛宫 Paleis Het Loo

位于阿珀尔多伦车站以北 2 公里的洛宫是 1685~1692 年完成的，是当时的荷兰总督威廉三世为了打猎而修建的别墅。19 世纪初法国占领时代，拿破仑的弟弟路易·波拿巴一度成为宫殿之主。但是 3 个世纪以来，这里一直都是奥兰治家族的私人住宅。现任女王的祖母威廉明娜女王曾在此安度晚年，这也使此宫更加有名。

一进入口就有马厩，里面有王室的人们使用过的马车和雪橇，还有 20 世纪 20 年代的古董。前面院中放养着孔雀，有一种悠闲的气氛。从马厩一直沿林荫道往前走，就到了宫殿的正门。左侧的西馆有录像放映室，右侧的东馆展出与奥兰治家族历史相关的古文书、绘画、徽章、陶器等。洛宫最大的景点就是宫殿主馆，有大厅、宴会厅、威廉三世及其妻玛丽·斯图尔特的寝室等。

参观完内部后，就到宫殿后面的宽大庭园去吧。法国人丹尼尔·马洛特设计的，是个几何图案的美妙的法式庭园。种植着五彩缤纷的花卉，天气晴朗的时候，在此散散步该是何等的舒畅啊。

霍格·费吕沃国家公园

De Hoge Veluwe

海尔德兰省
Gelderland

　　霍格·费吕沃国家公园占地 5500 公顷，是荷兰最大的自然保护区之一。可以去好好体验世界上著名的克罗

Netherlands

◀▰▰▰　ACCESS　▰▰▰▶

　　自驾车很方便，乘公交车的时候，从阿珀尔多伦（Apeldoorn）乘 108 路巴士，从阿纳姆（Arnhem）乘 105 路巴士，在奥特洛（Otterlo）的 Centrum 下车，换乘 106 路巴士，在国家公园内的游客中心（Bezoekerscentrum）下车。

　　从游客中心的停车站到克罗勒·米勒国立美术馆步行约 20 分钟。巴士可以在公园门口停车，在这儿购买门票。从奥特洛去美术馆约 3.5 公里。在克罗勒·米勒国立美术馆下车时，从洪德洛出发的话，在游客中心的前一站；从奥特洛出发的话，在来访者中心的前面 Kröller Muller Museum 下车。

市外长途区号　☎ 0318

朗德斯哈彭塔音
Landschappentuin

把公园景观做成微缩模型的庭园。有 1.2 公里的浏览道路。可观看 19 世纪人们的生活状况。

密泽恩达
Museonder

设在游客中心地下的博物馆，展出地下生物、动物的骨骼标本等。

圣修贝尔特斯狩猎馆

只能跟随导游参观，导游讲解是荷兰语。但是准备有德语和英语的语言导游器。门票可在游客中心与公园入口处购买。参观日也可以预约购买。需要 45 分钟。

🏠 Appeldoornseweg 250
☎ 0900-4643835（付费）
URL www.hogeveluwe.nl
⏰ 12:00～16:30

有特别活动时开放时间可能有所变化，请事先确认。
休 举办特别活动时休馆
费 3 欧元

从游客中心出发步行 1 小时。骑自行车的话，约 30 分钟。

✉ Sonja van der Poel De Echte Bakker

位于洪德洛（Hoenderloo）的巴士站附近的咖啡店。咖啡 1.60 欧元，洋梨和草莓的蛋糕 1.60~1.90 欧元，很好吃。
住 Apeldoornseweg 16, Hoenderloo
☎ 055-3782364

游客中心旁的餐馆里的薄烤饼

克罗勒·米勒国立美术馆
住 Houtkampweg 6, Otterlo
☎ 0318-591241
URL www.kmm.nl
开 10:00~17:00
（室外雕刻展示场 ~16:30）
休 周一、1/1
费 14 欧元（进公园时支付，包含美术馆的门票，只进公园 7 欧元）
※ 展示品可能变更。要确认。

圣修贝尔特斯狩猎馆

在宽广的国家公园里骑自行车漫游很有乐趣

勒·米勒国立美术馆和巨大的国家公园中的自然环境。首先在游客中心（Bezoekerscentrum Museonder）收集步行和自行车的信息后再出发。野生的动植物按自然的原始状态被保护起来。5~6 月看杜鹃花，8 月看欧石南，秋天看红叶，冬天看雪景，一年四季分明，有看不够的四季美景。成片成片的高大榆树和白桦树枝叶茂盛，还不时能看到野生兔子、鹿、羊。此外还能参观克罗勒·米勒建设的作为狩猎场的圣修贝尔特斯狩猎馆（Jachthuis St. Hubertus）的内部。

🏛 霍格·费吕沃国家公园的主要景点

克罗勒·米勒国立美术馆 Kröller-Müller Museum

在霍格·费吕沃国家公园的正中央有克罗勒·米勒的现代建筑物，它就是以克罗勒·米勒夫妇的名字命名的美术馆。他们向国家捐献了这座建筑物及里面的大量美术收藏品。该馆闻名世界是因为里面珍藏了大量凡·高的珍贵作品。比如：《兰格罗瓦桥》、《柏树》、《向日葵》、《夜间的咖啡座》、《邮递员鲁兰》、《自画像》等，与阿姆斯特丹的国家凡·高美术馆并驾齐驱。除了凡·高，还有扬·斯滕、修拉、布拉克、毕加索、蒙德里安等荷兰黄金时代画家的作品以及 19

美术馆内部

世纪、20世纪的近代绘画，收藏范围非常广泛。另外，不要错过米勒、塞尚等印象派画家的作品。

美术馆周围的漂亮庭园是室外雕塑展示场（Beeldentuin）。有罗丹、布德尔、马里尼、穆尔等人的很多雕塑作品。绘画和雕刻慢慢鉴赏的话一天也不够用。事实上，只为了看凡·高的作品就花上一天的人非常多。

站在名作的众多真迹前面，谁也不可能不兴奋吧。等心情平静了，就去馆内的咖啡馆吧，它是一个能透过宽敞的玻璃窗将外面森林的寂静气氛传递过来的咖啡馆。

公园内有自行车供租借（美术馆、公园入口、游客中心的白色自行车免费。也有收费的自行车）。

大自然中的雕塑

室内雕塑展示

希特霍伦
Giethoorn

上艾瑟尔省
Overijssel

◀◀▦▦ ACCESS ▦▦▶

从阿姆斯特丹中央车站乘列车到 Amersfoort 或希尔弗瑟姆（Hilversum）换乘，到兹沃勒（Zwolle）站需要 1 小时 20 分钟。从兹沃勒乘 70 路巴士到村子入口约 1 小时。此外，从阿姆斯特丹中央车站乘列车到 Amersfoort 或希尔弗瑟姆（Hilversum）换乘，到斯滕韦克（Steenwijk）站需要 1 小时 50 分钟。从这里乘 70 路巴士约 15 分钟。乘哪一路车都在 Ds.Hylkemaweg 下车。下车地方不太清楚明白的话，请向驾驶员询问。巴士每小时 1～2 班车，返回的车次或时刻请事先确认好。巴士只在平日运行。周六、周日、节日在梅珀尔（Meppel）或斯滕韦克乘出租车。两个地方都约有 10 公里的距离。

市外长途区号 ☎0521
旅游咨询中心
住 Eendrachtsplein 1
☎ 0900-5674637（付费）
FAX 0521-360565
URL www.vvvgiethoorn.nl（荷兰语、德语）
开 11 月～次年 3 月
　　周一～周五9:00～17:00
　　4～5月中旬、9～10月
　　周一～周五9:00～17:00
　　周六　　　10:00～16:00
　　5月中旬～6月
　　周一～周六9:00～17:00
　　周日　　　10:00～16:00
　　7、8月
　　周一～周六9:00～18:00
　　周日　　　10:00～16:00
休 周日（9月～次年5月中旬）、1/1、12/25～26
饭店预约手续费 4 欧元/人。
希特霍伦的酒店
●德·涌格（De Jonge）三星级酒店
有餐厅，夏天可以在露天餐厅进餐。全部有 18 间客房。
住 Beulakerweg 30
☎ 0521-361360
FAX 0521-362549
URL www.dejonge-giethoom.nl
费 带淋浴、厕所 Ⓢ75～99 欧元 Ⓣ85～109欧元 含早餐 税金 1 欧元 CC D.J.M.V.

　　希特霍伦是被称为荷兰威尼斯的小村庄。细细的运河两岸坐落着茅草屋顶的住宅，它是荷兰东北部的代表性建筑，就像童话中的房屋。没有任何车辆的希特霍伦村就像时间停滞了一样，完全进入了中世纪的农村。

　　具有 750 年历史的希特霍伦村，是因最早的开垦者们在这个湿地发现了许多山羊的角而开始在这里定居的。希特霍伦这个地名的词源 Geithoorens 在荷兰语里就是山羊的骨头的意思。为了缴纳税金，村子住着的人们就开始开采泥炭，因此又形成了无数的湖泊，为了搬运泥炭，又挖掘了水路和运河，如今是进行水上体育活动的度假胜地。一到夏季，许多荷兰人开车或驾驶自己的游艇来到此地游玩。

　　下了巴士，就只有一条道路。那么哪里是希特霍伦村呢？也许你会稍有点担心。如果乘从兹沃勒到斯滕韦克的巴士，在巴士前进的方向的右侧，沿着运河步行 15 分钟左右就到村子了。在这个道路的途中，去住宅区的入口处有 ▮。

　　村里没有能够通行汽车的道路，只能骑自行车和乘船。因是一个小村落，1 小时就能够围村庄转一圈。既可用自己的脚游览村庄，也可以乘小船去看看纵横交错的运河。约 1 个小时就可游完主要的水路。此外村里还有收集了世界上珍贵矿石的博物馆——奥德·阿尔德。

上图：独特的茅草屋顶的民居
左上图：运河上的游船
左下图：希特霍伦的节日里手工制作的小船，热闹非凡

Netherlands

荷兰北部

Netherlands

阿姆斯特丹

◀▮▮▮▮ ACCESS ▮▮▮▮▶

从阿姆斯特丹中央车
站乘IC列车，约2小时20
分钟。途中在阿默斯福特
（Amersfoort）或希尔弗瑟姆
（Hilversum）换乘。从格罗
宁根出发乘普通列车，约50
分钟。每小时1~2班车（周
日和节日1班）。乘中距离
巴士Q线，从阿尔克马尔出
发经过big海堤也可到达。详
细情况请参见下面的专栏。

市外长途区号　☎058

吕伐登
Leeuwarden

弗里斯兰省
Friesland

　　吕伐登是弗里斯兰省的首府。人口约9万人。一来到
这个城市，就会情不自禁地唱起《来到遥远的吕伐登》这
首歌。

　　这里主要居住着弗里斯少数民族。一进入弗里斯兰省，
你就会注意到道路标志都是用荷兰语和弗里斯兰语两种语
言书写的。弗里斯在语言、文化上都与斯堪的纳维亚各国
相近。历史上尤其与丹麦有着较深的联系。因而，他们对
自己的文化和语言具有强烈的自豪感，一直强调相对于荷
兰社会的独特性，在承认并尊重社会上每个人的个性的荷
兰，这种独特性被完好地保留下来。

漫步吕伐登

　　🔽 位于从站前广场往北侧的运河走的左侧。在这儿取
得旅游资料后，沿运河往东侧前进，走过架在运河上的桥
一直往前走，就到了流过街中心的另一条运河，左侧就
是计量所（Waag）。它是1598年建成的文艺复兴时期式样

Column
Netherlands

大海堤 Afsluitdijk

　　这是连接北荷兰省与弗里斯兰省
的有30公里长的大海堤，是常年受
水灾侵害的北海沿岸的地区为了防止
海浪的威胁，于1932年建造的。这
个大工程竣工后，大堤防的外侧是北
海，内侧变成了很大的淡水湖（艾瑟
尔湖）。笔直的大堤防上现在已变成
了高速公路。距北荷兰省的起点约5
公里的地方是Afsluitdijk Monument
（大海堤纪念碑）。虽然不是旅游观
光点，但是有纪念碑和展望大海堤的观景台，
还有小的餐馆、礼品店。

　　巴士Q线350路的费用是阿尔克马尔—

左图：做成这样的大堤防了啊
右图：观景台上的眺望太美了

大海堤纪念碑往返票价15.90
欧元。阿尔克马尔—吕伐登
的单程票价10.40欧元。需

要2小时。

　　关于巴士的咨询，请致电 ☎0900-9292
（付费电话）。

的建筑物。直到1884年，这里都是黄油和奶酪的过秤处，现在成了咖啡馆。

再过了运河往前走，就到了霍夫广场（Hofplein）。从车站到这里约10分钟。面向广场修建的是市政厅（Stadhuis），是1715年建成的巴罗克风格的建筑物，至今还悬挂着17世纪的组钟。从霍夫广场往东去，就是弗里斯博物馆。博物馆的正面对面就是老法院（Kanselarij），是1566年建造的，是城市中最古老漂亮的建筑之一。从霍夫广场往西去，有沃尔登霍夫斜塔和普林瑟霍夫陶

小路旁的古董店

市政厅

旅游咨询中心

住 Sophialaan 4
☎ 0900-2024060
FAX 058-2347551
URL www.vvvleeuwarden.nl
开 9:00~17:30
　　周一 12:00~17:30
　　周六 10:00~15:00
休 周日、节日
　　酒店预约手续费1人
1.75欧元＋电话费0.50欧元。

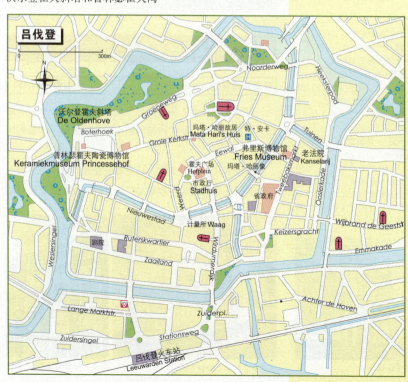

吕伐登

0　　300m

Noorderweg

沃尔登霍夫斜塔
De Oldenhove

Boterhoek

Groeneweg

Grote Kerkstr.

玛塔·哈丽故居
Mata Hari's Huis

特·安卡

Heeksterpad

Tuinen

普林瑟霍夫陶瓷博物馆
Keramiekmuseum Princessehof

Eewal

弗里斯博物馆
Fries Museum

玛塔·哈丽像

老法院
Kanselarij

Weerd

霍夫广场
Hofplein

市政厅
Stadhuis

Tweebaksmarkt

省政府

Oosterkade

Nieuwestad

计量所 Waag

Wijrband de Geeststr.

Ruterskwartier

Keizersgracht

Willumerdijk

剧院

Emmakade

Zaailand

Achter de Hoven

Lange Marktstr.

Zuiderpl.

Zuidersingel

Stationsweg

Westersingel

吕伐登火车站
Leeuwarden Station

195

运河河畔的计量所

弗里斯博物馆

住 Turfmarkt 11

☎ 058-2555500

URL www.friesmuseum.nl

开 周二～周日 11:00～17:00

休 周一、1/1、12/25

费 6 欧元（周三免费）

玛塔·哈丽故居

住 Grote Kerkstr. 212

　　这个故居是玛塔·哈丽少女时期居住的地方，现在没有对公众开放。在弗里斯博物馆附近的运河旁有玛塔·哈丽的雕像。

博物馆外侧

瓷博物馆。

　　吕伐登的城市非常小，基本上搞清大致方向就不会迷路。在那些保留着古风的小路上随心所欲地穿行时，会意外地发现竟然会有如此别致的商店和餐馆。吕伐登这个城市就是能让人感到闲逛的乐趣。

吕伐登的主要景点

弗里斯博物馆 Fries Museum　　　　　➲ Map p.195

　　18 世纪的民居，展出与弗里斯文化有关的收藏品和绘画。这里是在荷兰乡村的博物馆中最能给人留下印象的博物馆之一。

　　金银制品、考古文物、马克姆的瓷砖、欣德洛彭的家具、弗里斯兰的服装等收藏品广泛，绘画收藏品有伦勃朗

展出有关玛塔·哈丽的资料

玛塔·哈丽的故居

的《萨斯基亚的肖像》等历史性的绘画。代表弗里斯兰的画家们的现代绘画作品也很丰富。

此外，曾是有名的巴黎舞女，第一次世界大战中因涉嫌在德国进行间谍活动被处死的玛塔·哈丽，1876年就出生在吕伐登。有关玛塔·哈丽的资料也有展出，当时的信件和服装也很有意思。

入口的建筑物，内部较为复杂

普林瑟霍夫陶瓷博物馆 Keramiekmuseum Princessehof
Map p. 195

这是一座17世纪的宫殿，是展出世界上数一数二的陶瓷收藏品的博物馆。在欧洲，以西班牙的马略卡陶瓷为首，也有荷兰的代尔夫特陶瓷和图案精美的瓷

保存着很珍贵的陶瓷品的普林瑟霍夫陶瓷博物馆

普林瑟霍夫陶瓷博物馆
住 Grote Kerkstr.11
☎ 058-2948958
URL www.princessehof.nl（只有荷兰语）
开 周二～周日 11:00~17:00
休 周一、1/1、女王日、12/25
费 8欧元

Column Netherlands

步行渡海——沃德洛彭游

所谓"沃德洛彭"就是荷兰一项精彩的体育运动，利用海水退潮时步行穿越海滩。荷兰北部的弗里斯兰省与北海上的弗里西亚群岛之间隔着瓦登海，最远的距离也不过20公里左右。退潮时，海水深的地方也就到人的膝盖处。不知道是否当地人时常赌一赌谁能走到对面的岛上去才开始了这项运动。不过荷兰人过去曾统治过7个海，并常常在考虑如何与海共存，荷兰人发明这项运动也就不奇怪了。背上背包，不断行走在松软的海上。退潮的时候，途中走到深处，也可能水会漫过胸部，虽然要排除一切困难，但靠自己的力量和能力奋勇向前的快感，对于爱好大自然的人们具有无穷的魅力。一路上会看到海鸟上下翻飞，海豹正晒着太阳。这项旅游活动有经验丰富的领路人，旅游者可以放心地去参加。如果你有足够的耐力和时间，

何不去挑战一下呢？

从弗里斯兰省、格罗宁根省的北部沿岸出发向阿默兰岛（Ameland）等地行进，共有12条线路。旅游团从5月到10月上旬的周五或周六举办。初次体验者，参加往返12公里的去恩格斯曼普拉特岛（Engelsmanplaat）的团就可以了。这个旅行团需要约4小时，费用10欧元。但如果没有参加沃德洛彭的经验或不能提交健康证明书可能就不能参加。这个旅行团会有年龄限制，也拒绝太胖的人参加。此外，裤子要求为短裤（还必须携带替换的裤子，因为途中会被水浸透），还要求多少带点食品和水。参加时在网上申请。咨询的地方根据参加的线路来区分。恩格斯曼普拉特岛线路：☎ 0519-242100，阿默兰岛线路 ☎ 0519-561656。详细情况请参照 URL www.wadlopen.net。

砖。在这些瓷砖中，也有伊朗和土耳其产的。博物馆的收藏品中，占有很大展出面积的亚洲部分从东南亚到中国、日本的陶瓷琳琅满目，美不胜收。日本部分包括志野、信乐、织部以至伊万里的陶瓷，收藏范围十分广泛。

沃尔登霍夫斜塔
住 Oldehoofsterkerk
开 14:00~17:00
休 周日、周一、10月~次年4月
费 2欧元

沃尔登霍夫斜塔 De Oldenhove　　　　➲ Map p.195

斜塔不只有比萨斜塔。这座塔于1529年作为教堂的一部分开始建造，但是因为地基下陷，塔的一部分直到现在也未完成。倾斜的塔就原封不动保留下来了。其实稍一留心就会发现市内倾斜的房屋还真多。登上高40米的塔，吕伐登市容一览无余。

真的有点倾斜的沃尔登霍夫斜塔

Hotel

吕伐登的酒店

特·安卡 't Anker　　　★★　　➲ Map p.195

有情调的酒店。大房间的通铺，有厕所和淋浴公用房。早餐是自助式早餐。一楼有咖啡馆。
住 Eewal 73　☎ 058-2125216
FAX 058-2128293

URL www.hotelhetanker.nl
费 Ⓓ 29欧元／人　Ⓢ 59欧元
Ⓣ 55~69.50欧元　含早餐
CC A.D.J.M.V.
　从车站出发步行10~15分钟。

斯特奥克·斯勒克 Stayokay Sneek　　　青年旅舍　　➲ Map 范围外

稍有些远不太容易找到，但是在住宅区的环境里可以安心居住。位于巴士站前的加油站的后面。会员有2.50欧元的优惠。

住 Oude Oppenhuizerweg 17, Sneek　☎ 0515-412132

FAX 0515-412188
URL www.stayokay.com/sneek
费 Ⓓ 1人15欧元~　含早餐
CC A.M.V. 从吕伐登乘列车约20分钟在斯内克站乘巴士98、99 约5分钟，然后再从巴士站步行1分钟。

马克姆

Makkum

弗里斯兰省
Friesland

运河边的游船上可以看到一边读书一边晒太阳的人

在荷兰最北端的省——弗里斯兰省分布着众多保留了历史风貌的小镇。虽然交通不太方便，但正是由于交通不便的原因，古老悠久的传统才得以保存下来。

艾瑟尔湖湖畔的小镇马克姆以制造陶瓷而闻名。马克姆陶瓷图案典雅，上色干净，与代尔夫特陶瓷同为荷兰有代表性的陶瓷。代尔夫特陶瓷以蓝色为基调，而马克姆陶瓷采用橙黄色、绿色、锈红色等各种色彩来制作，显得非常华丽。图案以花、果物、鸟居多，洋溢着异国风情。全部采用手工，要完成一个小盘子的制作，大约要花4周的时间。价格比代尔夫特陶瓷要贵点。

从17世纪建造的计量所（Waag）出发沿着仍然保留着昔日面貌的运河走，一直走到1594年开业的陶瓷工场（Koninklijke Tichelaar Makkum）。在工场里可以参观在陶瓷上作画的表演以及陶瓷制作过程等内容。此外，也出售正宗的陶瓷。

◀◀◀◀ **ACCESS** ▶▶▶▶

从吕伐登乘92路巴士，在Bolsward换乘后，乘96路或98路巴士约20分钟，全程所需时间1小时。可以悠闲从容地去感受田园风光。

市外长途区号 ☎ 0515

陶瓷工场的参观团
住 Turfmarkt 65
☎ 0515-231341
URL www.tichelaar.nl（只有荷兰语）
开 9:00～17:30
　周六 10:00～17:00（展出室、商店的营业时间）
　有导游带领参观。解说只有荷兰语。
　介绍生产过程的录像与表演台可免费参观。
休 周日、节日

在陶瓷工场可以参观生产过程

Column
Netherlands

去看荷兰的民族服装

不是在福伦丹或马尔肯岛、阿尔克马尔、豪达的奶酪市场所看到的面向旅游观光者的民族服装，而是介绍给你能看到普通人日常穿着的民族服装的地方。因为不是旅游观光地，用照相机拍照时要注意。

斯帕肯堡 Spakenburg

保留着像日本武士上下身礼服的民族服装的斯帕肯堡是一个小渔村。周六的午后有集市。此外，每年的夏季要举办Spakenburgse Dagen节。第一天，荷兰全国的身着民族服装的人们会在这里进行游行。详细情况请向 ▼ Spakenburg 咨询。☎ 033-2982156，URL www.vvvspakenburg.nl。从阿默斯福特（Amersfoort）出发乘76路巴士，

约30分钟（途中在Bunschoten换乘同样的78路的去阿默斯福特的巴士），1小时2班车（周日1班）。

斯塔普霍斯特 Staphorst

这里房屋的房顶是稻草的，很可爱。当地人都穿着有肩带的围裙和木鞋。在Museumboerderij（民俗博物馆），可以看到民族服装的展出（住 Gemeenteweg 67，☎ 0522-462526）。此外民族服装在每年的7～8月举办的Staphorsterdagen节上也能看到。详细情况请向 ▼ Staphorst 咨询。☎ 0900-1122375，URL www.vvvstaphorst.nl。从梅珀尔（Meppel）乘40路巴士10分钟左右。1小时2班车（周日休运）。在Lindenlaan下车。

欣德洛彭
Hindeloopen

弗里斯兰省
Friesland

◀▮▮▮ ACCESS ▮▮▮▶

从吕伐登乘列车约40分钟。说是Hindeloopen站，但却没有人。因1小时1班车，回程的时间请事先确认好。从马克姆出发，乘102路巴士可以在城中心下车。只有平日每2小时1班。最后的班车17:00(需要确认)，需要50分钟。从恩克赫伊曾(Enkhuizen)(p.108)出发，到斯塔福伦(Stavoren)要乘船渡过艾瑟尔湖。需要1小时20分钟。单程9.80欧元。只在4~10月运营。5~9月每天运航。详细情况请见 URL www.veerboot.info。从斯塔福伦(Stavoren)乘列车约10分钟到欣德洛彭。列车1小时1班。

从阿姆斯特丹到恩克赫伊曾乘列车约1小时。

市外长途区号　☎0514

旅游咨询中心

住 Nieuwstad 26
☎0514-851223
开 复活节~10月中旬
10:00~12:00、13:30~17:00
休 周日、节日、10月中旬~复活节
酒店有无空室的确认并提供介绍。

欣德洛彭和马克姆一样坐落在艾瑟尔湖湖畔，是以手绘制作家具而闻名的城市。在桌椅板凳上描绘精美的图案，令人叹为观止，描绘的方法既有传统的又有现代的。传统的描绘法比新的描绘法色彩丰富，更花工夫，因此价格也更高。新方法描绘的东西中，绘有图案的木鞋15欧元，厕所用具15欧元，奶酪刀10欧元左右。

从车站出发步行5分钟，就有一条白杨林道，到镇上需20分钟。这条路和汽车道路是分开的，不时有骑自行车的人高高兴兴地通过。欣德洛彭城，到处是橙黄色的民居，木质的小桥，小的教堂，制造手绘画的家具作坊，一切都是那么秀气可爱，仿佛就像装在小画框里一样。城里有弗里吉亚滑冰博物馆(Friese Schaatsmuseum)等景点。

欣德洛彭城里的小砖瓦房

Column
Netherlands

欣德洛彭有代表性的作坊

欣德洛彭博物馆
Museum Hindeloopen

可以了解欣德洛彭历史的博物馆，非常逼真地再现了很久以前的屋内情景。陈列着原来的作坊制作的物品。贩卖有关欣德洛彭的书籍和欣德洛彭的手绘家具。

住 Dijkweg 1　☎0514-521420
URL www.museumhindeloopen.nl
开 11:00~17:00 周六、周日、节日13:30~17:00
休 11月~次年3月(冬季只接待10人以上的团队，要预约) 费 3欧元

罗西·欣德洛彭 Roosje Hindeloopen

住 Nieuwstad 44　☎0514-521251
URL www.roosjehindeloopen.com
开 8:30~12:30、13:30~17:00、周六 10:00~

12:30、13:30~16:30
休 周日、1/1、12/25、12/26
费 免费　只接待团体，要预约。

豪克·波茨曼
Gauke Bootsma

弗里吉亚滑冰博物馆里的一间画室。绘画师在的时候有现场表演。也有餐厅。

住 Kleine Weide 1-3
☎0514-521683　FAX 0514-521218
URL www.schaatsmuseum.nl(只有荷兰语)
开 10:00~18:00　周日13:00~17:00
休 1/1、12/25
费 持有弗里吉亚滑冰博物馆的门票2.50欧元(免费进画室)

格罗宁根

Groningen

荷兰国旗 格罗宁根省
Groningen

格罗宁根是荷兰东北部格罗宁根省的首府，人口约18万。该省南边的德伦特省是荷兰最偏僻的乡村。看完乡村风景，再到格罗宁根，你会惊奇地发现这是个充满活力，年轻人众多的城市。其实也不奇怪，因为这个城市周围有重要的天然气产地，造纸、机械工业也很发达。此外从1614年就有大学，是北部的学术中心，而且从11世纪开始就成为贸易中心，因此城里有很多名胜古迹。

漫步格罗宁根

从车站到城市的中央的大市场（Grote Markt）步行15~20分钟。 也面向广场。出了车站，跨过格罗宁根博物馆处的桥，一直走到尽头的 Ged. Zuiderdiep 再往右转，在购物街 Herestr. 往左拐后，再往前走一点就到了大市场。从车站往 Centrum 方向去，可乘1、3、4、5、6、11路巴士，5分钟车程。

大市场这个词与其说是专有名词，还不如说是一般名词。荷兰大多数城市都有大市场，但这个城市的大市场的规模是相当大的。每周的周二、周五、周六都举办服装、日用品、古董等集市。广场中央的建筑物就是市政

天气晴朗的时候的露天咖啡座

Netherlands

阿姆斯特丹

◄◄▌▌ **ACCESS** ▌▌►►

从阿姆斯特丹中央车站出发，乘 IC 列车约2小时20分钟。途中在阿默斯福特（Amersfoort）或希尔弗瑟姆（Hilversum）中转换车。1小时2班车。

市外长途区号 ☎ 050

旅游咨询中心
住 Grote Markt 25
☎ 0900-2023050（付费电话）
FAX 050-3113855
URL www.vvvgroningen.nl
开 9:00~18:00
周六 10:00~17:00
周日 11:00~15:00
休 周日（7、8月以外）、节日
预约酒店的手续费免费

✉ 德国国境附近的布尔唐格（Bourtange）的城堡
Vesting Bourtange
为了阻止敌人的侵略，将桥吊起来，进村的大门变成两重门，采取了各种各样的手段的城堡。从天上往下看去，形状就像一颗星。
☎ 0599-354600
URL www.bourtange.nl（荷兰语、德语）

普林瑟霍夫城堡

普林瑟霍夫 ➡ Map p.203
的旁边有普林瑟霍夫城堡
（Prinsenhoftuin），庭园里
种植着玫瑰和香草，在茶馆
可以喝茶（坏天气时关门）。

住 Turfsingel
开 10:00~ 太阳下山
休 冬季（10月~次年3月）

马蒂尼教堂

住 Martinikerkhof 3
☎ 050-3111277
URL www.martinikerk.nl（ 只有
荷兰语 ）
开 12:00~17:00
7、8月周一~周六 11:00~17:00
休 周日、周一、节日、9月
中旬~11月上旬和复活节~4
月的周日~周五、11月上旬~
复活节、举办活动时
费 1 欧元

钟楼

住 Martinikerkhof 25
开 11:00~17:00
  11月~次年3月
  12:00~16:00
  7、8月的周日 11:00~16:00
休 周日、节日 费 3 欧元

厅（Stadhuis）。

　　大市场的东端的马蒂尼教堂的后面是公园。这周围有省政府（Provinciehuis）和 16 世纪以后作为拿骚家族的王子宅邸的普林瑟霍夫（Prinsenhof），是一片相当寂静的区域。省政府左面是 16 世纪的建筑，正面装饰的是亚历山大大帝、大卫王、查理曼大帝的雕像。沿着流过城市北面的运河走，右侧是曾经的牛市场（Ossenmarkt）。看了之后，往左拐就到 Oude Boteringestr. 了。这条路上保留着法院等众多古建筑。

　　过了法院，下面一条道往右转就是大学本部。再往前走，就到了流过城市西侧的运河。沿运河有船博物馆、烟草博物馆。看完后，往东穿过鱼市 (Vismarkt) 就返回到大市场。

最好在鲜花盛开的季节游览格罗宁根　　省政府

格罗宁根的主要景点

马蒂尼教堂 Martinikerk ➡ Map p.203

　　15 世纪建造的哥特式教堂。内部有描绘基督的一生的 16 世纪的壁画。高 97 米的钟楼（Martinitoren）的最高处悬挂着的是风信马（而不是一般的风信鸡）。组钟在 71 米的高处，努力登上 323 级台阶就能将格罗宁根城一览无余。

悬挂风信马的马蒂尼教堂的钟楼

大学本部 Academiegebouw ● Map p.203

　　格罗宁根大学是 1614 年创建的。大学本部是 1909 年建
造的新文艺复兴时期样式
的建筑物。正面的建筑
是大学图书馆。稍微靠
南一点，是大学博物馆
（Universiteitsmuseum），
展出与大学相关的历史
和学生生活的资料。

庄严肃穆的大学本部

格罗宁根博物馆 Groninger Museum ● Map p.203

　　就像一只漂浮在河上的船的建筑物。由亚历山德
罗·门蒂尼等 4 位建筑家设计的建筑。也是景点之一。里
面有很多荷兰的陶瓷收藏品，但不要漏看了德国、中国、

大学博物馆
住 Oude Kijk in't Jatstraat 7a
☎ 050-3635562
URL www.rug.nl/museum
开 13:00~17:00
休 周一、节日、8/28
费 3.50 欧元

格罗宁根博物馆
住 Museumeiland 1
☎ 050-3666555
URL www.groningermuseum.nl
开 10:00~17:00
周五 ~22:00
休 周一、1/1、12/25
费 10 欧元

日本的陶瓷品。从绘画到雕刻、出土文物等有各种各样的展品。

建筑本身就很有鉴赏价值

船博物馆和烟草博物馆 Noordelijk Scheepvaartmuseum en Niemeyer Tabaksmuseum
→ Map p. 203

船博物馆和烟草博物馆

住 Brugstr.24
☎ 050-3122202
URL www.noordelijkscheepvaa-rtmuseum.nl
开 10:00~17:00
　周日、节日 13:00~17:00
休 周一、1/1、女王日、8/28、12/25
费 4 欧元

以荷兰北部为中心的造船与航海的资料，在中世纪的商人们的会馆中展出。有船的模型、航海用具、海图等，还有18世纪的日本长崎港的画轴。荷兰人冒着生命危险，乘着500吨的小船，漂流数月才到达日本长崎。馆内辟出一片地方，展出烟盒和烟管的收藏品，再现了19世纪的烟草店景象。

有描绘长崎港的画轴

Column
Netherlands

弗里斯兰的体育

体格高大强壮，初次见面看上去很腼腆，不太好打交道，可一旦熟悉后，才知道他们很滑稽很好玩，这就是弗里斯兰人。适合弗里斯兰人的体育项目就是费勒亚彭（fierljeppen），也就是用撑竿跳高的方法来跳跃河道的运动，比谁能跳得更远。古时候，单纯是为了要去宽广的农田时，使用撑竿来越过水路；但真正作为比赛谁跳得最远，是更高一级的俱乐部举办的弗里斯兰锦标赛时设立的竞技比赛。由于相当有趣，弗里斯兰以外的人也开始来参加这个比赛。1972年开始，荷兰的全国比赛每年都在弗里斯兰举办。竿也从单一的木棒发展成了铝合金竿。逐渐变成能使用从10米到15米的竿子了。快速助跑，然后将竿子插到水里，同时身体顺势上升，向对岸跃过去。锦标赛的冠军竟可以跳到19米的宽度以上。

2000年的时候，日本与荷兰建交400周年纪念时，在大阪也举办过费勒亚彭（fierljeppen）国际锦标赛。

此外，还有一个弗里斯兰独特的竞技就是斯克其西尔，就是撑开一张平底褐色的帆成为弗里斯兰独特的帆船，每年7月末到8月初，到弗里斯兰各个湖泊里去比赛，取得得分。虽然小船不起眼，但不管是哪个村的小船获胜，弗里斯兰都会沸腾起来的。

在竞技场上值得弗里斯兰人自豪的就是每年在Thialf滑冰场举办的滑冰比赛了。世界杯上，荷兰选手表现很活跃，经常能取得奖牌。

市政厅 Stadhuis

➔ Map p.203

　大市场的中央建起的市政厅，是19世纪初建造的新古典风格的建筑。北侧有用贝壳装饰的文艺复兴时期式样的美丽建筑，是17世纪的税务所。

位于大市场的雄伟的市政厅

格罗宁根的酒店

Hotel

恩登·城市酒店 Eden Cityhotel　★★★

➔ Map p.203

　　位于集中主要景点的大市场的附近。虽说房间不是很宽大，但功能很齐全，各楼层有免费的咖啡和饮茶机。大厅里有上网处。共93间客房。

🅕🅐🅧 050-3115100
🆄🆁🅻 www.edenhotelgroup.com
费 带淋浴/浴缸和厕所 Ⓢ Ⓣ
90~150 欧元　早餐 15 欧元
税金 3 欧元　上述金额为基本费用　🅒🅒 A.M.V.
　　从中央车站步行约10分钟。

住 Gedempte Kattendiep 25　☎ 050-5886565

辛普隆·荣格伦 Simplon Jongeren

➔ Map p.203

　　在市区的一端。全室淋浴、厕所公用，通铺有大房和小房。大房的被单和毛毯另外付款。3 间房有 1 间是女性专用，但是在拥挤的时候，也可能男女混合使用。

🆄🆁🅻 www.simplonjongerenhotel.nl
费 Ⓓ 1 人 13 ~ 17.50 欧元 Ⓢ
35~39 欧元　Ⓣ 49.50~57.50
欧元　早餐 4.50 欧元（Ⓢ Ⓣ 含
早餐）税金 1 人 1.50 欧元
🅒🅒 不可　从车站步行 20 分钟。
🅑 1、11 路在 Boterdiep 下车

住 Boterdiep 73-2　☎ 050-3135221　🅕🅐🅧 050-3603139

阿 森

Assen

 德伦特省
Drenthe

◀◀■■■ ACCESS ■■■▶▶

从阿姆斯特丹中央车站乘 IC 列车约 2 小时。在阿默斯福特（Amersfoort）或希尔弗瑟姆（Hilversum）换乘。1小时 2 班车。从海牙中央车站出发，乘去往格罗宁根的 IC 约需 2 小时 20 分钟。1 小时 1 班。

市外长途区号 ☎ 0592

旅游咨询中心

住 Marktstr.8-10

☎ 0592-243788

FAX 0592-241852

URL www.ditisassen.nl

开 9:00~18:00

　周一 13:00~18:00

　周五 ~21:00

　周六 9:00~17:00

休 周日、节日

　简单的地图免费。也有像《Assen City Walk》这种步行观光线路和历史建筑的简单说明的手册（1.50 欧元）。不帮助预约酒店，但是提供信息。

德伦特博物馆

住 Brink 1 ☎ 0592-377773

URL www.drentsmuseum.nl

开 11:00~17:00

休 周一、1/1、12/25

费 6 欧元

这个城市在拿破仑统治下的 1809 年 3 月，因地理位置很好而成为德伦特省的首府。它有悠久的历史，可以追溯到 13 世纪。因建起了修女修道院［现在这个建筑物只有东侧作为国家档案馆（Rijksarhief）的一部分保留了下来］，这个城市才得到了很大的发展。

从车站到 🚉，步行只需 10 分钟左右。布林克（Brink）一带，集中了不少历史建筑。古时候作为省大会堂的建筑物，现在是德伦特博物馆（Drents Museum），展出考古出土的文物以及有关这个地方的历史资料。这里的后面是 1698 年建造的 Ontvangershuis，也是这个馆的一部分。曾作为女子修道院的地下储藏库使用，也是拿破仑在这个城市居住过的历史场所。内部既有当时的日常生活的展览，也保存着修女的房间。此外城市的南面有赛车场。每年 6 月末在此地举办称为 D.T.T.(Dutch T.T.) 的有名的摩托比赛。有在世界上也是很少有的为摩托比赛专门设计的环形赛道（与法国勒芝一样，公路的一部分也是赛道的一部分）。每到比赛时环形跑道上展开激烈的竞赛，同时也举行世界大奖赛。就像日本铃鹿 8 小时拉力赛一样，从欧洲各国来的狂热车迷们集中在这里，使比赛成为欧洲最热闹的摩托盛会。

Column Netherlands

荷比卢的历史

打开欧洲的地图看看吧。大体上位于中央的荷兰、比利时、卢森堡三国用线勾画出来，就形成一个腰长约 400 公里、底边长约 300 公里的等腰三角形。西北是平坦的沙滩海岸线，从这儿渡过多佛尔海峡可到英国，南面是绵延的平原到法国，然后东面是起伏的丘陵地带到德国。英国、法国、德国是长期竞争欧洲霸权的大国，受这三国包围的三角地带就是荷比卢的位置。具有富饶肥沃的土地，又是人口密集的地区，既有光荣的历史又有悲惨的历史，都是与这里的特殊地理环境分不开的。

这个地区初具国家规模是在 15 世纪，当时叫勃艮第公国。但没过多久，1568 年就开始了抗击西班牙的独立战争，从而导致了分裂。北部的荷兰乘当时德国兴起的宗教革命的大潮成为新教国家，并赢得独立，建立了当时与众不同的市民国家。这里的环境培养了大量人文学者，形成了进取的品格和开放的精神。再加上与严酷的自然历史环境抗争中产生的英勇无畏的气概，这也是荷兰繁荣昌盛的源泉。荷兰创造了像飞利浦这样的世界上数一数二的大企业。经济上在欧洲也属上游，因而引人注目。

另外，作为西班牙的领地留下来的南部天主教地区，其后又受到奥地利、法国、荷兰等外国的残酷统治，直到 1830 年的独立战争第一次以比利时这个国名登上世界舞台。在欧洲大陆，最初实行产业革命并成功实现了工业化。因此现在也在欧盟里发挥着中心作用。尽管北部和南部的语言和民族问题的矛盾不断，但比利时无论是内政还是外交都保持中立，以和为贵。这也许是与其在历史的长河中培养出来的平衡精神分不开的。

基本同比利时走同样道路，在 1815 年独立的卢森堡大公国，在比利时独立时分割出来变成了现在这种状态。人口约 49.91 万人的小国，却是国际金融中心，在国际上自占一席之地。

比利时

比利时概况

国旗

长方形，长宽之比为 15 : 13。旗面从左到右由黑、黄、红三个平行相等的竖长方形组成。

正式名称

比利时王国（Royaume de Belgique）（法语）（Koninkrijk België）（荷兰语）。

国歌

布拉班人之歌（La Brabançonne）。

面积

陆地面积 30528 平方公里，领海及专属经济区 3462 平方公里。

人口

1066.7 万（2008 年）。

首都

布鲁塞尔（Bruxelles）（法语）（Brussel）（荷兰语）。人口 104.8 万（2008 年）。

浓缩了布鲁塞尔历史的大广场

元首

阿尔贝二世（Albert Ⅱ）。

政体

君主立宪制。加入欧盟。

民族构成

佛拉芒族占 59.3%，瓦隆族占 40.1%，日耳曼族占 0.6%。

宗教

天主教信徒约 75%，新教教徒及其他约 25%。

语言

说法语、荷兰语（佛兰德斯语）的人为多数。以布鲁塞尔为中心以北地区使用荷兰语，南部使用法语（布鲁塞尔是两种语言并用地区），也有使用德语的地区。

●旅行会话集➡ p.478

兑换与兑换率

货币单位为欧元（欧洲共同体货币。简称 Euro、Eur、€），辅助货币单位是欧分。1 欧元=100 欧分，约 8.84 元人民币（2010 年 8 月）。比利时人自己设计的硬币后面是阿贝尔二世的侧面像。

货币的种类： 500 欧元、200 欧元、100 欧元、50 欧元、20 欧元、10 欧元、5

欧元。

硬币的种类：2 欧元、1 欧元、50 欧分、20 欧分、10 欧分、5 欧分、2 欧分、1 欧分。

- ● 外币兑换 ➡ p.433
- ● 信用卡与旅行支票 ➡ p.427
- ● 旅行预算 ➡ p.430

硬币的单面由各国自行设计

欧元货币：photo©European Central Bank

主要的节日

与基督教相关的节日很多，要注意不同的年份节日也是不固定的。要注意有※标记的节日。

带 + 标记的虽不是国家规定的节日，但是政府、公共机关、学校以及相关的机关都放假。

以下是 2010 年和 2011 年的节日。

新年　1/1

复活节　4/4 ※（2011 年 4 月 24 日）

复活节的次日　4/5 ※（2011 年 4 月 25 日）

劳动节　5/1

基督升天节　5/13 ※（2011 年 6 月 2 日）

圣灵降临节　5/23 ※（2011 年 6 月 12 日）

圣灵降临节的次日　5/24 ※（2011 年 6 月 13 日）

荷兰语范围共同体的纪念日　7/11 +

建国纪念日　7/21

圣母马利亚的升天节　8/15

法语范围共同体的纪念日　9/27+

万圣节　11/1

第一次世界大战停战纪念日　11/11

德语范围共同体的纪念日（只在德语地区范围内）　11/15+

圣诞节　12/25

节礼日　12/26+

- ● 旅行规划日程表 ➡ p.218

很想尽情品尝美食王国的菜肴

比利时概况

营业时间

以下是一般的营业时间。商店与餐馆等，不同的店也不尽相同。

银行：周一～周五　9:00~16:00（午休时间为1小时的银行很多）。

百货店与商店：周一～周六　10:00～18:30（百货店10:00~19:00），周日营业的超市也很多。

餐馆：午餐12:00~14:30、晚餐19:00/18:30~22:00。

咖啡馆和酒吧：10:00～次日1:00。

电压与插座

大部分电压是220V，50Hz。插座为两相的C型或3相的SE型。

因与中国电压相同，电器制品可以直接使用。

两相的C型插座

录像方式

电视、录像方式（PAL方式）与中国相同，音像制品可以在国内的录像机上播放。

小费

在酒店与餐馆的费用中服务费虽然已包含在里面了，但直接受到服务生服务的话付给小费是普遍情况。以下是最基本的小费额度，根据酒店、餐馆的不同也有所变化。

出租车：费用金额的5%~10%。

餐馆：根据店的档次不同，5%~10%。信用卡支付时，自己添付一部分金额作为小费。

酒店：对于门童与客房服务，0.25~0.50欧元。

厕所：有的厕所标明是要付费的。有服务生没有标明付费的时候，0.30~0.50欧元。

导游：参加当地的旅行团，旅行结束时为表达谢意支付小费的人也很多。

水

自来水是可以直接饮用的，对硬水的气味在意的话请饮用矿泉水。

气候

因是稳定的温带海洋性气候，比较舒适。5月下旬一段时间天气很容易变化，最好准备一件薄毛衣。夏季6~8月气候干燥、凉爽，非常舒适。从10月开始是阿登等地区红叶非常漂亮的

在阿登可以划皮划艇

General Information

布鲁塞尔的气温

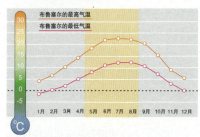

布鲁塞尔的最高气温
布鲁塞尔的最低气温

布鲁塞尔的降雨量

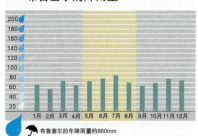

布鲁塞尔的年降雨量约860mm

时期，但是阴雨雾天变得多起来，虽然冬季不是那么寒冷但是进入内地的寒流也很严酷。还有，虽全年降雨量较少，但还是带上雨衣或雨伞吧。

- ●比利时各地与季节➡ p.216
- ●旅行季节➡ p.429

从中国飞往比利时的飞行时间

　　中国与比利时之间有直飞航班，也可到欧洲主要城市（11~12小时），再从那些城市转机需 1 小时左右。

- ●通往荷比卢的道路➡ p.422

时差与夏令时

　　与中国的时差是 7 小时。也就是说

旧式邮政信箱

记住邮局的标志就可以了

中国的 8:00 是比利时的当日深夜的 1:00。夏令时（从 3 月最后的周日开始到 10 月最后的周日结束）的时差是 6 个小时。

邮政

　　一般的营业时间是平日 9:00 ～ 17:00。只有一部分主要的邮局在周六营业。

　　邮费：寄往中国的航空信件及明信片、挂号信（50 克以内）1.05 欧元。

- ●邮件和包裹➡ p.433

入境与出境

　　签证：去比利时旅游需要申请签证。

　　护照：护照的有效期原则上是入境时必须有 6 个月以上的停留有效期（希望持有往返的机票）。不需要入境卡。

- ●签证、护照的申请➡ p.426
- ●到达布鲁塞尔➡ p.225
- ●禁止带入中国的物品➡ p.472

税费

　　几乎所有的商品有被称为 TVA（法

语，荷兰语叫做 BTW）的附加税，按 21％ 支付。但是，未在欧洲住满 3 个月的旅行者，如果办个手续，这个税费和手续费可以退回（退税要满足一天 125.01 欧元以上的购物，并且在没有使用的情况下带出比利时）。但其中香烟类、酒店与餐馆的饮食、巧克力等一部分食品不能退税。

●关于附加税➡ p.460

在当地打电话的方法

比利时国内通话：即使在区域内也必须从区域号码开始拨号。

市内通话：1 分钟 0.30 欧元（公共电话因场所不同会有差异）。

打公共电话与中国相同。使用电话卡的电话比使用硬币的多。Belgacom 的电话卡有 5 欧元、10 欧元两种（不同的店销售的卡会不相同，有有效期）。在电话局、邮局、小商店都能买到。

此外，比一般的电话卡更优惠的 IP 电话卡也有销售。种类很多，4~50 欧元不等。价格与发售公司有关，使用方法等在购买时请确认。

国际长途电话用公共电话也能拨打。打到中国的费用为 0.54 欧元 / 分 + 接通费 0.11 欧元 / 次。平日的 19:00~ 次日 8:00 和周六、周日、节日有优惠价。另外，在酒店的房间打电话比别处要稍贵点。

●打电话的方法➡ p.433

安全与纠纷

针对单身女性游客的犯罪时有发生，

打电话的方法

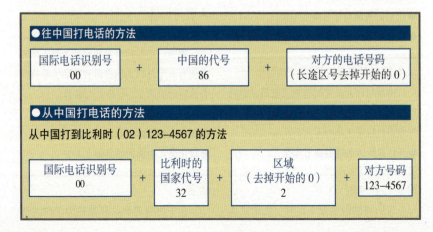

●往中国打电话的方法

国际电话识别号 00	+	中国的代号 86	+	对方的电话号码（长途区号去掉开始的 0）

●从中国打电话的方法

从中国打到比利时（02）123-4567 的方法

国际电话识别号 00	+	比利时的国家代号 32	+	区域（去掉开始的 0）2	+	对方号码 123-4567

在布鲁塞尔等大城市，也有像一个人与你说话，另一个人趁你不备将包拿走这样的犯罪方法。因此无论如何都不要让行李离开你自己的手。贵重的东西要想办法放好，请大家注意。此外，据说在布吕赫和布鲁塞尔纠纷发生得比较多。

［报警电话］☎ 101、［消防电话］☎ 100、
［急救电话］☎ 112

●旅行的安全➡ p.469
●荷比卢的有用地址➡ p.432

年龄的限制

16 岁以下禁止吸烟、饮酒。另外，不同的汽车租赁公司有不同的年龄限制。由于也同时设定上限和下限，请务必确认。

●荷比卢的自驾车旅行➡ p.443

度量衡

与中国采用相同的米制单位。购物时一定要试试。

走遍全球

GIO GLOBE TROTTER

书 名	出版日期	当前版本	定价	下一版出书日期
澳大利亚	2009年 3月	第三版	118.00	
意大利	2008年 9月	第三版	88.00	
泰 国	2008年 8月	第二版	87.00	
法 国	2008年 5月	第三版	88.00	
韩 国	2009年 6月	第二版	82.00	
南 非	2009年 4月	第二版	60.00	
埃 及	2009年 4月	第二版	78.00	
奥地利与维也纳	2008年 4月	第二版	58.00	

书 名	出版日期	当前版本	定价	下一版出书日期
西班牙	2009年 1月	第二版	80.00	
希腊&爱琴海诸岛 塞浦路斯	2008年 7月	第二版	66.00	
柬埔寨和吴哥寺	2008年 3月	第一版	55.00	
西伯利亚	2008年 3月	第一版	36.00	
土耳其	2010年 6月	第一版	85.00	
马来西亚 文莱	2010年 3月	第二版	68.00	
马尔代夫	2010年 2月	第一版	55.00	
尼泊尔	暂未出版			2011年 2月

出国（境）旅游，首选《走遍全球》！

比利时欢迎你

　　飞机渐渐飞抵布鲁塞尔机场并降低高度时，你就会看到森林、牧场、整齐有序的农田。然后看到用红砖瓦修建的就像玩具一样的房子。眼前的风景就像我们小时候看到的童话书里的欧洲风景。接着我们进入机场，当我们看到用比利时的官方语言——法语、荷兰语、德语书写的标示牌就深深感觉到这个国家的语言是如此复杂。现在比利时的语言分界线和文化原型可以追溯到罗马时代。比利时是主要由佛拉芒族和瓦隆族两个民族构成的国家。佛拉芒人是在恺撒征服高卢的时候，由留在日耳曼领地的人形成的民族，讲荷兰语的方言——佛兰德斯语。另一方面，瓦隆族是在罗马领地而拉丁化，讲拉丁语之一的法语（瓦隆语虽然存在，但日常使用的完全是法语）。另外，第一次世界大战后，在原德国领地居住的人们以德语作为母语。

　　1830年从荷兰独立出来后，佛拉芒与瓦隆两个民族，不断进行被称为语言战争的

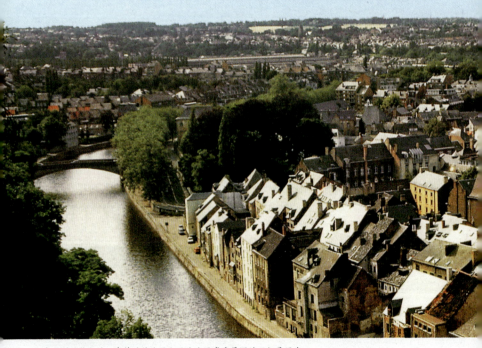

去比利时旅行时，在佛兰德地区和瓦隆地区感受最深的不仅是语言，还有城市的迥然不同的样貌。照片是瓦隆地区的那慕尔

对立。同时，也建立了现在安定富裕的比利时。比利时与法国、德国、荷兰、卢森堡等国接壤，渡过多佛尔海峡可以到达英国，因此比利时也被称为欧洲的心脏。首都布鲁塞尔聚集了欧盟总部和北约的机构，是欧洲一大国际城市。之所以成为国际城市，既因为它有特殊的地理位置，但最重要的原因还是比利时是欧洲两大民族——日耳曼人和拉丁人相融合的国家。比利时这个小国巧妙地将日耳曼文化与拉丁文化融为一体，给我们这些来访的人留下了深刻的印象。而且，比利时因长期遭受外国侵略，它才对外国人采取开放亲切的态度；但另一方面又顽强地保卫自己的生活和传统不肯改变。如果说"没到过比利时就不要谈欧洲"的话，或许有点言过其实了，但是可以说，要想了解欧洲，就去比利时看看，的确是条捷径。

Belgium

比利时各地与季节

　　比利时的正式国名是比利时王国。用法语表示为 Royaume de Belgique，用荷兰语表示为 Koninkrijk België。面积虽小却有 10 个省。按语言区域界线分成以下两个部分。本书为了使用方便，按北部和南部再分为 4 个区域。

佛兰德地区

布吕赫(布鲁日)
Brugge

东佛兰德省
Oost-Vlaanderen

西佛兰德省
West-Vlaanderen

根特
Gent

安特卫普省
Antwerpen

安特卫普
Antwerpen

林堡省
Limburg

Hasselt

布鲁塞尔
Bruxelles

勒芬
Leuven

布拉班特省
Brabant

列日
Liège

列日省
Liège

埃诺省
Hainaut

索斯
Mons

那慕尔
Namur

那慕尔省
Namur

卢森堡省
Luxembourg

阿隆
Arlon

瓦隆地区

佛兰德地区

比利时西北部 `p.303~p.340`

比利时东北部 `p.341~p.370`

　　由西佛兰德、东佛兰德、安特卫普、布拉班特（北部）、林堡 5 个省组成。有很多佛拉芒族人住在此地。荷兰语的方言佛兰德斯语是这个地方的官方语言。也就是说佛兰德是法语的叫法，佛兰德斯是荷兰语的叫法。首都是布鲁塞尔，地理上属佛兰德地区，佛兰德斯语和法语都是官方用语。

瓦隆地区

比利时东南部 `p.371~p.394`

比利时西南部 `p.395~p.402`

　　由埃诺、布拉班特（南部）、列日、那慕尔、卢森堡 5 个省组成。特别是南部 3 个省被称为阿登地区，住着很多以法语为官方语的瓦隆人。部分地区也使用德语。

布鲁塞尔 `p.224~p.302`

春 Printemps

　　比利时的春天随着各地举行的华丽的狂欢节一起来到。在清晨的寒气中，去城市里的早市看看吧。你会吃惊地看到满街都是廉价的蔬菜、水果、五彩缤纷的鲜花，那就是告诉你春天到了。随着复活节（Pâque）的来临，点心店已经摆上了蛋形巧克力，像花一样装饰在橱窗里。把巧克力送给恋人和朋友，谁都会相信会给他带来幸福。如果在红的、绿的、蓝的锡纸包装的巧克力中发现了小鸟千万要带回国好好保存，因为那一定会带给你幸福。此外，这个时期去布鲁塞尔，有世界著名的伊丽莎白王后国际音乐演奏会。对于古典音乐的爱好者来说，是绝对不能错过的节目。5月的微风中，充满了阳光和绿色气息的音乐，一定会使游客的心丰盈起来。

夏 Été

　　夏季的热气从布鲁塞尔的大广场扩散开来。首先是宏大壮观的"奥麦刚古"游行。中世纪的骑士在大广场的跳跃舞姿是其精华。如果过于热衷高晓化装游行等夏季庆典而口干舌燥时，不妨来写有"桶装啤酒"（Kriek en tonneau）的小酒馆，喝点草莓啤酒和樱桃啤酒。这个时期的水果啤酒最好喝。

　　在热气还没有消退之时，大广场上每天都有连续不断的节目上演。每晚举行的灯光古典音乐会上，乐曲在多彩的光线中渐渐飞出市政厅，这种声音总能呼唤起人们永远的感动。此外，还有每两年一次的，并在吉尼斯纪录上都登载过的世界闻名的花的盛会。那时，花就像地毯一样铺在这个广场上。

秋 Automne

　　与夏日惜别不久，染上金黄色的树叶就变成了落叶。众多种类的海鲜就上市了。阿登地区的野禽的肉也正是最好吃的时候。

　　餐桌呈现活力的时候，出去游玩的人也回来了，商业街上也充满着生机，午餐时，餐馆兼咖啡馆里尽是胃口极佳的比利时人，他们吃着商务餐。当你看到那些堆成山一样的贻贝和油炸土豆条一扫而光，你一定不由得感叹比利时人的胃太厉害了。

　　从夏时制变成冬时制，日照时间就变得极短，秋天夜长，人们就去亲近艺术之秋了。基本上每两年举办一次的欧洲盛会是主题国的文化介绍。被选为主题国的国家，就在布鲁塞尔城的各个地方进行彻底的文化介绍。此外夏季关闭了的歌剧院也重新开始上演各种剧目。

冬 Hiver

　　秋天快结束时，有孩子们第二次快乐的期盼。从11月开始城市就张灯结彩。12月6日就到了圣尼古拉斯节。前一天晚上，家家户户在壁炉前供起来的盘子里放好3根胡萝卜和3个土豆并加上砂糖。这是圣尼古拉斯大爷的坐骑（驴）最喜欢的食物。据说在壁炉前睡觉，醒来时就会发现供品变成了自己想要的礼物了。圣诞节是全家一起庆祝的节日。晚餐的餐桌上有整个儿的烤火鸡，旁边放上果子。圣诞节已是这样隆重了，那么圣诞前夜比利时人还会花不少时间去吃，真令人惊叹！吃完饭就忍耐着寒冷上街了。道路上挂满了彩灯，在大广场上，基督诞生的场面以蜡像的形式再现。过了年就开始鸣汽车喇叭了，周围的人互相在对方脸颊上亲吻两次，亲吻的次数因地域的不同也会不一样。所以一定要注意哦！

旅行规划日程表

※ 2010 年的预定日。带 * 的是 2011 年的。※时期的飞机票价是基本价。

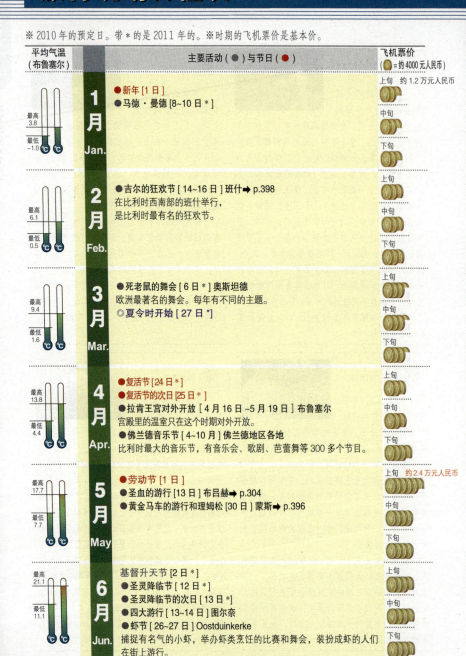

平均气温 （布鲁塞尔）		主要活动（●）与节日（●）	飞机票价 （ = 约4000 元人民币）
最高 3.8 最低 −1.0	**1月** Jan.	●新年 [1 日] ●马德·曼德 [8~10 日 *]	上旬　约 1.2 万元人民币 中旬 下旬
最高 6.1 最低 0.5	**2月** Feb.	●吉尔的狂欢节 [14~16 日] 班什 ➡ p.398 在比利时西南部的班什举行， 是比利时最有名的狂欢节。	上旬 中旬 下旬
最高 9.4 最低 1.6	**3月** Mar.	●死老鼠的舞会 [6 日 *] 奥斯坦德 欧洲最著名的舞会。每年有不同的主题。 ◎夏令时开始 [27 日 *]	上旬 中旬 下旬
最高 13.8 最低 4.4	**4月** Apr.	●复活节 [24 日 *] ●复活节的次日 [25 日 *] ●拉肯王宫对外开放 [4 月 16 日~5 月 19 日] 布鲁塞尔 宫殿里的温室只在这个时期对外开放。 ●佛兰德音乐节 [4~10 月] 佛兰德地区各地 比利时最大的音乐节，有音乐会、歌剧、芭蕾舞等 300 多个节目。	上旬 中旬 下旬
最高 17.7 最低 7.7	**5月** May	●劳动节 [1 日] ●圣血的游行 [13 日] 布吕赫 ➡ p.304 ●黄金马车的游行和理姆松 [30 日] 蒙斯 ➡ p.396	上旬　约 2.4 万元人民币 中旬 下旬
最高 21.1 最低 11.1	**6月** Jun.	基督升天节 [2 日 *] ●圣灵降临节 [12 日 *] ●圣灵降临节的次日 [13 日 *] ●四大游行 [13~14 日] 图尔奈 ●虾节 [26~27 日] Oostduinkerke 捕捉有名气的小虾，举办虾类烹饪的比赛和舞会，装扮成虾的人们 在街上游行。	上旬 中旬 下旬

Planning Calendar

Netherlands

BENELUX

Belgium

Luxembourg

平均气温 （布鲁塞尔）		主要活动（●）与节日（●）	飞机票价 （ = 约4000元人民币）

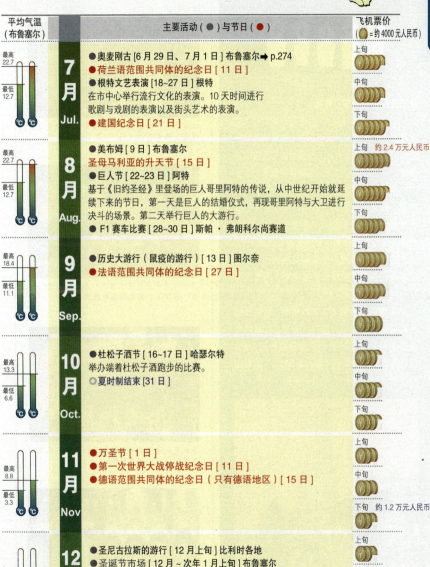

7月 Jul.

最高 22.7
最低 12.7

- ●奥麦刚古 [6月29日、7月1日] 布鲁塞尔 ➡ p.274
- ●荷兰语范围共同体的纪念日 [11日]
- ●根特文艺表演 [18~27日] 根特
  在市中心举行流行文化的表演。10天时间进行歌剧与戏剧的表演以及街头艺术的表演。
- ●建国纪念日 [21日]

上旬
中旬
下旬

8月 Aug.

最高 22.7
最低 12.7

- ●美布姆 [9日] 布鲁塞尔
- ●圣母马利亚的升天节 [15日]
- ●巨人节 [22~23日] 阿特
  基于《旧约圣经》里登场的巨人哥里阿特的传说，从中世纪开始就延续下来的节日，第一天是巨人的结婚仪式，再现哥里阿特与大卫进行决斗的场景。第二天举行巨人的大游行。
- ●F1赛车比赛 [28~30日] 斯帕 · 弗朗科尔尚赛道

上旬　约2.4万元人民币
中旬
下旬

9月 Sep.

最高 18.4
最低 11.1

- ●历史大游行（鼠疫的游行）[13日] 图尔奈
- ●法语范围共同体的纪念日 [27日]

上旬
中旬
下旬

10月 Oct.

最高 13.3
最低 6.6

- ●杜松子酒节 [16~17日] 哈瑟尔特
  举办端着杜松子酒跑步的比赛。
- ◎夏时制结束 [31日]

上旬
中旬
下旬

11月 Nov

最高 8.8
最低 3.3

- ●万圣节 [1日]
- ●第一次世界大战停战纪念日 [11日]
- ●德语范围共同体的纪念日（只有德语地区）[15日]

上旬
中旬
下旬　约1.2万元人民币

12月 Dec

最高 5.5
最低 0.5

- ●圣尼古拉斯的游行 [12月上旬] 比利时各地
- ●圣诞市场 [12月～次年1月上旬] 布鲁塞尔
- ●圣诞节 [25日]
- ●节礼日 [26日]

上旬
中旬
下旬　约1.6万元人民币

Christmas

从建在圣卡特琳教堂前的鱼市上的观览车里眺望。眼前是滑冰场

从"圣尼古拉斯节"开始

比利时的街道从 11 月中旬开始就有圣尼古拉斯节的气氛了，人们都穿上华丽的服装开始装扮城市。巧克力店的橱窗也被布置得温馨浪漫，一个一个看过去，都快看花眼了。

虽然圣尼古拉斯节对于中国人来讲不太熟悉，但是在比利时，自古以来就是人们很喜爱的节日之一。圣尼古拉斯是一位主教，传说 4 世纪时他拯救了被魔女抢去的孩子们。孩子们都知道他是一个亲切善良的圣人。节日前夜，圣尼古拉斯会骑着毛驴，与黑人随从一起给孩子们送礼物。

听着像是圣诞老人的故事啊，可能多数人都会这么认为吧。是的，圣尼古拉斯的传说是由移居到纽约的荷兰清教徒传过去的。据说圣诞老人的英语"Santa Claus"就是由荷兰语"Sint Klaes"拟音而来的。

在小木屋中出售手工香皂、奶酪、果酱、帽子、首饰等，各式商品琳琅满目

据说是从法国来的旋转木马，是和艺术家们共同制作的。相当新颖

点亮彩灯的大广场。彩灯一直延伸到圣卡特琳教堂

使用香料精心制作的芳香热红酒。圣诞节版酒瓶子

比利时的圣诞节

点着彩灯的令人倍感温馨的街道上并排着各式各样的露天店铺。快去看看圣诞节市场吧。

圣诞节快到了

"圣尼古拉斯节"的准备从 11 月下旬开始，圣诞节市场也开业了，街道上变得更加热闹非凡。

大广场上有一棵用彩灯装扮的巨大的杉树，还布置了基督诞生塑像。到了晚上像石雕一样壮丽的市政厅也用彩灯装饰起来，每晚上演"灯光音乐秀"，把圣诞气氛推向高潮。

另外一个好玩的地方就是证券交易所周围与圣卡特琳教堂周围摆出的多达 240 个的露天商店。

这些露天商店出售被称为"芳香热红酒"（Vin Chaud）的红酒、热巧克力、蜗牛汤、美味的香肠、油炸食品、甜甜圈、华夫饼干等。在寒冷冬季看到这么多能温暖身体的食品，真是令人高兴！此外，还有不少从比利时周边国家来的露天小店一家连着一家，出售食材和小物件。一边逛小店一边散步也是很有乐趣的。

另外，圣卡特琳教堂前面的广场上还出现了观览车、旋转木马和滑冰场。节日的欢乐气氛使人忘记了冬天的寒冷。

布鲁塞尔　圣诞市场

时间：2010 年 12 月上旬～2011 年 1 月上旬（预定）

URL www.plaisirsdhiver.be（上演节目情况、简单的计划地图等都有介绍）。滑冰与观览车、旋转木马想尽情游乐的话，使用 Flakes Booklet 这种优惠券最合算。10 欧元 10 张的优惠券与小册子一套，各优惠券可以在规定的节目和店铺中使用。可在证券交易所与滑冰场的旅行咨询中心购买。

抹有巧克力与果酱的水果饼能温暖你的身体

Cuberdon 是一种令人怀念的、软软的砂糖点心。现在在比利时只有两家公司在继续制造

种类丰富的火腿肠的店。可以外卖铁板上烤的热乎乎的面包夹火腿

蜗牛汤与生蚝的露天店。加入芹菜与胡椒等调料形成独特的味道

Belgian Beer

用朗贝克或麦酒干杯!

　　在比利时喝啤酒的话一定要尝尝像葡萄酒一样能慢慢品味香味和口感的自然发酵型的朗贝克啤酒或上面发酵型的麦酒。在这里介绍一下品尝有独特风味的比利时啤酒的方法。基本的种类参照➡ p.294 专栏。首先要在啤酒屋找到中意的酒。在啤酒屋为了能正确品尝比利时啤酒，工作人员会把啤酒小心地倒入啤酒专用的玻璃杯里。这种玻璃杯对啤酒的味道有重要的作用，据说玻璃杯的形状可以左右啤酒的香气、味道、起泡程度。之所以会对玻璃杯有如此严格的要求，是因为比利时啤酒有各自的特性。根据原料的不同，所用的酵母和发酵方法也就不同，酒精度也不同。另外，大多采用瓶内发酵，随着保存时间的延长，味道也会有所改变。这次喝的啤酒是什么味道呢？怀着这样一种期待品尝啤酒，这种乐趣只在比利时才有。

　　还有一个要素是温度。并不像普通瓶装啤酒那样冷藏到冰冷了才喝，据说要把温度保持在6℃~15℃饮用，因为冷冻过了头味道和香气就都跑了。但是水果系列的啤酒例外，适合低温保存。

比利时啤酒酿酒厂介绍

凯梯恩啤酒厂➡ p.284
达·哈尔乌曼啤酒厂➡ p.308
圣雷米修道院➡ p.391

库利米娜特尔在 ➡ p.355 的名单里，啤酒的名称按年代顺序排列，这是比利时特有的

往玻璃杯里慢慢倒入啤酒的手法实在漂亮。特·布尔菲斯·贝尔特埃➡ p.317

对玻璃杯的形状有要求，也是比利时啤酒的特征。也有这种形状的酒杯。德尔·古力特➡ p.332

在啤酒种类众多的啤酒屋里，选择啤酒时一定很困惑吧。鲁·维德勒Ⅱ➡ p.374

富有个性的比利时啤酒

在比利时，就要知道啤酒的好处，去好好品尝很考究的味道。

Belle-Vue Kriek
类型：朗贝克
度数：5.2%　适温：3℃~5℃
　　有樱桃的新鲜香味与适当的酸甜味，在女性中很受欢迎。红色的，泡沫是粉红色的。

Leffe Blond
类型：修道院
度数：6.6%　适温：5℃~7℃
　　继承了过去在迪南的莱福修道院制造啤酒的方法。麦芽香最先散发出来。

Duvel
类型：黄金麦酒
度数：8.5%　适温：6℃~10℃
　　倒到一半，啤酒沫就满杯了。甜香味，口感好，可以一口气喝完。Duvel就是"恶魔"的意思。

Hoegaaden White
类型：白色
度数：4.9%　适温：3℃~6℃
　　使用一种柠檬香或橙香的香料，有新鲜的果味口感。在比利时很受欢迎。

Rodenbach Classic
类型：红色
度数：5.0%　适温：6℃~10℃
　　5~6周时间就成熟的啤酒和2年时间成熟的老啤酒混合而成的。甜酸柔和性口感。

Buges Triple
类型：特别麦酒
度数：8.2%　适温：6℃~10℃
　　制造成黄金色，酒精浓度高的啤酒。麦芽和啤酒花的香味混合的布吕赫的当地啤酒。

Orval
类型：特拉伯
度数：6.2%　适温：12℃~14℃
　　使用传说中的"玛蒂尔德之泉"，加入3次自制的酵母，从发酵到成熟要花10周的时间。

Saison Regal
类型：季节
度数：5.6%　适温：6℃~10℃
　　原本是有季节限制的，现在一年四季都可以饮用。瓦隆地区的原产啤酒。有很清爽的口感。

Gouden Carolus Classic
类型：特别麦酒
度数：8.5%　适温：6℃~10℃
　　果香味。浓郁和爽快柔和相结合。酒精度数一般，很上口。

Belgium

布鲁塞尔

布鲁塞尔

Bruxelles

 布拉班特省
Brabant

ACCESS

从阿姆斯特丹中央车站到布鲁塞尔南站，乘超高速列车 Thalys 约 2 小时 40 分钟，1 天 7 趟列车。乘 IC 列车约 2 小时 50 分钟，1 天约 15 趟列车。要注意 Thalys 和欧洲之星在布鲁塞尔中央车站不停车。从卢森堡乘 EC 约 2 小时 50 分钟，乘 IC 约 3 小时，IC 每小时一趟列车，EC 1 天 1 趟列车。从法国的巴黎北站到布鲁塞尔南站乘 Thalys 约 1 小时 25 分钟，1 天 24 班往返列车。

从英国伦敦圣潘克勒斯站到布鲁塞尔南站通过欧洲隧道渡过多佛尔海峡的欧洲之星 2 小时 25~45 分钟，1 天 7~9 趟往返列车。从德国的科隆到布鲁塞尔南站乘 Thalys 约 2 小时 20 分钟，1 天 6 趟列车。乘 IC 约 2 小时 20 分钟，1 天 3 趟列车。

※所需时间以南站为基准。列车趟数是以最多趟数为基准。

各国语言对布鲁塞尔的写法（以后提到的各城市也一样）：

法语 ● Bruxelles
荷兰语 ● Brussel
英语 ● Brussels

风景之城布鲁塞尔的艺术之城布鲁塞尔的

布鲁塞尔这个名字，由 "Brouscella" 一词而来，意思是潮湿地带的城堡。在如今已经无影无踪的 la Senne 河中的圣热里岛上，领主劳特林盖思公爵查尔斯·德·弗朗斯建造了这座小小的城堡，建成的时间是 979 年。因此，小城到处都充溢着令本地人自豪的 1000 年历史的古色古香。

那以后，布鲁塞尔作为瓦隆和佛兰德地区的毛织品通商要道而发展起来，并逐渐发展成为现在欧洲的经济、政治、文化中心。世界各国的政府首脑都到这里访问，著名艺术家到这里开演奏会，这绝非偶然，而是因其好的地理条件而产生的。

在布鲁塞尔这座城市里有许多好玩之处。去演奏会现场狂热一回，或是去赶赶时髦听听歌剧都可以。可以在热闹的小吃街上大尝比利时美味，或者在酒馆一边喝啤酒一边聊天。去高级名牌店买东西，乃至到跳蚤市场上去找找便宜货都很有趣。在康布尔的森林里散步，或在网球场上打球，都是健康活动。天气好时，去宁静的郊外野餐也是一趣。无论哪一种，都是布鲁塞尔市民普通的休闲方式。入乡随俗，那么就让我们和他们一样享受此间乐趣吧！

布鲁塞尔的中心——大广场

到达布鲁塞尔

乘飞机到达后

布鲁塞尔机场 Brussels Airport/Bruxelles Aéroport

比利时的门户布鲁塞尔机场在市区东北方向约15公里的郊外。在2002年完成了扩建工程，比以前更宽、更现代化了。比利时是以荷兰语、法语、德语三种语言作为官方语言的国家。机场的指南也全是用荷、法、德、英语四种文字表示。

下了飞机按照"Arrival"指示行进。如果是经由申根协定加盟国入境（利用A航站楼），不必经过入境审查（Passport Control）。但是经由英国和瑞士入境的（到达B航站楼）要经过入境审查。审查时需要出示护照（需要有6个月以上的停留有效期）和签证。基本上不会被询问。然后，去Baggage Claim领取行李。因附近有银行，在等待取行李时可以换钱（但是，汇率不太合算）。最后是通过海关（Customs）。如果没有申报的物品直接去出口就行了。到达大厅的中央有能够进行酒店预约的布鲁塞尔市与瓦隆地区的旅游局的柜台。此外，这里还设有打往机场周边和布鲁塞尔中心酒店的专用预约电话，可以使用。

从机场到市内

乘坐国营铁路

从机场去布鲁塞尔市内乘快而便宜的火车最方便。从到达大厅乘滚梯下到地下的国营铁路车站。机场城际快车每15分钟发出一趟列车。平日5:27~次日0:27，周末和节日5:17~23:50。到北站需要14~21分钟，到中央车站19~29分钟，到南站24~31分钟。票价一等坐席4.70欧元，二等坐席3欧元。

列车按北站、中央车站、南站的顺序停车，在离目的地最近的车站下车即可。去❶的话在中央车站下车最方便。要注意中央车站的站台比较复杂，下了车要确认好站台的位置，相反，从中央车站去机场时就不会有困难了。

比利时入境时的免税范围（从欧盟以外国家入境时）

● 香烟200支、雪茄烟（大）50支、雪茄烟（小）100支、烟叶250克，以上四者选一。
● 白酒等酒精浓度22%以上的酒类1升，或22%以下的酒类如发泡葡萄酒等2升。
● 没有发泡的葡萄酒4升。
● 啤酒16升。
● 土特产品等从空中或海上入境的情况以相当于430欧元价值为限。从陆地入境或家用飞机入境的情况以相当于300欧元价值为限。
※ 17岁以下不可携带烟酒。
※ 礼品等15岁以下以175欧元价值为限。
※ 动物制品（肉、蛋、牛奶、奶酪、汤汁等，包含鱼食品）严禁从欧洲以外的国家携带入境。
URL fiscus.fgov.be/interdan l/nl/site/customs_english.htm

布鲁塞尔机场
URL www.brusselsairport.be

修尔鲁洛瓦机场
有很多廉价航线。
到布鲁塞尔市内乘巴士需1小时左右，一天有21~28趟班车。票价单程为13欧元。市内的乘车场在布鲁塞尔南站的Rue de France。
URL www.charleroi-airport.com

从市内去机场
南站发车：4:48~23:12
周末、节日4:50~23:17

南站出发，按中央车站、北站的顺序停车，中央车站发车在南站发车后6分钟，北站发车在南站发车后9分钟。1小时约4趟（平日与周末、节日会有些差别）。

自助租赁自行车
在布鲁塞尔的市中心可以使用的出租自行车出现

了。设置了 180 个站点，有超过 2500 辆自行车。使用费用 1 天 1.50 欧元，7 天 7 欧元再加出租费用，最初 30 分钟免费，后面的 30 分钟 0.50 欧元，再加 30 分钟 1 欧元，再加 30 分钟 2 欧元。保证金是 150 欧元。支付方法和自行车的租借方法等，请在网页上确认。另外，骑车时要小心横行猛拐的汽车。

☎ 078-051110
URL www.villo.be

北站

●外币兑换处

开 周一～周五　8:00~19:30
　　周六　10:00~17:00
休 周日、节日

中央车站的行李寄放

投币寄放柜根据大小分为 3 欧元、3.50 欧元、4 欧元。也可以利用行李寄存处（开 6:15~21:30，3.80 欧元／天）。

✉ **在中央车站购票要留意时间**

售票处不同的时间段可能会人多拥挤，因有许多不熟悉购票程序的游客购票会费不少时间。另外，售票员的态度不是很亲切。

✉ **车站，车内请留意行李**

乘从北站到机场的电车时，旁边有一位女性的手提包就被抢走了。虽然有的人追上去将包拿了回来，但小偷还是逃走了。3 个布鲁塞尔车站中，北站最嘈杂，要多加小心。此外，北站、中央车站、南站之间乘车时间很短，从前一站上车，在下一站停车时偷了包以后下车逃走的情况也时有发生。

乘坐公共汽车

去市内乘 12 路去 Brussels City 的巴士。只在平日运行。每 1 小时发 3~5 趟班车。需要约 30 分钟。票价：3 欧元。或乘 272 路巴士到北站。只在平日运行，每小时发

STIB 的巴士，颜色可能会有所不同

1~2 趟班车。票价：2.50 欧元。但是在车内购票时票价稍微贵点。

此外，到安特卫普有直达巴士。7:00~ 23:00 每个整点发车。所需时间：50 分钟。票价：8 欧元。

乘坐出租车

因为有无证出租车，去到达大厅外的出租车乘车场乘坐比较保险。到市内基本上 20 分钟，早晨可能会花 30 分钟以上的时间。费用打表计算，一般情况 35~40 欧元。

◑ 乘坐铁路到达后

布鲁塞尔市内有很多车站，国际列车停靠车站只有北站、中央车站、南站 3 个。普通情况按 3 个站的顺序停靠，有的列车可能不停靠中央车站。请确认好列车时刻表。此外欧洲之星只到南站，在中央车站和北站不停车。

北站 Gare du Nord / Noordstation

从中央通道一到主大厅，在左侧就有售票处与铁路咨询处和电话、传真服务，在右侧有投币寄存柜，还有货币兑换处。

一楼是巴士的中央乘车站，往它的下面走是地铁站。从这里去大广场乘 3 或 4 号线地铁在 Bourse / Beurs 下车。

中央车站 Gare Centrale / Centraalstation

去大广场步行 5 分钟左右。去 ❶ 的人就在这里下车吧。

去大市场从中央站去最近

站台在地下二层，主大厅在一楼。在中央有售票处，也有邮局。地下一层有行李寄存处和投币寄存柜。去机场的列车站台有可能会变动，请一定在电光信息板上确认。

南站 Gare du Midi / Zuidstation

从站台下了台阶是一个长长的中央大厅，在中央有售票处（国内线与国际线是分开的），在左侧（从机场到达的时候在右侧）有欧洲之星与 TGV Thalys 列车的乘车口、外币兑换处、出租车办公室等。最里面设有行李寄存处和投币寄存柜。

正面有许多快餐店和巧克力店。大厅里有铁路咨询处。其他还有咖啡馆与超市，也有药店。设施非常齐全。在车站的右侧出口的邮局营业到 22:00（周六：10:00~19:00，周日、节日：11:00~19:00），非常的方便。

地下是地下有轨电车站和地铁站。从这里去大广场乘3、4 号线的地下有轨电车在 Bourse / Beurs 下车。另外也可以乘地铁 2 号线或者 6 号线去路易丝广场。从地下就可以乘车。

抓住最新信息

布鲁塞尔有两个信息咨询中心 ❶，尽可能地为旅行者提供信息。它都在大广场附近。观光前先去那里看看吧。

✉ 要注意帮你搬运行李的人

在南站乘电车时会有两个白人过来帮助搬运行李，他们不是亲切友好的人，而是小偷。我下车后打开包一看，装有护照、美元等的小包不见了。

南站
●外币兑换处
开 周一 ~ 周五 7:45~20:30
　 周六 7:45~20:30
　 周日、节日 9:00~19:00
休 1/1、12/25
　 汇率不太合算。
●市旅游局
开 10 月 ~ 次年 3 月
　 周一 ~ 周四 8:00~17:00
　 周五 8:00~20:00
　 周六 9:00~18:00
　 节日、周日 9:00~14:00
　 4~9 月
　 周一 ~ 周四 8:00~20:00
　 周五 8:00~21:00
　 节日、周六、周日 8:00~20:00
　（13:00~14:00 午休）
休 1/1、12/25
　 营业时间可能会发生变更。

佛兰德地区旅游咨询中心
佳 Rue du Marché aux Herbes 63
☎ 02-5040300 EM 02-5040377
URL www.visitflanders.com
开 10 月 ~ 次年 3 月
　 周一 ~ 周五 9:00~17:00
　 周日、节日 10:00~16:00
　 4~6 月、9 月
　 周一 ~ 周五 9:00~18:00
　 周日、节日 10:00~17:00
　 7、8 月
　 每天 9:00~19:00
※ 周六、周日的 13:00~14:00 关门。
休 1/1、12/25
　 只有布鲁塞尔与佛兰德地区的酒店可以进行预约。手续费 1.50 欧元（青年旅舍 0.50 欧元）。瓦隆地区的信息，请在布鲁塞尔机场的柜台或 URL www.opt.be 查询。

布鲁塞尔市旅游咨询中心

🏠 Hôtel de Ville de Bruxelles, Grand Place
☎ 02-5138940
FAX 02-5138320
URL www.brusselsinternational.be
URL www.brures.com(酒店预约)
开 每天 9:00~18:00
　(12月的周日 10:00~14:00)
休 1~3月的周日、1/1、12/25
　酒店的预约只能预约当天的布鲁塞尔市内的酒店。酒店预约免费。

很合算的布鲁塞尔卡

这是一张包含市内的主要美术馆、博物馆等25个地方的入场券与市内交通的自由乘车通票的卡。3天卡33欧元，2天卡28欧元，1天卡20欧元。在市内的 🛈、美术馆、酒店、主要地铁站等地购买。此外，可以选择博物馆与表演等10个地方入场的The Must of Brussels 18欧元。
URL www.brusselscard.be

佛兰德地区旅游咨询中心

　在王宫的背面，现代的办公室。在这里能拿到佛兰德地区各地的小册子和酒店名单等，此外以佛兰德音乐节与伊丽莎白王后国际音乐比赛为首，佛兰德地区举办的各种各样的活动的信息都可以在这里询问。

布鲁塞尔市旅游咨询中心 TIB

　在大广场的市政厅的一楼。可以免费领取简单的地图。想要布鲁塞尔的详细手册，可以花4欧元购买一本《Guide & Map》小册子（有英文版）。免费的酒店名单中登载了价格和服务内容，另外也可买一本《The Bulletin》的活动信息杂志（在 🛈 领取免费）。在 🛈 可以进行酒店和旅游观光车的预约。还有，可购买方便的旅游护照以及市内的地铁、有轨电车、巴士一天内任意乘坐的通票。

在旅游咨询中心收集小册子，掌握酒店与活动信息

市政厅一楼的旅游咨询中心

Column Belgium

布鲁塞尔的危险情报

●要注意小偷

　有读者反映有一个男性专门对旅游者采取撞击行动，趁混乱之际，别的同伙偷盗其贵重物品。使用这种手法的小偷集团正在增加中。还有，小孩子组成的小偷集团在布鲁塞尔南站和安特卫普车站等地也有。

●要注意大广场周围的小偷

　把报纸在你眼前打开，以此吸引你的视线，这时偷走你的包和贵重物品。作案人是2~3个的十几岁的小孩子。由于已有多位读者来信反映，所以要注意不要让小偷轻易将贵重物品偷走。

●来自当地警察的危险情报

　在车站等地装扮成警察来搜查皮包，然后将里面的钱物拿走，使用这种手法的案件也有增加的迹象。真正的警察绝对不会不出示身份证明来检查一般旅行者的皮包。

●自己的行李要放在自己能保护的范围内

　在没有门的餐厅、咖啡馆，大衣和围巾等一定要放在自己能管理的范围。此外贵重物品一定要随身携带。车站和列车内、商店内等也一样，一点都不能让行李离开你的视线范围。

Column Belgium

新艺术派与装饰艺术——从世纪末到现代

法尔斯塔夫内部的宁静气氛

1890年，艺术种类上兴起了过去样式中没有的新兴艺术派运动。特别是在布鲁塞尔就有500座新艺术派建筑，真是名副其实的新艺术中心。因产业革命的成功，可以使用大量生产出的铁和大面积的玻璃与那里的工匠留下来的传统技术的草木结构大胆结合，创造出新的艺术空间。

他们中的代表——建筑家维克托·奥尔塔的私邸现已作为美术馆（❷p.268）对外开放。外观简洁，但一进入其中，通过嵌在铁框里的大玻璃看到透进的光线和优美的曲线，会美得让人目眩。从照明器具、扶手到窗框的角落，可以感觉到手工制作的精致，令人惊讶。对于住在四面都是水泥、钢筋、混凝土房屋里的我们来说，很难想象出这里曾是个人生活的场所。新艺术时代也许是人们日常生活与艺术相结合的奇迹般的20年吧。

随着第一次世界大战开始，新艺术派逐渐消失，取而代之的是直到1930年年初盛行的装饰艺术样式。根据新艺术派推崇的那种以自然为主题的有机的、自由的曲线，赖因则将它改变成圆弧和直线组合的几何形状的图案。丢掉过剩的装饰，追求明快感觉的设计，与新的城市文明相和谐，于是流行起来。并且与当今时代人们的感觉也很相近。

在建筑界，特别是纽约的摩天大楼就是代表作。比利时约有20%的建筑就是在那个时期建成的。值得一提的就是芭蕾·德·巴扎尔（❷p.273）、埃瑟尔官（❷p.266）以及作为美

术馆开放的范布伦宅第。除了装饰艺术式样的庭院外，还有典型的家具和内部装饰而闻名于世。此外，最重要的例子当举库尔贝尔赫山的圣心殿（教堂），它是在20世纪初开始建造的，这里也能让我们见到新艺术派的风格。

代表性的新艺术派建筑物
● 漫画博物馆→ p.261
● 啤酒屋·咖啡馆法尔斯塔菲→ p.283
● 餐馆·咖啡馆杜·威尔特姆·哈尔希纳特→ p.280

装饰艺术的代表性建筑
● 范布伦美术馆
Musée & Jardins van Buuren
🏠 Av.L. Errera 41
➡ 折页地图3背面A5
☎ 02-3434851
URL www.museumvanbuuren.com
🕐 14:00~17:30（最终入场）
🚫 周二　费 10欧元
庭园：🕐 14:00~18:00
🚫 无　费 5欧元
　　两处售票时间到闭馆时间前30分钟。
🚋 3、23、24路在 Churchill 下车。从广场往南走100米
● 库克尔贝尔赫山的圣心殿（教堂）
Basilique de Koekelberg
🏠 Parvis de la Basilique 1
➡ 折页地图3背面A2
☎ 02-4258822
露台：
🕐 10:00~16:15（夏季 9:00~17:00）
🚫 无　费 4欧元
教堂：🕐 8:00~17:00（夏季~18:00）
🚫 无　费 免费
　　从稍远点的地铁站 Simonis 出发步行的话线路很清楚明了。

布鲁塞尔城就是一枚骑士勋章

　　布鲁塞尔的中心被一个称为"小皮带"的环形公路包围。这条环形道路是14世纪筑起的城墙遗址，从地图上看，就像一个中世纪的骑士勋章一样的五角形的形状。铁路就从这个五角形纵穿而过。上面部分就是北站，下面部分就是南站，而且正好中心部分是中央车站。在内环以外还有一个将它围起来的高速公路。被称为"大布鲁塞尔"的布鲁塞尔市就在高速公路的内侧。分为19个行政区，城市北部、西部是工业区，南部和东部是有众多公园和池塘的住宅区。看上去挺大的布鲁塞尔市，主要的景点基本上都集中在内环线以内。对于旅行者来讲步行就能完成城市观光。

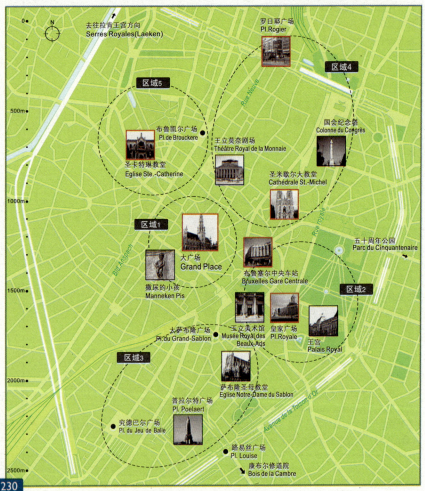

关于各区域　布鲁塞尔的中心就是大广场，每个地区都以大广场为中心和起点去观光吧。是挑选好景点步行去游览，还是乘坐地铁有效率地去游览呢？随你选择吧。

区域1　p.239~p.246

大广场周边

这里是老市区的中心。附近有餐馆街，有加冕区，这一带集中了众多的游客，是城里最热闹的区域。

被宏伟壮丽的建筑物包围起来的大广场➡

区域2　p.247~p.257

皇家广场周边

这一带被称为"艺术之丘"，是参观美术馆和欣赏音乐会的艺术之地。有国会、各省政府大厅、王宫等。

近山地区中心的皇家广场➡

区域3　p.258~p.260

从萨布隆到马罗勒地区

萨布隆是从皇家广场开始延伸的近山地区。普拉尔特广场的西侧是平民气氛的马罗勒地区，在宪德巴尔广场举办跳蚤市场。

普拉尔特广场前的高等法院➡

区域4　p.260~p.262

从罗日耶广场到圣米歇尔大教堂

从罗日耶广场往南延伸的讷沃街是热闹非凡的购物街。讷沃街的南面是王立莫奈剧院。

内部装饰也有观赏价值的王立莫奈剧院➡

区域5　p.263

圣卡特琳教堂周边

布鲁凯尔广场西侧的这个地区是宗教色彩浓厚的地区，与许多海鲜类餐馆混杂在一起。

圣卡特琳教堂前广场上并排的海鲜餐馆➡

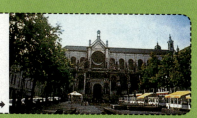

●**出发前**　记住在布鲁塞尔会使用法语和荷兰语两种语言（去北部，用荷兰语的比率增加，但在全国85%以上的地区使用法语）。城市里的各个地方从广告到电影字幕、交通标志、地铁标志，都必定是用两种语言书写。在地铁站等地方会有突然看到不认识的站名而迷路的状况发生。比如：Arts-loi（法语）与Kunst-wet（荷兰语）是同一个站。

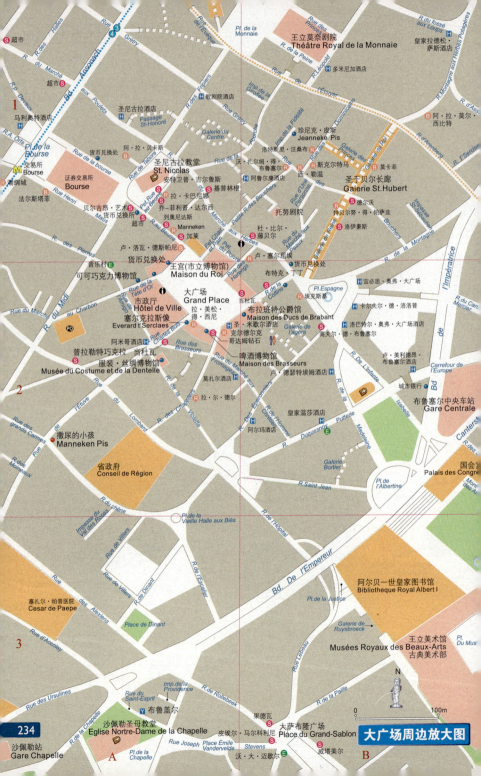

超市 ⑤
R. des Halles
Pl. de la Monnaie
R. des Princes
R du fossé aux Loups

王立莫奈剧院
Théâtre Royal de la Monnaie

皇家拉德松·萨斯酒店 ⑪

超市 ⑤ⓢ
Bd. Anspach
Rue Grétry
R. de la Peine
Pl.Léopold

多米尼加酒店 ⑪
R. Montagne aux Herbes Potagères

马利奥特酒店 ⑪
R.A. Orts
R. des Poulets
R. du Marché

Imp. de la Girafhe
Rue Grétry
Rue de la Fidélité

阿·拉·莫尔·西比特 ⑪
R d'Arenberg

Pl. de la Bourse
交易所 Ⓜ
Bourse ⓢ
潮绸城 ☐

圣尼古拉酒店 ⑪
Passage St-Honoré
歌剧院酒店 ⑪

珍尼克·皮斯
Jeanneke Pis

洛特斯里·汪桑布鲁塞尔 ⑪
斯克尔特马

圣于贝尔长廊
Galerie St. Hubert

Rue Henri
证券交易所
Bourse
货币兑换处 ⑧
Rue de la Bourse
圣尼古拉教堂
St. Nicolas

阿·拉·贝尔斯
Rue de Tabora

安特卫普·吉尔鲁姆
基普林根

鲁汉康酒店 ⑪
西·勒温

德尔沃
特尔努·得·帕萨韦 ⑪

法尔斯塔菲 ☐

贝尔吉昂·艺术 ⑤
货币兑换处 ⑧

乔·菲利普·达尔西 ⑧
列奥尼达斯 ⑤
Pel.Rue d.Beurre

托努剧院
Marché aux Herbes

洛伊豪斯

Manneken ⑧
加莱 ☐
R. des Pierres
卢·洛瓦·德斯帕尼 ⑧
音乐村 ☐
货币兑换处 ⑧

可可巧克力博物馆 🏛
Rue de la Tête d'Or

王宫(市立博物馆)
Maison du Roi

杜·比尔·藤贝尔
卢·塞尔屈埃
货币兑换处 ⑧

宜必思·奥弗·大广场 ⑪
Pl.Espagne

埃克斯基

卡尔夫尔·德·洛洛普 ⑪

沙佩勒站
Gare Chapelle

Rue du Marché au Charbon
市政厅
Hôtel de Ville
塞尔克拉斯像
Everard t'Serclaes

大广场
Grand Place
拉·美松·得·西尼 ⑧

布拉班特公爵馆
Maison des Ducs de Brabant

卢·美利德昂·布鲁塞尔酒店 ⑪

PO ⊠
克尔德尔克 ⑧ R
哥达姆钻石

圣·米歇尔酒店 ⑪
Galerie de l'agora
高夫尔·德·布鲁塞尔 ⑪

洛巴尔特尔·奥弗·大广场酒店 ⑪

普拉勒特巧克拉 ⑧
当杜瓦 ⑧

啤酒博物馆 🏛
Maison des Brasseurs

服装·丝绸博物馆
Musée du Costume et de la Dentelle

Rue des Brasseurs
Rue au Beurre

莫扎哥酒店 ⑪
拉·尔·德尔 ⑧

卢·德瑟特埃姆酒店 ⑪
城市银行
R. De l'Infante
卡尔福尔·德·勒罗普
Carrefour de l'Europe

布鲁塞尔中央车站
Gare Centrale

撒尿的小孩
Manneken Pis
Rue de l'Etuve
Rue du Lombard

皇家温莎酒店 ⑪

阿尔玛酒店 ⑪

Isabelle
Bd.
Canters

省政府
Conseil de Région

塞扎尔·帕普医院
Cesar de Paepe

Rue du Midi
R. des Chapeliers
R. du Marché aux Fromage
R. des Eperonniers
R. de la Violette

R. Duquesnoy
R. de la Putterie
Madeleine

阿尔贝一世皇家图书馆
Bibliotheque Royal Albert I

省政府
Place de Dinant

Galerie Bortier

R. Saint Jean
Pl. de l'Albertine

Galerie de Ruysbroeck

国会宫
Palais des Congrès

Pl. de la Vieille Halle aux Blés
R. de l'Hôpital

Bd. De l'Empereur

Pl. de la Justice

王立美术馆
Musées Royaux des Beaux-Arts
古典美术部

Pl. Du Mus

Rue d'Accolay

Rue des grands Carmes
Rue des Alexiens

Rue de Villers
R. de Dinant
R. de l'Escalier

R. Lebeau

Impasse du Val des Roses

Imp.de la Providence
Rue du Saint-Esprit
Y 布鲁盖尔

R. de Rollebeek

果德瓦
R. de la Paille

N

沙佩勒圣母教堂
Eglise Nortre-Dame de la Chapelle

皮埃尔·马尔科尼 ⑧
Place Émile Vanderved
Stevens

大萨布隆广场
Place du Grand-Sablon

沃·大·迈歇尔 ⑧

威塔美尔 ⑧

0   50   100m

大广场周边放大图

Pl. de la Chapelle
A
Rue Joseph
B
Rue Lebeau

Rue des Ursulines

布鲁塞尔市内交通

地铁、有轨电车、巴士

地铁、有轨电车（其中有一部分是在地下行走的被称为地下有轨电车）、巴士在城市里纵横交错行走，非常的方便。

布鲁塞尔市交通局（STIB/MIVB）的咨询处设在金毛长廊和地铁的 Porte de Namur 站、Rogier 站、Midi 站，地铁、地下有轨电车、有轨电车、巴士的详细线路图在这些咨询处可以拿到。

关于车票

车票是地铁、有轨电车、巴士共通使用，也有一次券。如果要环游布鲁塞尔，最好购买回数券等才方便。回数券可以多人同时使用。在地铁的车票售票处、STIB/MIVB、车站小卖店等地可以购买，1 小时之内可以多次换乘。可以在地铁、有轨电车、巴士、市内国营铁路之间换乘。乘车时，将回数券放进检票机打印时间（1 次券购买时就打印上了）。地铁、有轨电车、巴士的自由乘车的 1 日券在与买回数券一样的场所购买，另外在 ❶ 也能买到。

地铁的乘坐方法 Metro

地铁线路非常的清晰，最适合旅游观光。有 1、2、5、6 四条线。1 和 5 号线在市中心一部分相同线路行走。2 号线沿小环线道路围着市中心行走。

❶ 地铁站是以蓝色为背景，白色的符号标记。下到地下有售票处，其旁边就排列有橙色的检票机。购买的是回数券时，在这个检票机上打印时间。打印后 1 小时以内（1 日乘车券只有当天有效），只花一次的费用，因此每次乘车时都要打印时间。

地铁入口

打印时间的检票机

235

国铁站内有车票打印机，比如：想从中央车站到北站时，可以使用回数券。

关于 STIB/MIVB 的线路变更
　布鲁塞尔市交通局管辖的线路，可能有所变更。线路图请在当地确认。

站台上的标志写的是终点站

触摸车门处的橡胶部分就会开门的有轨电车的门

按下按钮就开门的车型

巴士 STIB 的票
　3 天有效的 9.50 欧元。只适合 STIB 公司的巴士，其他公司的不能使用。

❷ 在站台通常只标明线路的终点站，所以要往哪个方向去，事先请在线路图上确认好。

❸ 上下车时，用力一拉在车门附近安装的把手，就开门了（要用点劲）。注意不是自动门。操作要领不清楚

自动售票机

时在有乘客的车门处上车就行了。下车时，想自己开门的话，就认真看看开门的方法吧。

地下有轨电车与有轨电车的乘车方法 Pré-Métro & Tram

　在地下行走的有轨电车叫 "Premetro"。车站入口和地铁有着相同的标志。上车下车基本上和有轨电车一样。现在有两条地下有轨电车线路。因为它连接北站和南站纵贯市中心，对于旅游观光非常的方便。就像有轨电车一样线路非常的清晰，旅游者使用起来很方便。

也有颜色不一样的有轨电车

　在布鲁塞尔市中心游览只要有地铁和地下有轨电车就够了，但是要想去郊外的话，还是乘有轨电车方便。有了线路图，不是当地人也没有问题。但是，要乘开往哪个地方的车一定要事先确认好。因为车体上书写着线路号码、终点站的站名，使用线路图查找好了就行了。列车行驶的方向与自己要去的方向一定要在脑子里记牢。

❶ 车票从驾驶员那里购买（乘地下有轨电车时，在车站的售票窗口也可以购买）。使用回数券的时候，将票放进车内检票机上打印时间。打印后 1 小时以内乘车的话（1 日券只当天有效）收取一次的费用。每次乘车都要打印时间。

❷ 乘车时，在车门旁安装有黑色或绿色的橡胶的地方

触摸一下，车门就开了（车门有按钮的车辆，要按下按钮）。

❸ 想要下车的时候，按下车门旁的黑色按钮（红色按钮是紧急按钮，千万不要按），不按的话，就会认为没有人要下车，就不停车通过了。一定要注意。

巴士的乘车方法 Bus

巴士停车站

不习惯的话会觉得不方便，但还是要拿出勇气，去市内游览时试着坐坐吧，很方便的。在市内行驶的 STIB 巴士是黄色的，另外还有银色加橙色线条的车型。

❶ 车票与有轨电车一样要向驾驶员购买。回数券要放进检票机打印时间。去郊外的巴士（TEC：郊外和法语地区。De Lijn：郊外和荷兰语地区）因距离不同，票价会有差异。

❷ 巴士来了，将手举起来示意。想下车时要按下车内的按钮。

◐ 出租车

原则上是在出租车的乘车场乘车，在市区内流动的出租车也可能会停车。副驾驶座 1 人，后座 3 人共 4 人可以乘坐。驾驶员开得不慢，因此一定要系上安全带。

街上行驶的出租车

说"×××斯尔威普勒"（请带我去×××）的时候就向驾驶员出示酒店的卡片或指南手册上的目的地。费用是采取打表制。基本费用 2.40 欧元（22:00~ 次日 6:00 加 2 欧元），以后每 1 公里 1.35 欧元。郊外（19 区以外）加 2.70 欧元。虽然费用中已经含有服务费，没有必要再给小费了，但是在往后备箱装行李时，找零钱就不必收了，当做小费支付吧。车门是手动式的，要注意后面驶来的车。

在咖啡馆等处打电话可以叫出租车，这个时候，咖啡

布鲁塞尔

布鲁塞尔市内交通

✉ **法式薄饼**
虽然有像甜品一样的薄饼，但也有在饼上加黑砂糖的种类。

主要的出租车公司
Autolux ☎ 02-5123123
Taxi Bleus ☎ 02-2680000
Taxi Vert ☎ 02-3494949

布鲁塞尔市内旅游
Brussels City Tours
🏠 Rue du Marché aux Herbes 82
☎ 02-5137744
FAX 02-5025869
在上述的办公室（大广场）或者在 TIB、饭店、旅行社预约。
URL www.brussels-city-tours.be

馆会向你收取 0.50~1 欧元的电话费。布鲁塞尔最大的出租车公司是 TAXI.Vert。

观光旅游团

布鲁塞尔市内旅游 Brussels City Tours

领取旅游观光的小册子吧

　除了下面的布鲁塞尔市内与郊外的观光巴士之外，还有去往比利时国内的根特与布吕赫、卢森堡、荷兰等地的旅游团。

●布鲁塞尔市内旅游

　参观布鲁塞尔的主要景点、新艺术式样建筑和市内的巡游观光，最后在大广场周围参观。有带耳机的录音导游。

● HOP-ON HOP-OFF BUS

　就像它的名字一样，在布鲁塞尔的主要景点自由上车下车的巴士。有带耳机的录音导游。

●安特卫普宝石和鲁本斯的观光旅游

　去港口城市安特卫普参观，在圣母教堂观赏鲁本斯的祭坛画，参观制作宝石的商店后绕港一周的旅游观光。

●王立军事历史博物馆与滑铁卢

　参观王立军事历史博物馆和拿破仑的著名战场——滑铁卢古战场，并参观旅游者中心。

阿龙 Arau

　进行布鲁塞尔城市的保护和再开发的专家集团设计的团队旅游。有专门的导游带领参观新艺术的发源地的建筑物和城市的另一侧面。

　英语的团队游每月只举行数次，如果日程允许的话，一定不要错过。

●布鲁塞尔 1900 新艺术派

　去参观维克托·奥尔塔等人设计的新艺术建筑，可以参观一般人不能进入的建筑物。新艺术的爱好者一定要去看看。

大广场周边

从大广场开始走一走吧。这一带要看的东西非常多，至少要花上 3 个小时的时间。从大广场到城市的标志——撒尿的小孩的街道上，并排着很多礼品店。要想看看撒尿的小孩可爱的尊容向右拐吧。从南街（Rue du Midi）再往右拐就到了证券交易所的后面。

绕证券交易所一圈后，往后面有一个小教堂的小广场的东北方向去，就到了整齐漂亮的海鲜餐馆街。这里是城里最热闹的加冕区。看了珍尼克·皮斯（女版的撒尿的小孩）再一直往前走，就进入圣于贝尔长廊。从右面出去的话就再次返回到大广场。

大广场

📊 主要景点

大广场 Grand Place
➡ 折页地图 3 正面 B3　　➡ Map p.234–A2

到了布鲁塞尔的人，都会去大广场走一走。就是维克多·雨果称赞过的"世界最美的广场"和科克托称颂的"富饶的剧场"。它是一个长 110 米、宽 70 米的周围由行会会馆建筑群包围的方形广场。

17 世纪以前建起的大部分建筑物都是木质的建筑。1695 年，根据法国的路易十四世的命令，维路罗瓦将军下令炮击，除市政厅以外，基本上全部被毁坏。但是，各行业协会把这里作为集会场所使用，以令人吃惊的速度重建

大广场周边的游览方法

| 大广场 p.239 |
| 撒尿的小孩 p.244 |
| 珍尼克·皮斯 p.244 |
| 圣于贝尔长廊 p.245 |

在咖啡馆休息一下

花地毯

每两年一次，在 8 月中旬的大广场，摆满了各种颜色的鲜花。最近的一次是 2010 年 8/13～15。去露台的入场时间：9:00～23:00。费 3 欧元
URL www.flowercarpet.be

✉ **大广场附近的炸土豆店**

由于不是冷冻的土豆，因此很好吃。虽是卖炸土豆条与三明治的小店，外面经常都排着长队，小份 1.80 欧元，大份 2.20 欧元。有十几个种类的酱 0.50 欧元。位于 Reu de Taboa Rue du Marche aux Herbes 的角落。

✉ **西·勒温**

　　在布鲁塞尔店→p.276，12岁以下的孩子可以点小孩菜谱，并且免费。小孩菜谱有意大利空心粉、贻贝与土豆组合的套餐，分量很足。餐后赠送棒棒糖。

市政厅

☎ 02-2794365
英语导游团的出发时间：
周二、周三　15:15
周日　10:45、12:15
休 10月～次年3月的周日、1/1、5/1、11/1、11/11、12/25
费 3欧元

　　需要45分钟，25人为限，15分钟前集合。不可以预约。门票从出发时间前40分钟开始发售。

市政厅的中庭。从这里进去入口处有参观市政厅的导游团的报名处

了如今我们看到的用石材建起的建筑物。

　　参观这个广场的很多人都为这里的壮观景象而倾倒，但只拍一张纪念照就回去了。好不容易从远方来到这里，还是要慢慢体验才好，因此还是让我们停下来，专心致志地在历史流过的各个角落观察一番吧。此外，6月下旬到9月下旬的晚上，还举行声光结合表演（在22:30和23:00，预定约10分钟。时间和日期要确认），它会让我们看到与白天不同的美。

并排着无数餐馆的加冕区

市政厅 Hôtel de Ville
➡ 折页地图 3 正面 A3　➡ Map p.234–A2

　　15世纪建造的哥特·火焰式的建筑。在15世纪初，只有现在的狮子的台阶和左侧的建筑（1402年建筑师 Jacques Van Tienen 所建）。之后，稍矮点的右侧建筑（据观察左右不太对称）是在1445年增建的。中央的塔是1455年由建筑师 Van Ruys broek 建造的。内部参

布鲁塞尔旅游咨询处所在的市政厅

观只能参加导游带领的观光团（有英、法、荷兰语）。咨询处稍微有点难找，位于从大广场出发，由中庭右侧的门进去的地方。一定不要错过了观赏挂在"马克西米利安"（Maximilienne）房间里的一幅漂亮挂毯。

王宫 Maison du Roi
➡ 折页地图 3 正面 B2　➡ Map p.234–A2

　　虽然叫"王宫"，实际上国王从没住过。这里原来是面包市场，后来改建成了公爵的住房。16世纪前期，根据卡尔五世的命令，改成后期哥特式样。之后，在西班牙哈布斯堡王室统治时代成了西班牙政府厅，据说曾经还被当做监禁新教教徒的牢房。1695年曾因炮击而毁坏，后又修复。在1767年外形

与现在不同，1895 年由建筑家 Victor
Jamaer 根据卡尔五世时代的设计，忠
实地再现了它的原貌。

变成市立博物馆的王宫

现在作为市立博物馆（Musée de
la Ville）使用。一楼有彼得·勃鲁
盖尔（父）的《婚礼的行列》，描
绘萨布隆教堂的历史的挂毯、雕刻、
陶器等。二楼有关于布鲁塞尔历史的文献资料。三楼有有
名的"撒尿的小孩"的服装，一些服装由世界各国赠送，
其中也有中国人民解放军军装和 1979 年北京市副市长专程
参加布鲁塞尔市建城 1000 周年庆典时送的一套中国传统的
对襟小裤褂。你可以一边看一边猜：这是哪国的服装呢？

大广场的建筑地图

号码	现在的用途	原来的名称	原来的用途
西部建筑群			
1	咖啡馆	西班牙王	面包店行会
2、3	咖啡馆	西班牙王、猫车	油商行会
4	外币兑换处	袋	高级木匠，木桶店行会
5	银行	雌狼	射手行会
6	银行	之角笛	船主行会
7	自动兑换机	狐	妇女用品百货行会
北部建筑群			
20	餐馆	鹿	
21、22	巧克力店	肖瑟夫·安娜	
23	丝绸店	天使	
24、25	咖啡馆	裁缝之家，2座房子	
26、27	丝绸店、巧克力店	鸠	画家行会
28		布拉班特炫的武器	
29	餐馆	兜	
30	餐馆	孔雀	
31	餐馆	小狐狸	
32	咖啡店	柏木	
33	丝绸店	圣芭贝或圆桌	
34	戈布兰挂毯店	驴	

市立博物馆
☎ 02-2794350
开 10:00～17:00
休 周一、1/1、5/1、11/1、11/11、12/25
费 3 欧元

Beer Weekend
　　合起来有大小 44 个造酒
厂参加，能品尝到各种各样
的啤酒的活动。利用这个机
会品尝各种比利时啤酒是很
不错的。在大广场 2010 年是
9 月举办，免费入场。
Belgian Brewers
Brewers'House
☎ 02-5114987
URL www.weekenddelabiere.be

✉ **服装·丝绸博物馆**
Musée du Costume et de la
Dentelle
　　展出服装、丝绸、编织物、
小饰品等，这些展品每年都更换。
住 Rue de la Violette 12
☎ 02-2134450
开 周一、周二、周四、周五
10:00～12:30、13:30～17:00
周六、周日 14:00～17:00
休 周三、1/1、5/1、11/11、12/25
费 3 欧元，学生票 2.50 欧元

西部建筑群

北部建筑群

优雅的窗户

也举办花市

正在准备大广场的花地毯

✉ 吸引眼球的巧克力店
Jean-Philippe Darcis

　　虽然还不是每个中国人都知道的店，但是在 2001 年比利时国内比赛获得第一名的巧克力店。味道是 Pierre Marcolini 或法国 Jean-Paul Hevin 一样的类型。中国人喜欢的不太甜的巧克力，也许以后就要引起人们的关注了。

布拉班特公爵馆 Maison des Ducs de Brabant
➡ Map p.234-B2

　　因正面装饰有历代布拉班特公爵的半身像，所以叫布拉班特公爵馆。正面采用科罗萨尔式建筑式样，这种式样是在巴罗克式的意大利佛兰德斯式样上加以变化，使之与古典建筑和谐，因此意大利对它的影响很大。但驹形的房顶又是受法国的影响。面向广场有去地下的入口，是餐馆

壮丽宏伟的布拉班特公爵馆

位于从大广场往证券交易所
方向走 2~3 分钟的地方。

原来是在列日的商店，
这里是 2006 年 12 月才在布
鲁塞尔开张的 1 号店。巧克
力的香味超群，不太甜，店
员一个一个地给我说明并把
我喜欢的包在一个盒子里。
商店的详细情况 ➡ p.291。

的云集处。楼上是酒店。想感受清晨和夜晚大广场的气氛
的人可以到这里来。

啤酒博物馆 Maison des Brasseurs
➡ Map p.234–A2

啤酒博物馆

17 世纪是啤酒生产者行会的
会馆，位于被称为"黄金之树"
的建筑物的地下，现在已变成啤
酒博物馆了。一下楼梯就是 18
世纪的啤酒厂，放置有发酵用的
木桶等制造啤酒的设备。最里面
有播放影像的屏幕。但是规模很
小，不要期待着参观像中国的啤
酒工厂那样的规模。参观完后，在博物馆的角落有一个酒
场，在这里喝一杯啤酒吧。

塞尔克拉斯像 Everard t'Serclaes
➡ Map p.234–A2

"星之家"下面的墙壁上有塞尔克拉斯像，从古代就有
这样的传说：参观布鲁塞尔的人只要
触摸过这个雕像都会得到幸福。塞尔
克拉斯是一个在 1388 年被暗杀的城
市的英雄。12 世纪初到 14 世纪初，
布鲁塞尔城是由布拉班特公爵统治
的。而佛兰德伯爵羡慕布鲁塞尔的繁

大广场的旁边的购物市场——
安哥拉。这里也有厕所

啤酒博物馆
🏠 Grand Place 10
☎ 02–5114987
URL www.beerparadise.be
开 10:00~17:00
12 月~次年 3 月的周六、周
日 12:00~
休 1/1、12/25
费 6 欧元（含啤酒费）

希望获得幸福就摸摸

位于大广场附近，布休街上的店。最初用英语讲话的服务员端出的菜不是我要的半份（搞错了），给他提出异议，反而惹他生气了，装着不懂英文，最后结账时给出了不合理的价格，被收取了可以在超高级餐厅连续吃上两天的费用。向他提意见，他却装着不懂的样子。要注意这家店。

阿米阁酒店

从大广场去往撒尿的小孩雕像的街上有一个酒店叫阿米阁，是16~19世纪的监狱所在地。有法语"监狱"意思的单词"vrunte"与有"朋友"意思的单词"vriendt"发音相似，常被误译。阿米阁（西班牙语是朋友的意思）就成了人们对它的称呼。1873年法国诗人魏尔伦对另一法国诗人兰波开枪，就被投进了这座监狱，因此而有名。

荣，企图继承王位。1356年的一个暴风雨的夜晚，塞尔克拉斯只身登上"星之家"，用正统的继承者布拉班特公爵的旗取代了佛兰德的旗。他的英雄行为提高了市民们的士气，于是布拉班特公爵正式作为正统的继承人登上王位。

撒尿的小孩 Manneken Pis
➲ 折页地图 3 正面 A3　➲ Map p.234–A2

别名"小于连"

以"布鲁塞尔最老的市民"这一宣传语而闻名于世的撒尿的小孩［又叫"小于连"（Petit Julien）］很受人欢迎。它是1619年由迪凯努瓦（Jérôme Duquesnoy）制作的。关于它的由来，有各种各样的传说，但都没有定论。其中之一是布鲁塞尔被敌军包围，在城墙上点燃了炸药的导火线，布拉班特公爵的儿子在上面撒了尿，保住了城墙，帮助己方取得了胜利。裸体的雕像是遵从当时流行的文艺复兴式样建成的，一点也不稀奇。在当时也没有引起人们的关注。但是，这以后，撒尿的小孩很快作为城市的吉祥物，路易十五世的醉酒士兵偷盗了撒尿小孩的雕像时，市民们进行了抗议示威游行。国王为了向民众谢罪，向撒尿的小孩赠送了用金线刺绣的宫廷服装。以此为起源，世界各地都赠衣服给这个可爱的雕像，恐怕现在它已成为世界第一的服装拥有者了。

珍尼克·皮斯 Jeanneke Pis
➲ Map p.234–B1

1987年突然出现的新的有名景点。应该说是撒尿的小孩的妹妹版——女孩子在撒尿的雕像。平民出身的寅次郎先生（已故日本电影演员）曾说过"漂亮的女孩要站着撒尿"这句台词，但是布鲁塞尔的漂亮女孩是坐着的。人们评价撒尿男孩一定会说"真可爱"，到了这里可能就有各种各样的表情了。因为这个雕刻模仿得有些过分了。

圣于贝尔长廊 Galerie St. Hubert

→ 折页地图 3 正面 B2　→ Map p.234–B1

　　所谓长廊，就是购物长廊，分为女王、国王、王子（Galerie de la Reine, du Roi, des Princes）3 个长廊。有时装店、古董店、咖啡馆等，还有电影院和剧场。1847 年完成，是欧洲最古老的长廊之一。

长廊里卖提包的老店铺——德尔沃的展示窗

优雅的圣于贝尔长廊

✉ 甜甜的热巧克力
　　冬季推荐——热牛奶里溶进巧克力 3 欧元左右。值得推荐的是 Godiva，特别好吃。在大广场店有专门将巧克力溶化到牛奶里的东西。在撒尿的小孩前的店铺会从两个陈列品里选择一个，再将薄片状的东西溶化到里面。

长廊内的书店

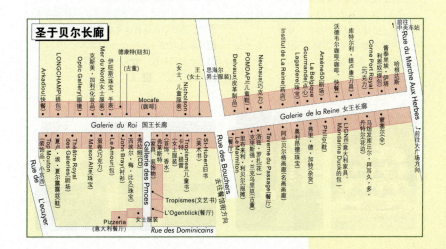

圣于贝尔长廊

245

品尝正宗的华夫饼

左图：布鲁塞尔的华夫饼软乎乎的，很好咬
右图：列日的华夫饼加了硬砂糖，稍有点硬

"以前做小吃或甜点时都会做这个吃。现在的年轻妈妈们大多到超市买了。"鲁西安纳老奶奶感叹道。今天她把孙子、孙女们叫到一块儿，要开一个华夫饼Party。

老人的华夫饼烤箱已经用了30多年了，做出松脆可口又不甜得腻人的华夫饼是老人的绝活儿。"在街上能买到的是小而放了大量砂糖的列日华夫饼。在家里做的在华夫饼里加进喜欢的东西的布鲁塞尔华夫饼才最好吃。大人和小孩都喜欢。"切成两片的土豆，在切开处抹上溶化的黄油，开始放进烤炉。烤上约1分钟，加上孩子们喜欢的生奶油和果酱开始大吃特吃，爸爸妈妈也进来凑热闹，往里放进冰激凌狠狠来上一口。

"对谁也别讲哦！"鲁西安纳老奶奶一边说，一边偷偷地告诉我做法。

5人的家庭量：

（1）小麦粉（加发酵粉）200克，砂糖两勺，碳酸水与牛奶各半共150毫升。蛋黄4个，然后好好搅拌。

（2）将蛋清好好搅拌起泡稍加点盐。

（3）向（1）和（2）里再加入碳酸水与牛奶共150毫升搅拌，然后开始烤。

中文念的华夫，英语是Waffle，荷兰语是Wafel，法语是Gaufre。

好吃的现烤现卖的布鲁塞尔华夫饼店

● 当杜瓦 Dandoy

1829年开业，是Specaloos有名的老店，华夫饼很有特点。可以在二楼的茶馆慢慢品尝刚出炉的华夫饼。

住 Rue Charles Buls 14
➔ Map p.234-A2　☎ 02-5126588
营 9:30~18:30（周日、节日 10:30~）
茶室：11:00~18:00（仅1、2月~17:30）
休 1/1、12/25

● 高夫尔·德·布鲁塞尔
La Gaufre de Bruxelles

这里是可以吃到便餐的店，一楼烤布鲁塞尔、列日华夫饼的店员会微笑迎接你。

住 Rue Marché aux Herbes 113
➔ Map p.234-B2　☎ 02-5140171
营 7:00~23:00　休 无

左图：Dandoy的列日华夫饼
右图：买了热乎乎的华夫饼要马上吃

皇家广场周边

　　布鲁塞尔近山一带，将飘浮着艺术气氛的街道与枯燥乏味的政府街道有机结合起来，让我们看到了比利时人的智慧。而且他们实现了他们的计划，在那里呈现了完美的和谐，更增添了无穷的魅力。

　　从皇家广场往西下了坡就是被称为"艺术之丘"的区域，有美术馆、图书馆、音乐会会场等。此外，从皇家大道（Rue Royale）往北去，有布鲁塞尔公园。可以去看看画家们在那里画素描。这个公园的北侧就是国家宫与王立帕克剧院。皇家广场一侧耸立着壮丽宏伟的王宫。

在向公众开放期间有许多游客参观

🏛 主要景点

皇家广场 Place Royale

▶ 折页地图 3 正面 C3　　▶ Map p.232-B2

　　在广场中央，有第一次十字军东征（1096）的指挥者戈德弗洛瓦·德·布永的骑马雕像。这个广场的建筑是左右对称排列的，追求单纯简洁。因作为18世纪流行的新古典主义样式的典范而闻名。

面向广场的圣雅各布教堂

皇家广场周边的游览方法

皇家广场 p.247
↓
王宫 p.248
↓
乐器博物馆 p.249
↓
王立美术馆 p.249

从大广场一侧的台阶上眺望皇家广场可以看到市政厅的美丽尖塔

✉ **室内装饰展示房**
Flamand The Kitchen
　　建在大萨布隆广场的NH酒店的对面。精致的，使用舒心的室内装饰。店内有咖啡馆，可以在此吃稍晚一点的早餐（10:00~）与午餐、晚餐。
🏠 Place du Sablon 36-38

王宫
☎ 02-5512020
开 7月下旬~9月上旬
10:30~16:30（入场~16:00）
休 周一、9/10~7月下旬左右
费 免费

贝尔维博物馆
住 Place des Palais 7
☎ 02-5450800
URL www.belvue.be
开 10:00~17:00
（周六、周日~18:00）
休 周一、1/1、复活节、5/1、
12/25
费 5欧元

在地下对公众开放科登堡宫殿（Coudenberg）的遗址。这个宫殿遗址是11世纪以后，统治这里的布拉班特公爵、勃艮第公爵、哈斯堡王室作为城堡和宫殿使用的巨大建筑。
费 5欧元（和贝尔维博物馆通票8欧元）

王宫 Palais Royal
➡ 折页地图3正面C4 ➡ Map p.232-B2

　　现在国王并不在此居住，但国王在国内的时候将升起国旗。这里曾是布拉班特公爵的私邸，利奥波德二世将其中之一改为路易十六风格的建筑样式。只在夏季对一般公众开放。

贝尔维博物馆 Belvue Museum
➡ 折页地图3正面C3

　　展出从1830年比利时独立开始，历代国王统治下的和近代比利时的历史。寂静王宫里设立的咖啡馆、餐厅也许是潜在的观光点吧。

布鲁塞尔公园 Parc de Bruxelles
➡ 折页地图3正面C3 ➡ Map p.232-B2

　　古时候是布拉班特公爵的狩猎场。1775年改建成了法国风格的公园。1830年独立时成为与荷兰军作战的战场。而现在则是满园的绿色、雕像和喷泉，人们过着和平宁静的生活。

在布鲁塞尔公园散步

Column Belgium

伊拉斯谟之家 Maison d'Erasmus

　　安德莱赫特（Anderlecht）是一个位于布鲁塞尔中心西南的、旅行者很少问津的地方。这里有一个伊拉斯谟之家。作为伟大的人文主义者而闻名的伊拉斯谟（1469~1536）是鹿特丹人。但是他在勒芬大学任教，在比利时留下了很多足迹，这里就是其中之一。这里是1468年建造、1515年增建的建筑物，最初称为"天鹅馆"，是城市的迎宾馆。1521年伊拉斯谟在这里住过几个月，后来就命名为"伊拉斯谟之家"。现在是博物馆。

一楼有他用过的书桌，挂有博斯的画，二楼的"白色大房间"展出《愚人颂》的最初版本（中央窗户中）。
住 Rue du Chapitre 31
☎ 02-52111383
URL www.erasmushouse.museum
开 10:00~17:00
休 周一、1/1、12/25 费 1.25欧元

　　乘地铁Saint Guidon站下车就到。地下有轨电车乘81号线在同样车站下车。

乐器博物馆 Musée des Instruments de Musique

→ 折页地图 3 正面 B3　→ Map p.232-B2

收集了超过 7000 件作品的世界上数一数二的乐器博物馆。有约 1500 件作品按专题展出。有免费的录音导游讲解古埃及的乐器历史以及包括日本的三味线（日本的一种弦乐器）在内的世界各国乐器，可以一边听一边看展览

（周四晚上在博物馆内举办音乐会）。博物馆内铁和玻璃的奇特建筑是建筑家桑特洛瓦设计的服装店，是 1898 年完成的新艺术派建筑。100 年前，作为观景台而受人欢迎的是最上层的餐厅，现在也是将布鲁塞尔平民区尽收眼底的好场所。餐厅的蛋糕值得推荐。

王立美术馆 Musées Royaux des Beaux-Arts

→ 折页地图 3 正面 B4　→ Map p.234-B3

● 古典美术部 Art Ancien

在 1799 年布鲁塞尔被法国革命军占领时，这里是作为巴黎的中央美术馆（现罗浮宫）的分馆而建立的。滑铁卢之战后，法国归还了几乎所有的曾收藏在这里的作品。现在的建筑物是由 Alphonse Balat 在 1880 年完成的古典式宫殿。现在已成为以佛兰德斯派为中心的 15~18 世纪的绘画宝库。

勃鲁盖尔和鲁本斯的杰作是不可错过的，此外还有梅姆灵、博斯、韦登等人的名作，以馆藏丰富而自豪。一个一个认真地去欣赏的话，可能一天时间都不够。再加上近代美术部你至少得留出半天的时间来参观美术馆。古典美术部按年代以不同的颜色区分再给每个房间编上号码以示区别。以下是王立美术馆古典美术部的房间编号，没有时间的人按自己的兴趣爱好去参观就行了。

乐器博物馆

佳 Montagne de la Cour 2

☎ 02-5450130

URL www.mim.fgov.be

开 9:30~16:45（周六、周日 10:00~16:45）

售票持续到闭馆前 30 分钟。

休 周一、1/1、5/1、11/1、11/11、12/25

费 5 欧元。每月第一个周三 13:00~ 免费。有免费录音导游

✉ 要留有足够的时间

录音导游是听每种乐器的音色（每次有 2~3 个短曲），但展出的品种相当多，全曲一边听一边走要花相当长的时间（要半天时间）。

王立美术馆

佳 Rue de la Régence 3

☎ 02-5083211

URL www.fine-arts-museum.be

开 周二~周日绘画 10:00~17:00，15、16、19 世纪绘画与雕刻画廊 12:00~13:00，17、18、20 世纪绘画 13:00~14:00 是午休时间。

※也有不午休开馆的情况。请确认开馆时间。

休 周一、1 月的第二个周四、1/1、5/1、11/1、11/11、12/25

费 5 欧元（只适用常规展出，可以再进场，一天有效。第一个周三的 13:00~17:00 是免费的）

票价可能有所变动，艺术商店、餐厅、咖啡馆可以免费进去。

在入口的咨询处可拿到馆内参观图（免费），需要再详细点的作品指南请到艺术商店购买指南手册（15 欧元）。此外，还可以购买有关代表性的 20 件作品的解说《要点导购》（2.48 欧元）。4 国（英、法、德、荷）语言的录音导游器 2.50 欧元。
※展出内容、场所有可能变动，要在当地确认。

入口是从 Rue Royale 延展到 Rue de la Régence

15~16 世纪绘画

15 世纪佛兰德斯美术迎来黄金时期。而且以勃鲁盖尔活跃的 16 世纪的佛兰德斯绘画为中心，此外还展出德国、北荷兰的绘画。

10~17 室…初期的佛兰德斯、北荷兰、意大利、法国

首先应该停留的是 11 室。弗莱马勒的画家的《受胎告知》（L'Annonciation），是以富裕的佛兰德为舞台，描绘天使长加百列向马利亚预告耶稣即将诞生这一场景的写实画作。弗莱马勒的画家的弟子韦登的作品《拿箭的男人》（L'homme à la flèhe）、《圣母怜子》（Pietà）以及佩特鲁斯·克里斯图斯的《圣母怜子》（Pietà）是更加精细地描绘了富于精神性的作品。

13 室的《奥托大帝的审判》（Justice de l'Empereur Othon）是迪里克·鲍茨的作品，由《无实的处刑》和《火的考验》两部作品构成。据传说，是大帝的妻子与身为大臣的伯爵套近乎被拒绝，然后向大帝以虚假的罪名告发了伯爵，伯爵的妻子手持烧红的铁棒为丈夫辩护，大帝将自己的妻子处以火刑这样的故事。接着是 14 室的《圣塞巴斯蒂安的殉教》（Le Martyre de Saint Sèbastien），是一幅充满了作者汉斯·梅姆灵独特的静谧氛围的作品。

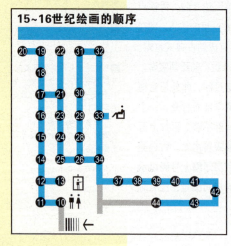
15~16世纪绘画的顺序

上图：古典部的入口附近
下图：丰富的艺术品商店

18~19 室···德国

18 室有德国文艺复兴时期的代表画家卢卡斯·克拉纳赫创作的《亚当与夏娃》(Adame et Eve)。卢卡斯·克拉纳赫是想表现人类理想的裸体美。夏娃虽然身体不匀称但是很性感。

21~33 室···16 世纪佛兰德、北荷兰

进入 16 世纪展区，像 22 室的昆廷·马赛斯的作品《圣安娜的家族》(La Lignée de Ste.Anne)是深受意大利影响的作品。其后是风格主义的作品。紧接着就是收藏品中最耀眼的部分——彼得·勃鲁盖尔(父)的作品的房间，在 31 室。

被称为勃鲁盖尔的画家中，有名的有 3 个人，但人们说勃鲁盖尔时，一般指父亲 Pieter Brueghel I'Ancien。剩下的就是两个儿子，被称为小勃鲁盖尔的是长子 Pieter Brueghel Le Jeune，二儿子是 Jean Brueghel。有名的《伯利恒的户口调查》(Le Dénombrement de Bethléem)与《伊卡罗斯的坠落》(Paysage avec la Chute d'Icare)这两幅作品的作者是父亲。但有一幅《贝兹勒赫姆的户籍调查》是儿子的临摹作品。

父亲勃鲁盖尔 1525 年出生在北布拉班特的勃鲁盖尔村。1551 年在安特卫普的画家协会登记。1563 年移居到布鲁塞尔。6 年后，45 岁左右去世。他以高度的人道主义精神描绘农民生活而被称为农民画家。另一方面，他的儿子小勃鲁盖尔除与父亲有着相同的创作题材外，还有空想画，也就是描绘鬼的画，被称为"地狱的勃鲁盖尔"。

34 室···Heulens 赠与藏品（15~17 世纪佛兰德斯）

37~44 室···Delporte 赠与藏品

关于展示室的关闭

15~16 世纪的绘画展出部分正在改装中。15~16 世纪的主要作品在 67~70 室展出。此外大卫、安格尔的作品转移到 55 室。详细情况请在当地确认。

好口碑的咖啡馆和餐馆

入口附近艺术品商店里的博物馆餐厅是由在比利时被称为最好的厨师长(Goossens)管理。午餐 3 道菜的套餐 22 欧元。也有其他便餐可点。博物馆咖啡厅在进入大厅的左侧。

昆廷·马赛斯的《圣安娜的家族》

⊠ 禁止带包入馆

必须使用投币寄存柜寄存。

勃鲁盖尔的《伊卡罗斯的坠落》

克拉纳赫的《亚当与夏娃》

✉ **可以再次进场**

　　有入场券的话，可再次入场。因此，在外面吃了午餐后可以回来接着看。

希罗尼穆斯·波希的《东方三贤者的朝拜》

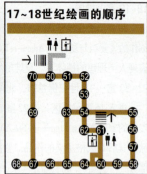

17~18世纪绘画的顺序

17~18 世纪的绘画 ------------------------------------

　　从大厅向下俯视，走廊里有很多绘画，以鲁本斯为首的佛兰德斯、荷兰作品为主，其他还有西班牙、意大利、法国的绘画作品。

50~51 室…16~18 世纪意大利

52~53 室…鲁本斯

　　安特卫普的大师鲁本斯（Peter Paul Rubens）出生于德国的锡根。1587 年他回到父亲的故乡安特卫普。1598 年在安特卫普的画家协会登记。他从 1600 年到意大利留学，到 1640 年去世，留下 2500 多幅作品。

　　53 室里有《东方三贤者的朝拜》（L'adoration des Mages）、《利埃万的殉教》（Le Martyre de Liévin）等 7 幅大作，52 室则陈列了包括描画 4 个黑人的脸的著名习作在内的许多小作品。

54~57 室…荷兰

64~65 室…Della Faille 捐赠收藏品

63、66~69 室…佛兰德斯

　　66 室里放有《丰饶的寓意》（Allégorie de la Fécondité）等雅各布·约尔丹斯的大作。

雅各布·约尔丹斯的《丰饶的寓意》

252

可以在宽大的空间鉴赏具有魅力的大幅绘画

58、60 室…Heulens–van der Meiren 捐赠收藏品

70 室…法国

● 近代美术部 Art Moderne

　　这里收集了 20 世纪的比利时美术作品，于 1984 年作为近代美术馆开馆，但是在 1997 年与古典美术部合并。此建筑一直建至地下八层。圆形的大厅装有玻璃顶窗，光线直射进来。与培育了众多前卫艺术的布鲁塞尔风格相配。

　　从地下三层到地下八层集中展出 19~20 世纪的代表性绘画。2009 年 6 月，在展出 19 世纪绘画的地方，马格里特美术馆开馆了。可以从大厅直接去古典美术部。近代美术部里虽没卖画的店，可以在古典美术部的艺术品商店购买有画的明信片。

19 世纪绘画 ---

　　可以看到代表近代比利时的画家们的作品与法国印象主义派的作品。

　　以著名的《马拉之死》（Marat Assassiné）为中心的大卫的作品展。大卫是从法国逃亡到布鲁塞尔的，给比利时画坛带来了一种新的风尚。

　　也有比利时画家库诺普夫作品展，特别有名的是《爱抚》（Les Caresses）。关于其象征意义的解释，有各种各样的分析。

关于近代美术馆改建工程

　　由于近代美术部有大规模改建工程与特别展，展出内容可能有所变更。详细情况请在美术馆的咨询处确认。

马格里特美术馆

　　在 2009 年 6 月，集中马格里特的作品，作为独立的美术馆开放。内部除有博物馆商店，还有咖啡店、快餐店，也有餐厅，可以慢慢尽情游玩。如果去马格里特故居，或许会有有趣的发现。

住 Rue de la Régence 3

☎ 02-5083211

URL www.musee-magritte-museum.be

开 周二 ~ 周日 10:00~17:00
　　周三 10:00~20:00

休 周一、1 月的第二个周四、1/1、5/1、11/1/、11/11、12/25

费 8 欧元
　　详细情况要确认。

恩索尔的《生气的面具》

左图：大卫的《马拉之死》
上图：库诺普夫的《爱抚》
下图：修拉的《格兰德·加特的阴天》

此外也有近代比利时代表画家恩索尔的作品。恩索尔 1860 年出生在港口城市奥斯坦德。他的父亲是英国人，母亲是比利时人。就像《生气的面具》（Les Masques Scandalisés）一样，以面具为对象的作品很多。他也有"面具画家"之称。恩索尔缔造了近代比利时美术的基础。其风格一直延续下来，在皇家美术馆近代部展出作品的 20 世纪的画家们，继续发扬了这种风格。

除修拉的《格兰德·加特的阴天》（à La Seine a la Grande-Jatte）和高更的《黄色基督》（Le Christ vert）之外，还可以看到莫奈、勃纳尔等法国代表画家的作品。

✉ 注意治安状况
乘地铁去的，但是感觉沿线的治安状况让人不放心，建议乘坐有轨电车。此外，虽然周围是住宅区，但不是高级的，行人比较少。时间太晚时尽量避开这些地方。虽说开馆到 18:00，最好还是天还亮着的时候回去。

20 世纪绘画

可以看到凯斯·哈林等美国大众艺术的展示，还有野兽派（马蒂斯、杜飞等）、立体主义（毕加索、布拉克等）、表现主义、抽象派等所谓印象派以后的主流绘画。此外还有野兽派的里克·武泰，表现主义的康斯坦特·佩尔梅克等比利时画家的作品。

代表比利时现代美术的两位画家保罗·德尔沃和勒内·马格里特的绘画（马格里特的作品

《黑色魔术》，1945，马格里特 ©Charly Herscovici, with his kind authorization-c/o SABAM-ADAGP, 2008

254

移到马格里特美术馆展示）一定是游客必看的作品。两人都为提高比利时超现实主义流派的声誉而作出了很大的贡献。

此外，还展示奇里科、恩斯特、达利、米罗等所谓的超现实主义

The Return, 1940, 马格里特 ©Charly Herscovici.with his kind authorization−c/o SABAM−ADAGP.2008

画家的作品。这里还放有1960年以后的绘画、雕刻、美术题材。布鲁塞尔作为前卫艺术的发源地，而这些超过国界和范畴的艺术活动一定会继续发展壮大。

德尔沃的《皮格马利翁》

The Dominion of Light,1954, 马格里特 ©Charly Herscovici, with his kind authorization−c/o SABAM−ADAGP, 2008

去马格里特故居的交通

在地铁的Belgica站下车，跟随 "Musee Rene Magritte" 的故居标志去就很清楚了。出站后有一个十字路口，右转再过一个十字路口，最后左拐的角上有一个很醒目的红与绿的旗帜，步行15分钟左右。

布鲁塞尔

皇家广场周边

马格里特故居 Musée René Magritte

马格里特故居

超现实主义大师勒内·马格里特住过24年的故居。他在这里度过了最活跃的创作时期。在马格里特的画里常见的窗和门、家具等原封不动地保留了下来。虽没有有名的作品展出，但在近30幅的作品中，有大师12岁时的油画，很有意思。当时的二楼，有每周一次的超现实主义画家朋友之间的聚会。

住 Rue Esseghem 135

➡ 折页地图3背面A2

☎ 02-4282626

URL www.magrittemuseum.be

开 10:00~18:00

休 周一、周二　费 7欧元

乘有轨电车51、94路从 Cimetière Jette 出发200米，地铁在 Bockstael 下车。

255

在比利时旅行有一件很有意义的事，就是能鉴赏以宗教绘画为中心的15~16世纪初也就是初期佛兰德斯的绘画。这些画都是画在板上的，所以不适合搬运，许多杰作往往不能送到国外展出，所以在中国是不能看到的。如有机会，一定要去鉴赏鉴赏。

宗教画通常被人说成很难懂，表现手法很平常，但内容很难理解也是事实。但是，由于宗教画原本是教育不能阅读文字的大众而描绘的东西，并没有表达难理解的哲学，对描绘的场面、登场的人物、画中事物象征的意思等稍微知道一点就行了，作为一幅画纯粹地去鉴赏就很有意思。

在这里，参照有代表性的画，将宗教画题材与"初期佛兰德斯绘画"的特征分为4个部分来介绍。

1. 耶稣基督的一生

是宗教绘画中表现最多的主题。

●弗莱马勒的画家的《受胎告知》

布鲁塞尔王立美术馆古典部

天使长加百列向处女马利亚传达她已怀有圣灵之子。白百合象征着马利亚的纯洁。马利亚并不知道，《旧约圣经》里预言的自己的未来已经开始了。神的意志和圣灵之物多以白色的鸽子来表现。

●大卫的《东方三贤者的朝拜》

布鲁塞尔王立美术馆古典部

3个占星术士知道救世主诞生了，带着礼物来朝圣。3人代表着当时的三大洲——亚洲、欧洲、非洲。也有代表青年、壮年、老年三代之说。也就是耶稣是全世界的、全人类的王的意思。

●波希的《钉刑图》

布鲁塞尔王立美术馆古典部

耶稣在各个他的山丘上被处刑的画面。十字架上的拉丁文"INRI"是耶稣的罪状，意思为"拿撒勒人耶稣称自己为犹太人之王"。圣母马利亚和圣约翰在守望着。画中的头盖骨象征了人类最初的罪人亚当。对面右侧两人，是此画的预订者和其守护圣人。

2. 守护圣人

超过2000人的守护圣人的存在，使得宗教艺术的主题变得丰富起来。各人的守护圣人也各有不同。个人的话，一般向给自己起教名的圣人祈求幸福。而以圣人中流传的逸事为题材的城镇和手工业的人则祈盼繁荣和平安。富裕的商人和手艺人们为了自己的教堂和礼拜堂，

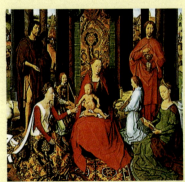

上图：《圣卡特琳的神秘婚礼》

右上图：《受胎告知》。三连祭坛画，左边是受胎告知，中央是钉刑，右边是三贤者的朝拜。背面画的是预订者或这个守护人。左边画的是预订者和男孩子们，中央是圣母像，右边是预订者的妻子和女孩子们（预订者夫妻就是旁边的守护圣人），这种例子很多

弗莱马勒的画家的《受胎告知》

特意让人画了很多守护圣人的祭坛画。每个圣人都有其特定的携带物，这已是规定好的，只要你记住这些一定会恍然大悟的。

● 梅姆灵的《圣卡特琳的神秘婚礼》

布吕赫的梅姆灵美术馆

这幅画中的圣人的名字和象征物如下：

后排左：施洗者约翰，一只小羊伴着他（据《圣经》记载）。后排右：使徒约翰，一只有蛇的杯子（传说被毒杀，蛇代表毒）。

前排左：卡特琳娜、坏掉的车轮（传说用有刀的车轮处死）。前排右：巴尔巴拉、塔（其父恐惧改信基督教，把他幽禁起来）。

两个圣女均源于传说。分别是车木工和建筑业的守护人。

介绍代表性圣人所持的物品：

● 马格达拉的马利亚→香油壶

马格达拉的马利亚因往耶稣的腿上抹了香油（据《圣经》记载），因此是香水业者的守护人。《钉刑图》上必会出现。

● 圣女厄休拉→箭和斗篷

厄休拉在朝圣中被野蛮族人用箭杀死。因其用斗篷保护少女避开箭，所以是少女和毛织品业者的守护人。梅姆灵美术馆里有著名的作品。

● 圣安东尼→僧服和T形松叶杖

圣安东尼在沙漠中修行时被袭击，通过看恶魔的各种诱惑图可知。他是修道院之祖。布鲁塞尔王立美术馆里能看到达利和波希（复制品）的画。

● 圣克利斯朵夫→背负耶稣的巨人

圣克利斯朵夫曾作为船夫送过幼小的耶稣。他是中世纪的巡礼者，现在是旅行者的守护者。在鲁本斯的作品《基督降临》中可以见到他的英姿。

● 圣塞巴斯蒂安→以箭处刑的场面

中世纪时人们认为疫病是来自神的箭，因此被箭伤到而未致命的塞巴斯蒂安成为对付箭的守护人。代表作品是《圣塞巴斯蒂安的殉教》。

3. 故事的绘画手法

因为要在有限的空间内讲述很多事，所以一个画里往往描绘了数个场景。出现的人物很多，有的人会出现两次，这一点要注意。将圣人传说的数件逸事表现在同一画面上，以时间为序，讲述一个传说，这是故事绘画的手法。以时间为序讲述传说的代表作是《奥托大帝的审判》。

4. 三连祭坛画

在北欧以祭坛画形式（分为两扇门式）较多。平时是关闭的，在周日的弥撒和举办宗教活动的时候才打开。

特别是经常看到的形式，在关闭时表面也有绘画，而且还要绕到后面慢慢认真地鉴赏。

左上图：梅姆灵的《圣塞巴斯蒂安的殉教》
左下图：波希的《钉刑图》
中图：《奥托大帝的审判》的一部分，迪里克·鲍茨的《火的考验》。另外还有一幅画中有同样的人物
右图：鲁本斯描绘的《基督降临》的背面的圣克利斯朵夫

从萨布隆到马罗勒地区的游览方法

| 萨布隆圣母教堂 p.258 |
| 大萨布隆广场 p.259 |
| 最高法院 p.259 |
| 沙佩勒圣母教堂 p.260 |
| 宪德巴尔广场 p.260 |

很好吃的面包的店
Le Pain Quotidien

不仅能买到刚出炉的面包，也有咖啡，可以将好吃的面包当做便餐，还有蛋糕。可在此休息。从大萨布隆广场到小萨布隆广场的延伸道路上。

🏠 Rue des Sablons 11
☎ 02-5135154
🕐 7:30~18:30（周六、周日8:00~）。面包的出售时间~19:00

萨布隆圣母教堂
🏠 Rue de la Régence 3B
☎ 02-5115741
🕐 9:00~18:00
　 周日 10:00~19:00
休 无
费 免费

从萨布隆到马罗勒地区

从皇家广场往西南方向去，有萨布隆圣母教堂和萨布隆广场。在此之前耸立着一座威风凛凛的火焰哥特式的最高法院。勒将斯街是（Rue de la Régence）有财务部、外交部的政府大街。

在现在的最高法院所在的山丘上，17世纪时曾有一个被称为"马罗勒姐妹"（Les Soeurs Mariolles）的尼僧院，马罗勒地区由此而得名。约800年前，城墙外的地区随着布鲁塞尔的布匹通商的发展而逐渐繁荣起来，那时这里主要居住的是瓦隆族的商人。那以后，更多的劳动者居住在此处，第二次世界大战后建起了黑市。如今这里已经不存在黑市了，但是作为最平民化的地区，在宪德巴尔广场开设跳蚤市场。在上街 (Rue Blaes)，周日上午 ~15:00 左右古董店会开店，很是热闹。

萨布隆圣母教堂

🏛 主要景点

萨布隆圣母教堂 Eglise Notre–Dame du Sablon
➡ 折页地图 3 正面 B4

是一座火焰哥特式的美丽教堂。特别是晚上，教堂灯火通明，灯光透过灿烂的彩色玻璃创造出一个幻想的世界。1304 年由射手协会开始修建小礼拜堂。据传说，1348 年安特卫普的女性 Baet Soetkens 受天使的嘱托曾坐小船将马利

内部的彩色玻璃是绝品

亚像带到布鲁塞尔，献给射手们。从那以后，这里成为朝拜圣地，并迅速发展起来。入口的上面（小萨布隆广场一侧）有复制的小船。其上面的彩色玻璃很美。

大萨布隆广场 Place du Grand–Sablon
→ 折页地图 3 正面 B4　→ Map p.234–B3

萨布隆是沙或沙地的意思，因这里以前是湿地里的一片沙地而得名。广场周围古董店很多，周六和周日举办古董市场。此外广场上还有布鲁塞尔最好吃的点心的店与深受好评的 Wittamer 二楼的茶室，可以吃上好吃的蛋糕，并稍微休息一下。

大萨布隆广场的古董店

小萨布隆广场 Place du Petit Sablon
→ 折页地图 3 正面 B4　→ Map p.232–B3

这个广场周围立有 48 根立柱。上面挂着代表中世纪协会的青铜像。其他还有抵抗西班牙的统治被处刑的埃格蒙特伯爵与奥尔努伯爵的像。其背面的馆就是埃格蒙特宫。

最高法院 Palais de Justice
→ 折页地图 3 正面 A5　→ Map p.232–B3

为了把平民街和近山区清楚区分开来而建的，是一座希腊、罗马风格的建筑。其中有 25 个大法庭和 250 间房屋。高 104 米，面积 2.6 万平方米，是 19 世纪最大的建筑物。于 1866~1883 年间建成。建筑师是约瑟夫·普拉尔特（Joseph Poelaert），于 1879 年因精神病去世。法院前的普拉尔特广场（Pl. Poelaert）原来是 Galdenberg（绞刑台的山丘）。据说放有绞刑台。广场的一面变成了观望台，可一览布鲁塞尔的平民区。

大萨布隆广场的古董市场

小萨布隆广场

最高法院
住 Pl. Poelaert
☎ 02-5086111
开 8:00～17:00
休 周六、周日、节日
费 免费
M Louise
　从普拉尔特广场的展望台的前面可以乘免费电梯到马罗勒地区。

勃鲁盖尔故居
Maison Brueghel
　彼得·勃鲁盖尔（父）实际住的家在马罗勒地区。里面不可以参观。
住 Rue Haute 132
→ 折页地图 3 正面 A4
B 20、48 路

沙佩勒圣母教堂

住 Reu des Ursulines 4
☎ 02-5120737
开 12:30~16:00
休 无
费 无

究德巴尔广场上的跳蚤市场

Bruxelles

布鲁塞尔
中央车站

沙佩勒圣母教堂 Eglise Nortre-Dame de la Chapelle

➲ 折页地图3 正面 A4　➲ Map p.234-A3

因勃鲁盖尔（父）于
1569年埋葬在这个教堂
而有名。其他有斯皮诺拉
家族的墓与17世纪的布
鲁塞尔的英雄阿内森的纪
念碑。13世纪建造的翼
廊是罗马式的，而大殿是
15世纪重建的哥特式样。
尖塔是16世纪完成的。

沙佩勒圣母教堂

究德巴尔广场 Place du Jeu de Balle

➲ 折页地图3 正面 A5　➲ Map p.232-A3

马罗勒地区的中心广场。跳蚤市场每天早晨举办。特
别是周六、周日的上午（到13:00）去广场很热闹。与其说
是古董市场，还不如说是旧货市场。也有可能发现可作为
礼品的别致的东西。

从罗日耶广场到圣米歇尔大教堂

从被现代的大厦围起来的罗日耶广场（Pl. Rogier）穿
过购物街讷沃街（Rue Neuve）就是王立莫奈剧院。从那里

国会纪念塔前拍纪念照的人有很多

植物园。这一带天黑后很危险，要注意

上坡前，喝点啤酒养养精神，一口气爬上泪之山（Treurenberg）。在那儿高高耸立着圣米歇尔大教堂的两个钟楼。

再往上走，从皇家道（Rue Royale）往左拐，就看到有独立纪念塔的国会广场（Pl. du Congrès），从这里可以眺望城市。一直走到环形道路后，在路边的植物园休息一下吧。下了坡就再次回到罗日耶广场。约两小时的步行，就像在人间和天堂之间往返了一趟一样。

要注意的区域

有读者来信讲从讷沃街一条道进去，从廉价的酒店Sleep Well到大广场的路上，曾被几个男人围住，还有人曾被跟踪。即使是在中央地区，也最好在行人较多的讷沃街行走，这样比较安全。

主要景点

讷沃街 Rue Neuve
➡ 折页地图 3 正面 B1~2　➡ Map p.232–B1

全长600米的街道，被称为城市第二大购物中心的商业区，是百货店、电影院、时装店等集中的地段。豪华的街道上的菲尼斯泰尔圣母教堂（1713年建造，因圣母像而闻名）与殉教者广场（有为纪念1830年比利时独立时的牺牲者而建的纪念碑）是整个大街最为重要的部分。

漫画博物馆 Centre Belge de la Bande Dessinée
➡ 折页地图 3 正面 C2

位于从讷沃街稍往东进去一点的地方。是关于比利时漫画的博物馆。以翻译成中文的极受欢迎的《丁丁历险记》为首，比利时的剧作家的作品也一并展出。在这里向人们展示原画与动画的制作过程，还有为成人而设立的漫画角。孩子们和大人都能得到快乐。维克托·奥尔塔设计的建筑也值得一看。博物馆商店里有各种各样的漫画与丁丁的纪念品，一定会让漫画爱好者大呼过瘾。

漫画博物馆
🏠 Rue des Sables 20
☎ 02-2191980
URL www.cbbd.be
www.brusselsbdtour.com（只有法语）
开 周二～周日 10:00~18:00
休 周一、1/1、复活节、12/25
费 7.50欧元

墙面上有丁丁漫画的地铁车站
地铁的终点站——斯托克尔站（Stockel）的站台有关于丁丁的壁画。喜欢丁丁的人一定要去看看。
URL www.stib.be/index.htm？I=fr&news_rid=/STIB-MIVB/INTERRNET/ACTUS/2007-08/WEB_Article_1187886472386.xml（法语）

有可以参观内部和歌剧院的舞台后台的英语团游，王室的观剧室也可参观。除7、8月周六的12:00。不需要预约。需要1小时30分钟。
费 不满28岁的5欧元。28岁以上的8欧元
URL www.lamonnaie.be

圣米歇尔大教堂
☎ 02-2197530
URL www.cathedralestmichel.be
开 8:00~19:00（10月~次年3月~18:00、周六8:30~15:30、周日14:00~）
休 无
费 免费，宝物殿：1欧元
宝物殿的开放时间10:00~12:30、14:00~17:00（周六15:00、周日14:00~17:00）。

✉ 美丽的晚霞
从大教堂向大广场方向望去，落日的景色非常漂亮。

✉ 免费的无线网点
王立莫奈剧院正面服务台和右侧的咖啡馆有无线接入网点。可以方便地收发邮件。在服务台的坐席上就可以自由使用。在咖啡馆里，边喝咖啡边上网没有问题。

✉ UT Pictura Musica
给古典音乐爱好者推荐NH酒店的大厅的右边的CD商店。这里的大哥会亲切地帮助你。可用英语。
住 Rue Bodenbroek 8

王立莫奈剧院 Théâtre Royal de la Monnaie
➡ 折页地图3 正面 B2　　➡ Map p.234-B1

1819年建起的歌剧院。因在同一个地方，1420年布拉班特公爵曾在这里建过最早的造币厂，所以用法语中"莫奈"（货币）这个词来称呼它。新古典式样的美丽建筑，因比利时独立之火在这里熊熊燃起而闻名。

在王立莫奈剧院上演歌剧与芭蕾舞

圣米歇尔大教堂 Cathédrale St.-Michel
➡ 折页地图3 正面 C2　　➡ Map p.232-B2

1962年升级为包括梅赫伦在内的大主教区。1516年卡尔五世在这里举行了加冕典礼，并且前国王在此举行了结婚典礼，因此闻名。人们都对1999年2月菲利浦王子和玛蒂尔德王妃的婚礼记忆犹新。13世纪建起了大殿，到15世纪的钟楼建成，花了约300年的时间。哥特式的内部，南侧的廊道上安放着圣居雨勒像。据传说，7世纪的时候，这个场所是小的礼拜堂。少女居雨勒面对想要熄灭烛火的恶魔毫不退缩，每晚都在这里祈祷。后来，市民们希望在天使长圣米歇尔大教堂前加上圣居雨勒的名字，但一直没有得到教皇的批准。1975年获赠44个组钟，和原来的6个合在一起演奏出优美的乐曲。

2个塔给人留下很深的印象

国会纪念塔 Colonne du Congrès
➡ 折页地图3 正面 C2

为纪念1831年颁布宪法，1859年建造的。高25米的塔上，安放有最初的国王利奥波德一世的像。下面是无名战士的墓，有两座狮子像守护着不灭的火焰。

从国会广场眺望很不错

布鲁塞尔中央车站

圣卡特琳教堂周边

从布鲁凯尔广场（Pl. de Brouckère）往菲利浦大厦的边上的街道往西北方向去，在岔路口向右拐就到了街角的圣让浸礼教堂。再背对着教堂往前走，左侧就是能看到圣卡特琳教堂的广场。这里100年前是船坞码头，后来被埋在地下。至今河两岸的街上仍保留着"砖造河岸边"（Quai aux Briques）、"燃木河岸"（Quai au Bois à Brûler）等当时的叫法。这里到处是海鲜批发点和海鲜餐馆。

中世纪风貌的黑塔

按逆时针方向绕过教堂就到了黑塔（La Tour Noire）。这是12世纪布鲁塞尔最初建造的城墙遗址。这个地方完全像平民区，走上1小时左右，在肉店、蔬菜店、市场等可以接触到一般市民生活的地方游览也很有意思。

圣卡特琳教堂周边的游览方法

圣卡特琳教堂 p.263 → 黑塔 p.263 → 圣让浸礼教堂 p.263

主要景点

圣让浸礼教堂 Eglise St.–Jean Baptiste au Béguinage
折页地图3正面A1　Map p.232–B1

贝金会修道院的起源是7世纪时，但是已不能确定了，特别是13世纪十字军参战等离开故乡的男子很多，寻求庇护的年轻女性们集中到戒律较松懈的贝金会修道院。这样修道院就变大了，这里在14世纪就有1200位僧人。现在看到的教堂是1676年完成的巴罗克式样的建筑。里面有大的救济院，呈现出很宁静的样子。

正面的颜色和造型令人印象深刻

圣卡特琳教堂 Eglise Ste.–Catherine
折页地图3正面A2　Map p.232–A2

在教堂的斜前方是17世纪的巴罗克式的塔。1820年

圣让浸礼教堂
☎02–2178742
开 10:00～17:00（周日～19:00）
休 周一
费 免费

la Marie Joseph
海鲜食品的专卖店。在圣卡特琳教堂和鱼市场附近并排着很多餐馆的地区的一个角落。旅行者比较少，主要是当地人活动的地方。
佳 Quai au Bois a Bruler 47–49
☎02–2180596

圣卡特琳教堂
☎ 02-5133481
开 9:00~17:30（周日 10:00~
13:30）
休 周日午后
费 免费

因洪水的原因，毁坏了原圣卡特琳教堂的一部分。在热闹了 300 年的布鲁塞尔内港的遗址上，新一代建筑家普拉特设计了现在的教堂，是 1887 年完成的。内部有不足 70 厘米的 15 世纪的作品《黑的圣母

优雅感觉的圣卡特琳教堂

子像》（Vierge Noire）。据说曾在 1744 年被新教教徒扔进塞纳河，后来又从浮泥中被找到。

Bruxelles

布鲁塞尔
中心区地图

五十周年公园周边

在地铁舒曼（Schuman）站下车，就到了舒曼交通环岛。这一带是与欧盟有关的大楼集中地。在城中看到的被星印围起来的有 "EUR" 的车牌子，就是在欧盟机关工作的人员的车。往东去，在远方的一片绿地里，美丽的凯旋门清晰的轮廓就出现在我们眼前。在下一站梅罗德（Merode）站下车就到了五十周年宫的入口附近。天气好的话，从舒曼站下车，通过五十周年公园，步行走向凯旋门吧。面对渐渐清晰的五十周年宫的全貌，你一定会激动得心怦怦地跳吧。

凯旋门

五十周年公园周边的游览方法

五十周年公园 p.264

五十周年博物馆 p.264

王立军事历史博物馆 p.265

汽车世界 p.265

五十周年博物馆
住 Parc du Cinquantenaire 10
☎ 02-7417211
URL www.kmkg-mrah.be（法语、荷兰语）
开 9:30~17:00　周六、周日、节日 10:00~17:00
　门票出售时间到 16:00
休 周一、1/1、5/1、11/1、11/11、12/25
费 5 欧元（第一个周三的午后免费）
M Merode、Schuman
T 81

主要景点

五十周年公园 Parc du Cinquantenaire

➡ Map p.233-D2

为纪念独立 50 周年而建的，1880 年开放，作为博览会会场使用。拱形的五十周年凯旋门是 1905 年奉利奥波德二世的命令由建筑家吉罗（Girault）建造的。

五十周年博物馆 Musée du Cinquantenaire

➡ Map p.233-D3

这个博物馆是王立美术历史博物馆的中心，在凯旋门的

右翼，收集了大量古代的波斯、埃及、中国、玛雅、非洲等世界各地的出土文物、工艺品。当然比利时的装饰工艺品收藏也从中世纪到装饰派艺术时期，非常的丰富。其中也有1530年的大作《雅各的生涯》与表现萨布隆教堂的传说的戈布兰挂毯等有名的作品。把15、16世纪木雕的彩色祭坛与王立美术馆里的油画的祭坛画等相比较，相当有意思。

王立军事历史博物馆 Musée Royal de l'Armée et d'Histoire Mitlitaire
➡ Map p.233–D2

在凯旋门的左侧，展示从中世纪到第二次世界大战时的军队的军服、武器、资料等。可看到英国喷火式战斗机（1943）、蚊式轰炸机（1945）等军用机的收藏品。

汽车世界 Autoworld
➡ Map p.233–D3

与五十周年博物馆相同，位于凯旋门的右侧。展出1886~1970年的经典汽车400台以上。还有已故美国总统肯尼迪游行使用的同型号的凯迪拉克车，战前比利时生产的汽车等。汽车爱好者一定会为之着迷。

拉肯王宫周围

埃瑟尔（Heizel/Heysel）站周围有1935年与1958年举行世博会的纪念碑以及1988年开放的综合休闲公园——布鲁公园（Bruparck）。可以看到与传统的布鲁塞尔不一样的

让人童心大发的微型欧洲

王立军事历史博物馆
🏠 Parc du Cinquantenaire 3
☎ 02-7377811
URL www.klm-mra.be
开 9:00~12:00、13:00~16:45
休 周一、1/1、5/1、11/1、12/25
费 免费
Ⓜ Merode、Schuman
Ⓣ 81

　　入口的左侧里面，有阶梯或电梯上到凯旋门的顶上。

汽车世界
🏠 Parc du Cinquantenaire 11
☎ 02-7364165
URL www.autoworld.be
开 10:00~17:00（4~9月~18:00）
休 1/1、12/25
费 6欧元
Ⓜ Merode、Schuman
Ⓣ 81

Bruxelles

布鲁塞尔
中央车站

拉肯王宫周围的游览方法

另一面。布鲁公园有可就餐的餐馆和咖啡馆，还有孩子们的游乐场、巨型银幕的电影院、室内游泳馆。

在埃瑟尔的东南，有宽广的拉肯王宫和拉肯公园。在有宽广的绿油油的草坪（比利时的草坪特耐寒，冬天也不枯干，保持绿色）的拉肯公园里散步，可以自由自在地呼吸新鲜空气。

🏛 主要景点

埃瑟尔宫 Palais de Heysel
➡ 折页地图 3 背面 A1

埃瑟尔站的北面宽广的 12 栋大楼就被称为埃瑟尔宫。为纪念比利时独立 100 周年在 1935 年举办的世界博览会的会场遗址，现在作为商品样本展览会场。每年 1 月举办汽车展。夏季开始前，有旅游局主办的休闲旅行博览会。

原子球塔 Atomium
➡ 折页地图 3 背面 A1

是 1958 年的世界博览会的纪念馆。发出银色光彩的 9 个大球飘浮在空中。银色的铁球表现的是在太阳光照耀的正午时分，太阳的反射光线向四面八方照射，而夜晚时在灯的照射下呈现出梦幻般的姿态。

球的内部，以前作为科学馆使用。从一个球到另外一个球可以乘电梯到达，从高达 102 米的中央观景台兼餐厅可以将拉肯公园尽收眼底，非常的漂亮。

微型欧洲 Mini Europe
➡ 折页地图 3 背面 A1

作为布鲁公园的一部分在 1988 年开放的布鲁塞尔的著

埃瑟尔宫
🏠 Place de Belgique 1
URL www.bruexpo.be
Ⓜ Heysel

原子球塔
🏠 Square de L'Atomium
☎ 02-47754777
URL www.atomium.be
🕐 10:00~18:00（售票到 17:30 停止）
休 无
费 9 欧元
Ⓜ Heysel
Ⓣ 23、51

微型欧洲
🏠 Mini Europe, Brupark
☎ 02-4780550
URL www.minieurope.com

名景点。在 2.5 公顷的土地上，将加入欧盟的 25 个国家的有名建筑物和城市按 1/25 的比例再现出来。从伦敦的议会大厦、巴黎的圣母院、意大利的比萨斜塔，到能活动的高速列车 TGV 与飞机、轮渡等。其中还有能喷出火焰的维苏威火山。简直就像童话里的小人国，让人有点乐不思蜀了。此外，只要轻轻地按下按钮，木偶就会动起来，火车也会开起来。不仅是小孩，连大人也会进来看看。布鲁塞尔果然不负欧盟总部所在地的盛名。

远东博物馆 Musées d'Extrême-Orient
➡ 折页地图 3 背面 B1

五重塔和中国馆都是利奥波德二世从 1900 年的巴黎世界博览会搬来的。这里还有日本美术馆，因此称为远东博物馆。五重塔是展览会场。日本美术馆展出从绳文时代的土陶到江户时代的

中国馆

陶瓷器，还有武器、服装等。中国馆里展出中国的陶瓷器。

日本美术馆

拉肯王宫 Serres Royales (Laeken)
➡ 折页地图 3 背面 B1

布鲁塞尔王宫是国王办公的地方，这里则是国王居住的地方。1784 年作为奥地利总督的住所而修建的。独立的第二年，1831~1930 年是国王和王后夏季的别墅，以后就成了居住地。门前有路易十六

世式样的华丽宫殿，但是内部没有对外开放。宫殿的建筑范围内有王立温室花园。

开 3 月下旬 ~6、9 月　9:30~18:00
　7、8 月　9:30~20:00（仅在 7 月下旬 ~8 月下旬的周末 ~24:00）
　10 月 ~ 次年 1 月上旬 10:00~18:00
　售票到关园前 1 小时
休 1 月上旬 ~3 月下旬
费 12.90 欧元
M Heysel, Houba-Brugmann
T 23、51

远东博物馆
住 Av. Van Praet 44
☎ 02-2681608
URL www.kmkg-mrah.be
开 9:30~17:00（周六、周日、节日 10:00~）
门票的发售到 16:30
休 周一、1/1、11/1、11/11、12/25
费 4 欧元（日本美术馆和中国馆的通票）
T 4、19、23

王立温室庭园
住 Domaine Royal de Laeken
☎ 02-5138940
URL www.monarchie.be（王室的网页）
开 4/17~5/10　9:30~16:00（周五 13:00~，4/17 20:00~）
　周五 ~ 周日　20:00~22:00
休 除 5/4 的周一
费 2.50 欧元（详细情况要确认）
T 4、23

从路易丝广场到康布尔森林的游览方法

路易丝广场 p.268、p.285

↓

奥尔塔美术馆 p.268

↓

康布尔大修道院 p.268

↓

康布尔森林 p.269

奥尔塔美术馆

住 Rue Américaine 25

☎ 02-5430490

URL www.hortamuseum.be

开 14:00~17:30

休 周一、节日

费 7 欧元

🚋 81、92、97

　　从路易丝广场来的话，乘 92、97 路有轨电车，在第三个站 Janson 下车。往前再走 100 米左右。有周日木工的超市（BRICO），然后在那里往左转 100 米。

✉ Antichi Sapori Italiani

　　在奥尔塔美术馆附近，当地人经常光顾。饮料、沙拉、海鲜等可以买回家吃。虽然是凉的，但很好吃。菜品的种类很多，也有奶酪出售。女性店员很亲切。

住 Rue du Bailli 73

☎ 02-5344027

康布尔大修道院

☎ 02-6481121

开 9:00~12:00、14:00~17:00

休 周二

🚋 23、24、94

从路易丝广场到康布尔森林

　　在路易丝广场（Pl.Louise）一带会发现许多高级品牌的时装店。往橱窗里瞧瞧，你甚至会误以为这里是巴黎。为什么布鲁塞尔别名为"小巴黎"，现在你总该明白了吧。从路易丝大道再往上走一点的右面，就是日本航空和日本餐厅入驻的大厦。左边的小道上就有城市的绿洲——康布尔大修道院。路易丝大街的尽头是康布尔森林。假日的午后，这里是最理想的散步场所。

🏛 主要景点

奥尔塔美术馆 Musée Horta

🔾 折页地图 3 背面 B4

　　新艺术派之父——维克托·奥尔塔（Victor Horta）在 1898~1919 年与妻子一起住在这里。螺旋形的阶梯，漂亮的家居装饰和家具，排成一条直线的新艺术派的典型的宅第很具有参观价值。它已被列入《世界遗产名录》。

康布尔大修道院 Abbay de la Cambre

🔾 折页地图 3 背面 B5

　　大修道院从 12 世纪末开始建造，约 200 年后康布尔圣母教堂被建成。是哥特前期式样的大修道院，在 16 世纪的宗教战争中被破坏。17~18 世纪以巴罗克风格重新修建。教堂则是哥特式样，现在这里被高墙围起来，作为学校使用，是唯一与尘世相脱离的地方。如画般的法兰西式花园与构筑物、中庭相谐调，相当美丽。

被寂静包围的康布尔大修道院

康布尔森林 Bois de la Cambre

➜ 折页地图 3 背面 B5

这个森林也只是索瓦尼森林的一部分。假日里，布鲁塞尔居民在这里骑马、带狗散步，悠闲度日。索瓦尼森林约 80% 的树是山毛榉，树木给夏季散步和骑车的人们遮挡了阳光。森林中部有一个"袖珍剧场"（The tre de Poche），是提供休闲的场所。

🚂 短途旅行

滑铁卢 Waterloo

➜ 折页地图 1 正面

布鲁塞尔以南约 18 公里处，有一个小的人工山冈。顶上有一尊黑色的狮子铸像，它遥望着远方的法国。这一带有许多与拿破仑有关的纪念品店和博物馆。一到夏天旅游季节，就会有装扮成当时士兵的人出现。什么都是拿破仑风格。

有由英国军队的威灵顿将军的司令部改建而成的威灵顿博物馆（Musée Wellington）。

● 有狮子铸像的山冈 La Butte du Lion

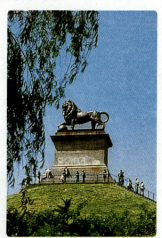

高 40.5 米的山冈顶上有高 4.5 米的台座，有重 28 吨的狮子铸像。1826 年，当时为纪念荷兰与比利时军的指挥官奥兰治王子光荣负伤而建造。奋力登上 226 级阶梯后，一边看着宽广的平原，一边想想当时的战场吧。190 年前，宽广的战场上，集结了30 万的士兵，半天的战斗就有约 5 万人战死。

往高处攀登，稍微有点累。但是……

在绿色中悠闲度日

康布尔森林
🚋 23、24、94

◀◀◀◀ **ACCESS** ▶▶▶▶

从布鲁塞尔南站乘 W 或 365 路的 TEC 的巴士（法语的巴士）。Avenue Fonsny 一侧，酒店 Ibis 前有停车站。但是，周日会改为另一个停车站，位于阿尔坊方向。需在当地确认。到滑铁卢城需要 40~50 分钟。有狮子铸像的山冈离滑铁卢城中心有 5 公里的路程。最近的停车站是 Momument Gordon。对巴士驾驶员说"La Butte du Lion"，就可下车了（从巴士停车站可以看到山冈，但还是有 150 米远）。没有足够的时间的人，还是乘观光巴士有效率。

威灵顿博物馆
🏠 Chaussée de Bruxelles 147、1410 Waterloo
☎ 02-3547806
🌐 www.museewellington.be
🕐 9:30~18:30
10 月~次年 3 月
10:00~17:00
🚫 1/1、12/25
💰 5 欧元

有狮子铸像的山冈与游客中心

🏠 Ronte du Lion 315
☎ 02-3851921
URL www.waterloo1815.be
开 9:30~18:30
　11月~次年3月
　10:00~17:00
休 1/1、12/25
费 6欧元（与全景馆的通票。全景馆、游客中心的电影等5个地方一套8.70欧元）

乘小型巴士环游古战场

　乘像卡车一样的小型巴士环游古战场。需要50分钟。费 5.50欧元（全景馆、游客中心的电影等5个地方一套12欧元）。

全景馆

开 和有狮子铸像的山冈一样
费 6欧元（与有狮子铸像的山冈、游客中心的电影等5个地方一套8.70欧元）

✉ **周末旅行要留出富余的时间**

　去滑铁卢时，因威灵顿博物馆与有狮子铸像的山冈相距较远，要利用专线巴士，周末道路较拥挤，布鲁塞尔南站到威灵顿博物馆要花1小时30分钟。周末去短途旅行的人要花一天的时间。

◀🔳🔳🔳 **ACCESS** 🔳🔳🔳▶

　从地铁1B的蒙哥马利（Montgomery）站乘44路的有轨电车，在终点站下车。这个44路有轨电车不断穿行在树与树之间，是值得推荐的线路。夏季还有古老的有轨电车运行，会有一种怀旧的感觉。

正好就在现在这个山冈一带，拿破仑率领的法国军队组成横排队列；另一方，威灵顿率领的英国军队在1.5公里外的地方背对 Mont Saint Jean 农庄和法军相对，组成横队。在法军的背后，La Belle Allidnce 农场（山冈的南部）一带，拿破仑和他的炮队也构筑成阵地。俄罗斯援军内伊将军率领的骑兵陷入洼地无法前进，英军趁机攻入法军阵地。

曾因战争洒满鲜血的大平原，现在只剩下青草被微风吹拂着……

● **全景馆 Panorama de la Bataille**

在约110米的画布上，逼真地再现了当时的战斗场面。1912 年由法国画家 Dumoulin 描绘的，因圆形的画面与远近法的利用，使人物就像浮现在你的眼前，相当有魅力。位于有狮子铸像的山冈的山脚下。

此外，近处是拿破仑军的司令部所在地——拿破仑最后的司令部（Dernier Quartier-Général de Napoléon）。

泰尔维伦公园 Le Parc de Tervuren

离布鲁塞尔约13公里，是一个占据了索瓦尼森林东北一部分的广阔公园。有13世纪布拉班特公爵狩猎时用的城堡，1879 被烧毁，后又重建。这个大宫殿里有一个典型的法兰西风格的花园，里面是被精心保护的树木、草坪，还有运河，给人一种宁静感。有散步与跑步的人们，游客无论怎样都能度过一段愉快的时光。

沿着运河散步一定很不错

●中央非洲皇家博物馆 Musée Royal de l'Afrique Centrale

位于泰尔维伦公园的一角。是在刚果共和国作为比利时殖民地的时代，由利奥波德二世下令设立的。设计者与五十周年的凯旋门的设计者一样，都是法国人吉罗（Girault）。右侧是有动

优雅的中央非洲皇家博物馆外观

物标本与矿石等的地理部门。左侧是分农业和林业及非洲殖民的历史相关人类部门，特别是生活道具等的展览很有意思。

贝尔瑟尔城堡 Le Château de Beersel

→折页地图1正面

位于布鲁塞尔以南约10公里，在砖造的废墟上建成了一座城堡，在水中静静耸立着。能理解日本和、静、清、寂意境的人，也许会喜欢这座城堡。14世纪建造的，曾一度被火烧毁。17世纪被重新修复。它有3座塔，都可以上去。周围的墙

中央非洲皇家博物馆

住 Leuvensesteenweg 13, 3080 Tervuren

☎ 02-7695211

URL www.africamuseum.be

开 10:00~17:00
　周六·周日 10:00~18:00
　（12/24·12/31~15:00）

休 周一·1/1·5/1·12/25

费 4 欧元（第一个周三的午后免费）

✉ 去让瓦尔湖了

从布鲁塞尔开车去的话，穿过在湖中的住宅街，就看到湖了。湖较大，湖畔别墅耸立，完全是避暑地的气氛。乘电车去的话，从湖边步行10分钟就有车站，不会不方便的。

◀◀◀ **ACCESS** ▶▶▶

换乘国铁 Hal 或 Etterbeek，从 Beersel 站出发步行3分钟。1小时3趟，需要30~40分钟。

贝尔瑟尔城堡

住 Lotsestraat 43, 1650 Beersel

☎ 02-3310024

开 10:00~12:00、14:00~18:00

休 周一·节日·11/15~次年2月（1月以外的周六、周日开放）

费 2.50 欧元

郊游去让瓦尔湖

在城市里工作的人郊游时都希望看到水。"水"并不是指人们常喝的水，是指能眺望的"水"。就像意大利的商业城市米兰的科莫湖一样，到布鲁塞尔就要去让瓦尔湖（Lac de Genval）。它是比科莫湖规模要小的人工湖。湖的周围建起了别墅，休息日在周围散步的人很多。和瑞士的莱芒湖一样，中央有3个喷水点，

也被称为"小日内瓦"。渴望观水的人来到这里，可以在湖周围的餐厅吃饭或喝茶。在窗前伫立的年轻人，啥事也不做只是眺望，说不定就已补足水分了。

前往方法：从布鲁塞尔乘到奥蒂尼（Ottignies）的列车，在让瓦尔站（Genval）下车。注意 IC 列车不停车。

从南站乘去 Gaasbeek 的142 路巴士在终点站下车就到了入口处。从这里到城堡步行 10 分钟左右。需要约30 分钟，平日 1 小时 2 班车。周六、周日 2 小时 1 班车。需要确认。

哈斯贝克城堡

住 Kasteelstraat 40, 1750 Gaasbeek

☎ 02-5310130

URL www.kasteelvangaasbeek.be

开 4/1~11/15　10:00~18:00
入场直到闭馆 1 小时前

休 周一、11/16~ 次年 3 月下旬（预定）

费 6 欧元

壁是 14 世纪留下来的。

哈斯贝克城堡 Le château de Gaasbeek　　➲ 折页地图 1 正面

有名的埃格蒙伯爵被处以死刑前，在这个城堡住了约 3 年的时间。位于离布鲁塞尔约 12 公里的西南方向，被很大的花园所围。城堡内的博物馆展出挂毯、中世纪的用品等各种绝妙品。从勃鲁盖尔画过画的阳台上望过去，美丽寂静的田园风光让人仿佛置身于风景画的世界里。

弗龙的不可思议的世界

大家一定知道吉恩—米谢·弗龙（Jean-Michel Folon），他在雕刻、广告招贴画、杂志封面、动画制作等领域都十分活跃。但给人们留下很深印象并留在心底的还是他的水彩画。

在布鲁塞尔郊外有一座城堡的拉·尤尔普（La Hulpe）公园，里面有弗龙的博物馆。去大公园散步，参观博物馆，在咖啡餐厅里进午餐，花上半天或 1 天的时间，是个慢慢参观的好地方。

弗龙博物馆 Fondation Folon

住 Ferme du Château de La Hulpe Drève de la Ramée 6 A, 1310 La Hulpe

☎ 02-6533456

URL www.fondationfolon.be

开 周二 ~ 周日 10:00~18:00（最后入场17:00）

费 7.50 欧元

前往方法：从福拉吉（Flagey）广场 ➲ 折页地图 3 背面 B4 乘 TEC 巴士 366 路在 La Hulpe Etang Solvay 公园下车。从这里到弗龙博物馆约 1.2 公里，步行 20 分钟。平日 1 小时约 1 班车。周末 1 小时到 2 小时 1 班车。需要25 分钟。返回的巴士需要确认好。

左图：弗龙的水彩画
右图：与博物馆相邻的咖啡餐厅

　　国际色彩浓厚的布鲁塞尔，与其他欧洲大城市相比较，只需很便宜的价格就可以欣赏质量较高的音乐会、歌剧、芭蕾舞等演出。除很多的音乐厅以外，夏季在大广场经常举办音乐会。这些信息可以从周刊杂志《the Bulletin》（英文）、信息杂志《Agenda》（法语、荷兰语、英语）、《Zone 02》（法语、荷兰语）等上获取。《the Bulletin》可以在 ❶ 取得。入场券不仅在 ❶ 可以预约，也可在剧场直接购买。因下面登载的演出日是预定的，各种信息需要在当地确认。

王立莫奈剧院 Théâtre Royal de la Monnaie　歌剧院　　❷ Map p.234-B1　大广场周围

主要演出歌剧、芭蕾舞。歌剧的演出季节是 10 月～次年 6 月。因很受欢迎，坐席很快被预订完，希望尽早预约。

住 23 rue Léopold

☎ 02-2291211/070-233939（预约）
URL www.lamonnaie.be 预约
营 周二～周六11:00～18:00
休 周日、周一、节日
　　开演时间前 1 小时可入场。有空座就可以购票。

芭蕾·德·巴扎尔 Palais des Beaux-Arts　多功能文化中心　　❷ 折页地图3正面 C3 皇家广场周围

由新艺术派的建筑家奥尔塔（Horta）建造的，是多功能文化中心。位于从皇家广场进入皇家大道的入口处左下方。举办音乐会、歌剧、电影等多种多样的文化活动。

住 Rue Ravenstein 18　☎ 02-25078200　URL www.bozar.be 也可以预约

营 11:00～18:00
　　电话预约：9:00～19:00
休 周日、节日
售票处 营 11:00～19:00（7、8月～17:00）
休 周日、节日，7、8月的周六

托努剧院 Théâtre Toone　剧院　　❷ Map p.234-B1　大广场周围

上演从小孩到大人都很喜欢的木偶剧。剧场也值得一看。据说从 1830 年就开始营业，古老的山上小屋内部气氛很好。也可以只在里面的咖啡馆喝咖啡。

住 Petite rue des Bouchers 21（Impasse Schuddeveld 6）

☎ 02-5117137
URL www.toone.be
营 上演 周四～周六 20:30
（也有仅周六 16:00 上演的。上演也可能变更，请在咖啡馆的预定表和网页上确认）

音乐村 The Music Village　夜总会　　❷ Map p.234-A2　大广场周围

以爵士乐为主，也有萨尔萨、布鲁斯等的演奏。周三不定期举办年轻人的演奏会。可以在此进餐（正餐：14 欧元）。

住 Rue des Pierres 50　☎ 02-5131345

URL www.themusicvillage.com
营 19:00～、音乐会 20:30～/21:00～
　　周几举办等详细情况需确认。入场费不同音乐会是不同的，1 天的会员权 2 欧元。

阿尔希迪克 L'Archiduc　　　　　　夜总会　　❸ 折页地图3正面A2　大广场周围

大广场附近的证券交易所所附近的老铺的钢琴吧。现场演奏在冬季的周一 22:00~ 与周六、周日 17:00~18:00 举办。夏季预定在周五也有现场演奏。日程请在网页上确认。

住 Rue Antione Dansaert 6
☎ 02-5120652
URL www.archiduc.net
营 16:00~
休 12/24

沃·大·迈歇尔 Au Grand Mayeur　　　　夜总会　　❸ Map p.234-B3　萨布隆广场周围

这里曾是有名的吉卜赛人小提琴演奏家 Lakatos 的据点。现场演奏是从周三、周日的20:45开始（需确认）。据说有许多名人光顾。只喝饮料也可以。

住 Pl. du Grand Sablon 43
☎ 02-5128091
营 11:30~15:00、18:00~ 次日 2:00
休 周一的中午
URL www.augrandmayeur.be

UGC 德·布鲁凯尔 UGC de Brouckère　　　电影院　　❸折页地图3正面B1　布鲁凯尔广场周围

布鲁凯尔广场上有10个电影厅的大电影院。另外，比利时的电影院的电影都有字幕。字幕是法语和荷兰语同时出现。

住 Pl. de Brouckère 38
☎ 02-2180607
URL www.ugc.be（法语、荷兰语）

Column　Belgium

比利时的节日①　奥麦刚古

　　每年的7月初布鲁塞尔的大广场举办盛大的被称为"奥麦刚古"的节日。"奥麦刚古"就是"围成圈行走"的意思。起源于14世纪，因为人们围绕着萨布隆圣母教堂里供奉的马利亚像行走而延续下来。节日从晚上21:00开始，以高昂的军号声拉开序幕。跟着布鲁塞尔的旗帜和乐队，查理五世走在队列的前面，然后坐在广场的高座上。之后，查理五世接受来自宫廷贵族、马上的骑士和行会手工业者们表示忠诚的誓词。扮演贵族诸侯的都是真正的比

奥麦刚古的骑士

利时贵族。以大广场为舞台不断展现中世纪的华丽的画卷。最后从班升赶来的小丑们，即所谓的"吉尔"登场，将节日的气氛推向最高潮。

　　广场上设有约3000个临时坐席，坐席的票价因不同的位置会有差异，32.50~67.50欧元不等。详细情况请在旅游咨询中心或奥麦刚古事务所确认。

☎ 02-5121961
URL www.ommegang.be

电影博物馆 Musée du Cinéma　　　　　　　　　　　电影院

➡ 折页地图3正面C3　皇家广场周围

普通电影在18:00、20:00、21:00放映2~3回（有时15:00也放映。放映时间要确认）。3欧元就可看电影。在艺术官的旁边的角落里。

住 Rue Baron Horta 9
☎ 02-5511919
URL www.cinematheqe.be（法语、荷兰语）
赏 17:30~22:30

肯勒巴里斯 Kinepolis　　　　　　　　　　　　　电影院

➡ 折页地图3背面A1　布鲁公园

在有原子球塔与微型欧洲的布鲁公园（Bruparck）里，是布鲁塞尔最大的电影院。有26个房间。其中Imax的银幕有600平方米，很是气派。

住 Eeuwfeestin 20
☎ 02-4780450
URL www.kinepolis.com（法语、荷兰语）
M Heysel

🍴 餐馆

Restaurant

绝不亚于法国的美食王国——比利时，在它的首都布鲁塞尔，有许多受到好评的餐馆。价格稍稍有点昂贵，但好不容易来到美食王国，一定要去餐馆快快乐乐地吃饭。在热闹的餐馆街加冕区，鱼菜肴店多至圣卡特琳教堂周围。大萨布隆广场周围等也能见到众多的餐馆。因为也有欺骗顾客的店，要充分注意选择餐馆。有的店可能在夏季与冬季有长期休假。

加冕区

走过背向大广场王官的左侧道路，就到了Petite rue des Bouchers。一直往前延伸直到尽头的道路就是Rue des Bouchers。"Boucher"就是卖肉店的意思，因此这条道叫"肉铺店街"。想象一下名字，应该尽是肉菜肴的餐馆吧，但是不仅有肉，还有很多丰富的鱼菜肴。夏季日照时间很长，在大排档里吃饭的人们总是热热闹闹的。此外，沿Rue des Bouchers街左拐一直向前走，就并排着许多意大利餐馆。

热热闹闹的加冕区

大广场南侧

在大广场的啤酒博物馆后面的街道Rue du Marché aux Fromages上有很多地中海菜餐馆。特别是到处都出售被称为比塔（Pitta）的汉堡包，又圆又薄的面包里夹有牛肉或羊肉和蔬菜。小店很多，可以在里面坐着进餐，也可以带走回家吃。1人花费3.50欧元左右。此外在南面的一条路Rue de la Violette就是本地人常去的餐馆街。

便宜好吃的比塔店

圣卡特琳教堂周围

古时候，圣卡特琳教堂附近就有运河，做鱼的餐馆很多。现在虽然运河已被填埋变成了喷泉池，但做鱼的餐馆原封不动地保留下来了。也许会有点贵，无论如何都要品尝鱼的人，应该来这里尝尝。Quai aux Briques 是原来的运河旁的街道，是这条餐馆街的中心，可以看到许多螯虾图案的霓虹灯。此外教堂前的广场与并排的 Rue de Flandre 与 Rue Ste. Catherine 是平民的餐馆和咖啡馆，也并排着商店。

过去是运河

西·勒温 Chez Léon　　比利时菜

贻贝菜肴很有名。在 1893 年就开业的有历史的老店。现在比利时各地都有连锁店。少量的贻贝与油炸食物和啤酒的套餐 Formule Léon 16.25 欧元。　🏠 Rue des Bouchers 18

➡ Map p.234-B1　加冕区

☎ 02-5111415
营 12:00~23:00
休 无
服装 无
预 不要
CC A.D.M.V.
有英文菜单。

沃·扎尔姆·得·布鲁塞尔 Aux Armes de Bruxelles　　比利时菜

在当地人中很受欢迎的店。可在轻松愉快的气氛中，品尝传统菜肴。菜品有 100 多个。分为汤、前菜、主食、甜品的固定套餐 35 欧元。贻贝 26.50 欧元～。

🏠 Rue des Bouchers 13　☎ 02-5115598

➡ Map p.234-B1　加冕区

营 12:00~23:15
休 周一，夏季休假（7月中旬开始约 1 个月）
服装 外套正装
预 希望预约
CC A.D.J.M.V.
有英文和日文菜单。

Column
Belgium

要注意加冕区的餐馆

最近，在加冕区的餐馆被欺骗的情况给编辑部反映了很多。因此我们把应该注意的事项在下面一一列出。此外，也有因卫生原因等被强制关门的餐馆。这虽然多多少少减少了一些不放心的店，但是也不要放松警惕。

1. 强拉客人进店要注意。用中文打招呼的店也要注意。

2. 让人感觉上当的很多是服务生推荐的菜品，要收更贵的价钱。在点菜的时候，要认真看看菜单确认好价格。此外，没有点的菜端上来时，绝对不要去碰。

3. 账单要认真核对。就是用信用卡支付时也不要忘了检查。小费金额与含有小费的合计金额的栏里，一定要自己亲手写。还有，比利时消费费用里已含有服务费和税金（TVA），原则上不需要支付小费，但还是要给一点小费。

洛特斯里·汪桑布 Rotisserie Vincent　　　比利时菜

一进入口马上就是宽大的厨房,感觉非常具有活力,非常有趣,会增加你的食欲。有很合算的肉菜,贻贝、鱼菜都有。煎烤的牛排有 6 种 23 欧元～。

住 Rue des Dominicains 8-10　☎ 02-5112607

● Map p.234-B1　加冕区

営 12:00～14:00、18:00～23:00
周日 12:00～15:00、18:30～22:00
休 1 月上旬和 8 月上旬两周时间
服装 整洁合身服装
予 希望预约
CC A.D.M.V.
　　有英文菜单。

特贝尔努·得·帕萨韦 Taverne du Passage　　　比利时菜

1928 年开业的。装饰派艺术风格,有平民小酒馆式的气氛。加进鸡肉的奶油酱(Waterzooi de volaille)14.90 欧元,值得推荐。在圣于贝尔长廊内。

住 Galerie de la Reine 30

● Map p.234-B1　加冕区

☎ 02-5123731
営 12:00～ 24:00
休 6、7 月的周三、周四
服装 整洁合身服装
予 希望预约
CC A.D.M.V.
　　有英文菜单。

斯克尔特马 Scheltema　　　比利时菜

最里面有开放式厨房。感觉很有活力,什么都好吃。特别是刚出炉的面包具有很好的口碑。比利时的名菜 3 道菜的套餐 32 欧元。有炸虾、贻贝、华夫饼等。住 Rue Dominicains 7

● Map p.234-B1　加冕区

☎ 02-5122084
営 12:00～15:00、18:30～23:30
(周五、周六～次日 0:30)
休 周日、12/24～25
服装 整洁合身服装
予 希望预约　CC A.M.V.
　　有英文菜单。

拉·美松·得·西尼 La Maison du Cygne　　　法国菜

在大广场的"天鹅馆"里的一流餐厅。带葡萄酒的套餐 100 欧元左右。此外,一楼的 Ommegang 也可以轻松品尝比利时菜。仅周一～周五 12:00～14:00 营业,17 欧元左右。住 Rue Charles Buls 2　☎ 02-5118244

● Map p.234-A2　大广场周围

営 12:00～14:00、19:00～22:00
休 周六的中午、周日。夏季和圣诞节有休假
服装 正装
予 要预约
CC A.D.J.M.V.
　　有英文菜单。

克尔德尔克 't Kelderke　　　比利时菜

大广场的布拉班特公爵故居地下。晚上很拥挤,最好早点去。啤酒煮牛肉(Carbonnades Flamandes à la Biére)14 欧元。煨炖兔子肉(Lapin à la Gueuze)17.50 欧元。住 Grand Place 15　☎ 02-5137344

● Map p.234-A2　大广场周围

営 12:00～ 次日 2:00
休 12/24 和 12/31 的晚上
服装 整洁得体服装
予 不要(只有人少的时候可以预约)
CC A.D.M.V.
　　主要的菜肴在菜单上有照片。

比利时皇后 Belga Queen

比利时菜

➲ 折页地图 3 正面 B2 大广场周围

很大的现代风格的餐馆。在王立莫奈剧院附近。有牡蛎吧和钢琴吧。午餐 16 欧元。3 道菜的套餐 33 欧元。

🏠 Rue Fossé-aux-Loups 32

☎ 02-2172187
🕐 12:00~14:30、19:00~24:00
休 1/1 的白天、12/24 的晚上
服装 无
预 希望预约
CC A.D.M.V.

拉·尔·德尔 La Roue d'Or

比利时菜

➲ Map p.234-A2 大广场周围

完全保留了小酒馆的气氛的店。受当地人欢迎。价格也不太高，主食菜品 1 品 15~25 欧元。

🏠 Rue des Chapeliers 26
☎ 02-5142554 🕐 12:00~24:00

休 12/24 和 12/31 的晚上。夏季休假(从 7 月中旬开始约 1 个月)。
服装 要穿外套
预 要预约 CC A.D.M.V.

弗朗索瓦 François

比利时菜

➲ 折页地图 3 正面 A2 圣卡特琳努教堂周围

从鱼店直接进货的餐馆。继承了布鲁塞尔鱼类菜肴的传统和得到祖先真传的餐馆，有英文菜单。

🏠 Quai aux Briques 2

☎ 02-5116089
🕐 12:00~14:30、18:30~22:30
休 周一、周日、节日
服装 要穿外套
预 希望预约
CC A.D.M.V.

利伊特里埃尔 L'Huîtrière

比利时菜

➲ 折页地图 3 正面 A1 圣卡特琳教堂周围

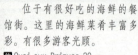

位于有很好吃的海鲜的餐馆街。这里的海鲜菜肴丰富多彩。有很多游客光顾。

🏠 Quai aux Briques 20
☎ 02-5120866

🕐 12:00~15:00、19:00~22:45
休 无
服装 要穿外套
预 希望预约
CC A.D.J.M.V.

夹克 Jacques

法国菜

➲ 折页地图 3 正面 A1 圣卡特琳教堂周围

不是太大的餐馆，当地的常客很多。经常很拥挤。店很具有家庭气氛，女主人也很热情。当然菜品味道也非常好。

🏠 Quai aux Briques 44

☎ 02-5132762
🕐 12:00~14:30、18:30~22:30
休 周日、节日
服装 无
预 希望预约
CC M.V.

阿休帕 L'Achepot　　　　　　　　法国菜

感觉就像小酒馆，价格便宜，在当地很受欢迎。稍带点法式风格，但不必在意，可以很随便地进餐。午餐12欧元，主食14~30欧元。

➡ 折页地图3正面 A2 圣卡特琳教堂周围

住 Pl.Ste-Catherine 1
☎ 02-5116221
营 12:00~14:30、18:30~23:00
休 周日、节日、复活节、7月的两周时间　服装 无
预 不要　CC A.M.V.

卢·弗尔洛 Le Fourneau　　　　　　法国菜

最近流行的开放式厨房的法式餐馆。味道清淡，分量也较少。主食20欧元~。

住 Pl.Ste-Catherine 8
☎ 02-5131002

➡ 折页地图3正面 A2 圣卡特琳教堂周围

营 12:00~14:30、19:00~22:00
休 周日、周一、节日、7月的3周时间、12/24、12/31
服装 整洁合身的服装
预 不要　CC A.M.V.

拉·贝尔·马累西尔 La Belle Maraichère　　海鲜菜

特别是鱼菜肴很有名。内部装修也是小酒馆风格，可以很随便进去用餐。固定套餐4道菜35欧元~。主食21欧元~。鱼汤12.50欧元。

➡ 折页地图3正面 A2 圣卡特琳教堂周围

住 Pl.Ste-Catherine 11
☎ 02-5129759
营 12:00~14:00、19:00~21:30
休 周三、周四
服装 要穿外套
预 要预约　CC A.D.M.V.

拉·特尔·德·乌瓦尔 La Tour d'Y Voir　　欧式餐馆

18世纪重建的礼拜堂的楼。入口的一楼是古董画廊，一直走到头然后上二楼。平日午餐3道菜16欧元左右，味道和分量都还可以。

住 Place du Grand Sablon 8

➡ 折页地图3正面 B4 萨布隆地区

☎ 02-5114043
营 12:00~15:00、19:00~24:00
休 周日、周一
服装 整洁合身的服装
预 希望预约
CC A.M.V.
　　有英文菜单。

科姆·西·索瓦 Comme Chez Soi　　　法国菜

具有比利时第一的声誉。世界餐饮界的名店。在稍稍离城中央远点的鲁珀广场。含葡萄酒140欧元~。午餐稍微便宜点，去尝尝吧。

住 Pl.Rouppe 23　➡ Map p.232-A2　☎ 02-5122921

➡ 折页地图3正面 A3 鲁珀广场

营 12:00~13:30、19:00~21:30（最后点菜时间）
休 周日、周一、周三的白天、7~8月上旬的一个月、年末年初
服装 正装　预 要预约
CC A.D.M.V.

拉·马尼法克切尔 La Manufacture 　　　　法国菜

有现代象征性的内部装饰，相当优雅的餐馆。味道也很好。宽敞的高屋顶，坐着很舒服。午餐14.50欧元。

🏠 Rue Norte-Dame du Sommeil 12

➡ Map p.232-A2 安德莱赫特

☎ 02-5022525
🕐 12:00～14:00、19:00～23:00
（周五、周六～24:00）
休 周六的白天、周日、节日
服装 整洁合身的服装
预 希望预约　CC A.D.M.V.

稻田 Inada 　　　　法国菜

老板是从日本来到比利时学习法国烹饪技术的立志做法式厨师的稻田先生。有可能的话，他会亲自来对菜单进行说明。午餐25欧元。晚餐套餐48欧元。

🏠 Rue de la Source 73　☎ 02-5380113

➡ Map 范围外　路易丝广场南侧

🕐 12:00～14:30、19:00～22:00
休 周六的白天、周日、周一、节日　服装 整洁合身的服装
预 希望预约　CC M.V.
🚃 乘92、97路在 Faider 下车。返回到斯蒂芬妮广场方向沿 Rue de la Source 步行100米

邦索瓦尔·克拉拉 Bonsoir Clara 　　　　欧式餐馆

这个街道有许多在时装店工作的人来进餐。现代的内部装修让人们喜欢。午餐14欧元。主食19.50~23.60欧元。有英文菜单。

🏠 Rue Dansaert 22-26　☎ 02-5020990

➡ 折页地图3正面 A2 圣卡特琳教堂周围

🕐 12:00～14:30、19:00～23:30
（周五、周六～24:00）
休 周六、周日的白天
服装 整洁合身的服装
预 希望预约
CC A.M.V.

杜·威尔特姆·哈尔希纳特 De Ultieme Hallucinatie 　欧式餐馆

1850年建造的建筑物在1904年改建成维也纳学派的新艺术风格。个人的住宅就原封不动地作为餐馆使用。里面有只喝饮料也可以的咖啡吧。关门很晚。

🏠 Rue Royal 316　☎ 02-2170614

➡ Map p.233-C1 北站周围

🕐 12:00～14:30、19:00～23:00
（咖啡吧 11:00～24:00）
休 周六的白天、周日、节日、年末年初
服装 整洁合身的服装
预 希望预约
CC A.D.M.V.　餐馆有英文菜单。

拉·卡巴尼娜 La Capannina 　　　　意大利餐馆

很受当地人欢迎的意大利餐厅。使它40年经久不衰的是意大利出生的女老板和大厨。空心粉7欧元。分量相当足。白天的套餐10欧元。

🏠 Petite Rue au Beurre 12　☎ 02-5120545

➡ Map p.234-A1 大广场周围

🕐 12:00～15:00、18:00～23:00
休 夏季休假（7月20日开始1个月）
服装 无
预 希望预约
CC A.D.M.V.

埃克斯基 Exki　　　　　　　　　　自助餐

城市中心的自助餐正在不断增多。其中埃克斯基以自然派而受到欢迎。在大广场附近。因为便宜实惠，可以轻松就餐。
住 Rue Marché aux Herbes 93

➲ Map p.234-B2 大广场周围
☎ 02-5028248
URL www.exki.be
营 7:30~22:00（周六、周日、节日 8:00~）
休 1/1、12/25　服装 无
预 不要　CC A.M.V.

田川 Tagawa　　　　　　　　　　日本菜

在布鲁塞尔的日本餐馆中是最高级的。位于 JAL 等大量日本企业入驻的大楼里。每天交替变换的午餐 10.50 欧元（周六 8.50 欧元~）。生鱼片、天妇罗午餐 16.50 欧元。　住 Ave. Louise 279　☎ 02-6405095

➲ Map 范围外 路易丝广场东南
营 12:00~14:00、19:00~22:15
休 周日、节日、年末年初
服装 整洁合身的服装
预 希望预约
CC A.D.M.V.
　有轨电车 94 路在 Vleurgat 下车。

大和 Yamato　　　　　　　　　　拉面店

欧洲的拉面店中这里是最好的。有饺子（只有晚间）、酱油拉面、酱汤拉面、炸猪排盖浇饭等。很好吃。没有太多座位，时机不好的时候，可能会等上 1 个小时。　住 Rue Francart 11　☎ 02-5022893

➲ Map p.232-B3 加冕区
营 18:30~21:00
休 周日、周一、节日（夏季 1 个月左右与冬季 10 天左右停业）
服装 无
预 不要
CC A.

武士 Samourai　　　　　　　　　日本菜

1975 年开业的老店铺。味道和气氛都不错。在当地很受欢迎的高级日式餐馆。稍微靠近街里面，不要看漏了店招牌"Samourai"。白天的套餐 27 欧元。酱汤 10 欧元。价格有点贵。　住 Rue du Fossé-aux-Loups 28

➲ 折页地图 3 正面 B2 大广场地区
☎ 02-2175639
营 12:00~14:00、19:00~21:00
休 周日的白天、周二、节日、7/15~8/15
服装 整洁合身的服装
预 特别是晚上很挤，要预约
CC A.D.J.M.V.

小酒馆 Izakaya　　　　　　　　　日本菜

日本的小酒馆式的感觉，很随意的店。地下有歌厅。在当地很受欢迎。
住 Chaussée de Vleurgat 123
☎ 02-6483805

➲ Map 范围外 路易丝广场东南
营 12:00~14:00、19:00~22:00
休 节日的白天、周日
服装 无
预 要预约
CC A.M.V.

利特尔・亚洲 Little Asia

越南菜

位于中国食品超市集中地区的越南菜馆。现代风格的装饰。有什么都好吃的好口碑。浓汤10欧元。午餐12~25欧元。主菜24~63欧元。

⊃ 折页地图3 正面 A2 圣卡特琳教堂周围

🏠 Rue Ste. Catherine 8
☎ 02-5028836
🕐 12:00~15:00、18:00~23:00
🚫 周三、周日、节日
👔 无
📋 希望预约　CC A.M.V.

潮绸城 Chaochou City

中国菜

从证券交易所来的大道上。位于很方便的交通要道上，有250个坐席的餐馆。有很多中国人进餐。可以放心吃饭。白天3.60欧元。晚上有5.50欧元的特价菜品。

⊃ Map p.234-A1 大广场周围

🏠 Boulevard Anspach 89
☎ 02-5123756
🕐 11:30~22:00
🚫 无　👔 无
📋 不要
CC A.D.M.V.

首尔 Seoul

韩国菜

在索菲特酒店的旁边。烤五花牛肉16欧元。
🏠 Rue Capitaine Crespel 14
☎ 02-5131725
🕐 12:00~14:00、18:30~22:30

⊃ 折页地图3 正面 B5 路易丝广场周围

🚫 周二的白天、周日的白天
👔 无
📋 不要
CC A.M.V.

咖啡馆和啤酒屋

Cafe & Brasserie

咖啡馆和啤酒屋的区别就是喝咖啡的客人较多的叫咖啡馆，喝含酒精饮料多的叫啤酒屋。因为啤酒比咖啡便宜，所以啤酒屋的数量比较多。有450种以上的比利时生产的啤酒是这个国家的国民饮料。要喝某种啤酒的话，一定要去相应的啤酒屋。在那里用相适合的酒杯来喝才算正宗。而且，啤酒与啤酒屋和酒杯有绝对不能分开的关系。※下面的营业时间是通常的时间。可能会有变动。

卢・洛瓦・德斯帕尼 Le Roy d'Espagne

啤酒屋和咖啡馆

是大广场最大众化的啤酒屋兼咖啡馆。是观光者的朝圣地。很有进去看看的价值。

⊃ Map p.234-A1 大广场周围

🏠 Grand Place 1
☎ 02-5130807
🕐 10:00~ 次日 2:00
🚫 无
CC A.D.M.V.

卢·塞尔屈埃 Le Cercueil　　　　　　　　啤酒屋

法语里的啤酒（biere）就是棺材的意思。店内有一种怪怪的气氛。红色的灯照明，桌子是棺材，倒进红色啤酒的骷髅杯子，时髦是时髦，但是过于考究了。

➜ Map p.234-B1 大广场周围

住 Rue des Harengs 10
☎ 0497124565
营 16:00~深夜（周五、周六13:00~次日4:00，周日、节日13:00~1:00）
休 无
CC 不可

莫卡菲 Mokafé　　　　　　　　　啤酒屋和咖啡馆

在圣于贝尔长廊内，啤酒屋兼咖啡馆。在圣于贝尔长廊内购物后疲惫了的时候，进去坐坐也很好。

➜ Map p.234-B1 大广场周围

住 Galerie du Roi 9
☎ 02-5117870
营 7:00~23:00
休 无
CC A.M.V.

法尔斯塔菲 Falstaff　　　　　　　啤酒屋和咖啡馆

证券交易所的隔壁。新艺术派风格的时髦装修。也可进餐。从典型的比利时菜到下午茶等特别菜单，价格实惠。
住 Rue Henri Maus 19

➜ Map p.234-A1 大广场周围

☎ 02-5100550
营 10:00~次日2:00
休 无
CC A.M.V.

阿·拉·贝卡斯 A La Bécasse　　　　　　　啤酒屋

出售朗贝克啤酒的啤酒屋。朗贝克（Lambic）就是像苹果酒一样的酸甜的清淡啤酒。好不容易来了就不要有顾虑，"Lambic please"（来一杯朗贝克）。

➜ Map p.234-A1 大广场周围

住 Rue de Tabora 11
☎ 02-5110006
营 10:00~24:00（周日11:00~23:30）
休 无
CC M.V.

拉·利勒特 La Lunette　　　　　　　　　啤酒屋

位于王立莫奈剧院正面左侧的角上。点上一杯留奈特，会给你端来装了1升啤酒的圆形杯子，都能用啤酒洗脸了。
住 Pl. de la Monnaie 3

➜ 折页地图3正面B2 大广场周围

☎ 02-2180378
营 9:00~次日1:00（周五、周六~次日2:00，周日10:00~24:00）
休 1/1
CC 不可

阿·拉·莫尔·西比特 A la Mort Subite　　啤酒屋

王立莫奈剧院后面的啤酒屋。与店名相同的啤酒品牌（Mort Subite 就是立即死的意思）、格兹、克里克等啤酒名可以在墙上的菜单上找到。

◯ Map p.234-B1 大广场周围

🏠 Rue Montagne aux Herbes Potagères 7
☎ 02-5131318
🕐 11:00~24:00（周日 12:00~）
休 1/1、12/25
CC M.V.

咖啡·地铁波尔 Café Métropole　　咖啡馆

布鲁凯尔广场的地铁波尔酒店下面的咖啡馆。大家都知道它是新艺术派风格的古典咖啡馆。经常有游客光顾。

◯ 折页地图 3 正面 B1 布鲁凯尔广场周围

🏠 Pl.de Brouckère 31
☎ 02-2172300（酒店）
🕐 9:00~ 次日 2:00
休 无
CC 不可

Column Belgium

最接近自然发酵的啤酒

左图：摆满啤酒桶的储藏室　　右图：朗贝克与木莓白兰地等在凯梯恩啤酒厂生产出来的各种啤酒

布鲁塞尔郊外的凯梯恩啤酒工厂（作为格兹博物馆对外开放）100% 地保留了朗贝克啤酒的制造法。工人就是这个家庭中的 4 个人，是一个家庭工厂。

这里最神秘的场所就是有冷却槽的房顶的暗室。煮开了的麦汁在这里冷却期间，空气中的自然的酵母落下来附在上面。不使用一切人工的酵母。这里有比周围的房子多许多倍的酵母和微生物。目前科学上的解释还未明了。楼梯下的木桶也有很多有趣的故事。朗贝克就是使用自然的酵母与自然的果实制作的啤酒。但是，也受别的自然力量或气候的影响。"在祖父的年代，酿造期从 10 月~次年 4 月。现在缩短了 1 个月了，这也是地球变暖的影响之一

吧。"工厂的人这样说。

最后，当问到"除凯梯恩以外想推荐的啤酒是什么"时，工厂的人回答道："特拉伯的 Rochefort。但是已沉睡了好多年的古老的东西，不能喝了。"非常符合手艺人精神的回答。

格兹博物馆 Musée Bruxellois de la Gueuze
◯ Map p.232-A2　🏠 Rue Gheude 56
开 8:30~17:00（周六 10:00~），最终入场 16:00
休 周日、节日　费 6 欧元（送 1 杯啤酒）
URL www.cantillon.be
M 从 Lemonnier/Midi 步行 10 分钟左右。手持说明书各自参观

商店

 商店 —— 此段为图，下方含文字标注

在国际大都市的布鲁塞尔购物也是国际化的。时装不仅有意大利、法国、英国制作的，也有比利时、德国、荷兰、瑞士、西班牙等国制作的，琳琅满目。城市本身简直就是一个国际样品市场。除此之外，旅行者不仅能享受到免税的优惠条件，也可以安心快乐地购物。而且，不管怎样还是大减价时期吸引人。从1月和7月的第一周开始，是已经规定好了的，但是在哪个国家，总有违反规定的人。还没有打出减价出售"Soldes"的广告，但实际上在一周前店里就开始大减价了。

百货店、超市等多数商店一般周日、节日关门休息，平日10:00~18:30营业，但是其中也有周一的上午关门，也有周五的深夜才关门（超市21:00关门）的店。

讷沃街 Rue Neuve

从罗日耶广场到王立莫奈剧院前广场，是全长600米的步行者天堂。大购物中心——City 2就在这里。面向年轻人的时尚的大型店也不少。➲ 折页地图3正面B1~2

路易丝广场 Pl. Louise

路易丝广场（Pl.Louise）周围的路易丝街（Ave. Louise）与滑铁卢街（Bd. Waterloo），集中了高级品牌的时装店。只看看商店的橱窗就很高兴了。➲ 折页地图3正面B5~C4、p.285

安托万 · 当塞尔特街 Rue Antoine Dansaert

从证券交易所往西北延伸的道路。有餐馆和小商品店与时髦的时装店。与高级品牌店多

路易斯广场附近的百货店 INNO

路易丝广场周边购物地图

的路易丝广场周围是不一样的购物感觉。这里是能够带来快乐的购物地。➋ 折页地图3正面A2

百货店和超市

　　在讷沃街与路易丝广场有被称为 INNO 的大百货店。讷沃街有购物中心——City 2。地下一层是超市的连锁店 GB。此外，超市 Delhaize 在大广场附近面对安斯帕克街（Bd. Anpach）的地方（夹在街道之间稍微往南就是证券交易所）。从 Delhaize 的一条小路进去，就是 GB（地下就是食品卖场）与中国食品店（也放有少量的日本食品）。

画廊

　　被称为画廊的购物中心，在城里到处都是。从路易丝广场到 Porte de Namur 一带，有路易丝画廊（Galerie Louise）、杜·拉·特瓦松·德尔画廊（Galerie de la Toison d'Or）、依库瑟尔画廊（Galerie d'lxelles）3 个画廊。依库瑟尔画廊的店铺不多，其他两个画廊面向年轻人的时装店有很多。除时装店外，还有咖啡馆、电影院，在寒冷的冬天游客去购物最合适。

路易丝画廊和Porte de Namur 购物地图

德尔沃 Delvaux	包类

　　1829 年开业的高级品牌店，被称为比利时的古驰。其式样素朴又有品位，做工精致，深受欢迎。在大广场附近的圣于贝尔长廊内有分店。

🏠 Bd. de Waterloo 27　☎ 02-5130502　🕐 10:00~18:30

❸ Map p.285 路易丝广场

🈺 周日、节日　CC A.D.J.M.V.
圣于贝尔长廊店
🏠 GI. de la Reine 31
☎ 02-5127198
🕐 10:00~18:30（仅 4~12 月的周日 14:00~17:30）

斯特伊尔 Stijl　　服装

➡ Map p.232–A2 圣卡特琳教堂周围

位于有气质的商店集中的街道上，在安托万·当塞尔特街，也是老店。集中了德赖斯·范诺顿、Branquinho 等安特卫普设计师设计的商品。

住 Antoine Dansaert 74
☎ 02-5120313
营 10:30~18:30
休 周日、节日
CC A.D.M.V.

基普林根 Kipling　　包类

➡ Map p.234–A1 大广场周围

以猩猩为吉祥物的为人熟知的在比利时诞生的品牌。轻巧而结实的设计很受中国人欢迎，有很多中国没有的颜色。
住 Rue Marché aux Herbes 26

☎ 02-5131666
营 10:00~18:00（周六~19:00）
休 周日、节日
CC A.D.M.V.

布威 Bouvy　　服装

➡ Map p.285 路易斯广场

传统的设计很受欢迎。比利时品牌的时装，男式的、女式都有。此外还有其他有名品牌。
住 Ave. Louise 4

☎ 02-5130748
营 10:00~18:30（周一 11:00~）
休 周日、节日
CC A.D.J.M.V.

斯恰帕 Scapa　　服装、杂货

➡ Map p.285 路易丝广场

因英国传统感觉的设计与很好的品质而受欢迎。比利时诞生的品牌。现在的设计者还是比利时人。二楼有 HOME COLLECTION 的产品。

住 Bd. de Waterloo 9
☎ 02-5142698
营 10:00~18:30
休 周日、节日
CC A.D.J.M.V.

安特卫普·吉尔鲁斯 Antwerp Jewels　　饰品

➡ Map p.234–A1 大广场周围

虽是一个小店，从实惠的小饰品到数克拉的宝石，陈列着大量商品的钻石店。安特卫普交易所的会员分店。

住 Petite Rue au Beurre 11
☎ 02-5022188
营 10:00~19:00
休 无
CC A.D.J.M.V.

Diamond

荷比卢的钻石有名的理由

　　从 15 世纪布吕赫人发明了研磨技术开始，具有最高价值的钻石就得到认可。在被称为钻石首都的安特卫普，80%~90% 的原石，50%~60% 研磨完成的裸石（loose）就在这里进行交易。交易所不仅集中在安特卫普中央车站一带，地理条件优越的布鲁塞尔、布吕赫，再加上有世界最古老的交易所的阿姆斯特丹也有许多钻石店。在荷比卢购买钻石的确很实惠，但是，买贵的东西时一定要小心谨慎。因此，在这里，站在购买者立场上，给你一些好建议。

钻石的 4C

　　决定钻石价值的是重量（carat）、透明度（clarity）、颜色（color）、研磨（cut）。这四个单词的头一个字母合起来被称为 4C。关于 4C 的鉴定书，对不在行的、对钻石的品质不太清楚的人来讲就是唯一的鉴别方式了。

布吕赫的钻石博物馆 ➡ p.314 的研磨演示过程。商店 ➡ p.319 在隔壁

钻石省立博物馆 ➡ p.350 运用电脑和影像技术进行了充分的展示

重量、透明度、颜色等有明确记录的原石。对设计满意的话可以带回中国

布鲁塞尔的哥达姆钻石店可对戒指的色彩与形状进行各种各样设计 ➡ p.292

钻石的基础知识和购买秘诀

在钻石交易的中心地——荷比卢联盟购买钻石

钻石的购买方法

1. 不要有为进行投资而购买的想法

考虑到今后价格会继续上升，不在行的人想在数年后得到巨大利益并不是很简单的事。只要透明度高，有光彩就是好的钻石，要有这样的认识。

2. 选择有信誉的店铺

因为不是从小店里淘宝，所以要考虑店铺的地理位置（繁华地段、高档酒店内等）、内部装修、传统（××××年开业）等。关于4C的说明一定会给你讲明白。为了安全起见，使用门铃，对入店进行限制的店铺很多。只进去看看也行，所以不要有什么顾虑。

3. 了解一下鉴定书 Certificate 的构成

由于鉴定书是在店里做成的，这里对于店铺的信用度就很重要了。不应该只是得到一张纸而已。很多情况，使用一个0.70克拉以上的裸石时，就会附上鉴定机关颁发的鉴定书。有 HRD、GIA、IGI 三个世界权威机关。

4. 没有中意的式样的场合

可以购买裸石带回中国。与中国的价格差异可在网页查找以供参考，是最聪明的办法了。减去在中国的加工费，就是你得到的实惠了。

URL www.diamondland.be/shop/en/search.php

5. 要注意戒指的尺寸的表示方法

中国和欧洲的尺寸的表示方法有点不同，委托加工时一定要带实物去。不要随便问个尺寸，然后在旅行时购买订婚戒指，最好不要造成像电影一样的精彩场面：当尺寸不合适的时候，对方问道："究竟是为谁买的？"

在钻石交易集中地安特卫普的钻石商店、钻石乐园➡ p.350

在钻石乐园，有展示钻石的珍藏品展室

购买时要和店员多多沟通商量，直到尺寸、式样等都满意

不要被钻石的价值所迷惑，要选择真正中意的，把它当成仅是自己一个人的宝贝

Chocolatier

比利时人购买的巧克力

　　一出超市的大门，就设有巧克力的专卖店，刚买完东西的比利时人，又被吸引过去了。据现在在布鲁塞尔最有名的蛋糕房工作的糕点师讲："巧克力主要用来使蛋糕表面光滑，此外就是装饰作用。如果在蛋糕上不加上巧克力，在比利时根本就卖不出去。"每年一人平均消费8.4千克，一家大概要吃3000元人民币巧克力。与作为食品支出中最大的肉类支出6000元相比较，我们就知道对于比利时人来讲，巧克力是何等的重要啊。比利时巧克力的特点是不管怎样都要在中间加馅儿，即所谓的"普拉利奈"（Praline）巧克力。21世纪初比利时开发的，现在各个公司的主要竞争点就是其品种的多样化。而且因为是将最高级的可可研制极细再使用，吃起来就特别可口。此外，复活节、圣诞节等节日与每个季节变化时，只看看橱窗的装饰就够快乐的了。下班回家还穿着西服的公司职员在店里一边发着牢骚，一边选择自己喜欢的巧克力装进盒子里。这也说明，巧克力是比利时饮食文化中极为重要的一部分。此外，负责供应王室巧克力的供应商有4家，它们是Godiva、Galler、Mary、Neuhaus。

店里摆满了各种各样的巧克力。每种都可以少量购买，很不错的

在 Planet Chocolate 制作巧克力的实际表演时使用的道具和材料

可可巧克力博物馆
Musée du Cacao et du Chocolat

　　虽是大广场附近的小规模的博物馆，但可以看到实际表演。胡桃糖就是将巧克力的原材料 Couverture 暂时溶化，做成小的壳，冷了以后，再加进各种馅儿，就做成了。

住 Rue de la Tete d'Or 9–11　➡ Map p.234–A2
☎ 02-5142048　URL www.mucc.be
営 10:00～16:30
休 周一（7、8月无）、1/1、12/25
費 5.50 欧元

由于可以看到巧克力制作的表演，有时间的话去看看也许不错

比利时的巧克力

世界有名的比利时巧克力，吃了一次就会记住那种软绵绵的甜蜜，一定会上瘾的。

洛伊豪斯 Neuhaus

据说是 1857 年开业，是比利时国内的老铺中的老店了。有很多店铺，但是最有气氛的还是在大广场附近的圣于贝尔长廊的那个店。

住 Galerie de la Reine 25-27　➡ Map p.234-B1
☎ 02-5126359　营 周一～周六 10:00~20:00　周日、节日 10:00~19:00　休 1/1、12/25　CC A.D.J.M.V.

果德瓦 Godiva

说起比利时的巧克力，相当有名的是果德瓦。在比利时果德瓦也是高级巧克力。价格也是很高的，不仅有胡桃糖，还有罐装的可可等。

住 Grand Place 22　➡ Map p.234-B3
☎ 02-5112537　营 9:00~22:00（周日、节日 10:00~）
休 无　CC A.D.J.M.V.

乔—菲利普·达尔西 Jean-Philippe Darcis

30 岁就到达顶点的当今热门的甜品师兼巧克力商开的店。易溶而不太甜腻。也有色彩丰富的甜点马卡龙，可以和店员商量后安心购买。

住 Petite Rue au Beurre 14　➡ Map p.234-A1
☎ 02-5021414　营 10:00~19:00　休 无　CC A.J.M.V.

普拉勒特巧克拉 Planète Chocolat

可以看到巧克力制作表演的新店。除了加入传统馅料的胡桃糖外，加入柠檬与西拉檬等各式各样的馅料的板状巧克力有很多。离此地 10 米的地方，就有一个茶室。

住 Rue du Lombard 24　➡ Map p.234-A2
☎ 02-5110755　营 10:30~18:30 周日、节日 11:00~18:30
休 1/1、12/25　CC J.M.V.

皮埃尔·马科利尼 Pierre Marcolini

很受欢迎的店。1994 年开业。在巧克力行业里是新潮派，制作新口味的胡桃糖。2004 年，在面对大萨布隆的地方开了一个店。

住 Pl. du Grand Sablon 39　➡ Map p.234-B3　☎ 02-5141206
营 10:00~19:00　周五、周六 ~20:00　节日 ~17:00
休 无
CC A.D.J.M.V.

克里斯特弗尔 Christofle

银餐具等

主要销售法国制的银器，从最高级的银餐具 Christofle 到利摩的陶瓷盘都有。只看看很有艺术美感的橱窗都很快乐。

➔ Map p.285 路易丝广场

住 Bd. de Waterloo 37
☎ 02-5481266
營 10:00~18:15
休 周日、节日
CC A.D.M.V.

拉·梅松·丢·德阿曼 La Maison du Diamant

钻石店

大使馆的人推荐的，以钻石为主的首饰店。为了安全，安装了两层门，不要害怕，先按门铃。可以很随便地同店员交谈。
住 Bd. de Waterloo 10

➔ Map p.285 路易丝广场

☎ 02-5123863
URL www.thediamondhouse.com
營 10:30~18:00
休 周一、周日、节日
CC A.D.J.M.V.

哥达姆钻石 Gautam Diamonds

钻石店

周日、节日也开门营业，可随便进去的钻石店。世界上流通的70%的钻石都是在比利时进行切割和研磨的。去宝石加工的发源地的店看看也许会有不少惊喜。

➔ Map p.234-A2 大广场

住 Grand Place 12
☎ 02-5020965
營 11:00~19:00
(4~8月~20:30)
休 1/1、12/25
CC A.D.J.M.V.

比尔洛瓦和巴赫 Villeroy & Boch

陶瓷器

销售卢森堡的陶瓷器，欧洲的代表性名窑。从传统的东西到时髦设计的餐具，选择的范围很广。

➔ Map p.285 路易斯广场

住 Ave. Louise 37
☎ 02-5331051
營 10:00~18:00
休 周日、节日
CC A.D.M.V.

威塔美尔 Wittamer

点心

出售巧克力等的点心店。面向大萨布隆广场，有茶点室。要买巧克力也可以去离点心和茶点室30米左右的6号铺的店。
住 Pl. du Grand Sablon 12

➔ Map p.234-B3 大萨布隆广场

☎ 02-5123742
營 7:00~19:00 周一 9:00~18:00 周日、节日 7:00~18:30 巧克力店 9:00~ 茶点室 9:00~18:00 休 周一、周二（茶点室只有周一开门） CC A.D.M.V.

当杜瓦 Dandoy 　　　　　　　　点心

1829年开业的比利时点心的老铺。以"撒尿的小孩"形状做成的比利时名特产的饼干——Speculoos作为礼品一定会受欢迎。二楼的咖啡馆可以品尝到比利时的华夫饼。

◆ Map p.234–A2 大广场周围

住 Rue Charles Buls 14
☎ 02–5126588
营 9:30~18:30（周日、节日10:30~）茶点店→ p.246
休 1/1、12/25
CC A.M.V.

杜·比尔·藤贝尔 De Bier Tempel 　　啤酒

啤酒专卖店，以特拉伯啤酒为首，比利时各地的啤酒都能买到。只去看看也很不错的。虽然稍贵点，但会让你有美好的回忆。

◆ Map p.234–B1 大广场周围

住 Rue du Marché aux Herbes 56
☎ 02–5021906
营 9:30~19:00（夏季未定）
休 无
CC A.D.J.M.V.

布特克·丁丁 La Boutique TINTIN 　丁丁纪念品店

说起丁丁，人人都知道他是比利时诞生的世界有名的漫画主人公。有T恤衫和文具等丁丁纪念商品。海报、贴画即使只有一张也给你放进画有丁丁的袋子里。

◆ Map p.234–B2 大广场周围

住 Rue du la Colline 13
☎ 02–5145152
营 10:00~18:00　周日11:00~17:00
休 1/1、12/25
CC A.D.M.V.

贝尔吉昂·艺术 Belgian Art 　　花边店

用纱编织的一人高的老奶奶的木偶最引人注意，也有原创的设计商品。大广场也有很优美的戈布兰挂毯与装饰纱的两家店铺（共3间店铺）。

◆ Map p.234–A1 大广场

住 Rue au Beurre 21
☎ 02–5028414
营 10:00~21:00
夏季 10:00~23:00
休 无
CC A.D.M.V.

跳蚤市场 　　　　书、服装、杂货店、家具等

在马罗勒地区的中心究德巴尔广场举行。古书、服装、家具、杂货等全部半价。讲价还价从半价开始。能砍掉要价的20%~30%就可以安心了。

◆ 折页地图3正面 A5 马罗勒地区

住 Pl. du Jeu de Balle
营 6:00~14:00
　马罗勒每天都举办但在周六和周日最热闹。寒冷的早晨，喝点露天店大锅煮的贝壳汤是很快乐的事情之一。

食品市场

食品等

➡ Map p.232-A3 南站地区

在南站周围举办。不仅限于食品，也有服装、杂货、花等。阿拉伯人很多，到处都有人用阿拉伯语交谈。物品都很新鲜。特别是季节性的（primeur）东西很

实惠。
住 Gare du Midi
营 周日 6:00~13:00
　因人多，要注意贵重物品的保管。

古董市场

古董品等

➡ 折页地图 3 正面 B4 大萨布隆广场

大萨布隆广场周围古董店很多，从真正的古董到仿制品都有，发现珍品的可能性很大。
住 Pl. du Grand-Sablon

营 周六 9:00~18:00
　周日 9:00~14:00

Column Belgium

啤酒王国——比利时

以朗贝克啤酒闻名的啤酒屋——A La Becasse

　　比利时的人口是1066.7万，面积是30528平方公里。却有约110个制造啤酒的公司，超过450种富于变化的制造方法而生产的啤酒。比利时人的啤酒人均消费量超过邻国德国，是真正的啤酒王国。各公司的制作方法有点差异，基本上有几种，了解了基本的种类，理解起来就更快了。

● 自然发酵啤酒（朗贝克）----------
朗贝克（Lambic）

　　啤酒中的古董。只利用空气里的自然酵母，为了可以存放很多年，使用古老的啤酒

花。在桶里存放3年以上。稍稍有点像葡萄酒的味道。

格兹（Gueuze）

　　1份朗贝克古酒加3份1~2年的朗贝克新酒调制。在瓶中发酵2次而成。特点是有特别明显的酸味。

克里克（Kriek）

　　樱桃啤酒。在新鲜的朗贝克啤酒桶里加入樱桃，浸制而成。也有木莓、桃、草莓等品种，适合作餐前酒。

法罗Faro

在格兹啤酒里加入黑砂糖稍稍有点甜味的啤酒。好好冷冻一下和甜品一起品尝。

●上面发酵啤酒（麦酒）-----------
特拉伯（Trappistes）、阿贝（Abbaye）

在修道院内制作的啤酒。严格来讲，只有特拉伯教派修道院才能称自己的产品是特拉伯啤酒。在比利时有瓦隆地区的奥尔瓦尔（Orvar）、希迈（Chimay）、罗什福尔（Rochefort）、佛兰德尔地区的西弗莱特伦（Westvleteren）、韦斯特马勒（Westmalle）、阿赫尔（Achel）6个特拉伯酒产地。特拉伯啤酒的特征就是那种浓缩的强烈味道，大多数酒精浓度高，并很苦。

阿贝啤酒是特拉伯以外的修道院制作的啤酒，也有浓缩的味道，酒精浓度在8度左右，比较高。

布朗什（Blanches）

白啤酒，使用小麦作为原料。色调白中带黄，有点混浊，有酸味。特点是有香草、橙子和柑橘的香味。添上柠檬片是很适合在夏天喝的啤酒。

布吕赫（Rouges）、（布吕讷Brunes）

红色和黑色啤酒。在焙煎大麦时，火力稍稍强一些即成红啤酒，再强点就是黑色的啤酒。此外，最后加入的糖、酵母、牛奶硬

糖的量的不同也会产生差异。另外，佛兰德尔地区也有将红啤酒就像葡萄酒那样用很大的木桶装起来，让它保存2年时间再出售的。

阿尔蒂萨纳勒（Artisanale）

小规模的啤酒职业工匠做的啤酒，也就是"原味啤酒"。很重视啤酒本来的味道。不使用过滤而保留自然成分，或装瓶以后不进行热处理让它在瓶内继续发酵等，有多种多样的做法。酒精浓度在8度左右，在瓦隆地区很盛行。

阿尔蒂萨纳勒"赛松"（Artisanale "Saison"）

以前的农民在当年的9月的下旬开始就要酿造这种啤酒以备来年夏季饮用。因为年末收获的大麦的成分丰富而生产出好啤酒。

其他啤酒

有淡色、酒精浓度比较高的黄金麦酒（Golden Ale）和浓麦酒（Strong Ale）等各式各样的酒。

●下面发酵啤酒（拉格）-----------
皮尔斯（Pils）、皮尔斯娜（Pilsener）

世界各国人都喜欢喝的啤酒，在比利时消费量也很多。拉格啤酒喝着有劲。酒精度数在5度左右。

▤🏨 酒店

Hotel

市内有100多家酒店。因为在市内有各国企业的分公司或有许多国际会议在这里召开，现代化的商务酒店特别多。会议的季节（9~11月）除面向年轻人的青年旅馆外，都要预约。此外因为没有廉价酒店集中的地域，自己要步行去找酒店稍微有点麻烦。本书登载的酒店，在 ❶ 按自己的预算请他们帮你介绍饭店也可以。此外在 ❶，也能介绍1天或1周时间出租的公寓。

康拉德·布鲁塞尔酒店 Conrad Brussels ★★★★★

在有名的品牌时装店云集的路易丝街上。酒店的外观十分优雅、豪华。有 269 间客房。

住 Ave. Louise 71
☎ 02-5424242　FAX 02-5424200

➡ Map p.232-B3 路易斯广场周围

URL www.conradhotels.com
费 ⑤198~659 欧元 ①228~689 欧元　有周末费用制度　早餐 37.50 欧元
CC A.D.J.M.V.

喜来登·布鲁塞尔酒店 Sheraton Brussels Hotel&Towers ★★★★★

位于罗日耶广场的高层建筑酒店。因离大企业云集的迈哈顿中心很近，有专门的商务对应服务。餐厅、酒吧、游泳池、健身房等设施充足。共有 511 间客房。

住 Place de Rogier 3　➡ Map p.232-B1

➡ 折页地图 3 正面 B1　罗日耶广场周围

☎ 02-2243111
FAX 02-2243456
URL www.starwoodhotels.com/sheraton/index.html
费 ⑤①375 欧元～　有周末费用制度　早餐 26 欧元
CC A.D.J.M.V.

希尔顿·布鲁塞尔酒店 Hilton Brussels ★★★★★

香奈尔和爱马仕等时装店云集的面向滑铁卢街的高层酒店。禁烟房、健身房、美容房一应俱全。24 小时的开放式咖啡馆很方便。共有 432 间客房。

➡ 折页地图 3 正面 B4　路易丝广场周围

住 Bd. de Waterloo 38
☎ 02-5041111　FAX 02-5042111
URL www.hilton.com
费 ⑤①109~350 欧元　有周末费用制度　早餐 32.75 欧元
CC A.D.J.M.V.

皇家拉德松·萨斯酒店 Radisson SAS Royal ★★★★★

位于市中心。王立莫奈剧院旁边的现代化酒店。离中央车站和大广场很近。有禁烟房间。客房有卫星电视、直拨电话、小吧台、咖啡和茶具。共 281 间客房。

➡ Map p.234-B1 中央车站周围

住 Rue du Fossé-aux-Loups 47
☎ 02-2192828　FAX 02-2196262
URL www.brussels.radissonsas.com
费 ⑤①99~525 欧元　有周末费用制度　早餐 30 欧元
CC A.D.J.M.V.

卢·美利德昂·布鲁塞尔酒店 Le Méridien Bruxelles ★★★★★

位于中央车站的对面，具有很优越的地理位置。大广场也近在咫尺。大堂 24 小时服务。有禁烟客房。有设施齐备的体育锻炼场地，还设有健身中心。共 224 间客房。　住 Carrefour de l'Europe 3

➡ Map p.234-B2 中央车站周围

☎ 02-5484211
FAX 02-5484080
URL www.starwoodhotels.com/lemeridien/index.html
费 ⑤①450~525 欧元　有周末费用制度　早餐 29 欧元
CC A.D.J.M.V.

阿米哥酒店 Amigo ★★★★★

离大广场仅50米的好地方。具有悠久的历史，外观很现代。从客房的窗户往外眺望景色很美。其中有能看到大广场的房间。共144间客房。

➔ Map p.234–A2 大广场周围

住 Rue de l'Amigo 1–3
☎ 02-5474747
FAX 02-5135277
URL www.hotelamigo.com
费 Ⓢ620 欧元 ～ Ⓣ650 欧元 ～
早餐 30 欧元　CC A.D.J.M.V.

大都会酒店 Métropole ★★★★★

1895年开业的，新古典式样的酒店。就在大广场附近，旅游方便。客房设施完备。一楼的咖啡馆大多是有名的古典咖啡馆。共305间客房。

➔ 折页地图3正面B1 布鲁凯尔广场周围

住 Pl. de Brouckère 31
☎ 02-2172300　FAX 02-2180220
URL www.metropolehotel.com
费 Ⓢ389 欧元 ～ Ⓣ419 欧元 ～
有周末费用制度　含早餐
CC A.D.M.V.

希尔顿·布鲁塞尔机场酒店 Sheraton Brussels Airport ★★★★★

位于布鲁塞尔机场的正面。对于早晨出发匆忙的旅行者来讲是非常好的地方。虽然付费但是可以高速上网。客房宽敞，24小时房间服务。全室禁烟。共294间客房。住 Brussels National Airport, 1930 Zaventem

➔ Map 范围外 机场周围

☎ 02-7108000
FAX 02-7108080
URL www.starwoodhotels.com/sheraton/index.html
费 Ⓢ Ⓣ395 欧元 ～　有周末费用制度　早餐 25 欧元
CC A.D.J.M.V.

马利奥特酒店 Marriott ★★★★★

在证券交易所的旁边。还是比较新的酒店。全室有空调。有健身房、桑拿等设施。可以高速上网。去餐馆较多的街区也很方便。共214间客房。

➔ Map p.234–A1 大广场附近

住 Rue Auguste Orts 3–7
☎ 02-5169090　FAX 02-5169000
URL www.marriott.com
费 Ⓢ Ⓣ219 欧元 ～　有周末费用制度　早餐 25 欧元
CC A.D.M.V.

夏特·德·拉克酒店 Château du Lac ★★★★★

布鲁塞尔东南25公里处，让瓦尔湖湖畔的夏特酒店。酒店内的餐厅的评价很高（要预约）。客房是现代的设施。可以上网。共122间客房。住 Ave. du Lac 87 Genval ☎ 02-6557111

➔ Map 范围外　　　郊外

FAX 02-6557444
URL www.chateaudulac-belgium.com
费 Ⓢ Ⓣ260 欧元 ～　含早餐
CC A.D.M.V.
　从布鲁塞尔乘出租车30~40分钟。

多米尼加酒店 The Dominican ★★★★

2007年11月开业的，原多米尼克派修道院遗址改建的酒店。在王立莫奈剧院的后面。以淋浴为主，房间是现代风格很舒适。早餐是自助式。共150间客房。

➡ Map p.234-B1 大广场周围

住 Rue Léopold 9
☎ 02-2030808　FAX 02-2030807
URL www.thedominican.be
费 ⑤ⓣ475欧元～ 早餐27欧元
有周末费用制度
CC A.D.M.V.

卢·德瑟特埃姆酒店 Le Dixseptième ★★★★

利用名不虚传的17世纪的建筑物的酒店。客房空调完备，有面对中间庭园的房间。24小时客房服务。可以上网。有有线电视和卫星电视。共24间客房。

➡ Map p.234-B2 中央车站周围

住 Rue de la Madeleine 25
☎ 02-5171717
FAX 02-5026424
URL www.ledixseptieme.be
费 ⑤180欧元～ ⓣ200欧元～
含早餐　CC A.D.M.V.

索菲特·卢·路易丝酒店 Sofitel Le Louise ★★★★

路易丝广场附近的现代风格的酒店。隔壁就是埃斯帕斯·路易丝画廊。购物很方便。有健身中心。费用体系比较复杂，请在网页上确认。共169间客房。

➡ 折页地图正面 B5 路易丝广场周围

住 Ave. de la Toison d'Or 40
☎ 02-5142200
FAX 02-5145744
URL www.sofitel.com
费 ⑤ⓣ205欧元～ 早餐30欧元
有周末费用制度
CC A.D.J.M.V.

鲁·多姆酒店 Le Dôme ★★★★

统一的新艺术派风格的内部装修。中等规模的酒店。位于布鲁塞尔的中心地，大广场附近。是步行到购物中心的方便之地。共125间客房。

住 Bd. du Jardin Botanique 9-12-13　➡ Map p.232-B1

➡ 折页地图3正面 B1 罗日耶广场周围

☎ 02-2180680
FAX 02-2184112
URL www.hotel-le-dome.be
费 ⑤218欧元　ⓣ253欧元
含早餐　有费用优惠制度
CC A.D.M.V.

洛巴特尔·奥弗·大广场酒店 Novotel off Grand Place ★★★★

在中央车站和大广场之间。现代风格的酒店。客房的内部装修质朴，但设施齐全。有孩子们的空间。费用体系比较复杂，请在网页上确认。共138间客房。

住 Rue du Marché-aux-Herbes 120

➡ Map p.234-B2 大广场周围

☎ 02-5143333
FAX 02-5117723
URL www.novotel.com
费 ⑤189欧元～ ⓣ194欧元～
早餐21欧元　有周末费用制度
CC A.D.M.V.

宜必思·奥弗·大广场 Ibis off Grand Place ★★★

位于中央车站与大广场之间，酒店内没有餐厅，但有可随便利用的餐吧。费用体系比较复杂，请在网页上确认。共184间客房。

住 Rue du Marché-aux-Herbes 100

➜ Map p.234-B2 大广场周围

☎ 02-5144040
FAX 02-5145067
URL www.ibishotel.com
费 ⑤Ⓣ145 欧元～　早餐14欧元
CC A.D.M.V.

阿尔玛酒店 Alma ★★★

2007年开业的舒适的三星级酒店。离大广场与中央车站都近的极好的地理位置。房间有淋浴/浴池、厕所。可无线上网。有空调。共37间客房。

住 Rue des Eperonniers 42-44

➜ Map p.234-B2 大广场周围

☎ 02-21931149
FAX 02-2193170
URL www.almahotel.be
费 ⑤134 欧元　Ⓣ154 欧元
早餐9欧元
CC A.D.M.V.

莫扎尔酒店 Mozart ★★★

大广场附近，地中海菜餐馆集中的街上，17世纪的建筑物的酒店。客房数比较多，房型也各种各样。里侧的房间比较安静。共54间客房。

住 Rue du Marché-aux-Fromages 23

➜ Map p.234-A2 大广场周围

☎ 02-5026661
FAX 02-5027758
URL www.hotel-mozart.be
费 带淋浴和厕所
⑤80 欧元　Ⓣ100 欧元
含早餐
CC A.D.M.V.

阿鲁尔康酒店 Arlequin ★★★

从大广场徒步5分钟。中央车站附近，很方便。隔壁就是日式餐厅"满月"。因位置的不同，有的房间较吵。可以高速上网。有92间客房。

住 Rue de la Fourche 17-19

➜ Map p.234-B1 大广场周围

☎ 02-5141615
FAX 02-5142202
URL www.arlequin.be
费 带淋浴和厕所
⑤225 欧元～　Ⓣ250 欧元～
含早餐　有周末费用制度
CC A.D.M.V.

阿特拉斯酒店 Atlas ★★★

在圣卡特琳教堂与优雅的购物街（Dansaert）附近。客房装饰现代，有通网络的房间。也有禁烟房。可以高速上网。共88间客房。

住 Rue du Vieux Marché-aux-Grains 30

➜ 折页地图3正面 A2 圣卡特琳教堂广场周围

☎ 02-5026006
FAX 02-5026935
URL www.atlas-hotel.be
费 带浴缸
⑤119 欧元～　Ⓣ139 欧元～
含早餐　有周末费用制度
CC A.D.M.V.

路易丝酒店 Louise ★★★

保留着18世纪的布鲁塞尔独特气氛的酒店。从路易丝大街（Chaussée de Charlerois）一直前进，位于第二个拐角处。全部客房都有浴缸。也有禁烟室。

🏠 Rue Veydt 40　☎ 02-5374033

➡ 折页地图3背面B4 路易丝广场周围

FAX 02-5344037
URL www.louisehotel.com
费 带浴缸
Ⓢ 245 欧元～　Ⓣ 265 欧元～
早餐 19 欧元　CC A.M.V.
Ⓣ 92、97 路 Faider 下车后约200 米

巴希特酒店 Beau-Site ★★★

感觉离中心地区较远，多少有点不方便。但是一个感觉非常好的酒店。各室有电话、电视、小吧台、吹风机，含自助早餐。共 38 间客房。

🏠 Rue de la Longue Haie 76　☎ 02-6408889

➡ Map p.232-B3 外 路易丝广场南部

FAX 02-6401611
URL www.beausitebrussels.com
费 带浴缸、淋浴、厕所
Ⓢ 99 欧元～　Ⓣ 109 欧元～
CC A.D.M.V.
Ⓣ 从 Louise 站出发乘 94 路到 Defacqz（第二站）下车

香波尔酒店 Chambord ★★★

位于官厅街的角上，离购物街也很近，去观光点交通方便。2002 年改装后的房间都有直拨电话、电视。可以上网。共 70 间客房。

🏠 Rue de Namur 82　☎ 02-5489910　FAX 02-5140847

➡ 折页地图3正面C4 皇家广场周围

URL www.hotel-chambord.be
费 带浴缸
Ⓢ 127 欧元～　Ⓣ 147 欧元～
含早餐
CC A.D.J.M.V.
Ⓜ 在 Porte de Namur 下车、Rue de Namur 的出口处

孔弗特·阿特·西尔酒店 Comfort Art Hôtel Siru ★★★

罗日耶广场的希尔顿酒店旁。酒店内是由 130 人的比利时现代艺术家的作品装饰的。这些作品在各个房间都能欣赏到。共有 101 间客房。

➡ Map p.232-B1 罗日耶广场周围

🏠 PI. Rogier 1
☎ 02-2033580　FAX 02-2033303
URL www.comforthotelsiru.com
费 Ⓢ 70~225 欧元　Ⓣ 70~250
欧元　含早餐
CC A.D.M.V.

圣尼古拉酒店 Saint-Nicolas ★★

从大广场步行 2 分钟，位于证券交易所的一条往北的路上。方便的地理位置，有的房间因位置关系会有点吵闹。客房装饰质朴而现代。24 小时服务。读者有10% 的优惠（会议期间等除外）。共有 60 间客房。

➡ Map p.234-A1 大广场周围

🏠 Rue du Marché aux Poulets 32
☎ 02-2190440
FAX 02-2191721
URL www.st-nicolas.be
费 带浴缸、厕所
Ⓢ 85 欧元～　Ⓣ 109 欧元～
含早餐　CC A.D.M.V.

歌剧院酒店 Opéra ★★

位于加冕区的入口，很方便。由于面向道路的房间很吵，要求住在里侧的房间就行了。可以上网，早餐是自助式。读者有 10% 的优惠（会议期间等除外）。共有 49 间客房。

➡ Map p.234–A1 大广场周围

🏠 Rue Grétry 53
☎ 02-2194343
📠 02-2191720
URL www.hotel-opera.be
💰 带淋浴、厕所
Ⓢ 85 欧元～ Ⓣ 110 欧元～ 含早餐 CC A.D.J.M.V.

布鲁塞尔
酒店

洛嘎酒店 Noga ★★

家庭经营的小型酒店。圣让浸礼教堂的放射形延伸道的路上。各室有电视、直拨电话、小吧台。可以上网，还有自行车租赁。共19 间客房。

🏠 Rue du Béguinage 38

➡ 折页地图 3 正面 A1 圣卡特琳教堂周围

☎ 02-2186763
📠 02-2181603
URL www.nogahotel.com
💰 带淋浴、厕所
Ⓢ 79～95 欧元 Ⓣ 85～110 欧元 含早餐 有周末费用制度
CC A.D.J.M.V.

拉·塔斯·达尔让 La Tasse D'Argent ★

中央车站往圣米歇尔大教堂的方向去，在国会广场往右拐再稍走一点。小的酒店。可以用英语。地铁马都站附近。

🏠 Rue du Congrès 48

➡ Map p.233–C2 国会周围

☎📠 02-2188375
💰 带浴缸／淋浴、厕所
Ⓢ 50 欧元～ Ⓣ 60 欧元～ 含早餐
CC 不可

嘎利亚酒店 Galia ★

从南站步行 10 分钟左右，究德巴尔广场前。有简单的自助早餐。进酒店最后时间 20:30。长期居住有优惠。共 20 间客房。

🏠 Place du Jeu de Balle 15-16

☎ 02-5024243

➡ 折页地图 3 正面 A4 南站周围

📠 02-5027619
URL www.hotelgalia.com
💰 带淋浴、厕所
Ⓢ 65～75 欧元 Ⓣ 75～85 欧元 含早餐
CC A.D.M.V.

圣·米歇尔酒店 Saint Michel ★

把布拉班特公爵故居作为酒店，稍稍古老点，但是很清洁。房间不太多，最好预约。特别是想住面向大广场的房间就要尽早订房了。共有 24 间客房。

🏠 Grand Place 15

➡ Map p.234–A2 大广场周围

☎ 02-5110956
📠 02-5114600
URL www.atgp.be（只有法语）
💰 Ⓢ 135 欧元～ Ⓣ 150 欧元～ 含早餐 有周末费用制度
CC A.D.J.M.V.

美松·金泽公寓 Maison Kanazawa ★

日本老板金泽夫妻办的中短期居住型的公寓。可以自己做饭，有各种厨房用具和生活用品。要预约。共7间客房。

住 Rue Vanderkindere 489 ☎02-3441743

➡ 折页地图3正面B5 路易丝广场南部

FAX 02-3447165
费 带浴池、淋浴、厕所，1周时间基本价格 B=455欧元，家庭 SA=581欧元，无早餐
CC 不可
T 从南站乘23、24路在Bascule下车，步行就到

布鲁盖尔 Bruegel　　　青年旅舍

早餐和床单费用已含。馆内的餐厅可以吃便餐6.10欧元～。晚餐9.90欧元～。在酒吧、迪斯科厅可以品尝比利时啤酒。共48间客房。

住 Rue du St. Esprit 2

➡ Map p.234-A3 萨布隆广场周围

☎ 02-5110436
FAX 02-5120711
URL www.vjh.be
费 D 1人19.80欧元　有淋浴和厕所 S 34欧元　T 1人24.20欧元　含早餐
CC M.V.

佳克·布雷尔 Jacques Brel　　　青年旅舍

到大广场步行15分钟，观光旅游方便的地方。面向巴利卡特广场。含床单费和简单欧式早餐。在咖啡休息室可以品尝比利时啤酒。年末年初有两周时间停业。共47间客房。　住 Rue de la Sablonnière 30 ☎02-2180187

➡ Map p.233-C1 罗日耶广场周围

FAX 02-2172005
URL www.laj.be
费 D 1人16.40～18.50欧元，有淋浴和厕所 S 32欧元
T 1人22.80欧元　含早餐非会员加收3欧元
CC M.V. M 2、6路在Madou下车

桑特尔·威圣特·凡·高 Le Chab-Centre Vincent van Gogh　　　青年旅舍

植物园附近，含床单费和简单欧式早餐。厨房有烤箱、微波炉。18～35岁可以住宿。最长可住7晚。有52间客房。

住 Rue Traversière 8 ☎02-2170158 FAX 02-2197995

➡ Map p.233-C1 罗日耶广场周围

URL www.chab.be
费 D 1人18～21欧元　有淋浴和厕所 S 33欧元　T 1人26欧元
CC M.V.
M 2、6路在Botanique下车，步行就到

斯利普·威尔 Sleep Well　　　青年旅舍

费用便宜，很受背包客欢迎的住处。购物中心"City 2"就在附近。位于讷沃街（Rue Neuve）的一条向东延伸的路上。含床单费和早餐。共92间客房。

住 Rue du Damier 23 ☎02-2185050 FAX 02-2181313

➡ 折页地图3正面B1 罗日耶广场周围

URL www.sleepwell.be
费 D 1人19.70～24.70欧元　淋浴和厕所公用 S 30.50欧元
T 55.40欧元　带淋浴和厕所 S 43欧元
T 62欧元
CC M.V.

Belgium

比利时西北部

• 布鲁塞尔

◀◀▮▮ **ACCESS** ▮▮▶▶

从布鲁塞尔中央车站乘
IC 列车约 1 小时。每小时两
趟列车。从根特的圣彼得站
乘 IC 列车 20~35 分钟，每
小时 3 趟列车。从安特卫普
中央车站乘 IC 列车约 1 小时
20 分钟，每小时 1 趟车。从
安特卫普到根特换乘列车，
每小时 1 趟列车。需要 1 小
时 25 分钟。

荷兰语● Brugge
法语和英语● Bruges

旅游咨询中心
●车站内
🕐 周一～周五 9:30~17:00
　　周六、周日、节日
　　10:00~14:00
休 1/1、12/25
●赞德广场的 ❶
住 't Zand 34
☎ 050-444646 ☎ 050-444645
URL www.brugge.be
🕐 10:00~18:00 周四 9~20:00
休 1/1、12/25
　　旅行小册子、酒店与餐
馆的名单（免费）等有用的
资料都摆放着。酒店的预约
2.50 欧元（押金 20 欧元）。

✉ 有画的明信片在邮局购买
　　在城里店铺里买的，因
太阳光的照射，有变色和折
叠。但在市场广场的邮局的
商店，就可以买到很漂亮整
洁的明信片。

布吕赫

Brugge

西佛兰德省
West-Vlaanderen

　　布吕赫有佛兰德"水之城"的美称。Brugge 就是桥的
意思。在城市里纵横交错流过的运河上，架设有 50 座以上
的漂亮的桥。与北海用水路连接起来的布吕赫在 12 和 13
世纪就是西欧的第一大贸易港口，作为中世纪欧洲的商业中
心而繁荣。但是进入 15 世纪，布吕赫与北海连接的水路因
淤泥而变浅，商船渐渐无法进出了。水路闭塞的布吕赫作为
都市的机能就完全消失了。但是正因为如此，在布吕赫，中
世纪的景观就原封不动地被保留了下来，直到今天。布吕
赫就像给中世纪的城市上了一把锁，它珍藏着那种安静祥
和的气氛，了解了布吕赫，就打开了中世纪的大门。

　　19 世纪末的诗人、作家罗登巴克在《死都布吕赫》中
曾写道："我想描绘这样的一个'都市'，它如同一个主要
人物，它与人们的精神状态相联结，给人们以忠告，阻止
人们的某些行为，并促成人们的决心。"

　　布吕赫是"通过风光和钟声来培育人的城市"。让我们
朝着布吕赫的风光和钟声出发吧。

漫步布吕赫

　　在车站内的 ❶ 拿到该城的地图后再开始观光吧。从车
站往城里去，在靠站前的路往左走，穿过沿公园延伸的路

贝金会修道院前的爱之湖公园附近

Koning Albertlaan 旁的绿地，走 10 分钟就到了正中央有个大喷泉的赞德广场 't Zand(这个广场周六的午后举办跳蚤市场)。主要的 ❶ 就在面向赞德广场的音乐厅内。从这里进入 Zuidzandstr. 吧。步行 10 分钟就到达世界上知名的美丽的市场广场（Markt），这里在周三举办露天集市。

此外从车站乘巴士的话，1、3、4、6、11、13、14、16 路基本上都要去市场广场(相反从市内到车站要在

关于外币兑换
市场广场的 ING 银行的外面就有 ATM 机。ING 内也有 T/C 等兑换机，可以兑换。汇率也不错。

佛兰德地方的交通机构
乘坐佛兰德地方的巴士、有轨电车、地铁的 De Lijn 时，从驾驶员处购票稍有点贵，以下

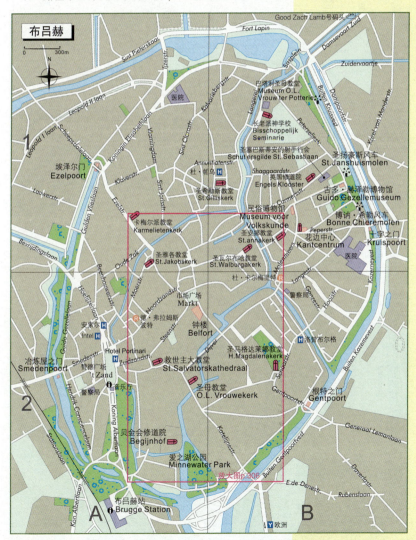

布吕赫

0 300m
N

埃泽尔门
Ezelpoort

Good Zach Lamb号码头
Fort Lapin
Zuidervaartje

巴图利圣母教堂
Museum O.L.
Vrouw ter Potterie

长老派神学校
Bisschoppelijk
Seminarie

圣塞巴斯蒂安的射手行会
Schut ersgilde St. Sebastiaan

英国修道院
Engels Klooster

圣希勒斯教堂
St.Gilliskerk

民俗博物馆
Museum voor
Volkskunde

圣安娜教堂
St.annakerk

圣扬豪斯风车
St.Janshuismolen

古多·赫泽勒博物馆
Guido Gezellemuseum

博讷·希勒风车
Bonne Chieremolen

花边中心
Kantcentrum

十字之门
Kruispoort

卡梅尔派教堂
Karmelietenkerk

圣雅各教堂
St.Jakobskerk

圣瓦尔布哈教堂
St.Walburgakerk

市场广场
Markt

德·弗拉姆斯·波特
Intel

钟楼
Belfort

救世主大教堂
St.Salvatorskathedraal

圣马格达莱娜教堂
H.Magdalenakerk

洛曾布尔格

冶炼屋之门
Smedenpoort

Hotel Portinari

赞德广场
't Zand

音乐厅

圣母教堂
O.L. Vrouwekerk

根特之门
Gentpoort

贝金会修道院
Begijnhof

爱之湖公园
Minnewater Park

布吕赫站
Brugge Station

放大图p.306

欧洲

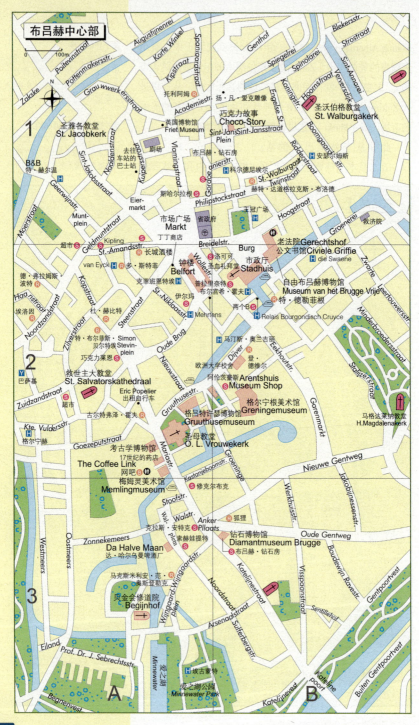

布吕赫中心部

0　　100m

St. Jacobkerk 圣雅各布教堂

B&B 特·赫尔温

绿酒屋 Greenwijnstr.

Sint-Jakobsstraat

Moerstraat

Muntplein

去往车站的巴士站

Vlamingstraat

剧场

Naaldenstraat

Kuipersstraat

Eiermarkt

斯尔拉根 S

Philipstockstraat

Breidelstr.

市场广场 Markt

丁丁商店

省政府

Choco-Story 巧克力故事

托利阿姆 扬·凡·爱克雕像 Academiestr.

英国博物馆 Friet Museum

Sint-JansSint-Jansstraat

布吕赫·钻石房 anierstr.

玉冠广场

科夫德尼埃尔 St-Walburgast. TwinstrÄ 赫特·达拉格拉克斯·布洛德

St. Walburgakerk 圣沃伯格教堂

Spiegelrei

Genthof

Spinolarei

Sint-Annarei

Blekersstr.

Sfrostraat

Koningst.

HoornstraÄt

Verversdijk

安瑟尔姆斯

Boomgaard

Riddelstraat

Hoogstraat

Groenerei

救济院

Gerechtshof 老法院
Civiele Griffie 公文书馆
die Swaene

Burg

市政厅 Stadhuis

钟楼 Belfort

Wollestr.

长城酒楼

超市 St-Amandsstr.

van Eyck 多·斯特菲

克菲班恩特埃

Geldmuntstraat

Kipling

St-Nikdaassti.

圣血礼拜堂

洛可可

伊尔玛

布尔营希·霍夫

普拉里奈特

两个B S

Mehrtens

自由布吕赫博物馆
Museum van het Brugge Vrije
特·德勒菲根

Relais Bourgondisch Cruyce

Oude Brug

Kopstraat

Steenstraat

Zilverstr.

杜·赫比特

埃洛因 Noordzandstraat

德·弗拉姆斯·波特

Hao 7nstraat

特·布尔菲斯·Simon 贝尔特埃 Stevin-plein

巧克力莱恩

Y 巴萨基

救世主大教堂
St. Salvatorskathedraal

Zuidzandstraat

Kte. Vuldersstr.

格尔赫 H

Eric Popelier 出租自行车

超市

古尔特弗泽·霍夫 R

Goezeputstraat

The Coffee Link

考古学博物馆
17世纪的药店

网吧 B H

梅姆灵美术馆
Memlingmuseum

Nieuwstraat

Gruuthusestr.

欧洲大学校舍

阿伦茨豪斯 Arentshuis
Museum Shop

格吕特许瑟博物馆
Gruuthusemuseum

圣母教堂
O. L. Vrouwekerk

Mariastr.

Kastanjeboomstr.

Diver

马汀斯·奥兰吉丽

登·德维尔

Eekhoutstr.

Groeninge

格尔宁根美术馆
Greningemuseum

Garenmarkt

Nieuwe Gentweg

Minderbroedersstraat

Stalljzerstraat

马格达莱纳教堂
H.Magdalenakerk

Stoofstr.

修克尔布克 S

Da Halve Maan
达·哈尔乌曼啤酒厂

Zonnekemeers

Oostmeers

Westmeers

克拉布·安特克 S Pllaats

Wal. Walstr.

Anker
plein

索棋娃提特

狐狸

钻石博物馆
Diamantmuseum Brugge
布吕赫·钻石房

Werkhuisstr.

Oude Gentweg

Jakobijnessenstr.

Boudewijn Ravestr.

马克斯米利安·范·奥斯登勒克

贝金会修道院
Begijnhof

Wijngaard-Wijngaardplein

Noordstraat

Sulferbergstr.

Arsenaalstraat

Katelijnestraat

Visspaansstraat

Sentillehof

Gentpoortvest

Buiten Gentpoortvest

Eiland

Prof. Dr. J. Sebrechtsstr.

Begnenvest

Minnewater

爱之湖

爱之湖公园
Minnewater Park

埃古安特 H

Katelijneved

Kateline poort

Buiten Gentpoortvest

A

B

1

2

3

Noordzandstr. 乘车。车票在站前的咨询中心的售票机购买。从巴士驾驶员那里购买要稍微贵点。从市场广场有向四个方向延伸的街道，从车站步行来到赞德广场与市场广场相连接的

运河的环游很愉快

Zuidzandstr.、Steenstr.，是布吕赫最大的繁华街，销售品牌服装的店很多。此外礼品店集中在市场广场的周围和从市场广场到布尔格广场的 Breidelstr. 上。

从市场广场往东南方向走，到 Wollestr. 就到运河了。这里是最具有布吕赫独特风光的地方。运河的环游艇也从这一带出发。过了运河往右拐，就到了美术馆和教堂的集中地了。这一带就是布吕赫的艺术地域。运河旁排满了大宅第。只是散散步就愉快至极了，此外要环游美术馆的话，购买 5 个美术馆一套的共通入场券可以有折扣。

布吕赫城市的中心地区是市场广场。迷路时，首先找找市场广场的钟楼吧。然后再从那里重新出发也可以。在布吕赫的城市里随心所欲地走走吧。

出租自行车店 Eric Popelier

布吕赫的游览方法
市场广场 p.308
圣血礼拜堂 p.309
格尔宁根美术馆 p.311
圣母教堂 p.311
梅姆灵美术馆 p.312
爱之湖公园 p.313
贝金会修道院 p.312

比利时西北部

布吕赫

（）内是从驾驶员处购票的价格。
1 回券（1 小时）1.20 欧元（1.60 欧元）
10 回券 8 欧元（10 欧元）
1 天券 5 欧元（6 欧元）
3 天券 10 欧元（12 欧元）
5 天券 15 欧元（18 欧元）

在车站的窗口等地，几个人都可以使用的回数券很实惠。在巴士停车站也可能有售票机。安特卫普与根特等是 De Lijn 的话，还有共通券发售。

环游布吕赫可用的交通工具有很多

市内观光旅游
●微型巴士
一边听着耳机里的说明一边去环游布吕赫城。从市场广场（布尔格广场也有）出发。时间因季节不同会有所不同，请确认。需要 50 分钟。 费 11.50 欧元
●马车
从市场广场（周日从布尔格广场，要确认）出发。包含贝金会修道院的参观。需要 30 分钟。 费 1 辆马车 35 欧元（每 15 分钟追加费用）

运河游艇
3~11 月的每天：10:00~18:00 运营。12 月~次年 2 月根据天气周末也有可能运营，但未确定。需要 35 分钟。 费 6.70 欧元

自行车
和导游一起在布吕赫市内和近郊骑自行车观光旅游。详细情况请参照 ❶ 的小册子。此外，在下面所列地点可以租借自行车。

●布吕赫车站
费 1 天 9.50 欧元（铁路＋出租自行车套票时有折扣）
● 't Koffieboontje（钟楼的旁边）
住 Hallestr.14
费 1 小时 4 欧元，1 天 10 欧元，半天 7 欧元
● Eric Popelier（圣母教堂附近）
住 Mariastraat 26
☎ 050-343262
费 1 小时 3.50 欧元，1 天 10 欧元，半天 7 欧元

✉ **Breydel De Coninc**

　从市场广场步行2分钟有以海鲜为主的餐馆。想推荐给你的还是比利时的名特产葡萄酒蒸贻贝。别的还有用虾做的菜肴，也很可口。

住 Breidelstr.24
☎ 050-339746
休 周三

看到周三的露天市场去看，很愉快的哦

▦ 布吕赫的主要景点

市场广场 Markt　　　　　　　➡ Map p.306–A1

　布吕赫的中心——市场广场四周全是具有魅力的建筑物。在整个欧洲也是能进前5名的美丽广场。南侧就是布吕赫的标志性建筑——钟楼。在东面有新哥特样式的省政府大楼和邮局，北侧和西侧并列着有山形房顶的餐厅、咖啡馆、礼品店、银行等。

　在中心耸立着布吕赫的英雄扬·布雷德尔（Jan Breydel）和彼得·德·科宁克（Pieter de Coninck）的铜像，令人回想起在14世纪为反抗法国专制统治而奋起反抗的布吕赫的市民们。

Column Belgium

可以参观的啤酒工厂

Da Halve Maan 外观

把好喝的啤酒喝干吧

达·哈尔乌曼（Da Halve Maan）啤酒厂

　现在也是每周2次在周三、周四进行装料的啤酒厂，作为博物馆对外开放参观。对啤酒酿造的说明结束后，在这里可以喝到已经生产出来的上面发酵的啤酒。还有800个啤酒杯和世界罐装啤酒的收藏品。此外，在房顶上可以将布吕赫尽收眼底。需要时间约45分钟。

住 Walplein 26　　➡ Map p.306–A3
☎ 050-332697　　URL www.halvemaan.be
开 4~10月 11:00~16:00，周六11:00~17:00
　每个整点有导游参观团（虽不是每次都是英语导游，但也许会遇上）。

　11月~次年3月 11:00和15:00，周六、周日11:00~16:00的每个整点。　休 节日
※开馆日和时间也有可能会有所变动，请确认。
费 5.50 欧元（包含试饮）

面向市场广场建立的省政府大楼

城市中心的市场广场

钟楼 Belfort

➜ Map p.306–A2

美丽壮观的建筑高耸入云的市场广场里，最引人注目的就是这个 13~15 世纪建造的钟楼。要上到高达 88 米的塔，可以攀登 366 级的螺旋石头阶梯而上。运动不足的人可能会觉得很吃力，但是能在上面观赏到布吕赫城和佛兰德平原全景。二楼有中世纪的珍宝室。有由 47 个钟组成的组钟。即使是在欧洲，这个音色也是绝妙无比的。每 15 分钟响一次，可以充分欣赏到美丽动听的音色。

钟楼是布吕赫的标志

圣血礼拜堂 H. Bloedbasiliek

➜ Map p.306–B2

在 12 世纪参加了十字军的佛兰德伯爵埃蒂里·达纳萨斯，从君士坦丁堡带回的"圣血的遗物"放在最里边的祭台上。礼拜堂是罗马式的二重构造。上面的礼拜堂是 15~16 世纪的哥特式样改建的。下面是献给圣巴西利厄斯的骨灰堂。相邻的圣血博物馆（Museum van de H. Bloedbasiliek）展出 1617 年制作的存放圣血的圣遗物箱以及礼拜仪式使用的服装和绘画等。

面向布尔格广场的圣血礼拜堂

钟楼
开 9:30~17:00，入场的截止时间在闭馆 45 分钟前
休 1/1、基督升天节的午后、12/25
费 8 欧元
组钟音乐会
开 周日 14:15~15:00
9/16~次年 6/14
周三 14:15~15:00
6/15~9/15 周一、周三、周六
14:15~15:00、21:00~22:00
※举办活动时就中止，要确认。
✉ **即使排长队也要上**
因上行楼梯很窄，为了不发生意外，超过 70 人的时候就不能进场了，最少也得等上 15 分钟。请留足时间，排队等待。就是排队等也很有价值的。
圣血礼拜堂
☎ 050–336792
开 4~9 月 9:30~12:00
14:00~18:00
10 月~次年 3 月
10:00~12:00、14:00~16:00
休 周三的午后（10 月~次年 3 月）、1/1、1 月里的 3 天时间、基督升天节、12/25
费 只有博物馆付费 1.50 欧元
URL www.holyblood.com
"圣血的遗物"的开放：周一、周二、周三的 14:00~15:00 和周五、周六、周日的 14:00~16:00，周五、周日的 11:00 的弥撒结束后到 12:00 预约。登上台阶，在甬道的旁边的捐赠箱里放入捐款后方可观看。
对付夏季的蚊虫
酒店里可能会没有空调，夏天住在运河的沿岸，会受到蚊虫的骚扰。可向住宿地的老板说明，借出驱蚊器具，试试吧。

市政厅

☎ 050-448711 开 9:30~17:00
休 1/1、基督升天节下午、12/25
费 与自由布吕赫博物馆和哥特大厅共通票 2 欧元（只有二楼的哥特式大厅收费，一楼免费）

美术馆的组合入场券 Combinatieticket

市立美术馆或博物馆 5 个地方任意选择，15 欧元。也有博物馆 3 个地方和自行车的出租 1 天 +1 瓶饮料 15 欧元。

自由布吕赫博物馆

☎ 050-448711
开 9:30~12:30、13:30~17:00
最后入场时间在关门前 30 分钟
休 1/1、基督升天节午后、12/25
费 与市政厅哥特式大厅共通票 2 欧元

✉ 餐馆信息

○ 贝阿咖啡 Cambrinus

有很多种啤酒，极其丰富，达 400 种以上。在市场广场附近。是当地人都很喜欢的地方。
住 Philipstockatr.

○ t'gulden Vlies

在市场广场附近，可以以比较实惠的价格品尝到比

市政厅 Stadhuis ❯ Map p.306-B2

市政厅犹如石雕作品

和圣血礼拜堂相邻，1376~1420 年建造的比利时最古老的市政厅大楼之一。其中火焰式的装饰艺术十分精湛，建筑物正面的像和浮雕表现了《圣经》里的故事和历史上的事情。一楼的内部（中国的二楼）有橡树材料的圆形天花板和用描绘有城市历史的壁画围起来的哥特式样的大厅。

公文书馆 Civiele Griffie ❯ Map p.306-B2

自由布吕赫博物馆

是文艺复兴时代式样的建筑物，在 1537 年完成的。正面、右侧、左侧分别为正义、阿伦、摩西的像。内部为自由布吕赫博物馆（Museum van het Brugge Vrije），是为赞美卡尔五世而建造的。内有橡树、雪花石膏、黑

比利时的节日② 圣血的游行

在布吕赫每到基督升天节的时候（2010 年是 5 月 13 日）都要举行再现中世纪繁华景象的"圣血游行"。现在在布尔格广场的圣血礼拜堂里有基督圣血的遗物，这个节日就是由此而来的。

据传说，1150 年佛兰德伯爵埃蒂里·达路萨斯随第二次十字军远征的时候，从耶路撒冷得到的东西，而实际上可以认为是 13 世纪初君士坦丁堡赠送的。这以后，敬仰这个圣物的人们就在这个城的城墙周围组成队列绕城游行。

上午在圣血礼拜堂举行祭拜仪式，并在救世主大圣堂举办弥撒。午后，开始主要的游行（15:00 从赞德广场出发，16:00 到达市场广场）。根据《圣经》的故事，以十字军骑士为首，再现中世纪装扮。市民们全都拥向布吕赫的街上。其后在圣歌和欢呼声中，收藏着圣血的水晶容器就登场了。还有，升天节的午后，主要的博物馆、美术馆等都关门休息。

色大理石的壁炉及王室的肖像画等。

老法院 Gerechtshof　　　◆Map p.306–B2

在自由布吕赫（Brugge Vrije）的旧馆址上于 1727 年建造的。直到 1984 年都是作为法院使用。现在是市政行政中心。

老法院

格尔宁根美术馆 Groeningemuseum　◆Map p.306–B2

运河旁边全是宅第，格尔宁根美术馆就是其中之一。旁边就有 Arentspark 公园的绿地，是鉴赏绘画的极好的地方。展出 15 世纪初期的佛兰德斯绘画、16 世纪布吕赫的

展出近代美术作品的房间

文艺复兴、博斯的绘画等，每幅画都是杰作。此外，也不要错过鉴赏 20 世纪前期的表现主义以及数量较少的马格里特与德尔沃等现代比利时画家的绘画。

阿伦茨豪斯 Arentshuis　　　◆Map p.306–B2

因二楼有英国画家弗兰克·布兰吉（1867~1957）向故乡布吕赫捐赠的绘画和版画等的收藏品的展出，也被称为布兰吉美术馆。一楼作为特别展厅使用。

格吕特许瑟博物馆 Gruuthusemuseum　◆Map p.306–A2

原来是 15 世纪的格吕特许瑟侯爵的家。1955 年开始作为博物馆使用。有雕刻、银质品、协会的徽章、武器、乐器、陶瓷器、花边、壁毯、家具等收藏品，令人回想起当时人们的生活。

格吕特许瑟博物馆入口

圣母教堂 O. L. Vrouwekert　　◆Map p.306–A2

13~15 世纪建立的。经过几次的改建，混合了各种各样

利时菜肴。直到深夜 3:00 在营业，很晚到达都可以进去。0:00 进入都有可能是满员的。16 欧元的套餐里有汤、主食和甜品。
URL www.tguldenvlies.be

格尔宁根美术馆
住 Dijver 12　☎050-448711
开 9:30~17:00，最后入场时间是闭馆前 30 分钟
休 周一（复活节与圣灵降临节的次日除外）、1/1、基督升天节的午后、12/25
费 8 欧元（与阿伦茨豪斯使用共通票），有免费的语音导游器（英语）

阿伦茨豪斯
住 Dijver 16　☎050-448711
开 9:30~17:00，最后入场时间是闭馆前 30 分钟
休 周一、1/1、基督升天节的午后、12/25　费 2 欧元

阿伦茨豪斯

格吕特许瑟博物馆
住 Dijver 17
☎ 050-448762
开 9:30~17:00，最后入场时间是闭馆前 30 分钟
休 周一、1/1、基督升天节的午后、12/25
费 6 欧元

运河沿岸举办的古董市场

圣母教堂
☎ 050-345314
🔗 www.onthaalkerk-brugge.be
🕐 9:30~16:50
　周六　9:30~16:45
　周日　13:30~16:50
❌ 周一（只是大殿内）
💰 2 欧元（只是大殿内）
✉ Double Door B & B
　由在比利时住了 22 年的日本女性和她的合伙人共同经营的旅馆。待客很友好，房间的设计也是现代风格且素朴，离鱼市很近，非常方便的地方。从大路进去，只有一条路。很安静。
🏠 Waalsestraat
💰 1 晚两人 80 欧元～
梅姆灵美术馆
🏠 Mariastr.38
☎ 050-448711
🕐 9:30~17:00
门票的售票时间：~16:30
❌ 周一、1/1、基督升天节的午后、12/25
💰 8 欧元（与巴塔利圣母教堂博物馆的通票）
救世主大教堂
☎ 050-336841
🕐 9:00~12:00、14:00~18:00
　周一只是午后能参观
　周六　14:00~16:00
　周日　14:00~18:00
❌ 1/1、12/25
教堂博物馆
🕐 14:00~17:00
❌ 周六
💰 2.50 欧元
贝金会修道院的博物馆
🕐 10:00~11:45、13:45~16:45
　周日 10:45~11:45、13:45~16:45
❌ 1/1、基督升天节的午后、12/25
💰 2 欧元（中庭免费）
　有说明书出租。修道院开门时间：6:30~18:30。但是 1/1 和 12/25 的上午关门。

在布吕赫的各地都能看到

的风格。高 122 米的塔具有独特的形状，非常符合塔之城布吕赫的风格。内部有米开朗琪罗的作品《圣母子像》。此外，主祭坛与管风琴是必看的。大殿内有勃艮第公国的查里公爵与女儿马利的神庙。

梅姆灵美术馆 Memlingmuseum　　🔴 Map p.306-A2

　利用了 12 世纪建造的圣约翰疗养院的建筑物的一部分来作为美术馆。展出曾在布吕赫活跃过的梅姆灵的主要作品和当时疗养院的资料。特别是比利时七大秘宝之一的《圣厄休拉的圣遗物箱》是一定要看的，描绘了圣女厄休拉朝圣的样子。《圣卡特琳的神秘婚礼》、《东方三贤者的朝拜》等也不要错过。邻接的修道院（入口是别的地方）里，有一个 17 世纪的药店，展出家具、工具类。

梅姆灵美术馆入口

救世主大教堂 St. Salvatorskathedraal　　🔴 Map p.306-A2

　布吕赫最古老的教堂，12~13 世纪的哥特式样。17 世纪建造的风琴圣歌队坐席和 18 世纪的挂毯一定要看。教堂博物馆（Museum van de Kathedraal）内展示了范·德·霍斯等佛兰德斯时期画家的作品以及家具、生活用品及神甫用服装。

救世主大教堂

贝金会修道院 Begijnhof　　🔴 Map p.306-A3

　1245 年佛兰德伯爵夫人设立的修道院，已被列为世界遗产。现在住在这里的已不是贝金会的修女，而是身穿 15 世纪修道服的本笃会的修女。

　入口附近，修女们住的 Begijnhuisje 成为了博物馆。博

时间好像在这里停止了——贝金会修道院

浪漫的爱之湖公园

物馆由大门大厅、佛兰德厨房、沙龙、小回廊、寝室、食堂组成，确实是相当的朴素。

爱之湖公园 Minnewater Park　　◐ Map p.306-A3

在中世纪是布吕赫的内港所在地，现在用水闸将运河分开而变成了湖泊。被绿地围成的幽静的公园里有白天鹅在湖上游弋，简直就像一幅画。

花边中心 Kantcentrum　　◐ Map p.305-B1

这里展示枕结花边的收藏品，中世纪以来枕结花边就成了布吕赫的特产。中心内有枕结花边的学校。午后可以去听一听市民讲座。现在世界各国的人都来这个花边学校学习布吕赫漂亮的枕结花边编织技术。

旁边是耶路撒冷教堂（Jeruzalemkerk），是15世纪时仿照耶路撒冷的圣母教堂而建的。里面有教堂的建造者阿德路诺和他的妻子的墓。

巧克力故事 Choco-Story　　◐ Map p.306-B1

去比利时，不能不看巧克力的博物馆

可以了解巧克力的历史和生产过程。巧克力被称为神喝的饮料，可可豆在玛雅民族中是作为钱来通用的，历史可以追溯到古代阿兹特克时代，很值得人们深思。想详细了解巧克力的人去这里看看吧。

✉ Sint-Barbe
　面向圣安娜教堂的有安稳气氛的餐馆。午餐菜单有汤、面包、肉或鱼类的菜肴，12欧元。
住 St. Annaplein
URL www.sintbarbe.be（荷兰语）

花边中心与耶路撒冷教堂
住 Peperstraat 3A
☎ 050-330072
URL www.kantcentrum.com
开 10:00~12:00、14:00~18:00
　 周六~17:00
休 周日、节日
费 2.50欧元

也有花边博物馆

巧克力故事
住 Wijnzakstraat 2
☎ 050-612237
URL www.choco-story.be
开 10:00~17:00
休 1/1、1月的 第2~3周、12/24~25、12/31
费 6欧元

钻石博物馆

住 Katelijnestr.43
☎ 050-342056
URL www.diamondmuseum.be
开 10:30~17:30
休 1/1、12/25
费 6欧元（研磨的表演时间内9欧元）
✉ 虽然加了3欧元
　　虽然多加了3欧元参观钻石的研磨，但很失望。

民俗博物馆

住 Balstraat 43
☎ 050-448711
开 9:30~17:00，最后进场在闭馆前30分钟
休 周一（复活节与圣灵降临节的次日除外）、1/1、基督升天节的午后、12/25
费 2欧元（与吉多·赫泽勒博物馆的通票）

吉多·赫泽勒博物馆

住 Rolweg 62
☎ 050-448711
开 9:30~12:30、13:30~17:00，最后进场在闭馆前30分钟
休 周一（复活节与圣灵降临节的次日除外）、1/1、基督升天节的午后、12/25
费 2欧元

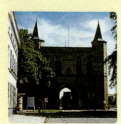

根特门

圣扬豪斯风车

❥ Map p.305-B1
开 9:30~12:30、13:30~17:00
休 周一（复活节与圣灵降临节的次日除外）、基督升天节的午后、10月~次年4月
费 2欧元

钻石博物馆 Diamantmuseum Brugge　❥ Map p.306-B3

　　钻石的研磨技术就是布吕赫的手工艺者发明的。可以从各个方面来了解钻石的历史。每天12:15，在中世纪模样的工场里表演钻石的研磨技术。

对钻石有兴趣的人要去看看

民俗博物馆 Museum voor Volkskunde　❥ Map p.305-B1

民俗博物馆

　　以厨房、鞋店、食品店、花边、烟斗等民俗为主题，再现了以前的室内装饰。可以在酒馆"黑猫"（De Zwarte Kat）里喝上一杯。

吉多·赫泽勒博物馆 Guido Gezellemuseum　❥ Map p.305-B1

　　佛兰德地区出生的伟大诗人吉多·赫泽勒（1830~1899）的老家。展出他的全部作品和他一生的相关资料。

吉多·赫泽勒博物馆

城门 Poort

　　布吕赫的城市被一条椭圆的运河包围，城市与外部相连的桥上，遗留下来许多13~14世纪筑起的城门。借一辆自行车绕城门一周，一定会发现很多乐趣。

　　城市西侧的城门——锻冶屋门（Smedenpoort）（1297）保存完好，我们可以看到中世纪的模样。在东面的城门——十字门（Kruispoort）（1403~1406），是拥有圆顶塔的独特的建筑。西北是驴门（Ezelpoort），东南是根特门（Gentpoort）。

风车 Molen

　　在17世纪，沿着城墙有30座风车，但是现在只保留了数座。可以参观独特形状的、1770年建造的圣扬豪斯风车（St. Janshuismolen）的内部。再稍往南是博讷·希勒

风车（Bonne Chieremolen），是在 1888 年由东佛兰德的欧路斯诺建造的风车，1911 年被转移到布吕赫来了。

运河河畔的风车

短途旅行

达默 Damme

达默在布吕赫以北约 7 公里的地方，是一个在 12 世纪作为布吕赫的外港而建起的小镇。从布吕赫的郊外的 Noorweegsekaai 乘"拉姆·古德扎特号"边欣赏恬静的田园风光，边顺运河而下，约 35 分钟就到了达默。对自己的脚力有信心的话，租辆自行车去充分享受骑车的乐趣吧。

小城中心的市场广场（Markt）上有 15 世纪建造的哥特式样的市政厅（Stadhuis）。它的对面右侧有❶。除此之外还有风车（Schellemolen）、圣约翰养护院博物馆（Museum Sint-Janshospitaal）、15 世纪建造的圣母教堂（O.L.Vrouwekerk）等。从圣母教堂的塔上可以观赏到佛兰德平原。由于达默是一个小城，2 小时就可绕城一圈。但是这里有高品质的餐馆和集中了艺术家们的作品的画廊，一天都可以在这里悠闲快乐地度过。每年的 10 月上旬，这里都要举办奶酪节，这时，各地制作的奶酪都会云集市场广场。

上图：拉姆·古德扎特号
左图：从布吕赫穿过运河去达默

◀▮▮▮ **ACCESS** ▮▮▮▶

拉姆·古德扎特号

从复活节开始到 10/15，每天运营。布吕赫出发时间：10:00、12:00、14:00、16:20、18:00。达默出发时间：9:15、11:00、13:00、15:00、17:20。需要 35 分钟。
💰 5.50 欧元（往返 6.70 欧元）

去乘船码头乘 43 路巴士。巴士车站是 Karel van Manderstraat（Boot Damme），运行期间 4/1~10/15，此外这个巴士是从布吕赫车站到市场广场，经乘船码头至达默。1 天 6 趟车。从市场广场到乘船码头要 5 分钟。到达默需要 15 分钟。详细信息请确认。
🔗 www.bootdammebrugge.be

乘微型巴士去达默

2 个小时的线路，返回是游艇游览，中途换乘微型巴士。有耳机的解说。从市场广场出发。4~9 月的每天 16:00。
💰 20 欧元

✉ 欢迎卡的活用

可能会认为只有部分住宿适用，但是，给每个住宿者发的欢迎卡可以作为各种设施的优惠券。在达默的蒸汽船和运河游艇上使用的话会得到优惠。

从布吕赫去瑟布吕赫
（Zeebrugge）的列车 10 分钟。
1 小时有 1 班车。从布吕赫的
站前可乘 791 路巴士去。

旅游咨询中心
☎ 050-552955
URL www.lissewege.be
🕐 14:00～17:30（9 月只有周
四、周五、周日）
🈺 周一、周六，10 月～次
年 6 月

利瑟韦赫 Lissewege

在利瑟韦赫并排着的房子

利瑟韦赫位于
西佛兰德平原正中
间的位置，是一个
很可爱的小村庄。
运河水静静地流淌
着，房子是白色
的，排列整齐，整
个村庄就像画一样。村庄周围是牧草地，牛羊悠闲地享用
着自己的美餐。村子的正中央是 13 世纪建造的圣母教堂
（O.L.Vrouwebasieliek）。从 50 米高的塔上可以眺望恬静的
田园风光。从村子向南穿过一条林荫道，步行 20 分钟，就
到了曾是 12 世纪的西多会的修道院的泰尔杜斯特。巨大的
哥特式样式的仓库和农场的一部分保留了下来。在村庄里
还有历史博物馆（Historisch Museum）等。

Restaurant

🍴 布吕赫的餐馆

布吕赫在欧洲也是很受欢迎的观光地，当然餐馆也有很
多，从高档餐馆到普通餐馆都有。运河河畔与市场广场周围到
处都是，在酒店的餐厅里也有高质量的菜肴。

钟楼前的小吃店

登 · 德维尔 Den Dyver　　　　　　法国菜

50 欧元的 3 道菜的菜单里，
有各种各样的菜相组合，并加上
啤酒，具有幽雅的气氛与优质的
服务。主餐约 20 欧元～，有英
文菜谱。

⊃ Map p.306-B2

🏠 Dyver 5　☎ 050-336069
🕐 12:00～14:00、18:30～
21:30
🈺 周三、周四的白天
👔 整洁合身的服装
📅 希望预约　CC A.M.V.

多 · 斯特菲 De Stove　　　　　　法国菜

放置很怀旧的暖炉的小的法式
餐馆。有一位笑脸相迎的老板娘，
主餐 18.50～31 欧元。4 道菜 44 欧元。
🏠 Kleine St-Amandstraat 4
☎ 050-337835

⊃ Map p.306-A2

🕐 12:00～13:45、19:00～21:30
🈺 周三、周四、周五的白天、
1/1、1 月中的 10 天时间、6 月
中的 2 周时间、12/31
👔 整洁合身的服装
📅 希望预约　CC A.M.V.

马克斯米利安·范·奥斯登勒克 Maximiliaan van Oostenrijk   比利时菜

位于进贝金会修道院的桥前面的很符合比利时风格的餐厅。爱之湖附近很多绿地的一个角落。有英文和日文菜单。

住 Wijngaardplein 16-17

→ Map p.306-A3

☎ 050-334723
營 10:00~22:30
休 3/15~11/15 的周三（需要确认）
服装 无
预 不要   CC A.D.M.V.

托利阿姆 Trium   意大利菜

想轻松愉快地品尝意大利肴的话，就在这里吧。里面到处在讲意大利语。空心粉很好吃。有英文菜单。空心粉和汤的套餐12欧元。

→ Map p.306-A1

住 Academiestraat 23
☎ 050-333060
營 9:00~21:00
休 12 月～次年 3 月的周一
服装 无   预 不要
CC M.V.(有使用的限制)

杜·卡尔梅里特 De Karmeliet   法国菜

现在是比利时最高水平的餐馆。白天的话，也许午餐前还有空座。套餐 60~160 欧元。

住 Langestraat 19 ☎ 050-338259
營 12:00~13:30、19:00~21:30

→ Map p.305-B2

休 周一、周日、6~7月的3周时间、1月份的前两周、10月初旬的10天时间
服装 要穿正装
预 要预约   CC A.D.M.V.

杜·赫比特 De Hobbit   各国菜肴

排骨随便吃的有名的店。分量很足，味道也相当好。沙拉吃完一盘后还能要半盘。

→ Map p.306-A2

住 Kemelstraat 8
☎ 050-335520
營 18:00~24:00
休 无   服装 无
预 不要
CC A.M.V.

特·布尔菲斯·贝尔特埃 't Brugs Beertje   啤酒屋

有300种比利时啤酒的有名的店。想品尝比利时啤酒的话一定要去尝尝。在 De Hobbit 对面。有意大利面条等便餐。

住 Kemelstraat 5

→ Map p.306-A2

☎ 050-339616
營 16:00~ 次 日 1:00（周五、周六~次日 2:00）
休 周三   服装 无
预 不要
CC 不可

特·德勒菲根 't Dreveken   比利时菜

鱼市场后面的靠运河的小餐厅。汤 5 欧元，主餐 16.50~24 欧元，鸡肉炖菜 17 欧元。虽没有贴贝，但可以品尝到乡土菜肴。

住 Huidenvettersplein 10

→ Map p.306-B2

☎ 050-339506
營 12:00~14:00、18:00~22:00（周五、周六 12:00~ 22:00）
休 周二
服装 整洁合身的服装
预 希望预约   CC A.M.V.

古尔特弗泽・霍夫 Gruuthuse Hof

啤酒屋 | ➲ Map p.306-A2

圣母教堂的旁边。主菜12~
30欧元。旅行者套餐有汤、面
包、主食、甜品15.50欧元。华
夫饼和苹果派2.80欧元。

住 Mariastr.36 ☎ 050-330614

营 12:00~15:00、18:00~21:00
(15:00~18:00是饮茶时间)
休 周三、周四、1月末的3
周时间　服装 无
预 不要
CC D.J.M.V.

狐狸 Tanuki

日本菜 | ➲ Map p.306-B3

老板夫妇是在日本学过两年
厨艺的比利时人。在贝金会修道
院附近。午餐菜单24~30欧元。

住 Oude Gentweg. 1
☎ 050-347512

营 12:00~14:00、18:30~21:30
休 周一、周二
服装 整洁合身的服装
预 最好预约
CC A.J.M.V.

赫特・达道格拉克斯・布洛德 Het Dagelijks Brood

快餐 | ➲ Map p.306-B1

在布鲁塞尔有总店。追求自然派
的面包和快餐。天花板很高，有艺术
性。白天，汤和面包套餐4.20~5.60
欧元。吃这个的人好像很多。暖暖
的乳蛋饼和沙拉套餐12.50欧元。

住 Philipstockstraat 21
☎ 050-336050
营 8:00~18:00
休 周二　服装 无
预 不要
CC 不可

Shop

🏬 布吕赫的商店

　　我们都知道布吕赫是西佛兰德省中很受欢迎的购物城市。
商店和礼品店中名牌商品多种多样，可以根据预算来购物。主
要的购物街有：Steenstr.、Noordzandstr.、Geldmuntstr.、Mariastr.
等。市场广场周围也有很多商店。

洛可可 Rococo

花边 | ➲ Map p.306-A2

虽然摆满了中国制造的花边，
但是也会为你推荐比利时制造的。

住 Wollestraat 9
☎ 050-340472
营 8:30~18:00

周六、周日、节日 9:30~18:30
1、2月 9:30~17:00
休 1/1、12/25
CC A.J.M.V.

克拉斯・安特克 Claeys Antique

花边 | ➲ Map p.306-A3

手工制作的花边专卖店。因
为要花费许多时间，现在已不生
产了。其中精细的花边，可称作
古董。

住 Katelijnestraat 54
☎ 050-339819
营 9:00~18:00
休 周日、节日（只是在9月~
次年2月）　CC A.D.J.M.V.

伊尔玛 Irma

花边

➡ Map p.306-A2

市场广场附近，店里的大妈可能会进行枕结花边编织的实际表演。

🏠 Oude Burg 4
☎ 050-335901
🕐 10:00~18:00
休 1 月
CC D.J.M.V.

斯哈尔拉根 Scharlaeken

花边用品

➡ Map p.306-A1

关于枕结花边的东西全有。有相当不容易得到的细纱丝，从各种各样形状的枕结花边到图案集。各种编织用工具和孩子们用的东西都有，非常的丰富。

🏠 Philipstockstraat 5
☎ 050-333455
🕐 10:00~13:00、13:30~18:00
（周日 11:00 ~、3/15~11/15
11:00~13:00、13:30~17:00）
休 节日　CC M.V.

布吕赫·钻石房 Brugs Diamanthuis

钻石店

➡ Map p.306-A1

以中世纪典型的尖房顶的宅第为店铺的传统钻石店。在博物馆的旁边还有 2 号店。

🏠 Cordoeaniersstr.5
☎ 050-344160

URL www.diamondhouse.net
CC A.D.J.M.V.
● Brugs Diamanthuis
🏠 Katelijnestr.43
➡ Map p.306-B3
☎ 050-336433

普拉里奈特 Pralinette

巧克力

➡ Map p.306-B2

运河环游游艇码头附近。自己生产的胡桃糖等很可口。可以参观工场。

🏠 Wollestr.31B
☎ 050-348444

🕐 9:00~18:00
1/1~2/14 10:00~17:00
休 12/25
CC M.V.(20 欧元以上可以使用)

巧克力莱恩 Chocolate Line

巧克力

➡ Map p.306-A2

位于市场广场的西南。面对广场，橙子啤酒巧克力 100 克 (约 6 个)4.40 欧元。

🏠 Simon Stevinplein 19
☎ 050-341090

🕐 9:30~18:00　周日、节日、周一 10:30~18:00
休 1/1、12/25
CC A.M.V.

修克尔布克 Sukerbuyc

巧克力

➡ Map p.306-A3

在比利时拥有众多的店铺，直到现在还在销售的后面工坊里手工制作的巧克力。这个店最自豪的是放在嘴里就溶化了的巧克力。在对面的茶沙龙可以品尝到正宗的热巧克力。

🏠 Katelijnestraat 5
☎ 050-330887
🕐 8:30~18:30 (12/31~ 次年 1/31 9:30~)　休 无
CC M.V.

索赫娃提特 Schouteet

装饰品

出售比利时的名产锡和铜质品的店。从职业厨师使用的厨房用具到装饰品，还有廉价的小商品。书签 6.50 欧元～。也展出签约艺术家们的铜像收藏品。

⊙ Map p.306-A3

住 Walplein 11
☎ 050-670600
營 10:00～18:00
周日 13:00～ 17:30
休 周二、1/1、12/25
CC A.D.M.V.

两个 B 2 be

食品店

销售有关比利时的食品的大型店铺。一楼和地下一层可以买到啤酒和果酱。最近越来越受欢迎的比利时啤酒的种类也很多。

住 Wollestraat 53

⊙ Map p.306-B2

☎ 050-611222
URL www.2-be.biz
營 10:00～19:00 周六、周日、节日 10:30～19:00
休 1/1、12/25
CC M.V.

埃洛因 l'héroïne

商店

在购物街上，以比利时设计家们为中心的商店。布吕赫出生的 Bruno Pieters 的作品也有陈列。

⊙ Map p.306-A2

住 Noordzandstraat32
☎ 050-335657
營 10:00～18:30
休 周日、节日
CC A.D.J.M.V.

布吕赫的酒店

Hotel

在布吕赫，欧洲型的小型酒店比美洲型的大酒店多。由古建筑改建的小酒店基本上都面向运河和广场，可以很好地完全沉浸在布吕赫的情调中。如果住宿时拿不定主意，就参考 ❶ 发行的带彩色照片的酒店名册吧。在 ❶ 可以得到 B&B（私人旅馆）的介绍。住在这些 B&B 里可以亲密接触比利时人的家庭。55~70 欧元的住宿价格就能入住，真是太有魅力了。夏季时节非常的拥挤，尽可能在中午以前找好住宿的地方。在 ❶ 也可以预约。

马汀斯·奥兰吉丽 Martin's Orangerie

★★★★

虽然规模小，但设施齐备就是高档酒店。酒店的正面就是运河环游的游艇码头，可以很轻松地去运河观光。早餐室也面对运河，可以一边观景一边进餐。共有 20 间客房。

⊙ Map p.306-B2

住 Kartuizerinnenstr.10
☎ 050-341649 FAX 050-333016
URL www.hotelorangerie.com
費 带淋浴/浴缸、厕所 ⑤145～305 欧元 ⑦155～315 欧元
早餐 25 欧元
CC A.D.M.V.

洛曾布尔格 Rosenburg ★★★★

远离观光地区的运河旁的幽静酒店，刚刚改装后开始营业。4人房间(210欧元~)。共有27间客房。

住 Coupure 30
☎ 050-340194

→ Map p.305-B2

FAX 050-343539
URL www.rosenburg.be
费 带淋浴/浴缸/厕所⑤140~175欧元 ⊤165~200欧元
含早餐 CC A.M.V.

安索尔 Ensor ★★★

t'Zand广场北侧的Speelmansrei街的中间。幽静的住宅区。客房质朴明亮。有3~4人的房间。共12间客房。

住 Speelmansrei 10

→ Map p.305-A2

☎ 050-342589
FAX 050-342018
URL www.ensorhotel.be
费 带淋浴/浴缸/厕所⑤55.60欧元 ⊤65~85欧元 含早餐 CC A.M.V.

埃古蒙特 Egmond ★★★

爱之湖公园中的小规模酒店，有庭园。午后(13:00~18:00)有免费茶和咖啡服务。早餐是自助式。共8间客房。

住 Minnewater 15

→ Map p.306-A3

☎ 050-341445
FAX 050-342940
URL www.egmond.be
费 带淋浴/浴缸/厕所⑤98~140欧元 ⊤98~125欧元
含早餐 CC M.V.

安瑟尔姆斯 Anselmus ★★★

位于从市场广场步行5分钟的极方便的地方。16世纪建造的尖顶的建筑很符合布吕赫风格。1~2月中旬休息。早餐厅可以看到玫瑰园，心情一定不错。共16间客房。

→ Map p.306-B1

住 Riddersstr.15
☎ 050-341374
FAX 050-341916
URL www.anselmus.com.
费 带淋浴/浴缸/厕所⑤100~120欧元 ⊤110~130欧元
含早餐 CC A.M.V.

布尔宫希·霍夫 Bourgoensch Hof ★★★★

市场广场附近的运河河畔。舒适的家庭式酒店。面向运河的酒馆式的餐厅可以品尝到比利时风味的菜肴，很具有比利时风情。夏季在室外的阳台可以眺望运河。共有17间客房。

→ Map p.306-B2

住 Wollestr.39
☎ 050-331645
FAX 050-346378
URL www.bourgoensch-hof.be
费 带淋浴/浴缸/厕所⑤123~141欧元 ⊤115~149欧元
含早餐 CC A.M.V.

克菲班恩特埃 't Koffieboontje ★★★

与市场广场的钟楼相邻。并设有餐厅、啤酒屋。虽小，但有健身房。也有自行车出租，非常方便。早餐是自助式。共39间客房。

➲ Map p.306-A2

住 Hallestr.4 ☎ 050-338027
FAX 050-343904
URL www.hotel-koffieboontje.be
费 带淋浴／浴缸、厕所 Ⓢ57~125 欧元 Ⓣ65~135 欧元 含早餐
CC A.D.M.V.

杜·帕乌 de Pauw ★★

从市场广场步行约10分钟，圣基督教堂的附近。周围非常安静。小规模的家庭经营酒店。附带丰富的自助早餐。

住 Sint-Gilliskerkhof 8

➲ Map p.305-B1

☎ 050-337118 FAX 050-345140
URL www.hoteldepauw.be
费 带淋浴／浴缸、厕所 Ⓢ65 欧元 Ⓣ70~80 欧元 含早餐
CC A.M.V.
　1月只周六、周日营业。

B&B特·赫尔温 't Geerwijn

大门上绘有"B&B"的招牌。是一个家庭旅馆。有着宁静的环境，去旧市区步行可到。各室都有淋浴和厕所以及电视、咖啡和茶具设施。早餐有自家制作的果酱，很丰富。

➲ Map p.306-A1

住 Geerwijnstraat 14
☎ 050-340544 FAX 050-343721
URL www.geerwijn.be
费 带淋浴／浴缸、厕所 Ⓢ65 欧元 Ⓣ70 欧元 含早餐
CC 不可

欧洲 Europa 青年旅舍

9.90欧元就可吃晚餐。12/20~次年1/11休业。领钥匙需要押金。从车站乘2或20路的巴士在第三站 Baron Ruzettelaan 下车。

住 Baron Ruzettelaan 143, Assebroek

➲ Map p.305-B3 外

☎ 050-352679 FAX 050-353732
URL www.vjh.be
费 Ⓓ26 岁以下 1 人 15.40 欧元 26 岁以上 1 人才 16.40 欧元 含早餐 CC M.V.

巴萨基 Passage 青年旅舍

在城市中心附近，旅游方便。并设有比利时餐厅。住宿客进餐时有免费比利时啤酒。1~2月休业。

住 Dweersstr.26 ☎ 050-340232
FAX 050-340140

➲ Map p.306-A2

URL www.passagebruges.com
费 Ⓓ1 人 15 欧元 早餐 5 欧元 淋浴、厕所公用 Ⓢ25 欧元 Ⓣ50 欧元 带淋浴、厕所 Ⓣ65 欧元 含早餐
CC A.D.M.V.

根特
Gent

东佛兰德省
Oost-Vlaanderen

中世纪以来，根特城一直是作为布吕赫的竞争对手而存在的。现在，已转变成东佛兰德地区近代产业的中心都市，单纯沉醉于中世纪的繁荣景象中的根特已不存在了。但是曾经是纺织业的繁荣之地以及保留下来的贸易活跃时期的行会建筑，又让人不能不回想起中世纪。

如果到了根特，圣巴夫大教堂中的《神秘的羔羊》是一定要鉴赏的。如果说布吕赫是梅姆灵之城的话，那么根特就可以称为这幅大作的作者——凡·爱克兄弟之城了。从对不同艺术家的支持来看，我们也能发现这两个城市作为竞争对手的事实。

漫步根特

根特中央车站——圣彼得站（St. Pieters）在城市的南面。离旧市区有 2 公里的距离。从圣彼得站往市中心去，出车站左侧的道路，乘高架桥上的 1 号有轨电车约 10 分钟车程（从驾驶员处购票稍有点贵，最好在售票机上买。佛兰德地方的交通机构→ p.305）。在科伦市场（Koren Markt）下车。这里就是旧城区的中心。广场的西侧就是邮局。东侧有钟楼和纤维大楼、市政厅等，集中了众多历史建筑。❶ 在钟楼里，它的旁边是公共厕所。此外从科伦市场延伸的 Veldstr. 就是热闹的购物街了。

反映中世纪繁荣景象的行会大楼

Belgium

布鲁塞尔

◀◀◀▮▮ ACCESS ▮▮▶▶▶

从布鲁塞尔中央车站乘 IC 列车约 35 分钟，1 小时 2 班车。从布鲁塞尔机场来约 57 分钟，每小时 1 班车。从布吕赫乘 IC 来，约 25 分钟，每小时 3 班车。从安特卫普来约 50 分钟，每小时 2 班车。
荷兰语 ● Gent
法语 ● Gand
英语 ● Ghent
东佛兰德省旅游局
🏠 Sint-Niklaasstraat 2
☎ 09-2692600 FAX 09-2692609
URL www.tov.be
开 9:00～12:00、13:15～16:45
休 周六、周日、节日
旅游咨询中心
🏠 Botermarkt 174
☎ 09-2665232 FAX 09-2665673
URL www.visitgent.be
开 4～10 月 9:30～18:30
　11 月～次年 3 月 9:30～16:30
休 1/1、12/25
能免费拿到有 5 个国家（英、法、荷、德、日）文字的并附有地图的旅游册子和酒店、餐馆的册子。也能进行酒店预约。
市内旅游
●马车
花 30 分钟周游旧城区。乘车地点在圣巴夫大教堂。因天气原因有时会停止。出发时间：周六、周日、节日 10:00～18:00（学校放假期间每天发车）。费 1 辆车 25 欧元
●步行游
需要 2 小时。出发时间：

通过钟楼的马车

5~10月每天14:30在 🛈 出发
(11月~次年4月间只有周六)。
💰7欧元 ☎09-2276246
运河游艇
从格拉斯大道出发,需
要35~40分钟。

根特观光的最大亮点就是沿莱茵河河畔而建的行会大
楼了。莱茵河两侧,东侧叫格拉斯大道,西侧叫科伦大道。
两侧全是当时商人们富有和权力的象征——行会大楼。然
后沿莱茵河步行去看看大型肉市场、旧鱼市场、佛兰德伯
爵城堡。时间不够的话,返回科伦市场,穿过市政厅和钟
楼赶快去圣巴夫大教堂。这个教堂里有祭坛画,凡·爱克
的杰作《神秘的羔羊》一定不要错过。

有时间的话,慢悠悠地走着去看城市里的各个教堂
和美术馆吧。道路上仍保留着石台阶,并且街道狭窄,有
轨电车总是穿行在弯弯曲曲的街道上。走在具有浓厚中世

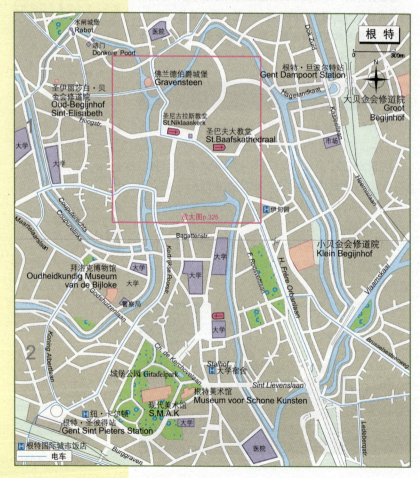

纪风貌的根特旧城区也很有意思。累了的话，在漂亮的咖啡馆里、钟楼附近的 Botermarkt 和科伦市场等处稍微休息也不错。

![根特的主要景点]

根特的主要景点

圣巴夫大教堂　St. Baafskathedraal　➔ Map p.325–B2

12 世纪开始建造，16 世纪完成的圣巴夫大教堂因收藏

出发时间：　3~11 月中旬的每天 10:00~18:00 约 30 分钟间隔运营。11 月中旬~次年 2 月的周六、周日 11:00~16:00 是每小时一班。費 6 欧元（没有天棚的）、6.50 欧元（有天棚的）URL www.gent-watertoerist.be
博物馆通票 Museumpass
　3 天内根特中心地区的巴士、有轨电车随便乘坐。圣巴夫大教堂的《神秘的羔羊》、

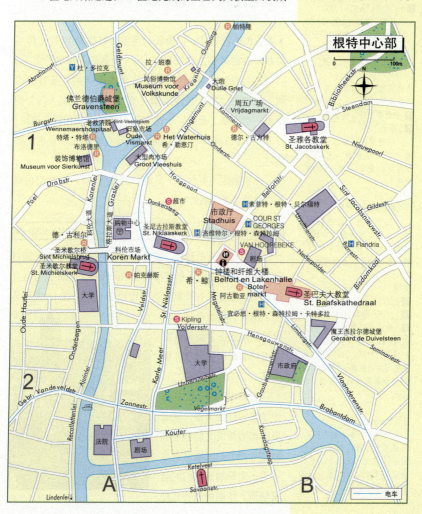

博物馆等 14 个地方都可以入场。在 ❶ 就可购买到。
费 20 欧元

圣巴夫大教堂
☎ 09-2692045
开 8:30~18:00、11 月 ~ 次年 3 月 ~17:00
休 周日、节日的上午、1/1
费 免费

《神秘的羔羊》
开 4~10 月 9:30~17:00
周日、节日 13:00~17:00
11 月~次年 3 月 10:30~16:00
周日、节日 13:00~16:00
门票的销售截止时间在关门前 15 分钟
※ 有弥撒、宗教节日等时只有午后开门。
休 宗教节日除外的节日
费 3 欧元
礼拜堂内可借用语音导游器（约 50 分钟）。关门 30 分钟前。免费（团体入场时需交费）。

✉ **根特的公共厕所**
位于钟楼下面的 ❶ 旁边，另外发现大型肉市场的建筑物的对面左侧有两个。观光要地的区域里有厕所。

钟楼
开 10:00~18:00
休 11/16~次年 3/14（要确认）
费 3 欧元（门票发售直到关门前 30 分钟）。5~9 月的 14:10、15:10、16:10 有免费的导游团队游（导游的语言可能会是荷兰语、法语、英语之一）

✉ **Passion**
钟楼和纤维大楼的前面，沿着有轨电车行驶的道路上有一个餐馆。Waterzooi（肉汤）15 欧元，味道很好。店员的服务非常好。

圣巴夫大教堂与凡·爱克兄弟的铜像（中央的两个人）

了无数杰作而著名。以根特的至宝、被称为 15 世纪佛兰德斯绘画的最高杰作的杨·凡·爱克的《神秘的羔羊》（1432）为代表，还有约斯·范瓦森鲍勃的《基督的磔刑》（1464），P.P. 鲁本斯的《圣巴夫的修道院入门》的绘画一定要看。此外，L. 德尔沃的作品《真理的布道坛》（1741）等的雕刻和 12 世纪的罗马式样的礼拜堂也不要错过。

在宝物殿，有神甫、贵族们的墓碑，15~16 世纪的壁画以及教堂所收藏的宝物。

钟楼和纤维大楼 Belfort en Lakenhalle ⟶ Map p.325-B2

1300 年建起的钟楼，据说其本来的目的是非常时期召集军队的地方。它是根特市民自治的象征，此外也是行会的繁荣的象征，并默默守护着市民的生活。在 16 世纪装上了组钟，直至今日。在导游的陪同下，游客可以在组钟响起时去参观钟楼内部。

东侧相邻的是 1425 年建造的纤维大楼，城市里的实力派商人们都在里面设有办公处。同时也是羊毛、毛织物商人们的会议场所。华丽的哥特式样

从钟楼眺望根特市容

的大厅，被 20 根圆柱分成 3 个大空间，在 18 世纪曾作为牢房使用。

市政厅 Stadhuis ➡ Map p.325–B1

15 世纪开始建造，18 世纪完成的，所以最古老的部分是火焰·哥特式样。面对 Hoogpoort 街道部分是弗拉曼·巴罗克式样的门卫所。此外还有文艺复兴时期式样的窗户和洛可可式样的"贫民房间"等，从这个建筑的确能看到建筑式样的变迁。

具有魅力的市政厅

圣米歇尔桥 Sint Michielsbrug ➡ Map p.325–A1

1905~1909 年，由路易克洛克设计的。石砌的拱桥，中央有圣米歇尔的铜像的街灯很漂亮。从桥上可以一眼望到莱茵河河畔的格拉斯大道和科伦大道。

科伦大道 Korenlei ➡ Map p.325–A1

莱茵河的西侧就是科伦大道。顺着街道号码按以下顺序排列：No.7 是非自由船员行会建筑（巴罗克建筑式样，1739）；No.9 是 16 世纪的原啤酒酿造厂（门面上雕刻有两只白天鹅）；No.15 是旧格鲁特福兹馆（新古典式样，1532）；No.17~19 是格勒宁格馆（新古典式样）；No.24 被称为是"龙与地下室"，是罗马式的城堡，在 21 世纪初按 17 世纪的式样修复。

格拉斯大道 Graslei ➡ Map p.325–A1

格拉斯大道曾是港口，这里集中了众多壮丽的行会建筑，可称为当时商人们财富与权力的象征。行会建筑从南开始是自由船员行会的行会大楼（布拉班特·哥特式样，1531）、小麦计量检查员的行会大楼（后期巴罗克式

市政厅
跟随市内观光的步行团可以入内参观。
☎ 09–2665232（旅游局）
出发时间：5~10 月的每天 14:30 从 ❶ 出发。但是，只有周一 ~ 周四可参观市政厅内部。周五 ~ 周日可预约参观圣巴夫大教堂。
费 7 欧元

✉ **结婚仪式的会场**
在市政厅周末会有几对新人举行结婚仪式（其中可能会有女同性恋者的结婚仪式）。我也参加过结婚仪式，听了新郎新娘的结婚誓言，喜悦之情也传递过来，太兴奋了。

圣米歇尔桥的街灯

餐馆德·古利尔 De Grill
走过圣米歇尔桥的地方，科伦大道上有一个餐馆。可以品尝到根特传统的菜肴 Water 2007，14 欧元。有英文菜单。
住 Korenlei 23
➡ Map p.325–A1
☎ 09–2250974
营 11:00~14:30、18:00~23:00
休 周二、周三

样，1698）、港税征收官的小家（佛兰德斯·文艺复兴式样，1682）、谷物仓库（罗马式样，1200）、最初的谷物计量检查员的行会大楼（佛兰德斯·文艺复兴式样，1435）、梅森的

一边眺望格拉斯大道一边坐在莱茵河的游艇上游览最好

行会大楼（布拉班特·哥特式样，1527）。

克兰大道 Kraanlei　　　　　　　　　　　➡ Map p.325–A1

从圣韦勒广场一角开始的克兰大道保留了根特的黄金时代的房屋。No.1"格拉奈恩布尔格"有阶梯形的山形房顶，这就是典型的根特旧式房子。

大型肉市场 Groot Vleeshuis　　　　　　➡ Map p.325–A1

中世纪的室内肉市场。1406~1410年建造的。行会大楼和礼拜堂并设，正南面是一个一个的小房子。据说过去穷苦百姓会来这里要各种动物的内脏。

莱茵河河畔静静耸立的大型肉市场

旧鱼市场 Oude Vismarkt　　　　　　　➡ Map p.325–A1

在根特最古老的圣韦勒广场上，17世纪建造的建筑。

巴罗克式的大的入口处装饰着海神尼普顿雕像，两侧分别是象征着莱厄河的女子像和象征着斯海尔德河的男子像。这3座雕像在古老的广场上十分醒目。

壮观的建筑物让人回想起原来繁荣昌盛的旧鱼市场

水面上有着美丽倒影的克兰大道

大型肉市场
🌐 www.grootvleeshuis.be
　　作为餐馆，内部对外免费开放。
☎ 09-2232324
🕙 10:00~18:00
🚫 周一

✉ Daskalide's
　　在从钟楼往圣巴夫大教堂方向去，在宜必思酒店处往右转，Henegouwen Straat 的右侧有一个家庭经营的巧克力店。味道好价格也合理，女老板也很热情。并设有咖啡座，可以在这儿稍微休息一下。
🏠 Henegouwen Straat 1
☎ 09-2243677

佛兰德伯爵城堡 Gravensteen　　　　◯➡ Map p.325–A1

此城堡是 1180 年由佛兰德伯爵菲利普·达鲁达斯建造的。周围被壕沟围起来，相当坚固。但是，14 世纪失去了军事机能，拷问室和牢房变成了奥德布尔格学校、伯爵领地的造币局、法院等公共机构，在 18 世纪成为棉纱厂的工厂和员工的宿舍。修复后，现在对外开放。站在眺望台上，可以观赏根特市的全景。

有很多餐厅和咖啡馆的周五广场

沿莱厄河北上，就能看到佛兰德伯爵城堡

民俗博物馆 Museum voor Volkskunde　　　◯➡ Map p.325–A1

在 14 世纪的救济院里展出 20 世纪初根特市民的生活状况以及手工业者的工具、木偶等。

贝金会修道院 Begijnhof　　　　　◯➡ Map p.324

根特 3 个贝金会修道院之一，小贝金会修道院（Klein Begijnhof）在旧市区的东南。现在也住着修女。现存的房子大部分是 17~18 世纪的建筑。具有 1720 年完成的巴罗克

佛兰德伯爵城堡
☎ 09-2259306
开 4~9 月 9:00~18:00
　10 月~次年 3 月
　9:00~17:00
入场直到闭馆前 1 小时
休 1/1、12/24~25、12/31
费 8 欧元

好吃的乳蛋饼帕特隆 (Patiron)
用季节性的蔬菜混合在一起，然后进行烧烤的纯手工的乳蛋饼小餐馆。套餐菜单 9.90 欧元左右。从佛兰德伯爵城堡出发步行 10 分钟。
休 周日、周一　住 Sluizeken 30
☎ 09-2334587
◯➡ Map p.325-B1

民俗博物馆
☎ 09-2692350
URL www.huisvanalijn.be（只有荷兰语）
开 11:00~17:00（周日: 10:00~）
休 周一、1/1、12/25
费 5 欧元（售票直到闭馆前 30 分钟）

大贝金会修道院
☎ 0486-640078
开 6:30~21:30
休 无　费 免费

✉ Baeten B&B
位于佛兰德伯爵城堡的前面。古董店地下只有两间客房的住宿地点。主人很亲切。有非常漂亮的

比利时糕点随笔 -1

复活节的鸡蛋

春天和复活节（耶稣复活的节日）一起到来，这时所有的点心店的橱窗里都会摆上兔形和蛋形的巧克力。城市也变得热闹起来。这本来是一种土著的信仰，后来被吸收到基督教里

来了。原住民中的凯尔特人和日耳曼人认为，兔子代表不断的繁衍，而鸡蛋则象征了富裕和繁荣，因此，大人们会将蛋形巧克力藏在院子里，让孩子们一个一个拼命地去找出来，只有全部找出来之后才能开始吃。

安静的房间，布置也好。
🏠 Burgstraat 11
☎ 09-2230617
URL www.baetenbnbgent.be
💰 1人55欧元、2人65欧元

根特美术馆所在的城堡公园

根特美术馆
URL www.mskgent.be
🕐 10:00~18:00
🚫 周一、1/1~2、12/25~26、12/31
💰 5欧元

现代美术馆 S.M.A.K
　　与根特美术馆在同一公园内。轻松愉快的现代美术作品在让人舒心的环境里展出。如果脑海里已经全是历史宗教绘画了，去那里看看也是不错的。
➡ Map p.324-2
☎ 09-2211703
URL www.smak.be
🕐 10:00~18:00(12/24 和 12/31~16:00)
🚫 周一、1/1、12/25
💰 6欧元

式样的门面的泰勒·霍兰圣母教堂（Kerk van O.L.V. ter Hoyen）非常壮观。在城市西面的是圣伊丽莎白·贝金会修道院（Oud-Begijnhof Sint-Elisabeth）。最初建于13世纪，在神像被破坏后大部分又在16~17世纪被重建。有落差的简朴山形房顶的小住宅和庭园让人们想起与神共同生活的修女们，不由得感动起来。巴罗克式的门也非常美。

　　城市的东部，丹波特站（Dampoort Station）的东边有大贝金会修道院（Groot Begijnhof）。约100年前，这里是作为圣伊丽莎白·贝金会修道院的扩展部分而建造的。

根特美术馆 Museum voor Schone Kunsten ➡ Map p.324-2

　　位于圣彼得的东侧，城堡公园的绿地一角的美术馆。展出以15~20世纪的佛兰德斯绘画为代表，还有法国、意大利等欧洲的绘画、雕刻、挂毯等。其中博斯的《背负十字架的耶稣》和《圣哲罗姆》是一定要看的。

很有观赏性的根特美术馆

拜洛克博物馆 Oudheidkundig Museum van de Bijloke ➡ Map p.324-2

　　13世纪创立在拜洛克修道院内，展出与考古学和历

Column
Belgium

根特的名特产——好吃的瓦特佐伊

　　根特的有名菜肴就是鸡肉奶油炖菜的瓦特佐伊（Waterzool van Kip）。根特的煮菜用生奶油，有很浓的味道。这本是冬季的菜品，但现在无论什么时候都能吃到，是乡土菜的代表。

不同的店会有
不同的味道

史有关的收藏品。其中路易
十五世式样的壁板和 14 世纪
的湿壁画的僧侣们的接见室
"贫民之房"与根特领主赫
哥二世的墓碑横卧像（1232）
很有名。

拜洛克博物馆
☎ 09-2251106
开 周四　10:00～13:00
　　　　14:00～18:00
　　周日　14:00～18:00
休 周一～周三、周五、周六、
节日、1/1～2、12/24～26
费 2.50 欧元

 ## 根特的餐馆　　　　　　　Restaurant

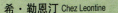
希・勒恩汀 Chez Leontine　　　比利时菜　　⏵ Map p.325-A1

可以吃到丰富的比利时菜。
啤酒煮牛肉、奶油煮鸡肉的瓦特
佐伊等 13 欧元。有英文菜单。隔
壁就是有名的啤酒店"水边亭"，
与 Het Waterhuis 是姊妹店。

住 Groetenmarkt 11
☎ 09-2259256
营 12:00～22:00（周日、周一～
15:00）
休 周二、周三　服装 无
预 不要　CC M.V.

特塔・特塔 Tête-à-tête　　　法国菜　　⏵ Map p.325-A1

女性老板的法国餐馆。沿运
河有平台。能轻松愉快地进餐。
主菜 16～25 欧元。
住 Jan Breydelstraat 32-34
☎ 09-2339500

营 18:00～22:00（周六、周日午
餐时间 12:00～14:00）
休 周二
服装 整洁合身的服装
预 希望预约
CC A.M.V.

帕克赫斯 Pakhuis　　　多国籍菜　　⏵ Map p.325-A2

圣尼古拉教堂的旁边，在城
市中心地区，大的现代餐馆，使
用海鲜做菜，品种丰富。也有比
利时菜。价格也实惠，3 道菜 25
欧元。有英文菜单。

住 Schuurkenstr. 4
☎ 09-2235555
营 12:00～14:30、18:30～23:00
（周五、周六～24:00）
休 周日　服装 整洁合身的服装
预 希望预约　CC A.D.M.V.

阿古勒亚 Agrea　　　咖啡餐馆　　⏵ Map p.325-B2

白天的汤与面包的套餐 4 欧
元、空心粉、沙拉、比萨饼等便
餐 8.50～12.50 欧元。布鲁塞尔的
华夫饼值得推荐。是根特的旅游
观光途中稍微休息的好地方。

住 Sint-Baafsplein 44
☎ 09-2238500
URL www.agrea.be
营 8:30～20:30
休 周三　服装 无
预 不要　CC M.V.

希·鲸 C-Jean
法国菜 ➲ Map p.325-A2

开业已有100年，在圣尼古拉教堂附近，现代风格的内部装饰的法式店。里面的一面墙壁上用葡萄酒瓶来装饰。主菜30欧元~。获得米林授予的一星店。

住 Cataloniestraat 3
☎ 09-2233040
营 12:00~14:00、19:00~21:00
休 周一、周日、节日
服装 整洁合身的服装
预 希望预约 **CC** A.M.V.

布洛德里 Brooderie
便餐 ➲ Map p.325-A1

自然派的面包店，可在此吃便餐。经常坐满了当地人。午餐9.50欧元，汤3.50欧元。素菜9.50欧元。有英文菜单。
住 Jan Breydelstraat 8

☎ 09-2250623
营 8:00~18:00
休 周一
服装 无
预 不要
CC 不可

德尔·古力特 Dulle Griet
啤酒屋 ➲ Map p.325-B1

把啤酒倒入叫做"马库斯"的奇怪形状的玻璃杯里。据说过去是马车夫为了随时能喝到酒而在马车上准备的东西。而且点上啤酒后，必须将一只鞋作为押金寄放在酒馆。

住 Vrijdagsmarkt 50
☎ 09-2242455
营 12:00~次日1:00
（周一 16:30~、周日 ~19:30）
休 无
服装 无
预 不要 **CC** 不可

拉·班·泰 La Baan Thaï
泰国菜 ➲ Map p.325-A1

从大街上稍进去一点的地方，漂亮的泰国餐馆。在当地很受欢迎。有英文菜单。现在有很多便宜的餐馆，原来这一带是许多贫民居住的地方。

住 Corduwasnifrstr. 57
☎ 09-2332141
营 18:30~（周日12:00~14:00和18:30~）
休 周一 **服装** 整洁合身的服装
预 希望预约 **CC** A.D.M.V.

Hotel

🏢 根特的酒店

酒店散落分布在城中各地。要想体验根特的气氛还是在旧市区的酒店住宿吧。在 **ⓘ** 可以免费预订中意的酒店。此外，通过 **ⓘ** 有打折的酒店，一定要充分利用。

钟楼附近有很多高级酒店

洛维特尔·根特·森特拉姆 Novotel Gent Centrum ★★★

圣尼古拉教堂背面的现代风格酒店。有围绕中庭的客房，利用古建筑改建的酒店。夏季可在中庭的室外游泳池游泳。有餐厅和酒吧。共 117 间客房。

住 Goudenleeuwplein 5

⊙ Map p.325-A1

☎ 09-2242230
FAX 09-2243295
URL www.novotel.com
费 带淋浴/浴缸和厕所 ⑤① 170~190 欧元　早餐 18 欧元
CC A.D.M.V.

宜必思·根特·森特拉姆·卡特多拉 Ibis Gent Centrum Kathedraal ★★

圣巴夫大教堂的前面。现代风格酒店。宜必思连锁酒店之一。馆内有酒吧。共 120 间客房。

住 Limburgstr.2
☎ 09-2330000

⊙ Map p.325-B2

FAX 09-2331000
URL www.ibishotel.com
费 带淋浴/浴缸和厕所 ⑤① 79~129 欧元　早餐 14 欧元
CC A.D.M.V.

纽·卡尔顿 New Carlton ★★★

位于圣彼得站附近。客房全部有浴室，美式风格，宽敞，有电视、直拨电话、小吧台等，含早餐。共 22 间客房。

住 Koningin Astridlaan 138

⊙ Map p.324-2

☎ 09-2228836
FAX 09-2204992
费 带淋浴和厕所 ⑤ 98 欧元 ~ ① 103 欧元 ~　含早餐
CC M.V.

根特国际城市饭店 Intercity hotel Gent ★★★

位于圣彼得站的南口（不太热闹的出口）一侧。能无线上网。房间清洁舒心。共 19 间客房。50米距离处，就是相同老板的酒店托尼安隆。

⊙ Map p.324-2

住 Voskenslaan 34
☎ 09-2204840　FAX 09-2204950
URL www.intercityhotel.be
费 带淋浴/浴池、厕所 ⑤①67.50 欧元（不含税）　早餐10 欧元　CC A.M.V.

杜·多拉克 De Draecke 青年旅舍

"杜·多拉克"就是龙的意思。位于佛兰德伯爵城堡的后面。各房间有淋浴和厕所。包含床单费。此外预约的话，在食堂可以吃到 6.10 欧元 ~ 的便餐。

⊙ Map p.325-A1

住 Sint.Widostr.11
☎ 09-2337050　FAX 09-2338001
URL www.ghent-hostel.com
费 ⑪ 1 人 17.50 欧元 ~ ① 21.80 欧元 ~　含早餐　非青年旅舍会员增加 3 欧元　CC M.V.

Belgium

·布鲁塞尔

◀▮▮▮ ACCESS ▮▮▮▶

从布鲁塞尔中央车站每小时有1班IC发车，行程约1小时20分钟。从根特来约35分钟，每小时1~2班车。从布吕赫来约15分钟，1小时有3~4班车。从安特卫普来约1小时30分钟，每小时1班。

荷兰语 ● Oostende
法语 ● Ostende

旅游咨询中心
✉ Monacoplein 2
☎ 059-701199 FAX 059-703477
URL www.toerisme-oostende.be
開 10:00~18:00（周五~20:00）
周日、节日 10:00~17:00
6/1~8/31
9:00~19:00（周五~20:00）
周日、节日 10:00~19:00
休 1/1、12/25
酒店的预约免费。

✉ 近郊的小镇Torhout的基斯尔酒店Hotel d'Aertryzcke
菜品只有套餐，附近还有其他的啤酒屋。周末的住宿费有优惠。放养着已经习惯与人共处的白天鹅、野鸭等。可在自然的空间里快乐度假。
住 Zeeweg 42
费 周末费用两人90欧元。含早餐

奥斯坦德

Oostende

 西佛兰德省
West–Vlaanderen

奥斯坦德是有7万人口的港口城市，是比利时最大的度假胜地。夏季的旅游季节，来自欧洲各国的游客到这里享受海水浴。以前，从英国来的渡船过多佛尔海峡去往欧洲大陆，这里曾是比利时的门户。海岸上有非常美丽的沙滩，有很多像赌场一样的度假地的设施。

此外，奥斯坦德是画家恩索尔的出生地。冬季的奥斯坦德有很低的灰色云层，是与夏季的热闹形成鲜明对比的寂静的城市。可以在这里好好享受恩索尔用一生来描绘的不变的风景。

漫步奥斯坦德

车站内部的中央有售票处和外币兑换处，站内还有小的 ❶ 柜台。主要的 ❶ 在从车站步行10分钟左右的赌场前。出了站，过了桥，正面就是圣彼得与保罗教堂。穿过教堂的旁边，就是城市里最大的购物街 Kapellestr.。这个街道往右拐，一直往前走3分钟左右就到了市内最热闹的广场 Wapenplein。从广场再往前走，就是与海岸相连接的街道 Vlaanderenstr.。一直往前，右侧就是恩索尔故居。一眼看去，就像一个不起眼的店铺，不要错过了。

海岸旁的散步道上建起了高

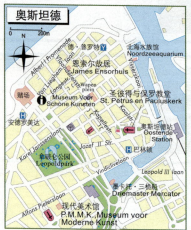

奥斯坦德

0 200m N

Albert I Promenade
德·普罗维特
Van Iseghem laan
恩索尔故居 James Ensorhuis
Longestr. Wapen plein
北海水族馆 Noordzeeaquarium
Visserskaai
赌场 Museum Voor Schone Kunsten ❶
圣彼得与保罗教堂 St. Petrus en Pauluskerk
Kapellestr. Kapell
安德罗梅达 H
奥斯坦德站 Oostende Station
Karel Janssenslaan
Jozef II Str.
Leopoldpark 利奥波仑公园
H 巴林顿
Vindictivelaan
Leopold III laan
墨卡托·三桅船 Driemaster Mercator
Alfons Pieterslaan
现代美术馆 P.M.M.K.Museum voor Moderne Kunst

出了车站就是飘浮着海水香味的奥斯坦德港

夏季的度假客很多

档酒店和赌场。夏季的话，很多洗海水浴的游客来到这里，热闹非凡。散步累了，就在 Visserskaai 旁的餐馆里品尝丰富的海鲜菜肴吧。

奥斯坦德的主要景点

圣彼得与保罗教堂 St.Petrus en Pauluskerk　　➲ Map p.334

1886 年因火灾将原有的教堂烧毁了。1901~1905 年重建了新哥特式样的教堂。内部装饰了非常漂亮的彩色玻璃。

圣彼得的塔

伸向天空的两座塔给人留下深刻的印象

保罗教堂
☎ 059-701719
开 8:30~12:00、14:30~18:00
　 周日 15:00~17:00
休 周六　费 免费

恩索尔故居
住 Vlaanderenstr.27
☎ 059.805335
开 10:00~12:00、14:00~17:00
休 周二、1/1、12/25
费 2 欧元

✉ **拿破仑的要塞**
Fort Napoleon
奥斯坦德被法国占领时期，1811 年据拿破仑的命令，在海岸的沙丘上修建了要塞。是为了防御英国舰队的进攻而设计的，但是，英国舰队并没有来，要塞就作为武器库和士兵们的宿舍。上到屋顶可眺望奥斯坦德城和北海海岸线。此外，这里设有餐厅，价格稍高。乘 Knokke 方向的有轨电车，在 Duin en Zee 站下车，步行 5 分钟左右。
住 Vuurtorenweg z/n
☎ 059-320048
URL www.fortnapoleon.be(法语、荷兰语)
费 5 欧元

教堂的后面的圣彼得塔是唯一幸免的部分。其基石是1478年放置的古物。收藏有描绘古老的奥斯坦德城市的画的博物馆曾对外开放过，但现在已不对一般人开放了。

恩索尔故居　James Ensorhuis　　　　　➲ Map p.334

这里是恩索尔1917年继承的其叔父的遗产，直到1949年去世他都在这里居住。一楼复原了他叔叔和叔母经营的礼品店。因恩索尔的作品散布在比利时各地的美术馆，这里只保存了很少的绘画和版画。这里的画室和起居室再现了恩索尔独特的不可思议的世界。

恩索尔故居

墨卡托・三桅船　Driemaster Mercator　　➲ Map p.334

是过去比利时贸易时海军的训练船，使用三根桅杆。在海洋博物馆对外开放。可以看到船内有诸如船的模型等在航海中从世界各地搜集到的各种各样的东西。

现代美术馆　P.M.M.K., Museum voor Moderne Kunst
➲ Map p.334

展出绘画、雕刻、图形设计、电影、录像等比利时现代艺术的作品。

墨卡托・三桅船
☎ 059-705654
🈺 10:00~12:30、14:00~16:30
6~9月 10:00~18:00
休 10月~次年4月的周一~周五（2月的游行休假和复活节休假日营业）、1/1、12/25
费 4欧元
　有英语的语音导游器出租。
※开放时间要确认。

现代美术馆
住 Romestr. 11
☎ 059-508118
URL www.pmmk.be
🈺 10:00~18:00
休 周一、1/1、12/25
费 5欧元（特别展出期间变贵）

◀■■■ **ACCESS** ■■■▶
　从奥斯坦德出发到欣特・伊得兹巴尔特，乘沿海岸线行走的有轨电车约1小时。从欣特・伊得兹巴尔特步行8分钟左右。下了电车就有一个观光咨询中心，在那里领取点资料吧。

�
短途旅行

德尔沃美术馆　Delvaux Museum

代表超现实主义的比利时画家德尔沃的美术馆。其晚年作为画室的建筑物被改成了美术馆，与大美术馆相比有明显的不同。可以看到关于德尔沃的展示，当然有作品。德尔沃的画室中有非常符合作者喜欢描绘的列车和车站大楼的列车模型等收藏品。德尔沃生活情景的照片等也在此展出，很有意思。

夏天在咖啡馆平台上悠闲度假

此外，海岸沿线，夏天到来时有洗海水浴的游客来到海边，非常热闹。

德尔沃美术馆
住 Paul Delvauxlaan 42, Sint-Idesbald
☎ 058-521229
URL www.delvauxmuseum.com
开 10:30~17:30
4~9 月与 10/25~11/2、12/20~次年 1/4 与 4/4~4/1 的周一除外每天
10~12 月是周四～周日
开馆时间需要确认。
休 12/25、1/1、1 月的第二周~4/3
费 8 欧元
有能吃便餐的有开放平台的咖啡馆。

奥斯坦德的酒店

Hotel

安德罗美达 Andromeda ★★★★

眺望景色很美的高档酒店，也有能看到海的客房。到海滨走路就能去。并设有游泳池和桑拿。在餐厅 Gloria 可以品尝葡萄酒和北海产的海鲜。

➡ Map p.334
住 Kursaal Westhelling 5
☎ 059-806611
FAX 059-806629
URL www.andromedahotel.be
费 Ⓢ101 欧元 ~ Ⓣ126 欧元 ~ 早餐 16 欧元 CC A.D.M.V.

巴林顿 Burlington ★★★

离车站 300 米的地方。可以看到墨卡托·三桅船。与购物中心相邻，购物方便。客房全部有浴室、电视、直拨电话。
住 Kapellestr.90

➡ Map p.334
☎ 059-550030
FAX 059-708193
URL www.hotelburlington.be
费 Ⓢ70 欧元 Ⓣ90 欧元 含早餐
CC A.D.M.V.

德·普罗特 De Ploate 青年旅舍

全部房间有浴室、厕所。含早餐，另付费用可以吃午餐和晚餐。圣诞节前后与 1 月上旬 ~2 月上旬是休业期（要确认）。
住 Langestr. 82

➡ Map p.334
☎ 059-805297
FAX 059-809274
URL www.deploate.be
费 Ⓓ1 人 17.50 欧元 含早餐
CC A.M.V.

Belgium

·布鲁塞尔

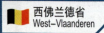

伊珀尔

Ieper

西佛兰德省
West-Vlaanderen

位于西佛兰德省广阔的佛兰德平原正中央的伊珀尔，是人口约 3.5 万的小城。从古时候开始就因亚麻布产业而繁荣，城市中心耸立着的巨大的纤维会馆，见证了这个光辉的历史。离法国很近的伊珀尔在第一次世界大战中深受重创。这以后经过重建，现在还能看到中世纪的痕迹。每 3 年举办一次有名的"猫节"。这个时候，相当安静的城镇因来了许多游客而变得热闹非凡。

漫步伊珀尔

从车站出来，沿正面的街道一直往前走。途中有两条道路分开时，往左转，到了 Boterstr. 的尽头再往右转，再一直往前走到市中心——大市场（Grote Markt）。从车站到这里 10 分钟左右。广场的中央耸立着纤维会馆。这个建筑的东侧的一角就有 ❶ 。

由于伊珀尔是一个很小的城镇，只要半天就可绕城一

伊珀尔

ACCESS

从根特出发在科特赖克（Kortrijk）换车约 1 小时 10 分钟。从布吕赫来，也在科特赖克（Kortrijk）换车约 1 小时 30 分钟，每小时 1 班车。

从布鲁塞尔中央车站来直达车约 1 小时 40 分钟，每小时 1 班车。

荷兰语 ● Ieper
法语 ● Ypres

纤维会馆与
圣马丁教堂

旅游咨询中心
🏠 Grote Markt 34
☎ 057-239220
📠 057-239275
🔗 www.ieper.be
🕐 4/1~11/15 9:00~18:00
　　周六、周日、节日 10:00~
18:00
　　11/16~ 次年 3/31　9:00~
17:00
　　周六、周日、节日 10:00~
17:00
🚫 1/1、12/25
　免费预约酒店。押金需
要 5 欧元。

周。看了纤维会馆的北面建起的圣马丁教堂和许多博物馆后，就可沿着围着城市南侧的运河返回车站。也可在绿树成荫的公园内的散步道上好好享受散步的乐趣。

伊珀尔的主要景点

纤维会馆 Lakenhalle　　　　　　　➡ Map p.338

　　1260~1304 年建造的法国哥特式样的建筑，现在作为市政厅使用。是长 125 米、钟楼高 70 米的宏伟建筑，见证了伊珀尔过去的繁荣。有 48 个入口的一楼是交易所，二楼是仓库，以前通过与运河相连的侧廊的门将纺织品搬进搬出。此外，为了保护毛纺物不被老鼠侵害，这里就是用猫来值班抓老鼠的。这也是现在的"猫节"

Column Belgium

比利时的节日③　猫节

　在伊珀尔，从中世纪起延续下来的猫节是每 3 年举办一次，5 月的第二个周日举办（详细情况请在旅游咨询中心询问）。节日来临，广场上悬挂起猫图案的幕布，面包房、点心店的橱窗里也装饰着猫的面包、饼干、巧克力等。城里是猫的天下。节日当天，几百人化装成猫聚集在广场上，一边跳舞一边绕城游行。此后，与 18:00 的钟声相配合，从钟楼上开始向下抛出猫的毛绒玩具。接到猫玩具的人就被认为能得到幸福。太阳落山后，广场上架起柴火，焚烧魔女的木偶，随着火焰的熄灭，节日就结束了。

的起源。

圣马丁教堂　St. Maartenskathedraal　⊙ Map p.338

13 世纪建造的法国·哥特式样的教堂。大大的玫瑰窗将美丽的阳光投进了堂内。在教堂内，有大主教冉森（Jansenius）的墓地和战争牺牲者纪念碑。

佛兰德战场博物馆　In Flanders Fields Museum
⊙ Map p.338

是纤维会馆的一部分，后成为展示第一次世界大战相关物品的博物馆。以各种各样的武器、勋章，各国军部的

佛兰德战场博物馆有许多让人深思的展示

地图与记录为首，也展出伊珀尔城市在大战中被彻底破坏了的样子的照片。这个博物馆的展示令人不得不去深思战争给人们带来的巨大灾难与人类的愚笨。还可以观看电脑、录像、模型等，更详细地了解历史。

圣马丁教堂
☎ 057-200596
开 8:00~18:00（周日 13:00~）
休 无
费 免费

佛兰德战场博物馆
☎ 057-239450
URL www.inflandersfields.be
开 4/1~11/15　10:00~18:00
　 11/16~ 次年 3/31
　 10:00~17:00
售票直到闭馆前 1 小时
休 11/16~3/31 的周一、12/25、
1/1、圣诞节休假后的 3 周
费 8 欧元

伊珀尔的酒店
伊珀尔城虽小，但酒店不少，特别是大市场就有数家酒店集中在这里。

Hotel

🏢 伊珀尔的酒店

勒吉纳　Regina　★★★★　⊙ Map p.338

在城市的中央，大市场附近。有很多菜品可选的餐厅，并设有可进午餐的小酒馆。含美式自助早餐。共 18 间客房。
住 Grote Markt 45　☎ 057-218888

FAX 057-219020
URL www.hotelregina.be
费 带淋浴 / 浴池和厕所Ⓢ70~100 欧元 Ⓣ85~120 欧元含早餐
CC A.D.M.V.

Belgium

比利时东北部

●布鲁塞尔

去安特卫普中央车站的话从布鲁塞尔乘 IC 列车约 40 分钟，每小时两班车。从根特来约 50 分钟，每小时 2 班车。从布吕赫来乘 IC 约 1 小时，每小时 1 班车。不是中央车站，到安特卫普贝尔赫姆（Antwerpen Berchem）站也有停靠列车。从贝尔赫姆到中央车站需要 5 分钟。列车每 10 分钟就有 1 班。

荷兰语 ● Antwerpen
法语 ● Anvers
英语 ● Antwerp

旅游咨询中心
● 大市场
住 Grotemarkt 13
☎ 03-2320103
FAX 03-2311937
URL www.antwerpen.be
开 9:00～17:45
周日、节日 9:00～16:45
休 1/1、12/25
可以拿到信息指南手册，需付 1 欧元。此外在这里可以免费预约酒店（需要交付 7.44 欧元的保证金）。
● 中央车站
开休 以及酒店的预约与大市场的旅游咨询中心一样

安特卫普

Antwerpen

安特卫普省
Antwerpen

安特卫普位于从布鲁塞尔往北 45 公里，到荷兰国境仅有 30 公里的比利时北部，人口约 50 万人。这个城市的代表是港口、钻石、鲁本斯。

从 15 世纪开始，安特卫普就作为商业、金融的中心发展起来了，安特卫普港现在也是世界上有名的港口之一。其港湾地区的面积就是布鲁塞尔市的 3 倍，形成了欧洲最大的联合工厂。此外，安特卫普还是世界钻石研磨、交易的中枢，是占比利时的出口总额 7% 的主要产业。安特卫普是一个重要城市，没有安特卫普就谈不上比利时的历史和经济。

安特卫普不仅在经济上占有重要位置，17 世纪的巴罗克时期最伟大的画家鲁本斯与他的徒弟凡·戴克等被称为佛兰德斯派的许多画家也活跃在这个城市。从那以后，许多艺术苗子从世界各地赶来此地探访，以期成为未来的鲁本斯。

与过去相比一点儿没有改变，现在商人、艺术家、乘客、旅游者等各种阶层的人都聚集在这个世界的城市——安特卫普。无论你把焦点放在何处，都能发现城市。

漫步安特卫普

安特卫普中央车站是典型的欧洲风格的车站，从 1895 年开始建造了 10 年，现在是被国家指定为重要文化保护遗产的壮观宏伟的建筑。从有巨大圆形天棚的站台的阶梯下去，左侧有去城市中心的出口。由于站内也有 ❶，去看看一定不会有错的。

城市的主要公共交通工具就是有轨电车和巴士。在地下行走的有轨电车叫做 Premetro。1 回券 1.20 欧元。有轨电车和巴士都能通用的 10 回的回数券兰卡尔特（lijnkaart）8 欧元，也有 1 日券 5 欧元。

由于车票从驾驶员那里买价格稍微有点贵，可在车站的售票处 ❶ 买（只有 10 回券）。在车站小卖店或自动售票

观光电车

复活节~9/30 11:00~17:00、10月12:00~16:00、11~12月中旬与3月~复活节前的周六、周日、节日12:00~16:00（上面以外时间停运），需要35分钟。每小时1班。从格伦广场发车。
☎ 03-4809388
URL www.touristram.be
費 5欧元

市内观光

小型马车在复活节休假和7、8月每天运行，这以外，周末的午后（根据天气情况）从大市场广场出发。环游旧市区

大市场广场的市政厅

机提前买好就可以了。此外还有观光电车运行，从旧市区的格伦广场出发去港口、旧市区等地1圈约35分钟。

从车站到旧市区中心的 ❶，步行要30分钟左右，行李很重的人最好乘坐地下有轨电车。从安特卫普中央车站的地下 Station Diamant 乘2号或15号去 Linkeroever 的车，在第三个站 Station Groenplaats 下车。

要步行参观这个城市其实很简单。从中央车站到斯海尔德河，一直往前约30分钟的道路上保留着众多哥特时期的教堂与17世纪的巴罗克风格的历史建筑。1天去美术馆，另1天去参观城市，有两天就可以将主要景点参观完。

安特卫普中心部

首先，背对中央车站，向主要街道德凯泽大街（De Keyserlei）走去，在右侧有一个放射着橙黄色光芒的玻璃幕墙的高层建筑 Antwerp Tower。在这个地方往右拐，马上就看到歌剧院。穿过意大利大道（Italiëlei），从勒伊斯街（Leysstr.）往梅尔（Meir）的热闹购物街走去，就到了左边有一个大的鹭鸟像的瓦佩尔广场（Wapper）。从这里往左拐的左侧，有鲁本斯故居。鲁本斯去世前30年一直住在这里。再沿梅尔街往前走，

安特卫普最醒目的街道梅尔街

佛兰德里亚公司的游船

街道，需要约20分钟。大型两层马车在4~10月的12:00以后运营，需要40分钟。

费1辆小型车23欧元（可坐5人）

☎03-3538270

大型2层马车1人5欧元

☎03-6698520

游船

佛兰德里亚公司（☎03-2313100）仅在夏季，有斯海尔德河和安特卫普港的环游等各种各样的团体游活动。详细情况请在 Steenplein（国立海洋博物馆旁）的码头的❶确认。

斯海尔德河巡游

7、8月的每天11:00、14:00出发。1/10~3/15和9/1~12/30的周六、周日、节日的14:00出发。需要2小时30分钟。

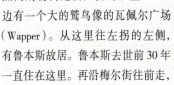
Column　Belgium

《佛兰德斯的狗》奇闻

提起安特卫普，有许多人都会想到《佛兰德斯的狗》。人们自然而然地认为这个故事在比利时也是有名的，但稍早一点的时候，比利时人根本不知道这个故事的存在。那么是怎么回事呢？其实《佛兰德斯的狗》原来是英国女性根据在安特卫普的生活经历写下的故事。只是在日本和英国出版了，在比利时没有这本书卖。

后来因为有一些日本人来到安特卫普，看了圣母教堂后很感动，开始寻找《佛兰德斯的狗》的足迹，所以这个故事在比利时也流传开来，甚至还出版了佛拉芒语版本。

据考证，主人公尼洛住过的地方应是安特卫普市西南的小城——霍博肯。现在城里还耸立着尼洛和帕奇的铜像，圣母教堂前也有"尼洛和帕奇"的纪念椅子。但是，与日本人不同，为何当地人反应不热烈呢，其理由是故事的结局很悲惨，对比利时人来讲太过于消极了，比利时的儿童也不喜欢这种悲剧的倾向。

中央电视台电影频道在1997年"六一儿童节"期间放映过由日本动画公司制作的同名电影，因此本作在中国也有一定的影响力。10年之后的2007年，北京出版社集团和北京十月文艺出版社出版了由肖毛翻译的带插图的实体书。

去霍博肯市的交通指南

从格伦广场乘4路去 Hoboken 的有轨电车在终点站下车。沿着线路返回到 KIOSK PLATS。左转马上就能看到"尼洛和帕奇"的铜像。在它的旁边就是❶。可在❶购买礼品。另外，从中央车站来乘2路有轨电车。

霍博肯市里耸立的铜像和从安特卫普运来牛奶的布比艾·德·佛兰德斯狗

費 12.50 欧元

※观光电车和市内观光、游艇的日期和时间会有变更，详细情况请确认。

另外，还有 1 小时 30 分钟的港口游艇。

費 10 欧元

格兰·巴扎

与格伦广场相邻的一个大购物中心。有杂货、服装、咖啡等的各种各样的店铺。GB 超市在地下。休息购物都很方便。有两个厕所。

住 Beddenstraat 2

➡ Map p.344

✉ **过斯海尔德河**

Vlasmarkt 的有篮球场的地方有一个小的建筑物，这里就是去对岸的连接隧道的入口处。乘滚梯下去，就有一个约 600 米的隧道。可以免费去对岸。骑自行车的人也可以利用（免费）。天气好的时候，去对岸眺望旧市区很不错。

圣母大教堂

☎ 03-2139951

URL www.dekathedraal.be

开 10:00～17:00

　周六 10:00～15:00

　周日、节日 13:00～16:00

　节日的前日 10:00～15:00

　可能有闭馆日。请在网页上确认。

休 1/1　費 4 欧元

英语的免费导游团是11:00、14:15、15:45 发团。请在网页上确认。

安特卫普中央车站的站台，有很高的天井的咖啡馆气氛极好

就到了上面有蓝色 KB 字样的大广告的大楼，这座大楼是非常醒目的高大建筑。在当地，它一般被称为布兰特兰（农协大楼）。它也是欧洲最早建造的高层建筑。

离这里不远的格伦广场（Groenplaats）的中央，有一座鲁本斯的铜像，它以圣母教堂为背景，摊开双手，像是在说"欢迎来到安特卫普"。大教堂周围是旧市区的观光旅游中心。

大教堂的背面，就是大市场广场（Grotemarkt），这里有一个布拉沃喷泉，据说与安特卫普的名字由来有关。喷泉四周就是宏伟的市政厅和行会大楼。一般情况下，喷泉是喷着水的。市政厅对面的右侧有 ➊。

此外，还有离市区稍微远点的王立美术馆和市立米德尔海姆露天雕塑美术馆。可以乘坐有轨电车和巴士到达。

安特卫普的主要景点

圣母大教堂 O.L.Vrouwekathedraal	➡ Map p.344

从 1352 年开始花了约 170 年的时间建起的比利时最大的哥特式教堂。塔高约 123 米，据说以前船只进入安特卫普港时，塔是极好的标志。可以鉴赏鲁本斯的最高杰作祭坛画《上十字架》、《下十字架》、《圣母升天》等，还能欣赏到有关《佛兰德斯的狗》中的少年尼洛的绘画作品。

以圣母大教堂为背景的鲁本斯的雕像

教堂内的《下十字架》

市政厅 Stadhuis

布拉沃的雕像与市政厅

➡ Map p.343–B2

1561~1565 年建造的文艺复兴式的建筑。市政厅前的广场中央有带喷泉的布拉沃的雕像。布拉沃（Brabo）就是布拉班特这个名字的起源。原本是一个古代罗马士兵的名字。把在斯海尔德河上作乱的"巨人之手"（ant）切断并"扔掉"（werpen）。这就是安特卫普的名字的起源。

圣保罗教堂 Sint Pauluskerk

➡ Map p.343–B2

圣保罗教堂

13 世纪作为多明我会修道院的教堂在 3 公顷的土地上建造的，因多次遭受到火灾，现在只有 17 世纪建造的教堂还保留着。这里有用白与黑的大理石修建的比利时最高大的祭台，有 200 个大雕像，有鲁本斯、凡·戴克、约尔丹斯等的 60 余幅画。而且教堂内部很漂亮的雕刻与教堂融合在一起，修道院 700 年的历史中，有 1700 名僧侣曾在这里生活，到处都能感受到他

市政厅
　　希望跟导游团参观时，请向旅游咨询中心询问。

格伦广场附近的好吃的面包店
　　格伦广场附近的面包店 Goossens，当地人经常都会排队买。除面包外还有蛋糕。全部是手工制作。葡萄面包 2.40 欧元，很好吃。
住 Korte Gasthuisstraat 31
☎ 03-2260791

圣保罗教堂
☎ 03-2323267
开 4~10 月 14:00~17:00(4月只有周六、周日、周一可参观)，有变更的可能
休 11 月～次年 3 月
费 免费（希望付点捐款）

安特卫普的礼品
　　这个城市的名字是"扔手"的意思。点心店将点心 Antwerpse Handjes 做成手形，很畅销。奶油风味的相当好吃。点心以外，也有手形的巧克力等。因不容易散，很适合当礼品。

✉ **安特卫普的本地啤酒 De Koninck**
　　白酒和黑啤酒混合后的颜色，口感很好。价格根据店铺的不同，2.10 欧元左右。

们生活过的痕迹。

肉铺行会大楼
住 Vleeshouwersstr. 38
URL www.museumvleeshuis.be
开 10:00~17:00
休 周一（复活节和圣灵降临节的次日除外）、1/1~1/2、5/1、11/1、12/25
费 5欧元

国立海洋博物馆
☎ 03-2019340 开 10:00~16:45
休 周一（复活节和圣灵降临节的次日除外）、1/1~2、5/1、基督升天节、11/1~2、12/25
费 4欧元

✉ **注意假警察**
　国立海洋博物馆的休假日，正在建筑物前拍照，一个男人说"请给我照照相"，就靠过来。我同意后，来了一个假警察，让我把护照和钱包拿出来给看看，好像这两人是串通好的。

肉铺行会大楼　Museum Vleeshuis　● Map p.343-B2

　肉铺行会大楼是1503年的后期哥特式样。直到19世纪中期都还在这里进行肉的交易，现在作为博物馆展出当时的家具等。此外还有钢琴等各种乐器的收藏品。

国立海洋博物馆（斯滕城堡）Nationaal Scheepvaartmuseum Steen　● Map p.343-B1

　10~16世纪都一直作为要塞使用。其中有一部分在约500年的时间都是作为牢房、刑场使用。19世纪进行过修复。现在是海洋博物馆。馆内有帆船、汽船的模型，航海的工具，海图等的展示。也有拿破仑选择安特卫普作为对付英国的中枢军港基地时他的专用战舰的模型。不仅有船，

斯海尔德河河畔的斯滕城堡

Column Belgium

旧式街道

　科赫尔斯—奥西大道（Cogels-Osylei）现已成为国家的重要文化遗产。20世纪初期，有钱阶层相互攀比，汲取了新艺术、装饰艺术、新文艺复兴、新古典等各种式样，建起了以前从未有过的独特街道。从中央车站附近的Gemeentestr.乘去往Exterlaar的11路市内电车，5分钟左右，电车就穿过这些有豪华房子的街道。在贝尔赫姆（Berchem）下车，步行着

（左和右）沿科赫尔斯—奥西大道的住宅

去也非常不错。对建筑有兴趣的人是不会不去的。

　与这里相反，过去贫穷的人们生活过的地段也保留着。从圣母大教堂附近的Oude Koornmarkt的16号地区进入Vlaeykensgang。50年前，这里的人们共用一口水井和一个厕所。现在则变得非常美了，人们走在小路上也充满了愉快的心情。这里有安特卫普著名的很受欢迎的餐厅"萨·安索尼·凡·戴克"。

也能看到安特卫普港古今繁荣的样子，是很有鉴赏价值的博物馆。

鲁本斯故居 Rubenshuis

● Map p.343–B2

鲁本斯不仅具有绘画才能，而且也是一位讲7国语言的活跃的外交家。他从1610年开始，花了5年的时间建起了这个画室兼住宅。当时他就已有很高的名声，欧洲的贵族、艺术家们经常来他家访问。建筑物在1939~1946年进行了修复，现在作为市立美术馆对外开放。

除了日用家具，客厅里挂有一幅鲁本斯留下的为数很少的自画像。二楼的寝室有他53岁时和他结婚的16岁的第二位妻子叶莲娜·弗尔曼的肖像。到他63岁去世，10年里有5个孩子。美丽的庭园不是当时的，但庭园正中的柱廊却一点没变。在罗浮宫美术馆所收藏的《玛丽·德·美

鲁本斯故居　　17世纪一点没变的柱廊

鲁本斯故居
住 Wapper 9
☎ 03-2011555
开 10:00~17:00，最后入场时间16:00
休 周一（复活节和圣灵降临节的次日除外）、1/1~2、5/1、基督升天节、11/1~2、12/25~26
费 6欧元（特别展除外，每月最后的周三免费）。与范·登·贝尔赫美术馆用共通套票

✉ **圣卡洛斯·巴罗梅斯教堂**
Sint-Carolus Borrome-uskerk 因鲁本斯参与制作而有名。在他的设计基础上做成的门面装饰非常漂亮。虽遭遇过火灾，但据说天花板上的画是鲁本斯的作品。
住 Hendrik Conscienceplein 6
☎ 03-2313751
开 10:00~12:30、14:00~17:00
花边展室只有周三开放
费 只有花边展室收费1.50欧元

Column Belgium

荷兰与比利时的比较研究——饮食文化

如果单从饮食文化这方面来说，可以说过去荷兰人选择信新教简直是完全失败。荷兰人被灌输的是素食、禁欲的思想，他们从不去外面餐馆（别说是工作，就是去百货公司购物也带盒饭）。而在百货公司的楼梯上吃三明治的家庭，在荷兰人眼里那真是很好的家庭）。因此从餐馆的数量到质量都发展不起来。结果，荷兰就被打上了"别指望在那儿吃什么"的烙印。

相比之下，信奉天主教的比利时人则继承了美食文化，不能满足比利时人的口味的餐馆将会被淘汰掉。平均分相当的高。在此之上，比利时还拥有本国风味的菜肴，从白葡萄酒蒸贻贝到阿登地区的野鸡无一不令人拍手叫好。荷兰虽然也有芦笋和生鲱鱼等好吃的食材，但这些都是生吃而不需要烹饪加工，因此能否称之为"荷兰菜"还是个问题。在荷兰只吃露天货摊上的哈林，所以很节约；但到了比利时就要打开钱包，坐在餐馆里好好吃了。

第奇的一生》的背景里也有这个柱廊。后面的新建筑是鲁本斯研究所。

普朗坦·莫雷图斯博物馆
☎ 03-2111450
住 Vrijdagmarkt 22
开 10:00～17:00（门票的出售到16:30）
休 周一（复活节和圣灵降临节的次日除外）、1/1～2、5/1、基督升天节、11/1～2、12/25～26
费 6欧元（特别展除外每月的最后一个周三免费）

普朗坦·莫雷图斯博物馆 Museum Plantin Moretus ◐ Map p.343-B1

在世界上也是很珍贵的活版印刷博物馆。1576年从西班牙商人手中买下的，作为普朗坦家和莫雷图斯家的活版印刷的工作场地兼住宅。1605年，

有书籍里的插画等，是很有意思的展览

钻石之城——安特卫普

可以参观钻石工厂的研磨工作

安特卫普中央车站的地下，地下有轨电车车站名为Station Diamant，翻译成中文是"钻石站"。那么，安特卫普与钻石有什么样的关系呢？

安特卫普是世界钻石的交易中心。世界上70%的钻石原石都送到这里来进行研磨。安特卫普的4家交易所有3家都在中央车站附近的Pelikaanstr.和Hoveniersstr.上。特别是Hoveniersstr.到处都是防盗的摄像机，戒备森严。掌控钻石行业的是犹太人，他们背着藏有钻石的包走来走去，这里经常看到犹太教正统派信徒和一些戴有凯吧小圆帽的男人。犹太教正统派信徒不论春夏秋冬，一律身穿黑色西服，胡须有30厘米长，全都卷曲着。这里还有犹太教教堂、超市以及餐馆等。从中央车站到市立公园周围一带，已经形成成了在欧洲最大的犹太人社会。这里同时也是安特卫普城里的特殊地域。钻石店也都建在这周围。

如果想在安特卫普购买钻石的话，推荐你去中央车站附近的Diamondland。关于决定钻石价值的4要素"重量、切割、颜色、透明度"会用英文进行详细说明。可以参观研磨过程。此外，在城里的钻石店最好不要冲动地大量购买。

对钻石历史和原产地有兴趣的人，可去中央车站东侧的钻石省立博物馆（Provincial Diamond Museum）看看。

除有钻石原产地的说明和历史、原石的展示，还可看到19世纪安特卫普的研磨工厂的再现以及众多用钻石来进行装饰的美丽装饰品等现代的展示。

钻石大陆 Diamondland
住 Appelmansstr.33 ◐ Map p.343-A3
☎ 03-2292990 开 周一～周六 9:30～17:30
休 周日、节日

钻石省立博物馆 Provincial Diamond Museum
住 Koningin Artridplein 19-23 ◐ Map p.343-B3
☎ 03-2024890 开 10:00～17:30
休 周三、12/24～26、12/31、1月 费 6欧元
URL www.diamantmuseum.be

钻石省立博物馆里的英国王冠的复制品

从这里发行了第一份欧洲活版印刷的报纸。

到 19 世纪这个地方都还进行着印刷的工作，也是当时的商人、知识分子、艺术家的沙龙。这里也保留了众多鲁本斯手绘的这些人的肖像画。

流行博物馆 Momu　　　　　　　　　●Map p.343–B2

可以获得流行时尚最新信息的流行博物馆

2002 年开馆的新的博物馆。并设有发布安特卫普流行信息的佛兰德流行协会 FFI、美术和建筑专门书店、啤酒屋等。展出中不仅有现代流行时尚，还有古董级花边和流行的历史等展示会。

圣雅各教堂 Sint Jacobskerk　　　　　●Map p.343–B2

15~17 世纪建造的哥特式样建筑。巴罗克式样的内部有金、银等装饰品，拥有鲁本斯、约尔丹斯等人的艺术作品。主祭坛的背面有鲁本斯家的礼拜堂，鲁本斯的遗体就安葬在这里。

内部具有庄严气氛的
圣雅各教堂

范·登·贝尔赫美术馆 Mayer Van den Bergh Museum

●Map p.343–A2

20 世纪初的新哥特式的美术馆，贵族范·登·贝尔赫在晚年不到 10 年的时间里，狂热地收藏古董。这里过去是展出这些收藏品的私立美术馆，1951 年开始，变成了市所有美术馆了。其中，有据说他在德国的跳蚤市场上仅花了一点点钱而得手的有名的彼得·勃鲁盖尔画的《狂女弗里德》（Dulle Griet）。这幅画吸引了很多人参观。

流行博物馆
住 Nationalestr. 28
☎ 03–4702770
URL www.momu.be
开休费 有计划展的时候开馆。开馆的日期和时间请在网页上确认

圣雅各教堂
☎ 03–2250414
开 4~10 月　14:00~17:00
　11 月~次年 3 月　9:00~12:00
休 周日的上午、周日（11 月~次年 3 月）、节日、周二
费 2 欧元

✉ Elisa
圣母大教堂附近的小的巧克力店。巧克力扁扁的形状稍不太好看，不管怎样，给人感觉是手工制作的，但是太好吃了，是大商店绝对做不出来的味道。全部 100 克，3.20 欧元，价格也让人高兴。
住 Grotemarkt 2　☎ 03–2318758

范·登·贝尔赫美术馆
住 Lange Gasthuisstr.19
☎ 03–2324237
URL museum.antwerpen.be/mayervandenbergh/index_eng.html
开 10:00~16:45
休 周一、1/1~2、5/1、基督升天节、11/1~2、12/25~26
费 4 欧元（特别展除外，每月的最后一个周三免费）。与鲁本斯故居使用共通券

王立美术馆
住 Leopold de Waelplaats 1~9
开 10:00~17:00　周日~18:00
休 周一、1/1~2、5/1、基督升天节、12/25　费 6 欧元
（特别展除外，每月的最后一个周三午后免费）
　入口处可免费借用语音导游器（英语）。
Ｂ 从中央车站前去 De Keyserlei，穿过 Franrijklei，左侧的巴士

停车站乘 23 路
T 从格伦广场乘 8 路

✉ **新景点——地下运河探险游**

在斯海尔德河的岸边，中心街的市政厅附近的路易豪斯（Ruihuis）。实际上，几百年以前在地下就存在了，是去地下运河的入口处。建筑物内的一面墙上挂着橡胶的长筒靴，飘浮着异样的臭气味，穿上这些长筒靴＋专用的雨衣，然后就去进行 3 个小时的探险游。导游有英、法、德语。2005 年开放以来，大受欢迎。周末经常客满。

住 Suikerrrui 21

☎ 03-2320103

URL www.ruihuis.be

市立米德尔海姆露天雕塑美术馆

开 10 月～次年 3 月 10:00～17:00
　 4、9 月　 10:00～19:00
　 5、8 月　 10:00～20:00
　 6、7 月　 10:00～21:00

休 周一（复活节与圣灵降临节的次日除外）、1/1～2、5/1、基督升天节、11/1～2、12/25～26

费 特别展除外免费

王立美术馆　Koninklijk Museum voor Schone Kunsten　➤ Map p.343-A1

欧洲有名的美术馆之一，新古典式的建筑内部珍藏了佛兰德斯派、中世纪意大利、德国、荷兰派的大师们的作品 1000 幅以上，现代绘画 1500 幅以上。有许多奥斯坦德出生的画家如詹姆斯·安索尔的作品，特别以鲁本斯的作品而著称。

具有庄重感的王立美术馆的建筑

宽敞的空间展示具有观赏价值的巨大的鲁本斯的作品

市立米德尔海姆露天雕塑美术馆　Openluchtmuseum voor Beeldhouwkunst Middelheim
➤ Map p.343-A2 外

从中央车站高架桥下的 Pelikaanstr. 出发乘 17 路巴士（或从圣母大教堂前的格伦广场与邮局之间的巴士停车站乘 22 路）10～20 分钟，在 Dikke Mee 下车步行 15 分钟左右就到了有茂密大树的米德尔海姆公园。14 公顷的园内绿地中有罗

Column Belgium

安特卫普的集市

要想接触市民的生活，最好于每周日在 Theaterplein 举办的小鸟市场（Vogeleumarkt）去看看。➤ Map p.343-A2(9:00～12:00)。广场上全是赏玩用的小鸟、猫、狗、食用类的兔子、鸡、比利时有名的信鸽等动物和古董、衣服杂货、生鲜食品、鲜花等生活必需品。比利时的汽车牌照是白底红色数字，这个日子也有从老远的荷兰赶来参

气氛活跃的周五集市

观的人，黄色的荷兰牌照的车也将城里的道路塞得满满的，真是名副其实的人山人海。

周五市场（Vrijdagmarkt）➤ Map p.343-B1，是周五的 9:00～12:00 在 Vrijdag Markt 的广场竞拍旧家具。广场周围的古董店也很多。此外，圣母大教堂北侧的 Lijnwaadmarkt 从复活节到 10 月的周六（9:00～17:00，但是要看天气状况）举办古董集市。

丹、亨利·穆尔、扎得凯、米莱斯等人的320个现代雕像
（其中一半固定在园内的露天美术馆里）。好不容易来到宽
广的公园，就慢悠悠地去观赏吧。

 安特卫普的餐馆　　　　　　　　　　Restaurant

　　圣母大教堂周围与从中央车站延伸的De Keyserlei等，
有许多餐馆。此外如果不想吃西餐了，就去中央车站旁边的
中华街（V.Wesebekestr.）吧，有好吃的炒面和炒饭，定能
满足你的胃口。套餐也就11欧元左右。

特·福尔洛易斯　't Fornuis　　　　法国菜　　 Map p.344

　　使用当地的食品材料的法国
餐馆。获米其林一星，安特卫普
最好的法式餐馆。主菜35~45欧
元。套餐90欧元。
住 Reyndersstr. 24

☎ 03-2336270
营 12:00~14:00、19:00~21:30
休 周六、周日
服装 要系领带或穿正装
预 要预约
CC A.D.M.V.

努滋·努滋　Neuze Neuze　　　　　法国菜　　 Map p.344

　　16世纪建筑物改装的法国餐
馆。店名"用鼻子去闻闻"（努
滋·努滋）听起来很有趣。午餐
28欧元。晚餐套餐56欧元。有
英文菜单。

住 Wijngaardstr. 19
☎ 03-2322797
营 12:00~14:15、19:00~21:30
休 周三、周六白天、周日、节日
服装 要系领带或穿正装
预 要预约　CC A.D.J.M.V.

多克斯·咖啡　Dock's Cafe　　　法国和意大利菜　　 Map p.343-B2

　　现代的内部装饰。以蚝和海参
等海鲜类做主要材料来烹饪菜肴。
主菜与咖啡的午餐15欧元。晚餐
23.50与29.50欧元。有英文菜单。
住 Jordaenskaai 7

☎ 03-2266330
营 12:00~14:30、18:00~23:00
（周五、周六~24:00）
休 周日、节日
服装 整洁合身的服装
预 不要　CC A.M.V.

杜·福瓦艾　De Foyer　　　　　　欧洲菜　　　 Map p.343-A2

　　在鲁本斯故居附近的市立剧
场的二楼。空间高大的室内有相
当好的气氛。累了的时候，在咖啡
间坐坐也好。晚餐20~25欧元。
住 Komedieplaats 18

☎ 03-2335517
营 11:00~24:00（周日~18:00）
休 周日、节日
服装 整洁合身的服装
预 不要
CC A.M.V.

特·霍夫克 't Hofke
便餐馆

进入里面，有一只关在笼子里的活泼的小鸟。因是16世纪的建筑，还保留着当时的气氛和趣味。中庭里有个小的露台。空心粉约14欧元。猪肉里脊的嫩煎16.95欧元。沙拉9.50欧元。

● Map p.344

住 Oude Koornmarkt 16
☎ 03-2338606
营 12:00～15:00、18:00～22:00
（周六、周日 12:00～22:00）
休 无　服装 无
预 希望预约
CC A.M.V.

德兹勒·杜·利尔 Désiré de Lille
便餐

以华夫饼与水果饼为主。午餐稍微吃点也行。加入了被称为拉库蒙（Lacquemant）的秘制蜂蜜。硬的薄华夫饼（1张2欧元）相当甜。也有布鲁塞尔华夫饼。

● Map p.344

住 Schrijnwerkersstr.14-18
☎ 03-2336226
营 9:00～20:00(周五、周六和5～9月～22:00)
休 1/1　服装 无
预 不要
CC 不可

奥尔塔 Horta
咖啡·餐馆

使用被解体的奥尔塔的代表性建筑"人民公会堂"（1897）的建材修建的现代风格的咖啡餐馆。从饮料到便餐、早餐连午餐，有很丰富的菜单供选用。小孩子菜单7.40～9.60欧元。

● Map p.343-A～B2

住 Hopland 2
☎ 03-2322815
URL www.grandcafehorta.be
营 9:00～22:00(周五、周六～23:30)
休 无　服装 无
预 不要　CC A.D.M.V.

杜·塔洛尔克斯 De Taloorkes
啤酒屋

名字叫小盘的店，分量充足的比利时菜。墙壁上挂着当天的推荐菜品，晚上就成了满座的很受欢迎的店。午餐8欧元。奶汁烤干酪菜12欧元。

● Map p.344

住 Lange Koepoortstraat 61
☎ 03-2343998
营 12:00～22:00
休 无　服装 无
预 晚上要预约
CC 不可

艾尔福德·赫巴特 Elfde Gebod
啤酒屋

有圣人木像的地方，感觉就像在教堂的旁边一样，素朴的安特卫普特有的啤酒屋。
住 Torfburg 10
☎ 03-2893466

● Map p.344

营 12:00～次日1:00(周末～次日2:00)
休 1/1
服装 无
预 不要
CC M.V.

佩尔古洛姆 Pelgrom　　　　　　　啤酒屋

原来是葡萄酒的储藏库，战争中也被作为防空洞使用。也有克里克（樱桃啤酒）。啤酒的种类也很丰富。有特制的牛排等，可以高高兴兴地进餐。有英文菜单。

➡ Map p.344

住 Pelgrimstr. 15　☎ 03-2340809
营 17:00~24:00
周六、周日 12:00~24:00（点餐~23:00、1/117:00~ ）
休 12/24　服装 无
预 不要　CC M.V.

库利米娜特尔 Kulminator　　　　　啤酒屋

写有各种各样的啤酒的清单，相同牌子的啤酒按年代顺序排列。最古老的是罗登巴克72年、罗什福尔75年的。是对饮酒方式很讲究的啤酒屋。

➡ Map p.343-A2

周六 17:00~)
休 周日、节日、复活节后1周时间、7月下旬~8月上旬、年末年初
服装 无
预 不要
CC 不可

住 Vleminckveld 32　☎ 03-2324538　营 11:00~ 深夜（周一 20:00~、

🛍 安特卫普的商店

Shop

因为安特卫普有6位王立艺术学院的流行专业的毕业生的作品在1988年于伦敦展出，引起了轰动。从那时开始，安特卫普因是比利时的流行发源地而备受瞩目。以瓦尔特为首的6人被称为"安特卫普6人组"，成为比利时流行界的引领者。商店分散在从格尔广场到王立美术馆延伸的道路Nationalestr.上。此外，去古董商店和市场看看也很有趣。

赫特·摩德巴勒斯 Het Modepaleis　　服装

安特卫普出生的流行设计家，也是国际知名的"安特卫普6人组"中的第一人——德赖斯·范诺顿的店。

➡ Map p.344

住 Nationalestraat 16
☎ 03-4702510
营 10:00~18:30
休 周日、节日、1/1、12/25
CC A.D.M.V.

瓦尔塔 Walter　　　　　　　　　服装

"安特卫普6人组"中的瓦尔特用车库改造成的店。店内到处放有抽象的物体，飘浮着艺术画廊的气氛。

➡ Map p.343-A2

住 St.Antoniusstraat 12
☎ 03-2132644
营 11:00~18:30（周一 13:00~）
休 周日、节日、1/1、12/25
CC A.M.V.

路易 Louis

服装

被称为"安特卫普6人组"之母的老板经营的时装店。选择了比利时设计家们设计的服装。

➲ Map p.343-B2

住 Lombardenstraat 2
☎ 03-2329872
营 11:00~18:30
休 周日、节日、1/1、12/25
CC A.M.V.

可可多利约 Coccodrillo

鞋子

有气质的漂亮的鞋的专卖店。古典的内部体现出上等的气质。有男式和女式的。

➲ Map p.343-B2

住 Schuttershofstraat 9A-B
☎ 03-2332093
营 10:00~18:00
休 周日、节日、1/1、12/25
CC A.D.J.M.V.

德尔·勒伊 Del Rey

巧克力

可以买到手工制作的巧克力，还有蛋糕、果酱、洛林蛋糕等。250克一盒的布拉利勒巧克力14.50欧元。相邻的茶室可以吃便餐。

➲ Map p.343-B3

住 Appelmanstraat 5-7
☎ 03-4702861
营 9:00~18:30、Salon 沙龙是 10:00~18:00
休 周日、节日、1/1、12/25
CC A.D.J.M.V.

Hotel

🏢 安特卫普的酒店

　　酒店的数量虽然多，青年旅舍和好的酒店在午后基本客满。所以尽可能地在午前找好酒店。即使是深夜到达，住在车站周围酒店集中的地区也比较安心。可在 ❶ 免费预约酒店。而且，从 ❶ 预约还可能会有有折扣的酒店，一定要好好利用。此外60欧元左右就能住宿的廉价的B&B也能给你介绍。此外，入住中央车站附近的因有安全问题而不能给大家推荐的廉价酒店，对大堂的气氛和房间要事先检查一下，注意自我保护。

杜·克泽尔 De Keyser

★★★★

从车站来很近，有醒目的街道，非常方便。馆内的娱乐保养中心里有健身房和游泳池、桑拿房。住宿者可以免费使用。共有123间客房。

➲ Map p.343-B3

住 De Keyserlei 66-70
☎ 03-2067460 **FAX** 03-2323970
URL www.vhv-hotels.be
费 带淋浴/浴缸和厕所 ⑤90欧元~ ⑪110欧元~含早餐
CC A.D.J.M.V.

希尔顿 Hilton ★★★★

在城市的中央，面对格伦广场，有极好的地理位置，客房空调完备，宽敞，有禁烟室。可以高速上网，有餐厅、酒吧和健身房。

住 Groenplaats ☎ 03-2041212

➲ Map p.343-B2

FAX 03-2041213
URL www.hilton.com
费 带淋浴/浴缸和厕所 Ⓢ Ⓣ
189 欧元～ 有周末费用制度
早餐 25 欧元
CC A.D.J.M.V.

海利特 Hyllit ★★★★

房间宽敞，现代舒适的酒店。从中央车站来比较近，入口是从Appelmansstraat 乘电梯到二楼。有12 米的游泳池。共有 127 间客房。

住 De Keyserlei 28-30

➲ Map p.343-B3

☎ 03-2026800 FAX 03-2026890
URL www.hyllithotel.be
费 带浴缸和厕所 Ⓢ135 欧元～
Ⓣ170 欧元～ 有周末费用制度
早餐 20 欧元
CC A.D.M.V.

商通 Sandton ★★★

钻石乐园等在钻石店很多的区域里的酒店，去中央车站也很方便，客房是现代的感觉。免费无线上网。共有 66 间客房。

住 Lange Herentalsestr.25-27

➲ Map p.343-A3

☎ 03-2020820 FAX 03-2020829
URL www.sandtonantwerp.be
费 带淋浴/浴缸和厕所 Ⓢ77.50
欧元～ Ⓣ80 欧元～ 有周末费用制度 含早餐
CC A.D.M.V.

科隆布斯 Colombus ★★★

在歌剧院附近，到中心街乘有轨电车很方便，步行也能去。虽小，但有室内游泳池，有能上网的商务中心，设施齐备。共有 32间客房。 住 Frankrijklei 4

➲ Map p.343-B3

☎ 03-2330390 FAX 03-2260946
URL www.colombushotel.com
费 带淋浴和厕所 Ⓢ97 欧元
Ⓣ117 欧元 有周末费用制度
含早餐
CC A.D.M.V.

阿果拉 Agora ★★★

面向从中央车站出来附近的阿斯特利德广场，乘列车到达时放下行李就可去市中心。2006 年 3 月开业的新酒店。大厅就可无线上网，房间可以使用付费的有线上网。

➲ Map p.343-B3

住 K. Astridplein 43
☎ 03-6094444
FAX 03-2316707(预约)
URL www.demahotels.be
费 带淋浴和厕所 Ⓢ75 欧元
Ⓣ85 欧元 含早餐
CC A.M.V.

旅行者 Tourist ★★

离车站很近，乘列车时很方便，24小时接待。并设有餐厅、酒吧，可以品尝到比利时啤酒。有电视、直拨电话、小吧台。共133间客房。

⊖ Map p.343–A3

住 Pelikaanstr.20-22
☎ 03-2325870　FAX 03-2316707
URL www.demahotels.be
费 带淋浴/浴缸和厕所⑤85欧元　Ⓣ104欧元　含早餐
CC A.D.M.V.

台球宫殿 Billard Palace ★

在快餐店的上面，就像它的名字一样，有台球设施，也有淋浴和厕所公用的房间。很便宜，但是要想追求舒适和安心，也许不太可能，早餐是美式自助餐。共57

⊖ Map p.343–B3

间客房。
住 Koningin Astridplein 40
☎ 03-2334455　FAX 03-2314543
URL www.hotelbillardpalace.be
费 ⑤48欧元～　Ⓣ59欧元～
早餐 3欧元　CC A.M.V.

B&B 莫勒纳斯·多尔姆 B&B Molenaars Droom

位于Gerechtshof（高等法院）的后面，住宅区的幽静环境里的家庭式小酒店。馆内禁烟，房间明亮，全室有淋浴。周末很拥挤，最好尽早订房。

⊖ Map p.343–A2

住 Molenstr.35　☎ 03-2591590
URL www.bedandbreakfastdream.com
费 带淋浴和厕所⑤60欧元
Ⓣ70～120欧元　含早餐
CC 不可
ⓉⒷ 在Gerechtshof下车

斯科特尔 Scoutel　青年旅舍

位于Stoomstraat稍稍有点难找的地方，因有Scoutel的大招牌，找到它就可以了。含床单费。馆内有乒乓球桌。也有3人或4人的房间。共有22间客房。

住 Stoomstr. 3　☎ 03-2264606　FAX 03-2326392

⊖ Map p.343–A3

URL www.scoutel.be
费 ⑤28.80欧元(25岁以上32.20欧元)
　Ⓣ46.20欧元(25岁以上52.40欧元)
　含早餐
CC M.V.

Column Belgium

斯海尔德河附近，古仓库改装的 B&B Big Sleep

房间是宽敞的套房，附近餐馆很多，送到房间的早餐分量充足。禁烟。要预约。从Antwerpen Berchem站乘8路有轨电车在Nationalestraat(Mode Museum)下车，步行3分钟。

住 Kromme Ellenoogstraat 4
☎ 047-4849565
URL www.intro04.be/thebigsleep
费 1人55欧元、2人80欧元、3人105欧元、4人130欧元
　没有早餐时每人减收5欧元。

利 尔

Lier

 安特卫普省
Antwerpen

据正式记载利尔诞生于 1212 年，作为中世纪贸易通道上的中转站而繁荣。因第一次世界大战的空袭受到了重创，但修复后的建筑物也能让我们回想中世纪的城市的面貌。它虽然没有像安特卫普与梅赫伦那样成为历史的主角，但到今天，静静流过小城的内特河周围幽静的美丽风光，吸引了无数的画家来这里作画，并留下作品。

现在是知名的钻石研磨城市。为了安全防范，在那里都看不到研磨工厂的招牌。晾晒着衣物的民家的后院里经常会传出研磨的声音，从安特卫普运来的原石就在这里加工。

漫步利尔

从车站出来，沿左斜的路一直往前走，约 10 分钟到达市中心广场——大市场（Grote Markt）。广场的中央有标有 1369 年字样的很可爱的哥特式样的钟楼。它就是市政厅（Stadhuis）。它的旁边就是 1418 年建造的新哥特式样的肉店行会（Vleeshuis）。❶ 在市政厅内，从对面

Belgium

布鲁塞尔

◀◀◀◀ **ACCESS** ▶▶▶▶

从安特卫普来的列车约 15 分钟，1 小时 3 趟班车。

荷兰语 ● Lier
法语 ● Lierre

旅游咨询中心
住 Stadhuis, Grote Markt 57
☎ 03-8000555
FAX 03-4881276
URL www.toerismelier.be
开 9:00～12:30、13:00～17:00
休 周六、周日(11 月～次年 3 月)

运河游艇
从齐默尔塔的背面的桥墩处有导游的游艇出发。20 分钟就可以参观完内特河的美景。需要预约。预约在餐馆 Taverne't Schaeckber 里。
住 Zimmerplein 12
☎ 03-4806640
开 4～10 月
周六 14:30～15:30
周日、节日 14:00～18:00
费 2.50 欧元

静静流淌着的内特河

的右侧入口进去。

从大市场出发，再过一座桥走到 Rechtestr. 就到了圣古马尔斯教堂的正面。再一次从原路返回，这次不过桥，沿内特河左侧前进。静悄悄的美丽的运河河畔就有蒂默曼斯·奥普索梅尔博物馆。

博物馆的对岸的齐默尔广场（Zimmerplein）上有利尔最大的景点，耸立着镶嵌着世界天文钟的齐默尔塔。在广场的对面有 1375 年建造的城墙的一部分——牢房之门（Gevangenenpoort）。从这个门所在地往右拐就回到了大市场。另外，往左拐沿 Begijnhofstr. 一直前进，就到贝金会修道院。

利尔的主要景点

圣古马尔斯教堂 St. Gummaruskerk ⊙Map p.359

14~16 世纪修建的，有漂亮的彩色玻璃的布拉班特·哥特式样的教堂。因卡尔五世的父母就在这里举行婚礼而闻名。

蒂默曼斯·奥普索梅尔博物馆 Huis Timmermans–Opsomer
⊙ Map p.359

内特河河畔的宅第，展出佛兰德出生的作家蒂默曼斯、画家奥普索梅尔、造型艺术家范布劳凯路等人的作品。

齐默尔塔 Zimmertoren ⊙Map p.359

1888 年利尔出生的钟表制作名家路易斯·齐默尔用 5 年的时间建造了这个百年天文钟。被称为 20 世纪最大的发明的这个钟在1930年完成，装在了利尔保留下来的中世纪的塔上。钟上的13个表盘显示了时刻、日期、月的圆缺、潮涨潮落等。可以参观内部复杂的结构。

贝金会修道院 Begijnhof

➔Map p.359

贝金会修道院犹如利尔市的代名词。从巴罗克式样的门走进去就能看到修女们的住处、教堂、医院以及到1970年时已有200年历史的少女孤儿院等。这里是小城里占地2公顷的由女性组成的特殊社会。有比利时很盛行的枕结花边，是用像挖耳勺一样的针来编织的。利尔独特编织方法的演示在周一、周二、周四的13:30~16:30（在 i 确认）。在修道院里的Hellestr.等地可以参观。

有比利时花边编织演示的贝金会修道院的小路

Column Belgium

荷兰与比利时的比较研究——流动售货亭的小吃

荷兰的流动售货亭所卖的食品中最有名的是生鲱鱼，和洋葱末放在一起吃，很好吃。而且人们通常是手拿鲱鱼就直接放进嘴里吃，非常的有趣。但在比利时，有一种叫弗里兹的，是一种被切成块的油炸土豆。虽然荷兰也有卖的，但是总比不上比利时的正宗。因为不管怎么说，比利时都是第一个把土豆油炸后吃的地方。比利时人最痛恨英语中把油炸土豆称为法国油炸食品。他们总是说："不，不是这样。应该是比利时油炸食品。"

不仅是流动售货亭，餐馆也经常以油炸土豆来配菜。手里拿着炸过两次的热乎乎的油炸土豆，边走边吃最好不过了。吃的时候，加点盐也行。像比利时人一样，抹上点蛋黄酱后吃吧。抹芥末和沙拉酱也不错。但是比利时人家里都有电油煎锅，会每周吃一次自己做的弗里兹。而且每个家庭都有一套世代相传的独特烹饪方法。比利时人对吃的热情令我们不得不佩服。可以说弗里兹是比利时人最钟爱的食物之一。

布鲁塞尔

◀▮▮▮ ACCESS ▮▮▮▶

从布鲁塞尔中央车站乘IC列车约30分钟。每小时3班车。从列日来约35分钟或50分钟。1小时2班车。

荷兰语 ● Leuven
法语 ● Louvain

旅游咨询中心
住 Toen Hall, Naamsestraat 1
☎ 016-203020
FAX 016-203003
URL www.leuven.be
开 10:00~17:00
休 周日、节日（11月~次年3月）、1/1~2、11/1、11/11、12/25~26

多姆斯 Domus
古都勒芬有巨大的啤酒公司 InBev，在这个城市很有名，由工厂附属的啤酒屋发展起来的大型店铺。多姆斯里菜品也很便宜，原创啤酒的 CON 多姆斯 500 毫升的话 3.40 欧元。nostra 多姆斯 3.60 欧元。
住 Tiensestraat 8
➡ Map p.362
☎ 016-201449
营 9:00~次日 1:00 周五、周六 ~次日 2:00
休 周一

勒 芬

Leuven

布拉班特省
Brabant

13~14 世纪，勒芬城是布拉班特公爵的居住地，曾和布鲁塞尔竞争过首都地位。13 世纪因毛纺织产业而繁荣后，14 世纪的市民与贵族因争夺统治权而急速衰落。正好在这时，勒芬大学在原来的毛纺织物市场的遗址上建起来了。到了 18 世纪，勒芬城因从 14 世纪就已开始的啤酒产业再次焕发了活力。

勒芬城用一句话来概括，就是宗教、学生及啤酒的城市。而中世纪以来的古老街道就证明了这一点，依旧保留了原来的风貌。宗教祷告，学生学习，市民在不断讴歌人生，一切都没有变。这里有俭朴的生活和静寂的环境，然后再喝一杯啤酒，这样也就完美了……

漫步勒芬

出了车站，沿正面的街道一直往前走。远处（也就步行10 分钟）就是市政厅的尖塔，朝着这个目标走就可以了。建有市政厅的大市场就是城市的中心地区。❶ 就在市政厅内。主要的景点全部集中在从这个广场步行 5 分钟以内的地方。

走累了就来大学礼堂前的旧市场（Oude Markt）吧。从午后到深夜，有时候到凌晨都有年轻人在

勒 芬

圣彼得教堂 St. Pieterskerk 剧场
大市场 Grote Markt
❶
普洛法索尔 市政厅 Stadhuis 多姆斯 Oysterbar
市立博物馆
旧市场 Oude Markt 大学礼堂
Hogeschool plein
圣米歇尔教堂
大学图书馆
Diestsestr.
Bondgenotenlaan 去往车站
Brusselsesteenweg
Vaartstr.
Leopoldstr.
Vanderkelenstr.
Tiensestr.
Parijsstr.
Deberiotstr.
N
0 200m

优雅的像石雕一样的市政厅

喝啤酒，不愧为啤酒之城。夏季露天平台都搭到了广场上，爆发出相当大的能量。勒芬啤酒繁荣的理由是布拉班特的森林下流淌着优质的水，据说非常适合酿造啤酒。一到这个广场，你会感到勒芬城几乎与学生之城的称号无缘，因为看起来，学生们似乎与啤酒更相称。

勒芬的主要景点

市政厅 Stadhuis　　　　　　　　　◑ Map p.362

　　面向城市中央的大市场而建的火焰·哥特式样的市政厅，是欧洲屈指可数的美丽建筑。15世纪中期，在善良的布尔戈涅·菲利普公爵的命令下由建筑家马修·德·莱恩设计建造。被称为"石头的花边"的建筑物正面是以《圣经》与城市的历史为题材的雕像，共有236个装饰在上面。布鲁塞尔的王立美术馆里的迪里克·鲍茨（Dieric Bouts）的《火的磨炼》，原本放在这个市政厅里，现在只有复制品挂在这里。

圣彼得教堂 St. Pieterskerk　　　　　◑ Map p.362

　　市政厅对面的侧面有一个布拉班特·哥特式样的教堂。在1176年烧毁的古罗马教堂的遗址上1425~1497年建造的。最初的设计预定正面要建3座塔。因地基不稳而

市政厅（导游观光团）
开 4~9月 11:00、15:00
　　周六、周日、节日只有15:00
　　10月~次年3月 15:00
※有结婚仪式、正式的活动时不能参观。需要确认。
休 10月~次年3月的节日、周日、1/1、12/25
费 2欧元

圣彼得教堂
开 10:00~17:00、
　　周六 10:00~16:30
　　周日、节日 14:00~17:00
休 周一（10/16~次年3/14）、
　　1/1~2、8/14~15、12/25~26
费 只有宝物殿要付费。5欧元

餐馆 奥斯塔吧 Oesterbar
　　市政厅附近的鱼菜馆。
分量与味道都令人满意。白
天菜品 18 欧元，主菜 25 欧
元～。这条街上有许多餐馆。
住 Muntstraat 23
➡ Map p.362
☎ 016-290600
开 12:00～15:00、18:00～22:30
休 周日、周三、周四

未完成。这个教堂
里有迪里克·鲍茨
（Dieric Bouts ） 的
名作《最后的晚餐
Cene》(1468 年作)。
这幅画中右端站着
的戴红帽子的就是
鲍茨自己。

圣彼得教堂

勒芬天主教大学 Katholieke Universiteit Leuven
➡ Map p.362

大学大楼前成了休憩的场所

　　1425 年，由教皇马尔提斯五世命令建成。随着以后的
发展，伊拉斯谟、托马斯·莫
尔、墨卡托、冉森等都曾在这里
执教。现在是比利时最大的综合
大学，有约 2.7 万名学生。1968
年以来因荷兰语和法语的对立，
以法语为母语的学生全部转学到
了布鲁塞尔和那慕尔之间的大学
城市新勒芬去了。

Hotel

🏢 勒芬的酒店

普洛法索尔 Professor ★

　　市政厅附近的虽小但舒适的
酒店。旅游观光方便。各房间有
电视、直拨电话，有美式早餐。
有 8 间客房。
住 Naamsestr. 20

➡ Map p.362
☎ 016-201414
FAX 016-291416
费 带淋浴 / 浴缸和厕所 Ⓢ65
欧元 Ⓣ80 欧元
含早餐
CC A.D.M.V.

哈瑟尔特
Hasselt

 林堡省
Limburg

哈瑟尔特在中世纪属于列日司教区，曾经被荷兰统治过。现在与荷兰的国境相接，也是林堡省的省会。正在加大产业的培养，特别是以商业方面的发展为目标，有"流行之城"的美称。

哈瑟尔特也是被称为朱奈瓦的杜松子酒的产地。城里有比利时唯一的杜松子酒博物馆。一到10月中旬举办的朱奈瓦节时，整个城市都充满了活力。

漫步哈瑟尔特

从车站出来，往右走去，就到了围绕城市的环形道路。内侧是哈瑟尔特的旧市区。穿过窄窄的街道，再往前走，从车站出发走10分钟就到了大市场（Grote Markt）。这个广场周围，是哈瑟尔特最繁华的街道，有许多流行的服装店，经常有许多顾客，非常的热闹。此外，在城里各处走走，就会看到与城市的规模不相符的高级品牌店。在"流行之城"——哈瑟尔特有许多从远方专门来此地购物的人。 在从大市场进入 Hoogstr. 第二个拐角的左拐弯处，市政厅旁边的建筑物。景点集中在旧市区。因不是太大的城，有半天的时间就可环游一周了。

哈瑟尔特

国家杜松子酒博物馆
Nationaal Jenevermuseum

日本庭园

警察局

贝金会修道院
Begijnhof

市政厅

圣昆廷大教堂
St.Quintinuskathedraal

圣母教堂
O.L.Vrouwkerk

市立博物馆
Stellingwerff-
Waerdenhof
Museum

大市场
Grote Markt

200m

哈瑟尔特的主要景点

圣母教堂 O.L.Vrouwkerk
➔ Map p.365

18世纪建造的，内部装饰的是从哈瑟尔特郊外的赫路凯恩罗德修道院转移过来的祭坛和雕像。这里的祭坛是由

◀◀▮▮ ACCESS ▮▮▶▶

从布鲁塞尔乘 IC 约 1 小时 20 分钟，每小时 2 班列车。从安特卫普乘列车约 1 小时 5 分钟，每小时 1 班车。
法、荷语 ● Hasselt
旅游咨询中心
Ⓘ Lombaardstr.3
☎ 011-239544 FAX 011-225023
URL www.hasselt.be
开 4~10月　9:00~17:00
　　周六 10:00~17:00
　　周日、节日 10:00~14:00
　　11月~次年3月 9:00~17:00
　　周六 10:00~17:00
休 周日、节日(11月~次年3月)
✉ 商店街的可爱招牌
从大市场往东走进一条向东延伸的 100~150 米的街道，那里的商店挂着很可爱的招牌。只看看就很快乐。
Outlet 商店 Maasmechelen Village
各式各样的品牌有 30%~70% 减价，集中了 Outlet 商店的地区在哈瑟尔特北面的 Maasmechelen。
Ⓘ Zetellaan 100, 3630 Maasmechelen ☎ 089-774000
URL www.maasmechelenvillage.com
组钟博物馆
☎ 011-239890
开 只在 7、8 月的周日和节日 13:00~17:00 费 1.50 欧元
※详细情况要确认。
国家杜松子酒博物馆
☎ 011-239860
开 10:00~17:00 11月~次年3月的周六、周日、节日是 13:00~

日本庭园
开 10:00~17:00
周六、周日、节日 14:00~18:00
休 周一、4/12 费 5 欧元

从大市场出发，4~10月有小火车运行。7、8月是 14:00~16:00 的每个整点发车 (周一休息)。7、8月除外，4~10月只有周日、节日 14:00~16:00 的每个整点发车。返回的车请确认。

哈瑟尔特的酒店
从车站到市中心一带，共有 6 个酒店。

● 巴克斯 Pax
在大市场，旅游方便，一星级酒店，美式自助早餐。共 9 间客房。
住 Grote Markt 16
☎ 011-223875 FAX 011-234391
费 带淋浴和厕所 Ⓢ 37.50 欧元 Ⓣ 62 欧元 含早餐
CC A.D.M.V.

● 珀特曼斯 Portmans
位于从大市场往北延伸的小路 100 米左右的地方，二星级酒店。有意大利餐厅。共 14 间客房。
住 Minderbroederstraat 14
☎ 011-263280 FAX 011-263281
URL www.hotelportmans.be
费 带淋浴 Ⓢ 85 欧元 ~ Ⓣ 90 欧元 ~ 含早餐
CC A.M.V.

贝尔尼尼的弟子——17 世纪的列日雕刻家贾·德尔库鲁设计完成的。

圣昆廷大教堂 St. Quintinuskathedraal	●Map p.365

大市场的北面耸立着的哥特式的教堂。11 世纪开始建造，塔是 13 世纪建造的，尖塔部分是 18 世纪建造的。塔的内部是组钟博物馆 (Beiaard museum)。可以参观组钟的结构。

国家杜松子酒博物馆 Nationaal Jenevermuseum	●Map p.365

朱奈瓦是 1660 年由荷兰的莱顿大学的医生将杜松子泡到酒精里蒸馏后生产出来的。后来传到英国，杜松子酒从而传遍全世界。哈瑟尔特在 17 世纪以后成为比利时的杜松子酒的主要生产地。这个博物馆就是依照过去的酿造厂建造的，按杜松子酒制造过程的顺序进行说明。参观到最后，在馆内的吧里可以试饮，销售约有 100 种的杜松子酒。

贝金会修道院 Begijnhof	●Map p.365

将中庭围起来修建的。保留着 18 世纪的修道院的建筑物。其各个房间现在作为办公室等正在使用。大门口和庭院前装饰着前卫抽象的东西。这里有具有历史感的古典建筑与现代艺术，把它们对比起来非常有趣。

日本庭园 Japanese Tuin	●Map p.365

为什么在这里有日本的庭园？也许会感到不可思议。实际上哈瑟尔特与日本的伊丹市是姐妹城市。由伊丹市援助，从城市中央到东北的卡珀尔默伦公园里建有庆典馆、茶室、庭园、瀑布等，成为市民们的休憩场所。

野外博物馆——波克莱克 Bokrijk Park Open Air Museum

野外博物馆向人们展示了这个地方过去生活的场景。90 公顷的面积，建有水车小屋、风车等，博物馆周围有森林、湖沼等，建议你去那里享受自然风光。
住 Bokrijk Park, Bokrijklaan 1, 3600 Genk ☎ 011-265300

URL www.bokrijk.be
开 3/28~9/30 10:00~18:00
费 10 欧元

交通：从哈瑟尔特去 Genk 的列车约 10 分钟，在 Bokrijk 下车。从布鲁塞尔出发有直通列车，1 小时 1 班车。需要时间：1 小时 35 分钟。因是无人站，请购买往返票。从车站到野外博物馆步行 10 分钟左右。

梅赫伦

Mechelen

安特卫普省
Antwerpen

梅赫伦位于安特卫普与布鲁塞尔中间位置，是一个人口约有 8 万人的城市。城市的历史可以追溯到 8 世纪末。12~13 世纪以纺织业而繁荣、发展。但是在梅赫伦的历史中，最华丽的时代是作为尼德兰（现在荷兰和比利时两国）的首都的时代。从 1506 年开始，马克西米利昂皇帝的女儿玛加丽塔代替年幼的神圣罗马皇帝卡尔五世掌管政权以后的 25 年间，梅赫伦作为欧洲的政治、文化、艺术中心而繁荣。

第二次世界大战时城市遭到了重创，这以后，建筑物被修复，现在仍很好地保留着 14 世纪以来的东西。

漫步梅赫伦

出车站后，沿右前方延伸的 Consciencestr. 一直往前走，途中渡过运河，穿过热闹的商店街，步行 15 分钟后就到达城市中心大市场（Grote Markt）了。乘巴士的话，在第三个车站下车，哪个巴士都到这里。

围着大市场，右侧是现在的市政厅。左侧是 14 世纪的

Belgium

布鲁塞尔

◀◀◀◀ ACCESS ▶▶▶▶

从布鲁塞尔中央车站或安特卫普中央车站来约 20 分钟，1 小时 4~6 班车。
荷兰语 ● Mechelen
法语 ● Malines
旅游咨询中心
🏠 Hallestraat 2-4-6
☎ 070-222800
📠 015-297653
URL www.inenuitmechelen.be
🕐 9:30~17:30
　夏季　周六、周日、节日~16:30
　冬季　周一~周五~16:30
　冬季　周六、周日、节日~15:30
🚫 1/1~3、12/25~27
　还有其他各种酒店名册。可在一、二楼观看市内指南的录像。

比利时糕点随笔 –2

生日篇

小孩子出生后，就要送卡片来通知大家，并在教堂接受洗礼。之后，教父教母（天主教中小孩的代父母）会给人们发洗礼糖，就是一种像围棋棋子那样底部为椭圆形、被染成淡粉或蓝色的巧克力球状的东西，也有的在里面放进杏仁。

也许有的人想在生日那天获得礼物，于是当众宣布"我的生日是几月几日"。但居住在比利时的我是绝不会说的。因为这里的习惯是过生日的人要请朋友和同事吃饭。经常有人在咖啡馆等地招待客人，说："今天是我的生日，我做东，大家好好喝。"这样的话，在幼儿园和小学里，做父母的要给自己小孩的同学和老师每人一袋糖或给他们文具。当然有的家庭不这样做，特别是年轻人大多不会这样做。孩子多的话不仅会浪费钱，而且要挑选糖，一袋一袋封起来，仅准备工作就够麻烦的了。

市内观光

市内观光咨询中心举办的市内观光团需要 2 小时。

3/21~6/20 周二～周日 14:00 和 15:00 出发

6/21~6/30 周末 14:00

7/1~8/31 每天 14:00

9/1~10月上旬只有周末 14:00

费 5 欧元

王立挂毯工场

De Wit Royal Manufactures n.v.

周六 10:30~，以团游的形式可以参观 (7 月、12/25~次年 1/2 除外)，有英语导游。需要 1 小时 30 分钟。可以购买挂毯艺术品。详细情况要确认。

童话世界般的市政厅

市政厅 (现在是邮局)。两个市政厅之间是 13 世纪的市政厅 (现在是展出宗教绘画的博物馆 Scheperhuis)。3 个市政厅总是有很多游客。

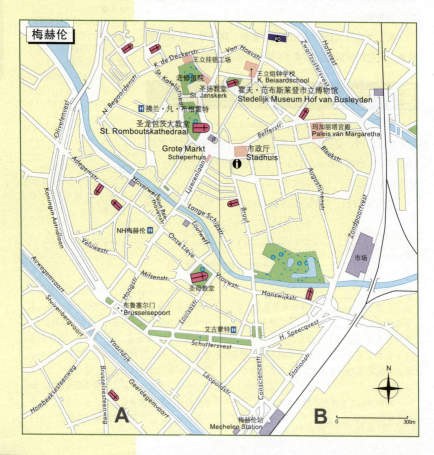

住 Schouterstr.7
→ Map p.368–A
☎ 015–202905
URL www.dewit.be
费 6 欧元

❶ 在现市政厅的南面，主要景点都集中在广场周围，步行就可游览。包含美术馆半天时间就够了。

从大市场广场往市政厅的东面走，就到了现在是法院的拥有美丽中庭的 16 世纪的哥特式建筑——玛加丽塔宫殿（Paleis van Margaretha）。

霍夫·范布斯莱登市立博物馆

往北面走，就像在童话世界里出现的红色房顶、白色墙壁、绿色小门的，世界上最早创立的王立组钟学校（K. Beiaardschool）就出现在我们的面前。相邻的是霍夫·范布斯莱登市立博物馆。经过圣扬教堂（Sint-Janskerk）、圣龙包茨大教堂就又返回到大市场了。

从大市场往西南走，Ijzerenlaan 的商店街有美丽漂亮的建筑，让你赏心悦目。走过石桥，左侧的河畔是盐码头（Zoutwerf），在中世纪的时候就是很繁荣的港口。

然后，一边看着右侧的大麦码头（Haverwerf）一边走过石桥，沿 Hoogstraat 一直再走点，就到了城市西南保留的布鲁塞尔门（Brusselsepoort）。这个门是 1300 年筑起的城墙的一部分。在 1810 年只保留了这个门，其他则被拆毁了，它让我们回想起当时繁荣景象，不可错过。

梅赫伦的主要景点

市政厅 Stadhuis　　　　　　→ Map p.368–B

中央部分是纺织交易所，于 1370 年建造。塔很低，可能是当时因经济不景气没有资金来源了，正面左侧的宫殿的下半部分是 16 世纪建造的，上部直到 20 世纪也仍未完成。

圣龙包茨大教堂 St. Romboutskathedraal　　→ Map p.368–A

从 13 世纪起花了 300 年的时间建成的哥特式教堂。内

圣龙包茨大教堂
开 8:30~17:30
　　11月~复活节前 9:30~16:30
休 周日（9:00~13:00）　费 免费
　　周六的 11:30、6~9 月的
中旬的周一 20:30 有组钟演奏。
从 6~9 月中旬的周一 20:30 有
正式的音乐会。
圣龙包茨塔
☎ 070-220008
费 7 欧元（到 6 月 21 日前为 5
欧元）
　　有语音导游。
霍夫·范布斯莱登市立博物馆
住 Fred. de Merodestr. 65
☎ 015-294030
URL www.stadmechelen.be/
musea（只有荷兰语）
开 10:00~17:00
休 周一
费 2 欧元

圣龙包茨大教堂　　从圣龙包茨塔上眺望

部有凡·戴克的《十字架上的耶稣》的祭坛画。97 米高的塔上装有 80 吨重的欧洲最重的组钟。运气好的话，也许可以听到王立组钟学校的学生们练习时的音乐声。

霍夫·范布斯莱登市立博物馆　Stedelijk Museum Hof van Busleyden　⮞ Map p.368-B

　　是 16 世纪由梅赫伦总督任命的贵族馆。展出希腊罗马时代出土文物和现代雕刻以及与组钟相关的收藏品。另外，还有城市的历史故事的资料。

🏢 梅赫伦的酒店

Hotel

艾古蒙特　Egmont　　　★★★　⮞ Map p.368-B

　　位于从车站去市中心的途中，各室有电视、直拨电话、小吧台。可以上网。有带厨房的房间（定员最多 4 人）。共有 20 间客房。
住 Oude Brusselsestr.50

☎ 015-421399　FAX 015-413498
URL www.hotel-egmont.be
费 带淋浴和厕所　Ⓢ 75 欧元
Ⓣ 105 欧元　周末　Ⓢ 70 欧元
Ⓣ 85 欧元　含早餐
CC A.D.M.V.

拂兰·凡·布根霍特　Fran Van Buggenhout　　⮞ Map p.368-A

　　位于圣龙包茨大教堂附近，有长期居住型的带家具、厨房的房间。也能满足一般旅行者和商务客人的要求。可以上网。共 2 间客房。
住 Straatje zonder einde 3
☎ 015-209721

URL www.rentrooms.be
费 带淋浴和厕所　Ⓢ 50 欧元~
Ⓣ 60 欧元~　含早餐
CC 不可
　　进 A.B.Straat 街，第一条小路的右侧。

Belgium

比利时东南部

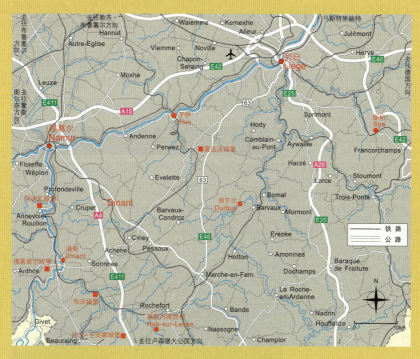

Belgium

布鲁塞尔

◀▮▮▮ **ACCESS** ▮▮▮▶

从布鲁塞尔南站乘超高速列车 Thalys 约 45 分钟。从布鲁塞尔中央车站乘 IC 列车约 1 小时。从荷兰的马斯特里赫特来约 30 分钟，每小时 1 班车。从卢森堡来约 2 小时 30 分钟，每两小时 1 班车。去中心地区，从吉耶曼火车站到帕勒勒可以乘火车去。需要 6 分钟，1 小时 3~4 班车。

法语● Liège
荷兰语● Lüik

旅游咨询中心
住 En Féronstrée 92
☎ 04-2219221
FAX 04-2219222
URL www.liege.be
开 9:00~17:00
　周六　10:00~16:30
　周日　10:00~14:30
休 1/1、5/1、12/125

圣朗贝尔广场
住 Pl. St. Lambert 35
☎ 04-2379292
FAX 04-2379293
开 9:30~17:30、6~9月 9:00~18:00
休 1/1、11/1、12/25

✉ **爬一下标伦石阶吧**
　阶梯虽然很陡峭，因途中有椅子，一边看景色，一边慢悠悠地登上去吧。

列 日

Liège

列日省
Liège

　　列日在丘陵地带中被默兹河环抱，从古代开始就因是欧洲各国的贸易中转地而繁荣起来。现在是继布鲁塞尔、安特卫普、根特、夏尔鲁洛瓦之后比利时国内第五大城市。比利时国内对立的佛兰德地区（北部）与瓦隆地区（南部）中，列日就是瓦隆的中心都市。瓦隆地区以邻近地区的矿产资源和默兹河的水上运输为后盾，并依托于列日的巨大制铁厂，作为比利时的重工业中心曾有很长一段时间在国内具有很强的政治力量。但是石油危机以来，重工业摇身一变成为经济发展的累赘，相反佛兰德地区的高新技术产业抬头，瓦隆地区的势力变得相对较弱。

　　但是，走在列日城里，谁能感觉到这些呢？这里是一个让人安心轻松的城镇，有热情的人们，是保留了欧洲原有的风情的城市。

漫步列日

　　列日的铁路车站有 5 个。主要的站是在城市西南部的吉耶曼火车站（Guillemins）。从车站到旧市区的中心乘 1 路或 4 路巴士约 10 分钟，在圣朗贝尔广场（Pl. St. Lambert）下车。这里就是城市的正门。省和市的 ❶ 都在这里。先从这

歌剧院

372

里拿到地图和城市的其他信息资料吧。当然也能拿到旅游小
册子。北侧的宏大建筑就是主教王子宫殿。这里的广场的东
面是马尔什广场（Pl. du Marché）。这个小广场被许多 17~18
世纪的建筑包围，过去曾是一个集会场所。在这里的佩龙喷
泉（Perron）是 1698 年建造的，是列日市民自由的象征。

　　从这里再沿 En Féronstrée 往东走，在此期间就可看到

佩龙喷泉

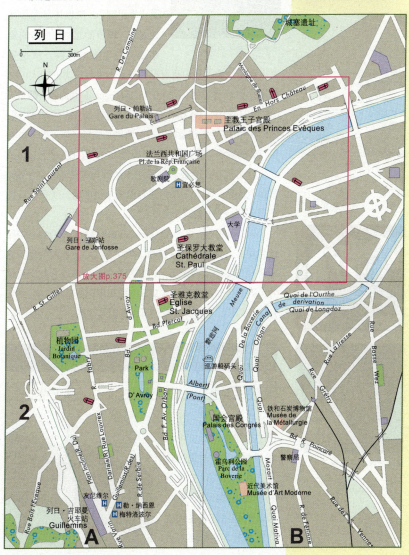

列日

城塞遗址

主教王子宫殿
Palais des Princes Evèques

列日·帕勒站
Gare du Palais

En Hors Château

法兰西共和国广场
Pl. de la Rép. Française

歌剧院　　H 宜必思

大学

1

Rue Saint Laurent

列日·福斯站
Gare de Jonfosse

圣保罗大教堂
Cathédrale
St. Paul

放大图p.375

R. St. Gilles

圣雅克教堂
Eglise
St. Jacques

Quai de l'Ourthe
de derivation
Quai de Longdoz

Bd. Piercot

植物园
Jardin
Botanique

Bd. d'Avroy

Park

Meuse

De la Boverie

Canal

Quai Orban

Quai

Rue La Tresse

Rue Grétry

Rue Basse
Wez

2

D'Avroy

Albert
(Pont)

默兹河

巡游船码头

国会宫殿
Palais des Congrès

Bd. F. A. V. Orban

铁和石炭博物馆
Musée de
la Métallurgie

Quai

Mozart

Bd. R. Poincaré

警察局

Plan Incliné(R. Du)

Darlais(R) Rue Louvrex

Guillemins(R. des)

R. de Serbie

霍乌利公园
Parc de la
Boverie

近代美术馆
Musée d'Art Moderne

Rue des

Rue Mativa

Rue de Fétinne

Vennes

Rue Bois l'Evêque

Rue Varin

列日·吉耶曼
火车站
Guillemins

友尼维尔

H 勒·纳西恩
H 梅特洛波尔

A

B

试着登上标伦石阶

右侧的另一个 ❶。里面有列日市民们喜爱的木偶剧中的主人公昌切（Tchantchès）的模型。

走出去以前，去高的地方眺望城市的全貌如何？因为如果现在不去，等累了的时候就一定会说"算了吧"，所以还是先往高处走吧。城市的北侧在原有的要塞处有一个大的医院，从这里可以眺望全城。登山道有好几条，如果是脚力好的人，可以选择路程最短的标伦石阶（Montagne de Bueren）❷ Map p.373–B1 来登。En Hors Château 的途中有登山口。373 级的阶梯是 1875 年建造的，石阶两侧是民居。你可以一边对窗户旁的老奶奶笑着说"波恩旧鲁"，一边往上登。

后面稍有几个坡就到顶了。医院周围就像公园一样，很快就能转一周。如果你想轻松地上山的话，从登山口往东走，有一个小公园，那里有路。

列日城很小，其中 En Féronstrée 的 ❶ 为中心的一带保留着很多古砖建造的建筑物，飘浮着安心宁静的气氛。这个区域里集中了许多美术馆和博物馆，是最适合散步的地方。列日最热闹的地方在从歌剧院周围到南部或东侧一带。肚子饿的话，去这一带吃饭可以有很多选择。

列日的啤酒屋
鲁·维德勒Ⅱ Le Vaudrée Ⅱ
地下储藏室里经常有 2 万瓶酒在库，从全世界收集到的啤酒超过 1000 种。啤酒、鸡尾酒很多是这个店的特征。
🏠 Rue Saint Gilles 149
➡ Map p.375
☎ 04-2231880
🕗 8:00~ 次日 1:00
　　周五、周六 ~ 次日 3:00

美丽中庭里的柱廊

列日的主要景点

主教王子宫殿 Palais des Princes Evêques ➡ Map p.375

在 11 世纪，由诺杰主教建造，16 世纪和 18 世纪被改建过的建筑物，在列日的历史建筑物里最宏伟壮观。现在省政府和法院在使用这个建筑物，内部不对外

主教王子宫殿的外观

列日中心部

200m

N

列日·帕勒站
Gare du Palais

瓦隆生活博物馆
Musée de Vie Wallonne

主教王子宫殿
Palais des Princes Evêques

圣巴泰勒米教堂
Eglise St. Barthélemy

昂桑布尔博物馆
Musée d'Ansembourg

库尔提乌斯博物馆
Le Grand Curtius

瓦隆艺术博物馆
Musée de la Vie Wallonne

Rue Mignon

Rue de Bruxelles

En Hors Château

En Féronstrée

佩龙喷泉

圣朗贝尔广场
Pl. St. Lambert

市政厅

默兹河

Rue Mont St. Martin

Bd. De la Souvenière

Pl. De la
Rép. Française

Rue de la Régence

Rue Souv-Pont

Rue Léopold

La Botte

Pont des Arches

Quai des Tanneurs

Quai St. Barbe

歌剧院

宜必思

圣让教堂
St. Jean

Rue de la Casquette

Rue du Pot d'Or

Rue de la Cathédrale

Quai Sur Meuse

Meuse

Quai de Gaulle

剧场

乔久·西姆隆

Bd. De la Souvenière

Rue sur la Fontaine

Rue Pont d'Avroy

Rue Magnette

大学

Quai Roosevelt

Bd. Saucy

Rue Surlet

Rue Puits-en-Sock

圣保罗大教堂
Cathédrale St. Paul

市场

Aquarium

大学

Rue St. Gilles

Bd. d'Avroy

Rue des Clarisses

尔·沃德莱

开放。中庭的柱廊精妙绝伦。柱顶的奇妙雕刻出自伊拉斯谟的《愚人颂》。

瓦隆生活博物馆 Musée de la Vie Wallonne ➔ Map p.375

　　收集了瓦隆地区与民俗、文化、历史相关的生活用具。想了解列日的风俗就一定要参观这个有魅力的博物馆。同时，这里还上演列日市民喜爱的昌切木偶剧。

展示昌切木偶的瓦隆生活博物馆

瓦隆生活博物馆
☎ 04-2379040 开 9:30~18:00
休 周一、1/1、5/1、11/1、12/25 费 5 欧元
木偶剧
开 11 月中旬~复活节周三
14:30、周日 10:30
费 2 欧元

Column
Belgium

列日的早市

　　虽说是早市，但规模却比早市大得多。如果日程允许，建议你周日上午到列日看看。每周的周日 8:00~14:00，默兹河西北岸的大路上会设有大的市场。从肉、鱼、蔬菜、二手货到衣物、杂货，甚至床都有。总之这里什么都卖，市场十分热闹。有人甚至从德国、荷兰专程赶来买东西。从这头走到那头，要 2~3 小时。很值得一看。

圣巴泰勒米教堂
☎ 04-2502372
URL www.st-barthelemy.be(只有法语)
开 10:00~12:00、14:00~17:00
　　周日 14:00~17:00
休 周日的午前
费 2 欧元

库尔提乌斯博物馆
住 Feronstree 136
☎ 04-2216817
URL www.grandcurtiusliege.be
开 10:00~18:00
休 周二、1/1、5/1、11/1、11/2、11/11、12/24~26、12/31
费 8 欧元
　　有英语语音导游器。

17 世纪作为女子修道院使用的文艺复兴式样的建筑非常的漂亮。

圣巴泰勒米教堂 Eglise St. Barthélemy　　◯ Map p.375

12 世纪建造的罗马式样的教堂。因有比利时七大秘宝之一——雷尼尔·龙伊"圣巴泰勒米的洗礼盘"而著名。12 世纪制作的洗礼盘，与《新约圣经》相关的 4 次洗礼与施洗者约翰的预言的 5 个场面都雕刻在上面。12 头青铜制的牛支撑着洗礼盘（现有 10 头）。

圣巴泰勒米的洗礼盘

库尔提乌斯博物馆 Le Grand Curtius　　◯ Map p.375

由 400 年前的贵族馆改装成现代风格，2009 年开放的新颖博物馆。跟着展示板前进的话，从旧石器时代的出土文物到罗马时代、中世纪·近世纪，直到 100 年前的新艺术，可以追随着列日的历史去观看。此

Column
Belgium

比利时糕点随笔 –3

圣尼古拉斯节的 Speculoos

12 月 6 日是孩子们最喜欢的圣尼古拉斯节。这个圣人是 4 世纪时小亚细亚的主教，是孩子们的守护神。据说他会把一大袋钱从窗口扔进去给那些因为贫穷而准备不起嫁妆的女孩子，现在，他也会来到比利时，悄悄地在孩子们的枕边放下礼物。据说以前人们这一天吃 Speculoos(生姜和肉桂等五香红糖点心)。现在随时都能吃到。但只有在庆祝尼古拉斯节时才能看到特大号圣尼古拉斯形状的点心。

圣诞节之柴

圣尼古拉斯节结束后，很快就到了圣诞节。家人们团聚在一起，一起品尝各种美食。最后一个节目是吃一种叫"圣诞节之柴"的蛋糕。是在蛋糕上加上黄油奶油或生奶油，将其装扮成柴的形状。在北欧，过去人们把樱木和樫木的柴放进暖炉，一直到 1 月 6 日的"三王朝圣"也不能燃尽。这与日耳曼人的树木信仰相关，似乎意味着纯洁。现在，圣诞之柴不是放在暖炉里，而是放在盘子里，让人们喝着咖啡，开心享用。

外，还有近代支撑列日经济的玻璃工艺品、来登武器的收藏品。要是稍懂点比利时的历史就更加有兴趣了。

展示玻璃工艺品

圣保罗大教堂 Cathédrale St. Paul　　⊙ Map p.375

圣保罗大教堂前的广场

971 年建造的最早的教堂，在 13~15 世纪重新修建过。宝物殿里有圣朗贝尔的佛龛与金、银制的圣遗物箱，还有列日与拜占庭的象牙雕刻等精妙绝伦的作品。

圣雅克教堂 Eglise St. Jacques　　⊙ Map p.373-A2

尖塔和大门长廊是 12 世纪的罗马式建筑，其他部分是哥特式样和文艺复兴风格混杂在一起，教堂的每个部分几乎都是各种不同建筑式样混合在一起而成的。内部的彩色天花板与 16 世纪的彩色玻璃特别的漂亮。

✉ **La Fantasia**

青年旅舍的服务员推荐的当地人都去的法国餐馆。因基本上不懂法语，周围的常客给了我各种帮助。晚餐是 3 道菜，25 欧元。前菜、主菜各 4 种，可以挑选，我要的是鹅肝陶罐与葡萄酒烧鸡。再加上奶汁烤干酪烙菜或炸土豆（哪一个都分量充足）。甜品是有奶酪的，相当的好吃。葡萄酒是 16 欧元一瓶的。
住 Reu Rotune 10

圣保罗大教堂
☎ 04-2326132
URL www.tresordeliege.be
开 8:00~17:00
　宝物殿 14:00~17:00
休 周一（宝物殿）、1/1、12/24·25、12/31
费 5 欧元

圣雅克教堂
☎ 04-2221441
开 9:00~12:00　周日、节日 10:00~11:00　6/15~9/15 9:00~12:00、14:00~18:00（周日、节日 10:00~11:00、14:00~18:00）
休 无

🏨 列日的酒店

Hotel

列日虽是比利时第五大都市，但酒店甚少。高档酒店（四星级）只有 3 个。经济型酒店在吉耶曼火车站附近比较多。到了吉耶曼火车站，最好先到酒店放下行李再出去观光。

先去圣朗贝尔广场的 ❶ 咨询吧

斯 帕

Spa

列日省
Liège

从列日来乘车加上换车，约 1 小时，斯帕是靠近德国国境的以温泉而闻名的城市。英语中的"Spa"（水方），其实就来自这个城市的名字。罗马时代起就以温泉地而出名，16 世纪以后因王室、贵族、艺术家们云集在这里的高级温泉疗养地而热闹非凡。现在不仅是温泉，被森林围起来作为度假胜地的酒店很多。此外作为 F1 比赛的举办地，吸引了世界各地的观光客。

◀▮▮▮▮ **ACCESS** ▮▮▮▮▶

从布鲁塞尔来乘去往奥伊彭（Eupen）经列日的 IC 列车，在 Verviers Central 换车，需要 2 小时。每小时 1 班列车。
荷兰、法语 ● Spa

🏛️🚶 漫步斯帕

出车站以后，往稍右斜的方向前进，到大街后继续往右走，3 分钟左右就到有 **i** 的 Pl. Royale 街。这一带是城市的中心，观光旅游的迷你巴士就从这里发车。这里还集中了赌场和餐馆。

斯帕

斯帕温泉浴室
Les Thermes de Spa

缆车

市政厅
Prince de Conde

斯帕博物馆
Musée de la
Ville d'Eaux

Pl. du Monument　**i** Pl. Royale

Av.de la Gare

洛贝尔久**H** **H**鲁·路勒

Av. Reine Astrid

赌场

大皮埃尔泉
Pouhon Pierre-le-Grand

斯帕站 Spa Station

Spa Monopole公司

来斯帕不管怎样都要泡温泉。首先去大皮埃尔泉看看吧。在这里可以喝到抽出来的矿泉水。去斯帕温泉浴室（Les Thermes de Spa）享受温泉的乐趣吧。

迷你巴士乘车场也在市中心

旅游咨询中心
🏠 Pl. Royale 41
☎ 087-795353
FAX 087-795354
URL www.spa-info.be（法语、荷兰语）
开 9:00~18:00
　周六、周日、节日 10:00~18:00
10~3 月 9:00~17:00
　周六、周日、节日 10:00~17:00
休 1/1、12/25 午休

斯帕城市本身很小，这个城市的魅力就在于它郊外的点缀在森林中的温泉和城堡，还有就是湖泊的观光。开车去的话就更方便。此外城市的东南约 10 公里的地方是斯帕·弗朗科尚赛车环形跑道。

斯帕的主要景点

大皮埃尔泉 Pouhon Pierre-le-Grand	➲ Map p.379

大皮埃尔泉
开 复活节 ~10 月
　10:00~12:00　13:30~17:00
　11 月~复活节 13:30~17:00
休 无
　水杯 1 个 0.25 欧元。

1880 年建造的新古典样式的建筑物。付钱后能得到杯子，从水龙头可接泉水尝尝。决不能说很好喝，但是斯帕的水含铁量较高，据说对心脏病、关节疼、呼吸道疾病有好处。

在斯帕温泉浴室享受温泉

既然来到了斯帕，就一定要去温泉。如果有这个想法，请来试试斯帕一天的体验线路吧。这里除准备了以温泉治病为目的的各种活动外，还准备了旅行者能轻松加入的体验线路。需要预约。

"Un Jour à Spa" 是碳酸池，从按摩、泥碳等 3 个种类的组合中选择是 115 欧元。"Spa Plénitude" 是以花瓣按摩取代浴池进行全身按摩的 And-Water，125 欧元。"Special Spa" 有 4 个种类 188 欧元。这些以外，1 天的套系有 3 种，全部带午餐。澡堂全部为单间。出租浴巾和拖鞋。一整天在优雅的澡堂里度过的话，旅行的疲劳一定能消除，心情定会焕然一新的。

没有午餐的半天套系（有 5 种，85~130 欧元），气泡浴池（15 分钟），花瓣按摩（55 分钟）等一级品种也给你准备好了。最好预约。如有空闲，当天早上来都没有问题。也有气泡澡堂和温水游泳池。也设有高台咖啡座，可眺望全景。

斯帕温泉浴室 Les Thermes de Spa
住 Colline d'Annette et Lubin, 4900 Spa
☎ 087-772560
FAX 087-775066
URL www.thermesdespa.com
开 9:00~17:00（预约）　泳池 10:00~21:00
（周五~22:00　周日~20:00）
休 无

不满 12 岁不能入泳池。去斯帕温泉浴室的缆车 1 欧元。在自动售票机购票。

有景致很好的高台的斯帕温泉浴室

斯帕博物馆　Musée de la Ville d'Eaux
→ Map p.379

　　展出过去矿泉水的瓶子、广告招贴画、赌场开业的音乐会海报和照片等与斯帕城市相关的东西。此外也能看到被称为斯帕名产的叫做"Jolités"的有很漂亮图案的木质小箱等收藏品。

斯帕·弗朗科尚赛车环形跑道　Le Circuit de Spa-Francorchamps
→ Map 范围外

　　代表比利时的国际化赛车的环形跑道。在阿登山中利用自然地形而建造的全长约7公里的线路，具有丰富的高低变化。线路的一部分还利用了一般公路。因举办F1赛车锦标赛而有名。

斯帕博物馆
开 14:00~18:00
休 7~9月的周二、复活节~11月的周一~周五、12月~复活节
费 3欧元

斯帕·弗朗科尚赛车环形跑道
URL www.spa-francorchamps.be
洛贝尔久 L'Auberge ★★★★
　　面向城市的中心广场而建的酒店。客房具有明亮的气氛，一楼是法国餐厅。可在这里吃一顿饭。一般的住宿没有早餐。共有32间客房。
住 Pl. du Monument 3
→ Map p.379
☎ 087-774410
FAX 087-774840
URL www.auberge-spa.be
费 带浴缸/淋浴和厕所 ⑤60欧元~ ⑪77欧元~
CC A.D.M.V.

🏢 斯帕的酒店
Hotel

鲁·路勒　Le Relais ★★
→ Map p.379

　　房间质朴清洁，一楼有深受好评的阿登风味的比利时菜馆，住宿计划中除有早餐外，还带有2餐或3餐的，可以上网。共有11间客房。

住 Pl. du Monument 22
☎ 087-771108
FAX 087-772593
URL www.hotelrelais-spa.be
费 ⑤69欧元~ ⑪94欧元~含早餐　CC A.D.M.V.

布鲁塞尔

ACCESS

从布鲁塞尔每小时有 2 班 IC 列车去那慕尔。约 1 小时。

法语 ● Namur

荷兰语 ● Namen

旅游咨询中心

● 拿破仑广场的旅游咨询中心

住 Square Léopold

☎ 081-246449

FAX 081-749929

URL www.paysdenamur.be

开 9:30~18:00

休 1/1、12/25

有地图和餐馆名册的指南小册子以及酒店名册全免费。

● 市政厅的旅游咨询处

住 Hôtel de Ville

☎ 081-246444

FAX 081-247128

URL www.namurtourisme.be

开 8:30~16:30（旅游淡季开馆时间可能变短）

休 周六、周日、1/1~2、12/25~26

※关于去迪南的巡游参照迪南的那部分。默兹河与桑布尔河的游艇需要 50 分钟。6 欧元。

德·尤科尔努·弗隆威尔

De Hucorne-Fronville

当地人很喜欢的点心店。面向穿过的第一条街，不注意就过去了的小店。有名的产品是与 18 世纪当地名人有关的、加入黄油和巧克力的牛奶糖"比艾特利美"（Biétrumé de Namur）。店的前面有一块古老的招牌，

那慕尔

Namur

那慕尔省
Namur

被默兹河河谷环抱的那慕尔，据说是这一带的阿土阿图吉族人为了防备比撒军的侵犯而建起的城堡。那慕尔地处默兹河和桑布尔河的交汇处，地理位置十分重要，因此一直战祸不断，几经毁灭和重建。现在这里已经变成了一座美丽的城市，被誉为"默兹河的珍珠"。从布鲁塞尔乘火车去那慕尔，你就会发现一到了那慕尔境内，比利时的风光就改变了。比利时中央地区的少量起伏的平原突然消失了，出现了默兹河形成的河谷。在凯尔特语中阿登地区 (Ardennes) 有"Ward"（守望、监视）的含义。那慕尔作为阿登地区的大门口，是比利时观光中极关键的一站。

漫步那慕尔

从车站出来，沿 Ave.D.Gare 往左走就到了一个小的广场，这里有 ❶。从那里往右拐到 R. de Fer 往前走。前面的市政厅里也有 ❶。因此在哪里都可拿到地图和资料。那慕尔城被桑布尔河分成南和北两部分。要想大概知道城市的情况，首先从车站向城堡走去。慢悠悠地走也就 15 分钟左右。途中穿过城中最热闹繁华的街 Rue de l'Ange。这里有许多时装店和咖啡馆，与佛兰德地区的城

从城堡眺望那慕尔城

市稍有不同。

从车站出发去城堡，可乘 3 路巴士上去。在游船码头的旁边乘迷你巴士约 15 分钟。有脚力的人，步行上去也很不错。走约 1 公里的全景道路（Route des Panoramas）的话，视野会很开阔。有城堡的山上，有绿树成荫的公园，里面有露天剧场、森林博物馆等，成为市民们休憩的场所。此外，要看的景点全部集中于桑布尔河的北侧。穿过旧市区的宁静街道就可以好好地看看散布在各地的教堂和美术馆了。

上面写着"来那慕尔的旅行者不买比艾特利美，就不要离开这座城市"。

住 Rue de Fer 5
➔ Map p.383-1
☎ 081-222372
开 9:30~18:00
休 周日、节日

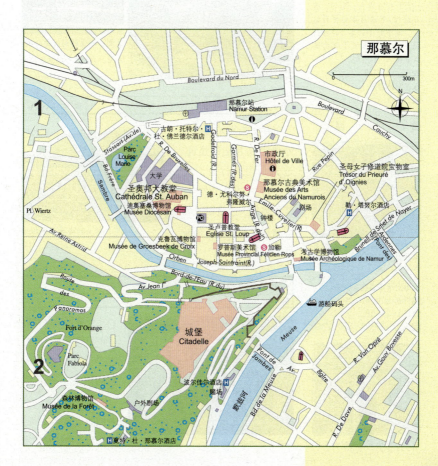

那慕尔

那慕尔站
Namur Station

Boulevard du Nord

Boulevard

Cauchy

古朗·托特尔·杜·佛兰德尔酒店
R. De Bruxelles

Stassart (Av. de)
Parc Louise Marie
Bd. Frère

Sambre

大学

圣奥邦大教堂
Cathédrale St. Auban

迪奥塞桑博物馆
Musée Diocésain

Pl. Wiertz

Av. Reine Astrid

克鲁瓦博物馆
Musée de Groesbeek de Croix

Orben

Joseph-Sainfraint (R.)

Route des Panoramas

Av. Jean I
Bord de l'Eau (R. du)

Fort d'Orange

Parc Fabiola

森林博物馆
Musée de la Forêt

户外剧场

Godefroid (R.)
Garnet (R. de)

市政厅
Hôtel de Ville

Rue Pepin

R. De Fer

那慕尔古典美术馆
Musée des Arts Anciens du Namurois

德·尤科尔努弗隆威尔

圣卢普教堂
Eglise St. Loup

Emile-Cuvelier (R.)

Ange (R. de l')

钟楼

剧场

圣母女子修道院宝物室
Trésor du Prieuré d'Oignies

勒·塔努尔酒店

考古学博物馆
Musée Archéologique de Namur

罗普斯美术馆
Musée Provincial Félicien Rops

加勒

游船码头

城堡
Citadelle

Meuse

Pont de Jambes

默兹河
Bd. de la Meuse

Av.

Bg. re

R. Van Opré

R. Gouz Boyesse
Av. Gouz Boyesse

波尔佳尔酒店
赌场

R. De Dave

夏特·杜·那慕尔酒店

300m

N

城堡

☎ 081-654500

URL www.citadelle.namur.be

开 10:00~18:00（迷你火车到17:00。每隔1~1.5小时发一趟）

休 10月~复活节

费 5欧元，迷你火车3欧元

☎ 081-226829

摩托越野赛举办日（8月的第一个周六、周日等。要确认）有交通管制，城堡前的道路会有被禁止通行的可能。要注意。

迷你巴士

复活节~5月与9月中旬~11/11只有周六、周日、节日运行。6~9月中旬每天运行。每小时1班车。详细情况要事先在ℹ或下面的电话里确认。1欧元。

☎ 081-246449

考古学博物馆

住 Rue du Pont 21

☎ 081-231631 开 10:00~17:00

休 周一、12/24~1/2 费 3欧元

因没有特别的招牌，稍微有点难找的圣母女子修道院的入口处

圣母女子修道院宝物室

住 Rue Julie Biliart 17

☎ 081-254300

开 10:00~12:00、14:00~17:00

进门的里面有博物馆的入口

城堡 Citadelle ➲ Map p.383-2

17世纪建造的城堡，为路易十四世与奥兰治公爵所有。默兹河和桑布尔河交汇点的高台上，两条河与那慕尔城形成和谐的风景。在城堡宽阔的地域里有道具博物馆、武器博物馆。乘坐迷你火车可绕城一周。

上图：城堡的周围是公园
左图：去城堡可以步行上去

考古学博物馆 Musée Archéologique de Namur ➲ Map p.383-2

有文艺复兴式样的外观的16世纪的建筑。过去是肉店行会的建筑。有1~7世纪古罗马、法兰克族、墨洛温王朝的金盘子和玻璃工艺品展出。

桥头的考古学博物馆

圣母女子修道院宝物室 Trésor du Prieuré d'Oignies

➲ Map p.383-1

精雕细琢的金制品

宝物室里保管着中世纪修道士，同时也是金质工艺品大师的雨果·杜瓦尼（Hugo d'Oignies）亲手做的《福音书》的书皮和圣遗物箱等宝

物饰品，是比利时七大秘宝之一。按下入口处的门铃，请人开门。修女会用英语为游人进行说明。

那慕尔古典美术馆 Musée des Arts Anciens du Namurois ➡Map p.383-1

18世纪贵族的公馆，现在作为美术馆对外开放。这里收藏了当地的从中世纪到文艺复兴时期的雕塑、绘画、铜的工艺品等。

圣卢普教堂 Eglise St. Loup ➡Map p.383-1

18世纪建造的基督教教堂。华丽的巴罗克式样，在砂岩的天花板上有雕刻，令人惊叹。

罗普斯美术馆 Musée Provincial Félicien Rops ➡Map p.383-2

1833年在那慕尔出生的罗普斯是曾在布鲁塞尔和巴黎活跃过的画家。这个美术馆里有油画、版画、讽刺漫画、写生画等，从写实主义的初期作品，到受印象派影响的晚年作品在一起展出。

克鲁瓦博物馆 Musée de Groesbeek de Croix ➡Map p.383-2

18世纪的贵族的宅第变成了博物馆。内部就像原来一样保持原貌。展出很精致的路易王朝式样的装饰，还有17~18世纪的那慕尔出生的画家、雕刻家、玻璃工匠、金银制品的工艺师等的作品。

博物馆内部很有参观价值

圣奥邦大教堂 Cathédrale St. Auban ➡Map p.383-1

庄重的圣奥邦大教堂

18世纪由意大利建筑家建造的古典式样的教堂。旁边的迪奥塞桑博物馆（Musée Diocéseain）里有法兰克王朝时代（6~7世纪）的金银工艺品、象牙精雕等财宝展出。

最好预约以后去参观。
休 周日的午前、周一、节日、1/1~2、12/11~27
费 2欧元
那慕尔古典美术馆
住 Rue du Fer 24
☎ 081-220065
开 10:00~18:00
　11月~复活节~17:00
休 周一、1/1、12/24~25、12/31
费 3欧元
圣卢普教堂
　不可以进入内部参观，只能透过玻璃窗户看里面。
罗普斯美术馆
住 Rue Fumal 12
☎ 081-776755
URL www.museerops.be
开 10:00~18:00
休 周一（9月~次年6月）、1/1、12/24~25、12/31
费 3欧元
克鲁瓦博物馆
住 Rue J.Saintrain 3
☎ 081-248720
开 10:00~12:30、13:15~17:00
休 周一、12/25~1/2
费 2欧元
　有导游参观团。
✉ **Maison Des Desserts**
　在 Haute Marcell 街上的点心店。出售那慕尔有名的点心比艾特利美。18个一箱9.32欧元。周一休息。
迪奥塞桑博物馆
住 Place du Chapitre 1
☎ 081-444285　费 3欧元
　需要预约，详细情况请在预约时确认。
✉ **La Cuisine d'un Gourmand**
　位于那慕尔与迪南之间的城市 Profondeville 的新店，是比利时风格的法国菜。一点不比巴黎的法国餐馆差，分量和味道都令人很满意。
住 Av. Général Gracia 8
☎ 081-570775
URL www.lacuisinedungourmand.be

那慕尔的酒店

车站前和城中零散地有几座酒店，便宜的酒店很少。默兹河沿岸风景好的郊外（离城2~5公里）有度假酒店。

勒·塔努尔酒店　Les Tanneurs　★★★★

在旧市区，圣母教堂的旁边。17世纪建筑物改建的酒店。客房的内部装修设计各个都不一样。但都是现代的，很好使用。并设有餐厅且评价很好。共有28间客房。

➜ Map p.383-1

住 Rue des Tanneries 13
☎ 081-240024
FAX 081-240025
URL www.tanneurs.com
费 ⑤55欧元～　①70欧元～
早餐10欧元
CC A.D.M.V.

夏特·杜·那慕尔酒店　Château de Namur　★★★★

夏特酒店之一，建在城堡山上，离露天剧场与森林博物馆也很近。客房是柔和的色调。美食餐厅的评价很高。共有29间客房。

住 Ave. de l'Ermitage 1　☎ 081-729900　FAX 081-729999

➜ Map p.383-2

URL www.chateaudenamur.com
费 ⑤100～200欧元
①130～200欧元
早餐15欧元
CC A.D.M.V.
B 从车站乘3路（每小时1~2班车）

古朗·托特尔·杜·佛兰德尔酒店　Grand Hôtel de Flandre　★★★

出了车站就到。设施齐全的三星级酒店。各房间有电视、直拨电话、茶具、小吧台。早餐是自助餐式。可以上网。有3人、4人间。共有33间客房。

住 Pl. de la Station 14　☎ 081-231868　FAX 081-228060

➜ Map p.383-1

URL www.hotelflandre.be
费 带淋浴／浴缸和厕所
⑤68 欧元～
①75 欧元～
早餐11欧元
CC A.D.J.M.V.

波尔佳尔酒店　Beauregard　★★★

位于默兹河河畔城堡的山下。有小吧台、直拨电话等。靠河一侧的房间可以很好地眺望默兹河的美景。在对面的房间可以观赏城堡。共有47间客房。

➜ Map p.383-2

住 Ave. Baron de Moreau 1
☎ 081-230028
FAX 081-241209
URL www.hotelbeauregard.be
费 ⑤①75欧元～
早餐12欧元
CC A.D.M.V.

迪 南

Dinant

那慕尔省
Namur

形成于默兹河的断崖下面的迪南城被形容成"画一般的城市"一点也不过分。这里美丽的景色曾激起过众多画家和诗人的创造力。

但是，这个城市的历史却是血腥的。15世纪的中期，勃艮第公国的查理公爵下令在此地大肆屠杀居民，两次世界大战中也有很多人失去了性命。中世纪以来城市的传统在所有东西上都残存了遗迹。当然在世界闻名的铜质工艺品"迪南娃娃"和大饼干"库克·德·迪南"（Couque de Dinant）上也会有所体现。

漫步迪南

迪南最大的景点就是城堡。出了车站，往右去，过了默兹河上的桥，就在前面的❶里收集资料吧。过了河就看到洋葱状的尖塔，这就是美丽的圣母教堂（Collégiale Notre-Dame）。它的右侧就是去往城堡的缆车站。沿它前面的街道 Rue Grande 右侧一直走 5 分钟，就是赌场。参观完城堡就去迪南的主要街道 Rue Grande 和以在这个城市出生的萨克斯管的发明者的名字命名的街道阿道夫·萨克斯街（Rue Adolphe Sax）。然后乘默兹河游船进行游览也很不错。有各种各样的线路。夏季

迪南

警察局
克洛努
城堡
Citadelle
圣母教堂
缆车
迪南站
Dinant Station
❶
游船码头
市政厅
缆车
观望台
赌场

Av. Cardinal Mercier
Rue St-Pierre
Av. Franchet d'Esperey
Rue A. Sax
Rue Grande
Rue des Combattants
默兹河 Meuse
Rue Léopold

N

300m

◀▪▪▪ ACCESS ▪▪▪▶

从布鲁塞尔出发在那慕尔换车，乘 IC 约 1 小时 30 分钟。从那慕尔来约 30 分钟。荷兰语、法语 ● Dinant

迪南旅游咨询中心
🏠 Ave. Cadoux 8
☎ 082-222870 FAX 082-227788
URL www.dinant-tourisme.be（法语、荷兰语）
开 4~10 月 8:30~18:00
（7、8 月 ~19:00）
11 月 ~ 次年 3 月
8:30~18:00
周六 9:30~16:00
周日 10:30~14:00
休 1/1、11/1、11/11、12/25
有地图和酒店名册的小册子，全免费。

游船

下面所列以外，还有各种各样的游船。详细情况在❶确认。
● 迪南—那慕尔
只在 7/19~8/23 的周日运行。那慕尔出发时间 10:00。迪南出发时间 15:45。需要 3

画一般的迪南

迪南的特产大饼干

小时 30 分钟。

☎ 082-222315

费 单程 16 欧元，往返 22 欧元

●迪南—那慕尔

4/5~11/2 的每天 10:00 到 17:30。每 30 分钟出航。往返 45 分钟。

费 6 欧元

城堡

住 La Citadelle de Dinant

☎ 082-223670

URL www.citadellededinant.be

开 10:00~18:00

11 月～次年 3 月 10:00~16:30

旅游旺季只有导游团可以入场。

休 1 月的周一～周五、10 月～次年 3 月的周五、1/1、12/25

费 7 欧元

✉ Jacobs

库克·德·迪南的老铺。小尺寸的 3 欧元。但是因为相当硬，牙不好的人要注意。

住 Rue Grande 147

☎ 082-2222139

城堡内部

Hotel

有迪南和那慕尔之间的游览船。它是穿过 6 个水闸和别墅地带，近距离地观看城墙遗址的游船线路。

迪南的近郊景点也很多。往南 3 公里的地方有乘坐皮划艇的地方昂斯雷姆（Anseremme）。去看看梅尔韦耶斯洞窟（Grotte La Merveilleuse）与周围散布的古城堡也很有趣。把迪南作为阿登地区观光的起点，无疑是最合适的。

迪南的主要景点

城堡 Citadelle   ➲ Map p.387

虽在高约 100 米的绝壁上有缆车上去，但对脚力有信心的人攀登 408 级阶梯上去也可以。到绝壁的岩石上可以全景观看迪南城和默兹河。

城堡是在 1050 年筑起的，现在的形状是 19 世纪重建的。它的统治者在 17 世纪是法国，19 世纪初是荷兰，在第二次世界大战中是德国。仅从不断改变的统治者来看，就知道这个城市的历史一直处于动荡不安之中。每 20 分钟出发的游览团通过语音介绍迪南城的历史，而且还展示枪弹的痕迹、断头台、因炮击而形成的第一次世界大战的战壕以及城内生活的相关物品。

迪南的酒店

克洛努 Couronne   ➲ Map p.387

位于圣母教堂的旁边，到车站附近的景点很近，旅游观光方便。一楼有啤酒屋，含早餐。共有 20 间客房。

住 Rue Adolphe Sax 1

☎ 082-222441

FAX 082-227031

URL www.hotellacouronne.com

费 Ⓢ57 欧元 ~　Ⓣ72 欧元 ~

含早餐　CC A.D.M.V.

威·姆朗酒店 Du Vieux Moulin   ★★★★   ➲ Map 范围外

从迪南乘车 10 分钟左右。溪谷中的酒店。酒店内有小河流过，草地的对面就是绿色的山。并设有法国餐厅，住宿者以外的客人也很多。共有 10 间客房。

住 Rue Lisonette 60

☎ 082-226380　FAX 082-222147

URL www.soupeauxchoux.be

费 ⓈⓉ70 欧元 ~　早餐 15 欧元

一般住宿者含早餐，也可带 2 餐、3 餐　CC A.D.M.V.

阿登古城环游

Les Châteaux des Ardennes

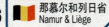 那慕尔和列日省
Namur & Liège

阿登地区是指比利时的东南部，占比利时国土面积 1/3 的那慕尔、卢森堡、列日 3 个省的地域。西部和南部与法国，东部与德国和卢森堡相接。从古罗马时代开始就以交通、军事的重要地点而繁荣。因此，从中世纪以来修建了各种各样的城堡和要塞。现在作为那些想体验贵族生活的人们的住宅，或作为博物馆而保留下来。这里还有广阔的自然空间和绿色的丘陵地带，因默兹河及其支流而形成的河谷和洞窟。但是很遗憾，这里的交通很不方便，参观起来比较困难。但也正因为如此，才可以慢悠悠地去体验中世纪城堡的气氛。如果有时间的话去参观一下阿登的古城吧。

特别推荐的是阿纳瓦城堡、拉沃—圣安娜城堡和莫达沃城堡。去慢悠悠地参观这 3 座城堡吧。

◄▪▪▪▪ **ACCESS** ▪▪▪▪►

参观阿登古城的基地就是那慕尔和迪南。去莫达沃城堡时就从那慕尔穿过列日（或者反过来）。关于交通，很遗憾像巴士等公共交通工具较少，一般都是租车前往。在那慕尔与列日 Avis 与 Interrent 等都有办事处。迪南没有汽车租赁公司。此外从布鲁塞尔来有 100 公里左右的距离，在布鲁塞尔租了车再南下也可以。

主要的租车公司
○ 列日 Avis
住 Boulevard d'Avroy 238B
☎ 04-2525500
○ 那慕尔 Avis
住 Av. des Combattants 31
☎ 081-735780

 **Column**
Belgium

自驾线路

自驾车去环游阿登古城的话，1 天时间就可以看完主要的景点。线路是从那慕尔沿默兹河的 17 号公路南下，公路右侧有阿登城堡的标志牌，按着它的指引走就行了。然后，再次返回 17 号公路，继续南下，过了迪南再稍走点就会看到右侧的阿纳瓦城堡。

去韦沃城堡的话，从 17 号公路回到迪南，以 48 号公路的塞勒（Celles）城为目标，途中有标志牌。去拉沃—圣安娜城堡的线路是沿高速干道 E411 南下，往阿尔隆（Arlon）方向去马上就到。

以上是主要古城堡的自驾旅游有效率的线路。如果对中世纪历史和城堡已完全没有了兴趣，就按自己的兴趣去选择参观地吧。

那慕尔周边

拉沃—圣安娜城堡内部

阿纳瓦城堡 Château d'Annevoie　　　◯ Map p.389

从那慕尔的城市沿默兹河乘车20分钟左右，途中在山侧拐弯处就是阿纳瓦城堡。18世纪的庄园风格的建筑物和广阔的庭园在欧洲都是名列前茅的。特别是庭园，利用倾斜的地形建起了瀑布。不同的季节配置不同的花草和雕塑。在里面散步心情很好。

韦沃城堡 Château de Vêves　　　◯ Map p.389

从迪南城8公里左右的丘陵地带环绕而走，就可看到小高坡上的五角形的韦沃城堡。

五角形的韦沃城堡

从用18世纪的日常生活用品装饰的房间，可以想象当时贵族们的生活。此外还有枪、剑类的收藏品，很值得一看。

拉沃—圣安娜城堡 Château de Lavaux-Ste.-Anne
◯ Map p.389

从那慕尔城沿国道E411走，就能看到城堡的标志，一

访问比利时啤酒酿造厂

很少开门的戒备森严的罗什福尔的修道院

寂静气氛中的祷告

在清新空气中生产出来的特拉伯苦修会啤酒

1230年创建的圣雷米修道院耸立在阿登的森林中（一般不允许进去）。

酿造厂全部15名修道士中的3名和从外面雇用的4名工人在这里工作。酿造厂的运营时间和修道院的作息时间保持一致。工作从每天早晨3:30开始。坚持传统的制造方法。很多工程需要手工制作，因此不可能提高产量。给我当导游的修道士比埃尔说："第一次发酵用砂糖，瓶内二次发酵是用玉米的砂糖。原料大麦从世界各地采购，从国内的大厂采购麦芽，本来应该全部在修道院内做的。"因全部作业不可能在院内完成，所以比埃尔不断表现出有罪的口气，"对不起，因现在有祷告，告退一下"，12:15，为了祷告中断了工作。一点没有装饰的气氛，教堂内部墙壁全是白色，连衣服也是白色。庄严的祷告声从墙壁返回，时间好像停止了一样。

午后，在院内散步，修道士指着远处的卡车说："现在也许只有依赖外面了，以前修道院的200公顷的土地由修道士们来耕种。我们特拉伯苦修会认为耕种是修行的重要的一环。从大地收获大麦作为原料来生产啤酒是修道士进行耕种中的一环。"于是，我们重新认识了原来被称为"液体面包"的啤酒，是农作物与人的手工作业生产出来的。

搅拌原料

加热机械前的比埃尔 修道士

正在进行上面发酵

装瓶

罗什福尔的特拉伯苦修会啤酒

URL www.chateau-lavaux.com
开 9:00~18:00 7、8月~19:00
11月~次年3月~17:30
休 1/1、12/25
费 6.50欧元

莫达沃城堡
住 Château de Modave, 4577
Modave
☎ 085-411369
URL www.modave-castle.be
开 4/1~11/15 10:00~18:00
12月~次年1月上旬
也开馆，但时间要确认。
休 周一（节日除外）、
11/16~11/30、1月初~3月
费 7.50欧元

佛莱埃尔城堡
住 Freÿr 12, 5540 Hostière-
Lavaux
☎ 082-222200
URL www.freyr.be
开 4~9月 周六、周日、节日
10:30~12:45、14:00~17:45
(7、8月是周二~周日)
10月~次年3月周日 14:00~
16:30
休 周一（节日除外）
费 7.50欧元

会儿就看到城堡了。周围已变成牧场，全部是城主的领地，面积之广令人吃惊。城堡内有自然史博物馆、生活博物馆、打猎博物馆。城堡内的餐厅获得米其林一星。

莫达沃城堡 Château de Modave　　⊙Map p.389

莫达沃城堡内部

　　在沿奥由河约60米的悬崖绝壁上建起的莫达沃城堡，其历史可以追根溯源到13世纪。17世纪由城主马尔肖伯爵进行重建，使其优美的建筑保存至今。有天花板上雕刻着马尔肖家族的族徽和族谱图的大厅，还有挂有戈布兰挂毯的"戈布兰房间"，作为客厅的"赫拉克勒斯房间"，金色和大红的家具与紫檀木的钢琴相谐调的"路易十四的房间"等。

佛莱埃尔城堡 Château de Freÿr　　⊙Map p.389

　　位于迪南的西南部。16世纪的文艺复兴式样的城堡与其18世纪的古典式样的庭园是主要景点。庭园就像迷宫一样。

迪尔比

Durbuy

卢森堡省
Luxemborg

从展望台眺望迪尔比

乌尔特河流过比利时南部的阿登丘陵。被乌尔特河河谷包围的"世界上最小的城"就是迪尔比。它海拔400米左右，夏季凉爽，很多度假者来到这里享受绿色的森林和乌尔特河的清澈流水。

石阶小路，石头造的可爱小屋，窗边摆放的各色花卉……就像从画册里撕下来的一样，吸引了众多的观光客和艺术家。现在多数的居民都是艺术家，一年内举办20次以上的古典音乐会。

有车的话去山上的展望台看看吧（旅游季节中从广场有往返小火车运行）。以17世纪建造的乌尔瑟伯爵的故居和小教堂为中心，城市如庭园式盆景般排列，宛如一个童话世界。

迪尔比是只用10分钟就可从一端走到另一端的小城。能吃到正宗法国菜的餐馆很多。完全是度假的绝好地方。还有皮划艇和步行线路。特别向喜欢户外活动的人推荐。

Belgium

◀▮▮▮▮ **ACCESS** ▮▮▮▮▶

从列日的吉耶曼火车站乘去热梅勒（Jemelle）方向的火车约50分钟到巴尔沃（Barvaux），每1~2小时有1班车。从布鲁塞尔乘去卢森堡方向的火车约1小时40分钟在马尔洛瓦（Marloie）下车。从这里再坐去Herstal方向的火车约20分钟到达巴尔沃，每1~2小时1班车。从巴尔沃到迪尔比约5公里。但公共交通工具少，7、8月与4/1~11/11的周末与节日有公共巴士和专线巴士Navette，加起来每天只有6班车。这以外，周二、周三、周五每天约3班车。需要15分钟。详细情况要确认。
☎ 081-253555
URL www.tecnamur-luxembourg.be

从巴尔沃乘出租车花费在15欧元以下。从车站到步行10分钟的城里的咖啡馆等也有叫出租车的必要。此外租车的话在列日和那慕尔要方便点。

旅游咨询中心
住 Place aux Foires 25
☎ 086-212428 FAX 086-213681
URL www.durbuyinfo.be
开 9:00~12:30、13:00~18:00
（周六、周日和1~3月 ~17:00)

✉ **快乐乘皮艇**
从市中心到乘皮艇处可以步行。线路可按各人的需要，10公里1~2小时。可乘巴士从下艇处返回迪尔比。1人的皮艇15欧元。2人的皮艇1个人14欧元。
Durbuy Adventure
☎ 086-212815
URL www.durbuyadventure.be

🏨 迪尔比的酒店

Hotel

鲁·桑古利艾·德·扎尔登努 Le Sanglier des Ardennes　★★★★

面向乌尔特河而建，一楼的餐厅有正宗的法国菜，并且很有名。也有带晚餐的住宿计划。 住 Rue Comet Théodule d'Ursel 14
☎ 086-213262 FAX 086-212465 URL www.sanglier-des-ardennes.be

费 ⑤①110~ 欧元 周末要贵点 有带晚餐的费用制度
早餐 16欧元 CC A.D.M.V.

鲁·克洛·德·勒克勒 Le Clos des Récollets　★★★

位于城市中央的幽静的环境。早餐是家庭自制的果酱和阿登产的火腿肠。基本上是B&B，并设有餐厅，也有带晚餐的计划。可以品尝当地的菜肴。共有8间客房。
住 Rue de la Prévôté 9 ☎ 086-212969 FAX 086-213685

URL www.closdesrecollets.be
费 ⑤80欧元 ①95欧元 含早餐
CC M.V.

ACCESS

到莱斯河河畔昂村，从那慕尔到卢森堡之间的热梅勒（Jemelle）站乘29路巴士约15分钟，每小时约1班车。从那慕尔到热梅勒乘火车约40分钟，每小时1班车。巴士的班车很少，不一定和火车相接得很好，所以一定要预留充足的时间。

旅游咨询中心

住 PI.Théo Larroy

☎ 084-377596　FAX 084-377576

开 10:00~16:00　4月~16:30

　　5月 9:30~17:00

　　6~10月　9:30~16:30

　　7/21~8/15　9:30~18:00

休 11月~次年1月、2~4月的周六、周日

莱斯河河畔昂村

除青年旅舍外，还有数个饭店。

昂洞窟

URL www.grotte-de-han.be

开 化装游行休假、复活节、11月中旬的周六、周日、圣诞节

　　2月中旬~3月周一以外是11:30、13:00、14:30、16:00

　　4月和9~11月上旬是10:00~16:00 每隔1小时

　　5~6月是 10:00~12:00、13:00~16:30 每隔30分钟，周末至17:00

　　7、8月是 10:00~12:00、13:30~17:00 每隔30分钟（7月中旬~8月中旬10:00~12:00、13:00~17:30 每隔30分钟）

休 上面以外、2、3月的周一、10/5、10/12

费 11.90 欧元（地下世界博物馆和野生动物园等套票一套18.90 欧元）

※开馆日期等详细情况在 🛈 等地确认。

野生动物园

开休 与昂洞窟相同

费 10 欧元

地下世界博物馆

开休 与昂洞窟相同

费 3.50 欧元

莱斯河河畔昂村

Han-sur-Lesse 那慕尔省 Namur

　　从迪南出发，沿莱斯河河谷往东南方向40公里的地方有一个小村庄——莱斯河河畔昂村。在这里，莱斯河流入地下，形成长14公里的巨大的昂洞窟（Grottes de Han），是有名的观光点。从热梅勒站来的巴士在村中心的教堂前停车。车站旁就是 🛈，而且正面就是售票处。到洞窟入口处需乘从售票处出发的小火车，洞穴内的游览（约2公里）需约1小时30分钟。高145米的钟乳石的圆顶大空间和跨过地底流过的河流的桥等，规模相当大。游览途中有声光表演，很有恐怖的探险气氛。返回时乘坐小的船只顺莱斯河而下，上到地面。除了洞窟的游览外，莱斯河河畔昂村的另外一个观光点就是野生动物园（Réserve d'Animaux）。坐上小卡车，在250公顷的大公园花1小时15分钟环游。园内放养着鹿、马、猪、牛等在阿登地区生存的动物，还可以感受一下狩猎的气氛。

　　村里还有地下世界博物馆（Musée du Monde Souterrain）和农场等，前者展示了挖掘昂洞窟时发现的遗物。在阿登的大自然中悠闲地度过一天吧。

Column Belgium

比利时糕点随笔 –4

三贤王派

　　1月6日是为祝贺基督的诞生带去供品的三贤王的节日。这个晚上，孩子们三人一组，装扮成三贤王，一边唱着歌，一边到各家各户去要点心。这是13世纪就已有记录的古老节日。亲朋好友亲热地聚集在一起吃饭，把大的"三贤王派"切开分给大家吃。派的里面会有杏仁或陶器的人偶，拿到这个东西的人就会得到王冠，这一天就可以像国王一样给大家下命令。

圣烛节的水果饼

　　2月2日是基督出生40天后的参ण日，与民间习俗相结合，进行烛光游行后，熄灭冬天的蜡烛，点上新的蜡烛的节日。据说古时候这一天有亲戚们聚集在一起吃水果饼的习惯。现在不仅在这一天，水果饼已成了孩子们冬天的点心，非常受欢迎。特别是周末午后，大人们常在一起举办水果饼派对。要温暖身体，这个是最好的食物。

比利时西南部

布鲁塞尔

◀◀◀ ACCESS ▶▶▶

从布鲁塞尔出发乘IC或IR约50分钟，每小时2班车。去往法国国境站只有15分钟，因此穿过蒙斯去法国也可以。

法语● Mons
荷兰语● Bergen

旅游咨询中心

住 Grand Place 22
☎ 065-335580 FAX 065-356336
URL www.mons.be
URL www.monsregion.be
开 9:00~18:30（夏季~19:00）
休 1/1~2、11/1、12/25~26
预约酒店免费。

站前广场的公交中心站的南侧有免费的小型市内循环巴士。Circuit A、B、C哪个都可以乘坐，在大广场、钟楼等地都停车。在停车站前按下车内按钮。市内观光的话，就可以利用这个巴士。

蒙 斯

Mons

埃诺省
Hainaut

　　蒙斯是埃诺省的省会，有着悠久的历史。城市的起源可追溯到650年创办僧院的时候。9世纪建起了埃诺伯爵的城堡。15世纪时又建起了布拉班特·哥特式样杰作的圣沃德吕教堂。17世纪末曾一度被法国统治，因此多少都留下一些法国气氛。走在多坡的石板路上很少能碰见人，总让人错以为陷入古代的街角。街上的古钟偶尔会悠扬地响几声。看到这些，你就会感到蒙斯被称为埃诺的珠宝，的确非常的准确。

漫步蒙斯

马耶尔庭园

　　出了火车站首先映入你眼帘的是雄居山坡上的圣沃德吕教堂。让我们从这里下坡去看看大广场（Grand Place）。在站前的❶收集点信息吧。大广场位于城市中央，四面是壮丽的建筑物和

蒙 斯

市中心的大广场

纪念碑。正面的市政厅的旁边就有 ❶。市政厅的后面是
被称为马耶尔庭园（Jardin du Mayeur）的小花园，这周
围集中了博物馆和美术馆。

蒙斯的主要景点

圣沃德吕教堂 Collégiale Ste. Waudru ➡ Map p.396

布拉班特·哥特式样的教堂，是 15 世纪在比利时建造
的教堂。内部奢华至极，当
地雕刻家杰克·迪·布鲁克
的众多的雕塑品一定要看。
宝物殿里有金的盘子与圣遗
物。教堂内的角落放置有被
称为"黄金马车"（Car d'Or）
的装饰豪华的大马车，这是
18 世纪的东西。每年 6 月的
时候在举行"黄金马车游行
和理姆松对决"时使用。

从车站来的坡上就能看到圣沃德
吕教堂

黄金马车

鲁·桑·希尔曼
Le Saint–Germain
　　蒙斯以美食城而闻名。
在这里的餐馆花费不到 20
欧元就可以吃到当地的乡村
菜肴。
住 Grand Place 12
➡ Map p.396
☎ 065–335448
开 8:00~24:00（冬季 ~23:00）

圣沃德吕教堂
☎ 065–335580
URL www.waudru.be(只有法语)
开 9:30~18:30
　　周日 7:00~18:30
　　宝物殿 只是 3~11 月 13:30~
18:00　周六、周日 ~ 17:00
休 周一
费 只有宝物殿付费。2.50 欧元

蒙斯的青年旅舍
　　被列入《世界遗产名录》
的钟楼下面的新的青年旅舍。
从车站往大广场走，在山坡
上就能看到钟楼，以它为目
标，一直走 500 米左右。
住 Rampe du Château 2
➡ Map p.396
☎ 065–875570
FAX 065–875571
URL www.laj.be
费 Ⓓ 18.80 欧元　Ⓣ 43 欧元
CC M.V.

短途旅行

班什 Binche

大天鹅的羽绒装扮给人留下很深的印象

位于蒙斯以东 15 公里处，一个没有任何变化的乡村，每年一到狂欢节的时候，众多来自世界各地的游客非常热闹。他们都是冲着被认定为世界遗产的戴着白色天鹅羽毛的帽子的"吉尔"们的舞蹈来的。"吉尔"的舞蹈起源要追溯到 16 世纪。卡尔五世 (西班牙的卡洛斯一世) 的妹妹马利亚为了庆祝西班牙征服秘鲁而召开了舞会。这个舞会上，舞者们装扮成印加帝国王子的样子四处撒金币。现在以橘子来代替金币。城里到处播放 16 世纪的祝贺歌，"吉尔"们跳舞直到深夜。

◀▸ ACCESS ◀▸

从布鲁塞尔乘火车约 1 小时 30 分钟，每小时 1 班车。从蒙斯、那慕尔出发的话，在 La Louviére 换车。

URL www.carnavaldebinche.be(法语)

2010 年 2 月 14~16 日举办。2 月 16 日是节日高潮。

蒙斯的酒店

Hotel

因福特尔酒店 Infotel ★★★

位于离大广场约 100 米的观光便利的位置。全室带淋浴和厕所。有有线电视、直拨电话。除一般客房外，也设有长期住宿型的公寓。共有 20 间客房。

➔ Map p.396

住 Rue d' Havré 32
☎ 065-401830
FAX 065-356224
URL www.hotelinfotel.be
费 S 71 欧元 ~　T 73 欧元 ~
早餐 9 欧元　CC A.D.M.V.

图尔奈

Tournai

埃诺省
Hainaut

图尔奈位于比利时的西南部。与法国接壤的埃诺省有着舒缓的丘陵地带和森林，宛如一幅绿色的彩笔画世界。图尔奈在比利时和通厄伦（Tongeren）一样，是一个古城。5世纪时，成为法兰克王国的首都。克洛维斯也是在这里出生的。中世纪时，这里是法国进攻佛兰德的据点。后来，又先后成为英国、法国、荷兰的领地。19世纪归属比利时。17~18世纪的民居因战火大半都被毁坏，但还是保留下来了几家欧洲最古老的民居。

古都图尔奈保留着历史性的节日。每年6月的第二个周日举行的被称为"四个队列"的节日最有名。在现实生活中的高官、有识之士被任命为骑士的仪式完成后，人们模仿历史人物组成巨人队列、花车队列、民族服装队列和狂欢节队列陆续走过街头。此外在离圣母马利亚的诞生日的9月8日最近的周日举行鼠疫大游行（历史大游行）。这是为了纪念人们战胜1090年的鼠疫而进行的游行活动，人们抬着圣埃勒泰尔的圣遗物箱等在街上游行。

漫步图尔奈

沿站前的 Rue Royale 街走，跨过埃斯科河（Escaut）

大广场

Belgium

•布鲁塞尔

◀◀▮▮ ACCESS ▮▮▶▶

从布鲁塞尔乘IC约1小时，每小时1班车。去往法国国境车站只要15分钟。

法语● Tournai
荷兰语● Doornik

旅游咨询中心
🏠 Vieux Marché aux Poteries 14
☎ 069-222045
📠 069-216221
URL www.tournai.be
开 复活节 ~ 10/14
　周一～周五　8:30~18:00
　周六　9:30~12:00
　　　　14:00~17:00
　周日、节日 10:00~12:00
　　　　14:30~18:00
10/15~复活节
　周一～周五　8:30~17:30
　周六　10:00~12:00
　　　　14:00~17:00
　周日、节日 14:30~17:30
（12/24和12/31~16:00）
休 1/1~2、9/15、11/1~2、11/11、12/11、12/25~26

鲁·布雷索瓦尔
Le Pressoir

由 17 世纪的会馆改装而成，是城里有代表性的餐馆。位于圣母大教堂的旁边。套餐 1 人 29 欧元左右。

住 Vieux Marché aux Poteries 2
→ Map p.400-2
☎ 069-223513
休 周一、周二

时，眼前就会出现一个有奇妙的塔的大寺院。看到这 5 座塔，就知道是圣母大教堂了。❶ 就在这个大教堂的对面。首先在这里拿到地图吧。❶ 的附近，有高 72 米的比利时最古老的钟楼 Beffroi。

顺路就到大广场（Grand Place）。到广场的一角看了纺织大厅和古民居后，就去市内各地的美术馆和博物馆吧。去美术馆的路上眺望城市，你会发现 5 座塔正俯视着整个古城，而圣母大教堂则令人感到一种奇妙的威严感。

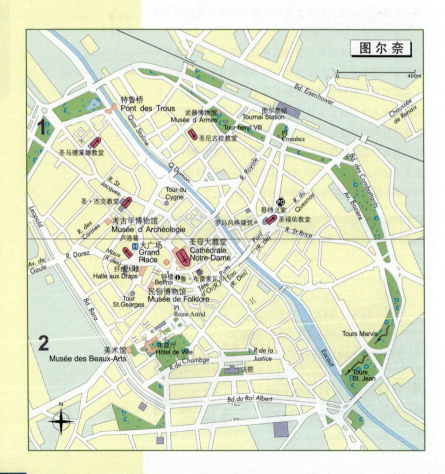

图尔奈

特鲁桥 Pont des Trous
武器博物馆 Musée d'Armes
图尔泰车站 Tournai Station
Tour henri VIII
Pl. Crombez
Bd. Eisenhower
Chaussée de Rénaix
Bd. des Combattants
Av. bozière
圣马德莱娜教堂
圣尼古拉教堂
Quai Sfaline
Q. Dumon
R. St Jacques
Tour du Cygne
R. Royale
圣·杰克教堂
R. des Carmes
PO
哥特之家
R. du Quesnoy
圣福佑教堂
罗马风格建筑
R. St. Brice
考古学博物馆 Musée d'Archéologie
卢洛普
圣母大教堂 Cathédrale Notre-Dame
Pont (R. des)
Leopold
R. Dorez
Maux (R. des)
大广场 Grand Place
R. St. Desj
Av. de Gaule
纤维大楼 Halle aux Draps
钟楼 Beffroi
鲁·布雷索瓦尔
Tête d'Or (R.)
(R. Desj)
Bd. Bara
Tour St. Georges
民俗博物馆 Musée de Folklore
Pl. Reine Astrid
Escaut
Tours Marvis
2
美术馆 Musée des Beaux-Arts
市政厅 Hôtel de Ville
R. de la Justice
R. du Chambge
法院
Tours St. Jean
Bd. du Roi Albert
N

🏛 图尔奈的主要景点

圣母大教堂 Cathédrale Notre–Dame ➲ Map p.400–2

西欧罗马建筑的代表性教堂，12~13 世纪建造。教堂内除有鲁本斯等人的杰作外，还装饰着 12 世纪的湿壁画。大殿于 13 世纪改建成初期哥特式样，与其身廊相比较可以发现罗马式样和初期哥特式样是不一样的。这里的彩色玻璃与众不同，很值得一看。宝物殿里有比利时的七大秘宝之一的、1205 年尼古拉·迪·威尔丹制作的圣母马利亚的圣遗物箱等。此外，还有 6 世纪的第一位主教圣埃勒泰尔（St. Eleuthere）的圣遗物箱和象牙的马利亚像、描绘有圣皮亚（St. Piat）和圣埃勒泰尔一生的 15 世纪的挂毯，都不要错过了。

有 5 座塔的圣母大教堂被列入《世界遗产名录》

从大广场眺望钟楼和圣母大教堂

民俗博物馆 Musée de Folklore ➲ Map p.400–2

由过去的图尔奈市民的宅第改建的博物馆。将过去的民居、酒馆、编织工坊等忠实重现，让我们回想起往日图尔奈周围人们生活的情景。

民俗博物馆

考古学博物馆 Musée d'Archéologie ➲ Map p.400–1

图尔奈的瓷器收藏品很精彩，柔和色调的瓷器是 18 世纪在这个城市制作的。银器和图尔奈的毯子也很有趣。

圣母大教堂
☎ 069-843469
开 9:30~12:00、14:00~18:00
11 月～次年 3 月
9:15~12:00、14:00~17:00
（宝物馆提前 15 分钟闭馆，周六、周日、节日的上午闭馆）
费 只有宝物殿付费，2 欧元

民俗博物馆
☎ 069-224069
开 4~10 月
周三～周一　9:30~12:30
14:00~17:30
11 月～次年 3 月
周三～周一　10:00~12:00
14:00~17:00
周日　14:00~17:00
休 周二、11 月～次年 3 月的周日上午、1/1~2、圣周五、9 月的第二个周一、11/1~2、11/11、11/15、12/24~26、12/31
费 2.50 欧元

✉ **景点充足**
民俗博物馆就像一个放进大量玩具的箱子，有很多展品，实际上很有意思。三楼能看到图尔奈的全景。

考古学博物馆
☎ 069-221672
开休 和民俗博物馆相同
费 2 欧元

◀◀▮▮▮ ACCESS ▮▮▮▶▶
　　到阿特（Ath）城利用火车，从这里乘 81A 路巴士约 30 分钟。在伯勒伊下车。巴士白天每小时 1 班车。

伯勒伊城堡
☎ 069-689426
URL www.chateaudebeloeil.
com
开 复活节 ~6 月和 9 月的周六、周日、节日，7、8 月的每天 13:00~18:00
售票时间到 17:30
休 以上时间以外
费 8 欧元

美术馆　Musée des Beaux-Arts　　　　⮑ Map p.400-2

　　维克托·奥尔塔设计的馆内收藏有佛兰德地区与法国的古今大师们的绘画。有范·德阿德里安、大卫、莫奈、恩索尔等人的作品。

特鲁桥　Pont des Trous　　　　　　⮑ Map p.400-1

　　架在埃斯河上的一座桥，是 13 世纪建造的要塞的遗迹。桥的两侧并排着古老的民居，向我们传达了古都图尔奈的风情。

🚌 短途旅行

伯勒伊城堡　Château de Beloeil

　　位于图尔奈和蒙斯正中间的伯勒伊城堡从 14 世纪开始就是利尼由侯爵家的居所。城堡内有在 15~17 世纪收集的财宝和绘画，也展出挂毯等。城堡的周围是宽大的 17 世纪风格的法国庭园，组成一个水与绿色交织在一起的印象派的世界。

🏨 图尔奈的酒店

卢洛普　l'Europe　　　　　　★★　　⮑ Map p.400-2

　　位于大广场的小型酒店，很有图尔奈风情的素朴感觉的酒店。房顶的形状很独特。客房质朴，可以眺望大广场。共 8 间客房。
住 Grand Place 36

☎ 069-224067　FAX 069-235238
E-mail europe@commerces.
tournai.be
费 带淋浴／浴缸和厕所 ⑤47 欧元　Ⓣ63 欧元　含早餐
CC A.D.M.V.

卢森堡

Grousserzogtum Lëtzebuerg   Grand Duché de Luxembourg

卢森堡概况

国旗

呈长方形。旗面由三个平行相等的横长方形组成,自上而下分别为红、白、浅蓝三色。三色连在一起象征平等、民主和自由。

正式名称

卢森堡大公国(Grousserzogtum Lëtzebuerg)(卢森堡语)(Grand–Duché de Luxembourg)(法语)。

国歌

我们的祖国(Ons Hémécht)。

面积

2586 平方公里。

人口

约 49.91 万 (2009 年)。

首都

卢森堡(Luxembourg)。

元首

大公亨利(Grand– Duc Henri)。

政体

君主立宪制。加入欧盟。

民族构成与宗教

卢森堡人占 59%,97% 的居民信奉天主教。

语言

官方语言是法语、德语和卢森堡语。法语多用于行政、司法和外交;德语多用于报刊新闻;卢森堡语为民间口语,亦用于地方行政和司法。

●旅行会话集➡ p.478

货币与兑换率

货币单位为欧元(欧洲共同体货币,简称 Euro、Eur),辅助货币单位是欧分。1 欧元 =100 欧分,约合 8.6392 元人民币(2010 年 8 月)。卢森堡自己设计的硬币后面是卢森堡大公亨利的侧面像。

货币的种类:500 欧元、200 欧元、100 欧元、50 欧元、20 欧元、10 欧元、5 欧元。

硬币的种类:2 欧元、1 欧元、50 欧分、20 欧分、10 欧分、5 欧分、2 欧分、1 欧分。

●外币兑换➡ p.433
●信用卡与旅行支票➡ p.427
●旅行预算➡ p.430

主要的节日

要注意有※标记的是每年日期有变动的节日。此外周六、周日与节日相重的时候，这一天的次日也是休息日。

元旦　1月1日

狂欢节的周一　2月下旬

复活节（移动节日）4月4日※

复活节后的周一（复活节的次日）

　4月5日※

劳动节　5月1日

主的升天（复活节的40天后）

　5月13日※

圣灵降临节（复活节的50天后）

　5月23日※

圣灵降临节后的周一（圣灵降临节的次日）

　5月24日※

国庆日　6月23日

圣母升天节　8月15日

卢森堡市克尔美斯节的周一（8月）　※

万圣节　11月1日

圣诞节　12月25日

节礼日　12月26日

　此外，虽不是公众的节日，2月的狂欢节的周一，8月的卢森堡市克尔美斯节

的周一（只在卢森堡市内），万圣节的次日也成为休息日了。

营业时间

　以下是一般的营业时间。商店与餐馆等不同的店也不尽相同。

　银行：周一～周五 8:30~16:30（午休时间为1小时的银行很多）。

　商店：周一～周六 10:00～18:00（周一基本都休息，有的商店周一全天休息，有的商店有午休时间）。

　餐馆：午餐12:00~14:30，晚餐19:00~22:00。

电压与插座

　大部分电压 220V，50Hz。插座基本为 SE 型。中国国内的电器可以直接使用。

录像方式

　电视和录像方式是 PAL 方式，与中国相同，音像制品可以在中国大陆地区的录像机上播放。

打电话的方法

●从中国打电话的方法

从中国打到卢森堡 123-4567 的方法

国际电话的识别号码 00	+	卢森堡的国家代号 352	+	市外区号 无	+	对方号码 123-4567

卢森堡概况

小费

因费用中已包含了服务费，所以基本不需要付小费。

气候

4~5月的天气很容易变化。6~8月气候干燥、凉爽，非常舒适。红叶很美的秋季阴天较多。冬天不是很寒冷。此外一年有少量的降雨，可带件雨衣或雨具。与比利时的气候相近（ p.210）。

● 旅行季节➡ p.429

时差与夏令时

与中国的时差是7小时。也就是说中国的7:00是比利时的当日深夜的0:00。夏令时（从3月最后的周日开始到10月最后的周日结束）的时差是6个小时。

邮政

卢森堡的邮筒是黄色的

一般的营业时间是平日8:00~17:00。中央邮局在周六的7:00~17:00也营业。

邮政的费用： 往中国寄航空信件及明信片0.90欧元，挂号信（20克以内）0.90欧元。

入境与出境

签证： 持因私护照者须本人到卢森堡驻华使馆递交材料并面谈。持因公护照者应由各部委或地方外办统一送签。所有签证均报卢森堡外交部审批。

护照： 护照的有效期原则上是入境时必须有3个月的停留日数以上。不需要入境卡。

● 护照申请➡ p.426
● 到达卢森堡➡ p.408

在当地打电话的方法

因没有市外长途区号，在国内没有市内和市外之分，只要拨号就行了。

市内通话： 1次通话4分钟3.11欧元。公共电话基本上是使用电话卡的电话。电话卡有5欧元、10欧元两种（不同的店销售的卡会不相同，有有效期）。在电话局可购买。

打往中国的拨号方法，与比利时相同（ p.212）。

安全与纠纷

这里虽然不能说治安坏，但还是会发生包被偷走的情况。不能放松警惕。

报警☎113、急救☎112

● 旅行的安全➡ p.469
● 荷比卢的有用地址➡ p.432

卢森堡

Luxembourg

被比利时、法国、德国包围起来的卢森堡大公国面积约 2600 平方公里，人口约 49.91 万人，是一个有幽深溪谷和被森林覆盖的小国。

首都卢森堡被称为"北部的直布罗陀"，该城在历史上一直是易守难攻的城堡城市，它周围的城墙是在断崖的基础上建成的，并坐落在佩特吕斯河和阿尔泽特河冲积而成的岩石山上，自然形成的水沟将城市三面围了起来。

埃着城墙的旧市区和建有近代高楼的新市区合起来就是卢森堡城了。旧市区和新市区由高架桥相连。新市区里集中了欧洲法院和欧洲议会秘书处等国际性的机构。另外，旧市区的主要街道上，接连并排着数个欧美的一流银行。为了重新恢复因钢铁业不景气而造成的经济低谷，卢森堡以成为金融王国为目标去发展。现在其努力已初见成效，继伦敦之后在欧洲市场已形成了第二个金融中心。卢森堡市以巨人般博大的胸怀欢迎着来自世界各地的友好客人，市内的外国居民约占 41%。卢森堡市民热情、礼貌、好客，对本地人如此，对外地人也如此，与西方许多大城市风格不太一样，这也许是卢森堡市吸引游客的原因之一吧。

ACCESS ◀▮▮▮ ▮▮▮▶

从布鲁塞尔出发乘 IC 列车，约 3 小时，每小时 1 班车；乘 EC 需 2 小时 40 分钟。从列日来约 2 小时 30 分钟，每 2 小时 1 班车。

国家代码 ☎ 352

✉ 小心宪法广场上的顺手牵羊

一个人拿着相机过来说："请帮我拍张照片。"我同意了，把包放下，当我按下相机的快门，其他共犯将我的包拿走了。由于会有这样的情况发生，因此绝对不能让你的包离开你的手。

欧洲中心

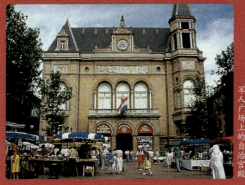

军人广场上的自治宫殿

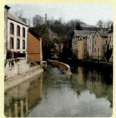

在低地散步很不错

到达卢森堡

🌗 乘飞机到达时

芬德尔机场 Findel Airport

位于离市区 6 公里左右的地方，规模很小的机场，就一个进出大厅。到达、出发大厅在一楼，二楼有餐厅等。此外，一楼设有汽车租赁的柜台和外币兑换处，还有酒店预约及航空公司的柜台。入境只进行简单的海关检查，不太严格。

🌗 从机场到市区

乘巴士

从机场到市内，乘坐 16 路巴士很方便。每小时约 5 班车 (周日每小时 2 班车)，需要 25 分钟。票价：1.50 欧元。

乘出租车

要想去离中央车站远的地方，还是乘坐出租车好，到市内约 10 分钟，车费 20~25 欧元。

🌗 乘火车到达时

卢森堡中央车站 Gare Centrale

车站内设有汽车租赁柜台和餐厅、铁路咨询处和旅

卢森堡的大门——卢森堡中央车站

游观光咨询中心，在这里收集点儿酒店和景点的信息吧。出站处，有在市内穿行的巴士的中心站和出租车、长途巴士乘车站。

中央车站有国家的❶，预定想参观卢森堡的人最好去那里看看吧。

❖ 漫步卢森堡

车站里，都设有铁路咨询处、投币寄存柜等，对旅行者们来讲都是必要的。站内有❶，在这里可以免费拿到地图等。这个❶因放有卢森堡国家旅游局的地方旅行资料，为制订卢森堡游览计划提供了方便，请一定要利用。市的❶在离车站约1公里的旧市区街道上。

去旧市区，从车站往右前方延伸的自由大街（Ave. de la Liberté）一直往前走，街道两旁有银行和钢铁公司阿尔贝德的建筑。

10分钟左右，就到了架设在佩特吕斯河河谷上的阿道夫桥（Pont Adolphe）。高46米、长84米的这座桥将卢森堡的平民街（车站附近）与旧市区街道连接起来。从桥上往下看，是由佩特吕斯河造就的绿色河谷。这样你就会明白卢森堡城独特的地形了。过了桥，前面就是皇家大道（Bd. Royal），那里集中了各国的银行，形成一条银行街。

过了阿道夫桥，往右侧步行100米左右就是宪法广场（Pl. de la Constitution）。在河谷之间突出的大广场中央建造了第一次世界大战的纪念塔。从这里眺望景色非常漂亮。从宪法广场往北去，就是旧市区的中心——热闹非凡的军人广场（Pl. d'Armes）。这个广场的南面，面向基约姆广场的建筑里有市的❶。

在被河流与河谷围起来的山坡上的城市中慢慢走一圈最好不过了。❶发放免费的城市步行地图《Touristische Karte(Touristic Map)》。就按照这个地图进行城市漫步是最有效率的。

旅游咨询中心

●车站大厅里（国家的❶）
住 Pl. de la Gare
☎ 42828220
FAX 4282823-8
URL www.ont.lu
开 6~9月 8:30~18:30
　周日 9:00~12:30
　13:45~18:00
　10月~次年5月 9:15~12:30
　13:45~18:00
休 周日、节日（10月~次年5月）、1/1、11/11、12/25

●基约姆广场（市的❶）
住 30 Place Guillaume
☎ 222809
FAX 467070
URL www.lcto.lu
开 9:00~19:00
　10月~次年3月 9:00~18:00
　周日、节日 10:00~18:00
休 1/1、11/11、12/25~26
可以预约酒店。

✉ **去看看格雷文马赫（Grevenmacher）的葡萄酒酿造厂**

从公交总站乘130路巴士，在葡萄酒酿造厂的前面下车，巴士可以使用卢森堡卡。跟观光团参观1小时后，大人可以试饮发泡葡萄酒，小孩可试饮果汁。根据季节，开放的时间会不同。事先请确认。

住 Caves Bernard Massard
☎ 7505451
URL www.bernard-massard.lu
费 大人 4~7 欧元（依试饮的量来定），小孩 2.50 欧元

向悠闲派推荐的步行线路
"City Promenade"→
p.415这条线路最适合在市内慢悠悠地观光，导游的英文解说也很慢。我觉得2小时的游览很快乐。

穿过低地线路

向游客推荐的第一条线路是军人广场—宪法广场—圣母大教堂—神圣广场（Pl. du St. Esprit），穿过崖上的宽廊（Chemin de la Corniche）。参观博克炮台，走过 Bd.Victor Thorn 就到了11世纪的城门——三塔门（Porte des Trois Tours）。

从这里走 Rue Sosthene Weis 穿过低地下去。在阿道夫河河畔，一边眺望对岸的圣让教堂（Eglise St. Jean du Grund）和小礼拜堂的尖塔一边走吧。直到神圣广场都沿着

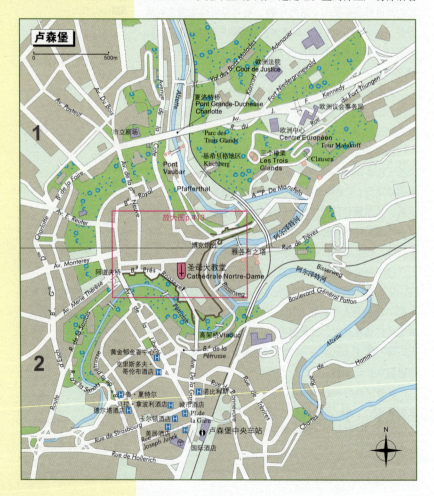

河畔走。在那里河就变成佩特吕斯河了。在有 24 个桥拱的高架桥 Viaduc 下眺望非常的漂亮。

　　穿过佩特吕斯河河谷的中心部，前方的阿道夫桥的雄姿就出现在你的眼前，从那里跨过小桥，登上悬崖就到了布鲁塞尔广场（Pl. de Bruxelles），这个小小的旅行就结束了。卢森堡的有名景点一个不漏地全部看完要走全长 5 公里的线路，穿过人烟稀少的低地是最吸引人的。

遍游旧市区线路

　　另外一条线路是从中央车站出发，经阿道夫桥—宪法广场—圣母大教堂—基约姆广场（Pl. Guillaume）。在基约姆广场的中央，有曾是荷兰和卢森堡大公国的国王的威廉二世的雕像。左侧，市政厅正面有一座很大的狮子像，就像在守护着市政厅。周三和周六的上午，在广场周围有蔬菜、水果、花等的市场，往东去，穿过 Rue de la Reine 街，再去大公居住的大公宫（Palais Grand Ducal）。

　　从大公宫往南走是 Rue de l'Eau 街，再走过 Rue du Rost，往右拐穿过 Rue de la Boucherie，那里就是鱼市场。左侧有国立历史·美术博物馆。然后穿过圣米歇尔大教堂（Saint Michel）旁边的小道，就去博克炮台。这条线路与前面的线路相比更多地看到卢森堡古代的风貌。

卢森堡的主要景点

圣母大教堂　Cathédrale Notre-Dame　　　　● Map p.413

　　在宪法广场的东面，17 世纪建造的基督教教堂。1935～

有细细的尖塔的圣母大教堂，是漫步城区最引人注目的景点

穿过低地线路

军人广场 p.409

宪法广场 p.409

圣母大教堂 p.411

博克炮台 p.413

高架桥

阿道夫桥 p.409

布鲁塞尔广场

遍游旧市区线路

阿道夫桥 p.409

宪法广场 p.409

圣母大教堂 p.411

基约姆广场 p.409

大公宫 p.412

国立历史·美术博物馆 p.412

博克炮台 p.413

卢森堡
卢森堡

圣母大教堂
☎ 2229701
开 10:00～12:00、14:00～17:30
休 周日上午、举行弥撒时
费 免费

俯视低地　　　　　　军人广场的集市

1938 年重新修建。北侧的入口部分是文艺复兴和巴罗克式样。细细的尖塔，圆形天井，放射状延伸的祭室为其主要特征。地下礼拜堂里有历代神甫与王室的墓。这个巨大的教堂以作为前大公与瑟芬·夏洛特 (比利时的公主) 的婚礼举办地而有名。

大公宫 Palais Grand Ducal　　　　　➲ Map p.413

只在夏季可以参观内部

说起大公宫，过去是市政厅，外观质朴，火灾以后的 1572~1574 年，进行了重建，1895 年开始成为大公宫，作为大公的办公室和迎宾馆。举行卫兵的交接仪式，夏季时也举办大公宫内部的观光旅游。

国立历史·美术博物馆 Musée National d'Hist. et d'Art　　　➲ Map p.413

展出内容分为卢森堡的历史和美术两大部分，很值得一看。考古学的展出有从卢森堡出土的陶瓷和遗物等。还展出 11~18 世纪的关于宗教的物品、现代绘画和雕刻、挂毯、佛兰德斯绘画及中世纪荷兰绘画等。

大公宫
开 7月中旬 ~8月下旬
　　内部观光游的日期和时间请在基约姆广场的 ❶ 确认。
休 周三
费 7 欧元

卫兵的交接仪式
　　10:00、12:00、14:00、16:00、18:00 共 5 次。

国立历史·美术博物馆
☎ 4793301
URL www.mnha.lu(法语)
开 10:00~17:00
　　周四 ~20:00
休 周一、节日
费 5 欧元

✉ **比尔洛娃 & 巴赫的户外用品店**
　　在卢森堡市内有工厂和商店。遇到有减价活动时，可以以很便宜的价格购买东西。从面向皇家广场的公交总站乘 2 路约 15 分钟。在 Villeroy&Boch 下车就到。
住 330 rue de Rollingergrund
☎ 4682111

博克炮台　Casemates du Bock

◯ Map p.413

在此可俯视阿尔泽特河，跨过架在低地上的沙托桥（Pont du Château）就到了被称为博克的悬崖绝壁。从这里眺望，景色美得令人不敢相信。北边能看到通往新市区的现代的夏洛特桥和高层建筑聚集的高地。眼前很宽的深绿色的森林中有一座名叫三个橡栗（Les Trois Glands）的可爱的塔，这一带过去是城墙。

这里在中世纪时有阿登地区的领主齐格弗里特伯爵筑起的卢森堡城，但是现在已无痕迹。这段山崖具备作为要塞所应有的一切优点，所以曾经被多国占领、支配，并不断得到加固，终于成为号称"北部的直布罗陀"的固若金

博克炮台
☎ 222809
开 10:00～17:00
休 11月～次年2月
费 2欧元

✉ **冬季的博克炮台**
冬季虽不能参观内部，但可以去最上面的观景台，那里最好。但是，台阶可能被冻得很滑，要注意。行人行走也一样。

✉ **夏洛特桥的传说**
从博克炮台可以看到红色的夏洛特桥。这是战车通过都没有问题的结实的大桥，据说有很多人在此自杀，因而被血染成了红色。

断崖内的博克炮台到处是大炮

放有大炮的洞窟

✉ 找找纪念碑
世界遗产纪念碑在北侧的博克与 Chemin de la Corniche 路上。

汤的堡垒。这个悬崖绝壁下有巨大的地下要塞，被称为博克炮台，是在18世纪由奥地利士兵们构筑的。夏季凉意袭人，小石阶时上时下，宛如迷宫。要塞到处都有大炮，虽装有电灯，可还是很黑暗，探访这样的要塞真是惊险刺激。

从博克炮台眺望景色最漂亮

Restaurant 🍴 卢森堡的餐馆

由于被德国、法国、比利时三国围在中间，因此卢森堡的乡土菜肴与这些国家的很相近。火腿与豆类、蔬菜等一起煮的汤加入有猪血的粉肠就是它的代表菜。在军人广场周围，室外摆上桌子的餐馆一个接一个，各国餐馆都集中在这一带。去卢森堡乡下参观，作为葡萄酒原料产地的葡萄园绵延不断。去尝尝卢森堡的摩泽尔葡萄酒和啤酒吧。

阿卡德米 L'Academie　　　　　卢森堡菜　　➲ Map p.413　　旧市区

军人广场边的比较漂亮的店。葡萄酒很丰富。可以带小孩的家庭气氛的餐馆。汤、猪排、甜品3道菜15.20欧元。
住 Place d'Armes 11

☎ 227131
开 11:30~14:30、18:00~23:00
休 无
服装 无
预 不要
CC A.M.V.

梅松·德·布拉斯尔 Maison des Brasseurs　　卢森堡菜　　➲ Map p.413　　旧市区

为数不多的卢森堡餐馆。汤和菜肴都是大份，分量充足。卢森堡风味的红烧肉22.50欧元。白葡萄酱煮鸡肉20欧元。
住 Grand-Rue 48

☎ 471371
开 11:00~ 22:00
休 周日、节日
服装 无
预 希望预约
CC D.M.V.

咖啡·弗朗瑟 Café Français　　　　法国菜　　➲ Map p.413　　旧市区

面向军人广场的弗朗瑟酒店的一楼的法式便餐餐馆。天气好的时候，坐在面向广场的室外坐席很不错。从早晨到晚上都营业，很方便。白天的套餐12欧元。

住 Place d'Armes 14
☎ 474534
开 7:00~23:00
休 无　服装 无
预 不要
CC A.D.M.V.

| 巴雷·杜·西努 Palais de Chine | 中国菜 | ⊙ Map p.413 | 旧市区 |

在大公宫的后面，从外观看很难知道它是中餐馆。以上海菜为主的高级餐馆。可以很轻松自在地进餐。

住 Rue de l'Eau 18

☎ 460283
开 12:00~14:30 18:00~23:00
休 无
履装 无
预 希望预约
CC M.V.

Column Luxembourg

卢森堡的公共汽车和步行游览线路

乘坐上下车自由的市内旅游巴士

●步行游

有一种叫做 City Promenade 的一边听英语解说一边环游卢森堡市区的步行游。需要 2 小时。

出 复活节~10月的每天 13:00 发团（英语）
11 月~复活节前的周一、周三、周六、周日的 13:00 发团（英语）
费 7 欧元

详细情况请在 ⓘ 确认。
☎ 222809

●自由乘车巴士
hop on hop off

24 小时有效的车票。乘坐上下车自由的市内旅游巴士。每 30 分钟从宪法广场出发，在 6 个地点停车。附带小火车、博克炮台的车票和门票。车票在 ⓘ 或大型旅游酒店购买。

出 复活节~10月末的每天 10:30~16:00（冬季只有周六和周日）
费 12 欧元

URL www.hoho.lu

●小火车

有一种叫做"Petrusse Express"的小火车。3/27~10/31 的每天 10:00~18:00 每 30 分钟从宪法广场出发，听着语音解说（英、法、德、荷语）穿过低地，到炮台对岸约 1 小时的往返运行。可以很轻松地去低地探险。由于有可能不能立即乘车，早一点去购买车票吧。详细情况要确认。

Sales-Lentz 公司
☎ 236261
费 8.50 欧元

宪法广场的小火车发车处

镰仓 Kamakura
日本菜   ➡ Map p.413   低地

据说卢森堡大公都曾来进餐的餐馆。在卢森堡是老字号。稍微有点贵，味道不错。白天有套餐12欧元。

住 Rue Münster 4

☎ 470604
开 12:00～14:30、19:00～21:30
休 周六、节日的白天、周日
服装 整洁合身的服装
预 要预约
CC A.D.M.V.

Shop

卢森堡的商店

比尔洛娃 & 巴赫 Villeroy&Boch
陶瓷   ➡ Map p.413   旧市区

在欧洲是很有名的店，出售卢森堡的比尔洛娃 & 巴赫公司的陶瓷。有刺绣一样独特的图案，具有欧洲传统陶瓷的魅力，小商品9欧元左右。

住 Rue du Fossé 2
☎ 463343
开 9:00～18:00
休 节日和周日
CC A.D.M.V.

沃贝尔威斯 Oberweis
点心店   ➡ Map p.413   旧市区

卢森堡有名的点心店，一楼销售巧克力和蛋糕，外面有咖啡座，二楼有茶室。点心的包装很可爱，也许可以当做礼品。

住 Grand-Rue 19～21

☎ 470703
开 7:30～18:10(周一10:00～、周六是8:00～)
休 节日和周日
CC A.M.V.
中央车站内有分店。

Hotel

卢森堡的酒店

与阿姆斯特丹和布鲁塞尔等荷比的其他城市相比稍微便宜些。车站周围与旧市区的酒店是以较小的古老的酒店为主。周五～周日商务客人变得很少，周末有折扣的酒店很多。车站附近的廉价酒店集中在从站前广场往西延伸的 Rue Joseph Junck 街、自由大街和与之交叉的 Rue de Strasbourg 等地。但是，治安条件不是很好的地区一定要注意。在❶拿到酒店的名册后，按自己的预算去找酒店吧。

国际酒店 Best Western International
★★★★   ➡ Map p.410-2   中央车站周围

位于出车站后的正面，是现代风格的酒店。有禁烟室。有带浴缸的家庭客房。并设有法式餐厅和意大利餐厅。共有70间客房。

住 Pl. de la Gare 20～22

☎ 485911   FAX 493227
URL www.hotelinter.lu
费 带淋浴/浴缸和厕所 Ⓢ95～150欧元 Ⓣ112～170欧元 含早餐
CC A.D.M.V.

城市酒店 City ★★★★

能感觉到历史的建筑。内部漂亮的装修很舒适。一楼有商务中心。可以上网。有受到好评的鸡尾酒酒吧，威士忌的品种也很丰富。共有 35 间客房。

住 Rue de Strasbourg 1

➲ Map p.410-2　中央车站周围

☎ 291122
FAX 291133
URL www.cityhotel.lu
费 带淋浴 / 浴缸和厕所
Ⓢ 125 欧元　Ⓣ 172 欧元
含早餐　有周末费用制度
CC A.D.M.V.

诺比利斯 Nobilis ★★★★

离中央车站很近，很方便。并设有很值得自豪的法国餐厅和卢森堡餐厅。客房空调完备。共有 46 间客房。

住 Ave. de la Gare 47

➲ Map p.410-2　中央车站周围

☎ 494971　FAX 403101
URL www.hotel-nobilis.com
费 带淋浴 / 浴缸和厕所
Ⓢ 85 欧元　Ⓣ 105 欧元
含早餐
CC A.D.J.M.V.

古拉沃特大酒店 Grand Hotel Cravat ★★★★

能感觉到卢森堡历史，气氛庄重的欧洲风格的建筑物。能看到佩特吕斯河河谷。有餐厅和酒吧。共有 60 间客房。

住 Boulevard Roosevelt 29

➲ Map p.413　　　　旧市区

☎ 221975　FAX 226711
URL www.hotelcravat.lu
费 带淋浴 / 浴缸和厕所
Ⓢ 246 欧元　Ⓣ 383 欧元
含早餐
CC A.D.M.V.

德尔塔酒店 Delta ★★★

由 4 个民居连起来改装的家庭气氛的酒店。并设有餐厅。早餐可在露天餐厅就餐。有健身房。共 21 间客房。

住 Rue Adolphe Fisher 74

➲ Map p.410-2　中央车站周围

☎ 276116
FAX 404320
URL www.hoteldelta.lu
费 带淋浴和厕所　Ⓢ 105 欧元
Ⓣ 135 欧元　含早餐
CC A.M.V.

美居酒店 Mercure Luxembourg Centre ★★★

美居酒店连锁店。客房空调完备，店内的酒吧营业时间很长，可以方便利用。但是，这一带是红灯区，要注意安全。共有 68 间客房。

住 Rue Joseph Junck 30

➲ Map p.410-2　中央车站周围

☎ 492496
FAX 492109
URL www.mercure.com
费 带淋浴和厕所
Ⓢ Ⓣ 69 欧元 ~
早餐 14 欧元
CC A.D.J.M.V.

卡尔顿酒店 Carlton ★★★★

沿车站背面右侧延伸的自由大街走，马上左侧有 Rue de Strasbourg 街，酒店就在这条街道上，离车站很近，很方便。2002 年进行了装修，更舒适了。有卫星电视。共有 50 间客房。 住 Rue de Strasbourg 7-9

● Map p.410-2　中央车站周围

☎ 299660
FAX 299664
URL www.carlton.lu
费 带淋浴 / 浴缸和厕所
Ⓢ95 欧元 ~　Ⓣ110 欧元 ~
含早餐
CC A.D.M.V.

鲁·夏特尔 Le Châtelet ★★★

有本馆与分馆。设施很完备。虽小但有健身房、桑拿房、气泡浴缸，免费使用。也有有厨房或大客厅的房间。共有 42 间客房。

住 Boulevard de la Pétrusse 2

● Map p.410-2　中央车站周围

☎ 402101
FAX 403666
URL www.chatelet.lu
费 带淋浴和厕所　Ⓢ115 欧元 ~　Ⓣ145 欧元 ~　含早餐　连住 3 晚有优惠
CC A.D.J.M.V.

克里斯多夫·哥伦布酒店 Christophe Colomb ★★★★

离中央车站 500 米左右，房间宽敞、安静。室内有小吧台、直拨电话、电视，可以上网。隔壁还有长期住宿型的酒店。全室禁烟。共有 24 间客房。

住 Rue d'Anvers 10

● Map p.410-2　中央车站周围

☎ 4084141
FAX 408408
URL www.christophe-colomb.lu
费 带淋浴 / 浴缸和厕所
Ⓢ75 欧元 ~　Ⓣ85 欧元 ~
含早餐
CC A.M.V.

贝拉·拿波利酒店 Bella Napoli

在酒店 Hotel Carlton 对面。房间质朴清洁，一楼是当地人很喜欢的比萨餐厅。店的气氛和服务都很好。8~10 欧元可以吃上很大尺寸的比萨饼。

● Map p.410-2　中央车站周围

住 Rue de Strasbourg 4
☎ 493367
FAX 493354
费 带淋浴和厕所　Ⓢ49 欧元 ~
Ⓣ55 欧元 ~　含早餐
CC A.D.M.V.

利库桑布尔 Auberge Luxembourg City 青年旅舍

在旧市区的东端，午餐盒饭 4.50 欧元，便餐 6 欧元，晚餐 9 欧元等。馆内有酒吧。⒮Ⓣ 是带淋浴 / 浴缸和厕所的房间。全年营业。24 小时接待。

住 Rue du Fort Olisy 2　☎ 22688920　FAX 223360

● Map p.413　旧市区

URL www.youthhostels.lu
费 Ⓓ 1 人 19.80 欧元　Ⓢ31.70 欧元　Ⓣ49 欧元　含早餐　非会员加 3 欧元　CC A.M.V.
Ⓑ 卢森堡中央车站前乘 9 路在 Plateau Altmünster 下车，约 150 米

菲安登

Vianden

该镇位于乌尔（Our）河两岸，下了巴士就往乌尔河走。河上有桥，桥下有❶。1871年维克多·雨果流亡外国期间，曾在此短暂停留，此镇也因此闻名。过了桥马上就能看到 Rue de la Gare 37 号的雨果博物馆（Musée Victor Littéraire Hugo）。

从公交站往乌尔河相反的方向走5分钟，就到了9世纪建起的菲安登城堡（Château de Vianden）。内部有罗马式样的教堂和骑士的房间（Knights'Hall）等，因为有很多展出很有意思，内部参观最好留出1小时到1小时30分钟的时间。

此外，从镇边上可以乘坐缆车上400米的山顶，可以尽情欣赏被森林围起来的菲安登镇和乌尔河的如画风光。另外，这个缆车的下车处就是公交车站，从这里就可以乘坐巴士。镇上的住宿设施也很完备。

菲安登城堡

◄▮▮▮ **ACCESS** ▮▮▮►

从卢森堡中央车站出发乘火车不到30分钟就到埃特尔布鲁克（Ettelbruck），再从那里乘巴士30分钟即到。两种车都是每隔30分钟发1班车。

旅游咨询中心

🏠 Rue de Vieux Marché 1a
☎ 834257 FAX 849081
URL www.tourist-info-vianden.lu
開 9:00～12:00、13:00～17:00
 7、8月 8:00～18:00
 周六、周日、节日
 10:00～14:00
休 9月～次年6月的周六、周日、节日

菲安登城堡

☎ 849291
URL www.castle-vianden.lu
開 10:00～17:00
 4～9月～18:00
 11月～次年2月～16:00
休 1/1、11/2、12/25
费 5.50 欧元

雨果博物馆

URL www.victor-hugo.lu
開 11:00～17:00
休 周一
费 4 欧元

去参观卢森堡的乡村❶

卢森堡被称为森林与溪谷之国，这里有很多自然风光秀丽的乡村和小镇。它或与美丽的传说有关，或保留了旧时的风韵，到处森林茂密，空气清新，去卢森堡的乡村看看吧。

由于铁路仅南北向行走，因此去这些乡村只有租车或坐巴士了。虽说交通不太方便，但不去卢森堡的乡村看看，就不能算游了卢森堡。

叙尔河河畔埃施 Esch-sur-Sure

卢森堡市以北，叙尔河的上游，具有独特地形的小村庄叫做叙尔河河畔埃施，它就像是一个小庭园式的盆景。从 Ettelbruck 乘巴士可以到达，因班次较少，返回的时刻一定要确认好。租车去的话就很方便了。

◀▮▮▮ ACCESS ▮▮▮▶

从卢森堡中央车站乘火车约50分钟。

旅游咨询中心

🏠 Syndicat d'Iniative Château B.P.53, L-9712 Clervaux
☎ 920072 FAX 929312
URL www.tourisme-clervaux.lu
开 4~6月 14:00~17:00
7~10月 9:45~11:45
14:00~18:00(9月~17:30，10月~17:00)
休(7、8月除外)节日、11月~次年3月

镇上有10家左右的酒店。

克莱沃城堡
☎ 921481
开 6月 13:30~17:00
7月~9/15 11:00~18:00
9/16~次年5月(除1、2月的节日、周日)13:00~17:00
休 1~2月

从克莱沃城堡附近的教堂，可以从后面穿过前往修道院。

克莱沃

Clervaux

克莱沃是位于卢森堡北部克莱沃河（Clerve）河畔的河谷中的小镇。出车站后，往左侧步行15分钟就到了克莱沃镇。

ℹ 就在镇的正中央的克莱沃城堡（Château de Clervaux）的旁边，进城堡之前先在这里收集点信息吧。克莱沃城堡内部现在是博物馆，使用模型和地图展示第二次世界大战的突出部之役以及卢森堡的城堡等的介绍和照片。城堡下面是玩具博物馆。

从城堡出发步行15分钟，穿过教堂登上山坡，这里有20世纪初建造的圣莫里斯和圣莫尔修道院（Abbaye St. Maurice et St. Maur）。修道院的地下礼拜堂用照片向人们展示修道士们的日常生活，看了这个，会不由得让人思考清贫的意义。另外，在修道院附近可以俯视克莱沃河和整个克莱沃镇。

有纯白色的外观和多个塔印象的克莱沃城堡

去参观卢森堡的乡村 ❷

埃希特纳赫 Echternach

卢森堡大公国的东部，乌尔河名字变为摩泽尔河的地方再往北一点，有一个人口约5200人的叫做埃希特纳赫的小镇。这里的主要景点是7世纪创建的本笃会的修道院和11世纪建起的教堂。

此外，这一带有"卢森堡的小瑞士"（Patite-Suisse）之称。旅游者可在山间小道上兜风，偶尔下车顺着小溪旁的步行道走走，清澈的溪流拍打着山谷，有时会自然落下形成瀑布。往四周看看不到边的绿色森林。这时你会感到卢森堡的确是一个"森林之国"。

交通：从卢森堡中央车站乘快速巴士不到1小时。每小时发1班车。
URL www.echternach.lu(法语)

✉ **埃希特纳赫的青年旅舍**

在湖边的青年旅舍，从镇中心出发稍步行一会儿就到，周围很安静。有出租的自行车（付费）。
🏠 Chemin vers Rodenhof, Echternach
☎ 720158

**Travel
Technique**

荷比卢之旅的

技术篇

通往荷比卢的道路

航空

KLM 荷兰航空
☎ (03)3570-8770
URL www.klm.com

选择哪家航空公司呢

从中国去荷比卢三国，最简捷的方法是乘飞机到荷兰的阿姆斯特丹。

KLM 荷兰航空有从北京、上海、成都、香港飞往阿姆斯特丹的直航航班。到阿姆斯特丹需要 12~13 个小时。白天出发，当天的晚上就能到达阿姆斯特丹。去往比利时可以乘坐海南航空直飞比利时的航班。由于从中国没有去卢森堡的直飞航班，所以就要到荷兰的阿姆斯特丹或邻国换乘。

另外，还可以乘坐欧洲航空公司的飞机到达某个欧洲城市，再从这个城市换乘飞机去往荷比卢三国。在欧洲圈内航班的班次很多，当天就可以到达阿姆斯特丹或布鲁塞尔。在换乘的城市也可以下飞机。

欧洲的航空公司等所谓的大型公司出售的优惠机票规定在 7~37 日必须 FIX(回程票要在出发前预约，在旅游地不能更改)。对于长时间旅行的人不太适合，但它减少了机票被订完的风险，而且航班很多，日程紧张的人采用这个方式较为保险。

另外一方面，要更便宜、时间更宽裕的话，可以乘坐俄罗斯航空或亚洲的航空公司经各自国家的城市飞往阿姆斯特丹或布鲁塞尔的航班。俄罗斯航空与大公司的优惠票比起来，服务稍差点，但经莫斯科需要的时间也短，廉价机票 60 天有效。选择亚洲航空公司的话，基本上要往南绕道，多花时间，也有 1 年有效的机票。此外途中下飞机的情况很多，亚洲旅行也是很快乐的。

飞机票的种类

机票价格除普通票价外，还有青少年票价、家庭折扣票价、PEX(特别环游)折扣票价,而且还有上面说过的廉价机票。这里面实际上有利用价值的还是熟知的廉价机票和被称为 ZONE PEX 和 IATA PEX 的新型 PEX 票价的机票。

ZONE PEX 是继廉价机票之后的第二便宜机票,是航空公司自己设定的。ZONE 就是票价设有上限和下限。票价稍比廉价机票贵点,但是有比廉价机票好的优点。比如,有效期比廉价机票更长,如果是欧洲航线,持单程票可以搭乘其他公司的航班。此外,预约时可以指定窗口座或通道座。

IATA PEX 的票价比 ZONE PEX 还要高,其高出部分的利用条件更好,比如,有效期欧洲是 3 个月,可自由选择航空公司(去和回都可以选择不同的航空公司),追加费用后可以在中途下机 3 次。

但是,ZONE PEX 和 IATA PEX 预订后都不可再变动,因此一定要安排妥当后再预约。详细情况请向这些航空公司或旅行社的人询问,并好好阅读旅行信息杂志等,平时也要经常查阅旅行信息。

铁 路

欧洲各国之间的国际列车非常的发达。欧洲的主要城市到荷比卢各国的特别快车班次很多,特别是国际特快欧洲城市 EC 列车,具有现代的空调设施的车辆和餐车,可以很好地享受欧洲铁路的旅行。此外 1994 年开通了穿过海峡隧道将伦敦和布鲁塞尔连接的高速干线——欧洲之星。此外,国际列车 IC 将荷比卢三国的主要车站也连接起来了。

去荷兰

从巴黎北站到阿姆斯特丹中央车站乘 Thalys 约 4 小时 10 分钟。1 天 6~8 班往返列车(要预约)。中途,经过布鲁塞尔南站、安特卫普、鹿特丹、海牙、斯希普霍尔机场。从布鲁塞尔出发除 Thalys 外,还有约每小时 1 班的 IC 列

荷兰的机场

荷兰除有斯希普霍尔机场外,还有鹿特丹、埃因霍温、马斯特里赫特等机场。鹿特丹和马斯特里赫特机场有从伦敦和巴黎等欧洲城市来的航班。

比利时的机场

除布鲁塞尔机场外,还有安特卫普、奥斯坦德、沙勒罗瓦、列日等机场。以国内线和欧洲线为主。

✉ **在网上购买特快车票**

国际特快 Thalys 的车票可在网站上购买,同时有张数限定的折扣票。购买好车票打印出来带上就可以了。

✉ **周末出行要注意**

我遇到过在荷兰因高速道路施工全面停止通行,铁路也因施工而改道的情况。出发、到达时间也许会变动,周六、周日利用交通工具时要注意运行状况。

黄色车体的荷兰列车

以白色为主色调的比利时列车

车，约需 2 小时 50 分钟。从德国的杜塞尔多夫出发，乘 ICE 约需 2 小时 10 分钟。从科恩出发乘 ICE 约需 2 小时 35 分钟。从汉诺威出发乘 IC 约需 4 小时 30 分钟。从柏林出发乘 IC 约需 6 小时 40 分钟。

去比利时

从巴黎北站到布鲁塞尔乘 TGV 约需 1 小时 20 分钟，每天 24 班往返。从阿姆斯特丹中央车站乘 Thalys 约需 2 小时 40 分钟，平日 1 天 7 班往返。从伦敦的滑铁卢站乘欧洲之星约需 2 小时，1 天 7~9 班往返。从科隆乘 Thalys 需 2 小时。

去卢森堡

去往卢森堡的铁路网的要地——卢森堡中央车站，从巴黎东站乘 TGV 约需 2 小时 10 分钟，1 天 6 班往返。从布鲁塞尔乘 EC 约需 2 小时 40 分钟。此外乘 IC 约需 3 小时。从阿姆斯特丹到卢森堡没有直达列车。

◑ 巴 士

连接欧洲的主要城市的巴士被称为欧洲线（Euro Lines）

国际列车的预约和票价

　　欧洲之星、Thalys、TGV 是需要预约的。持有铁路通票的人需追加费用。IC 国内列车不需要预约和追加费用。阿姆斯特丹和布鲁塞尔之间的话，基本在时间上没有变化，推荐利用 IC。

欧洲线的班次
●从阿姆斯特丹
到布鲁塞尔：每天 5~10 班车，约 4 小时。
到柏林：每天 1~2 班车，约需 10 小时。
到巴黎：每天 5~6 班车，约需 8 小时。
到伦敦：每天 3 班车，约需 10 小时 30 分钟。
到法兰克福：周四除外，每天 1~2 班车，约需 8 小时。

巴士。比火车要多花时间，但票价便宜。阿姆斯特丹、布鲁塞尔、巴黎、科隆、伦敦、哥本哈根等欧洲主要城市基本直接相连。也有夜间巴士，为节约时间这是相当有魅力的一个选择。但是，暑假时非常的拥挤，最好早点订票。利用这个去游欧洲的人，有15天、30天有效的优惠票，一定要好好利用。

海 路

去荷兰

从英国进入荷兰，可利用连接鹿特丹近郊的荷兰角（Hoek Van Holland）与伦敦近郊的哈里奇（Harwich）的轮渡。从伦敦的 Liverpool St. 站到哈里奇乘列车约需1小时20分钟。从那里乘船需要6小时左右，1天2班。其中有一班是夜行，约8小时。从荷兰角到阿姆斯特丹乘列车约1小时45分钟，事先需确认。此外，还有连接鹿特丹近郊的欧罗波特（Europoort）和英国中东部城市赫尔（Hull）的轮渡（夜行）以及从阿姆斯特丹往西25公里的艾迈登（Ijmuiden）到英国北部的城市纽卡斯尔（Newcastle）的轮渡（夜行）。详细情况要在当地确认。

去比利时

从英国到比利时，从英国中东部的城市赫尔（Hull）到比利时西北部的泽布吕赫（Zeebruge）有轮渡，夜行需要12小时30分钟。从泽布吕赫到布吕赫乘火车15分钟左右。详细情况请在当地和 URL www.aferry.to 上确认。

到米兰：每天1班车，约需20小时。

●从布鲁塞尔
到阿姆斯特丹：每天5~10班车，约需3小时30分钟。
到柏林：每天1班车，约需10小时30分钟。
到巴黎：每天10~13班车，约需4小时。
到伦敦：每天2~4班车，约需6小时。
到法兰克福：每天1~3班车，约需6小时。
到米兰：每天1班车，约需16小时。

欧洲线巴士的票价
※ 26~59岁的人
15天之内：199~329 欧元
30天之内：299~439 欧元
也有可以在主要的旅游城市2~3个城市间周游的迷你通票（Mini Pass）

欧洲线的办事处
●阿姆斯特丹
住 Rokin 10
☎ 020-5608788(咨询电话)
URL www.eurolines.nl
●布鲁塞尔
北站的站内，北站西口的一楼是巴士的出发、到达地。有候车室。
☎ 02-2741350
南站附近，从南站 Fonsny 侧面的出口出去，往左去的地方。
住 Ave. Fonsny 13
☎ 02-5382049
URL www.eurolines.be
※旅游旺季和淡季的费用是不同的。详细情况请在办事处确认。

旅行手续

必要的护照有效期

护照的有效期原则上必须是：荷兰是入境时6个月以上，比利时和卢森堡是入境时3个月＋停留时间以上。在预约机票时请确认好。3个月以上停留需要各大使馆发行的临时居住许可证。预防接种原则上不需要。

各大使馆的联络地址→p.432

申请与取得所花的时间

除了暑假和黄金周等高峰期，申请需要1周，取得护照只需30分钟即可办理好。

护照遗失后

万一护照遗失了，首先到当地派出所填写遗失、失窃证明书。然后到中国大使馆或领事馆办理护照遗失手续，申请新的护照或办理回国的证件。

若有护照带照片的一页和机票、日程表的一页这两页复印件，则办理手续较快。复印件最好分开保管，必需的文书和费用如下：
①遗失、失窃证明书
②照片2张
③可确认日程的文书（从旅行社获得的日程表或回国机票）
④手续费（支付使用当地货币）

主要的保险公司

中国人寿保险
☎ 4008895518
平安保险
☎ 95511

领取护照

护照是在海外旅行的中国人表明自己身份的证件。在出行国停留期间，是合理要求安全经过并获得保护的公文书，也是中国政府发行的身份证明书。

●护照申请

中国的护照分3种：因私护照、公务护照、外交护照。因私护照有效期为5年。

不同国家要求签证时间必须在护照有效期内多长时间各不相同，需要注意。有效期低于1年时，可以申请更换新的护照。

●护照取得

护照的申请、获取可以在公安局出入境管理部门办理。旅行社也可以代为办理申请手续，但需要支付手续费，获得时必须本人领取，因此最好亲自办理。

●申请时必需的文书

①中国公民因私出国（境）申请审批表（1份）

可以从公安局出入境管理部门领取，分为5年期和10年期。护照的签名复写自申请书的签名。

※未成年人需要父母或监护人的签名，或者许可书。

②户口本原件（1份）

③身份证原件及复印件

④符合要求的彩色照片（1张）

⑤有效护照

如有在有效期内的护照，务必携带好。

●申请需要的时间和领取

申请后，除休息日、节日以外，需要1周~10天时间领发护照（遗失后再申请需要2~3周）。领取时需要携带申请时得到的领取书、身份证或户口本，并支付领取工本费200元。由本人领取。

关于签证

●概述

除签证上特别注明外，由申根国家签发的签证均可在各申根国之间自由出入。

申根国家包括：奥地利、比利时、丹麦、芬兰、法国、德国、希腊、冰岛、意大利、卢森堡、挪威、葡萄牙、西班牙、瑞典、荷兰、爱沙尼亚、拉脱维亚、立陶宛、波兰、捷克共和国、斯洛伐克、匈牙利、斯洛文尼亚、马耳他。

得到签证并不意味着持证者也自动拥有入境申根的权利。除了你的有效护照、签证、旅行保险外，边防检查官有可能会要求你提供证明你的经济状况、停留期限、访问目的的文件。

你前往的主要目的地国的使领馆是官方的受理签证手续的机构。

如果主要目的地不能确定，你必须到你打算停留时间最长的目的地的使领馆申请签证。

如果你要出访多个申根国，并在每国停留时间相同，请在你的第一入境国的使领馆申请签证。

●在哪里申请签证

中华人民共和国的居民，不论护照或户口的签发地，按照他们居住地的划分，可以到各国驻北京大使馆，或驻上海／广州总领事馆申请签证。

信用卡与旅行支票

信用卡在荷兰和比利时的主要城市的 ATM 机上可取出当地货币，租车时可代替身份证等，利用范围很广。餐馆和酒店等中档以上的设施都可使用信用卡，非常的方便（小规模的设施需要手续费，也可能没有折扣优惠，需要确认）。

但是，要适当控制使用信用卡，最好与现金和 T/C 并用。要想好丢失和被盗的对策。此外，一定要记好信用卡公司的联络方式。使用时因要求密码，事先要确认好。不是 IC 集成卡的卡也有可能会不被接受。

要携带事先填入金额的旅行支票（T/C）。旅行中万一丢

美国银行的欧元 T/C

荷兰驻华大使馆
- 住 北京市亮马河南路 4 号
- ☎ 010-85320200
- FAX 010-85320301
- E-mail PEK-VISA@minbuza.nl

比利时王国驻华大使馆
- 住 北京市三里屯路 6 号
- ☎ 010-65321736
- 010-65321737
- 010-65321/38
- 010-65322782
- 010-65322104
- FAX 010-65325097
- E-mail beijing@diplobel.org

卢森堡驻华大使馆
- 住 北京市内务部街 21 号
- ☎ 010-65135937
- FAX 010-65137268

与中国的银行一样，用国际现金银行卡取出现金

花旗银行与一部分城市银行发行的国际现金卡，在储蓄金存款与保留设定额的范围内，与旅行地协同的 ATM 机上可以取出现金（当地货币）（会收手续费）。

但是，因网络连接的状态，不能使用的情况也会发生，要注意。最好与现金和 T/C 一起并用。

详细的使用方法要确认。可以在网页上申请开户（网上账户）。

失时，可以再次印发是其优点。但是，T/C 和现金一样不能直接使用，而必须换成欧元。T/C 购入时必须支付手续费和当地兑换外币的手续费，比现金有较高的兑换率，更高的安全性。要去荷比卢三国的话，建议使用欧元的 T/C。

国外旅行保险

国外旅行保险是在国外受伤或生病以及其他在旅行中发生不能预料的危险的赔偿保险。在国外受伤、生病时，治疗费与住院费与中国相比，可能会花掉相当大的费用，加入国外旅行保险的话，在语言上和精神上都受到很细心的关怀，可以安心地接受治疗。

●保险种类与加入类型

保险费根据保险金额、限度额、旅行期间而有不同。加入类型大致分为旅行中对预想可能发生的事故和纠纷的赔偿组合在一起的"套餐型"保险和按旅行者的要求结合起来的各种保险。选择哪个好，虽有不同的意见，但是国外旅行保险通常是通过旅行社、机场等加入的。一般还是推荐打包的"套餐型"。

不管选择哪种类型的保险，要在充分考虑后，按自己最基本的需要来决定才是最重要的。

●信用卡附带保险的"意外"

信用卡也有许多附带国外旅行的保险。赔偿内容根据不同的发卡公司而定，此外一般的卡和特别会员卡（金卡等）也是不同的。此外只对持卡人赔偿，或对所有者的家属全员都能赔偿等，这些条件要向各发卡公司询问，确认好卡的使用范围。

但是，信用卡附带保险会出现种种问题，例如，"疾病死亡"不予赔偿；赔偿额度太小，大部分还是由自己负担；多张卡的伤亡赔偿不合算；根据卡的不同，旅行费用用卡不能结算时，就不能成为赔偿对象等"意外"。将自己的卡的赔偿内容和联络地址好好确认之后，推荐你作为"追加赔偿"加入国外旅行保险。

旅行季节

与别的欧洲国家一样，去荷比卢旅行最好的时期是 6 ~ 8 月。白天的最高气温在盛夏也就在 25℃左右。气候也干爽，心情也很好。此外，因为处于高纬度，到晚上 21:00 天都还亮着，旅游观光有充足的时间。白天穿短袖衫就行了，早晚或下雨的时候气温会下降，这时就要穿开衫与运动衫了。

莱顿的花的游行

但是，荷兰的旅游季节是从开花（特别是郁金香花）的 4 月（5 月中旬郁金香花凋零），比利时的旅游季节是从布吕赫举办的圣血的游行与伊珀尔的猫节的 5 月开始。但这个季节的气候变化快，从短袖衫到毛衣都要准备。

9 月 ~ 次年 3 月，昏暗的阴天较多，雨天也多，但是，荷兰南部的丘陵地带与比利时的阿登地区以及卢森堡的秋天很漂亮。红叶的森林中秋高气爽，很适合兜风旅行。从这时起，狩猎也开始了，这时的山鸡肉也很好吃，北海沿岸的贻贝与牡蛎等海鲜也丰富起来，人们就可以大饱口福了。

秋天是吃海鲜的季节

冬季相当的寒冷，要穿大衣和戴手套、帽子等。日照也变短了，16:00 天空就变暗了，小的博物馆和运河游览多数也休假了，很不适合观光旅游。但是真正的歌剧和音乐会的季节也就到来了。对于艺术爱好者来说也许是好的季节。

春天快来了，就要等待 2 月中旬在各地举行的化装游行了。在荷兰是马斯特里赫特的最有名，在比利时是班什城的吉尔们直到天亮的舞蹈。此外春天是一年中天气最易发生变化的季节，必须带上雨具。

荷兰的圣尼古拉斯

Mail Box
Benelux

读者来信

4月上旬很冷

白天日照还行，但是早晨下了两次霜，非常冷。所以不管阳光多好都不能脱下大衣。

8月已经很冷了

寒冷的日子很多，穿短袖会感到很冷，必须要穿运动衫和开衫。此外雨水也多，需要时常带上伞。

旅行预算

阿姆斯特丹的经济酒店

在超市购买奶酪等就可以进行便宜之旅了

也有销售点心的市场，看起来都很好吃

　　去荷比卢旅行，对于预算不必太过紧张。旅行费用中最多的还是住宿费，下面列出了几种住宿的大致费用，可以在自己的预算内进行选择。

　　住宿设施中最便宜的就是青年旅舍和民营的旅馆了。这些地方1晚人民币280元左右就可住宿，二星级酒店单人人民币642.4元，双人800元左右。但是在阿姆斯特丹和布鲁塞尔等大城市要稍微贵点。

　　去荷比卢旅行意外的大宗消费就是在餐馆的饮食费用了。保持质朴的饮食习惯的荷兰人和天主教美食家的比利时人的饮食习惯是不同的。荷兰人很少进餐馆，因此在外面进餐费用很高，餐馆的晚餐费用，不太好的店都要人民币300~370元。

　　但是，在超市和市场都能买到食品，只要下工夫，1天人民币110~150元就可完全满足营养需要。奶制品等食品，欧洲大陆中最便宜的就是荷兰了。

　　此外，交通费在荷比卢三国都可以控制，有欧洲铁路优惠通票的话，每天不会超出人民币90元。

　　利用一至二星级酒店，一天一次好好进餐的话，包含美术馆等的入场券，预算在人民币1000~1500元。利用青年旅舍和民营旅馆住宿，食品在市场买，人民币700元左右就足够了。但是，想进行享受之旅的话，当然费用就会更高了。

Column
Benelux

关于小费

　　去国外旅行的中国人头痛的是这种烦人的习惯——付小费。荷比卢三国基本的原则是因费用里已包含了服务费和税金，不需要付小费，但是一般直接接受服务时，有支付小费（0.50欧元）略表心意的习惯。受到特别好的服务或特别服务时应考虑付小费。

　　此外，虽出租车的表上显示的费用金额服务费用也含在里面，但在荷兰也有付小费的习惯。参加有导游的旅游团旅游后，也有给导游小费略表心意的习惯。

　　另外，基本上厕所都是付费的，有服务员的地方就要付费。

收集旅行信息

◑ 在中国

荷兰、比利时都有政府的旅游局，除了咨询外，都准备有满载旅游信息的小册子，还有各地方与城市的地图、指南、饭店和餐厅的名册等。

● 荷兰旅游会议促进局北京代表处

住 北京市崇文门外大街 3A 号新世界中心南座六楼层 14 号

☎ 010-67082501

● 比利时旅游局

URL www.chuguo.cn/common/belgium/

◑ 在当地

在荷比卢旅行能成为你的好帮手的就是旅游咨询中心了。荷兰有很多的旅游咨询中心是用 Ⓥ 表示的，而比利时和卢森堡是以 ❶ 为标志。基本上在车站附近和城市中央等方便的地方都有。这里为了给旅行者尽可能提供优质服务，提供有城市地图、指南以及酒店和餐馆的名册、大型活动的信息（也有付费的）。

此外，有的咨询中心可以帮你预约酒店和音乐会等大型活动的入场券。

霍伦的旅游咨询中心

最新信息在网上

● 荷兰

荷兰旅游局在网页上提供各种信息。这些内容有历史、景点、交通指南、纪念物（城堡、王宫、教堂、风车等）信息。还有美术馆和博物馆的信息，花的游行的信息，酒店、餐馆、购物等以及各种活动的信息。

URL www.holland.or.jp

● 比利时

比利时旅游局的网页上提供旅游情报，这些内容有天气、货币等基本情况及交通指南、住宿指南、旅游情报、餐馆、购物以及各种活动的信息。

荷比卢的有用地址

荷兰的有用地址

● 中国驻荷兰王国大使馆

住 Willem Lodewijkaan 102517 JT, The Hague The Netherlands

☎ 0031(0)70-3065061

FAX 0031(0)70-3551651

E-mail Chinaembnl@mfa.gov.cn

比利时的有用地址(布鲁塞尔)

● 中国驻比利时王国大使馆

住
使馆本部:
443-445 Ave. de Tervuren, 1150 Woluwe Saint-pierre
领事部:
400 Boulevard du Souverain, 1160 Auderghem

开 周一~周五上午9:00~11:30

☎
Passport, attestations and legalisations:

0032-2-6633001　0032-2-6633004
0032-2-6633015　0032-2-6633018
Protection:
0032-476751182

卢森堡的有用地址

● 中国驻卢森堡大公国大使馆

住 2, Rue van der Meulen
L-2152 LUXEMBOURG

☎ 00352-4369911

FAX 00352-422423

E-mail Http://lu.china-embassy.org

开 每周一、三、五下午15:00~17:00

卢森堡政府及有关机构电话:
警察局: 4997-1 (报警: 113，救护车: 112)
旅游局: 478-4751
卫生部: 478-5500
劳动部就业许可处: 478-6188
卢森堡航空公司（LUXAIR）: 2456-1
卢森堡货运航空公司（CARGOLUX）: 4211-1

何谓荷比卢

　　你知道荷比卢是什么吗？它是比利时、荷兰（尼德兰）、卢森堡三国的总称，是由它们的首位字母组合而来的（BENELUX）。但是中国人对这个名字并不熟悉，什么时候、为什么使用这个名称？

　　荷比卢原本是指荷兰、比利时、卢森堡三国的经济同盟。比利时的布鲁塞尔作为欧洲的本部（欧洲的首都）为众人所知，是欧洲全体统一的先驱者。这三国组成经济同盟的决定是在第二次世界大战中的事了。为了避免比利时和荷兰两国的经济对立，三国的政府之间进行了对话。后来荷比卢经济同盟的成功经验促进了欧洲统一的发展。这就是三国现在也很热心于欧洲统一的理由之一。

　　那么，为什么三国不能统一呢？繁荣

于中世纪的勃艮第公国以布鲁塞尔为首都，从现在的荷比卢到第戎，以版图之大而著称。但是过去三国在拿破仑战争后，作为一个国家独立时，国王威廉一世以荷兰为中心，施行了接近"苛政"的统治，直接导致三国分裂。

　　此外，大致来讲，荷兰是以日耳曼新教为中心的海洋国家，而比利时、卢森堡则是以拉丁天主教为中心的内陆国家。

　　三国不断激发各自的国民性，战后，互相取消了护照管制、关税、汇率变动这些人、物、财的壁垒。先向EC/EU代表的西欧发展，随着冷战的结束，又向中、东欧发展。在欧洲大陆最先取消国境的"欧洲统一实验室"就是荷比卢。

外币兑换·邮政·电话·传真

◑ 荷兰

携带何种货币

由于人民币不是国际自由流通货币，在荷比卢三国，银行都不能进行人民币和欧元的兑换，因此最好在出国前兑换欧元，也可以携带欧元的旅行支票。

邮件和包裹

邮局的标志是 TNT POST。邮票在有销售明信片的礼品店也可购买。寄往中国的航空邮件、明信片、挂号信(20克)航空件 0.95 欧元。寄信 4~5 天就送到中国。

在邮局拿到的优先标签要贴上，还要买专用邮票 Priority。包裹有 Internationaal Pakket Basis 与 Internationaal Pakket Plus 两种。Internationaal Pakket Basis 用来邮寄 2 千克以下，尺寸 38cm×26.5cm×3.2cm 以上 (放不进邮筒) 的包裹，没有必要附带邮寄标签 (要附带海关告知书)。有优先和标准两种。

Internationaal Pakket Plus 是 0~20 千克的小包，只有优先的一种。有点贵，但是有专用的邮寄标签，丢失时查找方便，此外在丢失和破损时可得到赔偿。

打电话的方法

在当地打电话的方法

打市内电话时将市外长途号去掉再按。打市外电话时包含市外长途号码的 0 全部要按。不是市外区号，以 0900 号开始的号码，要收取额外的费用，拨号后开始时会用荷兰语报告金额。还有，这个 0900 号开始的电话号码只可以在荷兰国内使用。

管理荷兰公共电话的是 KPN 公司。公共电话使用的硬

✉ **注意不良电话公司**

2006 年 6 月上旬在阿姆斯特丹的酒店住了一周，在那里用信用卡往国内打国际电话，回国后，从发卡公司来的是通常 3 倍的话费单，15 分钟收取了人民币 600 元以上的金额。几次交涉，提出异议，终于返还了一部分金额。简直感觉不到任何的诚意。要注意。

小包裹的费用标准

Internationaal Pakket Basis 的优先是 0~500 克 10.45 欧元、500 克~2 千克 19.95 欧元，普通 0~500 克 7.40 欧元、500 克~2 千克 17.76 欧元。

Internationaal Pakket Plus 的优先是 0~2 千克 24.10 欧元、2~5 千克 34.20 欧元。

寄送小包时，寄包人的住址、姓名、内容、收件人的住址和姓名要在专用单上写清楚。旅行者寄包时写上 ××× Hotel, Amsterdam 等酒店的名称和住址就可以了。此外，内容一栏里是给中国海关看的，写中文也可以。还有，在邮局可以买到包装的信封和箱子。
URL www.tntpost.nl

荷兰国内的电话号码
☎ 1888　☎ 0900-8008
两个都要付费。

基本上是荷兰语，但大多有英语服务。

433

公用电话

GWK 的充值卡
GWK Travelex Traveller Card
　　10 欧元、20 欧元两种。
公共电话、固定电话、酒店
内的电话都可以打。荷兰以
外的 100 个以上国家都能用。
有信用卡的话,可以再次充
值。从公共电话上打更便宜。
在 GWK 购买时请确认。

币有 10 欧分、20 欧分、50 欧分、1 欧元、2 欧元。打电话
的方法和中国一样。市内通话的最低费用 0.10 欧元 /10 秒。
KPN 也有电话卡,有 5 欧元和 10 欧元两种。在邮局、车站
内的商店和书店里都能购买。

　　国际电话可以在公共电话上拨打,除电话卡外,还有
电子钱包 (→p.439) 可以使用。此外,从酒店的房间也能打,
会收取通常 3 倍的价钱。

从中国往荷兰打电话

从中国给荷兰(020)123–4567 打电话时

国际电话 识别号	+	荷兰 国家代码	+	市外长途 区号 (去掉第一个0)	+	对方电话 号码
00		31		20		123–4567

从荷兰往中国打电话

从荷兰给北京(010)1234–5678 打电话时

国际电话 识别号	+	中国国家 代码	+	市外长途区号 (去掉第一个0)	+	对方电话 号码
00		86		10		1234–5678

传真的发送方法

　　荷兰基本上所有的酒店都能接收传真信号。但是,发
送时需支付 2~5 欧元的手续费。只是发传真的话去邮局就
行了,发一张纸要收 5.75 欧元的发送服务费。

比利时

ATM 机(现金自动取出机)

　　用信用卡在 ATM 机上取现金已经很普及了,可以使用
的卡(VISA、AMEX 等)的标志很清楚,易于使用。使用方
法是,首先放进卡,按下画面上 English 的按钮时显示英文。
在街角也可以方便地取出现金。在行人很多的路口的 ATM
机上取出大额的现金是很危险的。白天还是使用室内设置

布吕赫的邮局里的 ATM 机

的 ATM 机才安全。

布鲁塞尔的大广场和布吕赫的大市场广场对面的邮局里也有 ATM 机。

比利时的 ATM 机

邮件和包裹

寄往中国的航空邮件、明信片、挂号信在 50 克以下都是 1.05 欧元。邮票在小商店就能买到。5~6 天就可到达中国。寄送少量的书和资料时，在邮局买个信封就可以寄出了。寄往国外的小包 EMS 在邮局用 KILOPOST 就可邮送。

Taxipost International 是 3 天就可以送达中国的快邮。到中国最大重量 30 千克，最长 1.5 米，3 边合计不超过 3 米。在邮局可以办理，用电话联系也可以上门办理。

邮局的小包服务 KILOPOST 在小的邮局也可办理。最长 1.5 米、3 边合计不超过 3 米。

比利时的邮局

打电话的方法

在当地打电话的方法

比利时的电话号码虽有区域号码，但不像在中国那样使用。比利时国内通话，在区域内也要从区域号码开始按。市内通话 1 分钟 0.30 欧元 (公共电话因区域不同而有所不同)。

打公共电话的方法和中国一样。使用卡的电话比使用硬币的电话多起来了。Belgacom 的电话卡有 5 欧元、10 欧元 (有有效期的) 两种。在电话局、邮局、车站内的商店都能购买。

此外，比一般的电话卡更便宜的是充值卡，有很多种。4~50 欧元，不同的发行公司价格会不一样。使用方法在购买时要确认好。

在公共电话上可以拨打国际

比利时的公共电话

有的地方不出现邮局的文字，只打出邮局的标志，记住上面的标志就行了

Taxipost International

费用以 0~0.5 千克为刻度，设定得很细，0~0.5 千克 40.70 欧元，到 1 千克 52.35 欧元，到 5 千克 163.35 欧元，到 10 千克 259.55 欧元，到 20 千克 338.60 欧元，到 30 千克 409.80 欧元 (最大到 30 千克)。

☎ 078-153343

URL www.post.be/taxipost

KILOPOST

0~5 千克 52 欧元、5~10 千克 104 欧元、10~20 千克 156 欧元、20~30 千克 208 欧元。

电话。费用 0.54 欧元 / 分钟 + 接续费 0.11 欧元 / 分钟。平日的 19:00~ 次日的 8:00 和周六、周日、节日有优惠价。另外，在酒店的房间也能打，但要贵点。

比利时国内的电话号码指南
☎ 1307(法语)
☎ 1207(荷兰语)
☎ 1405(英语)
　都是收费电话。

从中国往比利时打电话

从中国给比利时（02）123-4567 打电话时

国际电话识别号		比利时国家代码		市外长途区号（去掉第一个0）		对方电话号码
00	+	32	+	2	+	123-4567

从比利时往中国打电话

从比利时给北京（010）1234-5678 打电话时

国际电话识别号		中国国家代码		市外长途区号（去掉第一个0）		对方电话号码
00	+	86	+	10	+	1234-5678

传真的发送方法

比利时中档以上的酒店都能接收传真信号。但是，发送时需支付手续费。布鲁塞尔的北站内和布吕赫的站内都可以发传真。当然这些地方要比酒店便宜点。

Mail Box Benelux

读者来信

推荐虾·奶油·炸饼

在比利时以及与比利时相邻的荷兰用北海的虾做的油炸饼与中国的稍有点不同的味道。不同的店加的调味料不同，有芥末和蛋黄沙司两种。荷兰语叫Garnaal-kroketten，法语叫Croquettes de crevettes。菜单上的前菜的栏目里有，一定要尝尝。

水也有各种各样的

超市与便利店里，除普通水以外，水果味的饮料很多，有甜的，有加入了碳酸的。因为很好喝，就代替水买来喝吧。只想喝白水时注意不要搞错了。

积极地使用零钱吧

荷兰的零钱非常缺，支付时，拿出大票的话对方一定会请你将零头的零钱拿出来。从开始就很积极地拿出来吧，虽然花时间，但对方会很高兴。确保支付厕所费和小费的零钱后，把其他的硬币都花掉吧。

荷比卢的交通

荷比卢各国的铁道网都很发达，而且很准时，真实地反映了认真的民族性格。各城市之间连接的主要线路，从每30分钟到1小时都有列车发出，相当方便。因为长途巴士的线路很少，人们主要乘列车出行。此外，连接各

荷兰的火车站

国主要城市的国际列车的班次也不少，不需要出入境的手续，欧洲有在中国感触不到的东西，可以在陆地上感觉连绵的国境线。

◑ 使用自由通票进行方便的铁路旅行

乘火车旅行有以下几种自由通票。在规定的期间内可自由乘车和下车。不需要另加快车、特快费用，是很方便的。但有时因旅行日程的原因，可能会亏本，因此要认真考虑后再购买。

荷比卢旅行线路通票（欧洲线荷比卢通票）

荷兰、比利时、卢森堡三国通用，1个月以内，有5天可以随便乘车和下车。费用1等219欧元、2等139欧元，在荷兰不能购买，只有在比利时可以购买，所以要注意。此外，如果你是12~25岁，可利用青年荷比卢旅行通票。费用2等99欧元。

1等还是2等，车厢上有标志

欧洲线综合通票／欧洲线选择通票

以荷兰、比利时、卢森堡为首，在欧洲21个国家都可以使用。此外，还有可选择喜欢的日期乘车的机动通

✉ 比列车时刻表方便的显示牌

从车站里的电子屏幕显示的画面，比车站里贴的黄色时刻表看着起来更方便。特别是周六、周日的时刻与平时相比随时都在变动，要注意。要乘车去很远的地方的时候，到铁路的咨询处讲出你要去的地方，会给你打印换乘车站和列车时刻的数据。

欧洲线的加盟国家

荷兰、比利时、卢森堡、德国、法国、瑞士、奥地利、意大利、西班牙、希腊、葡萄牙、爱尔兰、丹麦、挪威、芬兰、瑞典、匈牙利、罗马尼亚、克罗地亚、斯洛文尼亚、捷克、塞尔维亚、黑山、保加利亚24国（黑体字21国适用于欧洲线通票的范围）

使用时的注意事项

● 集体是指2~6名的团体使用，只有1等。
● 选择通票的集体是2名以上的人共同使用，以行动一致为使用条件。
● 青年是指12~25岁的人。只有2等。
● 也有小孩（4~11岁）票。
● 机动通票的有效期是利用开始后的2个月内。
● 年龄按开始使用通票时的年龄。
● 哪种票都是在6个月以内使用。
● 通票不包含必须预约坐席的欧洲之星、TGV的坐席指定费用、Thalys的乘车券以

及坐席指定费用、单间卧铺费用，有一定的使用限制。

✉ 方便的阿姆斯特丹中央车站的"绿色窗口"

中央车站的售票处就像中国的"绿色窗口"。也有沙发，感觉很好，购买车票时会将出发时间和到达时间打印给你。

✉ 利用铁路的心得

我在欧洲旅游中，遇上了没有任何预告的罢工，列车停运了，用巴士来代替列车，要有心理准备。

✉ 明白易懂的铁路指南

在荷兰的车站，在上到月台前的通道与月台上有时刻表的黄色信息牌，相当明白易懂。此外在咨询中心可以询问首末车时间和从哪个站台发车的信息。此外荷兰铁路 (NS) 的网页上，换乘指南、需要时间、停车站的信息都可以详细查询。出发前查询好后，打印出来就会很放心了。

✉ 周末的时刻平台

列车在平日很频繁地运行着，但也有的线路在周六、周日一班车也没有，因此要注意。事先请调查清楚。

票、团体旅行的集体通票、12~25 岁的人利用的青年通票。也有在欧洲加盟 24 国中选择相邻 3~5 个国家的欧洲线选择通票。

欧洲线局部通票

是指欧洲线选择通票的两个国家版。有荷比卢与法国 (法国国铁 SNCF) 相组合的欧洲线荷比卢—法国通票，与德国 (德国铁路 DB) 组合的欧洲线荷比卢—德国通票两种。机动型的铁路通票有效期是从使用开始日起 2 个月以内。

※使用上述通票可乘坐荷兰铁路 (NS)、比利时国铁 (NMBS/SNCB)、卢森堡国铁 (CFL) 和 CFL 的公交线路，乘坐 Thalys 时，坐席需要预约和追加费用。

◑ 荷兰的交通

铁 路

荷兰铁路的名称 Nederlandse Spoorwegen 简称 NS(一部分线路由其他公司运营。乘坐其他公司运营的列车时不必另外购票，NS 的车票将其包含在内)。主要城市之间间隔 15~30 分钟发一班车，支线线路每隔 1 小时发一班车，出发、到达时间很准确，时刻表

显示板上显示列车的时刻

和指南在咨询中心可以拿到。站内也贴有黄色的时刻表。想要更详细的时刻表，可以在当地的主要车站和大型书店购买 NS 发行的时刻表（Spoorboekje）。

列车的种类 ⋯⋯⋯⋯⋯⋯⋯⋯⋯⋯⋯⋯⋯⋯⋯⋯⋯⋯

国际特快 THA (Thalys) 与 ICE 外，还有以下列车运行。

■ Intercity（特快车）

连接荷兰国内的主要城市，全国有 8 个系统。通常表示成 IC。

■ Sneltrein（快车）

不是各站停车，去小站的时候要注意。

■ Stoptrein（普通列车）

各站停车，与 IC 的接续很好，也有叫做 Sprinter、Light Rail 的车辆运行。

车票的种类

除单程、往返外，还有下面的特别票（都是在当地购买）。

■ 1 天券 Dagkaart

1 天随便乘车和下车，1 等票 72.80 欧元、2 等 42.90 欧元。OV-Dagkaart 的话，追加 5.50 欧元，可以随便乘坐地铁、有轨电车和巴士。

■ 夏季折扣票 Zomertoer

站内有卖油炸饼的自动售货机

7~9 月上旬的连续的 7 天内有两天可以自由乘车和下车。2 人用的 65 欧元，3 人用的 85 欧元。地铁、巴士、有轨电车也可自由乘坐的 Zomertoer Plus：2 人用 75 欧元，3 人用 99 欧元。也有春季的折扣券。

※票价随时会有变化，请在当地查询。

黄色的两层车体给人留下很深的印象

使用的方法

车票在车站窗口或自动售票机上购买。在没有窗口的

荷兰的铁路票价

从阿姆斯特丹（2 等）
到鹿特丹 13.60 欧元
到乌得勒支 6.80 欧元
到马斯特里赫特 28.70 欧元
到格罗宁根 28.70 欧元

乘车券的有效期是从打印时间起到次日的 4:00。往返票要便宜点（当天往返有效。周五 19:00～周一 4:00，没有往返，往返票价也适用。但是，请购买专用的周末往返票 weekendretour），中途也可下车。此外荷兰国内的列车，除国际列车 Thalys，国际夜行列车 City Night Line（全部要预约）外，全是自由坐席。
URL www.ns.nl

荷兰车站里的投币寄存柜

主要的车站内都设有投币寄存柜。但是，除阿姆斯特丹、鹿特丹、海牙、乌得勒支的中央车站外，不能使用硬币。中国的信用卡也不能使用。但有时会因恐怖活动等种种原因停止使用。

电子钱包
Prepaid Chipknip

这个卡在中国的信用卡不可以使用的 NS 的自动售票机和投币寄存柜上可以使用。此外，在很多超市、小商店也可以使用。但是，费用不能再兑换回来。购买时要付手续费。除斯希普霍尔机场的 ABNAMRO 银行外，鹿特丹各地的烟店等也有销售。

车票在乘车前购买

车内虽然可以购买车票，但会被收取高额的手续费，因此要注意。在无人站因自动售票机故障、没有零钱不能购票的时候，出发前要向驾驶员说明，如果出发后被发现没有票的话，会被罚款35欧元并加收车票费。

夏季限定的全荷兰通票
Zomerzwerfkaart

巴士、有轨电车、地铁1天随意乘车下车。除巴士公司的办事处外，也可向驾驶员购买。只在6~8月发售。9.70欧元。

夏季以外也有全年都可使用的荷兰全国的巴士、有轨电车、地铁通用的1天券（Dagkaart），12.80欧元。乘车时向驾驶员购买。

OV 卡

代替以前作为巴士和有轨电车车票的回数券，在荷兰各地相继开始使用的充值卡。卡的详细介绍参见p.114。

Q 线

从阿尔克马尔经过大堤去往弗里斯兰，要利用被称为Q线的快速巴士。

回数券的费用
15 张一联 7.30 欧元
45 张一联 21.60 欧元

乘坐中距离巴士时，有的线路不能使用回数券。

中型车站有叫做 Wizzl 或 Kiosk 的便利店的收银台也出售车票。也可使用旧式的自动售票机，还有部分显示英文的新型触摸屏的能使用现金（只能用硬币）的自动售票机。此外，在触摸屏的自动售票机与窗口不能使用中国发行的一般信用卡（只有 Master 的可以使用。在斯希普霍尔机场和阿姆斯特丹中央车站可以使用有 IC 电路的信用卡，但是需要付 0.50 欧元的手续费）。在车站窗口或 Wizzl（Kiosk）购票的时候，1 张车票要多加 0.50 欧元的费用。但是，手续费最高也就是 1 欧元。此外，也有不要手续费的车票。没有车票乘车时，要罚款 35 欧元并支付车票费用，要注意。在窗口，告诉售票员目的地、1 等还是 2 等、单程还是往返就行了。拿到车票后一定要确认。

在大城市，除中央车站 CS（Centraal Station）外，有好几个车站，一定要注意。车站没有检票口，使用没有日期的车票时，在去站台前，在写有 Stempelautomaat 的黄色小箱的机器上打印上日期。在时刻表上确认好就直接去站台（Spoor）。站内有黄底蓝字的出发专用 vertrek 的时刻表（黄底红字是到达用 aankomst，但很少）。另外，月台有 a 和 b 两部分，也要注意。相同的月台，分成两部分来使用，a 和 b 的前往方向是不同的。此外，即使是相同的列车在中途还会车体分离，因此一定要事先确认列车前往的方向。

肯定会查票的，使用欧洲线通票时，偶尔会请你拿出护照查看。乘车时，在门旁写有 Openen 的地方有一个按钮，按一下门就开了。下车也是一样的，必须自己开门。

巴士

城市之间连接的巴士也有到小城市的线路，很方便。有中央线（Interliner）、Q 线（Q-liner）等，经营公司不同称谓也不同。费用体系和线路图与区间也不一样。此外，有的巴士有不能使用回数券（Strippenkaart ➡ p.37）的区间和线路，事先一定要确认好。上、下班高峰时期可能会被加收费用。车票向驾驶员购买。

自行车

100 个以上的车站有自行车停车场，有可以变速的车等。准备有各种型号的自行车。1 天约 6.50 欧元（附带偷盗险）。在城市内的自行车店也可以租车。费用在 8~12 欧元。但是，要付押金和出示信用卡或护照等身份证明。

比利时

铁 路

比利时国铁是 SNCB（法语，荷兰语是 NMBS）。比利时的铁路网以布鲁塞尔为中心向四个方向延伸。去北部的佛兰德地区乘列车旅行很方便。但是去比利时的东南部阿登地区时车次较少，不能说铁路网很完备。

车站内有大开本的时刻表，能拿到简单的时刻表，在当地的主要车站拿到 SNCB 发行的时刻表 Indicateur 的话，能看到所有的线路。

列车的种类 ·····························

除国际列车 TGV、THA（Thalys）、ICE 外，还有下列列车运行。

■ Intercity（IC，城市之间的快速列车）和 Interregio（IR，地方快车）连接了比利时国内的主要城市。

■ Local（L，普通列车）

连接地方的小城市。各站都停车。

车票的种类 ·····························

除单程、往返票外，有以下的折扣票（都在当地购买）。此外，确定了目的地的车票在中途不能下车。预定在中途下车的时候要买 VIA 票。

■ GO 通票 GO Pass

可以乘 10 次车。费用 50 欧元。只能是未满 26 岁的人购买。几个人可共用一张通票。乘车前要把周几、年月日、出发和到达站名记在通票上。乘车当天记入。1 年有效。

火车站旁就有自行车停车场。也能租借自行车

一边利用铁路，一边骑车周游荷兰

在车站买上自己的车票和自行车用的车票，将车辆放进有自行车符号的车厢里，自己去普通的车厢乘车。周六、周日、节日和 7、8 月没有任何条件，可在荷兰国内运送自行车。这些时间以外的 6:30~9:00 和 16:30~18:00 的高峰期，不能运送自行车。不管目的地在哪里，自行车的 1 天券为 6 欧元。

比利时的铁路费用
从布鲁塞尔出发（2 等）
到布鲁日 12.90 欧元
到根特 8.10 欧元
到安特卫普 6.60 欧元
到列日 12.60 欧元
到那慕尔 8.10 欧元
乘车券的有效期限是当天（除周末的往返票外）。还有，不能预约比利时国内的坐席。
URL www.b-rail.be

比利时站内的投币寄存柜
除布鲁塞尔外，布鲁日、根特、安特卫普、列日、那慕尔等主要车站都设置有投币寄存柜。但是，因恐怖活动等各种原因，可能会停止使用。

✉ **列车的预约要尽早**
阿姆斯特丹和布鲁塞尔之间的 Thalys 全席都需要预约。11 月的时候都是全满。商务人员多利用该车。

车体有红色的和白色的两种

■ 周末费用 Billet Week-End

周五 19:01 以后出发在周日到达时，往返票价有约 50% 的折扣。购买时，告诉返回的时间就可以了。当天返回时，只有周六或周日有优惠。此外，几个人同时乘车时，从第三个人开始变成约 60% 的折扣。

此外，还有票价变成 50% 的 Reduction Card, 110 欧元（1 年有效。另付 4.80 欧元可做成贴上照片的 10 年有效的通票），Rail Pass(1 年可乘 10 次车，可团体使用。1 等 112 欧元、2 等 73 欧元等），因有各种各样的折扣，在车站的 ❶ 咨询吧。

利用的方法

大城市有多个车站，主要车站不一定被称为中央车站，这点有必要注意。大车站的售票窗口国内线和国际线是分开的。在窗口，告诉售票员乘车日期和目的地、1 等还是 2 等、单程还是往返就行了。拿到车票后，确认好车票是否正确，然后直接去站台（Voie/Spoor）。站台的号码后面有 a 或 b 的话，从站台的前后两个位置有发往不同地方的列车，要注意。虽不像荷兰那么严格，但肯定会检票。

自行车

从火车站到城市中心还有一定距离的时候，骑自行车就很方便了。去乡村时，巴士的班次也较少，自行车对去

✉ 值得推荐的铁路时刻表

包含了比利时国内主要列车的便携式铁道时刻表《IC-IR De Poche》是很方便的，成为索引的铁路线路图很有用，时刻也很容易看懂。一定要在主要车站拿到手。另外，在支线的车站也能拿到别的小册子。

✉ 不是只有周末才有的周末费用

在圣母升天节等一部分特定的节日也实行周末费用制度。

按下列车门旁边的按钮，门就开了

Thalys 全面禁烟

2004 年 6 月 13 日起，2 等吸烟室取消了，1 等、2 等全面禁烟了。

布鲁塞尔北站的站台

比利时乡村旅游能起很大的作用。比利时在9个国铁站有租自行车的地方。列车的往返车票和租车票（含保险费）决定地段费用。

2等列车的往返车票和租车套票有：布鲁塞尔—布吕赫20.30欧元，布鲁塞尔—根特15.10欧元等。只租半天自行车6.50欧元、1天9.50欧元（保证金12.50欧元。山地自行车50欧元）。

卢森堡

卢森堡国铁CFL与国铁巴士CFL Bus在国内主要线路上运行。主要地方城市都通国铁，但班次较少。国铁巴士也有国内各地的线路，虽然班次不多，但公路修得很好。在国内还是以汽车做主要交通工具的卢森堡，没有特意为旅行者准备好的乘坐方便的国铁与国铁巴士。

在卢森堡中央车站站台上停车的列车

荷比卢的自驾车旅行

为什么要自驾车旅行呢

旅行的方式就是租辆汽车。当然既要花钱也可能会遇到事故，有人还会担心不了解线路。其实只要注意安全驾驶，在欧洲自驾车旅行也是没有问题的（当然，驾驶技术要过硬）。自驾车旅行一定会让你感觉物超所值。铁路列车车窗上的景色当然很漂亮，但是，总有有一个框的感觉，不是吗？用手不能触摸，就像飞过去的风景……

自驾车的话，一切都在触手可及处。在高速公路上可以感觉到绵延的大地的奇妙；行驶在一般道路上，可以看

✉ **车内的偷窃事件**

在布鲁塞尔站遇到过小偷。那是乘坐去那慕尔的列车的时候，我把背包放在邻座上，正在检查数码相机，15分钟后发现背包不见了，一问其他乘客，在第二站卢森堡站前被人拿走了。欧洲的车站基本没有检票口，谁都可以去站内和车内。因此绝不能在乘车时放松警惕。

卢森堡国铁

URL www.cfl.lu

有卢森堡国铁、国铁巴士、市内巴士等全部2等1天里乘车下车自由的1天通票Billet Réseau。票价4.60欧元（1等的6.90欧元）。

☎ 49904990

URL www.rail.lu

卢森堡卡→ p.408

✉ **26岁以下有折扣**

从卢森堡中央车站到布鲁塞尔国铁IC有这个折扣。26岁以下按学生票价。买车票时拿出护照后，单程29欧元的票变成了16欧元。欧洲线也有26岁以下的学生票价，出示护照就能得到实惠。

国际驾驶证

由于中国政府没有加入联合国道路交通公约，中国人无法申请国际驾驶证。但可以使用中国的驾驶证加经过公证的翻译件在外国租车。

荷比卢的租车公司
Avis（荷兰中心）
☎ 0900-2352847
（荷兰·阿姆斯特丹）
☎ 020-6836061
Avis（比利时·布鲁塞尔）
☎ 02-7306211
　　除此之外，南站也有办事处。
南站 ☎ 02-5271705
URL www.avis.be

到路边吃草的牛儿，看到朴素的城镇，看到森林湖泊，最重要的是可以拥有自己的时间。或许通过自驾车旅行，会看到别样的欧洲。

首先准备地图和租汽车

租汽车很简单。荷比卢的租车比中国还要普及。在欧洲有 Avis 和 Hertz 两家公司的租车网络，所以在比利时租的车，也可到荷兰还车（异地还车 =Rent it here 或 Rent it there，也可表示为 One way），当地资本的 Europcar 等在全欧洲都有分公司。异地还车的费用在国内主要城市都不收取。开到国外时，送回的费用较高。

到一流的租车公司租车时会对租车者的年龄和身份证明进行相当严格的检查。一般以 23 岁以上，驾龄 1 年以上为条件。有的也设有上限的年龄。代替身份证明书要求出示信用卡的时候也很多，请准备好。在机场、大酒店的租车公司都值得信任。

必须要加入保险。要加入对自驾全部情况下都能赔偿的保险 (Whole Insurance 或 Full Protection)。如果计较金钱的话，从开始就放弃自驾车旅行吧。

荷比卢各国面积都很小，以国家为单位，在书店或加油站买一张地图就够用了。租 GPS 也很方便。

荷比卢的驾车方法

在荷比卢公路上跑的话，什么时候穿越了国境都不知道，所以也体会不到跨越国境时的紧张和激动。由比利时进入卢森堡时，边境仅有一所房子。

高速公路 (免费) 的限制速度，荷兰也好，比利时也好基本时速 120 公里。合并的时候要全速驾驶。减速时要看着速度表小心减速。此外，荷兰、比利时对于超速的监管很严厉，要注意。高速公路上，80 公里、100 公里的限制区域很多。

一般道路包括地方道路的路况都很好，即使在乡村也没有急转弯，速度的基准是城市道路 50 公里，其他的地方道路 80 公里左右。

有趣的小汽车

荷比卢是右侧通行，但转弯时容易开进对面通道，要注意。此外，荷兰、比利时都是除直行优先道路以外，原则上从右来的车辆优先通行。指路牌上有地名、公路号。最好事先把途经的城镇名字写在纸上。要是不习惯（来不及看），从指示牌到岔路口没有多余的时间（也有在岔路口对面的指示牌，基本没有考虑时间）。如果有疑问就在指路牌前停下车，确认好位置。此外道路的号码和地图上也有不同的地方，最好事先注意一下。

自驾车旅行的成功之路

无论如何都要留有充足的时间和极好的心情，或许会比想象的疲劳。所以请按自己的速度驾驶。高速公路虽快且方便，但是到一般道路或是没有号码的地方道路上行走会更有趣的。而且在途中的小镇、牧场旁、森林中稍微停一会儿，下车看看吧，也许你会有与铁路之旅完全不同的好感觉。

荷兰的停车场

加油时的注意事项

荷兰、比利时是自己加完油以后支付油费的形式。但是，信用卡支付时，要先将密码输入后才能加油。

荷兰、比利时的汽油种类

有欧洲 Euro95（无铅）、再加量型 Super Plus(无铅 Euro 98)、柴油、天然气 4 种。

要注意行李

在荷比卢，车内放的行李被盗的事件很多。离开车子的时候，不要在车位上留下行李。大的行李放在后备箱里。贵重物品一定要随身携带。

读者来信

也要考虑紫外线

5月的荷兰有比想象中还强的紫外线，白天愉快地游览了运河，第二天皮肤全变红了。对紫外线敏感的人要充分注意。

雨具最好带雨衣

在欧洲旅游必须带雨具。运河游时因有的地方是没有船顶的船在运行，我在那时遇到过下雨。这时拿出塑料的雨衣，比伞还轻不需要撑开，也盖过了腰，坐在游船的座位上也没有问题。

比利时的老年人费用设定

铁路65岁以上，美术馆等60岁以上的人在购票时通知的话适用老年费用(不通知就是通常的费用)。

带上感冒药

在荷兰患上了感冒，在药店找药没找到。问了店员，说只有治鼻子用的喷雾、含片等一般的药。

在荷兰观看足球赛

阿贾克斯队 Ajax

主场在阿姆斯特丹的ArenA。取得过29次联赛冠军，是荷兰有代表性的优秀足球俱乐部。年轻队员的培养系统也是世界顶级水平。俱乐部出身的著名球员多得数不清。

交通指南：乘从中央车站去Gein的地铁54号线在Strandvliet/Arena站下车，需要12分钟。从Zuid/WTC站出发乘50号线也可以。从最前面的出口出去。

🏠 Arena Boulevard 29
☎ 020-3111444
URL www.ajax.nl

费耶诺德 Feyenoord

主场在鹿特丹的De Kuip，是与阿姆斯特丹对抗的鹿特丹的象征。受到普通百姓的支持。取得联赛优胜14次。

交通指南：从鹿特丹中央车站乘23路有轨电车，在Feyenoord Stadion下车。需要15分钟。

🏠 Van Zandvlietplein 3
☎ 010-2923888
URL www.feyenoord.nl

体育场的观光

进行ArenA和De Kuip体育场内部的参观。有运动员的更衣室和贵宾室等，平时看不到的地方都可以看到。

● ArenA体育场观光

团游在没有比赛的日子里每天举行。接待处在体育场的西侧入口E（Hoofd Ingang）。不需要预约，1小时的游览大人10.50欧元。11:00~，1天4~7次。10月~次年3月除最后一个周日以外休息。

☎ 020-3111336
URL www.amsterdamarena.nl

● De Kuip体育场观光

周二～周六的10:30、

在中国也很引人注目的荷兰足球国内甲级联赛是由18个队构成的。赛季从8月到第二年的5月（圣诞节约有1个月中断）。基本上在周末，一部分在周五等平日举行（周日的比赛在午后）。周六和平日的比赛一般在晚上。还有，荷兰语不说Soccer而说Football。

想看这些球队

甲级队以"三大"为中心。在人气、成绩、经济实力上左侧边栏的两支球队和PSV（艾思德霍芬）队形成了三足鼎立。此外，海伦苏、恩斯森德、格罗宁根、NAC（布雷达）等占领了中间位置。

比赛门票能买到吗

要买票，必须持有俱乐部会员卡（就像各俱乐部会员证那样的东西）。这是最基本的，但是，不是三大球队的比赛，没有会员卡也能买到票的时候很多。三大球队的比赛，视对手的球队情况也能买到票。票价在12~35欧元。三大球队之间的比赛用通常的办法是无法买到票的。

门票售票处与代理店

球场的售票处是"Kassa"。没有比赛的日子通常的时间段里是营业的。此外，城市里的雪茄商店里有门票销售的代理店（Ticketbox URL www.ticketbox.nl，只有荷兰语）。要不要俱乐部卡在这里问问就知道。

聪明地利用观战团

"观战团"是指只安排往返飞机票和酒店、比赛门票的旅游团。虽然比较贵，但是想要看的比赛确实能看到的话比什么都具有魅力。

不要忘了防寒

冬天观看比赛是很冷的。即使白天也很冷，要戴上围

费耶诺德对维特斯的比赛

De Kuip 球场前的球迷们

巾、帽子、手套。真正的冬天和晚上的比赛，更要准备好。裤子和袜子可能都要穿双层的，带上暖宝宝（一种小包装的，打开包装后能保持几小时一定温度的东西）。

12:30、14:30 出发（一部分节日，和有比赛，有活动的日子除外），需要 1 小时 30 分钟。含有饮料 11.50 欧元。不需要预约。

从 Maasgebouw 的二楼 Feyenoord Tour Balie 出发。15 分钟前请购好票。从 Home of History（费耶诺德的博物馆）开始。
☎ 010-2926822
URL www.stadionfeijenoord. nl（只有荷兰语）

在荷兰就餐

在哪里就餐好

一提到荷兰的饮食，很多人头脑里就会出现特定的食物。虽然荷兰人对饮食不抱太大的兴趣，但在国际化的阿姆斯特丹的街道上也可以品尝到各种各样的菜肴。

Grand Cafe

能喝酒与咖啡，也可进餐，而且很便宜。优雅的内部装修和宽敞的空间比在餐馆进餐感觉更舒服。有牛排与烤鸡、贻贝、海鲜等一般菜肴。

Brown Cafe

以啤酒和杜松子酒等酒精饮料为主。但是，也有可以稍微吃点的便餐（荷兰小面包、三明治、油炸饼等），也可以喝咖啡。当地人也很多。从早晨 10:00 左右到次日的 1:00 左右营业。

餐馆

荷兰菜里像汤这样的煮的菜比较多。在没有外出就餐习惯的荷兰，想要吃地道的荷兰菜的话，就要吃模仿法国

在荷兰的餐馆就餐不能吸烟
2008 年开始，荷兰的酒吧、咖啡馆、餐馆全面禁烟。抽烟的人要注意。

肚子有点饿的时候，品尝一下吧
炸肉丸（Kroket）和奶油肉丸（Bitterballen）
车站和街角的自动售货机也有卖炸肉丸的，真是不可思议。细长形状的是炸肉丸，圆形的口一般大的是奶油肉丸，表面油炸酥脆的奶油肉丸，是啤酒最好的下酒菜了。

Stroop wafel

Stroop wafel就是圆形的薄而硬的华夫饼两张叠在一起，这里面夹有甜奶油，是稍微有点沉的点心。在超市和机场等地都能随时买到，买回去送给喜欢甜食的人再好不过了。不同的厂家生产的味道多少有点不一样。比较着吃一定很有意思。可以直接吃，或放到微波炉里面加热，中间的奶油变软后就更好吃了。但是注意不要让里面的奶油变成糊状溶化了。

能吃到荷兰菜肴的餐馆——多利乌斯

菜制作的家庭煮菜了。这些餐馆根据季节，准备了正宗的荷兰菜菜单。此外，在阿姆斯特丹，有以印度尼西亚菜品为首的餐馆，以及法国菜、希腊菜、意大利菜、西班牙菜、摩洛哥菜、泰国菜、越南菜等世界各国菜肴的餐馆已经在这里扎了根。要想品尝各国菜肴，在荷兰恐怕只有来阿姆斯特丹才行了。

里面放有炒面等多种多样的东西。试着品尝很有意思

[荷兰的酒]

啤酒

提到荷兰的啤酒就会想起绿色罐装啤酒的人不少吧？除喜力啤酒以外，阿姆斯特丹、Grolsch、布雷达、巴伐利亚等在荷兰也是人们熟知的品牌。由于还有很多当地生产的啤酒，到咖啡馆的柜台去问问吧，品尝一下当地啤酒也是旅行中相当美妙的事。

杜松子酒 Jenever

可以算得上是荷兰的国酒。传到英国后，英语叫做"Gin"。是将谷物的粉末蒸馏，并且加入杜松子的果实而调配成的一种烈酒。Gin酒味道比较轻，适合做鸡尾酒，而杜松子酒口味浓重，适合冷藏后直接饮用。在荷兰，也有人会加上少许苦啤酒饮用。

关于菜单

荷兰文、法文、英文合在一起的比较多。如果只有荷兰文的也不必害怕，基本上店员都能讲英语（但是，在荷兰北部地区等地，除大城市以外，店员可能不会说英语）。

套餐菜单

中档以上的餐馆，多数都准备有推荐的菜单。用这种菜单的话点菜就不必伤脑筋了，但是，还是要考虑分量的多少来点菜。

试着点菜吧

因是与身材高大的荷兰人相称的分量，所以不应该想

象成和上海菜相同的分量。另外，荷兰菜油多、量大，点菜时要根据自己的身体情况，跟服务员商量后再点。不必一定要点齐前菜、主菜、甜品。如果每顿饭都要吃齐3道菜，恐怕有很多人会胃不舒服的。主菜和咖啡这样的搭配就行了。几个人一起吃一盘菜也可以。只要不是去高档餐馆，就没有必要考虑过多的礼仪。

◑ 付账和付小费

　　向服务员轻轻地举起手，就会给你拿过来一张写有菜名的账单，将菜名、金额等认真检查以后，将卡或现金和账单放在一起，虽然小费一般已含在服务费里了，但在中档酒店以上的餐厅等就餐时，通常要把找回的零钱当做小费放在桌上。此外，在高档法国餐馆等地就餐，要付稍微多点的小费。信用卡付费时，因有小费栏，在那里写上金额就可以了，也可以最后用现金支付小费。

荷兰的啤酒

杜松子酒

利口酒 Likeur

　　水果味的利口酒是以荷兰当地的橙子皮为原料的。利口酒行业的老字号 De Kuyper Royal Distillers B.V. 公司 的 "Original peachtree" 相当有名。

使徒庄园 Apostelhoeve

　　是比较珍贵的荷兰产的葡萄酒。以在南部的马斯特里赫特的丘陵地区培育的葡萄为原料制作的中辣口感的白葡萄酒。在有 "会聚美食家" 之称而有名的这一带的餐馆吃顿饭吧。

在室外咖啡座也可以吃点便餐

基本上所有的服务员都能讲英语

布乳吉 Broodje

就像汉堡包一样的面包里，夹上火腿、香肠等的食物。除车站的小商店外也有专卖店。照片上是夹有鲱鱼的。这只有在荷兰才有。据说荷兰人午餐就吃这样的方便的食品就行了。

荷式三明治 Uitsmijter

切成两片的主食面包上面放进奶酪或火腿，再加上煎鸡蛋。这就是荷兰风味的开放式三明治。用餐刀和叉子分开来吃，奶酪分量很足，营养满分。

荷式街头煎饼 Pannenkoek

直径有25厘米，像华夫饼一样薄。不是作为点心那样放砂糖吃，而是放上火腿和奶酪，多作为午餐来吃。

鲱鱼 Haring

5月初开始上市，生的就用盐泡起来，将洋葱切成薄片，放在上面一起吃。在露天店出售，常见到荷兰人打包回家吃。鳟鱼、马哈鱼、沙丁鱼等鱼类也很丰富。

贻贝 Mossellen

9月～次年4月是吃生蚝的季节。贻贝也是在这个季节上市。在荷兰比起牡蛎来，贻贝更一般化。装满一锅的贻贝，使用两片贝壳就取出来了。

印度尼西亚菜

有很多大家熟悉的菜，如烧鸡、加上煎荷包蛋的炒饭等。如果人多不如点一份摆上20多种小菜，随意搭配享用的Rijstafel。

酸菜 Zuurkool

在德国也是很有名的，多少有点酸味的泡卷心菜。在荷兰也有与火腿肠等混合在一起端上桌子的。因含有大量维生素，旅行中蔬菜不足时是不可缺少的一道菜。

豌豆汤 Erwtensoep

当天气越来越冷的时候出现的汤菜。以青豆为主，土豆、洋葱、火腿肠等加在一起煮上半天。豆的形状消失后就好了。虽然叫汤，其实在一般家庭里被当做主菜，有时也作为小吃。荷兰语的发音比较难，用英语说"Green beans soup"就明白了。

与这个相似的有鸡汤（Kippesoep）、蔬菜汤（Groentensoep）、西红柿汤（Tomatensoep）等，是寒冷天气里暖和身体的一道好菜。另外还有将土豆、胡萝卜、洋葱加在一起煮，加上牛肉的炖菜Hutspot与Stampot。

荷兰点心

杏仁软糖 Marsepein

随着圣尼古拉斯节的到来，用榛子粉制作的各种各样形状的点心做得非常精致。在11~12月的点心店里种类很丰富，不知不觉就会买上一大堆。

巧克力 Chocolade

发明了现代巧克力的冯·霍滕是荷兰人（现在的公司是德国籍）。

Droste、Bensdorp、Verkade这些厂商都是大家熟悉的。

荷兰油糖饼 Oliebollen

相当大个儿的质朴的面包圈，加有苹果和葡萄干等。如果在店铺买到热气腾腾刚出炉的，你的运气就太好了。荷兰的除夕之夜，不是吃面条，而是吃这个面包圈。

德萝饼 Dropje

在超市和集市上经常见到的黑色橡胶一样的东西。有中药一样的味道，在欧洲相当大众化。在众多甜点心里，颜色、形状都很怪异。

Column Benelux

奶酪就是 Kass

奶酪在荷兰语中是"Kass"。荷兰乳制品的生产量是其自给量的两倍，而且绝没有合成奶酪这样的便宜货。全是脂肪多多，丝一般柔滑的天然奶酪。

荷兰的奶酪不像中国的装进四边形的小盒子里。到奶酪店一看就知道，柜子后面的架子上摆满了直径40~50厘米、厚15厘米的黄色圆盘形的奶酪，而且不加任何包装。这就是荷兰最普通的豪达奶酪。酒店早餐就是用的这种奶酪。奶酪按其成熟度有全生到全熟等不同种类。如果你对奶酪文化了解不多，选味道清淡的全生奶酪比较合适。但是吃惯奶酪的荷兰人却认为，经过1年的时间充分成熟，变硬而稍有点咸味的成熟奶酪吃起来才有味道，最适合当杜松子酒的下酒菜。

超市有卖切成片的，装在真空包装袋中。但还是在柜台上当场切成片的最好吃。荷兰人把奶酪片夹进三明治里，或者把买来的奶酪切成大的丁儿当下酒菜，吃得津津有味，特别带劲。他们很少把奶酪加热用于烧菜，但午餐时把煎蛋放在奶酪上即成鸡蛋奶酪，或者在面包里夹上火腿和奶酪烤制成奶酪吐司。这两样的口感都很好。

知名度仅次于豪达奶酪的是形似保龄球的埃丹奶酪。这种奶酪由于脂肪较少，用盐多，可以长久保存。所以其出口方面占很大的优势。如果你听到baby Edam这个词，不要以为它特别小，虽说是婴儿(baby)也足有1千克重。还有豪达奶酪和埃丹奶酪添加了各种香料的奶酪，被称为荷兰的卡门培尔干酪的Kernhem，名为Bluefort的荷兰式蓝纹干酪，还有适合夹入奶酪糕的Mo Chou，以及将奶酪溶化后，加工成香肠形状熏制而成的熏奶酪(作为下酒菜)等，组成浩浩荡荡的奶酪大军。

前菜 Voorgerechten

Tartaartje van haring= 泡鲱鱼
Rollade van Zalm, palingen gamalen=
鲑鱼、鳗鱼和虾做的卷
pate= 馅饼
Garnalenkroketjes= 炸虾饼
Kaassoufflé= 奶酪蛋酥
Erwtensoep met spek en rookworst=
加了腊肉、香肠的豆汤

汤 Soepen

Romige aardappelsoep=
奶油土豆汤
Soep uit een van onze provincies=
荷兰乡村汤
Heldere bospaddestoelenbouillon=
香菇汤

海鲜类 Visgerechten

Gebbaken kabeljauw met een kruidenkorstje geserveerd met zuurkool met masterdsaus= 加入芥末油和泡菜的鳕鱼
Zeetong a la meuniere, geserveerd met een spinazie timbaaltje=
黄油炸须鳎鱼加菠菜的派
Vis = 鱼
Haring = 鲱鱼
Zalm = 鲑鱼
Schol = 比目鱼
Zeetong = 须鳎
Sardine = 沙丁鱼

Paling = 鳗鱼
Tonijn = 金枪鱼
Kabeliauw = 鳕鱼
Forel = 鳟鱼
Kaviaar = 鱼子酱
Schelp = 贝类
Mossel = 贻贝
Oester = 牡蛎
Kreeft = 巨螯虾
Zeekreeft = 日本龙虾
Garnaal = 小虾
Rose Garnaal = 对虾
Inktvis = 乌贼

肉菜 Vleesgerechten

Gebakken tournedos met groene pepersaus= 青薄荷辣酱调牛腰肉排
Varkenshaasje op een husselpotje van kool en spek= 加上洋白菜和腊肉的猪里脊肉
Rundvlees = 牛肉
Biefstuk = 牛排
　rood = 较生的
　Lichtgebakken= 半熟的
　Doorbakken= 全熟
Varkensvlees = 猪肉
Lamsvlees = 小羊肉
Kip = 鸡肉
Worst = 香肠
Ham = 火腿
Achterham = 里脊肉做的火腿
Spek = 腊肉
Lever = 肝

Duif = 鸽肉
Tong = 舌

蔬菜类 Groenten

Aardappel = 土豆
Nieuweoogt = 新土豆
Flits = 炸土豆
Tomaat = 西红柿
Witlof = 苦苣
Kool = 洋白菜
Bleekselderij = 芹菜
Wortel = 胡萝卜
Ui = 洋葱
Radijs = 水萝卜
Broccoli = 西蓝花
Bloemkool = 菜花
Paprika = 青椒
Raap = 芜菁
Peterselie = 荷兰芹
Komkommer = 黄瓜

印度尼西亚菜

Nasi = 米饭
Goreng = 炒、炸
Bami Goreng = 炒面
Ajam Goreng = 炸鸡
Soto Ajam = 鸡汤
Sate Ajam = 烤鸡肉串
Sate Sapi = 烤牛肉串
Sate Udang = 烤虾串
Gado Gado = 印尼沙拉
Tjap Tjoy = 炒蔬菜

阿姆斯特丹的早市

一到春天就上市的白芦笋

烤鸡肉和炒饭

在比利时就餐

 在哪里就餐好

来到美食国家的比利时还是要好好品尝美食。那么去哪里吃？吃什么呢？

如果每餐都吃套餐胃一定受不了，想吃点便餐时就去啤酒屋或小餐馆吃点三明治吧。

啤酒屋 / 小餐馆 Brasserie/Taverne

Brasserie 原本是啤酒酿造厂的意思，现在有小的家庭饭馆的感觉，里面都放有数十种的啤酒。喝啤酒也可以吃点便餐，只喝咖啡和软性饮料也可以。白天没有休息时间，直到深夜也在营业，是最普通的。Taverne 有中国的食堂那样的感觉，可以认为是更正式一点的吃饭的地方。

服务员的服务因餐厅的规格也有所不同

餐馆里不能抽烟

从 2007 年 1 月开始，比利时的餐馆完全禁烟。抽烟者要注意。

关于长期休假

比利时的餐馆、啤酒屋等有的会在夏季、冬季里放长假。

圆滑的法语会话

Nous sommes pressés. 努·索默·普雷塞＝我们要赶时间。

Non merci. 农·梅尔西＝已经够了。

Je n'ai pas commandé ça. 热奈巴·科芒代萨＝(用手指着)这和我们的菜不一样。

服务生如果问: C'est bon?（好吃吗？）

Oui, c'est bon. 维·塞邦＝嗯，好吃(其实也许一般)。

Oui, c'est délicieux. 维·塞代利西厄＝嗯，好吃极了(的确好吃)。

nnnnn. 嗯嗯嗯嗯嗯＝嗯嗯嗯嗯嗯（其实很难吃，但又不能说实话）。

×××, s'il vous plaît. ×××西勒武普拉利＝麻烦你拿一下×××。

Couteau 古多＝刀

Cuillère 考伊埃路＝匙子

Fourchette 富尔谢特＝叉子

Cendrier 桑德里耶＝烟灰缸

Pain 班＝面包

Sel 塞勒＝盐

Sucre 叙克尔＝砂糖

Poivre 布瓦夫尔＝胡椒

L'addition 拉得修＝埋单

咖啡馆 Café

饮料以咖啡、红茶为代表，也有放入啤酒等酒精性的饮料。与啤酒屋的区别不太明显。除点心和蛋糕外，还有三明治与分量充足的色拉等。想简单就餐时相当方便。从早晨到深夜营业的店很多。

餐馆 Restaurant

在布鲁塞尔一般白天 12:00~14:30，晚上 19:00~22:00 营业。

◑ 关于菜单（法语叫卡尔特）

只有法语、荷兰语的菜单的店很多，但是你可以说"请给我英语菜单"试试。如果没有，服务员基本上都能用英语讲话，不用担心。

旅行者菜单

前菜、主菜、甜品的套餐。即使不会讲当地语言点菜也很方便，一看就能明白。但是，实际选择的幅度很小，量也很少，不同的餐馆会有不同的问题，要注意。

套餐菜单

在中档以上的餐馆，为想品尝各种菜肴的人准备了两种以上的套餐菜单。有从 4 种菜品 ~6 种菜品组合的套餐。根据自己的情况和时间来选择吧。包含葡萄酒的套餐价格是另外设定的，除了好酒的人以外，不向大家推荐。

午 餐

Plat du jour 是每天更换的菜单，有大盘的主菜和色拉组合。Menu du jour 是前菜、主菜、甜点或咖啡每天更换品种的套餐。对于中国人来讲，Plat du jour 的分量就很充足了。有这两份菜单就证明你选了家好餐馆。

饭前酒 Apéritif

去某些有档次的餐馆，服务员拿菜单过来时，一定会

来点 Stoemp 尝尝吧！
Stoemp 就是压的意思，是布鲁塞尔的方言。就像它这个名称一样，将煮好的土豆与蔬菜挤压成泥状，加上盐、胡椒等调味料。到了布鲁塞尔去尝尝吧，容易消化不良的人就点 Stoemp 吧。

添加了火腿肠的斯托普

给你推荐饭前酒，自家制作的饭前酒（Apéritif Maison）基本上是香槟和果汁调成的鸡尾酒。基本上不喝酒的人点果汁与水就可以了。一开始就喝葡萄酒也没有问题。

◐ 试着点菜吧

首先要考虑到一个盘里的菜分量会很多，这一点非常重要。每次吃饭，前菜、主食、甜品吃完后都会觉得撑。除了在高级餐厅进晚餐外，只点主菜和咖啡并不是一件失礼的事。当地人同样是这样做的。此外，前菜两人分着吃也是可以的。比如点了一份贻贝就已经够 4 个人吃了。

La Maison du Cygne 安静轻松的店内

Rotisserie Vincent 的厨房

◐ 付账和付小费

向服务员举举手就会给你送来写了菜名和金额的账单。检查完菜名和金额，就递上卡或现金。因服务费里已包含了小费，就没有必要再付小费了，但在高级餐馆就餐后，在桌上放上 5 欧元左右比较恰当。另外，如果受到很好的服务，为了表示

想吃蔬菜时可以打包带走的店

感谢在桌上放下找回的零钱是一般的做法。信用卡支付时在签名的时候，在小费栏里写上金额就可以了，或以现金支付也行。

◑ 代表性的菜单和食材

高档餐馆的一盘菜品的名字会很长，菜单是法语时，按照最初是食材，然后是做法，最后是添加物的顺序写的很多。此外，还有像"×××风"、"fantasy"这样不加说明谁也不知是什么的名称。一点也不要在意。找找食材和做法的关键字吧。

例如，Noix de Saint-Jacques caramériséss aux épices= 加香料（épices）风味甜酱（caramérisé）的烧扇贝（Sanínt-Jacques）。

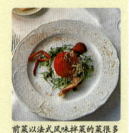

前菜以法式风味拌菜的菜很多

读菜单的窍门

1. aux×××=使用×××，添加了食材或配菜

例如，前菜　克罗凯特索·沃·克雷维特 Croquettes aux crevettes= 加小海米的油炸物

2. de (d') (du) (des)×××=×××的、×××产的（相当于英文的 of）

例如，前菜　让邦·达尔登纳 Jambon d'Ardenne = 阿登地区产的生火腿

例如，汤　苏普·德·普瓦松 Soupe des poissons= 鱼汤

3. 两个加在一起

例如，前菜　拉维奥勒·德·塞勒里·欧·特吕夫 Ravioles de céleri aux truffes = 加芹菜和蘑菇的肉丸子

前菜的阿登地区产的生火腿

比利时菜肴

白葡萄酒清蒸贻贝
Moules au vin blanc

说起比利时的特产就要提到贻贝了。白葡萄酒清蒸贻贝就是将芹菜、菠菜等炒过后，放进贻贝然后清蒸。这是最大众化的烹饪方法。端出一大盆，感觉分量极其充足。调料有西红柿酱、白调味酱和综合酱等很多种类。配菜一般是刚炸好的弗里给。不用叉而用贝壳来夹着吃，这是最正宗的吃法。

根特风味的瓦特尔佐伊
Waterzooi à la Gantoise

原来的瓦特尔佐伊是古代佛兰德地区的乡村菜。将河鱼煮烂就可食用了。现在，根特风味的瓦特尔佐伊是指在煮好的鸡肉和土豆里加入大量的生奶油的调味酱。意外地可以使身体变暖和。有的地方也会用海鲜来做，一边吃一边喝啤酒吧。

紫草根的奶汁烤菜
Gratin au chicon/Chicon au gratin

紫草根主要是用来做沙拉的高级蔬菜，是比利时当地的产品，每周都会飞机输出到日本。当地奶汁烤菜是代表性的菜肴。做法是将蒸过的紫草根用火腿包好，加上白调味酱、奶酪然后进行烘烤。紫草根略有苦味。

佛兰德风味的炖牛肉
Carbonnades à la Flamande

将牛肉用啤酒煮透就可食用的菜。用特拉伯的浓色啤酒煮的话，肉会更松软。还能吃出隐藏的芥末和糖的味道。吃这道菜要配修道院啤酒才够味。

佛兰德风味的白芦笋
Asperges à la Flamande

热盼春天来临的比利时人，实际上也在盼望着4月下旬上市的白芦笋。在煮好的芦笋上加上黄油酱，再撒上煮鸡蛋和香菜片等简单菜肴。但是色彩鲜艳，很好吃。

绿酱煮鳗鱼
Anguilles au vert

将切成块的鳗鱼和香菜、草蒿、菠菜放在一起煮。菜内有油的话，吃的时候特别来劲。配上冰镇的比尔森啤酒会更美味。

区分好餐馆和坏餐馆的方法

1. 打领带的公司职员多的店，一定是好店。因为他们经常在这儿吃饭，对味道和价格要求严格。

2. 距离大街很近，店内装修朴素的店一定是好店。因为有当地人的绝对支持。

3. 菜单干净而漂亮的店没有问题。因为店主从各方面为顾客考虑。

4. 在店门口，服务生很亲热地靠近你，直至距离不到30厘米的话，千万不要去。善良的你一旦进去，就别想逃出来。

5. 店里没什么人，但服务员无论如何都想让你坐在临街的座位，这时你要小心，因为他是想让你当他们的托儿吸引更多的人进店。

经历次数多了，自然就能分辨出哪个是好餐馆了。那么大家就开始"包奈珀蒂"（吃吧）!

三明治 Sandwich

即使在美食王国比利时三明治也是午餐的主要角色。往半个长面包里加进火腿、奶酪、烤牛肉和沙拉等。这些大而硬的长面包，真的能放进中国人的嘴里吗？很是担忧，但是吃起来咯吱咯吱的才最好吃。不少人一边想着不会把嘴弄破吧，一边还在赞叹法式面包竟如此好吃。你可以买一杯饮料，边喝边吃。那么就招招手用法语点菜吧。（伸出一根手指）"昂·桑多伊

斯×××，阿维克·撒拉达，昂波尔特（带走）/伊西（在这儿吃）。"×××的部分是要加入自己喜欢的主菜。最受欢迎的是美式（牛肉馅饼），其他还有通（金枪鱼沙拉）、库拉布（蟹沙拉）、布勒秋利（咖喱鸡风味）等。各种各样的就在你眼前，只指着就可以了。用两只手拿着，从一端开始大口大口地吃吧。

含饮料的约5欧元。购买时付款。可以带走也可在店里吃。

奶酪面包片 Tartine

如果在啤酒屋、咖啡馆觉得吃不饱，或是错过了饭点可以吃这个。比利时人经常和啤酒一块吃奶酪面包片。乡村的面包上抹上很多糊状的东西。和美式（牛肉馅饼）一样很受欢迎。色调很浅的白色奶酪加上小胡萝卜、生洋葱的片，再放少量的盐、胡椒，这样就更好吃了。

含饮料6~12欧元。坐在座位上吃。

油煎薄饼 Crepe

很意外地发现油煎薄饼也可以用来当正餐。我们一般以为薄饼是甜食。没有放入砂糖的材料，加进许多馅儿，然后烤熟，再添上汁和酱是相当好的食品。特别是在布吕赫有很多卖油煎薄饼的店，一定要去品尝一下，与大盘的沙拉配在一起。请好好用餐吧。含饮料7~10欧元，在座位上吃。

煎蛋饼 Omelette

比利时人爱吃并且经常吃鸡蛋。鸡蛋菜的代表就是煎蛋饼。看菜单时会觉得太贵了吧，但看到端出来的大盘子一定会吓一跳吧。面加进了大量的馅儿，还加上沙拉和面包。作为主食一盘已经足够了。蘑菇、火腿、奶酪等种类极其丰富。

含饮料7~10欧元，在座位上吃。

法式三明治吐司 Croque-Monsieur

奶酪和火腿夹起来在烤炉上烤制，而且带沙拉，分量也相当的充足。放进菠萝的叫夏威夷昂等种类很多。去啤酒屋就餐也不需要点啤酒，只要果汁、水、红茶等，就可轻松用完餐，一定会很高兴的。

含饮料5~8欧元。坐在座位上吃。

前菜 Entré 昂特雷

Fondu au fromage 丰迪·欧·弗洛马究＝奶酪炸丸子

Paté de Capmpagne 帕泰·德·尚帕涅＝田园风味馅饼

Tomate aux Crevettes托马托·克勒韦特＝小虾馅西红柿

Escargot 艾斯卡卡戈＝蜗牛

Foie gras d'oie 富瓦·格拉·杜瓦＝鹅肝馅饼

des Huccres 德·于克尔＝牡蛎

Grenouille 格勒尼耶＝食用蛙

Salade＝沙拉

Saumon fumé 蒙索菲梅＝熏鱼

Teriine 泰里纳＝沙锅

汤／羹 Soupe/potage

Bisque de homard 比斯克·德·奥马尔＝鳌虾羹

Consommé 孔素梅＝清炖肉汤

Soupe des légumes 苏普·德·莱居姆＝蔬菜汤

海鲜类菜肴
Poissons et Crustacés

Anguilles au vert 昂吉耶·欧·韦尔＝绿调味酱煮鳗鱼

Sole Meunière 索勒·默尼耶尔＝法式黄油炸鱼

Truite aux amandes 特蒂托·萨芒德＝杏仁味烤鳟鱼

Cabillaud/Morue 卡比耀/莫吕＝鳕鱼

Bar/Loup de mer 巴／卢·德·梅尔＝鲈鱼

Plie 普利＝比目鱼

Raie 赖＝鳐鱼

Sardine 萨尔丁＝沙丁鱼

Solette 索莱特＝小比目鱼

Thon 通＝金枪鱼

Coquille St.Jacques 科基耶·圣雅克＝扇贝

Moule 穆勒＝贻贝

Crabe 克拉布＝蟹

Ecrevisse 艾克勒维斯＝小龙虾

Homard 奥马尔＝鳌虾

Langouste 郎古斯特＝日本龙虾

Langoustine/Scampis/Gambas 朗古斯蒂纳／斯康皮／冈巴＝中型虾

肉·家禽菜肴 Viandes et Volailles

Boef 伯夫＝牛肉

　chateaubriand 沙托布里昂＝烤牛排

　filet pur 菲莱·皮尔＝里脊肉

　filet mignon 菲莱·米尼翁＝同上

　tournedos 图尔纳多＝同上

　contre-filet/faux-filet 孔特尔菲莱＝牛的腰部肉

　entrecôte 昂特尔科特＝牛排骨肉

　烤制方法 saignant 赛尼扬＝烤至半熟

　à point 安·普安＝（烤牛排）火候适中

　bien cuit 比扬·屈＝烤透

Filet américain 菲莱·阿美利康＝鞑靼牛排

Carré d'agneau grile 卡雷·达尼欧·格里莱＝小羊肉排骨

Lapin à la kriek 拉蕃·阿·拉·克里克＝克里克啤酒煮兔肉

Veau 沃＝小牛肉

Porc 波尔＝猪

Jambonneau 让博诺＝肘子

Cheval 舍瓦罗＝马

Poulet 普莱＝鸡

Magret de canard 马格雷·德·卡纳尔＝鸭的里脊肉

Caille 卡耶＝鹌鹑

Pigeonneau 皮若诺＝雏鸽

Foie＝肝脏

Poitrine 普瓦特里纳＝胸部肉

野畜禽 Gibiers

Chevreuil 舍夫勒伊＝小鹿

Liévre 利艾夫尔＝野兔

Sanglier 桑格利耶＝野猪

Bécasse 贝卡斯＝山鹬

Faisant 弗桑＝野鸡

蔬菜类 Légumes

Artichaut 阿尔蒂绍＝朝鲜蓟

Asperge 阿斯佩尔日＝芦笋

Carotte 卡洛特＝胡萝卜

Champignon 尚皮尼翁＝蘑菇

Chicon 希孔＝苦苣

Concombre 孔孔布尔＝黄瓜

Courgette 库尔热特＝绿皮西葫芦

Chou de Bruxelles 舒·德·布鲁塞尔＝洋白菜

Chou-fleur 舒弗勒尔＝菜花

Epinard 艾皮纳尔＝菠菜

Haricot 阿里科＝扁豆

Gingembre 然让布尔＝生姜

Navet 纳维＝芜菁

Oignon 奥尼翁＝洋葱

Pomme de terre 波姆·德·泰尔＝土豆

Radis 拉迪＝萝卜

甜品 Desserts

Assortiment. de Glaçes 阿索尔蒂芒·德·格拉斯＝冰激凌

Sorbets 索尔贝＝果子露

Crème au caramel 克雷莫卡拉姆尔＝蛋奶冻／布丁

Mousses au chocolt 穆索绍科拉＝巧克力慕司

Fruits 弗吕＝水果

　cerise 瑟里斯＝樱桃

　citron 西特龙＝柠檬

　fraise 拂莱斯＝草莓

　poire 普瓦尔＝梨

　pommes 波默＝苹果

烹饪法

Braisé 布赖塞＝蒸煮、炖

Brochette 布罗谢特＝烤串

Frit 弗里＝炸

Fricassée 弗里卡塞＝加白调味酱煮，大杂烩

Fumé 菲梅＝熏制

Gratiné 格拉蒂内＝做成锅巴

Grillé 格里罗＝放到丝网上烤

Poélé 波艾莱＝炒

Roti 罗蒂＝烤

Sauté 苏泰＝炒

A l'ail 阿·拉伊勒＝大蒜味

Au beurre 欧伯尔＝加黄油

A la Crème 阿拉克雷姆＝加奶油

荷比卢的购物

购物的礼仪

进店的时候说"哈喽"，与店员礼貌地打个招呼。此外，在品牌店和高级商品店像围巾等商品不要随便用手去触摸，摸了是违反礼仪的。要用手取东西时，要向店员说一声再拿。出店的时候，不管买没买东西，都不要忘了说声"谢谢"。

超市的购物袋不是免费的

在荷兰、比利时多数的超市购买商品时的塑料袋是收费的。数欧分。节约的人在店员要放进塑料袋时，请讲"No Bag, Please"，不要就行了。

还有，超市的收银台一带，有专门的购物袋卖，在这里买个购物袋也许能留个纪念。看起来也很优雅。

✉ 比利时王室都要买的崎饼

"Jules Destrooper"是一定要买的。带走很容易碎，稍稍有点困难，但我的朋友们都说好吃，价格也很便宜。还放进了一个纸盒，最后放进了一个很可爱的铁盒里。种类很多，真是再好不过的礼品了。在 GB 和 DELHAIZE 等超市里，可以很便宜地买到。

◐ 购物的窍门

比利时的主要城市都有购物街、购物中心、画廊、百货店等。可以到这些地方去购物，包括购买礼品。在阿姆斯特丹和布鲁塞尔有店挨店的品牌商店街。要买的东西不同，要去的地点也不同，因此最好事先好好安排一下。

此外，超市会给你带来意外和便利。食品、蔬菜丰富的超市有很多。阿姆斯特丹的 Albert Heijn B.V. 连锁超市里，甚至有卖寿司等日本食品的。买巧克力和点心以及各国特有的罐装汤时也建议去那里。

◐ 关于附加税

欧洲各国，在商品价格里包含有附加税（荷兰是 BTW 19%，比利时是 BTW/TVA 21%，卢森堡是 15%）。欧洲以外国籍的人，在欧洲停留期间不满 3 个月的（15 岁以上，限于付税对象商品未使用而带出欧洲各国的场合）可以在回国时领取返还税金。

关于免税的金额和返还金

根据不同的店有许多的差异。但基本上按以下的金额购买东西时适用于免税条款。

在荷兰购物时一张小条超过 50 欧元时。比利时是超过 125 欧元时。卢森堡是在 74 欧元以上时。

在百货公司，在一个百货公司购物合计金额超过了上面所说的金额就可以。此外，食品和餐饮费用、服务费等是不能免税的。

阿姆斯特丹的购物街——卡尔弗街

品牌店一家接一家的阿姆斯特丹的 P.C.霍夫特街

扣掉手续费等返还的金额根据不同的店与购物金额是不同的，在 13%~16%。

税金的返还方法是，从银行转账或从邮局用欧洲小邮票的方式邮送（Gbbal Refand，参照下文）。因用小邮票邮送的方法会收取换现金的费用，建议使用银行转账方式。除用信用卡支付购买外，银行转账的手续等最有效率。返还金在回国后 1 个半月 ~3 个月就送来了。

⬤ 办免税手续的程序

1. 在店里拿到购物小票和返还的必要资料、返还用的信封等。

2. 3 个月以内离开欧洲各国的时候，将资料（写有返还的方法）、未使用的商品、购物小票等向机场的海关（Douane）出示。在海关拿到盖有印章的资料，投到机场的邮筒里。

布鲁塞尔机场的海关标示

3. 以后从免税金额里扣除手续费后的金额就会返还回来了。此外，也有右侧边栏的 VAT 的处理方法，请在购物店里确认。

在阿姆斯特丹的滑铁卢广场举办的跳蚤市场

也有附加税很低的东西

荷兰的食品附加税是 6%。比利时食品及书籍的附加税是 6%。

购买时不支付税金的 VAT 处理方法

1. 在商店，商品有两个标价，一个是不含税的商品的价格，另一个是税金，用 2 张信用卡支付。商品的金额当场被扣除，税金部分的金额并没有扣除。

2. 在海关办过免税手续的资料送到商店时，税金部分的小票已作废了，因为没有被扣除，所以等于没有付税金。

但是，经过 2 个月后，海关如果没有将办好的免税资料送到店里的话，那就要被扣除税金了，因此，一定要在海关办理好免税手续。

与当时支付税金，以后再返还的方式比较起来，上面的方法有没有手续费的优点。

不同的店免税的处理方法不一样，请好好询问如何办理。

综合利方特

URL www.globalrefund.com
☎(03)5541-6718(自动应答)

去市场看看吧

荷比卢 3 国举办市场的城市很多。商品从古董、日用品、食品、花、书、邮票到杂物。在市场里购物是可以讲价的，只看看也很快乐的。但是，人很多，小偷也很多，贵重物品一定要保管好。

荷兰的土特产品有很多，种类也很丰富，有很多可爱的小物件。温文尔雅的马克姆陶瓷与欣德洛彭手绘画的小商品和家具都适合当礼物。

奶酪

荷兰是奶酪王国，奶酪就是很好的礼品。比如埃丹、豪达奶酪就很有名。

木鞋

用白桦树木材做的具有代表性的东西。装饰物、钥匙圈与民族服装相配合的东西多种多样。

球根

郁金香的球根，市场上从夏季结束到秋天就有出售了。别的时期也可买到其他球根。

咖啡豆

可能很多人不知道，荷兰是欧洲大型的咖啡集中交易地，稍微有点苦但非常好喝。

代尔夫特陶瓷

在代尔夫特从 17 世纪就开始制作的传统陶瓷。深蓝的色调，总感觉有点古色古香。

米菲的纪念品

米菲的作者迪克·布鲁纳住在乌得勒支。也有画有米菲的木鞋。

比利时的土特产品

有美食王国之称的比利时，以巧克力为首的土特产品可以轻松地购买。针织品里戈布兰挂毯和织锦很有名。

花边

布吕赫的枕结花边特别有名。出售从包装礼品用的廉价的东西到被称为古董的高价品，种类繁多。

啤酒杯

根据啤酒不同的种类，啤酒杯也会跟着变，这就是比利时啤酒。稍稍有点重，但是和啤酒一块儿买吧！

丁丁纪念品

丁丁的作者埃尔热就是在布鲁塞尔出生的。在布鲁塞尔和布吕赫等都有丁丁纪念品商店。

钻石

荷比卢是世界的钻石交易中心。稍微买点贵重东西，当做一生的纪念吧。

Speculoos

有肉桂味的稍硬的曲奇饼。过去在圣尼古拉斯节才吃的传统点心。

巧克力

说起比利时，不能不说到巧克力。比利时独特的胡桃糖品种丰富，总让人挑得眼花缭乱。

荷比卢的酒店

在荷比卢各国旅行最让人感到满意的是无论是哪种形式的酒店，设备都很完备。大城市也好，小城市也好，有各种档次的酒店适合不同预算的旅行者的要求。

酒店的标志

三个国家的共同点是三国之间有按荷比卢标准来设定的酒店排名协定。从五星级到一星级，以设施的配置来确定。星数多的就很高档。但是，没有星的酒店一般也很清洁，居住舒适的很多。

但是，有一个需要注意的事情。荷比卢的夏天没有中国那样炎热，酒店配有空调的较少。虽高档酒店配置齐全，但中档酒店以下没有空调的也不少。

因旅游咨询中心一定准备有该城市的酒店名册，参考着它去找酒店吧。不愿意边走边找的人，有用电话就可以预约的酒店也可以好好利用。即使在游客很多的复活节和夏季休假期间，都不可能发生全部酒店都满客的情况。没有在中国预约的必要。但是，从安全方面考虑在天黑前一定要找到住宿的地方。此外，对于想在预想好的酒店住宿、不预约好就不能安心的人来讲，也可以利用预约服务。想在农场住宿也可以在中国预约。

酒店的拥挤状况

荷兰、比利时、卢森堡在有活动期间住宿酒店都很拥挤，请记住有活动的日期。阿姆斯特丹与马斯特里赫特在周末和旅游季节酒店很拥挤，到这些城市在天黑前最好决定好住宿地。

在比利时，商务客人比较多，平日的酒店价格比周末的价格稍稍便宜点。但在布吕赫等旅游地就相反，周末就很拥挤。此外，城堡酒店等因客房较少，要想住宿的话，最好预约。

✉ **请带上在房间里用的鞋**

在廉价酒店住宿时就非常有用了。

◑ 荷 兰

荷兰酒店的特征是早餐丰盛。面包、奶酪、火腿、鸡蛋、咖啡或红茶是一般的菜谱。中档以上的酒店都是自助餐形式。酒店的价格，阿姆斯特丹等大城市单人50欧元左右，去乡村的话40欧元左右。价格里包含附加税（荷兰叫 BTW)。也有含早餐、住宿税 (与 BTW 不同) 的酒店。但是高档酒店等多是不包含在内的。

高档酒店的
自助餐形式的
早餐

公寓

想真正看看荷兰人生活的人，建议去荷兰人的家庭里住宿 (B&B)，在荷兰有 3500 家。1 晚只有 40~80 欧元的轻松价格。而且也许能感受到在酒店里体验不到的温暖。此外，还有去农场住宿等。详细情况请参考荷兰政府旅游局网站 (→ p.431)。

一般的荷比卢的酒店都很清洁舒适

酒店的前台

禁烟酒店呈增加趋势

荷兰从 2008 年实行了咖啡馆和餐厅的禁烟。这样，全室禁烟或全馆禁烟也就越来越不稀罕了。要抽烟的人在预约时一定要确认好。

在荷兰农场住宿

由德·布伦卡曼财团经营。现在在北荷兰省有 15 家农场登记，也有作为酒店正在营业的。客房舒适。规模根据不同的条件有各种各样的。去地择自己喜欢的吧。此外，对应你的要求，也可参观农家的设施和工作现场。单人需要追加费用。费用根据不同的农家也有不同，有 2 晚以上的住宿或 1 周以上的住宿。可以在下面的网站上确认后，直接向农家预约。
Hotel de Boerenkamer
URL www.hotel-boerenkamer.nl

荷兰全国的 B&B 的查询网页
URL www.bedandbreakfast.nl

荷兰与比利时有气氛的 B&B 与经济酒店的介绍网页
URL www.weekendhotel.nl

可以预约布鲁塞尔的酒店的网页 (布鲁塞尔市内旅游咨询中心)
URL www.brusselsinternational.be

有这个卡的话，1 晚住宿有 2.50 欧元的折扣。卡的制作费 15 欧元。住满 7 个晚上就够本了。此外，持此卡在别的国家的青年旅舍住宿时住宿费有 10% 的折扣。不是青年旅舍会员，也能拿到盖章卡，卡盖满了章以后，可以得到免费住宿券。

◑ 比利时

大致来讲分为酒店（Hôtel），家庭公寓（B&B），B&B 很多是小规模的家庭经营式的经济住宿。比利时的住宿设施中，特别要提的是被称为 Chateau Hotel 的利用城堡改装的酒店，阿登地区的森林中有很多。菜也做得很不错，是具有高雅气氛的酒店。

阿登地区的酒店

酒店的客房多数在 100 间以下的规模，家庭式的酒店很多。价格在布鲁塞尔的话从 50 欧元起价。去地方的话也就 40 欧元左右。价格里包含有附加税（法语叫 TVA，荷兰语叫 BTW）和 6% 的服务费。早餐一般为以面包和咖啡为主的美式自助早餐。小规模的酒店多数都包含有早餐。

◑ 卢森堡

与荷兰和比利时的大城市相比，首都卢森堡的酒店价格稍稍便宜点。在乡村，餐馆和酒店合二为一的度假酒店较多。

◑ 青年旅舍

除国际青年旅舍联盟经营的青年旅舍（YH）外，还有

读者来信

关于B&B的支付

在B&B住过几天，信用卡基本不能使用，一定要准备好现金。

厕所吓一跳

荷兰是人均身高很高的国家，坐在坐便器上脚会悬空，个子矮的人，要注意。

不是会员也可利用的民间青年旅舍。荷比卢三国的青年旅舍一般都很清洁，设施也齐备，放心地去住吧。不仅有 1 晚住宿 300 元人民币左右的便宜价格，还能结识来自世界各地的年轻人。

阿登地区的酒店

此外，荷兰的青年旅舍又叫"Stayokay"，法语的青年旅舍叫"Auberge de Jeunesse"。

从中国预约

四～五星等级的酒店，通过中国的旅行社可以预约。出发前 1~2 周就预约好吧。

也可直接向酒店预约，但是经济型酒店等房间可能会看不到，对连续住宿的人不推荐这种方法。用传真进行预约的文例参照下页的样本。

此外，从酒店的网页上直接预约的人正在不断增加。周末和闲散期有折扣价格，也有的酒店把晚餐也包含在里面，按自己的要求和日程利用也是不错的。

预约时关于通知信用卡卡号

从中国自己预约酒店时会事先要求提供信用卡卡号，为了避免出错，要求酒店返回没问题的信息后再预约。

此外，预约撤销时，要拿到有酒店负责人签名的确认书（Confirmation）才行。如果对话有误，没有住宿也会从信用卡中被扣去住宿费的，有撤销确认书就可以提出抗议。

✉ **在青年旅舍要保管好自己的贵重物品**

在荷兰的青年旅舍有 20 人住的大房间，当时我就住在有 15 个人的房间里，室内虽有箱子，只是去了厕所一下，把包放在床上，这几分钟时间里，40 欧元现金就被盗了。对同房间的人也不能放松警惕。几秒钟的时间也不能让贵重物品离开你的视线。

_____
自己的名字

_____
自己的住址

_____

Tel：86-
_____
自己的电话号码（市外区号去掉最初的0）
Fax：86-
_____
自己的传真号码（市外区号去掉最初的0）

To： _____
　　　　酒店名字

_____
酒店的地址

Booking request

We (I) 'd like to book _____ rooms (a room) for the
　　　　　　　　　　　　房间数
following dates：

Date：

Check in：_____
　　　　　（日／月／年的顺序。必须是阿拉伯数字）
Check out：_____
　　　　　　（日／月／年的顺序。必须是阿拉伯数字）
Total nights：_____　　Arrival Time：_____
　　　　　　　住宿天数　　　　　　　　到达酒店的时间
Number of people：_____
　　　　　　　　　　住宿人数

☐ a single　☐ a twin　☐ a double　☐ a suite room
☐ with bath　☐ with shower

Please confirm availability by fax.
We (I) 'll send credit card detail in return.

Thanks very much.
Yours faithfully,

_____
自己的名字

_____
亲笔签名

旅行的安全

荷比卢的治安

　　虽然荷比卢是比较安全的国家，但小偷还是比较多的。特别是在乘车时和在车站等人多的地方，就是在一流的酒店也不能大意，行李一定不能离开自己。信用卡和 T/C 的号码要保管好，可装在几个地方分散保管。最好不要带大量的现金在街上行走。要努力避免最坏的事情发生。

　　其实也不必过于紧张，只要随时保持警惕，就可以防止事故的发生。

　　在荷兰，阿姆斯特丹和鹿特丹等大城市要特别注意。在乘有轨电车和地铁时，到处都贴有要注意防范小偷的告示，当地人也感受到这个问题的严重性。此外，在阿姆斯特丹中央车站到陈列窗一带，也是发生恶性犯罪的危险地带，虽然中央车站有警察巡逻，但在这一带不可放松警惕。

　　在比利时，专门针对女性，将其骗到家里，用报纸将其眼蒙上抢夺提包的事情也有发生。独自旅行的女性要特别注意。

　　此外，包不要离开自己的身体，把包放在脚下去买票、将包挂在椅子上就离开，就等于是告诉别人来拿我的包吧。去厕所，或在自助餐厅去取食品的时候要特别的注意。

　　其他还有，荷兰的阿姆斯特丹中央车站，比利时的布鲁塞尔南站等地，还有装扮成警察检查钱包，将里面的现金拿走等诈骗犯罪的行为发生。比利时还有将饮料撒到你的衣服或提

在布鲁塞尔大广场巡逻的警察们

紧急情况下的有用电话号码
●荷兰……… ○中国大使馆
☎ 0031-70-3065061
URL www.chinaembassy.nl/cha/
○警察・火灾・救护车
☎ 112
○ ATAS（Amsterdam Tourist Assistant Service）
　　在阿姆斯特丹，遇到小偷或随意拿走行李等犯罪行为时向警察报案后警察会来找你询问情况。比如，护照和机票的补办等，会得到最恰当的处置的。
☎ 020-6253246

●比利时…… ○中国大使馆
☎ 0032-2-6633001
URL www.chinaembassy-org.be/chn/
○警察 ☎ 101
○火灾 ☎ 100
○救护车 ☎ 112

●卢森堡…… ○中国大使馆
URL lu.china-embassy.org/chn/
○警察 ☎ 113
○救护车 ☎ 112

申请新护照的必要资料
（一）填写完整的《中国公民因私出国（境）申请表》，近期免冠蓝底彩色光学照片一张。
（二）申请人居民身份证、户口簿及复印件。

"护照申请手续的必要资料"的详细情况，请参照外交部的网页。
URL www.fmprc.gov.cn

其他需要分开保管的资料
●有护照号码和发行年月日的那页的护照复印件
●旅行支票的单据
●信用卡号码和发卡公司的国外联络地址
●电子票的单据

包上，装着给你清洁干净，然后将你包里的贵重东西偷走等。因此千万要小心。

◖ 丢失和被盗

护照没有了

首先去当地的警察局，领取丢失和被盗证明书（被烧毁时要有消防局的受灾证明书）。然后在驻外大使馆（中国大使馆、领事馆）办理护照作废手续。然后申请发给新护照或为了回国的过境证明书。

为了使手续有效地进行，将护照（有照片那页）、机票、日程表复印收好，与原件分开保管。

领取丢失（烧毁）的资料需要以下资料：

1. 照片（长4.5厘米 × 宽3.5厘米）1张；

2. 丢失、被盗证明书（当地警察局发行），或受灾证明书（当地消防局发行）；

3. 身份证（驾驶证）等，要盖章或按指印；

4. 丢失护照的报告书。

新护照申请的必要资料和手续参见边栏。

此外，如果不是从这个国家乘飞机回国，而是在去这个国家的途中将护照丢失，到回国还领不到新护照时，会发给一张《为回国而发行的过境证明书》，然后回国。

《回国证明书》申请的资料有：

1. 长4.5厘米 × 宽3.5厘米的照片1张。

2.《回国证明书》申请书1张。

3. 户口簿或复印件1张或能证明是中国国籍的资料。

4. 可以确认其日程表等的资料（机票或旅行社制作的日程表等）。

手续费：相当于200元人民币的当地货币的现金。

旅行支票丢失了

再发行的手续。在发行支票的银行在荷比卢的各城市的分公司，也就是与这个银行有业务合作的银行与代理店办手续。

必要的资料：

1. 丢失、偷盗证明书。由附近警察局发行，但是，根据当地的情况，也有没有证明书也可以再发行的情况。

2. T/C 发行的证明书。T/C 购入时，从银行得到的《T/C 购入者单据》，单据上有自己购买的 T/C 的号码。与 T/C 同时丢失也就没有意义了，所以一定要分开保管。

3. 未使用的 T/C 的号码。重新发行的仅限于没有签名的 (T/C 使用时第二次签名)、没使用过的部分，因此需要有购入的 T/C 从几号到几号使用过的记录。旅行期间，每使用一次 T/C，都会有记录，要注意保存。

斯希普霍尔机场的柜台

信用卡丢失了

信用卡丢失的场合，必须尽早与发卡公司联系，基本上信用卡公司都有国外专用的与中文对应的联系地址，将这个地址保管好。当然，直接与中国的办事处联系也可以。此时必要的信息是卡号，这个要与卡放在不同的地方保管。只要提供了卡号，马上就会办理中止卡使用的手续。

此外，在旅行期间，对于无论如何都需要信用卡的人，也有紧急重新发行卡的公司。这时的手续费因公司不同会有差异。

乘飞机的纠纷案

在机场托运的行李没有了，也就是 Lost Baggage，按运输协议会得到赔偿。如果行李没有出来，保留好行李寄存时的收据(Claim Tag)，去机场的丢失物柜台(Lost&Found)请求赔偿。事后去投诉可能会得不到回应。要马上办理手续。

航空公司在发现行李后，会在第二天将行李送到住宿地。虽然可以收到行李，但最好在没弄清是否可以找到行李前不要离开机场。

471

回国的手续

禁止带入中国的物品

1.各种武器、仿真武器、弹药和爆炸物品；

2.伪造的货币及伪造有价证券；

3.对中国政治、经济、文化、道德有害的印刷品、胶卷、照片、唱片、影片、录音带、录像带、激光视盘、计算机存储介质及其他物品；

4.各种烈性毒药；

5.鸦片、吗啡、海洛因、大麻以及其他能使人成瘾的麻醉品、精神药物；

6.带有危险性病菌、害虫及其他有害生物的动物、植物及其产品；

7.有碍人畜健康的，来自疫区的以及其他能传播疾病的食品、药品或其他物品。

回国航班的再确认

回国前，需要再确认要乘坐的航班。再确认就是回国前72小时要与航空公司取得联系，确认预约的事项。如果不这么做，预约可能将会被取消，要注意。但是，根据航空公司和飞机票的种类，也有不需要再确认的，出发前办理乘机手续时在柜台要确认清楚。持有回国的时间已确定的飞机票的短期停留旅行者到达时，在机场的该航空公司的柜台完成再确认手续就很简单了。

再确认的方法：可通过电话，或各公司的窗口，把自己的姓名和要乘坐的飞机的日期、目的地、航班号告诉对方就可以了。用英语也没问题。

去机场

因出发城市的不同，去机场的方式也不相同。乘坐专线巴士和火车时，先将时刻确认好就安心了。去机场乘机前两小时就到就没什么问题了。但是，要在机场办理附加税返还手续的人和想在免税店购物的人就要再早点到达为好。

准备乘出租车去机场的人，请酒店的前台帮忙预约好出租车吧。

出国手续

在航空公司的柜台办理乘机手续，将行李箱办理托运。这时将机票和护照向服务员出示。此外，斯希普霍尔机场的 KLM 航空公司是在机器上自助办理手续，之后到柜台托运行李。在乘机口检查完手提行李，然后安检，出国审查后，到出国的大厅。出国的手续是：只将护照和机票出示就可以了。人多的时候要排队等候，但一点也不必担心，记得在出发前30分钟到达搭乘口就行了。特别是从斯希普霍尔机场到达搭乘口还有相当长的距离，要确认好自己所处的

斯希普霍尔机场的标志

位置与搭乘口的距离。想在免税店购物的话，在去搭乘口之前就去吧。

没有对带出物品有特别的限制，但是要带入中国就有规定了，要注意。从荷兰带出的球根花种，只要有植物检疫局的检查合格证就可以。在进入中国时在检疫柜台还有再检疫的必要。此外机场的使用税已包含在机票里了。

在免税店

欧洲最大的斯希普霍尔机场的免税店销售各种各样的商品，而且很便宜，以钻石、代尔夫特陶瓷为代表，还有巧克力、奶酪、鲜花、球根等荷兰有名的产品。酒、烟等有很多品种。想买些东西当礼物的话，早点去机场选择商品吧。如果还剩有欧元现金的话，也可去赌场试试手气。

此外，布鲁塞尔机场的商品种类比较少，但有卖Wittawer、GODIVA、Neuhaus等巧克力的店铺。

斯希普霍尔机场的免税店

关于中国入境时应向海关申报的物品及手续请查询《中华人民共和国海关关于进出境旅客通关的规定》。

✉ 在斯希普尔机场购物

乘机前想再买点礼品，去出发大厅还不如去到达大厅。这个地方品种既丰富也便宜，像奶酪等价格是很便宜的。

◑ 飞机内

　　行李由其他飞机送到中国的人和有超出免税范围的东西时,要填写《携带品、另行运送申请书》,在免税范围内也要填写申请书。此外在飞机上也可以购买免税品。

斯希普霍尔机场的免税店的奶酪专卖店

◑ 到达中国

入境检查

　　只出示护照。

领取行李

　　确认航班号,等待从传送带上领取行李。

海关检查

　　没有超出免税范围时,请去"绿色通道"。超过免税范围时,还有就是不太清楚是否超过时,请去"红色通道"。

到达大厅

　　在海关检查完后,到出口去,在各交通机关的柜台购买车票,确认好时刻回家。

荷比卢史

世界史

荷比卢史	世界史

荷比卢史

1648 西班牙在"明斯特谈判"中承认荷兰联省共和国独立

1650 威廉二世去世，第一次无总督时代（~1672)

1652 第一次英荷战争（~1654)

1665 第二次英荷战争（~1667)

1667 法国国王路易十四时期，西班牙要求割让南尼德兰，引发尼德兰战争（~1668)

1672 第三次英荷战争（~1674)

1688 应英国议会的邀请，总督威廉三世和夫人玛丽二世，入主英国本土（光荣革命）

1701 西班牙王位继承战争（~1713)

1702 威廉三世去世，第二次无总督时代

1713 《乌得勒支条约》签订，结束了西班牙王位继承战争，南尼德兰归奥地利所有

1747 法军占领荷兰的佛兰德。威廉四世被任命为总督

1781 奥地利皇帝约瑟夫二世承认南尼德兰的新教徒有宗教自由

1789 布拉班特革命爆发，革命军控制了整个南尼德兰

1790 1月，布鲁塞尔三级会议宣布比利时共和国独立。
　　 12月，奥地利军队夺回布鲁塞尔，布拉班革命失败

1794 法国征服整个比利时，奥地利对比利时的统治结束

1795 法军占领乌得勒支，荷兰联省共和国灭亡，巴达维亚共和国成立

1798 荷兰东印度公司解散

1810 荷兰并入法国，爪哇岛被英国占领

1813 法军从荷兰撤退，威廉六世从英国回国

1814 荷兰召开名人会议，承认新宪法，威廉六世接收了比利时的主权

1815 制定宪法，接纳比利时的代表，成立荷兰王国。威廉六世成为荷兰国王威廉一世

1824 根据《伦敦条约》英国归还爪哇岛

1830 比利时掀起独立运动，10月宣告独立。荷兰在东印度殖民地实行强制栽培制度

1831 Ⓑ 制定宪法，比利时国王利奥波德一世即位

1839 Ⓝ 承认比利时独立，卢森堡归德国，但主权归威廉一世

1867 Ⓛ 卢森堡大公国独立

1873 Ⓝ 亚齐战争（~1904)

1878 Ⓑ 行政上采用双语制

1883 Ⓝ 北海运河开通　Ⓑ 教育上采用双语制

1885 Ⓑ 柏林会议上承认奥波德二世领有刚果自由邦

1899 Ⓝ 海牙和平会议召开

1901 Ⓝ 常设仲裁法院开设

1908 Ⓑ 刚果殖民地从国王个人领地中脱离，成为比利时领有的殖民地

Ⓝ … 荷兰史　Ⓑ … 比利时史　Ⓛ … 卢森堡史

世界史

1642 英国清教徒革命

1648 法国投石运动

1651 英国制定《航海条例》

1661 法国路易十四开始亲政

1740 奥地利王位继承战争

1776 美国发表《独立宣言》

1789 法国大革命爆发

1792 法国废除王权宣布实行共和制

1793 法国路易十四被处死

1804 法国拿破仑称帝

1806 神圣罗马帝国灭亡

1813 各国民族解放战争

1814 拿破仑退位
　　 维也纳会议召开

1830 法国七月革命

1840 中国鸦片战争

1848 法国二月革命

1868 日本明治维新

1870 普法战争

1871 斯坦利探险非洲

1877 俄土战争

1894 中日甲午战争

1899 中国义和团起义

1904 日俄战争（~1905)

荷比卢史	世界史
1914　Ⓑ 德军入侵比利时，占领大半国土	1914 第一次世界大战
1917　Ⓝ 修改宪法（实行普选权、比例代表制和公立、私立学校经费全部由国库负担）	1917 俄国革命
1920　ⓃⒷ 参加国际联盟	1919 签订《凡尔赛和约》
1921　Ⓑ 修改宪法，实行每周 48 小时工作制，取消了禁止罢工法。与卢森堡结成经济同盟	
1927　Ⓝ 开始须德海围海造田工程	1929 世界经济大萧条开始
1940　ⓃⒷ 德国装甲部队入侵	1931 九一八事变
Ⓝ 女王政府流亡英国，荷兰投降	1939 第二次世界大战
Ⓑ 利奥波德三世向德国无条件投降	1940 法国投降
1944　Ⓑ 9 月盟军攻入布鲁塞尔	1941 太平洋战争爆发
1945　Ⓝ 5 月荷兰解放	1943 意大利投降
1948　ⓃⒷⓁ 成立荷比卢关税同盟	1944 巴黎解放
1949　ⓃⒷⓁ 加入北约	1945 德国、日本投降
1951　Ⓑ 7 月，反对国王复位的运动激化，利奥波德三世退位，博杜安一世即位	1946 第一届联合国大会召开
1952　Ⓝ 阿姆斯特丹—莱茵运河开通	1949 中华人民共和国成立
1957　ⓃⒷⓁ 签订"EEC"以及《欧洲原子能共同体（EURATOM）条约》	1950 朝鲜战争(~1953)
1960　Ⓑ 归还刚果主权	1956 匈牙利事变
1961　Ⓑ 制定了《语言边界确定法》、《吉尔森法》	1959 古巴革命
1963　Ⓑ 制定《语言法》、《第二次吉尔森法》	
1968　ⓃⒷⓁ EEC 关税同盟成立	1967 EC（欧洲共同体）成立
1970　Ⓑ 修改宪法（规定了 4 个语言区，3 个地域社会）	
1972　Ⓝ 将选举年龄由 21 岁下调到 18 岁	
1980　Ⓝ 朱丽安娜女王退位，贝娅特丽克丝女王即位	1973 第一次石油危机
Ⓑ 修改宪法（规定 2 个语言地区，3 个地区共同体）	1975 越南战争结束
1992　ⓃⒷⓁ 签订《马斯特里赫特条约》	1978 第二次石油危机
Ⓑ 德阿纳内阁成立(4 党联合)	1989 东欧社会主义体制崩溃
1993　Ⓑ 修改宪法，规定比利时为联邦制国家，博杜安一世去世，阿尔贝二世即位	1990 德国统一，中东海湾战争(~1991)
1994　Ⓑ 废除征兵制	1991 苏联解体
Ⓝ 科克内阁成立(3 党联合)	1993 成立欧洲国家联盟
2002　ⓃⒷⓁ 正式使用欧洲统一货币	
Ⓝ 巴尔克德内阁成立	
2008　Ⓑ 莱特姆内阁成立	

中文	英语
可以。	That's all right./That's OK.
请帮我～。	名词+please.
请给我咖啡。	Coffee, please.
什么？请再说一遍。	Pardon me？/I beg your pardon？
请再说慢些。	Please speak more slowly.
你会说英语吗？	Do you speak English？
不知道。	I don't know.
不明白/不懂。	I don't understand.
请写在这里。	Please write it down here.
明白了。	I see.
的确/当然。	Exactly./Of course.
真的？/或许。	Really？/Maybe.
想要～/想做～。	I want～./I want to～.

旅行荷兰语

vertrek 费尔特雷克…出发
aankomst 安科姆斯特…到达
heren 海伦…男士用
dames 达默斯…女士用
ingang 因杭…入口
uitgang 厄伊特杭…出口
nooduitgang 诺德伊特杭…紧急出口
verboden toegang
费博登图杭…禁止入内
open 奥喷…营业中
gesloten 海斯洛滕…休息中
zondag 宗达赫…周日
maandag 曼达赫…周一
dinsdag 丁斯达赫…周二
woensdag 翁斯达赫…周三
donderdag 东德尔达赫…周四
vrijdag 弗莱达赫…周五
zaterdag 扎特尔达赫…周六
vandaag 凡达赫…今天
gistern 西斯泰伦…昨天
morgen 莫尔亨…明天
januari 亚尼阿里…1月
februari 费布吕阿里…2月
maart 玛特…3月
april 阿普里尔…4月
mei 迈伊…5月
juni 尤尼…6月
juli 尤利…7月

augustus 奥古斯图司斯…8月
september 塞普藤贝尔…9月
oktober 奥克托贝尔…10月
november 诺分托贝尔…11月
december 得森贝尔…12月
lente 伦特…春
zomer 佐美尔…夏
herfst 海尔夫斯特…秋
winter 温特尔…冬
station 斯塔雄…车站
perron 佩隆…车站的站台(～号线)
bagagedepot 巴哈赫德波…行李寄存处
bushalte 布斯哈尔特…公共汽车站
oost 奥斯特…东
west 韦斯特…西
zuid 泽伊德托…南
noord 诺尔德…北
recht 雷德特…右
links 林克斯…左
boven 博芬…上
onder 翁德尔…下
voor 拂尔…前
achter 阿赫特…后
duwen 德温…推
trekken 特雷肯…拉
groot 赫罗托…大的

klein 克莱恩…小的
duur 迪尔…(价格)高的
goedkoop 胡德科普…便宜的
een/eerst 恩/埃尔斯特…1/第一
twee/tweede 特韦/特韦特…2/第二
drie/derde 德里/代尔德…3/第三
vier 菲尔…4
vijf 费尔…5
zes 泽斯…6
zeven 泽芬…7
acht 阿赫特…8
negen 内亨…9
tien 廷…10
Hallo/Goedendag 哈罗/胡登达赫…你好
Ja/Nee, Neen 呀/奈、嫩…是/不是
Goedenavond/Goedenacht,
Slaapwel 胡德纳丰德/胡德纳赫特/斯拉普韦尔…晚上好/晚安
Tot ziens. 托特·津斯…再见
Dank u(wel). 丹屈(韦尔)…谢谢
Graag gedaan 赫拉赫·海丹…不客气
Neen, dank u. 嫩·丹屈…可以了
Excuseert u mij/Sorry. 埃克斯屈塞尔特·于·迈/索里…对不起

法 语	法语的读法
D'accord.	达科尔
名词 +s'il vous plaît.	名词＋西勒·武·普来
Un café, s'il vous plaît.	安·咖啡·西勒·武·普来
Pardon ?	帕尔多?
Parlez plus lentement, s'il vous plaît.	帕尔来·普留·拉恩图曼·西尔·武·普来
Parlez-vous anglais ?	帕尔来·武·桑格莱?
Je ne sais pas.	热·讷·赛·帕
Je ne comprends pas.	热·讷·孔普朗德·帕
Ecrivez ça ici, s'il vous plaît.	埃克里韦·萨·依西·西尔·武·普来
Je vois.	热·瓦
Certainement./Bien sûr.	塞尔坦芒/比安·序尔
C'est vrai ? /Peut-être.	塞·普莱? /普·泰托尔
Je voudrais+ 名词 /Je voudrais+ 动词原形	热·武德赖＋名词/热·武德赖＋动词原形

旅行法语

départ 代帕特…出发
arrivée 阿里韦…到达
Hommes/Messieurs 奥·姆/梅西厄尔…男士用
Femmes/Dames 法姆/达姆…女士用
entrée 当特雷来…入口
sortie 索尔蒂…出口
Sortie de secours 索尔蒂·德·瑟库尔…紧急出口
Défence d'entrer 德方斯·当特雷…禁止入内
ouvert 乌韦尔…营业中
fermé 费尔梅…休息中
dimanche 迪芒什…周日
lundi 兰迪…周一
mardi 马尔迪…周二
mercredi 梅尔克勒迪…周三
jeudi 热迪…周四
vendredi 旺德勒迪…周五
samedi 萨姆迪…周六
aujourd'hui 欧茹尔迪…今天
hier 耶尔…昨天
demain 德曼…明天
janvier 甲恩维埃…1 月
février 费夫里耶…2 月
mars 玛尔斯…3 月
avril 阿夫里勒…4 月
mai 迈…5 月

juin 瑞安…6 月
juillet 瑞伊耶…7 月
août 乌 (乌特) …8 月
septembre 塞普唐布尔…9 月
octobre 奥克托布尔…10 月
novembre 诺旺布尔…11 月
décembre 代桑布尔…12 月
printemps 普兰唐…春
été 埃泰…夏
automne 奥托勒…秋
hiver 伊韦尔…冬
gare 嘎尔…车站
quai~ 凯～…车站站台的 (～号线)
consigne 孔西涅…行李寄存处
arrêt d'autobus 阿雷托比斯…公共汽车站
est 埃斯特…东
ouest 韦斯特…西
sud 序德…南
nord 诺尔…北
droite 道罗瓦托…右
gauche 高什…左
sur 序尔…上
sous 苏…下
devant 德旺…前
derrière 代里埃尔…后
poussez 普塞…推
tirez 蒂雷…拉

grand(e) 格郎 (德) …大的
petit(e) 帕蒂 (特) …小的
cher(chère) 谢尔… (价格) 高
moins cher 穆安·谢尔…再便宜些
un(une)/premier(première) 安(于讷)普勒米耶 (普勒米耶尔) …l/第一
deux/deuxière(seconde) 德 / 德兹埃姆 (斯孔德) …2/第二
trois/troisième 特鲁瓦 / 特鲁瓦西埃姆…3/第三
quatre 卡特尔…4
cinq 桑克…5　six 西斯…6
sept 塞特…7　huit 于特…8
neuf 讷夫…9　dix 迪斯…10
Bonjour./Salut. 邦茹尔/萨吕…你好
Oui./Non. 韦 / 农…是 / 不是
Bonsoir./Bonne nuit. 邦苏瓦尔 / 博讷尼…晚上好
Au revoir./A bientôt. 欧·勒瓦尔 / 阿·比安托…再见
Merci(beaucoup). 迈尔西 (博库) …谢谢
Je vous en prie. 热·武·昂·普里…不客气
Non, Merci./Jamais！农·迈尔西 / 雅迈…可以了
Pardon./Excusez-moi. 帕尔东 / 埃克斯屈斯穆瓦…对不起

中 文	英 语
请告诉我怎么做。	Please tell me how to do it.
可以干～吗?	May I ~? /Can I ~?
我可以要这个吗?	Can I have this?
可以打开窗户吗?	May I open this Window?
可以帮我照看一下行李吗?	Will you look after this baggage?
请稍等。	Just a moment, please.
谁? /什么时候? /在哪儿?	Who? /When? /Where?
什么? /为什么?	What? /Why?
怎么样? /多长时间?	How? /How long?
多少? (数)/多少? (量)	how many? /How much?
哪边? /哪条路?	Which? /Which way?
这是什么地方?	Where am I?
哪儿有洗手间?	Where is the rest room?
这是什么?	What is this?
几点?	What time is it?
请帮我预订今晚的旅馆(在旅游咨询中心)。	Will you reserve a room for tonight?
今晚可住宿吗?	Do you have a room for tonight?
要带淋浴的房间。	With a shower, please.
一晚多少钱?	How much for a night?
含早餐费吗?	Is breakfast included?
可以看一下房间吗?	May I see the room?
不出热水。	No hot water is running
最近的车站在哪里?	Where is the nearest station?
这辆车(公共汽车)是开往～吗?	Does this go to ~?
到那儿时,请告诉我行吗?	Will you let me know when I arrive there?
去～应在哪儿换车?	Where should I change trains to get to~?
这儿能照相吗?	May I take pictures here?
对不起,可以帮我照张相吗?	Excuse me, will you take a picture of me?
这儿有人吗?	Is this seat taken?
请让我看下菜单行吗?	May I see a menu?
有份儿饭吗?	Do you have any special set menues?
请给我这个。	I'll have this.
请结账。	May I have the check, please?
可以用这种信用卡吗?	Do you accept this credit card?
我叫～。	My name is ~.
你叫什么?	What's your name?
救命! /请让开!	Help! /Open up!
滚! /请叫警察!	Get out! /Call the police, please.
护照丢了。	I lost my passport.
我不舒服。	I feel sick.
请叫医生。	Call a doctor, please.

法 语	法语的读法
Dites-moi comment faire ça, s'il vous plaît.	迪特・穆瓦・科芒・费尔・萨・西尔・武・普来
Pourrais-je ＋动词原形	普赖・热＋动词原形
Pourrais-je avoir cela ?	普赖・热・阿瓦尔・瑟拉
Pourrais-je ouvrir la fenêtre ?	普赖・热・乌夫里尔・拉・费内特尔 ?
Poulez-vous garder ce bagage ?	普韦－武・嘎尔德・瑟・巴嘎日 ?
Un moment.	安・莫芒
Qui ? /Quand ? /Où ?	基 ? /康 ? /乌 ?
Quoi ? /Pourquoi ?	夸 ? /普尔夸 ?
Comment/Combien de temps~ ?	科芒 / 孔比安德唐 ~ ?
Combien ?	孔比安 ?
Lequel(Laquelle) ? /Quel chemin ?	勒・凯勒(拉・凯勒) ? /凯勒・舍曼 ?
Où suis-je ?	乌・序热 ?
Où sont les toilettes ?	乌・松・莱・图瓦莱特 ?
Ou'est-ce que c'est ?	凯瑟・克塞 ?
Quelle heure est-il ?	凯勒・雷蒂勒 ?
Pouvez-vous réserver une chambre pour ce soir ?	普韦・武・雷塞尔韦・于讷・尚布尔・普尔・瑟・苏瓦尔 ?
Avez-vous une chambre libre ce soir ?	阿韦・武・于讷・尚布尔・利布尔・瑟・苏瓦尔 ?
Avec une douche, s'il vous plaît.	阿韦・于讷・杜什・西勒・武・普莱
Combien est-ce la nuit ?	孔比安・埃・瑟・拉・尼 ?
Le petit déjeuner est compris ?	勒・帕蒂・代热尔内・埃・孔普里
Pouvez-vous me montrer la chambre ?	普韦・武・默・蒙特雷・拉・尚布尔
Il n'y a plus d'eau chaude.	伊勒・尼亚・普吕・多・绍德
Où est la station la plus proche ?	乌・埃・拉・斯塔雄・拉・普吕・普罗什 ?
Ce train(Cet autobus)va à~ ?	瑟・特兰(瑟・欧托比斯)瓦・阿 ~ ?
Dites-moi quand on y arrive, s'il vous plaît.	迪托・摩瓦・抗・统・尼・阿里乌、
Où change-t-on de trains pour aller à~ ?	斯尔・乌・普莱
Est-ce qu'on peut prendre des photos ici ?	乌・尚日通・德・特兰・普拉莱拉 ~ ?
Excusez-moi, pouvez-vous me prendre en photo ?	埃・瑟・孔・珀・普兰德尔・德・弗托・西西 ?
Est-ceque cette place est libre ?	埃克斯屈泽・穆瓦・普韦－武・默・普兰德尔・昂・弗托 ?
Pourrais-je voir la Calte ?	埃・瑟・克・塞特勒・普拉斯・埃・里布尔 ?
Avez-vous un menu ?	普赖・热・瓦尔・拉・卡尔特 ?
Je prends ceci.	阿伟・武・安・默女 ?
L'addition, s'il vous plaît.	热・普朗德・瑟西
Est-ce que vous acceptez cette carte de crédit?	拉迪雄・西勒・武・普莱
Je m'appelle~.	埃・斯・库・布・匝库太普泰・塞托・卡尔图都・库米弟 ?
Quel est votre nom ?	热・马佩尔 ~
Au secours ! /Ouvrez !	克・勒・乌特尔・农 ?
Sortez ! /Appelez-moi la police !	欧・瑟库尔!乌夫勒!
J'ai perdu mon passeport.	索尔特! /阿普莱－穆瓦・拉・波利斯!
Je me sens mal.	热伊・佩尔迪・蒙・帕斯波尔
Pouvez-vous appeler un médecin pour moi,	热・默・桑・马勒
s'il vous plaît.	普韦・武・阿普莱・安・梅得辛・普尔・穆瓦・西勒・武・普莱

策　　划：北京走遍全球文化传播有限公司　http://www.zbqq.com

统　　筹：潘笑竹　翟　铭

责任编辑：陈　冰

装帧设计：肖　辉

责任印制：闫立中

图书在版编目（CIP）数据

荷兰、比利时、卢森堡/日本大宝石出版社编著；
李禾，张旭译 . --北京：中国旅游出版社，2011.4
　（走遍全球）
　ISBN 978 - 7 - 5032 - 4089 - 8

　Ⅰ.①荷… 　Ⅱ.①日…②李…③张… 　Ⅲ.①旅游指南 –
荷兰②旅游指南 – 比利时③旅游指南 – 卢森堡　Ⅳ.
①K950.9

中国版本图书馆 CIP 数据核字（2010）第 246906 号

北京市版权局著作权合同登记号　图字：01 - 2009 - 7266
审图号：GS（2010）993 号

书　　名：荷兰、比利时、卢森堡

原　　著：大宝石出版社（日本）

译　　者：李禾　张旭

出版发行：中国旅游出版社
　　　　　（北京市建国门内大街甲 9 号　邮编：100005）
　　　　　http://www.cttp.net.cn　E-mail：cttp@cnta.gov.cn
　　　　　发行部电话：010 - 85166503

制　　版：北京中文天地文化艺术有限公司

经　　销：全国各地新华书店

印　　刷：北京盛通印刷股份有限公司

版　　次：2011 年 4 月第 1 版　2011 年 4 月第 1 次印刷

开　　本：889 毫米 × 1194 毫米　1/32

印　　张：15.25

印　　数：1 - 10000 册

字　　数：577 千

定　　价：68.00 元

ISBN 978 - 7 - 5032 - 4089 - 8